# SKCT 합격을 위한
# 렛유인의 **도서 구매 무료 혜택**

JN374192

## 쿠폰 번호

본 쿠폰은 도서 구매자 본인만 사용하도록 발급된 것으로,
이를 무단으로 배포하거나 공유할 경우 저작권법 제136조 및 관련 법령에 따라
민형사상 책임을 물을 수 있습니다.

## 쿠폰 등록 방법

렛유인 홈페이지 로그인
(www.letuin.com)

화면 상단 닉네임 클릭
→ 할인쿠폰 클릭

쿠폰 번호 입력

※ 쿠폰번호 입력시 꼭 "-"(하이픈)을 넣어주세요
※ 쿠폰 사용은 등록 후 6개월까지 가능합니다

## 도서 구매 혜택

| | | |
|---|---|---|
| SKCT 인강 샘플강의 5강 | SKCT 인강 20% 할인쿠폰 | 온라인 스터디 무료 참여권 |
| 온라인 응시 및 성적분석 서비스 | SK그룹 인성면접 합격 가이드북(PDF) | 100% 무료 반도체 인강 24강 |

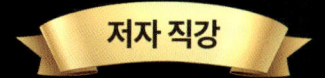

## **이공계 누적 합격생 44,003명**이 증명하는
## 렛유인과 함께라면 다음 최종합격은 여러분입니다!

이공계 취업특화 **1위**

소비자가 뽑은 교육브랜드 **1위**

이공계 특화 전문 강사 수 **1위**

이공계 취업 분야 베스트셀러 **1위**

## 취업 준비를 **렛유인**과 함께 해야하는 이유!

### 포인트 1

**Since 2013** 국내 최초, **이공계 취업 아카데미 1위 '렛유인'**

2013년부터 각 분야의 전문가 그리고 현직자들과 함께 이공계 전문 교육과정 제공

### 포인트 2

**이공계 누적 합격생 44,003명 합격자 수**로 증명하는 **렛유인의 합격 노하우**

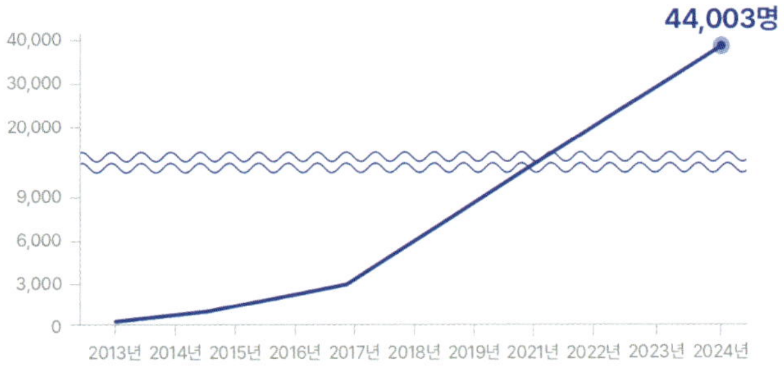


### 포인트 3

**이공계 5대 산업(반·자·디·이·제) 전문 강의 제작 수 업계 최다!**

[반도체 / 자동차 / 디스플레이 / 이차전지 / 제약바이오]

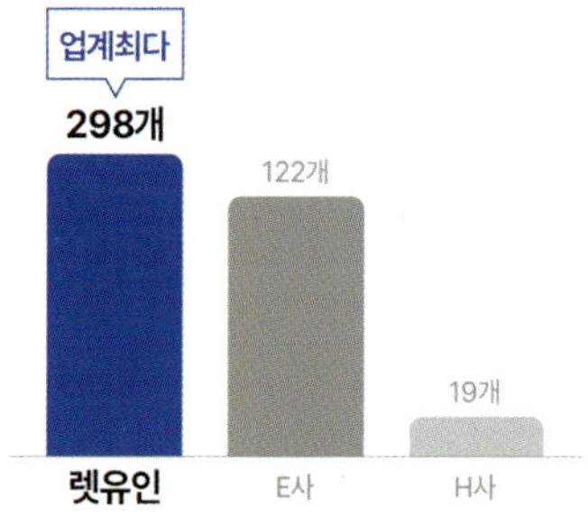


### 포인트 4

**이공계 취업 분야 도서 베스트셀러 1위**

대기업 전·현직자들의 노하우가 담긴 자소서 / 인적성 / 산업별 직무 / 이론서 / 면접까지 베스트셀러 도서 보유

* 44,003명: 2015~2024년 10월 서류, 인적성, 면접 누적 합격자 합계 수치
* 이공계 취업 아카데미 1위: 이공계 특화 취업 교육 부문 N사/S사/E사 네이버키워드 PC+모바일 검색량 비교 기준(2018.10~2019.9)
* 소비자가 뽑은 교육브랜드 1위: 3만여 명의 소비자가 뽑은 대한민국 교육 브랜드 대상 기술공학교육분야 3년 연속 1위 (2018 ~ 2020)
* 이공계 특화 전문 강사 수 1위: 렛유인 76명, W사 15명, H사 4명 (2023.01.13 기준)
* 이공계 취업 분야 베스트셀러 1위: YES24 2022년 8월 취업/면접/상식 월별 베스트 1위(한권으로 끝내는 전공·직무 면접 반도체 이론편 3판 기준)
* 업계 최다 이공계 전문 강의 수: 2023.12 이공계 전문 온라인 강의 기준

2025 최신판

# 렛유인 SKCT 독학단기완성

## SK그룹 종합역량검사 통합기본서

28개 필수/빈출유형+기출복원 모의고사 2회+실전 모의고사 2회

박은숙, 송정원, 최윤지, 주영훈, 렛유인연구소 지음

2025 최신판 렛유인

**온라인 SKCT SK그룹 종합역량검사 독학단기완성 통합기본서**


**2판 1쇄 발행** 2025년 2월 26일
**지은이** 최윤지, 송정원, 박은숙, 주영훈, 렛유인연구소
**펴낸곳** 렛유인에듀

**총괄** 송나령
**편집** 김근동
**표지디자인** 김나희



**홈페이지** https://letuin.com
**이공계 커뮤니티** 이공모야
**카페** https://cafe.naver.com/letuin
**유튜브** 취업사이다
**대표전화** 02-539-1779
**이메일** letuin@naver.com



**ISBN** 979-11-92388-57-1 13320


---

# 도서 구매 혜택 안내

## 도서 구매 혜택 안내

렛유인 도서를 이용해 주시는 수험생분들의 최종 합격까지 함께 하기 위해, 더욱 도움이 되는 콘텐츠를 제공해 드리고자 합니다.

## 도서 구매 혜택 쿠폰 등록 방법

1. 렛유인 홈페이지(www.letuin.com) 접속
2. 로그인
3. 메인 페이지 상단 [마이페이지 ▶ 할인쿠폰] 메뉴 클릭
4. 쿠폰번호 입력 페이지에서 도서 내 쿠폰 페이지의 쿠폰번호 입력

※ 쿠폰번호는 하이픈(-)을 포함하여, 대소문자를 구별하여 입력해주셔야 합니다.

※ 쿠폰 등록 / 사용 기한은 도서 내 쿠폰 페이지의 쿠폰번호란에서 확인 가능합니다.

※ 도서 구매 혜택의 경우 여러개의 혜택을 동시에 제공하여 드리기 때문에 최초 등록 시에는 하나의 패키지로 묶여 등록이 됩니다. 쿠폰번호 등록 후, 페이지 하단의 쿠폰 목록에서 파란색으로 노출되어 있는 쿠폰 제목을 클릭하시면 새창으로 개별 쿠폰을 확인하실 수 있습니다.

## SKCT 모의고사 온라인 응시 + 성적 분석 서비스

[SKCT 모의고사 온라인 응시 + 성적 분석 서비스]는 온라인 SKCT 특화 서비스로, 렛유인 SKCT 도서에 수록되어 있는 기출복원 모의고사 2회분과 실전 모의고사 2회분을 실제 온라인 SKCT와 유사한 환경에서 응시하고 영역별 성적 상세 분석 및 지원회사&직무에서 나의 위치를 파악할 수 있는 서비스입니다.

[SKCT 모의고사 온라인 응시 서비스]는 도서 구매 혜택 쿠폰 등록 후, [내강의실] - [온라인 시험관] 페이지에서 응시가 가능합니다.

온라인 응시 서비스를 이용하여 모의고사를 푸실 때는 실제 시험과 같이 온라인 메모장/그림판 및 계산기를 세팅하고 푸시는 것을 추천드립니다.

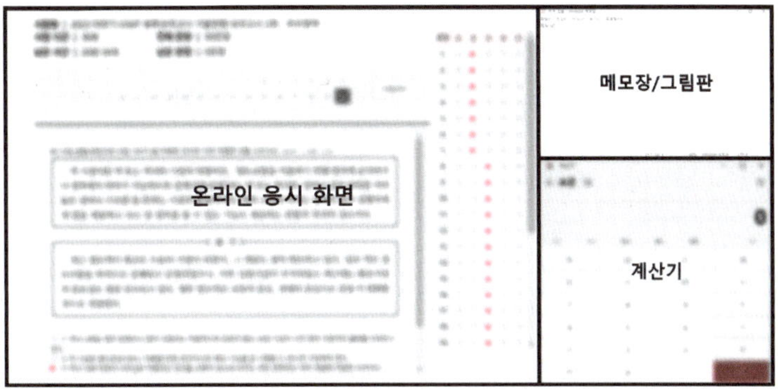


※ 모의고사 응시와 관련하여 불편하신 점이나 문의사항이 있으신 경우, 렛유인 사이트 1:1문의 게시판을 통해 문의 내용을 남겨 주시면 빠르게 처리 도와드리도록 하겠습니다.

# 학습 플랜

[2025 최신판 렛유인 온라인 SKCT SK그룹 종합역량검사 독학단기완성 통합기본서]는 최근 SKCT 출제 경향 분석을 기반으로 2025년 SKCT를 준비하는 수험생분들을 위한 실전 전략을 제공합니다. 최신 기출 유형에 대한 파악부터 세부유형별 문제 풀이, 실전 연습을 위한 모의고사 4회분을 통해 기초부터 실전까지 한 권으로 학습할 수 있도록 구성하였습니다. 또한 각 세부유형별 풀이 TIP을 수록하여 수험생 여러분이 혼자서도 충분히 학습할 수 있게끔 준비하였습니다.

## 각 영역별 학습 단계

SKCT 출제경향 파악 및 실력점검 > 유형 설명 및 필수 유형 연습 풀이 > 빈출 유형 공략 문제 풀이 > 실전 모의고사 > 심층역량 검사

## 독학 5일 단기 완성 플랜

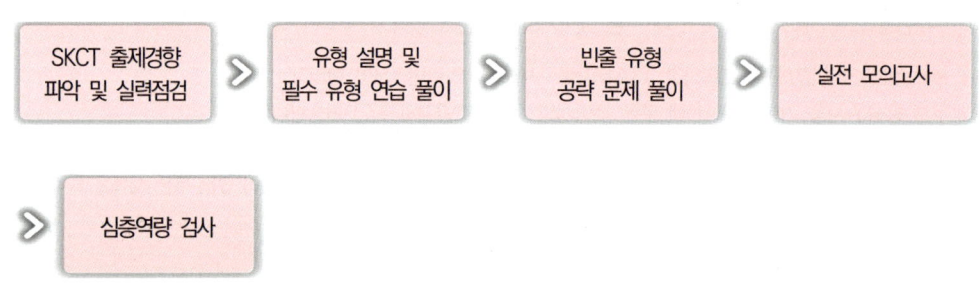

도서를 활용하여 SKCT 영역별 유형 파악과 실전 모의고사 및 심층역량 검사로 실전 대비까지 독학으로 완성하는 플랜입니다.

| 구분 | 1일차 | 2일차 | 3일차 | 4일차 | 5일차 |
|---|---|---|---|---|---|
| 내용 | Part 1 SKCT 완벽 분석<br>Part 2 Chapter 1 2024 중 · 하반기 기출복원 모의고사 (출제 경향 파악) | Part 2 Chapter 2 2024 상반기 기출복원 모의고사 (출제 경향 파악)<br>Part 3 필수 유형 분석 (언어이해) | Part 3 필수 유형 분석 (자료해석, 창의수리) | Part 3 필수 유형 분석 (언어추리, 수열추리) | Part 4 실전 모의고사 1~2회 (실전 감각 익히기)<br>Part 5 심층역량 검사 (최종 점검 마무리) |

# 정오표 안내

**렛유인은 SKCT SK그룹 종합역량검사를 준비하는 수험생 분들에게 최상의 서비스를 제공하기 위해 항상 노력하겠습니다.**

최선을 다해 검토했음에도 불구하고 오류가 발견되었을 때 안타까운 심정은 이루 말할 수 없습니다. 수험생 여러분의 불만을 귀담아 듣고 수용하여 더 나은 품질로 보답하겠습니다.
도서 내의 오탈자나 문제 오류를 발견하셨다면 실망에 그치지 마시고 저희에게 알려주세요. 보내주신 내용은 즉각 검토하여 답변해드리고 정오표를 안내해 드리도록 하겠습니다.

## 정오표 확인 방법

렛유인 홈페이지 (https://letuin.com) 상단 '렛-Book' 메뉴 중 '도서 리스트' ▶ 도서 리스트 중 해당 도서 '정오표 확인' ▼ 렛유인 카페 (https://cafe.naver.com/letuin) 이동 ◀ 카페 게시글에서 최신 정오표 다운로드

## 도서 오류 제보 방법

링크 혹은 QR코드를 통해 구글폼 접속 → 제보할 오류 위치 및 상세내용 기재 후 전달 → 담당자 확인 후 개별 안내 진행

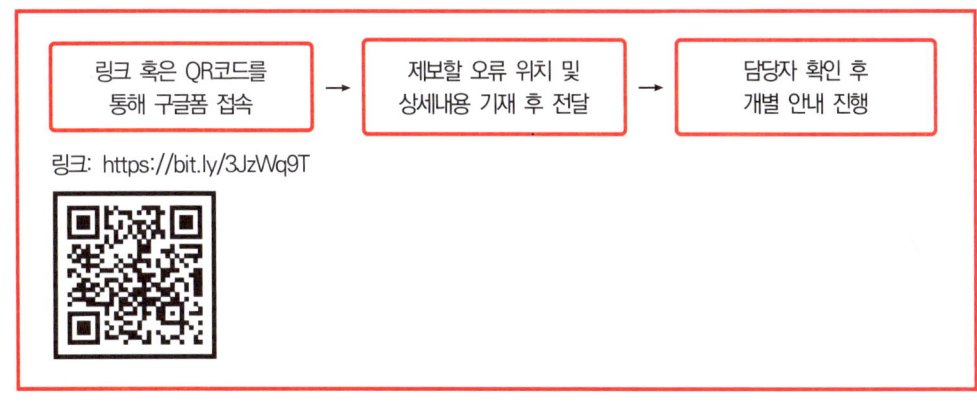

링크: https://bit.ly/3JzWq9T

# 이 책의 구성

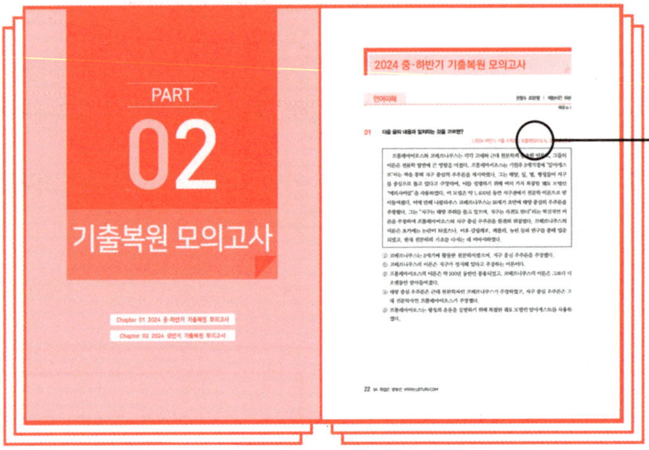


기출복원 모의고사 :

실제 기출 키워드를 기반으로 복원된 모의고사를 통해 SKCT 출제 경향을 파악하고 본인의 실력을 점검합니다.

유형 설명 : 유형의 특징을 살펴 보며, 실전 연습 전 각 세부유형을 완벽하게 파악합니다.

필수 유형 연습 : 각 유형의 대표 문제를 풀어보며 앞에서 학습한 풀이 전략과 TIP을 익힙니다.

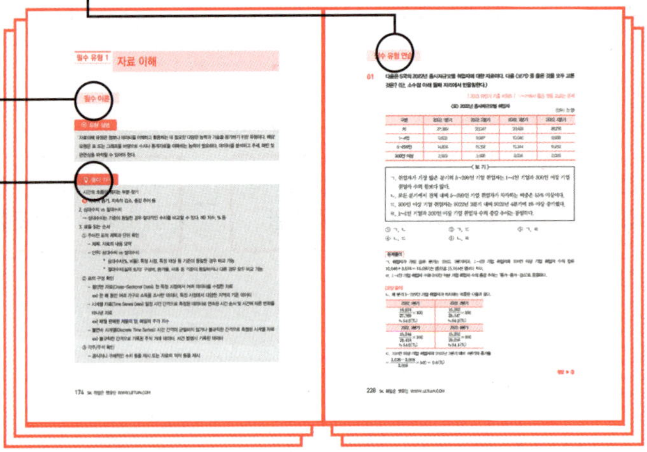


풀이 TIP : 시간 절약 및 고득점을 위한 풀이 스킬을 터득합니다.

**빈출 유형 공략 문제 :**
앞에서 학습한 유형에 충분히 익숙해질 수 있도록 다양한 문제로 연습합니다.

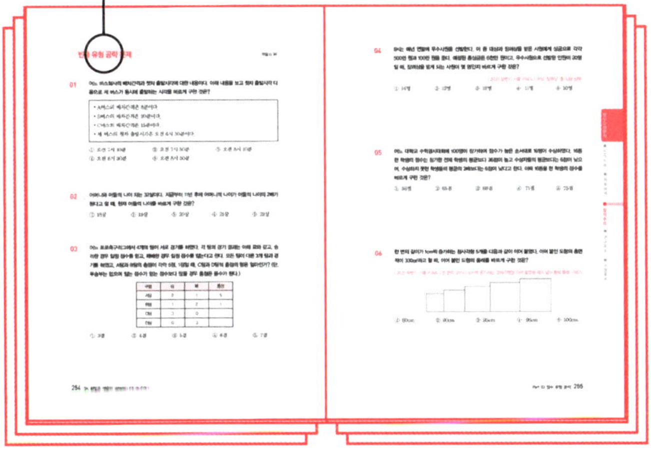

**실전 모의고사 :**
최근 출제경향을 반영한 실전 모의고사 2회분으로 SKCT를 완벽 대비합니다.

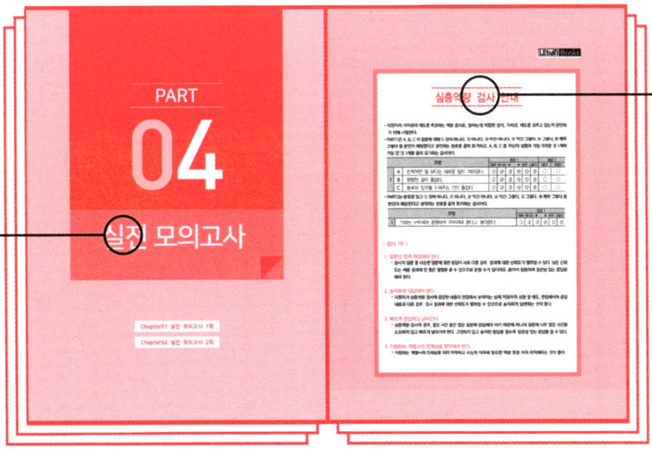


**심층역량 검사 :**
심층역량 검사 PART1, PART2 예제 문제로 마무리합니다.

# 목차

## PART 01 SKCT 완벽 분석



## PART 02 기출복원 모의고사



## PART 03 필수 유형 분석

# PART 01

# SKCT 완벽 분석

SK그룹 소개

SK그룹 채용 안내

SKCT 소개

2024년 온라인 SKCT 출제 경향

준비물 및 유의사항

# SK그룹 소개

*출처: SK 홈페이지

## 1 계열사

| | | | | | |
|---|---|---|---|---|---|
| 에너지·화학 | SK이노베이션 | SK에너지 | SK엔무브 | SK온 | SK E&S |
| | SK플라즈마 | SK케미칼 | SK가스 | SKC | SK지오센트릭 |
| ICT | SK스퀘어 | 티맵모빌리티 | 11번가 | SK플래닛 | SK텔레콤 |
| | SK브로드밴드 | SK커뮤니케이션즈 | SK엔펄스 | SK쉴더스 | |
| 반도체·소재 | SK하이닉스 | SK실트론 | SK파워텍 | SK스페셜티 | |
| 물류·서비스 | SK네트웍스 | SK렌터카 | SK매직 | SK에코플랜트 | SK오션플랜트 |
| 바이오 | SK바이오팜 | SK팜테코 | SK바이오사이언스 | | |

## 2 인재상

SK는 스스로의 행복을 바탕으로 자발적이고 의욕적으로 도전하는 패기있는 인재를 찾습니다.

• SK 경영철학을 이해하는 인재

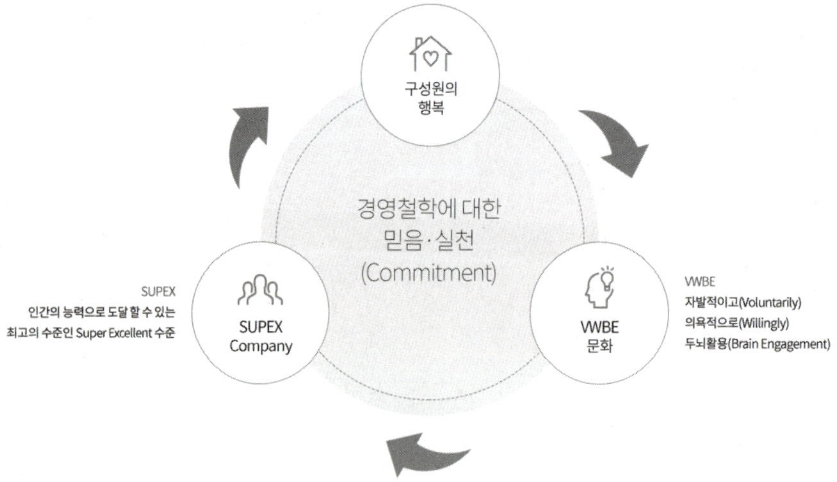


• SK 경영철학을 잘 실행할 수 있는 인재

패기

스스로 동기부여 하여 문제를 제기하고 높은 목표에 도전하며 기존의 틀을 깨는 과감한 실행을 하는 인재

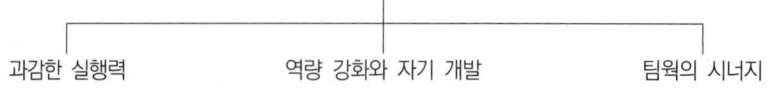

- 과감한 실행력
- 역량 강화와 자기 개발
- 팀워크의 시너지

## 3 경영철학

• 구성원의 지속적 행복

SK는 구성원이 지속적으로 행복을 추구하기 위한 터전이자 기반으로서, 구성원 행복과 함께 회사를 둘러싼 이해관계자 행복을 동시에 추구해 나갑니다.

• VWBE를 통한 SUPEX 추구

SK는 VWBE 문화를 조성하고 SUPEX Company 목표와 전략을 수립/실행하여 구성원의 지속적 행복을 창출하고 있습니다.

| VWBE 문화 | SUPEX Company |
|---|---|
| VWBE는 자발적(Voluntarily)이고 의욕적(Willingly)인 두뇌활용(Brain Engagement)을 의미합니다. 자발적 · 의욕적 두뇌활용이 외부로 발현되는 모습이 곧 일과 싸워서 이기는 패기입니다. | SUPEX는 Super Excellent Level의 줄임말로 인간의 능력으로 도달할 수 있는 최고의 수준을 의미합니다. 최고의 경쟁력을 보유하고 장기적 생존 조건을 확보하여 지속적으로 경제적 가치, 사회적 가치, 구성원 행복을 창출해 나가는 회사가 SUPEX Company 입니다. |

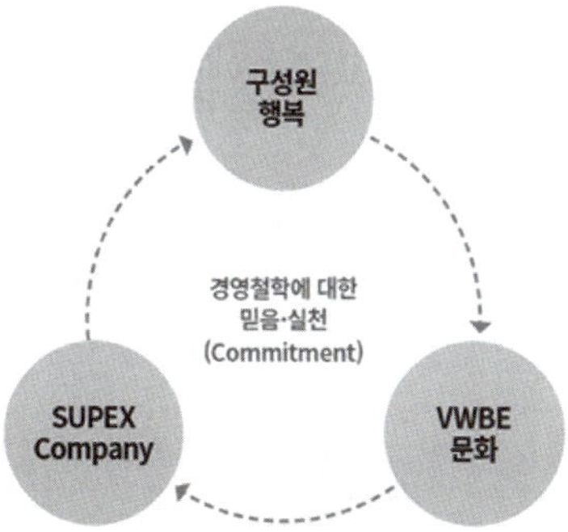

# SK그룹 채용 안내

* 본 내용은 SK하이닉스 기준으로 작성되었으며, 계열사 별로 다소 차이날 수 있습니다.

## 1 모집시기

SK하이닉스는 연중 수시 채용을 진행하며, 분야별 인력소요가 생길 경우 별도의 공고를 통해 모집합니다.

| 구분 | | 지원서 접수 시작일 | 지원서 접수 마감일 | SKCT 시행일 |
|---|---|---|---|---|
| 2024년 | 하반기 | 2024.09.04. | 2024.09.23. | 2024.10.20. |
| | 중반기 | 2024.07.09. | 2024.07.12. | 2024.08.03.~08.04. |
| | 상반기 | 2024.03.18. | 2024.03.29. | 2024.04.28. |
| 2023년 | 하반기 | 2023.09.18. | 2023.09.26. | 2023.10.29. |
| | 상반기 | 2023.03.20. | 2023.03.28. | 2023.04.23. |
| 2022년 | 하반기 | 2022.08.22. | 2022.08.30. | 2022.09.25. |
| | 상반기 | 2022.02.17. | 2022.02.28. | 2022.03.19. |

## 2 지원자격

- 4년제 정규대학 이상의 기졸업자 또는 졸업 예정자
- 병역필 또는 면제자로서 해외 여행에 결격 사유가 없는 자

## 3 전형 프로세스

## 4 지원서 접수

SK채용포탈(www.skcareers.com)을 통해 접수

## 5 서류전형

- 제출한 지원서를 바탕으로 학력사항, 어학능력 등을 검토하여 모집 분야와의 연관성을 종합적으로 판단
- 현업 및 HR 전형위원이 자기소개서를 공동으로 검토, SK Values와 지원자의 가치관의 일치 여부 및 SK하이닉스가 추구하는 인재상 및 핵심가치와 얼마나 부합하는지를 검증

## 6 SKCT(필기전형)

SKCT는 SK에서 직무 수행을 위해 요구되는 역량을 다양하고 종합적인 관점에서 측정하며, 일하는 데 필요한 복합적이고 고차원적인 사고능력을 측정하는 인지역량(Critical Thinking), 일하는 데 적합한 성격/가치관/태도를 갖추고 있는지 측정하는 심층역량(Work Personality)으로 구성되어 있다.

## 7 면접전형

- 지원자의 가치관, 성격특성, 보유역량 수준 등을 종합적으로 검증하기 위해 1차에 2번의 면접을 실시
  1) 전공 면접(PT면접)
     현업 부서의 팀장으로 면접위원이 구성되며 전공 지식 및 실무 수행 능력을 측정한다. 모든 지원자는 PT면접을 실시하게 되며 소요시간은 30분 내외이다. 이때 석사 이상 지원자의 경우는 본인 연구 주제로 발표를 진행하게 되며, 학사의 경우 면접 당일 주어지는 PT문제를 준비 후 진행한다.
  2) 인성 면접
     그룹장이 면접위원으로 참석하는 인성 면접은 지원자의 SK Values 및 공통역량을 평가하여 SK하이닉스 핵심가치 및 인재상과 부합하는 인재를 선발한다.
- 지원 분야별로 1명씩 들어가는 多 : 1 형식의 면접이며, 소요시간은 10~30분 정도이다.

## 8 채용 건강검진

면접 결과 발표 후 원활한 업무 수행을 위한 지원자의 기본적인 건강을 체크한다.

# SKCT 소개

## 1 SKCT 개요

SK는 직무 수행을 위해 요구되는 역량을 다양하고 종합적인 관점에서 측정하기 위해 2013년부터 SKCT를 도입하여 시행 중이다. SKCT는 2022년 상반기 전 계열사 모두 온라인으로 시험 형태가 변경되었으나, SK하이닉스는 2022년 하반기 시험 형태를 다시 오프라인으로 변경하였다. 하지만 지난 2023년 하반기부터 다시 온라인으로 형태가 변경되면서 수리/언어/직무영역으로 시행되던 인지역량 시험이 언어이해/자료해석/창의수리/언어추리/수열추리로 구성되었다.

## 2 시행 방식(온라인/오프라인) 및 출제 영역 변화

※ 본 내용은 SK하이닉스 기준으로 작성되었습니다.

| 구분 | | 시행 방식 | 출제 영역 | | |
|---|---|---|---|---|---|
| 2024년 | 하반기 | 온라인 | 인지역량<br>(언어이해, 자료해석, 창의수리, 언어추리, 수열추리) | | 심층역량 |
| | 중반기 | 온라인 | 인지역량<br>(언어이해, 자료해석, 창의수리, 언어추리, 수열추리) | | 심층역량 |
| | 상반기 | 온라인 | 인지역량<br>(언어이해, 자료해석, 창의수리, 언어추리, 수열추리) | | 심층역량 |
| 2023년 | 하반기 | 온라인 | 인지역량<br>(언어이해, 자료해석, 창의수리, 언어추리, 수열추리) | | 심층역량 |
| | 상반기 | 오프라인 | 인지역량<br>(수리, 언어, 직무) | 실행역량 | 심층역량 |
| 2022년 | 하반기 | 오프라인 | 인지역량<br>(수리, 언어, 직무) | 실행역량 | 심층역량<br>+ 역사영역 |
| | 상반기 | 온라인 | 적성검사<br>(언어, 수리, 언어추리, 수리추리, 시각적 사고, 자료해석) | | 심층역량 |

# 2024년 온라인 SKCT 출제 경향

## 1 시험 특징

2024년 SK하이닉스의 SKCT의 경우, 상/중/하반기로 총 3회 시행되었다. 상반기와 하반기는 하루 동안 진행되었으며, 중반기는 이틀에 걸쳐 진행되었다. 상/중/하반기 모두 하루에 10시, 1시, 4시 총 3번으로 시험이 나눠 진행되었다.

2024년 SKCT는 2023년 하반기 SKCT와 마찬가지로 온라인으로 진행되었으며, 화면 터치 및 필기구 사용이 금지되었다. 대신에 온라인 화면으로 제공되는 계산기와 메모장만을 이용해 문제를 풀어야 했다. 문제 풀이 중 다음 문제로 넘어가는 것은 가능하나, 이전 문제로 넘어가는 것은 불가능했으며, 이미 풀고 넘어온 문제의 정답 또한 수정이 불가하여 한 문제씩 신중하게 풀어야 했다. 이에 따라 문제 난이도에 비해 체감 난이도가 다소 높았다는 의견이 많았다.

## 2 시험 구성

| 영역 | | 문항 수 | 시간 |
|---|---|---|---|
| 인지역량 | 언어이해 | 20문항 | 15분 |
| | 자료해석 | 20문항 | 15분 |
| | 창의수리 | 20문항 | 15분 |
| | 언어추리 | 20문항 | 15분 |
| | 수열추리 | 20문항 | 15분 |
| 심층역량 | PART1 | 240문항 | 45분 |
| | PART2 | 150문항 | 25분 |

## 3 영역별 최신 출제 경향

### 1. 언어이해

지문의 길이는 길지 않았으나, 지문의 내용이 어려웠다. 지문의 내용이 평이할 경우, 주어진 선택지가 어려워 전반적으로 난도가 높았다는 의견이 많았다. 지문의 소재는 프톨레마이오스, 명품 소비, 탄소 저감, 선비의 육예 등 다양했으며, 철학 소재가 많이 출제되었다. 출제 유형은 주제 파악, 일치·불일치, 추론, 빈칸 채우기, 문단 배열, 비판 및 평가, 사례 판단 등으로 이전 시험과 크게 달라지지 않았으나, 글의 서술 방식을 묻는 문제가 새롭게 출제되었다.

### 2. 자료해석

일반적인 자료해석 형태의 문제로 출제되었으며 출제 유형은 자료이해, 자료계산 등으로 이전 시험과 크게 달라지지 않았다. 주어진 자료의 길이가 짧았으며, 계산이 필요한 부분도 눈으로 풀 수 있을 정도로 난도가 쉬웠다는 의견이 많았다.

### 3. 창의수리

일반적인 응용수리 형태의 문제로 출제되었으며 출제 유형은 사칙연산, 거리·속력·시간, 농도와 비율, 경우의 수와 확률, 작업량, 비용 등으로 이전 시험과 크게 달라지지 않았다. 응용수리 형태의 문제를 메모장과 계산기만을 이용하여 풀어야 했음에도 체감 난이도가 낮았다는 의견이 많았다.

### 4. 언어추리

명제추리, 조건추리, 진실게임 형태의 문제로 출제되었으며 특히 조건추리의 비중이 높았다. 조건추리의 경우, 줄 세우기, 테이블, ○, × 채우기, 2×n, 3×3, 정보정리 등의 다양한 유형이 출제되었다. 메모장을 활용하여 풀어야 하는 문제가 많아 체감 난이도가 높았다는 의견이 많았다.

### 5. 수열추리

등차수열, 등비수열 등의 수열 문제로 출제되었으며 출제 유형은 등차수열, 등비수열, 계차수열, 피보나치수열, 군수열, 교대수열 등 다양한 유형으로 출제되었다. 분수나 소수 형태로 주어진 문제도 많았으며, 난이도가 가장 높았다는 의견이 많았다. 특히 2024년에는 n번째로 올 수를 구하는 문제, A와 B를 구하여 A+B, A×B 등을 구하는 문제가 새롭게 출제되었다.

# 준비물 및 유의사항

## 1 준비물

| | | |
|---|---|---|
|  |  |  |
| PC/노트북 | 웹캠<br>(노트북에 내장된 웹캠 사용 가능) | 신분증 |

## 2 유의사항

- 시험 전 이메일로 준비물 및 유의사항을 안내받을 수 있다. 준비물 및 유의사항은 시험마다 바뀔 수 있으니 이때 확인하는 것이 가장 정확하다.
- 시험 장소는 주변 소음이 들리지 않으며 분리된 공간이어야 한다. 시험 중 응시 장소에 출입하거나 응시자가 응시 장소를 벗어나면 전형상 불이익을 받을 수 있다.
- PC와 스마트폰은 시험이 진행되는 동안 계속해서 안정적인 네트워크 상태가 유지되어야 한다.
- 시험 시작 전 신분증을 웹캠으로 찍어 감독관에게 제출해야 한다. 신분증을 미리 찍어두어서는 안 된다.(노트북에 내장된 웹캠 사용 가능)
- 시험 시작 10분 전부터는 자리에서 벗어날 수 없으니, 개인용무는 그 전에 모두 해결해야 한다.
- 프로그램에서 기본 제공되는 메모장, 계산기 외의 필기도구 및 종이는 사용이 불가능하다.
- 이미 풀고 지나간 문제로 다시 되돌아갈 수는 없으나, 문제를 풀지 않고 다음 번호로 이동하는 것은 가능하다.

# PART 02

# 기출복원 모의고사

# 시험 안내

렛유인에서 2024년 SKCT 시험의 문제 유형, 난이도 등의 출제 경향을 분석하고 2024년 상/중/하반기 SKCT 시험의 키워드를 복원하여 만든 모의고사 2회분입니다. 해당 모의고사 문제를 풀이하신 뒤, 본인의 점수 및 취약 유형을 파악하셔서 본격적으로 PART3 필수 유형 분석을 학습하실 때의 계획을 수립해 놓으시는 것을 추천합니다.
더불어, 렛유인 홈페이지에 접속하셔서 모의고사를 온라인 형태로 응시하시면 실제 시험 환경에서의 연습과 성적 및 본인의 위치 파악에 도움을 얻으실 수 있습니다. 모의고사 온라인 응시 방법과 관련해서는 본 도서 3페이지의 [도서 구매 혜택 안내] 내용을 참고 부탁드립니다. 온라인 시험을 응시하실 때는 필기구를 사용하지 않고 온라인 메모장과 계산기만을 이용하시는 것을 추천합니다.

## | 2024년 출제 경향 |

### 1. 언어이해

지문의 길이는 길지 않았으나, 지문의 내용이 어려웠다. 지문의 내용이 평이할 경우, 주어진 선택지가 어려워 전반적으로 난도가 높았다는 의견이 많았다. 지문의 소재는 프톨레마이오스, 명품 소비, 탄소 저감, 선비의 육예 등 다양했으며, 철학 소재가 많이 출제되었다. 출제 유형은 주제 파악, 일치·불일치, 추론, 빈칸 채우기, 문단 배열, 비판 및 평가, 사례 판단 등으로 이전 시험과 크게 달라지지 않았으나, 글의 서술 방식을 묻는 문제가 새롭게 출제되었다.

### 2. 자료해석

일반적인 자료해석 형태의 문제로 출제되었으며 출제 유형은 자료이해, 자료계산 등으로 이전 시험과 크게 달라지지 않았다. 주어진 자료의 길이가 짧았으며, 계산이 필요한 부분도 눈으로 풀 수 있을 정도로 난도가 쉬웠다는 의견이 많았다.

### 3. 창의수리

일반적인 응용수리 형태의 문제로 출제되었으며 출제 유형은 사칙연산, 거리·속력·시간, 농도와 비율, 경우의 수와 확률, 작업량, 비용 등으로 이전 시험과 크게 달라지지 않았다. 응용수리 형태의 문제를 메모장과 계산기만을 이용하여 풀어야 했음에도 체감 난이도가 낮았다는 의견이 많았다.

### 4. 언어추리

명제추리, 조건추리, 진실게임 형태의 문제로 출제되었으며 특히 조건추리의 비중이 높았다. 조건추리의 경우, 줄 세우기, 테이블, O, × 채우기, 2×n, 3×3, 정보정리 등의 다양한 유형이 출제되었다. 메모장을 활용하여 풀어야 하는 문제가 많아 체감 난이도가 높았다는 의견이 많았다.

### 5. 수열추리

등차수열, 등비수열 등의 수열 문제로 출제되었으며 출제 유형은 등차수열, 등비수열, 계차수열, 피보나치수열, 군수열, 교대수열 등 다양한 유형으로 출제되었다. 분수나 소수 형태로 주어진 문제도 많았으며, 난이도가 가장 높았다는 의견이 많았다. 특히 2024년에는 n번째로 올 수를 구하는 문제, A와 B를 구하여 A+B, A×B 등을 구하는 문제가 새롭게 출제되었다.

# 2024 중·하반기 기출복원 모의고사

## 언어이해

문항수 20문항 | 제한시간 15분

해설 p. 1

**01** 다음 글의 내용과 일치하는 것을 고르면?

| 2024 하반기 기출 키워드 | 프톨레마이오스, 코페르니쿠스

> 프톨레마이오스와 코페르니쿠스는 각각 고대와 근대 천문학의 중요한 인물로, 그들의 이론은 천문학 발전에 큰 영향을 미쳤다. 프톨레마이오스는 기원후 2세기경에 "알마게스트"라는 책을 통해 지구 중심의 우주론을 제시하였다. 그는 태양, 달, 별, 행성들이 지구를 중심으로 돌고 있다고 주장하며, 이를 설명하기 위해 여러 가지 복잡한 궤도 모델인 "에피사이클"을 사용하였다. 이 모델은 약 1,400년 동안 서구권에서 천문학 이론으로 받아들여졌다. 이에 반해 니콜라우스 코페르니쿠스는 16세기 초반에 태양 중심의 우주론을 주장했다. 그는 "지구는 태양 주위를 돌고 있으며, 지구는 자전도 한다"라는 혁신적인 이론을 주장하며 프톨레마이오스의 지구 중심 우주론을 완전히 뒤집었다. 코페르니쿠스의 이론은 초기에는 논란이 되었으나, 이후 갈릴레오, 케플러, 뉴턴 등의 연구를 통해 입증되었고, 현대 천문학의 기초를 다지는 데 이바지하였다.

① 코페르니쿠스는 2세기에 활동한 천문학자였으며, 지구 중심 우주론을 주장했다.
② 코페르니쿠스의 이론은 지구가 정지해 있다고 주장하는 이론이다.
③ 프톨레마이오스의 이론은 약 100년 동안만 통용되었고, 코페르니쿠스의 이론은 그보다 더 오랫동안 받아들여졌다.
④ 태양 중심 우주론은 근대 천문학자인 코페르니쿠스가 주장하였고, 지구 중심 우주론은 고대 천문학자인 프톨레마이오스가 주장했다.
⑤ 프톨레마이오스는 행성의 운동을 설명하기 위해 복잡한 궤도 모델인 알마게스트를 사용하였다.

**02** 다음 글에서 밑줄 친 ⓐ, ⓑ, ⓒ, ⓓ의 사례로 가장 적절한 것은?

| 2024 하반기 기출 키워드 | 명품 소비, 파노플리 효과



ⓐ명품 소비는 고가의 제품을 구매하여 개인의 경제적 능력을 드러내거나 자기만족을 추구하는 소비 행태를 말한다. 이것은 제품의 기능적 가치뿐 아니라 상징적 가치와도 깊은 연관이 있다. ⓑ모방 소비는 특정 사회 계층이나 유명인의 소비 행태를 따라 하는 소비 패턴으로, 주로 사회적 비교심리에서 비롯되며 사람들은 자신이 속하고자 하는 집단의 소비 행태를 모방함으로써 같은 사회적 지위를 얻으려는 경향을 보인다. ⓒ파노플리 효과는 특정 제품을 구매함으로써 그 제품을 소비할 것이라고 예상되는 집단 또는 계층과 자신을 동일시하는 심리적 현상이다. 소비자는 자신이 특정 브랜드를 구매할 때 그 브랜드를 사용하는 집단의 라이프스타일이나 가치를 함께 공유한다고 느끼며, 명품 소비와 모방 소비를 강화하는 중요한 요인으로 작용한다. 또한, 가격이 비쌀수록 수요가 증가하는 현상을 ⓓ베블런 효과라고 하는데, 일반적으로 가격이 오르면 수요가 줄어드는 것이 경제학의 기본 원칙이지만, 일부 명품 시장에서는 높은 가격이 곧 품질과 희소성을 상징하기 때문에 오히려 더 높은 구매욕을 자극하고, 부유층 사이에서 지위 과시와 관련이 깊다.

① ⓓ – 유명 인플루언서가 입은 특정 브랜드의 옷을 따라 구매
② ⓒ – 애플 제품을 구매해 혁신적이고 세련된 이미지를 소비
③ ⓐ – 고급 스포츠카 가격이 높을수록 구매 희망자 증가
④ ⓑ – 샤넬 가방을 구매하여 친구들 앞에서 재정적 여유를 과시
⑤ ⓒ – 유명 연예인이 사용하는 한정판 향수를 구매하려는 열풍

## 03 다음 글을 읽고 추론한 것으로 가장 적절한 것을 고르면?

| 2024 하반기 기출 키워드 | 탄소 저감

> 탄소 저감은 지구 온난화와 기후 위기 문제를 해결하기 위한 중요한 대책 중 하나이다. 탄소는 $CO_2$ 형태로 대기 중에 존재하며, $CO_2$는 온실가스로 작용하여 지구의 평균 기온을 상승시키는 주요 원인 중 하나이다. 이에 따라 온실가스와 탄소 배출을 줄이려는 노력이 지속해서 이루어지고 있다. 탄소 배출을 줄이기 위해서는 에너지 효율성을 높이는 것이 중요하다. 가정에서는 에너지 효율 가전제품을 구매하거나 난방과 냉방을 최소화하는 방법이 있다. 그리고 산업 분야에서는 에너지를 절약하는 기술을 도입하거나 태양광, 풍력, 수력, 지열 등을 이용한 재생가능 에너지원을 사용하여 화석연료를 대체함으로써 탄소 배출을 줄일 수 있다. 또한, $CO_2$를 대기 중으로 배출하기 전에 포집하여 지하에 저장하는 기술인 탄소 포집 및 저장(CCS) 기술을 활용할 수 있다. 마지막으로 개인의 노력도 중요한 역할을 한다. 대중교통 및 전기차 이용이나 에너지 효율이 높은 가전제품을 사용하는 등의 생활 습관 변화가 필요하다. 세계적으로 탄소 저감을 위한 다양한 정책과 기술 개발이 이루어지고 있으며, 이는 지구 환경을 보호하는 데 중요한 역할을 한다.

① 탄소 포집 및 저장 기술은 대기 중에 배출된 이산화탄소를 더 많이 방출하도록 설계된 기술이다.

② 탄소 저감은 에너지 효율성을 높이는 방법보다 화석연료를 많이 사용하는 것이 더 효과적이다.

③ 탄소 저감을 위한 정책은 주로 개인의 생활 습관과 관계없으며, 기업이나 정부의 역할만 중요하다.

④ 탄소 저감은 다양한 방법으로 실현될 수 있으며, 이는 지구 온난화와 기후 위기 문제를 해결하는 데 중요한 역할을 한다.

⑤ 전기차를 사용하는 것은 대중교통을 이용하는 것보다 더 많은 탄소를 배출한다.

## 04 이 글의 서술 방식으로 가장 적절하지 않은 것을 고르면?

| 2024 하반기 기출 키워드 | 선비의 육예 중 음악

선비의 육예(六藝)는 유교에서 신체 단련과 지적, 도덕적, 예술적 소양을 고루 갖춘 균형 잡힌 인재를 양성하기 위해 제시된 여섯 가지 기본 과목이다. 육예는 예절과 의례를 뜻하는 예(禮), 음악과 미학의 악(樂), 활쏘기의 사(射), 말 타기의 어(御), 서예의 서(書), 산술의 수(數)로 구성되어 있다. 이 중 악은 단순히 곡을 연주하는 기술을 넘어 심성을 수양하고 사회적 조화를 이루는 데 필수적인 요소로 여겨졌으며, 개인의 감정을 다스리고, 올바른 가치관을 형성하며, 공동체 내 질서를 유지하는 데 중요한 역할을 하였다. 선비들이 즐긴 음악 중에서도 정악(正樂)은 특별히 주목할 만하다. 정악은 유교적 이념을 바탕으로 하며, 말 그대로 '바른 음악'이라는 뜻이다. 대표적으로 궁중에서 연주되던 아악, 사대부들이 애호했던 가곡, 시조 등이 포함되며 조화와 절제를 중시한 점이 특징적이다. 정악은 단순히 아름다운 선율을 즐기는 것을 넘어, 선비의 내면적 성찰과 인간관계를 조화롭게 만드는 수단으로 기능하였다. 이러한 육예의 전통 속에서 음악은 선비의 품격을 완성하고, 사회적 역할을 다하는 데 중요한 위치를 차지하였다. 육예는 단순한 기술 교육과 달리 이상적인 인간상을 구현하기 위한 수단이었으며, 정악은 그 가운데 선비 정신을 가장 잘 담아낸 예술로 평가받는다.

① 어떤 대상의 의미를 설명하는 방식인 정의
② 어떤 개념, 대상, 사건의 성질, 원리, 이유 등을 명확하게 풀어주는 방식인 설명
③ 개념의 뜻을 비유적으로 설명하는 방식인 예시
④ 두 개 이상의 대상이나 개념을 비교하여 유사점을 밝히는 방식인 비교와 차이점을 드러내는 방식인 대조
⑤ 다른 사람의 말이나 글을 사용하는 방식인 인용

## 05 다음 글의 문단 배열로 가장 적절한 것은?

| 2024 하반기 기출 키워드 | 미국 SAT 점수

(A) 이 점수는 가정 소득, 부모의 학력, 거주 지역의 경제 수준, 학교의 자원 수준 등 여러 요소를 기준으로 산출되어 저소득 가정 출신, 학업 자원이 부족한 지역에서 학교에 다닌 학생은 높은 점수를 받을 가능성이 크다. 이 점수는 기존 SAT 점수와는 별개로 제공되며, 학생의 학업 성취도 외에 잠재력을 평가하려는 의도를 담고 있다.

(B) 미국의 SAT에는 학생들의 역경을 고려하는 역경 점수 제도가 도입된 적이 있다. 이것은 개인적 배경, 가정환경, 지역 사회의 여건 등을 반영하여 평가하는 것으로, 학생이 극복해 온 어려움을 입학 사정 과정에서 고려하려는 취지에서 시작되었다.

(C) 역경 점수는 대학 입학에서 학생들의 배경을 고려하려는 새로운 시도였지만, 논란과 함께 개선점이 필요하다는 교훈을 남겼다. 미국의 교육 제도는 학생들의 다양한 경험을 반영하려는 방안을 계속 고민하고 있다.

(D) 그러나 이 제도는 도입 초기에 큰 논란을 불러일으켰다. 일부에서는 이 점수가 사회적 불평등을 완화하는 데 기여할 수 있다고 평가했지만, 다른 한편에서는 점수가 오히려 개인의 성취를 왜곡할 수 있다고 비판하였다.

① (B) – (A) – (D) – (C)
② (A) – (B) – (C) – (D)
③ (C) – (D) – (A) – (B)
④ (D) – (C) – (B) – (A)
⑤ (B) – (A) – (C) – (D)

## 06 다음 글의 제목으로 가장 적절한 것을 고르면?

| 2024 하반기 기출 키워드 | 오르골 두 종류의 차이

오르골은 음악을 재생하는 기계로, 주로 상자 모양으로 제작되어 내부에 있는 기계 장치가 음악을 자동으로 연주하는 방식으로 작동한다. 그중 대표적인 것은 기계식 오르골과 디지털 오르골이다. 기계식은 오래된 방식으로, 회전하는 실린더에 핀이 박혀 있고, 핀들이 톱니바퀴를 작동시켜 금속의 피리를 울리면서 소리를 내는 방식이다. 이것은 기계 부품들을 사용하여 손으로 구동되거나 자동으로 회전하면서 음악을 연주한다. 오르골의 음악은 주로 클래식하거나 전통적인 곡들이며, 소리는 다소 부드럽고 따뜻한 느낌을 준다. 반면 디지털은 전자적인 방식으로 작동하며, 디지털 기술을 이용해 다양한 음악을 재생할 수 있다. 이것은 저장된 음악 파일을 읽어서 스피커를 통해 소리를 내며, 다양한 곡을 선택할 수 있어 더욱 다채로운 음악을 제공하며, 컴퓨터나 스마트폰과 연결해 음악을 조작하는 등 최신 기술을 활용한 오르골이다. 이 두 종류 모두 음악을 재생하지만, 작동 방식과 음악의 다양성에서 차이가 있다. 기계식은 고전적인 아름다움을 지녔지만, 디지털은 현대적인 기술로 여러 곡을 즐길 수 있는 장점이 있다.

① 오르골의 역사와 발전
② 오르골을 만드는 다양한 재료들
③ 디지털 기술의 발전과 음악의 변화
④ 오르골과 기타 악기의 차이점
⑤ 기계식 오르골과 디지털 오르골의 차이점

**07** 글의 주제로 가장 적절한 것을 고르면?

| 2024 하반기 기출 키워드 | 땅콩 알레르기

땅콩 알레르기는 땅콩을 섭취하거나 접촉했을 때 발생하는 면역 반응으로, 알레르기 반응을 일으킬 수 있는 대표적인 음식 알레르기 중 하나이다. 이 알레르기는 주로 땅콩에 포함된 단백질이 면역 시스템에 의해 잘못 인식되면서 발생한다. 알레르기 반응은 피부 발진, 호흡 곤란, 심한 경우 아나필락시스(알레르기 쇼크)까지 이어질 수 있으며, 빠른 대응이 필요할 만큼 치명적이다.

땅콩 알레르기를 가진 사람은 땅콩을 포함한 모든 음식이나 제품에 주의해야 하며, 특히 식품 라벨을 꼼꼼히 확인하는 것이 중요하다. 또한, 아나필락시스 반응이 발생할 수 있는 경우에는 즉시 에피네프린 주사를 사용하여 응급처치가 필요하다. 알레르기 반응은 예방이 가장 중요하기에 땅콩을 피하는 것이 제일 나은 방법이다. 땅콩 알레르기는 어린 아이에게서 많이 발생하며, 일부는 나이가 들면서 알레르기가 완화되기도 하지만, 완치가 어렵고 평생 지속되는 예도 있다.

① 땅콩의 영양 성분과 효능
② 알레르기와 면역 시스템의 관계
③ 음식 알레르기의 치료법
④ 아나필락시스의 발생 원리
⑤ 땅콩 알레르기의 원인과 예방 방법

## 08 서로의 주장에 대한 비판으로 가장 적절하지 않은 것은?

| 2024 하반기 기출 키워드 | 칸트와 니체



칸트는 의식을 인간의 인식 능력과 연결 지으며, 인간이 세상을 인식하는 방식이 선험적 형태에 의해 제한된다고 주장한다. 즉, 우리가 경험하는 모든 것은 우리 마음의 틀을 통해 만들어진다. 따라서 의식은 단순히 외부 세계의 반영이 아니라, 인간이 세계를 이해하는 방식에 영향을 미치고 세계와의 관계에서 중요한 역할을 하며, 우리의 경험은 이성적 구조와 결합한 결과물이다.

반면 니체는 의식을 인간의 본능과 억제된 감정의 산물로 보았다. 인간이 진리를 추구하는 것 자체가 본능을 억제하는 행위라고 주장하며, 자아를 만들어내는 과정이라고 생각한다. 즉 의식은 사회적 규범과 도덕적 가치를 받아들이기 위해 억제된 본능이 드러나는 결과물이다. 그는 인간이 세상에 대한 깊은 이해를 얻기 위해서는 의식을 넘어서 무의식의 세계로 들어가야 한다고 말한다.

또한, 상징성에 대하여 칸트는 인간의 인식 구조를 표현하는 방법으로, 우리는 세상을 이해하기 위해 다양한 상징적 틀을 사용한다고 보았다. 하지만 니체는 상징성을 인간의 내면적 갈등과 투쟁을 표현하는 도구로 보며, 인간이 자신을 이해하고, 세상의 본질을 파악하기 위해 사용하는 것이라고 생각했다.

① 칸트의 선험적 틀 비판: 칸트는 인식이 선험적 틀에 의해 제한된다고 주장하지만, 이는 인간 경험의 다양성을 과소평가할 수 있다.

② 니체의 본능 억제 비판: 니체는 의식이 본능 억제의 산물이라고 보는데, 이는 인간의 이성적 사고와 자유로운 선택을 간과할 수 있다.

③ 칸트의 상징성 제한: 칸트는 상징성을 인식 구조의 표현으로만 보지만, 이는 상징의 감정적 역할을 무시할 위험이 있다.

④ 니체의 무의식 강조 비판: 니체는 무의식을 강조하지만, 이는 의식과 이성의 중요성을 과소평가할 수 있다.

⑤ 니체의 상징성 부정: 니체는 상징성을 완전히 부정하며, 인간이 상징을 통해 세상을 이해하거나 표현하려는 시도를 무의미한 것으로 간주했다.

## 09 다음 글의 ( ⓐ )에 들어갈 문장으로 가장 적절한 것은?

| 2024 하반기 기출 키워드 | 진통제와 항우울제

> 진통제와 항우울제는 모두 신체의 불편함을 완화하는 약물이지만, ( ⓐ ). 진통제는 주로 신경계에서 발생하는 통증 신호를 차단하거나 완화해, 통증을 감소시키는 역할을 한다. 대표적인 진통제에는 아세트아미노펜, 이부프로펜 등이 있으며, 이들은 주로 대뇌피질에 직접적으로 작용하지 않고, 신경 말단에서 발생하는 통증 신호를 억제하는 방식으로 작용한다. 반면 항우울제는 우울증과 같은 정신적 문제를 개선하는 데 사용된다. 이 약물들은 뇌의 신경전달물질인 세로토닌, 노르에피네프린 등을 조절하여 감정의 균형을 맞추고, 우울증 증상을 완화하는 데 도움을 준다. 대표적인 항우울제에는 선택적 세로토닌 재흡수 억제제 계열 약물이 있으며, 이들은 대뇌피질을 포함한 뇌의 여러 부분에서 신경전달물질의 분비를 조절한다.

① 처방하는 병원이 각각 다르다.
② 복용할 수 있는 나이대가 서로 다르다.
③ 진통제의 종류가 항우울제의 종류보다 많다.
④ 유통 기한이 서로 다르다.
⑤ 대뇌피질에 작용하는 방식에서 그 차이가 있다.

**10** **다음 글의 문단 배열로 가장 적절한 것은?**

| 2024 하반기 기출 키워드 | 동물의 감정

(A) 동물의 행동은 본능적 반응일 때가 많으며, 우리가 이를 감정으로 해석하는 것은 인간의 관점에서 바라본 결과일 가능성이 크다. 예로, 개가 꼬리를 흔드는 행동은 인간에게는 기쁨으로 보이지만, 이는 단순히 사회적 신호에 가깝다는 해석도 있다.

(B) 그러나 일부 연구에서는 동물도 감정적 경험을 할 가능성을 제기한다. 특히 포유류와 조류는 복잡한 신경구조로 되어 있어 두려움이나 애착 같은 감정을 느낄 수 있다는 증거가 발견되었다. 이러한 연구들은 동물의 행동이 단순히 생물학적 반응이 아니라, 상황에 따른 정서적 반응일 수 있음을 시사한다.

(C) 동물이 느끼는 감정을 인간과 같은 기준으로 평가하는 것은 한계가 있다. 따라서 동물의 행동과 감정을 이해하려면 인간 중심의 사고를 넘어서, 각 종의 특성과 행동 맥락을 종합적으로 분석할 필요가 있다.

(D) 동물도 인간처럼 감정을 느낄 수 있는가? 이는 동물 행동학에서 오랜 논쟁거리이다. 인간은 동물이 슬픔, 기쁨, 두려움 등의 감정을 느낀다고 가정하는 경향이 있지만, 이는 종종 인간 중심적 사고, 즉 인간화(Anthropomorphism)의 결과일 수 있다.

① (D) – (C) – (B) – (A)
② (D) – (A) – (B) – (C)
③ (A) – (B) – (C) – (D)
④ (A) – (D) – (B) – (C)
⑤ (A) – (C) – (D) – (B)

## 11 다음 글의 밑줄 친 ⓑ의 관점에서 ⓐ를 비판하는 것으로 적절한 것은?

| 2024 하반기 기출 키워드 | 촉법소년

> 촉법소년은 범죄를 저질러도 형사처벌 대신 보호처분을 받는 만 10세 이상에서 만 14세 미만의 미성년자를 말한다. 이 제도에 대해 두 가지 상반된 관점이 존재한다.
>
> ⓐ 첫 번째 관점은 촉법소년 연령 하향을 주장한다. 촉법소년의 범죄가 점점 조직적, 악질적으로 변하고 있으며, 현행법이 이러한 문제를 억제하지 못한다고 지적하며, 연령을 하향함으로써 범죄 예방 효과를 높이고, 미성년자에게도 자기 행동에 대한 책임감을 부여해야 한다는 것이다.
>
> 반면 ⓑ 두 번째 관점은 촉법소년 연령 유지 또는 상향을 주장한다. 미성년자는 아직 심리적·인지적 발달이 완전하지 않으므로 처벌보다는 교육과 교정이 필요하다고 보고 연령을 낮추는 것은 근본적인 해결책이 아니며, 오히려 미성년자를 범죄자로 낙인찍어 사회 복귀를 어렵게 만들 수 있다는 우려를 제기하는 것이다.
>
> 이 제도는 처벌의 문제가 아니라, 미성년자 범죄를 예방하고 촉법소년을 어떻게 사회에 통합할 것인지에 대한 논의로 확장되어야 한다. 양측의 주장은 각각 나름의 근거가 있으나, 범죄 예방과 재사회화라는 두 가지 목표를 어떻게 조화시킬지에 대한 고민이 필요하다.

① 미성년자에게 과도한 책임을 부여하게 되며, 이는 범죄 예방보다는 범죄자 낙인을 강화할 위험이 크다.

② 범죄 예방에 매우 효과적이며, 미성년자에게 책임감을 부여하는 것만큼 중요한 것은 없다.

③ 미성년자들의 범죄가 더욱 악질적으로 변할 위험이 있으며, 이는 처벌보다는 교육을 강조하는 것이 맞다.

④ 범죄 예방을 위해서는 촉법소년의 연령을 하향시키는 것보다는 연령을 높여서 범죄의 심각성을 더 강하게 인식시켜야 한다.

⑤ 미성년자의 심리적·인지적 발달이 완전하지 않다는 점을 고려하여, 연령 하향은 오히려 미성년자들에게 유리한 영향을 미칠 수 있다.

**12** 다음 글의 ( ⓐ )에 들어갈 문장으로 적절한 것은?

| 2024 하반기 기출 키워드 | 목디스크 유발 관련 중추신경계, 말초신경계

> 목디스크, 즉 경추 추간판 탈출증은 주로 중추신경계와 말초신경계에 영향을 미친다. 경추는 목 부분의 척추로, 이곳에서 발생하는 디스크 탈출증은 중추신경계인 척수를 압박하여 신경 통로를 방해할 수 있다. 이에 따라 통증, 근육 약화, 감각 이상 등의 증상이 나타날 수 있다. 목디스크는 말초신경계에도 영향을 미친다. 척수에서 나오는 신경이 디스크 탈출로 인해 압박받으면, 팔이나 손으로 가는 신경이 손상될 수 있다. 이는 팔의 통증, 저림, 힘 빠짐 등으로 나타나며, 신경학적인 검사에서 이상을 발견할 수 있다. 따라서 목디스크는 중추신경계와 말초신경계 ( ⓐ ), 이를 예방하거나 치료하기 위해서는 적절한 자세와 운동, 치료가 필요하다.

① 중에서 중추신경계 관련하여서만 증상을 유발하며
② 중에서 말초신경계 관련하여서만 증상을 유발하며
③ 두 부분에 걸쳐 증상을 유발할 수 있으며
④ 두 부분에 걸쳐 증상이 유발되지 않으며
⑤ 그리고 허리 디스크 증상을 유발할 수 있으며

## 13 다음 글의 내용과 일치하는 것을 고르면?

| 2024 하반기 기출 키워드 | 청약, 모델하우스, VR 모델하우스

청약은 주택을 구매하고자 하는 사람들이 특정 주택에 대한 우선권을 얻기 위해 신청하는 제도로, 주택 시장에서 중요한 역할을 한다. 특히, 청약은 일정한 자격 요건을 충족한 사람들에게 주어지며, 보통 청약에 당첨되면 정해진 가격으로 주택을 구매할 수 있는 기회가 주어진다. 하지만, 경쟁이 치열하고 당첨 확률이 낮다는 단점이 있다.

모델하우스는 건설 중인 주택의 실내와 외관을 미리 보여주기 위해 마련된 전시 공간이다. 이를 통해 소비자들은 실생활에 가까운 환경에서 주택을 미리 체험해 볼 수 있으며, 주택을 구매하려는 사람들에게 중요한 정보를 제공해 구매 결정에 도움을 주고, 실내 디자인과 공간 활용도를 확인할 수 있어 매우 유용하다.

최근에는 VR 모델하우스가 인기를 끌고 있다. 가상현실 기술을 이용해 실제 모델하우스처럼 집을 체험할 수 있는 공간으로, 물리적으로 방문하지 않고도 가상으로 다양한 공간을 자유롭게 돌아보며, 공간의 크기와 배치를 직관적으로 파악할 수 있는 장점이 있고, 시간과 장소에 구애받지 않고 누구나 쉽게 접근할 수 있어, 점점 더 많은 주택 구매자들이 이를 활용하고 있다.

① 모델하우스는 주택을 가상으로 체험할 수 있는 공간이고, 청약은 당첨된 사람들에게만 주택을 구입할 수 있는 기회를 주는 제도이다.

② VR 모델하우스는 건설 중인 주택의 구조와 약간의 차이를 보인다.

③ 청약은 주택을 구입할 수 있는 기회를 얻기 위한 제도가 아니며, VR 모델하우스는 소비자들에게 불편한 점이 많다.

④ 청약은 주택을 구매할 기회를 얻는 데 필요한 제도이며, 모델하우스는 건설 중인 주택을 미리 체험할 수 있는 전시 공간이다.

⑤ VR 모델하우스를 통해서는 실내 디자인을 알 수 없다.

## 14 이 글의 서술 방식에 관해 설명한 것으로 가장 적절한 것을 고르면?

| 2024 하반기 기출 키워드 | 고양이에게 치명적인 아로마 향, 음식

고양이는 인간과 생활하면서 다양한 물질에 노출된다. 그중 일부는 치명적인 위험을 초래할 수 있는데, 대표적으로 백합과 관련된 아로마 향이다. 백합은 고양이에게 독성을 가지며, 꽃가루나 잎뿐만 아니라 아로마오일 형태로도 고양이의 신장에 심각한 손상을 유발할 수 있다. 심지어 극소량에 노출되더라도 구토, 식욕 감퇴, 무기력 등의 증상이 나타나며, 치료하지 않으면 치명적인 결과를 초래할 수 있다. 또한, 고양이에게 인간이 섭취하는 일부 식품이나 향료를 주는 것도 매우 위험하다. 예로 초콜릿은 테오브로민이라는 성분을 함유하고 있어 고양이의 심장과 신경계에 악영향을 미치고, 양파와 마늘도 고양이의 적혈구를 손상해 빈혈을 유발할 수 있다. 특히, 알코올, 카페인 음료, 포도와 건포도도 고양이에게 심각한 중독을 일으킬 수 있어 절대 먹이지 않아야 한다. 고양이는 인간과 다른 신체 구조와 대사 과정을 가지고 있어서 우리가 흔히 사용하는 물질이나 음식을 섭취하면 예상치 못한 부작용이 발생할 수 있다.

① 예시를 통한 고양이에게 위험한 물질이나 음식 등을 서술
② 질문과 납을 통해 고양이에게 위험한 물질이나 음식에 관하여 서술
③ 선후 관계와 과정을 통해 고양이에게 해로운 것을 서술
④ 인용을 통한 전문가의 의견으로 고양이에게 유해한 것을 서술
⑤ 개념의 정의를 통해 고양이에게 위험한 것을 서술

**15** **다음 글의 내용과 일치하지 않는 것을 고르면?**

| 2024 하반기 기출 키워드 | 조선시대 화풍, 진경산수화, 겸재 정선

조선시대 화풍은 유교적 이념과 함께 발전하였고, 특히 조선시대에는 진경산수화와 같은 새로운 화풍이 등장하였다. 이 화법은 자연을 사실적으로 그리는 데 중점을 둔 화풍으로, 특히 조선 후기 화가들이 자연을 세밀하게 관찰하여 그리며, 진정성과 사실성을 강조하였다. 즉 산과 강, 나무와 풀 등을 실물처럼 그려내어 당시 사람들에게 자연에 대한 깊은 감동을 주었다. 이 시기 대표적인 화가 중 한 명인 겸재 정선은 진경산수화를 대표하는 인물이다. 그는 남종화법을 통해 자연의 모습을 주관적으로 해석하여 개성 있고 서정적인 산수화를 그렸으며, 고향인 강원도의 산과 강을 주제로 수많은 작품을 남겼다. 그의 작품은 고요한 자연의 아름다움을 표현하는 데 집중하였으며, 화법은 감각적이면서도 사실적인 묘사를 중요시하였다. 김창흡은 정선의 후원자이자 예술적 조언자로, 자연을 있는 그대로 표현하되 단순한 재현에 그치지 않고 내면적 감정과 유학적 이상을 담아내도록 조언했다. 이러한 조언은 정선이 남종화법과 북종화법을 융합하면서 한국적인 화풍을 정립하는 데 큰 영향을 미쳤다.

① 진경산수화는 자연을 사실적으로 그리며, 겸재 정선은 이를 통해 한국 산수화의 새로운 방향을 개척하였다.

② 진경산수화는 유교적 이념을 반영하여 자연을 사실적으로 그리는 대신, 인위적으로 이상화된 형태로 그렸다.

③ 겸재 정선은 남종화법을 사용하여 사실적인 자연을 묘사했으며, 자신의 고향을 주제로 한 작품을 많이 그렸다.

④ 김창흡은 정선에게 자연을 사실적으로 묘사하되 그 안에 사상을 담으라고 조언했다.

⑤ 진경산수화는 조선시대에 발전한 화법으로, 자연을 사실 그대로 표현하여 보는 이에게 감동을 주었다.

**16** **다음 글을 밑줄 친 ⓐ, ⓑ, ⓒ, ⓓ, ⓔ의 사례로 가장 적절하지 않은 것은?**

| 2024 하반기 기출 키워드 | 매슬로우의 욕구 단계이론

| |
|---|
| 매슬로우의 욕구 단계이론은 인간의 욕구가 단계적으로 발전하고 하위 단계의 욕구가 충족되어야 상위 단계로 나아갈 수 있다고 설명하는 심리학 이론이다. 매슬로우는 인간의 욕구를 피라미드 형태로 제시하였으며, 이 이론은 다섯 가지 욕구로 구성된다. ⓐ생리적 욕구는 인간이 생존하기 위해 가장 기본적으로 충족해야 하는 욕구이며, 이 욕구를 충족하지 못하면 다른 욕구는 우선순위에서 밀리게 된다. 다음으로 ⓑ안전의 욕구는 신체적 안전과 경제적 안정, 건강 등 삶의 안정성을 추구하는 욕구이고, ⓒ사회적 욕구는 타인과의 관계를 통해 소속감과 사랑을 추구하는 단계의 욕구이다. 그리고 ⓓ존중의 욕구는 타인으로부터 인정받고 자신감을 가지려는 욕구로 자신에 대한 존중도 포함된다. 마지막으로 ⓔ자아실현의 욕구는 자기 잠재력을 최대한 발휘하고자 하는 욕구로, 이 단계는 모든 욕구 중 가장 높은 단계로 여겨진다. |

① ⓐ – 더운 날 물을 마시며 갈증 해소

② ⓑ – 정규직 일자리를 얻어 경제적 안정 확보

③ ⓒ – 해외 봉사활동을 통해 자신만의 가치를 실현

④ ⓓ – 직장에서 프로젝트 성공으로 상사와 동료들에게 인정받음

⑤ ⓔ – 평생 꿈꿔온 창작 활동을 통해 개인 전시회를 개최

**17** **다음 글을 읽고 추론한 것으로 가장 적절한 것을 고르면?**

| 2024 하반기 기출 키워드 | 의식과 무의식

| |
|---|
| 의식과 무의식은 인간의 정신 활동을 이해하는 중요한 개념으로, 정신분석학에서 두 가지 영역은 매우 중요한 역할을 한다. 의식은 우리가 스스로 인지하고 경험하는 생각이나 감정, 감각들을 말한다. 즉, 우리가 깨어 있을 때 자각하고 있는 모든 정신적 경험을 포함한다. 예를 들어, 우리가 지금, 이 순간 읽고 있는 글이나 주변의 소리, 온도 등을 느끼는 것들이 바로 의식의 범주에 속한다. 반면 무의식은 우리가 직접적으로 자각하지 못하는 정신적 활동을 의미한다. 우리가 의식적으로 기억하거나 인식하지 못하는 감정, 욕망, 기억들이 저장되는 장소로, 이러한 요소들이 의식에 영향을 미칠 수 있다. 주로 어린 시절의 경험이나 억압된 감정들로 이루어져 있으며, 이는 인간 행동에 중요한 영향을 미친다고 여겨진다. 정신분석학자 지그문트 프로이트는 무의식을 인간 정신의 중요한 부분으로 강조하며, 그것이 의식과 함께 우리의 행동을 결정한다고 주장하였다. 현대 심리학에서는 의식과 무의식의 상호작용을 연구하며, 이는 인간의 특정 행동이나 감정을 이해하는 데 중요한 열쇠로 작용하고 있다. |

① 의식과 무의식은 서로 완전히 독립된 두 영역으로, 서로 영향을 미치지 않는다.

② 의식은 우리가 직접 경험하지 않는 모든 정신적 활동을 의미하며, 무의식은 우리가 자각하는 감정과 생각들을 포함한다.

③ 무의식은 전적으로 어린 시절의 기억으로만 구성되어 있다.

④ 의식은 우리가 자각하고 경험하는 정신적 활동을 포함하며, 무의식은 자각하지 못하는 정신적 활동을 포함한다.

⑤ 프로이트는 의식이 인간 행동에 미치는 영향을 무시하고 무의식만을 중요시했다.

## 18 다음 글을 읽고 추론한 것으로 적절하지 않은 것은?

| 2024 하반기 기출 키워드 | 조로아스터교, 니체



> 조로아스터교는 기원전 6세기경 페르시아 지역에서 시작된 고대 종교로, 조로아스터(자라투스트라)라는 인물이 창시한 것으로 알려져 있다. 이 종교는 선과 악, 빛과 어둠의 이원적 세계관을 중심으로 하며, 신인 아후라 마즈다는 선의 신으로, 그의 대적자인 앙그라 마이뉴는 악의 세력으로 묘사된다. 조로아스터교는 인간의 자유 의지와 선택을 중요시하며, 선한 삶을 살도록 촉구하는 교리를 제시한다. 프리드리히 니체는 19세기 독일의 철학자로, 그의 대표적인 저서인 『차라투스트라는 이렇게 말했다』에서 조로아스터교의 상징적 인물인 자라투스트라를 주인공으로 내세운다. 니체는 조로아스터교의 이원론적 세계관과 선악의 구분을 비판하며, 초인(Übermensch) 개념을 제시한다. 니체에게 초인은 기존 도덕과 종교의 구속을 넘어서 자신만의 가치를 창조하는 존재이다. 또한, 니체는 "신은 죽었다"라고 선언하며 전통적인 종교와 도덕 체계를 해체하려 하였다. 따라서 니체의 철학은 조로아스터교의 선악 이원론과 구속적 사고에서 벗어나, 인간 존재의 자율성과 자기 창조의 중요성을 강조한다.

① 니체는 조로아스터교의 교리와 철학을 전적으로 지지하며, 초인 개념의 기초를 조로아스터교에서 차용하였다.

② 니체의 철학에서 "신은 죽었다"는 선언은 전통적인 도덕과 종교의 구속적 역할을 부정하는 것이다.

③ 조로아스터교는 선과 악, 빛과 어둠의 이원적 세계관을 중심으로 하며, 인간의 자유 의지와 선택을 중요시한다.

④ 니체는 인간의 자율성과 자기 창조의 중요성을 강조하며, 전통적인 종교의 교리를 넘어서는 철학적 방향을 제시했다.

⑤ 니체는 조로아스터교의 이원론적 세계관을 비판하며, 선악의 구분을 넘어선 초인의 개념을 제시했다.

**19** **다음 글의 문단 배열로 가장 적절한 것은?**

| 2024 하반기 기출 키워드 | 인상파

(A) 그럼에도 불구하고 인상파는 점차 대중의 인정을 받으며 현대미술의 시작을 알리는 중요한 전환점으로 평가받게 되었다. 인상파는 빛과 색채를 탐구하며 예술 표현의 새로운 가능성을 열었고, 후대의 후기인상주의뿐만 아니라 현대미술의 발전에도 큰 영향을 미쳤다.

(B) 그러나 인상파는 초기에는 비판과 조롱의 대상이 되었다. 당시 전통을 고수하던 미술계는 이들의 기법을 미완성으로 간주했으며, 작품의 형태나 주제에서 엄격한 규칙을 따르지 않는 점을 문제 삼았다.

(C) 인상주의 화가들을 인상파라고 칭하는데, 주로 야외에서 직접 그림을 그리는 플레네르 기법을 활용하며, 빛의 변화와 그에 따른 색채의 다양성을 담았고, 짧은 붓 터치와 밝은 색상을 주로 사용했다. 모네, 르누아르, 드가 등이 대표적인 화가로 꼽힌다. 특히 모네의 작품 ≪인상, 해돋이≫는 인상파라는 이름의 유래가 된 작품으로 알려져 있다.

(D) 인상주의는 19세기 후반 프랑스에서 시작된 예술 사조로, 빛과 색채의 순간적 인상을 포착하려는 데 중점을 둔 것이 특징이다. 기존의 전통적 회화가 선명한 윤곽과 사실적 묘사를 강조한 데 반해, 인상주의는 자연과 일상의 순간적인 변화를 생동감 있게 표현하였다.

① (A) – (B) – (C) – (D)
② (B) – (C) – (D) – (A)
③ (D) – (C) – (A) – (B)
④ (A) – (C) – (D) – (B)
⑤ (D) – (C) – (B) – (A)

**20** 글의 주제로 가장 적절한 것을 고르면?

| 2024 하반기 기출 키워드 | 1차 전지, 2차 전지, 배터리 충전 방식

1차 전지와 2차 전지는 전기 에너지를 저장하고 사용하는 방식에서 큰 차이가 있다. 1차 전지는 한 번만 사용할 수 있는 전지로, 일단 방전되면 재충전할 수 없다. 주로 일회용 배터리로 사용되며, 예를 들어 건전지, 리튬 일차 전지 등이 이에 해당한다. 이러한 전지는 장기간 보관할 수 있으며, 충전 없이 사용할 수 있지만, 방전되면 새로운 배터리로 교체해야 한다. 반면 2차 전지는 충전이 가능한 배터리로, 여러 번 재충전하여 사용할 수 있다. 예로는 리튬 이온 배터리, 니켈 수소 배터리 등이 있으며, 스마트폰, 전기차, 노트북 등 다양한 전자 기기에서 널리 사용된다. 이것은 충전 방식에 따라 충전 주기와 수명이 달라지며, 올바른 충전 방법을 지켜야 효율적으로 사용할 수 있다. 1차 전지는 사용 후 버려지지만, 2차 전지는 충전 후 여러 번 재사용이 가능해 경제적이며 친환경적인 장점이 있다. 그러나 2차 전지를 충전할 때는 과충전이나 과방전, 과열 등에 유의해야 하며, 이를 방지하기 위해서는 적절한 전류와 전압을 제공해야 한다. 또한, 안전한 사용을 위해서는 올바른 충전기를 사용해야 한다.

① 전지의 역사와 발전
② 1차 전지와 2차 전지 사용에 따른 환경오염 문제
③ 1차 전지와 2차 전지의 차이점과 충전 방식
④ 전기차 배터리의 충전 시스템
⑤ 전자 기기의 충전 방식과 효율성

기출복원 모의고사

**01** 다음은 A기업 임원 최종학력 추이와 관련된 자료이다. 다음 중 옳지 않은 것은?

| 2024 하반기 기출 키워드 | 박사, 석사, 학사, 고졸 막대그래프

〈그래프〉 A기업 임원 최종학력 추이

(단위: %)

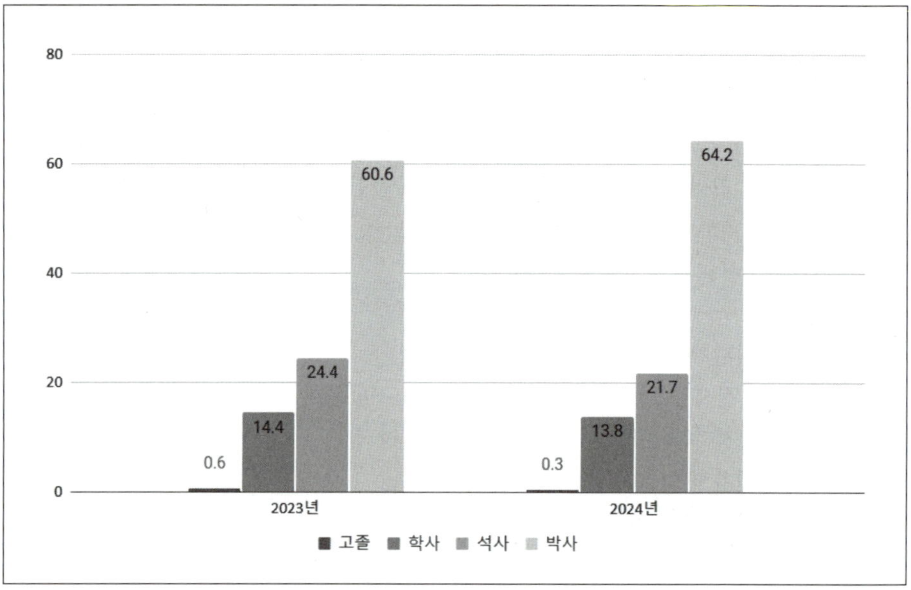


① 고졸의 비율은 2023년 대비 2024년 감소하였다.
② 2023년 고졸과 석사 비율의 합은 2024년 고졸과 석사의 비율의 합보다 크다.
③ 2023년과 2024년 학사 비율의 차는 1%p 미만이다.
④ 2024년 A기업 임원의 박사 비율은 조사기간 동안 가장 높다.
⑤ 2023년 A기업 임원의 석사 인원은 2024년 A기업 임원의 석사 인원보다 많다.

**02** 다음은 S국의 5대 산업 종사자 비중을 나타낸 자료이다. S국의 전체 인구가 44만 명이라 할 때, 제조업 종사자 수는?

| 2024 하반기 기출 키워드 | 5대 산업 비중 그래프

〈그래프〉 S국의 5대 산업 종사자 비중

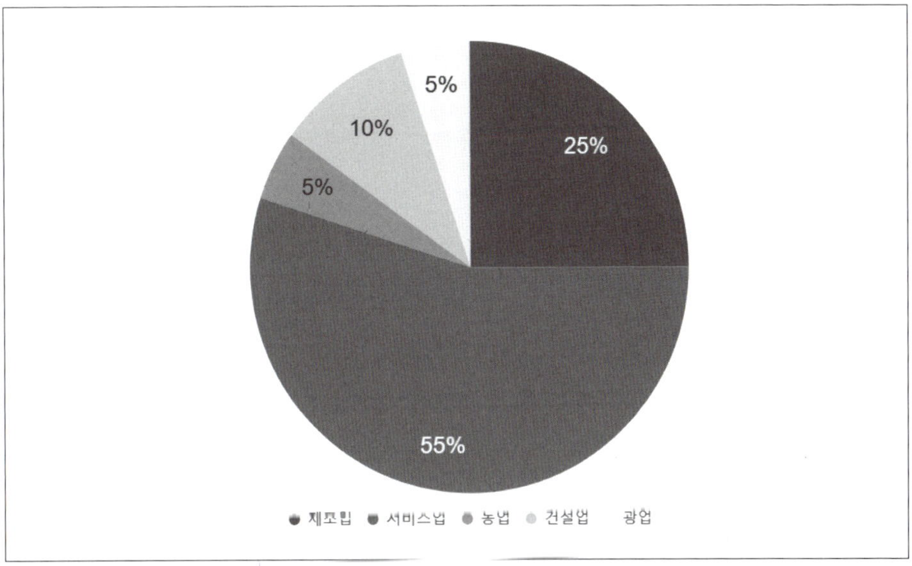


① 10만 5천 명　② 11만 명　③ 11만 5천 명
④ 12만 명　⑤ 12만 5천 명

**03** 다음은 2021~2024년 S기업과 K기업의 영업이익에 대한 자료이다. 다음 중 옳은 것은?

| 2024 하반기 기출 키워드 | 두 회사의 영업이익 꺾은선 그래프

〈그래프〉 연도별 S기업과 K기업의 영업이익

(단위 : 억 원)

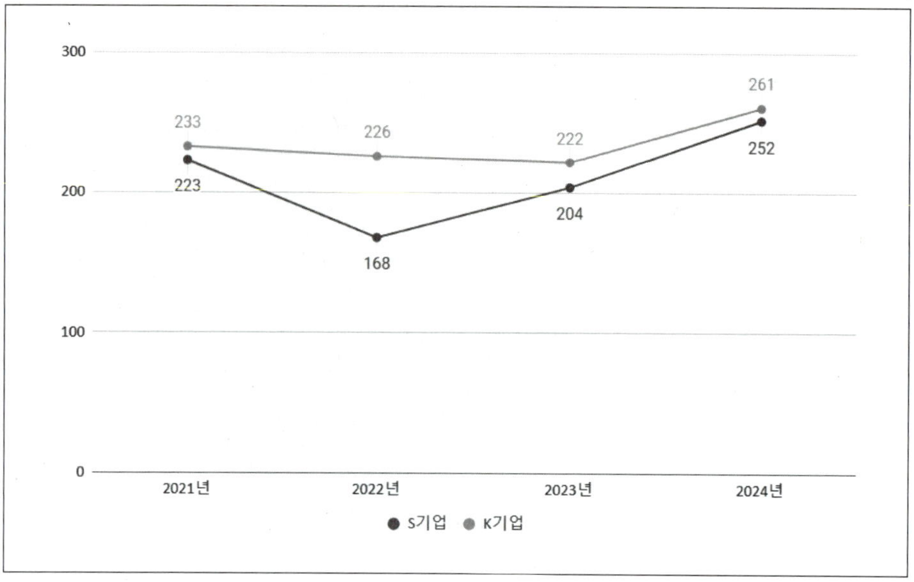


① S기업의 영업이익은 지속적으로 증가하였다.

② K기업의 영업이익은 지속적으로 증가하였다.

③ 2021년 S기업의 영업이익 대비 2023년 K기업의 영업이익은 90% 미만이다.

④ S기업과 K기업의 영업이익의 차는 2022년 이후 지속적으로 감소하였다.

⑤ K기업의 영업이익이 가장 낮았던 해에 S기업의 영업이익도 가장 낮았다.

## 04 다음은 연도별 주요국가 유가 금액에 대한 자료이다. 다음 중 옳은 것을 모두 고른 것은?

| 2024 하반기 기출 키워드 | 연도별 유가 금액 막대그래프

〈그래프〉 연도별 주요국가 유가 금액

(단위 : USD/barrel)

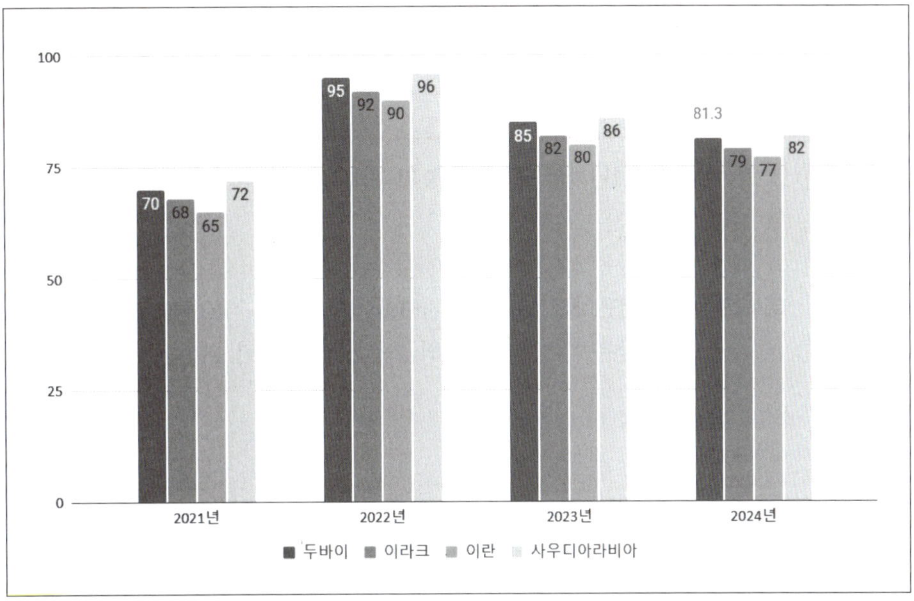


〈보 기〉

ㄱ. 2022년 유가가 가장 높은 국가는 이란이다.
ㄴ. 2023년 두바이의 유가는 2022년보다 감소하였다.
ㄷ. 2024년 이라크의 유가는 2023년보다 증가하였다.
ㄹ. 2021년 사우디아라비아의 유가는 두바이보다 높았다.

① ㄱ, ㄴ　② ㄱ, ㄷ　③ ㄴ, ㄷ
④ ㄴ, ㄹ　⑤ ㄷ, ㄹ

## 05 다음은 2021~2024년 S국의 명목임금과 실질임금에 대한 자료이다. 다음 중 옳지 않은 것은?

| 2024 하반기 기출 키워드 | 명목임금, 실질임금

〈표〉 S국 2021~2024년 명목임금과 실질임금

(단위 : 만 원)

| 구분 | 2021년 | 2022년 | 2023년 | 2024년 |
|---|---|---|---|---|
| 명목임금 | 369 | 387 | 397 | 429 |
| 실질임금 | 369 | 374 | 366 | 396 |

① 2021년부터 2024년까지 명목임금은 지속적으로 증가하였다.
② 2023년 실질임금은 2022년보다 높았다.
③ 2024년 실질임금은 2023년보다 증가하였다.
④ 2022년 실질임금은 2021년보다 증가하였다.
⑤ 2024년 명목임금은 2021년의 명목임금보다 약 60만 원 증가하였다.

## 06 다음은 A~D국의 2021~2024년 인구 증감률에 대한 자료이다. 다음 중 옳은 것을 모두 고른 것은?

| 2024 하반기 기출 키워드 | 인구 증감률

〈표〉 A~D국의 2021~2024년 인구 증감률

(단위 : %)

| 구분 | 2021년 | 2022년 | 2023년 | 2024년 |
|---|---|---|---|---|
| A국 | 1.5 | 1.8 | 2.0 | 1.7 |
| B국 | 2.0 | 1.5 | 1.8 | 2.2 |
| C국 | 0.5 | 0.7 | 0.6 | 0.8 |
| D국 | 1.0 | 1.2 | 1.1 | 1.3 |

〈 보 기 〉

ㄱ. 2023년 A국의 인구 증감률은 2022년보다 증가했다.
ㄴ. 2022년 B국의 인구 증감률은 2021년보다 증가했다.
ㄷ. 2021년 D국의 인구 증감률은 A국보다 낮았다.
ㄹ. 2024년 C국의 인구 증감률은 2023년보다 감소했다.

① ㄱ, ㄴ ② ㄱ, ㄷ ③ ㄴ, ㄷ
④ ㄱ, ㄹ ⑤ ㄴ, ㄹ

**07** 다음은 S기업의 2021~2023년 판매량에 대한 자료이다. S기업의 2021년 대비 2023년의 판매량 증감률이 K기업의 2021년 대비 2022년 증감률보다 크다고 할 때, 다음 중 옳지 않은 것은?

| 2024 하반기 기출 키워드 | 기업 관련 자료의 증감률

〈표〉 S기업 2021~2023년 판매량

(단위 : 백만 개)

| 구분 | 2021년 | 2022년 | 2023년 |
|---|---|---|---|
| 판매량 | 1,200 | 1,500 | 1,800 |

① S기업의 2021년 대비 2023년의 판매량 증감률은 50%이다.
② K기업의 2021년 판매량이 1,000백만 개에서 2022년 1,100백만 개로 증가했다면, 증감률은 10%이다.
③ S기업의 2022년 대비 2023년 판매량의 증가량은 300백만 개이다.
④ K기업의 2021년 판매량이 800백만 개라면 2022년 판매량은 1,200백만 개 미만이다.
⑤ S기업의 2024년 판매량이 2,000백만 개라면 2022년 대비 30% 미만 증가하였다.

**08** 다음은 S기업의 전기차 배터리 매출실적과 관련된 자료이다. 2022년 전체 대비 내수 매출 비중은?

| 2024 하반기 기출 키워드 | 전기차 배터리 매출

〈표〉 S기업 전기차 배터리 매출실적

(단위 : 억 원)

| 품목 | 2024년 | 2023년 | 2022년 |
|---|---|---|---|
| 수출 | 3,310 | 4,840 | 3,920 |
| 내수 | 1,730 | 3,000 | 2,000 |
| 해외판매 | 3,960 | 7,160 | 4,080 |
| 합계 | 9,000 | 15,000 | 10,000 |

① 10% ② 15% ③ 20%
④ 25% ⑤ 30%

**09** 다음은 2021~2023년 전문직과 자영업자에 관련한 자료이다. 다음 자료를 바탕으로 옳지 않은 것은?(단, 조사기간 동안 전문직 내 직업 비율은 동일하다.)

| 2024 하반기 기출 키워드 | 전문직과 자영업자 수, 직업별 비율 원그래프

〈표〉 2021~2023년 전문직과 자영업자 수

(단위 : 명)

| 구분 | 2021년 | 2022년 | 2023년 |
|---|---|---|---|
| 전문직 | 1,000 | 1,200 | 1,500 |
| 자영업자 | 800 | 850 | 900 |

〈그래프〉 전문직 내 직업 비율

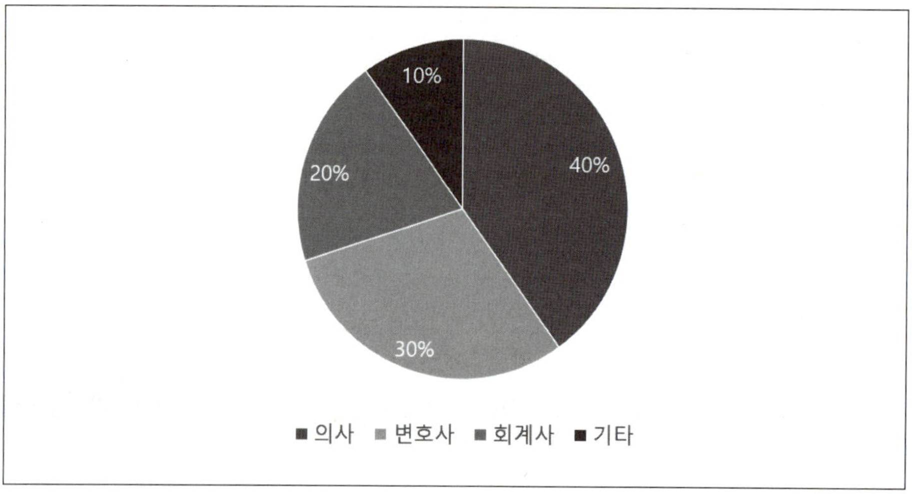


① 2023년 전문직 수는 2021년 대비 50% 증가하였다.
② 2022년 자영업자 수는 2021년보다 증가하였다.
③ 2021년 의사의 수는 400명이다.
④ 2023년 회계사의 수는 200명이다.
⑤ 자영업자 수는 2021년 대비 2023년 100명 증가하였다.

**10** 다음은 S시의 학교별 학생 1인당 과목별 사교육비 지출 관련 표이다. 다음 중 옳은 것을 모두 고른 것은?

| 2024 하반기 기출 키워드 | 학생 1인당 과목별 사교육비 지출

〈표〉 S시 학교별 학생 1인당 과목별 사교육비 지출

(단위 : 만 원)

| 구분 | 국어 | 영어 | 수학 | 사회 | 과학 |
|---|---|---|---|---|---|
| A학교 | 50 | 70 | 80 | 40 | 60 |
| B학교 | 60 | 80 | 90 | 50 | 70 |
| C학교 | 40 | 60 | 70 | 30 | 50 |
| D학교 | 70 | 90 | 100 | 60 | 80 |
| E학교 | 55 | 75 | 85 | 45 | 65 |
| F학교 | 65 | 85 | 95 | 55 | 75 |

〈보 기〉

ㄱ. C학교의 수학 사교육 지출비는 D학교보다 많다.
ㄴ. B학교의 영어 사교육 지출비는 A학교보다 많다.
ㄷ. E학교의 국어 사교육 지출비는 F학교의 두 배이다.
ㄹ. 과학 사교육 지출비는 F학교가 가장 많다.

① ㄱ　② ㄴ　③ ㄱ, ㄴ
④ ㄴ, ㄷ　⑤ ㄷ, ㄹ

**11** 다음은 산업 A~D의 영업이익 및 영업이익률 표이다. 다음 중 옳지 않은 것은?

| 2024 하반기 기출 키워드 | 4개 산업 영업이익 및 영업이익률

〈표〉 산업 A~D 영업이익 및 영업이익률

(단위 : 억 원, %)

| 구분 | 영업이익 | 매출액 | 영업이익률 |
|---|---|---|---|
| 산업 A | 500 | 2,500 | 20 |
| 산업 B | 450 | 1,500 | 30 |
| 산업 C | 300 | 2,000 | 15 |
| 산업 D | 600 | 3,000 | 20 |

① 산업 B의 영업이익률은 30%이다.

② 산업 C의 영업이익은 산업 A의 영업이익보다 적다.

③ 산업 C의 영업이익률은 20%이다.

④ 산업 D의 영업이익률은 산업 A의 영업이익률과 동일하다.

⑤ 산업 A의 매출액은 산업 B의 매출액보다 많다.

**12** 다음은 S국의 2개년 간 분야별 R&D 예산에 대한 자료이다. 다음 중 옳은 것을 모두 고른 것은?

| 2024 하반기 기출 키워드 | 2개년 분야별 R&D 예산 막대그래프

〈그래프〉 S국 2개년 분야별 R&D 예산

(단위 : 조 원)

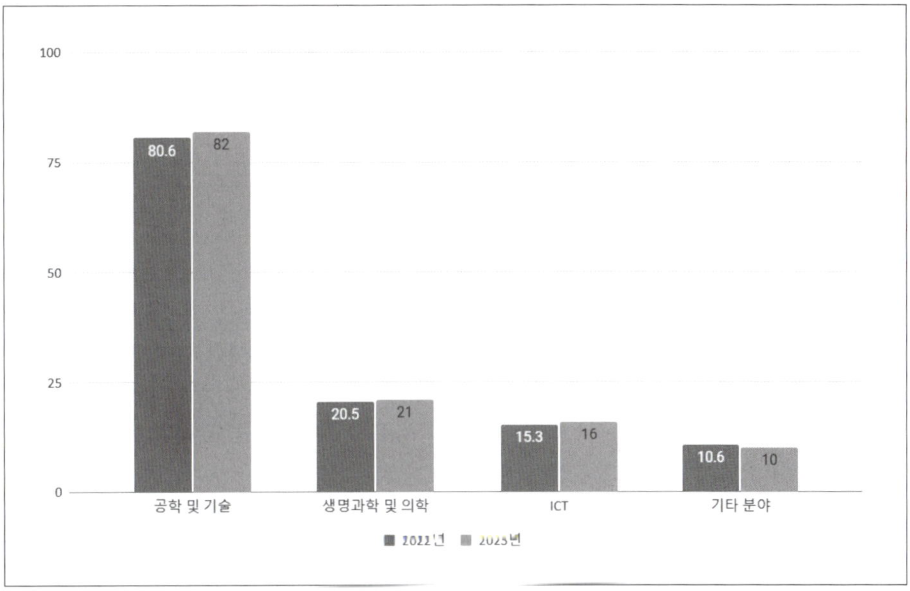


〈 보 기 〉

ㄱ. 각 분야에서 2022년 대비 2023년 R&D 예산이 증가하였다.

ㄴ. 전년 대비 증가량이 가장 큰 분야는 ICT이다.

ㄷ. 조사기간 동안 공학 및 기술의 R&D 예산이 가장 많다.

ㄹ. 생명과학 및 의학의 R&D 예산은 ICT와 기타 분야의 합보다 매년 적다.

① ㄱ, ㄴ ② ㄱ, ㄷ ③ ㄴ, ㄷ

④ ㄴ, ㄹ ⑤ ㄷ, ㄹ

## 13 다음은 도시별 주차장 개수와 차량 수에 대한 자료이다. 다음 중 옳은 것을 모두 고른 것은?

| 2024 하반기 기출 키워드 | 도시별 주차장 개수 및 차량 수

〈표〉 도시별 주차장 개수와 차량 수

(단위 : 개, 대)

| 구분 | A시 | B시 | C시 | D시 |
|---|---|---|---|---|
| 주차장 수 | 150 | 200 | 100 | 250 |
| 차량 수 | 30,000 | 50,000 | 20,000 | 60,000 |

〈 보 기 〉

ㄱ. B시는 A시보다 주차장이 더 많고 차량 수도 더 많다.
ㄴ. C시는 D시보다 차량 수가 적다.
ㄷ. A시는 D시보다 주차장 수가 많다.
ㄹ. 차량 수 대비 주차장 수 비율이 가장 낮은 도시는 B이다.

① ㄱ, ㄴ, ㄹ　② ㄴ, ㄷ, ㄹ　③ ㄱ, ㄷ
④ ㄴ, ㄹ　⑤ ㄴ, ㄷ

## 14 다음은 S국의 2022~2024년 산업별 학력 비율에 대한 자료이다. 다음 중 옳은 것은?

| 2024 하반기 기출 키워드 | 산업별 직원 학력 비율

〈표〉 S국 2022~2024년 주요 산업별 학력 비율

(단위 : %)

| 산업군 \ 학력 | 고졸 이하 | 전문대졸 | 4년대졸 | 석사 이상 |
|---|---|---|---|---|
| 제조업 | 30 | 25 | 40 | 5 |
| 서비스업 | 20 | 30 | 45 | 5 |
| 건설업 | 35 | 20 | 40 | 5 |
| IT업계 | 10 | 20 | 60 | 10 |
| 금융업 | 15 | 10 | 65 | 10 |
| 교육업 | 5 | 15 | 70 | 10 |
| 의료업 | 10 | 15 | 60 | 15 |

① 주요 산업군 모두에서 4년대졸 인원이 가장 많다.
② 제조업과 서비스업, 건설업에 종사하는 석사 이상 인원은 동일하다.
③ 교육업과 의료업의 학력 비율 순위는 동일하다.
④ IT업계의 회사는 고졸 이하의 학력을 선호하지 않는다.
⑤ 건설업의 전문대졸 이하 비율은 50% 미만이다.

## 15 다음은 연도별 화재 사망자 수 및 부상자 수에 관한 자료이다. 다음 중 옳은 것을 모두 고른 것은?

| 2024 하반기 기출 키워드 | 화재 사망자 및 부상자 수

〈표〉 연도별 화재 사망자 수 및 부상자 수

(단위 : 명)

| 구분 | 2020년 | 2021년 | 2022년 | 2023년 |
|---|---|---|---|---|
| 사망자 수 | 120 | 95 | 110 | 85 |
| 부상자 수 | 300 | 250 | 280 | 220 |

〈 보 기 〉

ㄱ. 조사기간 동안 사망자 수와 부상자 수의 증감 추이가 동일하다.
ㄴ. 2021년 사망자 수는 2020년 사망자 수보다 적다.
ㄷ. 2023년 사망자 수는 2022년 사망자 수보다 많다.
ㄹ. 2023년 부상자 수는 2022년보다 50명 이하 감소했다.

① ㄱ, ㄴ　② ㄱ, ㄹ　③ ㄴ, ㄹ
④ ㄴ, ㄷ　⑤ ㄷ, ㄹ

## 16 다음은 2021~2023년 산업별 매출액이다. 다음 중 옳은 것을 모두 고른 것은?

| 2024 하반기 기출 키워드 | 산업별 3개년 매출액

〈표〉 2021~2023년 산업별 매출액

(단위 : 십억 원)

| 구분 | 2021년 | 2022년 | 2023년 |
|---|---|---|---|
| 농업, 임업 및 어업 | 143 | 165 | 213 |
| 광업 | 32 | 34 | 42 |
| 제조업 | 1,376 | 1,643 | 1,913 |
| 건설업 | 174 | 177 | 208 |
| 도소매업 | 391 | 445 | 518 |
| 운수 및 창고업 | 90 | 123 | 163 |
| 금융 및 보험업 | 814 | 790 | 1,217 |

〈 보 기 〉

ㄱ. 2022년 광업 매출액은 전년 대비 1억 원 미만 증가하였다.
ㄴ. 2023년 총 매출액은 10,000억 원 이상이다.
ㄷ. 금융 및 보험업을 제외한 모든 산업의 매출액은 조사기간 동안 지속적으로 증가하였다.
ㄹ. 운수 및 창고업과 도소매업의 매출액의 합은 매년 제조업보다 많다.

① ㄱ, ㄴ　② ㄱ, ㄹ　③ ㄴ, ㄷ
④ ㄴ, ㄹ　⑤ ㄷ, ㄹ

**17** S지역과 K지역은 각각 3개의 고등학교가 있다. 다음은 각 학교 고등학생 수와 관련된 자료이다. 다음 자료를 바탕으로 K지역에서 학생 수가 가장 많은 학교 대비 S지역에서 학생 수가 가장 적은 학교의 학생 수의 비율은?

| 2024 하반기 기출 키워드 | 두 개 지역의 고등학교 학생 수

〈표〉 S지역, K지역 고등학교 학생 수

(단위 : 명)

| 품목 | S지역 | | | K지역 | | |
|---|---|---|---|---|---|---|
| | A고 | B고 | C고 | D고 | E고 | F고 |
| 학생 수 | 400 | 360 | 450 | 500 | 600 | 550 |

① 60% ② 62% ③ 65%
④ 67% ⑤ 70%

**18** 다음은 연령대별 디자인 선호도에 관한 자료이다. 30대의 내추럴 디자인 선호도 대비 40대의 클래식 디자인 선호도의 비율은?

| 2024 하반기 기출 키워드 | 나이대별 선호도 비율

〈그래프〉 연령대별 디자인 선호도

(단위 : %)

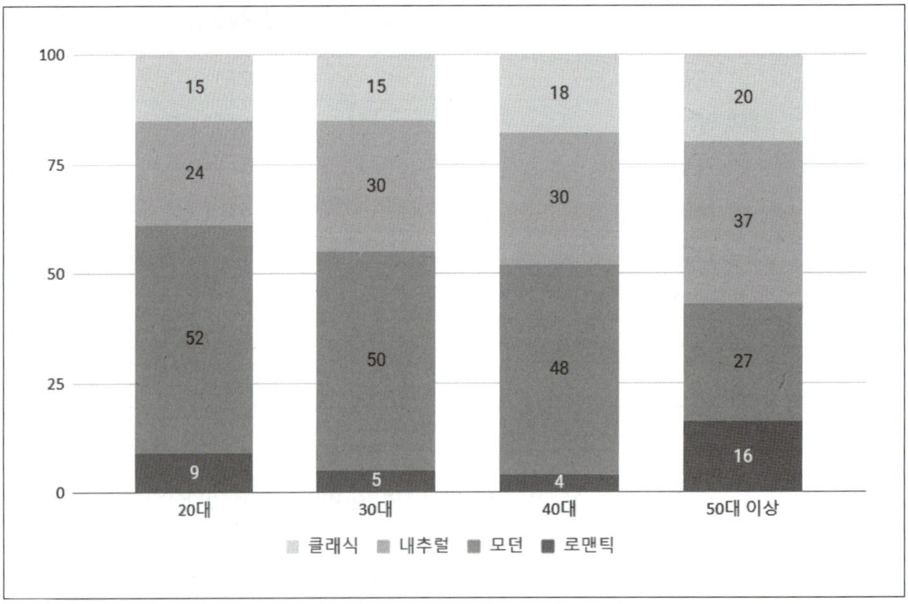


① 55% ② 57.5% ③ 59.5%
④ 60% ⑤ 62.5%

19 다음은 2020~2024년 연평균 온도와 2024년 월별 평균 온도에 대한 자료이다. 다음 중 옳은 것은?

| 2024 중반기 기출 키워드 | 연평균 온도, 올해 온도

〈그래프1〉 2020~2024년 연평균 온도

(단위 : ℃)

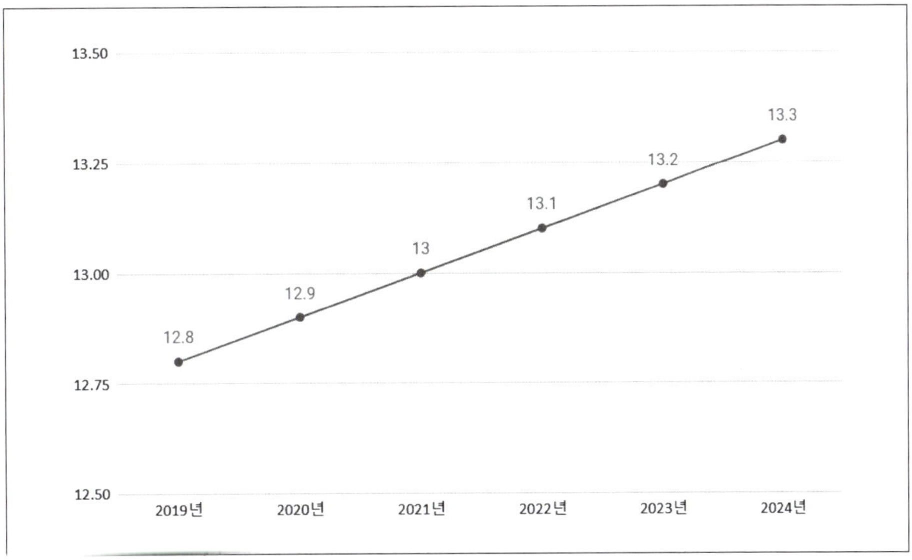


〈그래프2〉 2024년 월별 평균 온도

(단위 : ℃)

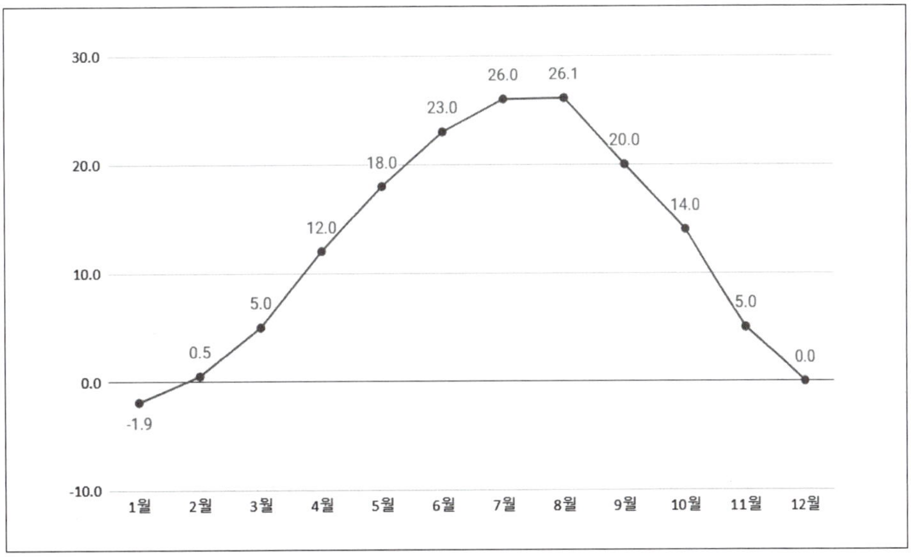


① 2024년 온도가 가장 높은 달은 7월이다.

② 2024년 연평균 온도보다 월별 평균 온도가 낮은 달은 7개이다.

③ 연평균 온도는 지속적으로 증가하였다.

④ 2024년 1월의 평균 온도와 2월의 평균 온도 차이는 3℃ 이상이다.

⑤ 2024년 전월 대비 가장 큰 폭으로 온도가 감소한 달은 12월이다.

**20** 다음은 A~D약국의 2023년 약값 판매 비율을 나타낸 자료이다. 다음 중 옳은 것을 모두 고른 것은?

| 2024 중반기 기출 키워드 | 약국 약값 판매 비율

〈표〉 A~D약국의 2023년 약값 판매 비율

(단위 : %)

| 구분 | 일반 의약품 | 처방 의약품 | 건강 보조 식품 | 기타 |
|---|---|---|---|---|
| A약국 | 50 | 30 | 15 | 5 |
| B약국 | 40 | 40 | 15 | 5 |
| C약국 | 60 | 20 | 15 | 5 |
| D약국 | 45 | 35 | 15 | 5 |

〈 보 기 〉

ㄱ. A~D약국 건강 보조 식품 판매량은 모두 동일하다.
ㄴ. 일반 의약품 판매량은 C약국이 가장 많다.
ㄷ. A약국의 일반 의약품 판매 비율은 B약국보다 높다.
ㄹ. A~D약국 모두 일반 의약품과 처방 의약품 판매 비율이 80% 이상이다.

① ㄱ, ㄴ　② ㄱ, ㄷ　③ ㄴ, ㄷ
④ ㄴ, ㄹ　⑤ ㄷ, ㄹ

문항수 20문항 | 제한시간 15분

해설 p. 7



**01** 원가가 1,400원인 제품의 정가에서 30% 할인해서 팔았을 때, 이익률이 원가의 10% 이상이 되려면 정가를 얼마 이상으로 잡아야 하는지 바르게 구한 것은?

| 2024 하반기 기출 키워드 | 원가 1,400원

① 2,000원 ② 2,100원 ③ 2,200원
④ 2,400원 ⑤ 2,500원

**02** 다음은 S기업 전체 신입사원 중 남자와 여자의 비율과 안경을 쓴 사람과 안경을 쓰지 않은 사람에 대한 자료이다. 전체 사원 중에서 무작위로 뽑은 한 명이 안경을 쓴 여자 사원일 확률이 0.21이었다면, 다음 표를 보고 여자 사원의 수를 바르게 구한 것은?

| 2024 하반기 기출 키워드 | 남녀 비율, 안경 낀 사람 비율

| 구분 | 남 | 여 |
|---|---|---|
| 남자와 여자의 비율 | 0.65 | 0.35 |
| 안경을 쓴 사람 | ( ) | ( ) |
| 안경을 안 쓴 사람 | 156명 | 56명 |

① 84명 ② 94명 ③ 100명
④ 124명 ⑤ 140명

**03** 일정 순환도로에서 하나의 정류장을 기점으로 일정한 배차간격시간마다 순차적으로 도착하는 버스 4대가 동시에 운행한다고 한다. 버스를 1대 더 추가했을 때, 배차간격시간이 2분 줄어들게 되었다. 버스의 속력이 30km/h로 일정하다면, 순환도로의 총거리를 바르게 구한 것은?

| 2024 하반기 기출 키워드 | 버스 배차간격시간

① 14km ② 15km ③ 16km
④ 18km ⑤ 20km

**04** 농도가 8%인 소금물 250g이 있다. 여기에 5명이 각각 같은 양의 물을 추가해서 농도 2%인 소금물을 만들려면 1명당 몇 g의 물을 넣어야 하는지 바르게 구한 것은?

| 2024 하반기 기출 키워드 | 소금물에 5명이 물을 붓는 문제

① 100g ② 120g ③ 130g
④ 150g ⑤ 170g

**05** 속력이 2m/s로 일정한 강물을 배를 타고 거슬러 올라갈 땐 20초가 걸리고, 내려갈 땐 10초가 걸린다고 할 때, 강의 거리를 바르게 구한 것은? (단, 배의 속력은 일정하다고 가정한다.)

| 2024 하반기 기출 키워드 | 강의 속도 2m/s일 때, 강의 거리

① 110m ② 100m ③ 90m
④ 80m ⑤ 70m

**06** 18,900㎤ 부피의 물이 있을 때, 이 부피의 물을 갤런 단위로 바르게 변환한 것을 고르면?

| 2024 하반기 기출 키워드 | 물을 갤런 단위로 변환

| |
|---|
| 1gal = 3.78L |
| 1L = 1,000cc |
| 1㎤ = 1cc |

① 8gal ② 7gal ③ 6gal
④ 5gal ⑤ 4gal

**07** K가게에서 단품 메뉴인 A메뉴가 B메뉴보다 400원이 저렴하다. 두 종류를 각각 세트메뉴로 팔면 단품값에서 각각 900원씩 더해지고 A와 B를 세트로 2개씩 사면 29,200원이다. B메뉴의 단품 가격을 바르게 구한 것은?

| 2024 하반기 기출 키워드 | 세트메뉴, 단품 가격

① 6,800원 ② 6,600원 ③ 6,400원
④ 6,200원 ⑤ 6,000원

**08** 알코올 농도가 22%와 18%인 두 용액을 섞어서 농도가 19%인 용액 300g을 만들려고 할 때, 22%의 용액의 양을 바르게 구한 것은?

| 2024 하반기 기출 키워드 | 알코올 농도, 혼합액

① 75g ② 90g ③ 100g
④ 200g ⑤ 225g

**09** 남자 6명, 여자 2명 중에서 임원 3명을 뽑을 때, 여자가 적어도 1명 포함될 확률을 바르게 구한 것은?

| 2024 하반기 기출 키워드 | 남녀 중 임원 뽑을 때, 여자가 적어도 1명 포함될 확률

① $\frac{5}{16}$ ② $\frac{9}{16}$ ③ $\frac{5}{14}$
④ $\frac{7}{14}$ ⑤ $\frac{9}{14}$

**10** 현조는 집에서 직장까지 직선으로 12km인 거리를 각각 4km씩 걸어서 1시간, 자전거로 30분, 대중교통 15분으로 나누어 이동하였다. 거래처가 집과 직장의 직선 거리상에서 정중앙에 위치할 때, 집에서 거래처까지 대중교통을 타면 얼마나 걸리는지를 바르게 구한 것은?

| 2024 하반기 기출 키워드 | 집, 직장, 거래처, 거리/속력/시간 문제

① 19.5분 ② 20분 ③ 20.5분
④ 21.5분 ⑤ 22.5분

**11** 직육면체의 가로:세로:높이가 5:4:3이라고 할 때, 이 직육면체를 최소의 개수로 쌓아서 정육면체 하나를 만들었다. 이 정육면체는 몇 층짜리인지 바르게 구한 것은?

| 2024 하반기 기출 키워드 | 직육면체 쌓아서 정육면체 만드는 문제

① 12층 ② 15층 ③ 18층
④ 20층 ⑤ 24층

**12** A가 혼자 일하면 10일, B가 혼자 일하면 12일이 걸리는 일이 있다. A와 B가 5일 동안 같이 일한 뒤, 나머지 일을 B가 혼자 다 하려면 며칠 동안 해야 하는지 바르게 구한 것은?

| 2024 하반기 기출 키워드 | A, B 일의 양 문제

① 1일 ② 2일 ③ 3일
④ 4일 ⑤ 5일

**13** 100개의 공 중에서 당첨 공이 4개 있을 때, 1명이 순차적으로 2개씩 뽑을 경우 첫 번째 사람이 2번 연속 당첨될 확률을 바르게 구한 것은?

| 2024 하반기 기출 키워드 | 100개의 공 중 당첨공 4개, 확률 문제

① $\frac{1}{3,300}$ ② $\frac{7}{1,650}$ ③ $\frac{1}{1,650}$
④ $\frac{1}{825}$ ⑤ $\frac{4}{825}$

**14** 2월 3일에서 150일 이후의 날짜를 바르게 구한 것은? (단, 2월은 29일까지 있다.)

| 2024 하반기 기출 키워드 | 2월 3일에서 150일 지난 후의 날짜

① 6월 29일 ② 6월 30일 ③ 7월 1일
④ 7월 2일 ⑤ 7월 3일

**15** 작년 남학생과 여학생의 총 학생 수는 300명이었다. 올해 남자는 5% 증가, 여자는 5% 감소하여 올해 총 학생 수는 303명이라고 할 때, 작년 여학생 수를 바르게 구한 것은?

| 2024 하반기 기출 키워드 | 작년 총 인원수 제시, 남자 인원 수 5% 증가, 여자 인원 수 5% 감소

① 114명 ② 120명 ③ 125명
④ 130명 ⑤ 132명

**16** 숙련자는 4시간, 비숙련자는 10시간 걸리는 일을 6명이 50분 안에 완료할 때, 필요한 최소 숙련자의 수를 바르게 구한 것은?

| 2024 하반기 기출 키워드 | 숙련자는 4시간, 비숙련자는 10시간 걸리는 일

① 5명 ② 4명 ③ 3명
④ 2명 ⑤ 1명

**17** 통로 좌석 4개와 창가 좌석 3개, 복도 좌석 2개가 있다. 남자 5명과 여자 4명을 순서 상관없이 배치할 때, 여자 4명이 통로에 앉을 확률을 바르게 구한 것은?

| 2024 하반기 기출 키워드 | 통로 좌석 4개, 창가 좌석 3개, 복도 좌석 2개 확률 문제

① $\frac{1}{11}$ ② $\frac{1}{10}$ ③ $\frac{4}{21}$

④ $\frac{1}{126}$ ⑤ $\frac{1}{1260}$



**18** 농도가 4%인 소금물 200g에서 1분당 20g의 물을 증발시켜서 10%인 소금물을 만든다고 할 때 몇 분간 증발해야 하는지 바르게 구한 것은?

| 2024 하반기 기출 키워드 | 1분당 일정량의 물을 증발시키는 소금물 문제

① 10분 ② 8분 ③ 6분

④ 4분 ⑤ 3분

**19** 1층에서 2층 사이에 20개의 계단이 있고 한 층 올라갈 때마다 2계단씩 추가된다. 1층에서 2층까지 올라가는 데 15초가 걸린다면, 2층에서 5층까지 올라갈 때 걸리는 시간을 바르게 구한 것은?

| 2024 하반기 기출 키워드 | 1층과 2층 사이 계단 20개, 계단 올라가는 데 걸리는 시간

① 72초 ② 64초 ③ 60초

④ 54초 ⑤ 52초

**20** 나연이는 7개의 연극표를 구매하였다. 그중 1개는 하루 뒤에 취소하여 취소 수수료 2,000원을 제외한 금액을 환불받았고, 3개는 연극 하루 전에 취소하여 티켓 금액의 50%를 제외한 금액을 환불받았다. 환불받은 금액이 총 38,000원일 때, 처음 티켓을 구매했을 때의 총 구매비용을 바르게 구한 것은?

| 2024 하반기 기출 키워드 | 7개의 연극표 구매, 티켓 총 구매비용

① 112,000원 ② 114,000원 ③ 116,000원

④ 118,000원 ⑤ 120,000원

해설 p. 10

**01** 〈보기〉의 명제를 토대로 항상 참인 것을 고르시오.

| 2024 하반기 기출 키워드 | 노트북, 태블릿, 무선이어폰 소재의 명제추리

〈 보 기 〉

- 무선이어폰을 사면 태블릿을 사지 않는다.
- 노트북을 사면 노트북 가방을 산다.
- 태블릿을 사면 무선마우스를 사지 않는다.
- 무선이어폰을 사지 않으면 노트북 가방을 사지 않는다.

① 무선이어폰을 사면 노트북 가방을 산다.
② 태블릿을 사면 노트북을 사지 않는다.
③ 무선마우스를 사면 무선이어폰을 사지 않는다.
④ 노트북 가방을 사면 태블릿을 산다.
⑤ 노트북을 사면 무선마우스를 사지 않는다.

**02** A, B, C, D, E 중 2명이 기숙사에 살고 나머지 3명은 기숙사에 살지 않는다. 5명 중 1명만 진실을 말할 때 〈보기〉를 토대로 기숙사에 사는 2명을 고르시오.

| 2024 하반기 기출 키워드 | 기숙사 사는 사람, 진실게임

〈 보 기 〉

A: B와 C는 기숙사에 살지 않는다.
B: A와 C 중 1명 이상이 기숙사에 산다.
C: A는 기숙사에 살지 않는다.
D: B와 E는 기숙사에 살지 않는다.
E: B는 거짓으로 말한다.

① A, B　② A, C　③ B, D
④ C, E　⑤ D, E

**03** K는 〈보기〉의 조건을 토대로 과목을 수강한다. K가 수강할 수 있는 과목은 A, B, C, D, E이다. A과목을 수강할 때 A를 포함하여 반드시 듣는 과목의 수를 고르시오.

| 2024 하반기 기출 키워드 | A~E 5과목을 수강하는 조건추리

〈 보 기 〉

- B를 수강하면 A는 수강하지 않는다.
- C를 수강하지 않거나 B를 수강하지 않으면 E를 수강한다.
- C와 D 중 한 과목을 반드시 수강한다.
- E를 수강하면 D를 수강하지 않는다.

① 1개 ② 2개 ③ 3개
④ 4개 ⑤ 5개

**04** 5층의 건물 각 층에 A, B, C, D, E가 산다. 1명당 1개 층에 산다고 할 때 〈보기〉를 참고하여 D가 살 가능성이 있는 층을 모두 짝지은 것을 고르시오.

| 2024 하반기 기출 키워드 | A~E가 사는 층

〈 보 기 〉

- A와 B는 서로 인접한 층에 산다.
- C는 5층에 산다.
- E는 C와 인접한 층에 살지 않는다.

① 1층, 2층 ② 1층, 4층 ③ 2층, 4층
④ 3층, 4층 ⑤ 1층, 2층, 4층

**05** A, B, C, D, E 중 1명만 여름휴가를 가지 못했다. 5명 중 1명만 거짓을 말하고 나머지 4명은 진실을 말한다고 할 때 여름휴가를 가지 못한 사람을 고르시오.

| 2024 하반기 기출 키워드 | 여름휴가 못 간 사람 고르기

〈 보 기 〉

A: B가 여름휴가를 가지 못했다.
B: A와 D는 여름휴가를 다녀왔다.
C: B와 D는 여름휴가를 다녀왔다.
D: E는 여름휴가를 다녀왔다.
E: C가 여름휴가를 가지 못했다.

① A ② B ③ C
④ D ⑤ E

**06** A, B, C, D, E, F, G는 3열로 이뤄진 7인승 SUV를 타고 이동한다. 맨 앞인 1열은 2자리, 2열은 3자리, 3열은 2자리라고 할 때 〈보기〉를 참고하여 항상 참인 것을 고르시오.

| 2024 하반기 기출 키워드 | 3열로 이뤄진 차에 탑승

〈 보 기 〉

- B와 F는 같은 열에 앉는다.
- C와 D는 같은 열에 앉지 않는다.
- G는 1열에 앉고 A는 2열에 앉는다.

① A와 B는 같은 열에 앉지 않는다.
② C와 E는 같은 열에 앉지 않는다.
③ D와 G는 같은 열에 앉지 않는다.
④ F와 A는 같은 열에 앉지 않는다.
⑤ G와 E는 같은 열에 앉지 않는다.

**07** A, B, C, D는 각자 다른 나라로 출장을 간다. 이들이 출장을 가는 나라는 꿈나라, 빛나라, 달나라, 신나라이고 인당 한 곳의 나라로만 출장을 간다고 할 때 〈보기〉를 참고하여 항상 거짓인 것을 고르시오.

| 2024 하반기 기출 키워드 | 4명 각자 다른 나라로 출장

〈 보 기 〉

- A는 꿈나라와 달나라 중 한 곳으로 출장을 간다.
- B는 신나라로 출장을 가지 않는다.
- C는 빛나라로 출장을 가거나 달나라로 출장을 간다.

① A는 꿈나라로 출장을 간다.
② B는 빛나라로 출장을 간다.
③ C는 달나라로 출장을 간다.
④ D는 빛나라로 출장을 간다.
⑤ D는 신나라로 출장을 간다.

**08** A, B, C, D, E, F는 원형의 테이블에 일정한 간격으로 앉는다. 간격이 일정하기에 누군가를 마주 보고 앉는다고 할 때 〈보기〉를 참고하여 E와 인접하며 E의 오른쪽 자리에 앉는 사람을 고르시오.

| 2024 하반기 기출 키워드 | 원탁에 6명 앉는 조건추리

〈 보 기 〉

- C와 E는 서로 인접한 자리에 앉는다.
- A는 F와 마주 보는 자리에 앉지 않는다.
- B와 인접하며 B의 오른쪽 자리에 F가 앉는다.
- D는 E와 마주 보는 자리에 앉는다.

① A ② B ③ C
④ D ⑤ F

**09** **A, B, C, D 중 1명만 퇴사했다. 퇴사한 1명은 진실을 말하고 나머지 3명은 거짓을 말한다고 할 때 〈보기〉의 진술을 토대로 퇴사한 사람을 고르시오.**

| 2024 하반기 기출 키워드 | 진실을 말한 사람이 퇴사

〈 보 기 〉

A: B 또는 D가 퇴사했다.
B: A와 C는 퇴사하지 않았다.
C: D는 퇴사하지 않았다.
D: B가 퇴사했다.

① A ② B ③ C
④ D ⑤ 정답 없음

**10** **3×2로 배치된 6칸의 사물함에 1부터 6까지 번호를 붙인다. 〈보기〉의 조건을 토대로 각 사물함에 번호를 붙일 수 있는 전체의 경우가 모두 몇 가지인지 고르시오.**

| 2024 하반기 기출 키워드 | 3×2로 배치된 사물함

〈 보 기 〉

- 같은 열이며 위쪽인 사물함이 아래쪽 사물함보다 번호가 크다.
- 같은 번호를 붙인 사물함은 없다.
- 5번을 붙인 사물함의 바로 오른쪽에 있는 사물함에 6번을 붙인다.
- 1번을 붙인 사물함과 2번을 붙인 사물함은 서로 다른 열에 있다.

① 1가지 ② 2가지 ③ 3가지
④ 4가지 ⑤ 5가지

**11** X는 소모품을 구매하기 위해 A, B, C, D, E 업체와의 계약을 고려한다. 가격이 가장 낮은 업체와 계약한다고 할 때 〈보기〉의 명제를 토대로 항상 참인 것을 고르시오.

| 2024 하반기 기출 키워드 | 가격이 낮은 업체와 계약

〈보 기〉

- A보다 B의 가격이 낮다.
- C보다 D의 가격이 낮다.
- D가 A보다 가격이 낮은 경우 D의 가격은 B의 가격보다 높다.
- C가 A보다 가격이 높은 경우 E의 가격은 B의 가격보다 낮다.

① A의 가격이 가장 높은 경우 B와 계약한다.
② A의 가격이 2번째로 높은 경우 E와 계약한다.
③ A의 가격이 3번째로 높은 경우 E와 계약한다.
④ C의 가격이 2번째로 높은 경우 B와 계약한다.
⑤ D의 가격이 3번째로 높은 경우 E와 계약한다.

**12** A, B, C 중 1명이 진실을 말하고 나머지 2명은 거짓을 말한다. 진실을 말하는 1명만 승진했다고 할 때 〈보기〉의 진술을 토대로 승진했을 가능성이 있는 사람을 모두 고른 것을 고르시오.

| 2024 하반기 기출 키워드 | 진실을 말하는 사람이 승진

〈보 기〉

A: B와 C는 승진하지 않았다.
B: C는 승진하지 않았다.
C: B가 하는 말이 거짓이다.

① A ② B ③ C
④ A, B ⑤ B, C

**13** A, B, C, D, E, F는 일렬로 줄을 선다. 〈보기〉를 토대로 항상 참인 것을 고르시오.

| 2024 하반기 기출 키워드 | 배치 문제

〈 보 기 〉

- E는 B보다 앞에 줄을 선다.
- A는 C와 인접하게 줄을 선다.
- F는 2번째로 줄을 선다.
- D는 짝수 번째로 줄을 선다.

① 1번째로 줄을 서는 사람은 E이다.
② 3번째로 줄을 서는 사람은 B이다.
③ 4번째로 줄을 서는 사람은 D이다.
④ 5번째로 줄을 서는 사람은 A이다.
⑤ 6번째로 줄을 서는 사람은 C이다.

**14** A, B, C는 2번의 진술에서 1번은 진실, 1번은 거짓을 말한다. 3명 중 1명만 지각했다고 할 때 〈보기〉의 진술을 토대로 항상 참인 것을 고르시오.

| 2024 하반기 기출 키워드 | 2개의 문장 중 하나는 진실, 하나는 거짓

〈 보 기 〉

A: C가 지각했다.
A: B가 지각했다.
B: A와 C는 지각하지 않았다.
B: 나와 A는 지각하지 않았다.
C: A 또는 B가 지각했다.
C: B는 지각하지 않았다.

(가): A가 지각했을 수 있다.
(나): B가 지각했을 수 있다.
(다): C가 지각했을 수 있다.

① (가)만 옳다.
② (다)만 옳다.
③ (가)와 (나)만 옳다.
④ (나)와 (다)만 옳다.
⑤ (가), (나), (다) 모두 옳다.

**15** A, B, C, D, E, F는 원형의 테이블에 앉는다. 〈보기〉를 참고하여 반드시 거짓인 것을 고르시오.

| 2024 하반기 기출 키워드 | 원형 테이블 배치 문제

〈 보 기 〉

- C와 인접하며 C의 오른쪽 자리에 E가 앉는다.
- A는 E와 인접하게 앉지 않는다.
- B와 인접하며 B의 왼쪽 자리에 A가 앉는다.
- D와 F는 인접하게 앉지 않는다.

① A는 D와 인접하게 앉는다.
② B는 C와 인접하게 앉는다.
③ C는 F와 인접하게 앉는다.
④ D는 B와 인접하게 앉는다.
⑤ F는 A와 인접하게 앉는다.

**16** A, B, C는 첫째 주나 둘째 주 중 하나를 골라 휴가를 가며 3명 중 1명만 첫째 주에 휴가를 간다. A, B, C는 2번의 진술에서 1번은 진실, 1번은 거짓을 말할 때 〈보기〉의 진술을 토대로 항상 참인 것을 고르시오.

| 2024 중반기 기출 키워드 | 휴가 가는 주, 한 명이 말하는 2개의 문장 중 하나는 진실, 하나는 거짓

〈 보 기 〉

A: B는 둘째 주에 휴가를 간다.
A: B는 첫째 주에 휴가를 간다.
B: A와 C는 둘째 주에 휴가를 간다.
B: C가 첫째 주에 휴가를 간다.
C: 나와 B는 둘째 주에 휴가를 간다.
C: A 또는 B가 첫째 주에 휴가를 간다.

(가): A는 첫째 주에 휴가를 간다.
(나): B는 첫째 주에 휴가를 간다.
(다): C는 둘째 주에 휴가를 간다.

① (가), (나), (다) 셋 다 옳지 않다.
② (가)만 옳다.
③ (나)만 옳다.
④ (가), (다)만 옳다.
⑤ (나), (다)만 옳다.

**17** A, B, C, D, E 중 1명이 TF팀으로 팀을 옮기고 싶어 한다. 5명 중 1명만 진실을 말하고 나머지 4명은 거짓을 말한다고 할 때 〈보기〉의 진술을 토대로 팀을 옮기고 싶어 하는 직원을 고르시오.

| 2024 중반기 기출 키워드 | TF팀으로 팀을 옮기고 싶어 하는 직원

〈 보 기 〉

A: E는 팀을 옮기고 싶어 하지 않는다.
B: A는 팀을 옮기고 싶어 한다.
C: A는 팀을 옮기고 싶어 하지 않는다.
D: C와 E는 팀을 옮기고 싶어 하지 않는다.
E: 나와 A는 팀을 옮기고 싶어 하지 않는다.

① A ② B ③ C
④ D ⑤ E

**18** A, B, C, D 중 2명은 남성이고 나머지 2명은 여성이다. 이들의 학과가 생명공학, 화학공학, 기계공학, 산업공학이고 인당 한 학과에만 속한다고 할 때 〈보기〉를 토대로 사람, 성별, 학과를 올바르게 짝지은 것을 고르시오.

| 2024 중반기 기출 키워드 | A~D 성별과 학과 찾는 문제

〈 보 기 〉

- A와 C의 성별은 다르다.
- A의 학과는 생명공학이다.
- C의 학과는 산업공학이다.
- D는 여성이다.
- 학과가 화학공학인 사람은 남성이다.

① A는 여성이며 학과는 생명공학이다.
② B는 남성이며 학과는 기계공학이다.
③ C는 남성이며 학과는 산업공학이다.
④ D는 여성이며 학과는 기계공학이다.
⑤ C는 여성이며 학과는 산업공학이다.

**19** 같은 회사 동료인 A, B, C, D, E, F, G의 출근 시간을 토대로 출근 시간이 가장 빠른 사람이 1등, 2번째로 빠른 사람이 2등과 같이 1등부터 7등까지 순서를 정했다. 출근 시간이 같은 사람은 없다고 할 때 〈보기〉를 토대로 4등으로 출근한 사람을 고르시오.

| 2024 중반기 기출 키워드 | 7명 출근 순서

〈 보 기 〉

- D는 F보다 출근 시간이 늦으며 등수 차이는 2이다.
- G는 E보다 출근 시간이 빠르며 등수 차이는 1이다.
- B는 3등, C는 6등으로 출근했다.

① A　② D　③ E
④ F　⑤ G

**20** A, B, C, D, E, F의 소속팀은 X와 Y이다. 6명 모두 한 팀에만 속하고 한 팀에 인원이 3명이라고 할 때 〈보기〉의 명제를 토대로 D와 같은 팀인 사람을 모두 짝지은 것을 고르시오.

| 2024 중반기 기출 키워드 | 6명의 팀 나누기

〈 보 기 〉

- A와 E는 소속팀이 다르다.
- B의 소속팀이 X라면 D의 소속팀은 Y이다.
- F와 C는 소속팀이 같다.
- E의 소속팀이 Y라면 A와 B의 소속팀은 같다.

① A, B　② B, C　③ B, F
④ C, E　⑤ E, F

해설 p. 19

**01** 다음 수는 일정한 규칙을 통해 나열되어 있다. A 위치에 알맞은 수를 고르시오.

| 2024 하반기 기출 |

〈보 기〉

| | | | | | | | | |
|---|---|---|---|---|---|---|---|---|
| 16 | 78 | −4,836 | 45 | 30 | 450 | 27 | 66 | ( A ) |

① −2,574 ② −1,053 ③ 270 ④ 1,053 ⑤ 2,574

**02** 다음 수는 일정한 규칙을 통해 나열되어 있다. A, B 위치에 알맞은 수를 구한 뒤, A+B를 계산한 값을 고르시오.

| 2024 하반기 기출 |

〈보 기〉

| | | | | | | | | |
|---|---|---|---|---|---|---|---|---|
| 1 | 2 | 4 | 8 | 15 | 26 | 42 | ( A ) | ( B ) |

① 148 ② 153 ③ 155 ④ 157 ⑤ 158

**03** 다음 수는 일정한 규칙을 통해 나열되어 있다. 10번째로 올 수로 알맞은 것을 고르시오.

| 2024 하반기 기출 |

〈보 기〉

$1 \quad \frac{1}{3} \quad \frac{1}{3^2} \quad \frac{1}{3^3} \quad \frac{1}{3^4} \quad \frac{1}{3^5} \quad \frac{1}{3^6}$

① $\frac{1}{59,049}$ ② $\frac{1}{39,361}$ ③ $\frac{1}{19,683}$ ④ $\frac{1}{13,123}$ ⑤ $\frac{1}{6,561}$

**04** 다음 수는 일정한 규칙을 통해 나열되어 있다. A 위치에 알맞은 수를 고르시오.

| 2024 하반기 기출 |

〈보 기〉

$\frac{8}{33}$ $\frac{2}{7}$ $\frac{12}{37}$ (A) $\frac{16}{41}$ $\frac{18}{43}$ $\frac{4}{9}$

① $\frac{3}{8}$ ② $\frac{5}{8}$ ③ $\frac{14}{39}$ ④ $\frac{7}{19}$ ⑤ $\frac{5}{13}$

**05** 다음 수는 일정한 규칙을 통해 나열되어 있다. A 위치에 알맞은 수를 고르시오.

| 2024 하반기 기출 |

〈보 기〉

59 −81 484 −113 81 1,024 725 −681 (A)

① 1,681 ② 1,764 ③ 1,849 ④ 1,936 ⑤ 2,025

**06** 다음 수는 일정한 규칙을 통해 나열되어 있다. 10번째로 올 수로 알맞은 것을 고르시오.

| 2024 하반기 기출 |

〈보 기〉

1.07 4.32 7.57 10.82 14.07 17.32

① 27.07 ② 28.7 ③ 30.32 ④ 31.95 ⑤ 33.57

**07** 다음 수는 일정한 규칙을 통해 나열되어 있다. A 위치에 알맞은 수를 고르시오.

| 2024 하반기 기출 |

〈보 기〉

30 32.75 34.5 36.25 38 40.75 (A)

① 42.25 ② 42.5 ③ 44.5 ④ 46.25 ⑤ 46.5

**08** 다음 수는 일정한 규칙을 통해 나열되어 있다. A, B 위치에 알맞은 수를 구한 뒤, B−A를 계산한 값을 고르시오.

| 2024 하반기 기출 |

〈 보 기 〉

42.78　14.26　( A )　5.704　6.8448　2.2816　2.73792　0.91264　( B )

① −16.016832　② −14.682096　③ −12.457158
④ 14.682096　⑤ 16.016832

**09** 다음 수는 일정한 규칙을 통해 나열되어 있다. 9번째로 올 수로 알맞은 것을 고르시오.

| 2024 하반기 기출 |

〈 보 기 〉

$\frac{2}{7}$　$\frac{4}{7}$　$\frac{18}{7}$　$\frac{54}{7}$　$\frac{75}{7}$　$\frac{300}{7}$

① $\frac{1,500}{7}$　② $\frac{1,535}{7}$　③ $\frac{1,640}{7}$　④ $\frac{1,675}{7}$　⑤ $\frac{9,210}{7}$

**10** 다음 수는 일정한 규칙을 통해 나열되어 있다. A 위치에 알맞은 수를 고르시오.

| 2024 하반기 기출 |

〈 보 기 〉

26.1　1.17　3.15　8.7　0.39　1.05　2.9　0.13　( A )

① 0.35　② 0.92　③ 1.18　④ 1.85　⑤ 2.77

**11** 다음 수는 일정한 규칙을 통해 나열되어 있다. A, B 위치에 알맞은 수를 구한 뒤, A+B를 계산한 값을 고르시오.

| 2024 하반기 기출 |

〈 보 기 〉

$\frac{3}{20}$　$\frac{3}{20}$　$\frac{3}{10}$　$\frac{9}{10}$　$\frac{18}{5}$　18　108　( A )　( B )

① 2,520　② 3,402　③ 4,304　④ 6,048　⑤ 6,804

**12** 다음 수는 일정한 규칙을 통해 나열되어 있다. 9번째로 올 수로 알맞은 것을 고르시오.

| 2024 하반기 기출 |

〈보 기〉

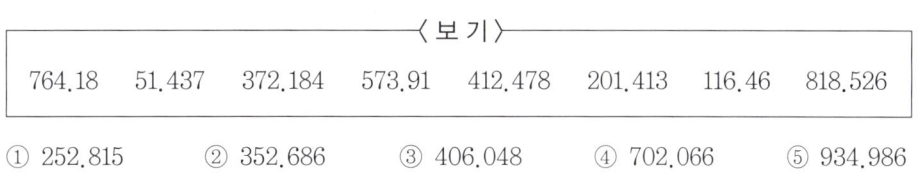

764.18　51.437　372.184　573.91　412.478　201.413　116.46　818.526

① 252.815　② 352.686　③ 406.048　④ 702.066　⑤ 934.986

**13** 다음 수는 일정한 규칙을 통해 나열되어 있다. A 위치에 알맞은 수를 고르시오.

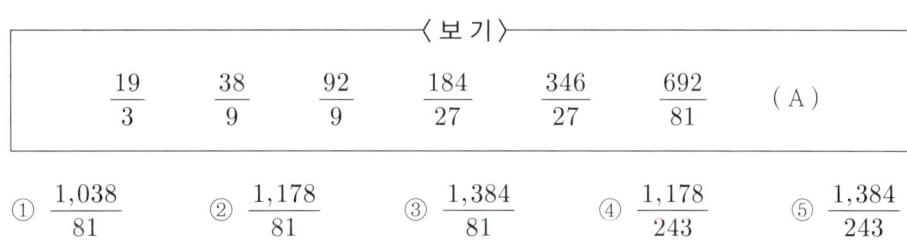

| 2024 하반기 기출 |

〈보 기〉

$\frac{19}{3}$　$\frac{38}{9}$　$\frac{92}{9}$　$\frac{184}{27}$　$\frac{346}{27}$　$\frac{692}{81}$　(A)

① $\frac{1,038}{81}$　② $\frac{1,178}{81}$　③ $\frac{1,384}{81}$　④ $\frac{1,178}{243}$　⑤ $\frac{1,384}{243}$

**14** 다음 수는 일정한 규칙을 통해 나열되어 있다. A, B 위치에 알맞은 수를 구한 뒤, A÷B를 계산한 값을 고르시오.

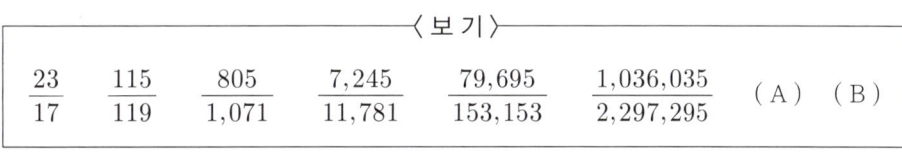

| 2024 하반기 기출 |

〈보 기〉

$\frac{23}{17}$　$\frac{115}{119}$　$\frac{805}{1,071}$　$\frac{7,245}{11,781}$　$\frac{79,695}{153,153}$　$\frac{1,036,035}{2,297,295}$　(A)　(B)

① $\frac{19}{17}$　② $\frac{17}{19}$　③ $\frac{169}{225}$

④ $\frac{264,188,925}{39,054,015}$　⑤ $\frac{15,540,525}{742,026,285}$

**15** 다음 수는 일정한 규칙을 통해 나열되어 있다. 15번째로 올 수로 알맞은 것을 고르시오.

| 2024 하반기 기출 |

〈 보 기 〉

7.9872　12.2472　1.9968　4.0824　0.4992　1.3608　0.1248　0.4536

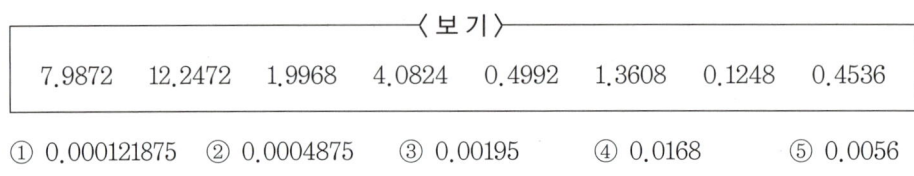

① 0.000121875　② 0.0004875　③ 0.00195　④ 0.0168　⑤ 0.0056

**16** 다음 수는 일정한 규칙을 통해 나열되어 있다. A 위치에 알맞은 수를 고르시오.

| 2024 하반기 기출 |

〈 보 기 〉

2.51　−5.02　−11.02　22.04　16.04　−32.08　( A )

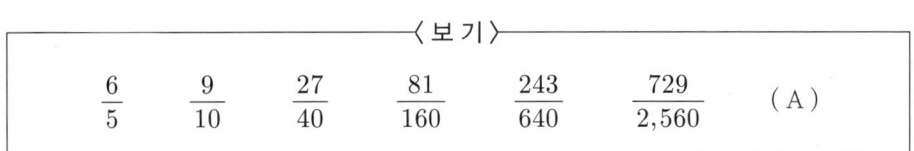

① −26.08　② −36.08　③ −38.08　④ 36.08　⑤ 64.16

**17** 다음 수는 일정한 규칙을 통해 나열되어 있다. A 위치에 알맞은 수를 고르시오.

| 2024 하반기 기출 |

〈 보 기 〉

$\frac{6}{5}$　$\frac{9}{10}$　$\frac{27}{40}$　$\frac{81}{160}$　$\frac{243}{640}$　$\frac{729}{2,560}$　( A )

① $\frac{1,458}{7,680}$　② $\frac{1,458}{5,120}$　③ $\frac{2,187}{10,240}$

④ $\frac{2,187}{5,120}$　⑤ $\frac{6,561}{10,240}$

**18** 다음 수는 일정한 규칙을 통해 나열되어 있다. A, B 위치에 알맞은 수를 구한 뒤, A×B를 계산한 값을 고르시오.

| 2024 하반기 기출 |

〈보 기〉

52　208　212　848　852　3,408　3,412　( A )　( B )

① 186,267,904　② 186,322,496　③ 186,377,104
④ 186,431,712　⑤ 186,486,336

**19** 다음 수는 일정한 규칙을 통해 나열되어 있다. 12번째로 올 수로 알맞은 것을 고르시오.

| 2024 하반기 기출 |

〈보 기〉

5　4.3　3.6　2.9　2.2　1.5

① −1.3　② −2　③ −2.7　④ −3.4　⑤ −4.1

**20** 다음 수는 일정한 규칙을 통해 나열되어 있다. A 위치에 알맞은 수를 고르시오.

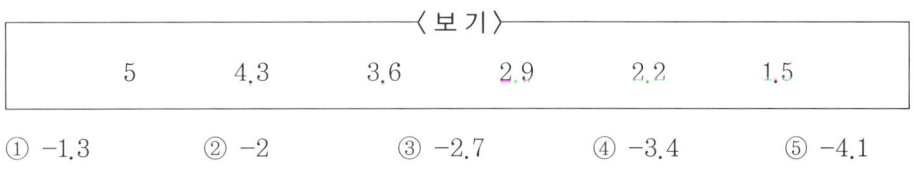

| 2024 하반기 기출 |

〈보 기〉

$\frac{49}{32}$　$\frac{60}{91}$　$\frac{105}{104}$　$\frac{10}{9}$　$\frac{171}{115}$　$\frac{38}{23}$　$\frac{128}{51}$　$\frac{63}{152}$　( A )

① $\frac{323}{336}$　② $\frac{775}{806}$　③ $\frac{806}{775}$　④ $\frac{336}{323}$　⑤ $\frac{167}{153}$

# 수열추리 기출 키워드

| 문항배열표 | |
|---|---|
| 번호 | 2024 하반기 기출 키워드 |
| 1 | (A−B)×B=C의 규칙을 가지는 군수열 |
| 2 | +1, +2, +4, +7, +11⋯의 규칙을 가지는 수열 |
| 3 | N항은 $1/3^N$의 규칙을 가지는 수열 |
| 4 | 통분이 필요한 분수 형태의 수열, 분자와 분모에 각각 2를 더하는 규칙 |
| 5 | $(A+B)^2$=C의 규칙을 가지는 군수열 |
| 6 | 공차가 3.25인 등차수열, 10번째 항을 구하는 문제 |
| 7 | 소수 형태의 수열, 정수 자리는 +2, 소수 자리는 −0.25의 규칙을 가지는 수열 |
| 8 | 두 개의 규칙이 적용된 수열, B−A 값 찾기 |
| 9 | ×2, +2, ×3, +3⋯의 규칙을 가지는 수열 |
| 10 | 1항÷3=4항, 2항÷3=5항, 3항÷3=6항, 4항÷3=7항의 규칙을 가지는 수열 |
| 11 | 통분이 필요한 분수 형태의 수열, 분모를 20으로 통분했을 때, 분자가 ×1, ×2, ×3⋯의 규칙을 가지는 수열 |
| 12 | 3개 항의 합이 동일한 규칙을 가지는 군수열 |
| 13 | ×2/3, +6이 반복되는 규칙을 가지는 수열 |
| 14 | ×5/7, ×7/9, ×9/11⋯의 규칙을 가지는 수열 |
| 15 | 홀수 항은 ÷4, 짝수 항은 ÷3의 규칙을 가지는 수열 |
| 16 | ×(−2), −6이 반복되는 규칙을 가지는 수열 |
| 17 | 분수 형태의 수열, 공비가 3/4인 등비수열 |
| 18 | ×4, +4가 반복되는 규칙을 가지는 수열 |
| 19 | 초항이 5, 공차가 −0.7인 등차수열, 12번째 항을 구하는 문제 |
| 20 | A×B=C의 규칙을 가지는 군수열 문제 |

# 2024 상반기 기출복원 모의고사



## 언어이해

문항수 20문항 | 제한시간 15분

해설 p. 21

**01** 다음 글을 읽고 추론한 것으로 가장 적절한 것은?

| 2024 상반기 기출 키워드 | GMO

유전자 변형 기술은 신품종 작물을 개발하기 위해 기존 작물이 보유하지 않은 유전자를 인위적으로 결합하는 기술로, 이를 통해 개발된 농작물을 GMO 즉 유전자 변형 농수산물이라고 한다. 유전자 변형 기술은 넓은 의미에서 이종교배, 선택적 증식, 유전자 이전, 염색체 변형, 성전환 등 생명공학과 밀접한 개념이다.

유전자 변형 기술의 시작은 1973년 미국의 과학자 코헨과 보이어에 의하여 포도상구균의 유전자를 대장균에 도입한 것이다. 이후 1994년 칼젠사가 개발한 '무르지 않는 토마토'가 최초의 GMO이며, 1995년 몬산토사가 독성이 강한 제초제에도 견딜 수 있는 콩을 출시하면서 일반인들에게도 유전자 변형 기술이 알려졌다. 그 후 스위스 노바티스사도 병충해에 내성을 가진 '비티 옥수수'를 개발하였고, 이것이 미국과 유럽연합의 안전성 검사를 통과하여 판매가 시작되었다.

그러나 GMO가 알레르기를 유발하고 미확인 독성으로 인해 인체에 해를 끼칠 수 있다는 주장이 제기되었다. 특히 모나크 나비의 유충이 GMO 옥수수의 꽃가루를 먹고 죽었다는 《네이처》지의 기사가 나온 후 유럽과 일본 등에서 GMO 반대 운동이 확산되었다. 한국에서는 2001년 3월부터 「농수산물 품질관리법」에 따라 콩·옥수수·콩나물·감자에 대한 'GMO 표시제'를 시행하고 있다.

① GMO 표시제는 2001년 3월부터 한국에서 판매하는 모든 GMO에 적용되었다.
② 최초의 GMO는 칼젠사가 개발한 무르지 않는 토마토였다.
③ 유전자 변형 기술은 화학 산업과 가장 밀접한 관련이 있는 기술이다.
④ GMO 반대 운동은 유럽과 일본에서만 일어났다.
⑤ GMO를 섭취하여도 인체에 해가 없을 것이다.

## 02 다음 글을 읽고 추론한 것으로 가장 적절한 것은?

| 2024 상반기 기출 키워드 | 반려동물 보험

> 전통적인 가축 대상 보험인 가축재해보험과 펫 보험은 그 성격이 다르다. 가축재해보험에서는 가축을 인간의 소유물로 보고 가축이 죽었을 때 그 손해액을 보상하지만, 펫 보험의 목적은 살아있는 반려동물의 치료비와 같은 양육자의 경제적 손해를 보장하는 것이다. 이러한 목적의 차이로 인해 펫 보험은 소유주의 이익을 보호하기 위한 국가의 지원도 따로 존재하지 않는다.
>
> 조사에 의하면, 반려동물을 키우는 가구는 전체 가구의 25%나 되지만, 펫 보험 가입률은 반려동물 양육 가구의 1% 미만이다. 우리나라 가축의 90%가 가축재해보험에 가입되어 있는 것과는 큰 차이를 보인다. 반려동물 양육자 대부분은 반려동물 진료비에 부담을 느끼고 있지만, 현재 펫 보험 상품의 제한된 보장 범위를 생각하면 양육자가 펫 보험에 가입하는 것을 기대하기란 쉽지 않다. 특히 병원별로 진료비 편차가 크기 때문에 보험사에서 정한 보상 비용이 만족스럽지 않은 경우도 많다. 이러한 문제를 해결하기 위해서는 동물진료수가 표준화와 진료기록 공개가 선행되어야 한다.

① 펫 보험 활성화는 국가 정책으로 지원 중인 사업이다.
② 전체 반려동물 양육 가구의 25% 정도는 펫 보험을 가입했다.
③ 동물진료수가 표준화와 진료기록이 공개되면 펫 보험의 제한된 보장 범위가 개선될 것이다.
④ 펫 보험은 가축재해보험과 그 성격이 근본적으로 같다.
⑤ 가축재해보험과 펫 보험은 보험 가입 시 보장 대상은 다르지만 보장 내용은 같다.

## 03 다음 글을 읽고 추론한 것으로 가장 적절하지 않은 것은?

| 2024 상반기 기출 키워드 | 베블렌 효과

> 베블렌 효과는 미국의 사회학자 소스타인 베블렌이 본인의 저서 『유한계급론』에서 제시한 개념으로, '상류층의 눈에 띄는 소비는 사회적 지위를 과시하기 위하여 행해진다'라고 언급한 것에서 유래한 상류층의 소비 행태를 말한다. 일반적인 제품은 가격이 상승하면 수요가 감소하지만, 베블렌 효과에 의하면 제품 가격이 상승할수록 수요가 증가하는 소비재가 있는데 이를 베블렌재라고 한다. 값비싼 귀금속, 명품, 고급 자동차 등의 사치재는 경제 상황이 악화되어도 수요가 줄어들지 않는 것이 이에 해당한다.
>
> 이와 같은 현상은 '필요에 의한 구매'가 아니라 '욕구에 의한 구매'와 관련이 있다. 이 현상은 상류층이 되기를 선망하는 사람들의 소비 행태를 말하는 파노플리 효과, 타인이 구매한 상품이나 유행하는 상품에 대한 수요가 떨어지는 스놉 효과, 유행으로 인해 어떤 물건에 대한 수요가 높아지면 그에 편승하여 소비하는 밴드왜건 효과와도 일정 부분 관련이 있다.

① 밴드왜건 효과는 스놉 효과의 반대 개념이라고 할 수 있다.
② 베블렌 효과를 활용하면 극소수의 VVIP 고객을 위한 마케팅을 진행할 수 있을 것이다.
③ 다수의 소비자가 구매하는 상품에는 베블렌 효과가 나타나기 어려울 것이다.
④ 베블렌 효과는 상류층 소비자들의 욕구에 의한 구매와 관련 있는 소비 행태이다.
⑤ 파노플리 효과는 가격에 상관없이 사치재를 구매하는 상류층의 소비 행태이다.

## 04 다음 글을 읽고 추론한 것으로 가장 적절한 것은?

| 2024 상반기 기출 키워드 | 재난 상황

울리히 베크는 과학이 고도화된 현대에는 잠재적 재난의 위기가 사방에 존재하며, 위기로 인한 불확실성과 위험이 전 지구적으로 존재한다고 주장했다. 즉 기술의 발전에 따라 예측 불가능한 재난이 존재하고, 그 피해가 국가를 넘어 나타날 수 있다는 것이다. 이런 재난의 특성은 정부의 재난 관리 측면에서 위협적인 요소이다. 따라서 정부는 재난 상황의 효과적 관리를 위하여 재난 발생 단계별 특성에 따라 대응 계획을 수립하고 실행하여야 한다.

재난 발생 단계는 예방 단계, 대응 단계, 회복 단계로 구분하는데, 이때 단계별로 실행할 수 있는 소통 전략이 반드시 수립되어야 한다. 국가적 재난 상황에서 정부의 대응이 효과적이지 않은 원인으로는 위기 대응 매뉴얼과 위기관리 지휘 본부 부재 등을 들 수 있지만, 소통 측면에서는 재난과 관련된 정보를 재난 관리 당국이 알려주고 싶은 정보만 제공하는 것에 치중하기 때문이다. 따라서 재난 상황에서 효과적인 소통을 위한 핵심 원칙은 국민들에게 꼭 필요한 진정성 있는 정보를 신속하게 제공하는 것이다.

① 재난 상황에서 국민들에게 필요한 정보를 제공하기 위해서는 사전에 소통 전략이 수립되어 있어야 한다.

② 재난 발생 단계는 예방 단계, 발생 단계, 회복 단계로 구분할 수 있다.

③ 정부는 재난 상황을 대비하여 재난 발생 계절에 따라 대응 계획을 수립해두어야 한다.

④ 재난 상황에서 국민과의 소통이 효과적이지 않은 이유는 위기 대응 매뉴얼의 부재 때문이다.

⑤ 재난 상황에서 효과적인 소통의 핵심 원칙은 신속하고 정확하게 관리 당국이 알리고자 하는 정보를 제공하는 것이다.

## 05 다음 글을 읽고 추론한 것으로 가장 적절한 것은?

| 2024 상반기 기출 키워드 | 내적 준거틀, 외적 준거틀

토니 로빈스는 상황은 다를 수 있지만 사람들이 사물을 이해하고 생각을 체계화하는 방식에는 일정한 구조가 있다고 주장하며 7가지 근본적 사고방식을 제시했다. 이러한 7가지 사고방식 중 하나는 외적·내적 준거틀이다.

외적 준거틀은 외부에서 제공되는 정보를 기반으로 메시지를 해석하고 이해하는 것이다. 이는 객관적이고 사실에 기반한 정보를 중시하며, 외부의 기준이나 규범을 활용하여 메시지를 판단한다. 즉 메시지 자체의 내용이나 맥락보다는 메시지의 출처, 권위, 사실 여부 등을 중요하게 여긴다. 반면에 내적 준거틀은 개인의 경험, 가치관, 신념, 문화 등을 기반으로 메시지를 해석하고 이해하는 것으로, 주관적이며 개인의 관점에서 메시지를 수용하고 해석하는 것을 중요시한다. 즉 메시지의 내용이나 맥락을 개인의 경험과 연결하여 이해하고, 개인의 가치관, 신념에 따라 메시지를 해석한다. 외적 준거틀은 객관적인 정보와 사실에 기반한 의사소통을 가능하게 하며, 내적 준거틀은 개인의 경험과 관점을 고려하여 메시지를 이해하고 공감할 수 있게 한다.

① 외적 준거틀은 의사소통 과정에서 개인의 신념과 가치관을 기반으로 메시지를 해석하는 것이다.
② 외적·내적 준거틀은 개인의 경험을 고려하여 객관적 정보를 이해할 수 있도록 한다.
③ 내적 준거틀 방식의 사고를 하는 사람들은 같은 메시지를 모두 다르게 해석할 것이다.
④ 외적 준거틀 방식의 사고를 하는 사람은 메시지의 사실 여부보다는 메시지가 공감할 수 있는 내용인지를 더 중요하게 생각할 것이다.
⑤ 내적 준거틀 방식의 사고를 하는 사람은 잘못된 정보가 제공될 경우 메시지를 잘못 해석할 것이다.

## 06 다음 글을 읽고 추론한 것으로 가장 적절한 것은?

| 2024 상반기 기출 키워드 | 데이터

| |
|---|
| 최근 많은 생성형 AI들이 등장하고 있다. 이러한 생성형 AI의 성능은 주로 데이터 학습량으로 결정되기 때문에, AI를 보유한 기업은 모든 방법을 동원하여 많은 데이터를 수집하려 하고, 데이터를 보유한 기업은 이를 방어하고자 한다.<br>A사는 최근 개인정보처리방침을 변경하여 'A사의 사용자가 온라인 또는 기타 오픈소스에서 공개적으로 획득한 정보를 수집해 A사 AI 모델을 학습시킬 수 있다'라고 명시하였다. 사용자가 온라인에서 활동하며 획득한 모든 정보를 A사 AI 학습에 사용하겠다는 것이다. 이러한 무차별적인 데이터 수집을 방어하기 위해 일부 기업들은 자사 서비스를 제한적으로 제공하기도 한다. B사는 Third Party API를 대상으로 일정 조건에 해당하면 데이터 열람을 유료화하였으며, C사는 API 유료화 및 1일 게시물 조회 수까지 제한하면서 데이터 보안을 강화하고 있다. 일부 생성형 AI 제작사들은 법적 분쟁에 휘말리기도 했다. 첨단 반도체를 생산하는 D사는 최근 특정 생성형 AI가 불법적으로 자사의 반도체 생산 노하우를 수집하고 있다고 주장하며 제작사를 고소하였다. |

① A사는 개인정보처리방침을 변경하여 사용자의 명시적인 동의 후 온라인에서 수집한 정보를 AI에 사용하였다.

② 모든 생성형 AI는 데이터 학습량이 많을수록 성능이 높을 것이다.

③ Third Party API를 대상으로 데이터 열람을 유료화하는 것은 생성형 AI 제작사들이 데이터를 무차별적으로 수집하는 것을 막을 수 있을 것이다.

④ 일부 회사들의 데이터 보안 강화로 인해 이용자들은 더 자유롭게 서비스를 이용할 수 있을 것이다.

⑤ A사는 사용자들이 수집한 데이터를 암호화한 후 AI 학습에 사용할 것이다.

## 07 다음 글을 읽고 추론한 것으로 가장 적절한 것은?

| 2024 상반기 기출 키워드 | 낙관주의



우리는 흔히 낙관주의와 비관주의를 완전히 상반되어 동존할 수 없는 삶의 태도로 생각한다. 하지만 『불변의 법칙』의 저자인 모건 하우절에 의하면 개인의 발전을 위해서는 낙관주의와 비관주의가 공존해야 한다.

미국의 군인 짐 스톡데일은 베트남전에서 포로로 잡혔으나 무사히 석방되었다. 그는 한 인터뷰에서 다시 가족을 만날 수 있다는 희망을 놓은 적이 없기에 포로 생활이 힘들지 않았다고 말하였으나, 동시에 포로 생활을 가장 견디기 힘들어했던 사람들은 낙관주의자들이라고 했다. 곧 집에 갈 것이라고 생각하던 낙관주의자들은 시간이 지나도 바뀌지 않는 현실에 절망하였지만, 그는 '당장은 집에 돌아갈 수 없지만 언젠가는 돌아갈 수 있을 것이다'라고 생각하였고 기나긴 포로 생활을 견딜 수 있었다. 그는 비관주의자처럼 대비하되 낙관주의자처럼 생각하는 '합리적 낙관주의자'였던 것이다.

모건 하우절에 따르면 낙관주의와 비관주의는 같은 스펙트럼 위에 존재하는데, 스펙트럼의 양 끝에 극단적 낙관주의자와 극단적 비관주의자가 있으며 중앙에 합리적 낙관주의자가 있다고 하였다. 합리적 낙관주의자는 장기적인 안목과 명확한 목표를 가지고 현실의 문제를 인정하고 수용하되, 결국엔 자신이 성공할 것이라고 믿으며 낙관적 시간을 유지한다고 하였다.

① 항상 낙관적인 태도를 보이는 것은 합리적 낙관주의이다.
② 비관주의자처럼 대비하고 낙관주의자처럼 생각하는 사람은 극단적 낙관주의자이다.
③ 비관주의를 완전히 배제하는 것이 합리적 낙관주의자가 되기 위한 방법이다.
④ 문제를 인정하고 개선하기 위해 노력하며 결국에는 문제를 해결할 것이라 믿는 것은 합리적 낙관주의이다.
⑤ 짐 스톡데일은 일반적인 관점에서는 비관주의자지만, 자신이 석방될 것을 믿었기에 합리적 낙관주의자이다.

**08** 다음 글을 읽고 추론한 것으로 가장 적절하지 않은 것은?

| 2024 상반기 기출 키워드 | 인간 음식은 고양이에게 해롭다

> 일반적인 인식과 달리 사람의 음식은 대부분 고양이가 먹을 수 없다. 파나 양파는 고양이의 적혈구를 파괴하고, 익히지 않은 생선, 육류, 달걀 등은 식중독균의 일종인 살모넬라균이 있어서 반드시 익혀서 주어야 한다. 또한 달걀흰자 속의 아비딘은 비오틴의 소화흡수를 방해하므로 삶은 달걀은 노른자만 조금 주는 것이 안전하다. 사람용 참치캔, 통조림, 소시지, 과자 등의 가공식품도 사람의 섭취 적정량을 기준으로 첨가물이 함유되어서, 사람 체중의 10분의 1밖에 되지 않는 고양이에게는 매우 위험하다. 소화기관에 상처를 주는 동물과 생선의 뼈도 주어서는 안 되고, 당분이 함유된 사탕과 아이스크림도 신장에 부담을 줄 수 있다. 카페인이 함유된 피로회복제, 초콜릿, 녹차, 커피 등은 매우 위험한 성분이므로 고양이에게 절대 금물이다. 그 외 나팔꽃, 국화, 알로에 등 관상용 식물에도 고양이에게 유해한 성분이 포함되어 있으므로 주의가 필요하다.

① 고양이의 식단에는 특별한 주의가 필요하다.

② 사람의 음식을 고양이에게 주기 위해서는 반드시 조리과정을 거쳐야 한다.

③ 사람용 가공식품은 사람의 섭취 적정량을 기준으로 제작되었기에 고양이에게 주어서는 안 된다.

④ 일반적으로 고양이는 날생선을 좋아한다고 알려져 있지만 실제로는 날생선을 주어서는 안 된다.

⑤ 카페인은 고양이에게 매우 위험한 성분이므로 녹차, 커피 등을 마시지 않도록 주의해야 한다.

**09** **지문의 서술 방식에 대해 설명한 것으로 가장 적절한 것을 고르면?**

| 2024 상반기 기출 키워드 | 그리스 신화

> 그리스 신화는 다양한 지역과 민족 간 교류를 통하여 적어도 1,500년 이상 변화해 왔다. 현재 우리가 알고 있는 그리스 신화는 진짜 그리스 신화라기보다는 헬레니즘 시대 혹은 로마 시대 그리스에서 편찬된 『그리스·로마 신화』로 생각하는 것이 옳다.
>
> 그리스 신들의 이름은 기원전 15세기경 미케네 문명 문자판에서 확인되었으나, 신들의 계보, 행적, 신성 등의 서술은 기원전 8세기에 시작되었다. 호메로스는 신화의 서술 기반을 확립하였고, 헤시오도스는 신들의 계보를 체계화하였다. 호메로스, 핀다로스를 비롯한 아테네의 고전기 비극 시인들은 이전의 신화를 보완해 더 풍요롭게 만들었다.
>
> 이후에도 신화의 변천 과정은 계속되지만, 비판과 극복의 대상이 되었다. 합리주의 철학자인 플라톤과 아리스토텔레스는 신화를 비이성적인 산물로 여겼고, 신화는 목적이기보다 수단으로 다루어지며 의미가 퇴색되었다.
>
> 헬레니즘 시대에 접어들어서는 신화적 사유를 존중하는 시인들에 의해 신화가 다시 정비되었다. 시켈로스와 아폴로도로스는 기존의 전승들을 수집 후 정리하여 일종의 신화집을 저술하였다.

① 어떤 대상의 의미를 설명하는 방식
② 질문이 주어지고 그것에 답하는 방식
③ 경험, 구체적인 사실을 사용하여 설명하는 방식
④ 타인의 말, 글을 자신의 글 속에 사용하여 설명하는 방식
⑤ 일이 어떻게 되어 가는가의 선후 관계에 따라 설명하는 방식

**10** **다음 글의 내용과 일치하지 않는 것은?**

| 2024 상반기 기출 키워드 | 뒤샹, 샘, 전시회

마르셀 뒤샹은 '선택이 곧 창조이다'라는 제3의 미술의 개념을 제시하였다. 심미적인 것을 벗어나 기성품을 선택해서 전시장에 갖다 놓는 것, 바로 레디메이드 개념이 탄생한 것이다.

뒤샹의 대표작은 1917년에 제작한 '샘'이다. 그는 동네 철물점에서 남성용 변기를 구입한 다음 가상의 예술가 R.Mutt의 서명을 하고, 그것을 독립미술가협회 전시회에 출품하였다. 그의 작품은 예술이 무엇인지에 대한 논쟁을 불러일으켰다. 예술 작품과 기성품(레디메이드)의 차이는 무엇인지, 예술가는 반드시 자기 작품을 스스로 만들어야 하는지, 물건을 예술 작품으로 인정해 주는 주체는 작가인지 관객인지 혹은 공인된 기관인지 등 그의 작품은 후대까지 유효한 질문들을 던졌다. 샘을 통해 후대 예술가들은 본인의 기교나 기술적 요소를 뽐내기보다는 본인의 생각과 사상을 전달하는 것에 초점을 맞추게 되었다.

샘은 현대 미술의 이정표로서, 예술의 관습과 경계에 도전하는 작품 중 하나로 여겨진다. 그는 이 작품을 통해 관객들에게 예술의 해석과 인식에 대해 고민하도록 유도하였다.

① 마르셀 뒤샹은 레디메이드라는 제3의 미술 개념을 선보였다.
② 마르셀 뒤샹은 그의 작품 '샘'에 가상의 예술가 이름으로 서명을 하였다.
③ '샘'은 예술의 관습과 경계에 도전한 작품 중 하나로 여겨진다.
④ 마르셀 뒤샹은 직접 제작한 변기에 '샘'이라는 이름을 붙인 후 전시회에 출품하였다.
⑤ 그가 미술계에 던진 질문은 후대 예술가들에게 큰 영향을 주었다.

## 11 다음 글의 내용과 일치하지 않는 것은?

| 2024 상반기 기출 키워드 | 사회 안전, 비용



범죄율과 사회적 질서는 밀접한 관계가 있다. 높은 범죄율은 사회 질서를 깨뜨리고 시민들에게 두려움과 불안정을 야기한다. 또한 범죄로 인한 금전적 손해와 피해자의 회복에 필요한 비용도 만만치 않기에 범죄율을 낮추는 것은 매우 중요한 문제이다.

범죄율을 낮추기 위한 방법은 여러 가지가 있다. 그중 징역 제도는 범죄자를 사회와 격리해 사회 안전을 유지하는 중요한 수단이지만, 수감 시설을 운영하기 위한 비용이 많이 소모된다. 또 다른 방법으로는 범죄 예방이 있다. 평상시 범죄 예방 프로그램(교육, 캠페인 등)을 운영하여 범죄율을 낮추는 것이다. 범죄자의 재활도 범죄율을 낮추기 위한 방법 중 하나이다. 범죄자가 사회로 복귀하기 전 지원과 도움을 제공하여 사회에 적응할 수 있도록 도와 재범률을 낮추는 것이다. CCTV와 같은 감시 장비를 설치하는 것도 범죄율을 낮추는 데 큰 도움이 된다.

위와 같은 방법들을 시행하기 위해서는 많은 비용이 발생하겠지만, 이러한 비용은 시민들의 최대 행복을 위해 반드시 필요한 것이다.

① 사회적 질서는 범죄율과 밀접한 관계가 있다.
② 징역 제도는 운영비가 높다는 단점이 있지만 범죄자를 사회와 격리할 수 있다는 장점이 있다.
③ CCTV와 같은 감시 장비를 설치하는 것은 범죄율을 낮추는 가장 좋은 방법이다.
④ 범죄자의 재활을 돕는 것은 재범률을 낮추는 방법 중 하나이다.
⑤ 범죄 예방에는 많은 비용이 소모되겠지만, 사회 구성원들의 행복을 위해서는 반드시 필요하다.

**12** **다음 글의 내용과 일치하지 않는 것은?**

| 2024 상반기 기출 키워드 | 일치 불일치 문제

> 북한 음식은 유래한 지역이 서해 바다와 맞닿아 있는지, 동해 바다와 맞닿아 있는지에 따라 특색이 확연히 차이 난다. 동해 바다에서 잡히는 생선들은 크고 비리기 때문에 고춧가루나 마늘 같은 향신료의 도움 없이는 생선의 맛을 즐기기 어렵다. 그래서 고춧가루나 마늘을 많이 넣은 자극적인 양념에 버무려 먹는다. 함경도 회국수는 감자 전분을 사용하여 만든 면을 매콤한 양념에 비빔국수처럼 비빈 후 가자미식해나 빨갛게 무친 명태자반을 올려내는 것이 특징이다. 또한 감자 전분을 사용한 면은 금방 굳기 때문에 뜨거운 돼지고기 육수를 부어 먹기도 했는데, 이때 육수를 만들고 남은 돼지고기는 빨갛게 양념하여 면 위에 고명으로 올리기도 한다.
>
> 반면 서해 바다에서 잡히는 생선들은 대체로 비린 맛이 덜한 흰살생선이 많기 때문에 향신료나 소금, 고춧가루 등을 사용하여 짜고 맵게 만들 필요가 없었다. 이로 인해 서해 바다에 접한 지역의 음식은 대체로 심심한 경우가 많다. 평양을 비롯한 평안도 지역의 대표 음식인 어복쟁반, 닭고기온반, 평양냉면, 메밀묵, 콩깨칼국수, 백김치 등이 모두 자극적이지 않고 담백한 이유가 여기에 있다.

① 북한 음식은 서해 바다를 끼고 있느냐, 동해 바다를 끼고 있느냐에 따라 특색이 다르다.
② 함경도 음식은 대체로 평안도 음식보다 짜고 매울 것이다.
③ 서해 바다에서 잡히는 생선들은 동해 바다에서 잡히는 것에 비해 비린 맛이 덜하다.
④ 함경도 회국수는 가자미식해나 명태자반뿐만 아니라 돼지고기를 고명으로 사용하기도 한다.
⑤ 평양 음식은 마늘 같은 향신료를 많이 사용하는 것으로 유명하다.

**13** 다음 글의 내용과 일치하지 않는 것은?

| 2024 상반기 기출 키워드 | 임대인, 권리금

젠트리피케이션으로 피해를 보는 임차인 보호를 위해 2022년 1월 「상가건물 임대차보호법」이 시행되었다. 이 법의 기본적인 골자는 다음과 같다. 첫째, 임대차기간이 만료되는 날로부터 6개월~1개월 전에 임차인이 계약 갱신을 요구할 경우, 임대인은 정당한 사유 없이 이를 거절하지 못한다. 이를 계약갱신요구권이라고 하는데, 임차인은 전체 임대차기간이 10년을 초과하지 않을 경우에만 이를 행사할 수 있다. 둘째, 임대차계약을 갱신할 경우 차임 즉 월세는 기존 대비 5% 이상 증액할 수 없다. 단, 2020년경에 발생한 코로나−19로 인해 차임을 감액하였다면 감액하기 전 금액에 도달할 때까지는 5%의 제한 규정을 적용하지 않는다. 셋째, 이전까지는 권리금에 관한 규정이 없었기에, 신규 임차인이 이전 임차인에게 권리금을 지불하고 입주한 경우에도 임대인이 해당 권리금을 인정하지 않을 경우 계약 만료 시 임차인이 권리금을 받을 방법이 없었다. 하지만 해당 법령으로 인해 임대인은 기존 임차인이 신규 임차인으로부터 권리금을 받는 것을 방해할 수 없다.

① 임차인이 임대차 계약 만료 6개월~1개월 사이에 갱신을 요구할 경우 임대인은 정당한 사유 없이 이를 거절하지 못한다.

② 임차인은 임대인으로부터 권리금을 돌려받을 수 있다.

③ 코로나−19로 인해 차임을 감액하였다면 5% 이상 증액한 금액으로 임대차계약을 갱신할 수 있다.

④ 계약갱신요구권은 전체 임대차기간이 10년을 초과하지 않을 경우에만 행사할 수 있다.

⑤ 「상가건물 임대차보호법」으로 인해 권리금에 관한 규정이 신설되었다.

## 14 다음 글의 내용과 일치하지 않는 것은?

| 2024 상반기 기출 키워드 | 건강 관련 지문

> 뇌전증은 반복적인 발작을 특징으로 하는 신경질환이다. 뇌전증 유병률은 약 0.5~1%로, 전 세계적으로 5,000만 명이 넘는 환자가 있고, 국내에서는 30~40만 명 정도의 환자가 있어 치매, 뇌졸중 다음으로 흔한 신경질환이다. 뇌전증 발작을 억제하는 FDA(미국식품의약품청)에서 허가받은 항경련제가 20개가 넘는데도 불구하고, 발작이 조절되지 않아 일상생활에 지장을 초래하는 난치성 뇌전증 환자의 비율이 전체 뇌전증 환자의 30%에 이른다. 기존 항경련제는 뇌의 과도한 흥분을 억제해 발작 증상을 예방·조절할 뿐, 질환의 원인을 제거하거나 질환 자체에는 영향을 주지는 못한다. 또한 뇌전증 발생 원인은 유전적 요인, 뇌염, 뇌종양 등 다양하지만 아직도 뇌전증 환자의 과반수 이상은 정확한 원인을 모른다. 특히, 소아 난치성 뇌전증의 경우, 발작이 조절되지 않으면 뇌손상으로 인한 지적장애, 발달장애가 발생하여 평생 장애를 갖고 살아가야 할 수 있으며 그들을 돌볼 사회적 비용 또한 높아 치료제 개발이 절실하다.

① 뇌전증은 신경질환으로 유병률은 약 0.5%~1%이며 반복적인 발작을 특징으로 한다.
② 뇌전증은 국내 신경질환 중 3번째로 많은 환자가 있다.
③ 난치성 뇌전증 환자의 비율은 전체 신경질환 환자의 30%에 이른다.
④ 뇌전증 발생 원인은 다양하지만, 과반수가 정확한 원인을 알지 못한다.
⑤ 소아 난치성 뇌전증은 발작이 조절되지 않으면 뇌손상으로 이어져 평생 장애를 갖고 살아가는 경우가 있다.

## 15 다음 글에서 주장하는 내용에 대한 반론으로 가장 적절한 것은?

| 2024 상반기 기출 키워드 | 반론 문제

미래 산업사회 인재 양성을 위한 교육제도를 마련하고자 교육부에서 내놓은 방안은 바로 고교학점제이다. 고교학점제는 기존의 경직된 학과 체제를 벗어나 다양한 과목 이수를 활성화하여 진로변경의 기회를 제공한다.

고교학점에 운영 방안을 좀 더 구체적으로 살펴보면 방학 중 계절수업을 운영하여 기초학력 향상 또는 첨단 기술교육 등 다양한 학습경험을 제공한다. 과목 개설이 어려운 경우 지역사회, 대학 등 학교 밖 교육을 학점으로 인정하고, 3학년 2학기를 학생에서 사회인으로의 성장을 준비하고 지원하는 전환학기로 운영한다. 또한 직업계고 학생의 사회진출 지원을 강화하기 위하여, 학생이 주도적으로 진로 경로를 설계하고 변경할 수 있도록 학기 전환기마다 '진로설계 집중기간'을 운영한다. 마지막으로 학점제를 처음 도입하는 학교 10개를 선정하여 인력양성 유형과 학생의 진로 및 취업 경로 등에 따라 8가지 교육과정 운영 모형을 적용할 수 있도록 지원한다.

① 교내 과목 개설이 어려운 경우 교내뿐만 아니라 교외 교육 또한 학점으로 인정해 주어야 한다.

② 학생의 진로 희망에 따라 실무능력과 현장 적응력을 향상할 수 있도록 해야 한다.

③ 학생이 스스로 진로를 설계할 수 있도록 취업상담을 진행해야 한다.

④ 처음 경험하는 생소한 제도로 인해 학교별 격차가 더 벌어질 수 있으나 이를 대비하기 위한 방안이 부족하다.

⑤ 고교학점제를 통해 학생의 진로와 적성에 따른 개인별 맞춤형 직업교육의 미래를 그려볼 수 있다.

**16** **다음 글에서 주장하는 내용에 대하여 반박한 것으로 가장 적절한 것은?**

| 2024 상반기 기출 키워드 | 혈당, 당뇨병

> 고혈당인 상태가 지속되면 다양한 당뇨 합병증이 발생하므로 이를 예방하는 것이 중요하다. 혈당 수치를 관리하기 위해서는 규칙적인 생활 습관을 가지고 건강한 식단과 운동을 병행해야 한다. 혈당 수치가 이미 높을 경우 약물 요법을 병행하여 혈당 수치를 정상 범위 내로 유지해야 한다. 또한 체중, 혈중 콜레스테롤 수치, 혈압을 적정 수준으로 관리하며, 정기적인 검진과 검사를 통하여 합병증을 관리해야 한다.
>
> 당뇨 합병증 예방에 관한 연구로 영국의 전향적 당뇨병연구(UKPDS)가 있다. 연구는 10년 동안 고혈당 환자들의 경과를 조사했는데, 고혈당 진단 초기부터 철저하게 혈당 수치를 관리했던 사람들은 당뇨와 관련된 모든 합병증이 9%, 당뇨병 관련 사망이 17%, 심근경색증이 15%, 미세혈관 합병증이 24%, 모든 원인에 의한 사망이 13% 감소하였다. 즉 고혈당 초기에 혈당 수치를 철저히 조절하면 합병증 발병률이 유의미하게 감소하고, 오랜 기간 동안 건강한 삶을 살 수 있다.

① 고혈당 초기에 혈당 수치를 조절하는 것은 당뇨 합병증 감소에 도움을 주므로 중요하다.
② 철저히 혈당 수치를 관리하면 합병증이 감소한다는 것을 영국의 UKPDS를 통해 입증하였다.
③ 혈당 수치가 높더라도 관리를 철저히 하면 건강한 삶을 지속할 수 있다.
④ 당뇨 합병증은 유전적인 요인으로 발병하는 경우가 많으므로 이를 고려해야 한다.
⑤ 규칙적인 생활 습관과 건강한 식사를 통해 정상 혈당 범위를 유지할 수 있다.

## 17 다음 글의 주제로 가장 적절한 것은?

| 2024 상반기 기출 키워드 | 주제 찾는 문제

산업재해란 산업 활동 중에 일어난 사고로 인해 사망하거나 부상을 당하고 유해 물질에 중독되는 것 등, 직업성 질환에 걸리거나 신체적 장애를 갖게 되는 것을 말한다. 우리나라 산업 안전 보건법에서는 근로자가 업무에 관계되는 건설물·설비·원재료·가스 등에 의하거나, 직업과 관련된 기타 업무에 의하여 사망 또는 부상하거나 질병에 걸리게 되는 것을 산업재해로 정의하고 있다.

산업재해의 기본적 원인은 크게 3가지로 구분할 수 있다. 첫째, 교육적 원인으로, 안전 지식의 불충분, 안전 수칙의 오해, 경험이나 훈련의 불충분과 작업관리자의 작업 방법의 교육 불충분, 유해 위험 작업 교육 불충분 등이 있다. 둘째, 기술적 원인이다. 예시로는 건물·기계 장치의 설계 불량, 구조물의 불안정, 재료의 부적합, 생산 공정의 부적당, 점검·정비·보존의 불량 등이 있다. 셋째, 작업 관리상 원인으로 안전 관리 조직의 결함, 안전 수칙 미지정, 작업 준비 불충분, 인원 배치 및 작업 지시 부적당 등이 있다.

이러한 산업재해를 예방하기 위해서는 사고의 원인이 되는 불안전한 행동과 상태의 유형을 이해하고, 이들을 철저히 분석하여 적절한 대책을 수립하여야 할 것이다.

① 산업재해의 원인과 예방법
② 우리나라 산업 안전 보건법의 역사
③ 대표적인 산업재해의 예시
④ 산업재해에 대한 오해와 진실
⑤ 산업재해를 바라보는 현장의 시선

## 18 다음 글의 주제로 가장 적절한 것은?

| 2024 상반기 기출 키워드 | 주제 찾는 문제

소독과 멸균은 미생물을 죽이거나 성장을 억제할 수 있는 일반적인 방법이다. 미생물은 인간과 동물에게 여러 가지 질병을 일으킬 수 있으며 음식을 부패시키기도 한다. 따라서 미생물에 의한 유해한 영향을 최소화하기 위해 미생물을 죽이거나 성장을 억제하는 것이 좋고, 이는 결국 소독 또는 멸균을 통해 이루어진다. 하지만 얼핏 보면 비슷한 두 프로세스는 서로 다른 원칙을 기반으로 이루어진다.

먼저 소독은 세균의 아포(spore)를 제외한 미생물을 제거하거나 성장을 억제하는 화학 공정이다. 소독을 통해 미생물이 생존하기에 적절하지 않은 환경이 조성되면 세균은 생존 수단으로 아포를 형성한다. 아포는 번식에 친화적인 환경이 될 때까지 오랜 시간 동안 생존할 수 있다. 멸균은 이러한 아포를 포함해서 모든 미생물, 바이러스, 진균을 죽이는 과정이다. 주로 수술을 위해 시행되므로, 수술 전 신체조직으로 들어가는 모든 물품은 멸균 과정을 거친다. 멸균은 일반적으로 열, 조사, 여과, 고압 등의 방법을 통해 이루어진다.

① 성공적인 소독을 위한 절차
② 소독과 멸균의 차이점
③ 수술 전 멸균 프로세스
④ 소독 대신 멸균을 진행해야 하는 이유
⑤ 미생물이 인간에게 해로운 이유

## 19 다음 글의 내용 흐름 상 가장 적절한 문단배열 순서는?

| 2024 상반기 기출 키워드 | 문단배열 찾는 문제



(A) 또한 연구팀은 이러한 결과가 일부 지역이나 서유럽인에게만 나타나는 현상이 아니라는 점을 밝히기 위해 서유럽인과 유전자가 다른 인종에 대해 동일한 조사를 실시한 결과를 함께 발표하였다. 비어(Beer) 박사는 이번 연구 결과는 매우 흥미롭지만, 어떤 이유로 이러한 일이 발생하는지에 대한 추가 연구가 필요하다고 조언했다.

(B) 많은 사람들이 오래 살기를 원하는 만큼 식습관에 신경을 기울이고, 몸에 좋다는 고가의 약을 섭취하며, 각종 운동을 통해 건강한 신체를 유지하고 노화를 방지하려 한다.

(C) 그 결과 연구팀은 인간이 80세가 넘으면 노화 속도가 줄어들기 시작하고, 105세가 넘어가면 노화현상이 안정화된다고 주장했다. 연구팀은 그들만의 새로운 연구 방식을 통해 이러한 결론을 도출할 수 있었다고 밝혔다.

(D) 그러나 105살이 되면 이런 노력 없이도 노화가 정지된다는 연구 결과가 발표되었다. 라 사피엔자 대학교의 인구학자 바르비(Barbi) 교수가 이끄는 국제 공동연구팀은 2009년부터 2015년까지 6년간 서유럽에 살았던 105살 이상의 인구 3,836명을 대상으로 수명 상태를 분석하였다.

① (A)-(B)-(C)-(D) ② (B)-(C)-(D)-(A) ③ (B)-(D)-(C)-(A)

④ (C)-(D)-(B)-(A) ⑤ (D)-(A)-(C)-(B)

**20** **다음 글의 흐름상 〈보기〉가 위치할 곳으로 가장 적절한 곳은?**

| 2024 상반기 기출 키워드 | 철학 지문

(A)

'소피스트'는 그리스어로 '지혜로운 자'라는 뜻으로 기원전 5~4세기경의 그리스 철학자들을 말한다. 이들은 여러 국가를 유랑하며 다양한 주제에 대해 강연했지만, 주로 아테네 사람들을 대상으로 수사학, 웅변술, 문법, 문화, 예술, 음악 등을 가르쳤다.

(B)

대표적인 소피스트로는 프로타고라스, 고르기아스 등이 있는데 이들은 절대적인 진리를 부정하고 세상에 보편적인 진리는 존재하지 않는다고 주장했다. 오히려 현실의 경험을 통해 얻는 모든 지식이 참된 것이라고 생각했다.

(C)

소피스트들은 논쟁을 할 때면 항상 상대방의 주장에 반대되는 주장을 제시한 다음 두 가지 모두 참이라고 말했다.

(D)

이러한 소피스트들의 행태에 대하여 철학자 플라톤은 진리를 등한시하고 논쟁에서 승리하려고만 한다고 비판하였다. 또한 그들의 주장은 논리에 반대되기만 하는 것뿐이라면서 그들의 논리를 '반논리'로 규정했다.

(E)

〈 보 기 〉

예를 들어 'A라는 사람이 키가 크다.'라는 주장에 대하여 'A는 B에 비해서 키가 크기 때문에 키가 큰 것은 맞지만, C에 비해서는 키가 작기 때문에 키가 작은 것도 맞다.'라고 주장하는 것이다.

① (A) ② (B) ③ (C)
④ (D) ⑤ (E)

# 자료해석

문항수 20문항 | 제한시간 15분

해설 p. 24



**01** 다음은 2024년 7월 15대 주요 품목별 수출액 및 전월 대비 증감률에 대한 자료이다. 다음 중 옳은 것은?

| 2024 상반기 기출 키워드 | 반도체 수출 관련 표

〈표〉 2024년 7월 15대 주요 품목별 수출액 및 전월 대비 증감률

(단위 : 억 달러, %)

| 구분 | 반도체 | 디스플레이 | 무선통신 | 컴퓨터 | 자동차 | 자동차부품 | 일반기계 | 선박 |
|---|---|---|---|---|---|---|---|---|
| 수출액 | 112.0 | 17.3 | 14.6 | 11.7 | 53.7 | 22.2 | 49.5 | 10.8 |
| 증감률 | +50.4 | +2.4 | +53.6 | +61.6 | −9.1 | +9.5 | +12.5 | −36.2 |
| 구분 | 석유제품 | 석유화학 | 바이오헬스 | 가전 | 섬유 | 철강 | 이차전지 | 전체 |
| 수출액 | 45.3 | 41.8 | 12.4 | 7.3 | 8.8 | 27.9 | 7.4 | 574.9 |
| 증감률 | +16.7 | +18.5 | +29.0 | +9.4 | +1.6 | −5.4 | −0.3 | +13.9 |

① 전월 대비 수출액이 감소한 항목은 3가지이다.

② 전월 대비 수출액의 증가율이 가장 큰 항목은 반도체이다.

③ 석유화학과 석유제품의 수출액 차는 섬유와 이차전지의 수출액 차보다 크다.

④ 증감률이 두 번째로 큰 항목은 수출액 역시 두 번째로 크다.

⑤ 전월 대비 20% 미만으로 증가한 항목은 5가지이다.

**02** 다음은 2015~2023년 분쟁 건수와 2023년 분쟁 분야에 대한 자료이다. 다음 〈보기〉 중 옳은 것을 모두 고른 것은?

| 2024 상반기 기출 키워드 | 원형 그래프

〈그래프1〉 2015~2023년 분쟁 건수

(단위 : 건)

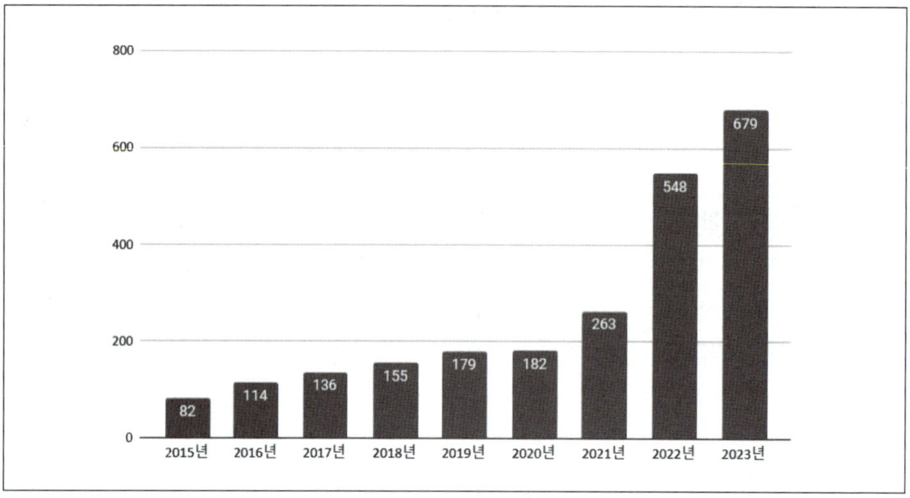


〈그래프2〉 2023년 분쟁분야

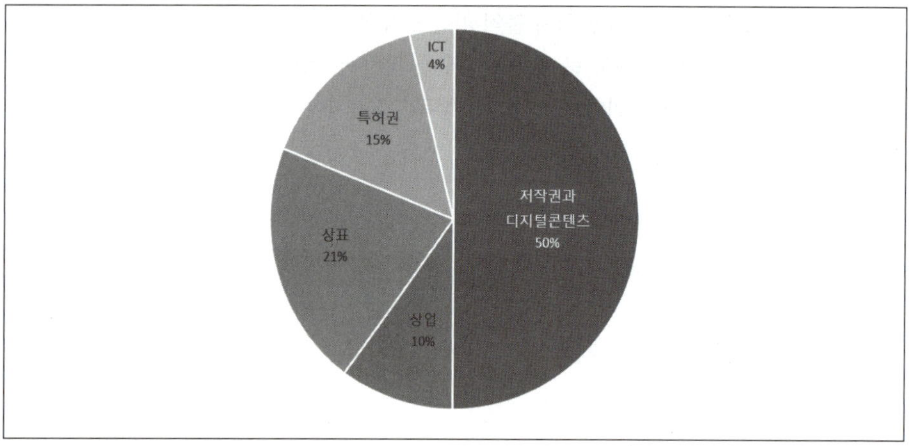


〈 보 기 〉

ㄱ. 2023년 저작권과 디지털콘텐츠의 분쟁 건수는 300건 이상이다.
ㄴ. 조사기간 동안 분쟁 건수가 전년 대비 가장 큰 폭으로 증가한 해는 2023년이다.
ㄷ. 2023년 특허권과 상업 분쟁 건수의 차는 30건 이상이다.
ㄹ. 분쟁 건수는 조사기간 동안 지속적으로 증가하고 있다.

① ㄱ, ㄴ ② ㄱ, ㄷ, ㄹ ③ ㄴ, ㄷ
④ ㄷ, ㄹ ⑤ ㄴ, ㄷ, ㄹ

## 03 다음은 경제성장률과 소비자물가 상승률의 전망치와 실제 수치에 대한 자료이다. 다음 중 옳지 않은 것은?

| 2024 상반기 기출 키워드 | 5지선다형 자료해석

〈표〉 경제성장률과 소비자물가 상승률의 전망치 및 실제 수치

(단위 : %)

| 구분 | 경제성장률 | | 소비자물가 상승률 | |
|---|---|---|---|---|
| | 전망 | 실제 | 전망 | 실제 |
| 2023 | 1.6 | 1.4 | 3.5 | 3.5 |
| 2024 | 2.4 | 2.3 | 3.5 | 2.4 |

* 경제성장률과 소비자물가 상승률은 모두 전년 대비 수치임

① 2023년 소비자물가 상승률은 전망치와 실제 수치가 동일하다.
② 경제성장률은 2023년과 2024년 모두 전망치가 실제 수치보다 높다.
③ 2023년 소비자물가는 전년 대비 상승했다.
④ 2024년 소비자물가는 전년 대비 감소했다.
⑤ 2023년과 2024년 경제는 성장했다.

**04** 다음은 S국 지정등록문화재에 대한 자료이다. 다음 중 옳지 않은 것은? (단, 소수점 아래 둘째 자리에서 반올림한다.)

| 2024 상반기 기출 키워드 | 5지선다형 자료해석

〈표〉 S국 2024년 지정등록문화재 현황

(단위 : 개)

| 구분 | 지정등록문화재 | 지정문화재 | 국가등록문화재 | 시·도등록문화재 |
|---|---|---|---|---|
| 전국 | 15,079 | 14,061 | 952 | 66 |
| 서울특별시 | 2,042 | 1,789 | 234 | 19 |
| 부산광역시 | 535 | 511 | 22 | ( A ) |
| 대구광역시 | 296 | 283 | 13 | 0 |
| 인천광역시 | 280 | 263 | 9 | ( ) |
| 광주광역시 | 166 | 144 | 22 | 0 |
| 대전광역시 | 234 | ( ) | 23 | 1 |
| 울산광역시 | 157 | 150 | ( B ) | 0 |

※ 지정등록문화재는 지정문화재, 국가등록문화재, 시·도등록문화재만 있다.
※ 지정등록문화재 = 지정문화재 + 국가등록문화재 + 시·도등록문화재

① 지정문화재의 수가 많은 행정구역일수록 지정등록문화재의 수가 많다.
② A의 값은 2이고, B의 값은 7이다.
③ 서울특별시 외에 시·도 등록문화재가 8개 이상인 행정구역이 존재한다.
④ 국가등록문화재가 가장 많은 도시는 서울특별시이다.
⑤ 대구광역시와 인천광역시의 지정문화재 수의 차는 대전광역시와 광주광역시의 국가등록문화재 수의 차보다 크다.

05 다음은 2024년 S시 아파트 실거래가격지수에 대한 자료이다. 이에 대한 설명으로 〈보기〉에서 옳은 것을 모두 고른 것은?

| 2024 상반기 기출 키워드 | 보기가 ㄱ, ㄴ, ㄷ, ㄹ로 주어진 자료해석

〈표〉 2024년 S시 아파트 실거래가격지수

| 구분 | 2020년 2월 | 2021년 2월 | 2022년 2월 | 2023년 2월 | 2024년 2월 |
|---|---|---|---|---|---|
| 실거래가격지수 | 94 | 100.9 | 118.6 | 129.3 | 164.7 |

※ 2019년 2월 = 100

〈보 기〉

ㄱ. 2020년 2월 전년 동월 대비 아파트 가격은 하락했다.
ㄴ. 2021년 2월 이후 전년 동월 대비 아파트 가격이 지속적으로 증가했다.
ㄷ. 전년 동월 대비 아파트 실거래가격지수가 가장 큰 폭으로 증가한 것은 2022년 2월이다.
ㄹ. 2022년 2월 전년 동월 대비 아파트 실거래가격지수의 증가율은 10% 미만이다.

① ㄱ, ㄴ ② ㄱ, ㄷ ③ ㄱ, ㄹ
④ ㄴ, ㄷ ⑤ ㄴ, ㄹ

06 다음은 M국의 의약품별 특허 출원현황에 대한 자료이다. 다음 〈보기〉 중 옳은 것을 모두 고른 것은?

| 2024 상반기 기출 키워드 | 보기가 ㄱ, ㄴ, ㄷ, ㄹ로 주어진 자료해석

〈표〉 M국의 의약품별 특허 출원현황

(단위 : 건)

| 구분 | 2021년 | 2022년 | 2023년 |
|---|---|---|---|
| 완제 의약품 | 7,137 | 4,394 | 2,999 |
| 원료 의약품 | 1,757 | 797 | 500 |
| 기타 의약품 | 2,236 | 1,517 | 1,220 |
| 합계 | 11,130 | 6,708 | 4,719 |

〈보 기〉

ㄱ. 완제 의약품과 원료 의약품의 전년 대비 증감 추이는 동일하다.
ㄴ. 2023년 기타 의약품은 2021년보다 1,000건 미만 감소했다.
ㄷ. 2022년 원료 의약품의 비중은 10% 미만이다.
ㄹ. 2021년 원료 의약품은 2023년 원료 의약품의 2배 이상이다.

① ㄱ, ㄷ ② ㄱ, ㄹ ③ ㄴ, ㄷ
④ ㄴ, ㄹ ⑤ ㄷ, ㄹ

**07** 다음은 S기업의 2021년과 2022년 자산총액의 항목별 구성비를 나타낸 자료이다. 다음 〈보기〉 중 옳은 것을 모두 고른 것은?

| 2024 상반기 기출 키워드 | 보기가 ㄱ, ㄴ, ㄷ, ㄹ로 주어진 자료해석

〈표〉 S기업의 2021년과 2022년 자산총액의 항목별 구성비

(단위 : %)

| 항목 | 2021년 | 2022년 |
|---|---|---|
| 현금 및 현금성자산 | 7 | 8 |
| 단기금융상품 | 15 | 13 |
| 매출채권 | 7 | 7.5 |
| 재고자산 | 5 | 5 |
| 유형자산 | 27.5 | 26.5 |
| 무형자산 | 17 | 13 |
| 이연법인세자산 | 12 | 16 |
| 기타비유동자산 | 9.5 | 11 |

※ 2021년 자산총액 3,000억 원, 2022년 자산 총액 2,500억 원

※ 유동자산 = 현금 및 현금성자산 + 단기금융상품 + 매출채권 + 재고자산

〈 보 기 〉

ㄱ. 2021년과 2022년 재고자산은 동일하다.

ㄴ. 2022년 기타비유동자산은 250억 원 이상이다.

ㄷ. 2021년 단기금융상품 금액은 2022년 단기금융상품 금액보다 많다.

ㄹ. 2022년 유동자산 금액은 2021년보다 많다.

① ㄱ, ㄴ　② ㄱ, ㄷ　③ ㄴ, ㄷ

④ ㄴ, ㄹ　⑤ ㄷ, ㄹ

## 08 다음은 2021~2023년 S지역 곡물 재배면적 및 생산량에 대한 자료이다. 다음 중 옳은 것은?

| 2024 상반기 기출 키워드 | 증감 추이를 묻는 문제

〈표〉 2021~2023년 S지역 곡물 재배면적 및 생산량

(단위 : 천 정보, 천 석)

| 구분 | | 2021년 | 2022년 | 2023년 |
|---|---|---|---|---|
| 두류 | 재배면적 | 264 | 215 | 208 |
| | 생산량 | 750 | 633 | 772 |
| 잡곡 | 재배면적 | 301 | 317 | 339 |
| | 생산량 | 1,143 | 1,215 | 1,362 |
| 서류 | 재배면적 | 87 | 101 | 138 |
| | 생산량 | 1,228 | 1,436 | 2,612 |

① 서류 생산량의 전년 대비 증감 추이는 증가와 감소를 반복한다.
② 매년 잡곡의 생산량이 가장 많다.
③ 두류의 재배면적과 생산량의 증감 추이가 동일하다.
④ 2023년 잡곡의 생산량은 두류의 생산량의 약 1.5배이다.
⑤ 2021년 대비 2023년 재배면적이 가장 큰 폭으로 증가한 것은 서류이다.

## 09 다음은 2020~2022년 농림수산식품 수출액 상위 5개 품목에 대한 자료이다. 이를 바탕으로 옳지 않은 것은?

| 2024 상반기 기출 키워드 | 5지선다형 자료해석

〈표〉 2020~2022년 농림수산식품 수출액 상위 5개 품목

(단위 : 천 톤, 백만 불)

| 순위 | 2020년 | | | 2021년 | | | 2022년 | | |
|---|---|---|---|---|---|---|---|---|---|
| | 품목 | 수출물량 | 수출액 | 품목 | 수출물량 | 수출액 | 품목 | 수출물량 | 수출액 |
| 1 | 배 | 10.5 | 24.3 | 인삼 | 0.7 | 37.8 | 인삼 | 0.5 | 22.3 |
| 2 | 인삼 | 0.4 | 23.6 | 배 | 7.7 | 19.2 | 배 | 6.5 | 20.5 |
| 3 | 사과 | 7.3 | 15.2 | 유자차 | 5.7 | 12.6 | 궐련 | 1.6 | 18.4 |
| 4 | 김치 | 37.5 | 15.0 | 궐련 | 0.6 | 8.1 | 유자차 | 7.0 | 14.6 |
| 5 | 유자차 | 4.8 | 9.7 | 비스킷 | 1.8 | 7.9 | 비스킷 | 2.4 | 8.8 |

① 조사기간 동안 항상 5위 안에 있는 품목은 인삼, 배, 유자차이다.
② 2021년 인삼의 수출액은 전년 대비 증가했다.
③ 유자차의 수출물량은 매년 증가했다.
④ 2022년 농림수산식품 수출액 상위 5개 품목의 수출액 합은 85백만 불 이상이다.
⑤ 배의 수출물량은 지속적으로 감소했다.

**10** **다음은 2021~2023년 L국의 업종별 일반음식점 수를 나타낸 자료이다. 다음 중 옳지 않은 것은?**

| 2024 상반기 기출 키워드 | 5지선다형 자료해석

〈표〉 2021~2023년 L국 업종별 일반음식점 수

(단위 : 개소)

| 구분 | 2021년 | 2022년 | 2023년 |
|---|---|---|---|
| 한식 | 317,200 | 314,028 | 307,500 |
| 중식 | 28,670 | 27,540 | 26,850 |
| 일식 | 12,540 | 11,420 | 10,790 |
| 서양식 | 15,757 | 14,550 | 13,980 |
| 기타 외국식 | 2,333 | 2,450 | 2,340 |
| 계 | 376,500 | 369,988 | 361,460 |

① 조사기간 동안 매년 한식 일반음식점 수가 가장 많았다.
② 조사기간 동안 매년 일식 일반음식점 수가 두 번째로 적었다.
③ 기타 외국식 일반음식점 수는 지속적으로 전년 대비 감소했다.
④ 중식 일반음식점 수는 2021년 대비 2023년 1,000개소 이상 감소했다.
⑤ 서양식 일반음식점 수는 2022년 대비 2023년 500개소 이상 감소했다.

**11** 다음은 2023년 하반기 고속철도 여객수송실적에 대한 자료이다. 다음 〈보기〉 중 옳은 것을 모두 고른 것은?

| 2024 상반기 기출 키워드 | 보기가 ㄱ, ㄴ, ㄷ, ㄹ로 주어진 자료해석

〈표〉 2023년 하반기 고속철도 여객수송실적

(단위 : 천 명)

| 구분 | 수송인원 | 승차인원 | 유입인원 |
|---|---|---|---|
| 7월 | 6,431 | (   ) | 3,267 |
| 8월 | 6,720 | 3,103 | 3,617 |
| 9월 | 6,333 | 2,853 | 3,480 |
| 10월 | (   ) | 3,048 | 3,827 |
| 11월 | 6,717 | 2,923 | 3,794 |
| 12월 | 6,910 | 3,010 | (   ) |

※ 수송인원 = 승차인원 + 유입인원

〈보 기〉

ㄱ. 수송인원은 지속적으로 증가한다.
ㄴ. 유입인원의 전월 대비 증감 추이는 증가와 감소를 반복한다.
ㄷ. 승차인원은 지속적으로 감소한다.
ㄹ. 수송인원이 가장 많았던 월에 유입인원도 가장 많다.

① ㄱ, ㄴ　② ㄱ, ㄷ　③ ㄱ, ㄹ
④ ㄴ, ㄷ　⑤ ㄴ, ㄹ

**12** 다음은 S국의 2023년 2분기와 3분기 죄종별 범죄발생 및 검거현황에 대한 자료이다. 다음 설명 중 옳지 않은 것은?

| 2024 상반기 기출 키워드 | 5지선다형 자료해석

〈표〉 S국의 2023년 2분기와 3분기 죄종별 범죄발생 및 검거현황

(단위 : 건)

| 죄종별 | 2023년 2분기 | | 2023년 3분기 | |
|---|---|---|---|---|
| | 발생건수 | 검거건수 | 발생건수 | 검거건수 |
| 총계 | 226,002 | 157,037 | 226,020 | 157,815 |
| 강력범죄 | 6,364 | 5,983 | 6,797 | 6,398 |
| 절도범죄 | 48,262 | 33,990 | 48,392 | 35,178 |
| 폭력범죄 | 59,438 | 52,296 | 60,245 | 53,194 |
| 지능범죄 | 111,938 | 64,768 | 110,586 | 63,045 |

① 2023년 2분기와 3분기 모두 지능범죄의 발생건수가 가장 많다.
② 발생건수가 많을수록 검거건수도 많다.
③ 2023년 3분기 절도범죄 검거건수는 전 분기 대비 1,000건 미만 증가했다.
④ 지능범죄와 강력범죄 검거건수의 증감 추이가 서로 다르다.
⑤ 발생건수와 검거건수의 총계는 2023년 3분기에 모두 전 분기 대비 증가했다.

**13** 다음은 지역별 S대학교 지원자 및 합격자에 대한 자료이다. 다음 중 합격률이 가장 높은 지역은?

| 2024 상반기 기출 키워드 | 5지선다형 자료해석

〈표〉 지역별 S대학교 지원자 및 합격자 현황

(단위 : 명)

| 구분 / 지역 | 지원자 | 합격자 |
|---|---|---|
| A | 300 | 16 |
| B | 20 | 1 |
| C | 50 | 2 |
| D | 100 | 6 |
| E | 200 | 9 |

※ 합격률(%) = $\frac{\text{합격자}}{\text{지원자}} \times 100$

① A　② B　③ C
④ D　⑤ E

## 14 다음은 상품 A의 생산가격 비율을 나타낸 자료이다. 다음 중 옳지 않은 것은?

| 2024 상반기 기출 키워드 | 5지선다형 자료해석

〈그래프〉 상품 A의 생산가격 비율

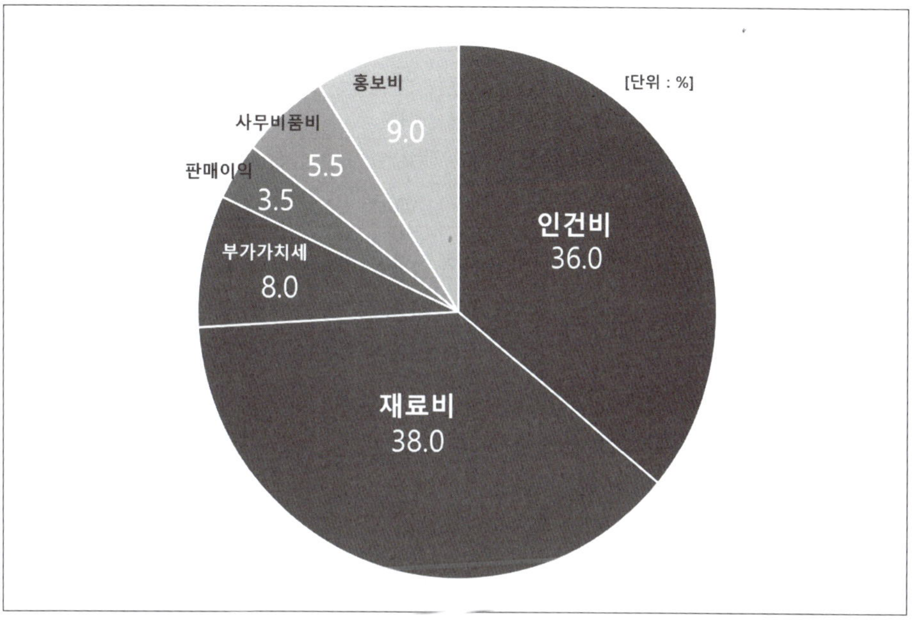


① 상품 A를 생산할 때 재료비와 인건비의 비율의 합은 50%를 넘는다.

② 상품 A를 생산하는 비용이 100억 원일 때, 판매이익은 3.5억 원이다.

③ 상품 A를 생산하는 비용이 50억 원일 때, 부가가치세는 4억 원이다.

④ 상품 A의 홍보비와 사무비품비는 생산가격의 10% 미만이다.

⑤ 인건비가 60억 원이라면 홍보비는 15억 원이다.

**15** 다음은 2021년 신재생에너지에 대한 자료이다. 다음 중 옳지 않은 것은?

| 2024 상반기 기출 키워드 | 5지선다형 자료해석

〈표〉 2021년 신재생에너지 업종별 현황

| 업종별 | 사업체 수 (개) | 종사자 수 (명) | 매출액 (억 원) | 투자액 (억 원) |
|---|---|---|---|---|
| 신재생에너지 제조업 | 536 | 11,864 | 121,191 | 5,408 |
| 신재생에너지 건설업 | 2,144 | 14,937 | 64,544 | 332 |
| 신재생에너지 발전 및 열 공급업 | 104,132 | 108,462 | 87,352 | 57,630 |
| 신재생에너지 서비스업 | 1,021 | 5,690 | 15,001 | 350 |

① 투자액 대비 사업체 수가 가장 적은 업종은 신재생에너지 제조업이다.

② 사업체 수가 두 번째로 많은 업종은 매출액도 두 번째로 많다.

③ 종사자 수가 가장 적은 업종은 매출액도 가장 적다.

④ 매출액을 제외한 각 항목의 1순위는 모두 신재생에너지 발전 및 열 공급업이다.

⑤ 신재생에너지 서비스업의 투자액보다 투자액이 작은 업종의 사업체 수는 신재생에너지 서비스업의 사업체 수보다 많다.

**16** 다음은 2019~2023년 S국의 국세 및 지방세에 관한 자료이다. 설명으로 옳지 않은 것은?

| 2024 상반기 기출 키워드 | 증감 추이를 묻는 문제

〈표〉 2019~2023년 S국의 국세 및 지방세 현황

| 구분 \ 연도 | | 2019년 | 2020년 | 2021년 | 2022년 | 2023년 |
|---|---|---|---|---|---|---|
| 국세 | 징수액 | 192 | 216 | 138 | 202 | 178 |
| | 감면액 | 30 | 33 | 21 | 34 | 30 |
| 지방세 | 징수액 | 49 | 62 | 41 | 54 | 49 |
| | 감면액 | 15 | 11 | 8 | 14 | 15 |

① 국세 징수액은 지방세 징수액보다 항상 많다.

② 지방세 감면액은 국세 감면액보다 항상 적다.

③ 지방세 징수액은 전년 대비 지속적으로 증가한다.

④ 국세 감면액의 전년 대비 증감 추이는 증가와 감소를 반복한다.

⑤ 국세 징수액과 지방세 징수액의 증감 추이가 동일하다.

**17** 다음은 S국의 2018~2022년 비만율을 나타낸 그래프이다. 다음 중 설명으로 옳은 것은?

| 2024 상반기 기출 키워드 | 5지선다형 자료해석

〈그래프〉 S국의 2018~2022년 비만율

(단위 : %)

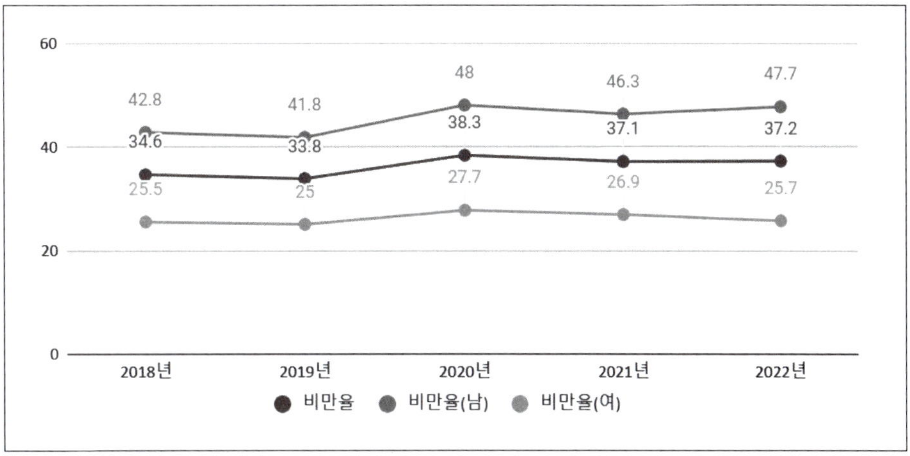


① 비만율은 지속적으로 증가한다.

② 여자의 비만율은 남자의 비만율보다 항상 낮다.

③ 남자와 여자의 비만율이 교차하는 지점은 2개이다.

④ 비만율이 가장 높았던 해는 주어진 기간 동안 남자의 비만율은 두 번째로 높은 해이다.

⑤ 2021년 여자의 비만율이 감소한 것은 운동하는 사람이 증가했기 때문이다.

**18** 다음은 S국의 2014~2023년 출산율에 대한 자료이다. 다음 중 옳지 않은 것은?

| 2024 상반기 기출 키워드 | 5지선다형 자료해석

〈그래프〉 S국의 2014~2023년 출산율

(단위 : 명/가임여성 1명당)

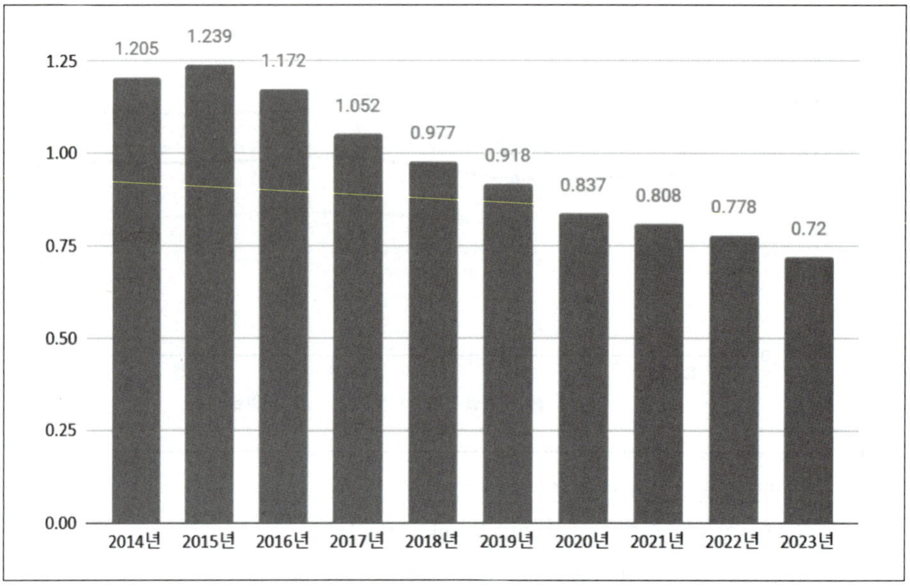


① 2016년부터 출산율은 지속적으로 감소했다.

② 2018년 처음으로 가임여성 1명당 출생한 아이는 1명 이하이다.

③ 2023년 출산율은 전년 대비 0.05명 이상 감소했다.

④ 가임여성 1명당 출생한 아이가 1명이 넘는 해는 4개이다.

⑤ 전년 대비 출산율이 가장 큰 폭으로 감소한 해는 2022년이다.

**19** 다음은 S국의 인구성장률을 나타낸 자료이다. 다음 중 옳지 않은 것은?

| 2024 상반기 기출 키워드 | 증감 추이를 묻는 문제

〈그래프〉 S국 인구성장률

(단위 : %)

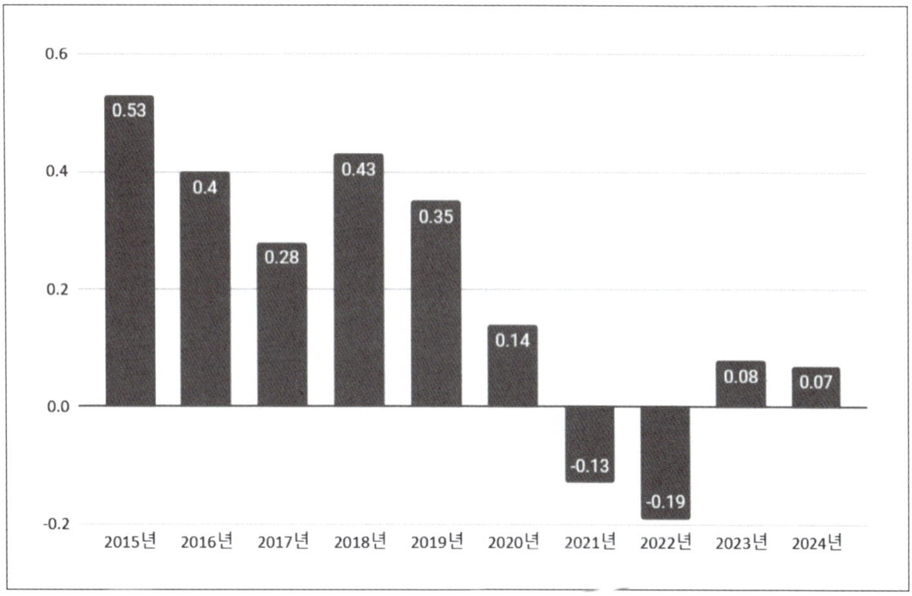


① 2018년부터 2022년 인구는 지속적으로 감소한다.

② 인구성장률이 가장 큰 해와 가장 작은 해의 인구성장률의 차는 0.72%p이다.

③ 인구가 전년 대비 증가한 해 중 인구성장률이 가장 작은 해는 2024년이다.

④ 2015년부터 2017년의 인구성장률과 2018년부터 2020년의 인구성장률의 증감 추이가 동일하다.

⑤ 2023년 인구는 2021년 이후 처음으로 전년 대비 증가했다.

**20** 다음은 S국의 감척지원금 신청 어선 현황이다. 다음 중 감척지원금이 가장 작은 어선은?

| 2024 상반기 기출 키워드 | 자료계산

〈표〉 감척지원금 신청 어선 현황

(단위 : 백만 원, 명)

| 어선 | 어선 잔존가치 | 평년수익액 | 선원 수 |
|---|---|---|---|
| A | 170 | 60 | 6 |
| B | 350 | 80 | 8 |
| C | 200 | 150 | 10 |
| D | 50 | 30 | 3 |
| E | 150 | 100 | 5 |

※ 감척지원금 = 어신 잔존가치 + (평년수익액 / 선원 수)

① A ② B ③ C
④ D ⑤ E

해설 p. 27



**01** 딸기의 함유량이 $8\%$인 딸기잼 $400\,\text{g}$과 딸기의 함유량이 $15\%$인 딸기잼을 섞어 딸기의 함유량이 $11\%$인 딸기잼을 만들었다. 이때 $15\%$의 딸기잼의 양을 바르게 구한 것은?

| 2024 상반기 기출 키워드 | 딸기잼 비율 문제

① 250g ② 300g ③ 350g
④ 400g ⑤ 450g

**02** 둘레가 1.2km인 운동장이 있다. 이 운동장의 출발점에서 서진과 서영이가 같은 방향으로 돌면 40분 후에 처음 만나고, 반대 방향으로 돌면 15분 후에 처음 만난다. 서진이가 서영이보다 더 빠르게 걷는다고 할 때, m/m 단위로 구한 서진이와 서영이의 속력을 곱한 값을 바르게 구한 것은?

| 2024 상반기 기출 키워드 | 원형 운동장을 반대로 달릴 때, 같은 방향으로 달릴 때의 속도 차이

① 1,340 ② 1,345 ③ 1,355
④ 1,375 ⑤ 1,395

**03** S기업은 24년 9월 5일 화요일에 전체 회의를 진행했다. 다음 회의를 24년 12월 13일에 진행한다고 할 때 다음 회의는 무슨 요일인지 바르게 구한 것은?

| 2024 상반기 기출 키워드 | 회의 진행 요일

① 월요일 ② 화요일 ③ 수요일
④ 목요일 ⑤ 금요일

**04** 한 변의 길이가 13cm인 정사각형 울타리가 있다. 다음 그림처럼 울타리 안에 둘레가 28cm인 직사각형의 건물외벽을 만들려고 할 때, $x$의 값을 바르게 구한 것은?

| 2024 상반기 기출 키워드 | 4×4 울타리 둘레

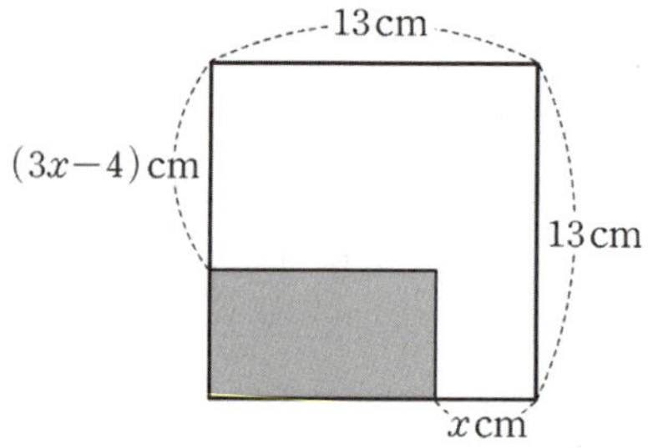


① 4cm　② 5cm　③ 6cm
④ 7cm　⑤ 8cm

**05** 출발점 A에서 도착점 B까지 최단 거리로 이동하는 가지 수를 바르게 구한 것은?

| 2024 상반기 기출 키워드 | 3×5 도형, 출발점에서 도착점까지 가는 경우의 수

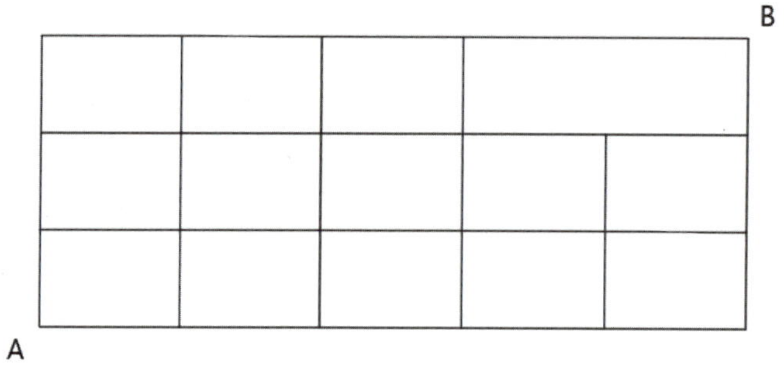


① 37가지　② 38가지　③ 39가지
④ 40가지　⑤ 41가지

**06** S기업의 전체 신입사원 중 남자와 여자의 비율이 0.55 : 0.45이다. 여자 중에서 안경을 낀 사람과 안경을 끼지 않은 사람의 비율이 0.55 : 0.45 라고 한다. 전체사원들 중에서 무작위로 한 명을 뽑았을 때 안경을 낀 사람일 확률이 0.44였다면, 남자 중에서 안경을 낀 비율을 바르게 구한 것은?

| 2024 상반기 기출 키워드 | 신입사원 남녀 비율, 안경 쓴 사람 비율

① 0.275　② 0.3　③ 0.325
④ 0.35　⑤ 0.375

**07** 어떤 일을 a가 5시간, b가 8시간 동안 일하거나, a가 6시간, b가 5시간 동안 일하면 일을 다 끝낼 수 있다. 만약 b가 혼자 일을 다 해야 한다면 몇 시간이 걸리는지를 바르게 구한 것은?

| 2024 상반기 기출 키워드 | a, b가 일하는 데 걸리는 시간

① 20시간 ② 21시간 ③ 22시간
④ 23시간 ⑤ 24시간

**08** 어떤 물통에 물을 가득 채우는 데 A호스로는 12시간, B호스로는 6시간이 걸린다. 또한, 이 물통에 가득 찬 물을 C호스로 빼는 데는 8시간이 걸린다고 한다. 두 호스 A, B로 물을 넣는 동시에 C호스로 물을 빼기 시작했다면, 이 물통에 물이 가득 채워지는 데 걸리는 시간은 몇 시간인지 바르게 구한 것은?

| 2024 상반기 기출 키워드 | 호스로 물 채울 때 걸리는 시간

① 8시간 ② 7시간 ③ 6시간
④ 5시간 ⑤ 4시간

**09** S기업에 임원, 인턴, 정규직의 인원이 총 250명이다. 인턴의 인원은 임원보다 25명이 더 많고, 정규직의 인원은 인턴의 인원보다 10명이 적은 인원의 $\frac{1}{7}$이라고 한다. 이때, 임원의 인원을 바르게 구한 것은?

| 2024 상반기 기출 키워드 | 임원, 인턴, 정규직

① 101명 ② 102명 ③ 103명
④ 104명 ⑤ 105명

**10** 거리가 12km인 강을 하류에서 상류로, 다시 상류에서 하류로 왕복한다고 한다. 보트의 속력은 10km/h이고, 강물의 속력은 2km/h라고 할 때, 총 걸린 시간을 바르게 구한 것은? (단, 흐르는 강물의 속력과 보트의 속력은 일정하다고 한다.)

| 2024 상반기 기출 키워드 | 강물 속도 2km/h, 배 속도 10km/h, 거리 12km일 때 총 걸린 시간

① 2.6시간 ② 2.5시간 ③ 2.4시간
④ 2.3시간 ⑤ 2시간

**11** 남자 4명과 여자 3명의 후보 중에서 대표로 4명을 뽑을 때, 남자 2명, 여자 2명이 뽑힐 확률을 바르게 구한 것은?

| 2024 상반기 기출 키워드 | 선거에서 남자 n명, 여자 n명 뽑을 확률

① $\frac{1}{4}$ ② $\frac{3}{35}$ ③ $\frac{9}{35}$
④ $\frac{11}{35}$ ⑤ $\frac{18}{35}$

**12** 한 의자당 6명씩 앉으면 직원 5명이 못 앉는다. 한 의자당 8명씩 앉으면 빈 의자는 없고 마지막 의자에 직원 3명만 앉는다. 이때, 직원의 수를 바르게 구한 것은?

| 2024 상반기 기출 키워드 | 의자 n개, n명씩 앉는 문제

① 32명 ② 35명 ③ 36명
④ 37명 ⑤ 40명

**13** 6%의 소금물 200g과 12%의 소금물 300g을 섞은 후 물을 증발시켰더니 12%의 소금물이 되었다. 이때 증발시킨 물의 양을 바르게 구한 것은?

| 2024 상반기 기출 키워드 | 소금물 문제

① 80g ② 90g ③ 100g
④ 110g ⑤ 120g

**14** 어떤 상품을 원가에 30%의 이익을 붙여서 정가를 정하고, 정가에서 1,200원을 할인하여 팔았더니 1개를 팔 때마다 원가의 10%의 이익을 얻었다. 이 상품의 원가를 바르게 구한 것은?

| 2024 상반기 기출 키워드 | 원가에 30%의 이익을 붙여 정가를 산정

① 4,000원 ② 4,500원 ③ 5,000원
④ 5,500원 ⑤ 6,000원

**15** 어느 모임의 전체 학생 수는 작년에 500명이었는데 올해는 작년에 비해 남학생 수는 14% 감소하고 여학생 수는 6% 증가하여 전체적으로 6%가 줄었다. 올해의 남학생 수를 바르게 구한 것은?

| 2024 상반기 기출 키워드 | 작년 대비 올해 인구 증감 문제

① 182명 ② 196명 ③ 210명
④ 258명 ⑤ 342명

**16** K제과에서 케이크 A, B를 각각 1개씩 만드는 데 필요한 밀가루와 우유의 양이 아래 표와 같고, 하루 동안 사용이 가능한 밀가루와 우유의 양은 각각 40kg, 20L라고 한다. 케이크 A, B를 1개씩 만들어 판매했을 때, 이익은 각각 2만 원, 1만 원이라고 한다. 하루 동안 만든 케이크를 모두 판매한다고 할 때, 최대이익을 바르게 구한 것은? (단, 케이크 A, B는 최소 1개 이상을 만들어 판매한다.)

| 2024 상반기 기출 키워드 | A, B 제품 최대이익계산

| 구분 | 밀가루 | 우유 |
|---|---|---|
| A | 3kg | 1L |
| B | 1kg | 2L |

① 20만 원 ② 24만 원 ③ 25만 원
④ 27만 원 ⑤ 28만 원

**17** 둘레가 2km인 호수가 있다. 이 호수 둘레를 같은 지점에서 반대 방향으로 은솔이는 82m/m, 민준이는 106m/m으로 동시에 출발하였다. 5분 후 두 사람이 있는 지점으로부터 두 사람이 만나기까지 각각 이동해야 하는 거리의 합을 바르게 구한 것은?

| 2024 상반기 기출 키워드 | 트랙 둘레 거리 · 속력 · 시간 문제

① 1,060m ② 1,160m ③ 1,260m
④ 1,360m ⑤ 1,460m

**18** S기업 R팀 24명을 대상으로 올해 봉사활동에 대한 선호도를 조사하였다. 이 조사에 참여한 직원은 연탄 배달과 유기견 보호 봉사 중 하나를 선택했다. 조사에 참여한 남자직원 중에서 임의로 한 명을 선택했을 때, 이 직원이 유기견 보호 봉사를 선택했을 확률을 바르게 구한 것은?

| 2024 상반기 기출 키워드 | 조건부 확률

| 구분 | 연탄 배달 | 유기견 보호 | 합계 |
|---|---|---|---|
| 남자직원 | 5 | 7 | 12 |
| 여자직원 | 4 | 8 | 12 |
| 합계 | 9 | 15 | 24 |

① $\frac{3}{4}$ ② $\frac{3}{8}$ ③ $\frac{7}{6}$
④ $\frac{7}{12}$ ⑤ $\frac{7}{24}$

**19** 현재 진경이 아버지의 나이는 진경이의 나이의 6배이다. 15년 후에 진경이 아버지의 나이가 진경이의 나이의 3배보다 12세 적다고 할 때, 현재 진경이의 나이를 바르게 구한 것은?

| 2024 상반기 기출 키워드 | 나이 문제

① 4세 ② 5세 ③ 6세
④ 7세 ⑤ 8세

**20** 일정한 속력으로 달리는 열차가 길이가 700m인 철교를 완전히 통과하는 데 1분이 걸렸다. 또 길이가 1,350m인 터널을 통과할 때는 열차가 1분 30초 동안 보이지 않았다. 이 열차의 길이를 바르게 구한 것은?

| 2024 상반기 기출 키워드 | 기차 문제

① 135m ② 130m ③ 125m
④ 120m ⑤ 110m

문항수 20문항 | 제한시간 15분

해설 p. 30



**01** A, B, C, D, E는 일렬로 줄을 선다. 〈보기〉의 조건을 토대로 반드시 여직원인 사람을 고르시오.

| 2024 상반기 기출 키워드 | 5명 일렬로 줄 세우기 문제

〈 보 기 〉

- A와 C의 성별은 같다.
- 남직원끼리는 이웃하게 줄을 서지 않는다.
- 여직원의 수는 남직원의 수보다 적다.
- D는 E와 이웃하게 줄을 선다.

① A ② B ③ C
④ D ⑤ E

**02** A, B, C, D, E의 키가 모두 다르다고 할 때 〈보기〉를 토대로 항상 참인 것을 고르시오.

| 2024 상반기 기출 키워드 | 순서 정하는 문제

〈 보 기 〉

- A는 C보다 키가 크다.
- D의 키는 B보다 크고 E보다 작다.
- B보다 키가 큰 사람은 3명이다.

① E보다 키가 큰 사람은 없다.
② 5명 중 A의 키가 가장 크다.
③ D보다 키가 큰 사람은 2명이다.
④ C보다 키가 작은 사람은 없다.
⑤ 5명 중 D의 키가 가장 작다.

**03** **A, B, C, D, E 중 2명이 기혼이고 나머지 3명은 미혼이다. 5명 중 2명만 진실을 말한다고 할 때 진실을 말하는 2명을 알맞게 짝지은 것을 고르시오.**

| 2024 상반기 기출 키워드 | 진실게임

〈 보 기 〉

A: B는 미혼이다.
B: D는 진실을 말한다.
C: 나와 D는 미혼이다.
D: C 또는 E가 기혼이다.
E: B가 기혼이다.

① A, D
② A, E
③ B, C
④ B, D
⑤ C, E

**04** **A, B, C, D, E, F는 2행 3열로 배치된 의자에 앉는다. 〈보기〉를 참고하여 항상 거짓인 것을 고르시오.**

| 2024 상반기 기출 키워드 | 의자 앉는 문제

〈 보 기 〉

- C와 F는 같은 행에 놓인 의자에 앉는다.
- A와 D는 같은 열에 놓인 의자에 앉는다.

① C와 B는 서로 다른 열에 놓인 의자에 앉는다.
② E와 F는 서로 다른 열에 놓인 의자에 앉는다.
③ A와 E는 서로 다른 행에 놓인 의자에 앉는다.
④ E와 B는 서로 다른 행에 놓인 의자에 앉는다.
⑤ B와 F는 서로 다른 행에 놓인 의자에 앉는다.

**05** A, B, C 중 2명이 진실을 말하고 나머지 1명은 거짓을 말한다. 거짓을 말하는 1명만 결근했다고 할 때 〈보기〉를 참고하여 다음 중 항상 참인 것을 고르시오.

| 2024 상반기 기출 키워드 | 1명이 거짓을 말하는 문제

〈보 기〉

A: 나와 B는 결근하지 않았다.
B: A 또는 C가 결근했다.
C: A가 결근했다.

(가): A는 진실을 말한다.
(나): B는 진실을 말한다.
(다): C는 진실을 말한다.

① (나)만 옳다.
② (다)만 옳다.
③ (가)와 (다)만 옳다.
④ (나)와 (다)만 옳다.
⑤ (가), (나), (다) 모두 옳다.

**06** A, B, C, D는 식사로 한식과 양식 중 한 가지를 먹고 후식으로 커피와 녹차 중 한 가지를 먹는다. 식사와 후식의 조합이 같은 사람은 없다고 할 때 〈보기〉를 참고하여 한식과 녹차, 한식과 커피, 양식과 녹차, 양식과 커피 순으로 식사와 후식의 조합을 먹는 사람을 나열한 것을 고르시오.

| 2024 상반기 기출 키워드 | 식사와 후식 먹은 사람 나열하기

〈보 기〉

- B와 C는 같은 음식으로 식사한다.
- C와 A가 먹는 후식은 다르다.
- D는 한식과 녹차를 먹는다.

① D – A – C – B
② D – B – C – A
③ D – C – A – B
④ D – B – A – C
⑤ D – A – B – C

**07** **A, B, C, D, E는 회사 기밀자료를 유출한 용의자로 지목됐다. 5명 중 1명이 기밀자료를 유출했고 2명만 거짓을 말한다고 할 때 〈보기〉의 진술을 참고하여 거짓을 말하는 2명을 고르시오.**

| 2024 상반기 기출 키워드 | 범인 찾는 문제, 거짓 2명, 진실 3명

〈 보 기 〉

A: E가 기밀자료를 유출했다.
B: E의 진술은 거짓이다.
C: E는 기밀자료를 유출하지 않았다.
D: B가 기밀자료를 유출했다.
E: B 또는 C가 기밀자료를 유출했다.

① A, B ② A, C ③ B, D
④ C, E ⑤ D, E

**08** **A, B, C, D, E는 모두 하나의 동아리에서 활동한다. 이들이 활동하는 동아리는 필라테스, 러닝, 테니스라고 할 때 〈보기〉를 참고하여 항상 참인 것을 고르시오.**

| 2024 상반기 기출 키워드 | A~E, 필라테스, 러닝 동호회

〈 보 기 〉

- 필라테스 동아리에서 활동하는 인원과 러닝 동아리에서 활동하는 인원은 같다.
- B와 C는 같은 동아리에서 활동한다.
- D는 러닝 동아리에서 활동한다.

① D와 A는 서로 다른 동아리에서 활동한다.
② E와 B는 서로 다른 동아리에서 활동한다.
③ A와 E는 서로 다른 동아리에서 활동한다.
④ B와 A는 서로 다른 동아리에서 활동한다.
⑤ C와 E는 서로 다른 동아리에서 활동한다.

**09** **투자자인 A, B, C, D는 금, 달러, 채권, 주식에 투자한다. 인당 2가지 종류의 투자를 한다고 할 때 〈보기〉를 참고하여 항상 참인 것을 고르시오.**

| 2024 상반기 기출 키워드 | 참거짓 판별 문제

〈 보 기 〉

- A와 C는 채권에 투자하지 않는다.
- D는 달러에 투자하고 B는 금에 투자한다.
- A는 B가 투자한 2곳에 투자하지 않는다.
- 달러에 투자한 사람은 2명이다.

① B는 달러에 투자한다.
② D는 주식에 투자한다.
③ C는 금에 투자한다.
④ D는 채권에 투자한다.
⑤ A는 금에 투자한다.

**10** **〈보기〉의 명제를 토대로 항상 참인 것을 고르시오.**

| 2024 상반기 기출 키워드 | 4개의 문장이 주어진 명제추리

〈 보 기 〉

- 사주팔자에 목(木)이 많은 사람은 수(水)가 많다.
- 사주팔자에 금(金)이 많지 않은 사람은 화(火)가 많다.
- 사주팔자에 수(水)가 많은 사람은 금(金)이 많지 않다.
- 사주팔자에 토(土)가 많지 않은 사람은 화(火)가 많지 않다.

① 사주팔자에 토(土)가 많지 않으면 목(木)이 많지 않다.
② 사주팔자에 목(木)이 많으면 금(金)이 많다.
③ 사주팔자에 화(火)가 많지 않으면 수(水)가 많다.
④ 사주팔자에 금(金)이 많으면 목(木)이 많다.
⑤ 사주팔자에 토(土)가 많으면 수(水)가 많다.

**11** A, B, C 중 1명이 야근을 한다. 3명 모두 2번씩 진술하며 한 진술은 진실, 나머지 한 진술은 거짓이라고 할 때 〈보기〉를 참고하여 항상 참인 것을 고르시오.

| 2024 상반기 기출 키워드 | 진실게임

〈 보 기 〉

A: C는 야근하지 않는다.
A: B와 C는 야근하지 않는다.
B: C는 야근하지 않는다.
B: C가 야근한다.
C: 나와 A는 야근하지 않는다.
C: A가 야근한다.

(가): A는 야근하지 않는다.
(나): B는 야근하지 않는다.
(다): C는 야근하지 않는다.

① (가)만 옳다.
② (나)만 옳다.
③ (가)와 (다)만 옳다.
④ (나)와 (다)만 옳다.
⑤ (가), (나), (다) 모두 옳다.

**12** **A, B, C, D, E, F는 원형의 테이블에 일정한 간격으로 앉는다. 〈보기〉를 참고하여 F와 마주 보는 자리에 앉는 사람을 고르시오.**

| 2024 상반기 기출 키워드 | 배치 문제

〈 보 기 〉

- D를 기준으로 좌측이며 D와 이웃한 자리에 E가 앉는다.
- C는 A와 마주 보는 자리에 앉지 않는다.
- B를 기준으로 우측이며 B와 이웃한 자리에 A가 앉는다.
- F는 C와 서로 이웃한 자리에 앉지 않는다.

① A ② B ③ C
④ D ⑤ E

**13** **A, B, C, D, E는 범인으로 지목된 용의자다. 5명 중 2명의 진술이 거짓이고 나머지 3명의 진술은 참이다. 범인은 1명이라고 할 때 〈보기〉의 진술을 토대로 범인을 고르시오.**

| 2024 상반기 기출 키워드 | 범인 찾는 문제, 5명 중 범인 1명

〈 보 기 〉

A: D가 범인이다.
B: D는 범인이 아니다.
C: B가 범인이다.
D: C가 범인이다.
E: B와 D는 범인이 아니다.

① A ② B ③ C
④ D ⑤ E

## 14 〈보기〉의 명제를 토대로 항상 거짓인 것을 고르시오.

| 2024 상반기 기출 키워드 | 4개의 문장이 주어진 명제추리

〈 보 기 〉

- 강준이의 몸무게는 은준이의 몸무게보다 가볍다.
- 유이의 몸무게는 은준이의 몸무게보다 무겁다.
- 율아의 몸무게는 보윤이의 몸무게보다 무겁다.
- 은준이의 몸무게는 보윤이의 몸무게와 같다.

① 유이의 몸무게는 율아의 몸무게보다 무겁다.
② 율아의 몸무게는 은준이의 몸무게보다 무겁다.
③ 보윤이의 몸무게는 강준이의 몸무게보다 무겁다.
④ 유이의 몸무게는 보윤이의 몸무게보다 무겁다.
⑤ 강준이의 몸무게는 율아의 몸무게보다 무겁다.

## 15 A는 월요일부터 토요일까지 6일 동안 분당, 이천, 청주로 출장을 간다. 하루에 한 곳으로 출장을 가며 동일한 곳으로 연속하여 출장을 가지 않는다고 할 때 〈보기〉를 참고하여 반드시 거짓인 것을 고르시오.

| 2024 상반기 기출 키워드 | 월~토 출장 문제, 연속 출장 가지 않음

〈 보 기 〉

- 이천으로 출장을 간 다음날에는 반드시 청주로 출장을 간다.
- 토요일에 분당으로 출장을 간다.
- 수요일에 이천 또는 분당으로 출장을 간다.

① A가 월요일에 출장을 갈 수 있는 곳은 1곳이다.
② A가 화요일에 출장을 갈 수 있는 곳은 1곳이다.
③ A가 수요일에 출장을 갈 수 있는 곳은 1곳이다.
④ A가 목요일에 출장을 갈 수 있는 곳은 1곳이다.
⑤ A가 금요일에 출장을 갈 수 있는 곳은 1곳이다.

**16** A, B, C, D, E, F는 6층의 빌라에 산다. 각 층에 1명씩 산다고 할 때 〈보기〉를 참고하여 항상 참인 것을 고르시오.

| 2024 상반기 기출 키워드 | 순서 정하는 문제

〈보 기〉

- F가 사는 층과 인접한 위층에 B가 산다.
- A는 3층에 산다.
- D는 홀수 층에 산다.
- E는 B보다 낮은 층에 산다.

① B는 6층에 산다.
② C는 4층에 산다.
③ D는 1층에 산다.
④ E는 2층에 산다.
⑤ F는 5층에 산다.

**17** A, B, C, D, E는 금년에 채용된 신입사원이고 5명 중 2명은 T팀, 나머지 3명은 S팀으로 배정된다. 5명 중 1명이 거짓을 말한다고 할 때 〈보기〉의 대화 내용을 참고하여 T팀으로 배정된 2명을 고르시오.

| 2024 상반기 기출 키워드 | 팀을 소재로 한 진실게임

〈보 기〉

A: C가 하는 말은 거짓이 아니다.
B: 나와 C는 S팀으로 배정된다.
C: B와 E는 S팀으로 배정된다.
D: B는 T팀으로 배정된다.
E: A 또는 B가 T팀으로 배정된다.

① A, B
② A, D
③ B, E
④ C, D
⑤ C, E

## 18

**승합차를 타고 이동 중인 A, B, C, D, E, F는 3행 2열로 배치된 승합차의 좌석에 앉는다. 동성끼리는 같은 행에 배치된 좌석에 앉지 않는다고 할 때 〈보기〉를 참고하여 E가 앉는 좌석의 위치를 고르시오.**

| 2024 상반기 기출 키워드 | 자리 찾는 문제

〈 보 기 〉

- A, B, C는 여자이고 D, E, F는 남자다.
- C는 F보다 앞쪽의 자리에 앉는다.
- A 또는 B가 운전석(1행 1열)에 앉는다.
- D는 2행 2열의 자리에 앉는다.

앞

| | 1열 | 2열 |
|---|---|---|
| 1행 | | |
| 2행 | | |
| 3행 | | |

① 1행 1열　② 1행 2열　③ 2행 1열
④ 3행 1열　⑤ 3행 2열

## 19

**A, B, C, D, E 중 1명이 이직한다. 이직하는 1명만 거짓을 말하고 나머지 4명은 참을 말한다고 할 때 이직하는 1명을 고르시오.**

| 2024 상반기 기출 키워드 | 5명 중 1명이 거짓을 말하는 문제

〈 보 기 〉

A: E의 말은 참이다.
B: A와 C는 이직하지 않는다.
C: E는 이직하지 않는다.
D: B가 이직하거나 E가 이직한다.
E: B는 이직하지 않는다.

① A　② B　③ C
④ D　⑤ E

**20** 〈보기〉의 명제를 토대로 항상 참인 것을 고르시오.

| 2024 상반기 기출 키워드 | 4개의 문장이 주어진 명제추리

〈 보 기 〉

- 성연이의 시험점수는 희원이의 시험점수보다 낮다.
- 희원이의 시험점수는 채민이의 시험점수보다 높다.
- 민경이의 시험점수는 채민이의 시험점수보다 낮다.
- 은율이의 시험점수는 민경이의 시험점수보다 낮다.

① 희원이의 시험점수는 은율이의 시험점수보다 높다.
② 채민이의 시험점수는 성연이의 시험점수보다 높다.
③ 성연이의 시험점수는 민경이의 시험점수보다 높다.
④ 은율이의 시험점수는 성연이의 시험점수보다 높다.
⑤ 민경이의 시험점수는 희원이의 시험점수보다 높다.

# 수열추리



해설 p. 37

**01** 다음 수는 일정한 규칙을 통해 나열되어 있다. A 위치에 알맞은 수를 고르시오.

| 2024 상반기 기출 |

〈보 기〉

4,721　7,807　10,893　13,979　17,065　20,151　( A )

① 23,207　② 23,217　③ 23,227　④ 23,237　⑤ 23,247

**02** 다음 수는 일정한 규칙을 통해 나열되어 있다. A 위치에 알맞은 수를 고르시오.

| 2024 상반기 기출 |

〈보 기〉

$\frac{89}{513}$　$\frac{267}{2,052}$　$\frac{801}{8,208}$　( A )　$\frac{7,209}{131,328}$　$\frac{21,627}{525,312}$　$\frac{64,881}{2,101,248}$

① $\frac{2,403}{41,040}$　② $\frac{2,403}{32,832}$　③ $\frac{3,204}{32,832}$　④ $\frac{2,403}{24,624}$　⑤ $\frac{3,204}{24,624}$

**03** 다음 수는 일정한 규칙을 통해 나열되어 있다. 13번째로 올 수로 알맞은 것을 고르시오.

| 2024 상반기 기출 |

〈보 기〉

$\frac{1}{2}$　$\frac{5}{6}$　$\frac{13}{12}$　$\frac{17}{12}$　$\frac{5}{3}$　2　$\frac{9}{4}$　$\frac{31}{12}$　$\frac{17}{6}$

① $\frac{15}{4}$　② $\frac{23}{6}$　③ $\frac{47}{12}$　④ 4　⑤ $\frac{49}{12}$

**04** 다음 수는 일정한 규칙을 통해 나열되어 있다. A 위치에 알맞은 수를 고르시오.

| 2024 상반기 기출 |

〈보 기〉

| | | | | | | |
|---|---|---|---|---|---|---|
| 85,467 | 85,475 | 85,506 | 85,560 | 85,637 | 85,737 | ( A ) |

① 85,860 ② 85,861 ③ 85,880 ④ 85,891 ⑤ 85,904

**05** 다음 수는 일정한 규칙을 통해 나열되어 있다. A 위치에 알맞은 수를 고르시오.

| 2024 상반기 기출 |

〈보 기〉

| | | | | | | |
|---|---|---|---|---|---|---|
| 175.648 | 241.395 | 417.043 | 658.438 | 1,075.481 | ( A ) | 2,809.400 |

① 1,723.919 ② 1,733.819 ③ 1,733.919
④ 1,734.719 ⑤ 1,734.919

**06** 다음 수는 일정한 규칙을 통해 나열되어 있다. A, B 위치에 알맞은 수를 구한 뒤, A+B를 계산한 값을 고르시오.

| 2024 상반기 기출 |

〈보 기〉

| | | | | | | | | |
|---|---|---|---|---|---|---|---|---|
| 51 | 53 | 106 | 109 | 327 | 331 | 1,324 | ( A ) | ( B ) |

① 5,306 ② 6,045 ③ 6,645 ④ 7,969 ⑤ 7,974

**07** 다음 수는 일정한 규칙을 통해 나열되어 있다. A 위치에 알맞은 수를 고르시오.

| 2024 상반기 기출 |

〈보 기〉

| | | | | | | | | |
|---|---|---|---|---|---|---|---|---|
| 375 | 134 | 509 | 118 | ( A ) | 427 | 555 | 222 | 241 |

① 309 ② 391 ③ 428 ④ 453 ⑤ 473

**08** 다음 수는 일정한 규칙을 통해 나열되어 있다. A 위치에 알맞은 수를 고르시오.

| 2024 상반기 기출 |

〈보 기〉

144 36 92 23 79 ( A ) 75.75

① 19.75 ② 21.75 ③ 32.5 ④ 42.75 ⑤ 77

**09** 다음 수는 일정한 규칙을 통해 나열되어 있다. 9번째로 올 수로 알맞은 것을 고르시오.

| 2024 상반기 기출 |

〈보 기〉

1,320 31 40,920 419 456 191,064 835 674

① 349,865 ② 380,760 ③ 478,750
④ 562,790 ⑤ 581,840

**10** 다음 수는 일정한 규칙을 통해 나열되어 있다. A, B 위치에 알맞은 수를 구한 뒤, A+B를 계산한 값을 고르시오.

| 2024 상반기 기출 |

〈보 기〉

2.74 4.29 3.432 4.982 3.9856 ( A ) ( B ) 5.97848

① 7.89412 ② 8.03457 ③ 8.41408
④ 9.41048 ⑤ 9.96408

**11** 다음 수는 일정한 규칙을 통해 나열되어 있다. A 위치에 알맞은 수를 고르시오.

| 2024 상반기 기출 |

〈보 기〉

58.46 50.29 42.12 33.95 25.78 17.61 ( A )

① 9.04 ② 9.24 ③ 9.44 ④ 9.84 ⑤ 10.04

**12** 다음 수는 일정한 규칙을 통해 나열되어 있다. A 위치에 알맞은 수를 고르시오.

| 2024 상반기 기출 |

〈보 기〉

$\frac{16}{7}$ $\frac{128}{105}$ $\frac{1,024}{1,575}$ $\frac{8,192}{23,625}$ $\frac{65,536}{354,375}$ ( A ) $\frac{4,194,304}{79,734,375}$

① $\frac{458,752}{5,670,000}$ ② $\frac{524,288}{5,315,625}$ ③ $\frac{524,288}{4,961,250}$

④ $\frac{589,824}{5,315,625}$ ⑤ $\frac{589,824}{4,961,250}$

**13** 다음 수는 일정한 규칙을 통해 나열되어 있다. A 위치에 알맞은 수를 고르시오.

| 2024 상반기 기출 |

〈보 기〉

9,758 14,759 24,517 39,276 63,793 ( A ) 166,862

① 95,689 ② 99,547 ③ 103,069 ④ 111,241 ⑤ 115,327

**14** 다음 수는 일정한 규칙을 통해 나열되어 있다. A 위치에 알맞은 수를 고르시오.

| 2024 상반기 기출 |

〈보 기〉

13 26 78 286 ( A ) 4,446 17,758

① 858 ② 987 ③ 1,064 ④ 1,118 ⑤ 1,430

**15** 다음 수는 일정한 규칙을 통해 나열되어 있다. A, B 위치에 알맞은 수를 구한 뒤, A÷B를 계산한 값을 고르시오. (단, 소수점 셋째 자리에서 반올림하여 계산한다.)

| 2024 상반기 기출 |

〈보 기〉

616 643 670 697 ( A ) 751 778 805 ( B )

① 0.85 ② 0.86 ③ 0.87 ④ 0.88 ⑤ 0.90

**16** 다음 수는 일정한 규칙을 통해 나열되어 있다. 10번째로 올 수로 알맞은 것을 고르시오.

| 2024 상반기 기출 |

〈보 기〉

$\frac{52}{51}$ $\frac{66}{153}$ $\frac{80}{459}$ $\frac{94}{1,377}$ $\frac{108}{4,131}$ $\frac{122}{12,393}$ $\frac{136}{37,179}$ $\frac{150}{111,537}$ $\frac{164}{334,611}$

① $\frac{178}{1,338,444}$ ② $\frac{178}{1,003,833}$ ③ $\frac{176}{1,338,444}$

④ $\frac{176}{1,003,833}$ ⑤ $\frac{174}{1,338,444}$

**17** 다음 수는 일정한 규칙을 통해 나열되어 있다. A, B 위치에 알맞은 수를 구한 뒤, A×B를 계산한 값을 고르시오.

| 2024 상반기 기출 |

〈보 기〉

$\frac{2}{9}$ $\frac{8}{39}$ $\frac{4}{21}$ $\frac{8}{45}$ $\frac{1}{6}$ (A) (B)

① $\frac{56}{2,860}$ ② $\frac{64}{2,860}$ ③ $\frac{56}{2,754}$ ④ $\frac{64}{2,754}$ ⑤ $\frac{64}{2,650}$

**18** 다음 수는 일정한 규칙을 통해 나열되어 있다. A, B 위치에 알맞은 수를 구한 뒤, A–B를 계산한 값을 고르시오.

| 2024 상반기 기출 |

〈보 기〉

37 41 43 47 53 59 (A) 67 (B)

① −14 ② −13 ③ −10 ④ −9 ⑤ −8

## 19 다음 수는 일정한 규칙을 통해 나열되어 있다. 15번째로 올 수로 알맞은 것을 고르시오.

| 2024 상반기 기출 |

〈 보 기 〉

74.627　95.491　170.118　265.609　435.727　701.336　1,137.063
1,838.399　2,975.462

① 32,995.691　② 43,191.945　③ 53,388.198
④ 57,392.507　⑤ 65,991.380

## 20 다음 수는 일정한 규칙을 통해 나열되어 있다. 7번째로 올 수로 알맞은 것을 고르시오.

| 2024 상반기 기출 |

〈 보 기 〉

486　494　518　590　806　1,454

① 3,398　② 3,514　③ 3,678
④ 3,845　⑤ 4,046

# 수열추리 기출 키워드

| 문항배열표 | |
| --- | --- |
| 번호 | 2024 상반기 기출 키워드 |
| 1 | 등차수열 |
| 2 | 분수 형태의 수열 |
| 3 | 가분수 형태 |
| 4 | 계차수열 |
| 5 | 피보나치 수열 |
| 6 | ×3, −3, ×4, −4⋯의 규칙을 가지는 수열 |
| 7 | 군수열 |
| 8 | 교대 수열 |
| 9 | 앞뒤 수를 곱해야 중간 숫자가 나오는 수열 |
| 10 | A+B를 구하는 문제 |
| 11 | 소수 형태의 수열 |
| 12 | 분수 형태의 수열 |
| 13 | 피보나치 수열 |
| 14 | 계차수열 |
| 15 | A, B 값을 구하는 문제 |
| 16 | N번째 항을 구하는 문제 |
| 17 | 약분한 형태의 분수가 제시된 수열 |
| 18 | 소수의 나열로 이뤄진 수열 |
| 19 | 피보나치 수열 |
| 20 | N번째 항을 구하는 문제 |

PART

# 03

# 필수 유형 분석

Chapter

# 01

# 언어이해

필수 유형 1. 주제 파악

필수 유형 2. 일치 · 불일치

필수 유형 3. 추론

필수 유형 4. 빈칸 채우기

필수 유형 5. 문단 배열

필수 유형 6. 비판 및 평가

필수 유형 7. 사례 판단

필수 유형 8. 서술 방식

## Chapter 소개

- 언어이해 영역은 제시된 지문을 읽고 주제 파악, 일치·불일치, 추론, 빈칸 채우기, 문단 배열, 비판 및 평가, 사례 판단, 서술 방식 찾기를 하는 문제 등이 출제된다.
- 실제 시험에서는 15분 동안 20문제를 풀어야 한다.

## 풀이 TIP

- 주제 파악 유형의 경우, 두괄식과 미괄식 유형이 대부분이므로 첫 문단과 마지막 문단에서 글 전체의 주제를 파악하는 것이 좋다.
- 일치·불일치 유형의 경우, 주어진 글의 내용을 주관적인 해석 또는 판단 없이 있는 그대로 파악하는 것이 좋다.
- 추론 유형의 경우, 제시된 자료를 토대로 핵심 내용, 생략된 내용, 전제, 연결된 내용 등을 추론하면 된다.
- 빈칸 채우기 유형의 경우, 문장이나 문단의 전체적 이해가 중요하므로 빈칸이 나온 이유나 빈칸 앞뒤의 내용을 파악하여 어떤 유형의 정보가 들어갈 것인지에 대한 문맥을 이해하는 것이 좋다.
- 문단 배열 유형의 경우, 주어진 문장을 전체적으로 파악한 후 문장들 간의 관계를 이해하고, 문장들의 주제, 시간적인 흐름, 인과관계 등을 고려하여 올바른 순서로 배열하는 것이 좋다.
- 비판 및 평가 유형의 경우, 주어진 시각, 견해와 관련된 논리적 결함이나 모순점을 찾고 이에 대한 비판에 초점을 맞추는 것이 좋다.
- 사례 판단 유형의 경우, 주어진 상황의 배경, 인물, 주어진 정보 등을 주의 깊게 읽고 특정한 상황을 정확하게 파악하는 것이 좋다.
- 서술 방식 유형은 설명, 인용, 예시, 정의, 해설, 비교와 대조 등 다양한 서술 방식이 지문에 어떻게 쓰이는지 미리 파악해 두는 것이 좋다.

필수 유형 1

# 주제 파악

## 필수 이론

### 유형 설명

- 주어진 글에서 문맥을 파악하고, 중심 내용을 찾는 유형
- 주어진 글에서 정보를 분석하고, 상황을 이해하여 주제를 파악하는 유형
- 주어진 글에서 작성자의 주장에 대한 핵심, 관점, 논지, 의도 등을 파악하는 유형

### 풀이 TIP

- 두괄식과 미괄식 유형이 대부분이며, 첫 문단과 마지막 문단에서 글 전체의 주제를 파악하기
- 문제의 선택지를 먼저 읽고, 핵심 단어, 소재를 찾은 후 주어진 지문을 읽으며 정오 찾기
- 글에 없는 선택지를 제거한 후 글에서 주장, 반복, 설명하는 핵심 내용에 대한 선택지 찾기
- 서로 다른 사례를 설명하는 경우, 다른 사례에서 공통적으로 주장하는 주제로 선택지 찾기

## 필수 유형 연습

**01** 다음 글의 주제로 가장 적절한 것은?

| 2023 하반기 기출 키워드 | 비트코인, 가상화폐

> 동전 또는 지폐 등의 실물 없이 온라인에서만 거래되는 디지털 통화의 한 종류로, 법정 화폐 금액으로 표시되지 않은 통화를 가상통화(Virtual Currency)라고 한다. 가상통화의 장점은 탈중앙화로 사유 재산 보호와 금융 자유를 제공하고, 세계 어디에서나 실시간으로 송금할 수 있다는 것이다. 또한, 저비용으로 거래를 할 수 있고, 블록체인 기술을 이용하여 거래 내역이 암호화되어 위조 불가 및 해킹의 위험이 낮다. 이에 더하여 개인 식별 정보를 숨길 수 있기 때문에 거래의 익명성이 보장되고, 가격 변동성에 따라 고수익을 기대할 수 있다. 그러나 단점은 가격 변동성에 따라 고위험 발생이 가능하고, 블록체인 기술이어도 해킹, 사기, 개인정보 분실의 위험이 있어 개인 보안에 주의해야 한다는 것이다. 또한 탈중앙화로 불법 거래에 이용될 가능성이 있고, 아직 일부 국가에서는 가상화폐에 대한 법적 규제가 미흡하여, 이에 대한 불확실성이 존재한다.

① 가상통화로 인한 불법활동의 증가 현황
② 가상통화의 장점과 단점
③ 가상통화의 기술적인 작동 원리
④ 가상통화의 장점 활용 방안
⑤ 가상통화의 보안과 개인정보보호 방안

**문제풀이**

글에 대한 가장 적절한 주제는 가상통화의 장점과 단점이다. 이 글에서는 가상통화가 여러 가지 장점을 가진 반면, 다양한 단점도 가지고 있음을 설명하고 있다.

[오답 점검]

① 가상화폐의 단점으로 탈중앙화로 불법 거래에 이용될 가능성이 있다고는 하나 전체적으로 불법활동의 증가를 이야기하고 있는 것은 아니므로 글의 주제로 적절하지 않다.
③ 가상통화의 기술적인 작동 원리에 대해서는 설명하고 있지 않으므로 글의 주제로 적절하지 않다.
④ 가상화폐의 장점과 단점을 모두 설명하고 있고, 장점의 활용 방안을 글 전체적으로 설명하는 것은 아니므로 글의 주제로 적절하지 않다.
⑤ 가상통화의 장점과 단점으로 보안과 개인정보보호 측면을 이야기하고 있지만, 단점의 측면에서 보호 방안을 글의 전체적으로 설명하는 것은 아니므로 글의 주제로 적절하지 않다.

정답 ▶ ②

## 02 다음에서 말하는 주제로 가장 적절한 것은?

> 최후 인류의 호모 사피엔스가 가진 차별성은 '높은 사회성'이었다. 네안데르탈인은 호모 사피엔스에 비해 신체는 근육질이였고 똑똑한 뇌를 가졌음에도 멸종하였다. 그렇지만 호모 사피엔스가 마지막까지 생존한 비결은 변화하는 환경에 잘 적응하고, 유대와 협력을 통하여 대형 집단에서 함께 생활했기 때문이다. 이와 같이 인간은 계속적 관계를 유지하면서, 사회 구성원의 하나로 성장한다.
>
> 디지털 사회는 최종 생존 인류 호모 사피엔스에서 스마트폰을 신체의 한 부분처럼 생각하고 사용하는 신종족 포노 사피엔스(Phono-Sapiens)를 탄생시켰다. 뉴노멀 시대를 살아가는 우리는 인간과 인간 사이의 관계뿐만 아니라 디지털 도구 속에서 연결된 관계에도 관심을 가져야 한다. 디지털 사회의 인간은 오프라인이든 온라인이든 공동체 속에서 살아갈 수밖에 없는 '사회적 동물'이기 때문이다.

① 호모 사피엔스의 생존 비결
② 호모 사피엔스에서 포노 사피엔스로의 변화 속 인간의 사회성
③ 호모 사피엔스와 포노 사피엔스의 비교
④ 인간이 사회적 동물인 이유
⑤ 오프라인 시대의 인간관계의 변화

**문제풀이**

호모 사피엔스는 스마트폰을 신체의 일부처럼 사용하는 새로운 종족 포노 사피엔스로 변화되어 인간과의 관계는 물론 디지털 도구 속 촘촘하게 연결된 관계에도 신경 써야 한다는 사회성의 변화를 이야기하고 있다.

**[오답 풀이]**

① 1문단에서 호모 사피엔스가 마지막까지 생존한 비결에 대해 설명하고 있으나, 전체적인 주제에는 부적합하다.
③ 호모 사피엔스와 포노 사피엔스의 비교보다는 종족의 변화를 이야기하고 있다.
④ 인간이 사회적 동물인 이유보다는 호모 사피엔스에서 포노 사피엔스로의 변화 속 인간의 사회성에 대해 이야기하고 있다.
⑤ 오프라인 시대의 인간관계의 변화가 아니라 디지털 시대의 사회성을 지닌 인류 종족의 변화를 이야기하고 있다.

정답 ▶ ②

## 03 다음에서 말하는 주제로 적절한 것은?

> 처음부터 끝까지 철저하게 명령을 내리고 지휘를 하던 시대는 지나갔다. 현대의 리더는 실행을 제안하고 요청하는 방식으로 실무진에게 지시를 내리고, 리더 개인의 목표가 아닌 조직 전체의 목적을 달성하는 것에 주력한다.
>
> 지시는 간결하게 내리고, 오해의 여지가 없이 확실하게 내려야 한다. 능동적이고, 구체적이며, 익숙하고 평이한 말을 사용하는 것이 좋다. 또한 구두로 지시할 때는 지시 내용을 이해했는지 되풀이하게 함으로써, 잘못 알아듣는 일이 없도록 해야 한다.
>
> 지시 사항이 다양하고 복잡한 경우에는 우선 리더 자신의 생각을 명확하게 정리한 후 실무자에게 서면으로 지시하는 것이 바람직하다. 미리 사본을 검토할 기회를 주면 궁금한 점을 질문하거나 토론을 할 수 있기 때문이다.

① 리더의 명확한 지시 방법
② 리더의 덕목에 대한 설명
③ 리더의 서면 지시의 필요성
④ 리더의 단어 사용법
⑤ 명령하고 진두 지휘하는 리더의 시대

**문제풀이**

현대의 리더로서 명확하게 명령과 지시를 내리는 방법에 대하여 이야기하고 있다.

[오답 풀이]

② 리더의 덕목보다는 현대 리더의 지시와 명령의 방법에 대한 글이다.
③ 마지막 문단에서 서면 지시의 필요성에 대해 이야기하고는 있지만 글 전체의 주제로는 적절하지 않다.
④ 리더는 익숙하고 평이한 단어를 사용하는 것이 좋은 것은 맞으나 글의 핵심 내용으로는 리더의 명확한 지시 방법에 대한 전반적인 내용을 다루고 있으므로 글의 주제로는 적절하지 않다.
⑤ 가장 첫 문장에서 '처음부터 끝까지 철저하게 명령을 내리고 지휘를 하던 시대는 지나갔다.'고 하였으므로 적절하지 않다.

정답 ▶ ①

## 04 다음 글의 주제로 가장 적절한 것은?

소프트뱅크 손정의 회장의 첫번째 투자 원칙은 '70%의 법칙'이다. 손정의 회장은 손자병법에서 영감을 얻어 자신만의 '제곱병법'을 만들었고 이 내용을 주주총회에서 언급하였다. 그가 말한 내용 중 가장 중요한 것은 '정정략칠투'이다. 신사업 진출 원칙 중 하나인 정정략칠투의 뜻을 풀어보면, '모든 사안을 제일 높은 곳에 올라 멀리 보고 세부적인 것까지 상세하게 점검한 뒤 승률이 70%를 넘을 때 싸움에 임한다.'이다.

그가 강조한 부분은 칠, 즉 일곱이라는 숫자이다. 5할 승률에서 승부수를 던지기에는 확률이 너무 낮지만, 반대로 9할 승률일 때는 높은 수익을 기대하기에 너무 늦다. 따라서 최고 수익률을 기록할 수 있는 가장 적절한 시점은 7할의 승률이 예상될 때라는 것이 그의 판단이었다.

그는 이 철학을 지금까지도 일관되게 유지하고 있다. 손정의 회장은 승리를 확신할 때 공격적인 투자에 나섰고, 반대의 경우 단호하게 사업 철수를 선택하였다. 차량 공유 업체인 '그랩'에 투자한 것과 엔비디아 지분 매각도 '70% 투자의 원칙'을 적용한 사례 중 하나이다.

① 기업가 손정의 회장이 생각하는 자율성
② 기업가 손정의 회장의 사업 철수 기준
③ 기업가 손정의 회장의 '손자병법'에 대한 애정
④ 기업가 손정의 회장의 투자 원칙
⑤ 기업가 손정의 회장과 소프트뱅크의 경영 목표

**문제풀이**

주어진 글에서는 전반적으로 손정의 회장의 투자 원칙인 '70%의 법칙'에 대해 이야기하고 있다.

**[오답 풀이]**

① 해당 글에서는 손정의 회장이 생각하는 자율성에 대해서는 이야기하고 있지 않다.
② 사업을 철수하려고 할 때에도 70% 투자 원칙을 적용하는 것은 맞지만, 전체 글의 주제로는 적절하지 않다.
③ 첫 번째 문단에서 '손자병법'에 대한 내용이 나오기는 하지만, 전체 글의 주제로는 적절하지 않다.
⑤ 해당 글에서는 소프트뱅크의 경영 목표에 대해서는 이야기하고 있지 않다.

정답 ▶ ④

## 빈출 유형 공략 문제

해설 p. 39

**01** 다음 글의 주제로 가장 적절한 것은?

> 가산세는 납세자로 하여 성실한 신고 및 납부 의무와 이를 확보하기 위하여 법정 신고 기한(예, 취득세는 60일)까지 그 의무를 이행하지 않는 경우 가해지는 일종의 행정 제제로서, 그 종류에는 무신고 가산세(20%), 과소 신고 가산세(10%) 및 납부 불성실 가산세(1일 3/10,000)가 있으며 본 세금 이외에 추가로 부담하게 된다.
>
> 납세자가 신고 납부 기한을 경과하여 가산세 과세에 대한 불만을 제기하는 예를 보면, 고지서가 나와야 납부하는 것으로 알고 있는 것, 알려주지 않아서 납부하지 않았다고 하는 것, 또는 기일이 1~2일밖에 지나지 않았는데 가산세를 20%나 부담하게 하는 것은 폭리라고 하며 경감해 달라고 하는 경우가 있다.
>
> 그러나 모든 법률이 그렇듯이 국민이 알고 있는지의 여부와 관계없이 납세 의무는 확정이 되고 처분되는 것으로 단순하게 납세자가 알지 못하였다고 해서 가산세가 경감되는 것은 아니다.
>
> 무엇보다도 납세자 본인이 납부할 세금에 대하여 바르게 인지하고, 관리를 하는 것이 중요하며, 평소에 세금에 관한 지식을 알아두거나 과세 관청이나 세무사, 법무사 등 전문가와의 상담을 통하여 절세 혜택이나 가산세 부담을 미리 예방하는 것이 최선의 납세 의무를 이행하는 것이다.

① 가산세 경감 방안
② 납세자의 납부 세금의 종류
③ 전문가와 상담을 통한 절세 혜택
④ 납세자의 인지와 납세 의무 확정
⑤ 가산세의 위험과 예방 대책

**02** **다음 글의 주제로 가장 적절한 것은?**

> 현대 문화예술은 글로벌화와 디지털화의 영향으로 다양한 형태와 스타일로 발전하며, 새로운 변화의 물결을 맞이하고 있다. 대표적으로 언택트 문화의 확산으로 가상 전시회, 온라인 콘서트, 디지털 아트 등이 활성화되었다. 이러한 변화는 문화예술 활동 방식을 변화시켰으며, 예술가들에게는 새로운 시도를, 소비자들에게는 독특한 경험을 제공하였다. 예를 들어 인공지능, 가상현실, 홀로그램과 같은 첨단 기술이 문화예술과 결합되면서 창의적이고 독창적인 작품들이 탄생하고 있다. 이로 인해 관객들은 이전에 경험하지 못했던 신선한 감동과 새로운 예술적 체험을 누릴 수 있게 되었다.
>
> 한편, 지속가능한 예술과 환경 예술도 주목받고 있다. 환경 예술가들은 자연을 배경으로 작품을 창작하거나 재활용 소재로 제작한 작품을 통해 환경 문제에 대한 인식을 높이고, 환경 보호의 필요성을 강조하는 데 기여하고 있다.
>
> 마지막으로, 인종, 장애, 성적 지향, 성별 등 여러 측면에서의 차별을 반대하는 주제를 가진 작품들이 제작되어 사회적 다양성을 증진시키는 데 중요한 역할을 하고 있다.

① 문화예술 발전의 역사
② 상업적으로 이용되는 최신 기술의 종류
③ 현대 문화예술의 트렌드
④ 환경 문제를 다룬 예술작품이 외면받는 이유
⑤ 포용성과 다양성이 사회에 미치는 영향

## 03 다음 글의 주제로 적절한 것은?

반도체 전공정은 반도체 제조 공정의 일부로, 반도체 칩을 만들기 위해 필요한 다양한 단계들을 포함한다. 이러한 단계들은 반도체 소자를 형성하고, 연결하며, 패키징하는 등의 과정을 포함한다. 반도체 전공정은 정교하고 복잡한 과정으로, 다양한 재료와 장비를 사용하여 이루어진다. 전공정의 주요 단계 중 일부는 다음과 같다.

1. 웨이퍼 제작: 웨이퍼는 반도체 칩을 만들기 위한 기본 기판으로 사용된다. 실리콘 웨이퍼를 제작하고 정제하는 단계이다.
2. 리소그래피: 반도체 칩의 회로 패턴을 웨이퍼 상에 정의하기 위해 사용된다. 미세한 광학 패턴이 노광 과정을 통해 웨이퍼에 전달된다.
3. 에칭: 리소그래피 과정을 통해 정의된 회로 패턴을 웨이퍼 상에서 제거하거나 보호하는 단계이다. 이를 통해 반도체 소자의 정확한 구조가 형성된다.
4. 증착: 반도체 소자에 필요한 다양한 층을 증착하는 단계이다. 이러한 층은 반도체 소자의 특성을 개선하고 전기적 연결을 제공하는 역할을 한다.

즉 건축으로 따지면 도면을 받아 건물의 뼈대와 배선, 기타 내부 구조를 건설하는 것과 같다. 전공정 과정은 실제로 물리적으로 반도체 제품을 구현하는 부분이기도 하고, 또 금전적인 부분과 가장 연관 있는 부분이기 때문에 전체 산업에서 가장 중요한 부분이라고 할 수 있다.

① 반도체와 건축의 상관 관계
② 한국 반도체 업체와 경쟁관계에 있는 해외 반도체 업체의 현황
③ 반도체 실제 제작 과정
④ 반도체 전공정 및 주요 단계
⑤ 반도체 후공정 및 제작 과정

**04** **다음 글의 제목으로 가장 적절한 것은?**

> 임마누엘 칸트는 18세기 독일의 철학자로, 인간의 이성과 도덕적 행동에 대한 독창적인 관점을 제시한 인물이다. 그는 이성을 통해 세상을 이해하고 판단할 수 있다고 믿었으며, 이를 바탕으로 인간의 자유와 도덕적 책임을 강조했다.
>
> 칸트의 철학에서 가장 널리 알려진 개념 중 하나는 '정언명령'이다. 이는 도덕적 행동의 보편적인 원칙으로, 어떤 행위가 도덕적으로 옳은지를 판단하는 기준을 제시한다. 칸트는 이를 통해 도덕이 단순히 외부 규율이 아닌, 인간 이성에서 비롯된 자율적 판단임을 강조했다.
>
> 또한 그는 인간 이성의 작용과 한계를 탐구하기 위해 '순수이성비판'과 '실천이성비판'을 제시했다. 이를 통해 경험과 인식의 한계를 직시하면서도, 인간이 이성을 통해 세계를 이해하고 규명할 수 있음을 논증했다.
>
> 칸트의 철학은 서양 사상에 지대한 영향을 미쳤으며, 그의 이론은 오늘날에도 철학자들에게 깊은 영감을 주고 있다. 인간 이성과 도덕적 행동에 대한 그의 통찰은 철학적 논의의 중요한 토대가 되었으며, 현대 철학의 발전에도 지속적인 영향을 미치고 있다.

① 칸트가 제시한 윤리적 허무주의와 도덕적 회의주의
② 이성과 도덕적 책임에 대한 칸트의 철학
③ 미학 이론과 예술에 대한 칸트의 영향
④ 칸트의 인식론과 지식의 한계
⑤ 민주주의와 법치주의에 대한 칸트의 의견

## 05 다음 글의 제목으로 가장 적절한 것은?

메뉴 심리학은 미국 코넬대학 소비자행동학과 교수 브라이언 완싱크(Brian Wansink)가 처음 주장한 이론으로, 음식을 주문하기 위해 메뉴판을 받아든 고객이 무엇을 먹을지 선택해야 하는 순간의 심리적 갈등 상황을 겨냥한 마케팅에 주로 활용되었다. 이 이론은 과학과 심리학을 활용하여 레스토랑 업계의 통념을 깨트렸으며, 오늘날에는 학문의 영역으로 인정받고 있다.

메뉴 심리학에 의하면 고급 레스토랑에서는 가죽 표지로 된 책자 형태의 메뉴판, 간편 음식점에서는 한 장짜리 종이 메뉴판을 사용하는 것이 가장 매출을 높이는 데 효과적이다. 또한 메뉴판에서 고객들이 가장 많이 주문하는 메뉴는 1시 방향, 즉 오른쪽 윗자리에 있는 메뉴이다. 그 밖에도 메뉴판에 음식 가격을 작게 적거나 음식 이름을 화려하고 길게 적는 것도 매출을 높일 수 있는 방법이다. 카페에서도 음료 사이즈를 S, M, L 대신 톨, 그란데 등 소비자들이 용량을 직관적으로 인지하기 힘들도록 하면 매출을 높일 수 있다.

① 음식의 품질과 매출의 상관관계
② 메뉴판 디자인 변화에 따른 고객 만족도
③ 고급 레스토랑의 가격 정책
④ 고객 선택을 유도하는 메뉴 심리학
⑤ 고객의 심리적 갈등과 음식의 맛

**06** 다음 글의 주제로 적절한 것은?

| 2021 하반기 기출 키워드 | 카드 혜택

> 실시간 환율에 맞추어 외화를 충전하고, 이를 해외 현지에서 사용할 수 있는 카드를 외화 선불카드라고 한다. 지난 2월 핀테크 스타트업 트래블월렛이 출시한 '트래블페이' 카드, One카드가 출시한 '트래블로그' 카드 등이 있다. 이 카드는 충전 시 환전 수수료가 무료이고, 은행들이 일반적으로 달러 등 주요 통화에만 우대 수수료율(수수료 할인율)을 75~92% 적용하는 것에 비하면 큰 혜택이다. 또한 평균 2.5% 정도의 온·오프라인 해외결제 수수료도 발생하지 않는다. 뿐만 아니라 비자·마스터 등 카드별 제휴사에 따라 현지 ATM에서도 수수료를 부담하고 돈을 출금하고 있어서 해외여행객에게 최근 큰 인기를 끌고 있다. 실제로 트래블페이 카드 거래액은 출시 첫 해에 100억 원이었으나 지난해에는 2,100억 원으로 급증했다.

① 해외 ATM 이용 시 복제 등 범죄 노출 확률 증가
② 외화 선불카드 부정사용 시도 문제에 따른 FDS 활용 방안
③ 외화 선불카드 혜택과 인기에 대한 분석과 동향
④ 금감원 ATM 복제 의심 사례 접수 후 사설 ATM기 사용 삼가 소비자 경보 발령
⑤ 비자, 마스터 등 카드별 해외 현지 ATM 수수료 무료 혜택

필수 유형 2

# 일치 · 불일치

## 필수 이론

### 유형 설명

- 주어진 글에서 문맥을 파악하고, 핵심/중심 내용 또는 부수 내용과 일치/불일치를 찾는 유형
- 주어진 글에서 정보, 상황 등을 분석하여 일치/불일치를 찾는 유형
- 주어진 글에서 인과, 비교, 역설, 설명 등의 내용과 일치/불일치를 찾는 유형

### 풀이 TIP

- 주어진 글의 내용을 주관적인 해석 또는 판단 없이 있는 그대로 파악하기
- 각 문장/문단의 핵심/중심 내용과 부수적인 내용을 구분하여 읽기
- 인과, 비교, 역설, 설명 등의 내용을 파악하기
- 문장/문단의 중심 내용을 요약하며 읽고, 반복 또는 공통되는 핵심 어휘 파악하기

## 필수 유형 연습

**01** 다음 글의 내용과 일치하는 것은?

> 금욕주의를 벗어난 20세기의 욕망담론에는 바타유의 에로티즘 밖에도 다수의 흐름이 있지만, 라캉, 들뢰즈, 지라르의 욕망담론이 20세기 욕망담론의 흐름을 대표하며, 21세기에도 지속적으로 영향력을 미치고 있다.
>
> 라캉, 들뢰즈, 지라르의 욕망담론은 각각 저마다 욕망의 단면을 잘 표현해 준다. 그렇지만 이들의 욕망담론에는 의문점도 있다. 라캉은 자본주의 사회에서 충족될 수 없는 욕망의 갈증을 보여 준다. 하지만 인간의 욕망 형성 과정에서 결정적 역할을 하는 거세의 공포와 오이디푸스 콤플렉스는 과학적으로 증명하기 힘들 뿐만 아니라 일상의 삶속에서도 확인하기 힘든 것이 아닌가 하는 의문이 생기고, 들뢰즈는 자본주의 사회의 분열증적 욕망을 드러낸다. 그러나 그의 주장인 순수한 욕망이란 허구의 개념이 아닌지 의문이 든다. 또한 그가 욕망을 과하게 강조했다는 비판이 있을 수도 있다. 마지막으로 지라르는 인간 사회의 모방적 욕망을 간파하였지만 욕망을 모방적 경쟁의 측면에서만 집중함으로써, 자본주의에서 생존을 위하여 펼치는 무한한 경쟁과 욕망의 관계를 외면하지 않았나 하는 의문도 생긴다.

① 라캉, 들뢰즈, 지라르의 욕망담론은 20세기에 대표되는 이론이며, 현재에도 영향력을 미친다.
② 라캉은 욕망의 복잡성을 과소평가하고 언어의 영향을 과대평가한다.
③ 들뢰즈의 욕망담론은 현실적이지 않고 이상적인 욕망을 강조한다.
④ 지라르의 이론에서는 욕망의 모방적 경쟁이 실제로는 중요하지 않다고 주장한다.
⑤ 이들의 욕망담론은 현대 사회에서는 더 이상 적용되지 않는다.

**문제풀이**

금욕주의를 탈피한 20세기의 욕망담론에는 바타유의 에로티즘 외에도 많은 흐름이 있지만, 라캉, 들뢰즈, 지라르의 욕망담론이 20세기 욕망담론의 흐름을 대표할 뿐 아니라 21세기에도 여전히 영향력을 미치고 있다. 따라서 이들의 욕망담론은 20세기에 대표되는 이론이며, 21세기 (2001~2100)에 영향력을 미치고 있으므로 현재에도 영향력을 미친다는 것은 본문의 내용과 일치한다.

[오답 점검]

②, ③, ④, ⑤ 본문에 비추어 일치하지 않는다.

정답 ▶ ①

## 02 다음 글의 내용과 가장 일치하지 않는 것은?

> 마티스와 피카소는 20세기 미술사를 새롭게 쓴 경쟁 관계였다. 이들은 사제지간으로 시작해 서로의 작품을 교환하고 전시회를 개최하며 협력적인 관계를 형성했지만, 각기 다른 기질과 화풍을 지닌 탓에 자주 반목했다. 그들은 서로의 작품을 비판하고 때로는 비난하며 경쟁적인 태도를 보였으나, 이러한 경쟁 의식은 그들의 열정을 유지하게 했고 현대미술의 역사를 새롭게 쓰는 데 중요한 역할을 했다.
>
> 단원 김홍도는 중인 출신으로 신분의 한계에 얽매여 있었지만, 표암 강세황의 지도를 받아 도화서 화원이 되었다. 강세황은 김홍도의 재능을 인정하고 자신의 예술적 지식과 경험을 전수하여 그의 성장을 돕기도 했지만, 한편으로는 김홍도의 작품을 비판하며 그가 실력을 키울 수 있도록 도와주었다.
>
> 이렇듯 동서양의 예술가들은 협력과 비판을 통해 서로의 성장을 도왔다. 건전한 비판은 예술가들에게 창의적 동기를 부여하며, 그들의 작품이 단순한 개인적 성취를 넘어 시대를 대표하는 유산이 되는 데 중요한 역할을 했다.

① 마티스와 피카소는 서로 다른 성격과 화풍을 가지고 있었다.
② 김홍도는 강세황의 지도를 받아 중인의 신분을 극복하고 도화서 화원이 되었다.
③ 협력과 비판은 예술가들의 성장을 도운 중요한 요소였다.
④ 마티스와 피카소는 서로의 작품을 교환하고 전시회를 개최하며 협력적인 관계를 형성하였다.
⑤ 김홍도와 강세황은 서로 경쟁하는 동시에 협력적인 관계를 유지했다.

문제풀이
서로 경쟁하는 동시에 협력적인 관계를 유지한 것은 마티스와 피카소이다.

[오답 풀이]
①, ②, ③, ④ 본문 내용과 일치하는 내용이다.

정답 ▶ ⑤

## 03 다음 글의 내용과 일치하는 것은?

> 피그말리온 효과는 사람들의 기대나 믿음이 개인의 성과와 행동에 영향을 주는 현상을 말한다. 이 효과는 어떤 사람에게 긍정적인 기대를 갖고 접근하면 그 사람은 이를 실현하기 위해 노력하고, 결과적으로 예상 이상의 성과를 얻는 경향이 있다는 것을 의미하며, 사람과의 상호작용을 할 때 중요한 역할을 하게 된다. 예를 들어, 교사가 학생에게 "너는 똑똑하고 잘할 수 있을 거야"라고 강조하여 이야기한다면, 학생은 자신에게 기대하는 것처럼 느끼고 이를 실현하기 위해 노력할 가능성이 크다. 이러한 기대는 학생의 자기효능감을 향상시키고, 학습태도와 성과에 긍정적으로 영향을 주는 것으로 알려져 있다.
>
> 낙인효과는 사람들이 처음의 인상이나 기대에 따라 특정한 행동을 보이는 효과를 말한다. 즉, 낙인효과는 사람들이 다른 사람을 평가하거나 그들의 행동을 예측할 때, 이전의 인상이나 기대에 따라 특정한 행동을 기대하고 그에 맞추려는 경향을 보인다는 것을 의미하며, 다른 사람을 평가할 때 중요한 역할을 하게 된다. 예를 들어, 어떤 사람이 "이 사람은 불성실하다"라는 인상을 가지고 있다면, 그 사람은 그들의 행동을 평가할 때 이전의 인상에 따라 불성실한 행동을 보이리라고 예상할 수 있다. 이러한 낙인효과는 사람들 간의 상호작용에서 인식과 행동에 영향을 미치며, 때로는 부당한 평가나 편견을 초래할 수도 있다.

① 피그말리온 효과와 낙인효과는 우리가 다른 사람과 상호작용할 때와 다른 사람을 평가할 때 중요한 역할을 한다.
② 피그말리온 효과는 사람들 간의 상호작용에서 인식과 행동에 영향을 미치며, 때로는 부당한 평가나 편견을 초래할 수 있다.
③ 낙인효과는 사람에게 긍정적인 기대를 갖고 접근하면 예상 이상의 성과를 얻기도 한다.
④ 피그말리온 효과는 이전의 인상이나 기대에 따라 특정한 행동을 기대하는 경향을 의미한다.
⑤ 낙인효과는 긍정적인 기대나 믿음이 개인의 성과와 행동에 영향을 주는 현상을 말한다.

**문제풀이**

피그말리온 효과는 사람과의 상호작용에서 중요한 역할을 하고, 낙인효과는 다른 사람을 평가하는 데 중요한 역할을 한다고 본문에서 설명하고 있다.

**[오답 풀이]**

② 낙인효과에 대한 설명이다.
③ 피그말리온 효과에 대한 설명이다.
④ 낙인 효과에 대한 설명이다.
⑤ 피그말리온 효과에 대한 설명이다.

정답 ▶ ①

## 04 다음 글의 내용과 가장 일치하지 않는 것은?

> 팝콘 브레인은 첨단 디지털 기기에 익숙해진 사람들이 현실에 무감각하거나 무기력해지는 현상을 말한다. 팝콘이 튀겨질 때 즉각적인 변화가 일어나는 것처럼, 사람들도 디지털 환경에서의 빠른 피드백과 자극에 길들여져 현실의 느리고 점진적인 변화에는 흥미를 느끼지 못하게 되는 것이다. 이는 현대 사회에서 스마트폰, 태블릿, 컴퓨터 등 디지털 기기를 과도하게 사용하는 사람들에게서 흔히 나타나는 문제로, 특히 젊은 세대에서 심각하게 관찰된다.
>
> 2011년 학술지 'PloS One'에 발표된 연구에 따르면, 인터넷 사용 시간이 긴 대학생들의 전전두엽 크기가 감소한 것으로 나타났다. 전전두엽은 집중력, 계획성, 충동 제어와 밀접한 관련이 있는 뇌의 부위다. 이 부위가 작아지면 집중력이 떨어지고, 충동적으로 행동하며, 계획을 세우지 못하는 등의 문제가 발생할 수 있다. 이는 단순한 뇌 구조의 변화에 그치지 않고, 학업 성취도 저하, 대인 관계의 어려움, 심리적 안정성 부족 등 일상생활에도 부정적인 영향을 미친다.
>
> 이러한 부작용을 방지하려면 디지털 기기 사용 시간을 제한하는 것이 중요하다. 일정 시간 동안 디지털 기기에서 벗어나 야외 활동을 하거나, 친구나 가족과의 대면 소통을 늘리는 것도 뇌를 긍정적으로 자극하는 방법이다.

① 팝콘 브레인은 즉각적인 만족감을 추구하는 사람들이 현실의 느린 변화에 대해 무감각해지는 현상을 비유적으로 표현한 것이다.

② 팝콘 브레인을 방지하기 위해서는 야외 활동이나 실제 사회적 상호작용을 통해 뇌를 자극하는 것이 도움이 된다.

③ 팝콘 브레인은 디지털 기기를 많이 사용하는 노년층에게서 주로 관찰된다.

④ 연구에 따르면, 인터넷을 장시간 사용한 대학생들의 전전두엽의 부피가 감소하였다.

⑤ 전전두엽의 부피 감소는 집중력, 계획성, 충동 제어 등의 결핍을 초래할 수 있다.

**문제풀이**

팝콘 브레인은 디지털 기기를 과도하게 사용하는 사람들에게서 흔히 나타나는 문제로, 특히 젊은 세대에서 심각하게 관찰된다.

**[오답 풀이]**

①, ②, ④, ⑤ 본문 내용과 일치하는 내용이다.

정답 ▶ ③

## 빈출 유형 공략 문제

해설 p. 40

**01** 다음 글의 내용과 일치하는 것은?

> 크로노스와 카이로스는 고대 그리스 신화에서 시간의 두 가지 개념을 상징한다. 크로노스는 연속적이고 양적인 시간을 의미하며, 흔히 우리가 시계로 측정하는 시간의 흐름을 대변한다. 그는 시간의 신으로 끊임없이 흘러가는 시간을 상징하며, 인간이 통제할 수 없는 불가피한 시간의 본질을 나타낸다.
>
> 반면, 카이로스는 질적이고 결정적인 순간, 즉 기회와 타이밍을 의미하는 신이다. 그는 크로노스의 아들로, 인간의 선택과 행동에 따라 미래를 결정짓는 중요한 순간을 주관한다. 날개 달린 모래시계로 상징되는 카이로스는 그 순간을 붙잡지 않으면 지나가버린다는 진리를 상기시킨다.
>
> 크로노스는 시간의 흐름을 나타내고, 카이로스는 그 흐름 속에서 중요한 순간을 포착하는 능력을 강조한다. 이 두 신은 시간에 대한 인간의 이중적 인식을 보여주며, 삶의 흐름과 결정적 기회의 중요성을 동시에 일깨운다.

① 카이로스는 인간이 선택과 행동에 따라 미래를 결정하는 힘을 가지고 있다는 것을 대변한다.
② 크로노스는 인간의 기회를 주관하는 신으로 여겨졌다.
③ 카이로스는 특정한 순간이나 기회보다는 연속적인 시간을 상징한다.
④ 크로노스는 흔히 날개 달린 모래시계로 상징된다.
⑤ 크로노스는 시간의 불연속적인 측면을 의미한다.

**02** 다음 글의 내용과 가장 일치하지 않는 것은?

> 최근 불면증과 수면장애를 겪는 현대인들이 증가하면서 숙면을 돕는 제품과 서비스가 꾸준히 출시되고 있다. 이러한 흐름 속에서 등장한 슬리포노믹스(Sleeponomics)는 잠(Sleep)과 경제(Economics)의 합성어로, 숙면을 위해 비용을 지불하는 현대인들의 수요에 의해 성장하고 있는 산업을 가리킨다. 한국수면산업협회에 따르면, 국내 슬리포노믹스 시장 규모는 2011년 4,800억 원에서 2021년 3조 원으로 크게 성장했으며, 2026년에는 약 40조 원에 이를 것으로 전망된다.
>
> 선진국형 산업으로 분류되는 슬리포노믹스는 기능성 침구류, 숙면 기능을 강화한 IT 제품, 수면 보조 의료기기, 수면 개선 생활용품 등 다양한 분야로 나뉜다. 예를 들어, 국내에서는 수면에 도움을 주는 기능성 침구와 수면 안대 시장이 빠른 성장세를 보이고 있다. 또한, 수면의 질을 높이기 위해 스마트폰 애플리케이션과 웨어러블 기기 등 IT 기반의 솔루션도 인기를 끌고 있다. 이러한 제품들은 단순히 편안함을 제공하는 것을 넘어, 수면 데이터를 분석해 사용자 맞춤형 솔루션을 제안하는 방식으로 발전하고 있다.

① 슬리포노믹스는 잠과 경제의 합성어로 최근 성장하고 있는 산업을 일컫는 말이다.
② 슬리포노믹스 산업은 특히 개발도상국에서 폭발적으로 성장하고 있다.
③ 국내 슬리포노믹스 시장 규모는 2021년 기준 3조 원에 육박한다.
④ IT 기술을 활용하면 사용자 개인의 수면 데이터를 분석하여 맞춤형 솔루션을 도출할 수 있다.
⑤ 슬리포노믹스 산업은 침구류, 의료기기, 생활용품 등 다양한 분야로 나뉜다.

## 03 다음 글의 내용과 일치하는 것은?

청나라의 역사상 가장 위대한 군주 중 하나로 평가받는 강희제는 61년이라는 긴 기간 동안 국가를 통치하면서 중국 역사상 가장 강력한 제국을 건설하였다. 그의 리더십은 크게 두 가지로 정리할 수 있다.

첫 번째는 '국궁진력'이라는 서번트 리더십으로, 존경하는 마음으로 진정 몸을 굽혀 최선을 다해 모든 힘을 쏟아붓는 것을 의미한다. 강희제는 평생 동안 공부하고 노력하고 행동하는 것을 중요하게 생각하였으며, 백성을 위한 정사를 펼치기 위해 노력하였다. 그는 사치와 낭비를 철저히 막고, 백성을 위한 정책을 펼쳤기에 그의 통치 기간 동안 청나라는 경제적으로 번영하고 군사적으로 강해졌다.

두 번째는 '만한전석'이라는 통합 리더십이다. 강희제는 만주족과 한족의 통합을 위해 왕족과 귀족들에게 한자를 사용하도록 지시하고, 만주족과 한족이 함께 어우러져 잔치를 열도록 명령하였다. 또한 이러한 잔치에서 만주족과 한족의 음식을 함께 즐길 수 있도록 만한전석이라는 요리를 만들었다. 이러한 다문화 통합정책 리더십을 통해 강희제는 백성들이 편안한 삶을 살 수 있는 태평성대를 열었다.

① 강희제는 만주족과 한족의 통합을 위해 국궁진력이라는 요리를 만들었다.
② 강희제는 통치 기간 동안 경제적인 어려움을 겪었지만 이를 극복하였다.
③ 강희제는 백성들의 즐거움을 위해 사치를 장려하는 정책을 펼쳤다.
④ 강희제가 추구한 서번트 리더십은 결과적으로 청나라를 번영시켰다.
⑤ 강희제는 만주족과 한족의 통합을 위해 한자 대신 만주어를 사용하도록 명령하였다.

**04** 다음 글의 내용과 일치하는 것은?

> 승무는 한국의 대표적인 전통춤으로, 주로 사찰에서 진행되는 불교 의식에서 행해지는 춤이다. 승무는 불교의 수행과 깨달음을 표현하는 춤으로 알려져 있으며, 그 기원은 고려 시대로 거슬러 올라간다. 승무의 기원은 파계승의 번뇌에서 시작되었다는 설, 민속춤의 입장에서 본 황진이의 무용설, 탈춤의 노장과정에서 유래했다는 설, 불교의 교리적인 입장에서 본 불교설 등 다양한 설이 있다. 이후 조선 시대를 거쳐 현대까지 전해진 승무는 현재 국가무형문화재로 지정되어 보호되고 있다.
>
> 승무는 춤의 동작과 표정, 몸짓을 통해 불교의 철학과 가르침을 표현한다. 승무의 아름다움은 춤의 동작과 음악, 긴 장삼 등의 의상에서 비롯되었다. 승무는 북의 연타로 시작하는데, 이는 주술적인 힘으로 관객을 몰아지경으로 이끈다. 승무의 반주를 담당하는 악기는 피리, 대금, 해금, 장구, 북 등으로 구성된 삼현육각이며, 악곡은 염불, 타령, 자진모리, 굿거리, 당악 등으로 이루어져 있다.

① 승무는 다른 전통 춤에 비해 춤사위가 거칠고 힘차다.
② 승무는 조선 시대 때 실전되었다가 현대에 와서 복원되었다.
③ 승무는 반주음악 없이 북의 연타에 맞춰 춤을 추는 방식으로 진행된다.
④ 승무는 황진이의 무용에서 시작된 춤이다.
⑤ 승무는 불교의 수행과 깨달음을 표현하는 춤으로 알려져 있다.

## 05 다음 글의 내용과 일치하는 것은?

> 보이스피싱, 스미싱, 파밍, 메신저 피싱과 같은 신종 사기 사건이 날이 갈수록 증가하고 있다. 보이스피싱(Voice Phishing)은 전화를 통해 개인정보를 빼내기 위한 사기 기술로, 피해자로부터 개인정보를 얻거나 금융 거래를 유도하기 위해 사회 공학 기법을 사용한다. 스미싱(Smishing)은 문자 메시지를 통해 개인정보를 탈취하거나 사기를 저지르기 위한 방법이다. 보통 피해자는 은행, 신용카드 회사 등을 사칭한 문자 메시지를 받는데, 해당 문자에 포함된 링크를 클릭하여 개인정보를 입력하도록 유도하는 방식이다. 파밍(Pharming)은 악성 웹사이트를 통해 사용자의 개인정보를 탈취하는 기술로, 피해자는 정상적인 웹사이트로 오인하여 개인정보를 입력하지만, 실제로는 사기꾼이 조작한 악성 웹사이트에 정보가 전송된다. 메신저 피싱(Messenger Phishing)은 인기 있는 메신저 사용자를 대상으로 하는 사기 기법으로, 피해자에게 악성 링크나 위장된 파일을 보낸 후 이를 통해 개인정보를 탈취하는 방식이다.

① 피해자에게 악성 링크나 위장된 파일을 메신저 앱을 통하여 보낸 후 개인정보를 탈취하는 것은 메신저 피싱이다.

② 전화를 통해 피해자로부터 개인정보를 얻거나 금융 거래를 유도하는 것은 파밍이다.

③ 정상적인 웹사이트처럼 제작된 악성 웹사이트에 피해자가 개인정보를 입력하여 발생하는 사기 기법은 스미싱이다.

④ 피해자로부터 개인정보를 얻기 위해 사회 공학 기법을 사용하는 것은 스미싱이다.

⑤ 메신저 피싱은 문자에 포함된 링크를 클릭한 후 개인정보를 입력하도록 유도하는 사기 기법이다.

필수 유형 3

# 추론

## 필수 이론

### 유형 설명

- 주어진 글에서 정보, 상황으로부터 논리적인 결론이나 가정을 추론하는 유형
- 주어진 글에서 정보와 사건 사이의 인과관계를 추론하는 유형
- 주어진 글에서 파악한 정보를 기반으로 일반적인 규칙이나 패턴을 추론하는 유형
- 주어진 글에서 파악한 정보, 패턴을 기반으로 누락된 정보를 추론하는 유형

### 풀이 TIP

- 일치하는 추론을 찾는 경우, 선택지의 내용을 파악하고 지문을 읽기
- 제시된 자료를 토대로 핵심 내용, 생략된 내용, 전제, 연결된 내용 등을 추론하기
- 핵심 주장, 논지, 결론 등을 뒷받침하는 전제, 근거, 이유를 추론하기
- 제시된 지문의 정보를 근거로 새로운 정보를 구성 또는 추론하기
- 글의 결론 파악 후 제시된 핵심 주장과 근거를 전제로 추론하기
- 작성자가 제시하는 논지, 핵심 주장을 결론으로 이끄는 전개 방식을 추론하기
- 작성자의 관점에 대한 파악 및 다른 관점에 대하여 추론하기
- 생략된 부분에 들어갈 내용의 문맥을 파악하고 추론하기

## 필수 유형 연습

**01** **다음 글을 읽고 추론한 내용으로 가장 적절한 것은?**

> 클래시 페이크는 소비자가 추구하는 가치에 따라 진짜보다 더 멋진 가짜를 선호하는 소비 트렌드를 의미한다. 이는 고급을 뜻하는 '클래시(Classy)'와 가짜를 뜻하는 '페이크(Fake)'를 합쳐 만든 신조어로, '진짜를 압도하는 멋진 가짜'를 뜻한다. 클래시 페이크의 예시로는 3D 프린터로 만든 가죽, 식물성 재료로 만든 고기와 달걀, 조화 화분, 인조 모피 등이 있다.
>
> 클래시 페이크는 패션뿐만 아니라 식생활, 주거 생활, 산업, 사회, 기술, 문화 등 다양한 분야에서 가짜에 대한 인식이 변하면서 나타났다. 인조 모피는 동물 보호로 인한 모피 사용 반대라는 사회적 흐름 속에서 주목받았으며, 식물성 고기의 판매 상승은 비거니즘 열풍이 영향을 미쳤다. 또한 VR이나 AR을 통해 현실과 가상을 넘나드는 소비 문화도 클래시 페이크의 한 현상으로 볼 수 있다. 이러한 가짜 상품을 적극적으로 구매하는 소비자를 '페이크슈머(Fakesumer)'라 부른다.

① 페이크슈머들은 진짜 제품을 구매하는 소비자들을 이해하기 힘들 것이다.
② 소비자들은 진짜 제품과 구분이 가지 않는 클래시 페이크를 선호하기 때문에 앞으로 진짜 제품 판매 시장은 점차 축소될 것이다.
③ 페이크슈머들은 클래시 페이크 제품을 구매하는 것이 경제적으로 합리적인 선택이라고 생각할 것이다.
④ 페이크슈머의 증가는 소비자의 가치 판단이 진위 여부보다 환경과 윤리를 우선시하는 경향으로 이동하고 있음을 보여준다.
⑤ 일반 소비자들은 클래시 페이크 제품을 윤리적으로 옳지 않은 제품이라 생각할 것이다.

**문제풀이**

클래시 페이크라는 트렌드는 소비자들이 물건을 선택할 때 단순히 '진짜인지 가짜인지'라는 기준에 얽매이지 않고, 더 높은 가치를 추구하고 있다는 것에서 등장했다. 특히 인조모피나 식물성 고기는 윤리적 이유에 의해 선택되는 경우가 많다. 이를 종합해보면 소비자의 가치 판단이 환경과 윤리라는 더 높은 가치를 우선시하고 있음을 추론할 수 있다.

**[오답 풀이]**

① 페이크슈머들은 자신의 신념에 의해 클래시 페이크 제품을 구매한다. 하지만 이들이 진짜 제품을 구매하는 소비자들을 이해하기 힘들 것이라고는 추론하기 힘들다.
② 모든 소비자들이 진짜 제품과 구분이 가지 않는 클래시 페이크를 선호하는지는 알 수 없기 때문에 앞으로 진짜 제품 판매 시장이 점차 축소될 것이라고는 추론하기 힘들다.
③ 주어진 글에서는 클래시 페이크 제품의 가격과 진짜 제품의 가격이 나타나있지 않다. 따라서 클래시 페이크 제품을 구매하는 것이 경제적으로 합리적인 선택인지는 확인할 수 없다.
⑤ 진짜 제품을 구매하는 일반 소비자들의 클래시 페이크 제품에 대한 생각은 주어진 글에서 확인할 수 없다.

정답 ▶ ④

## 02 다음 글을 읽고 추론한 것으로 적절하지 않은 것은?

> 피에르 보나르는 19세기 말부터 20세기 초까지 활약한 프랑스의 화가로, 색채와 빛을 탁월하게 다룬 인상주의 이후의 예술가로 평가받는다. 그의 작품의 중심에는 아내 마르트가 자주 등장한다. 마르트는 보나르의 예술에서 중요한 영감의 원천이었으며, 그녀와의 관계는 그의 작품 세계를 형성하는 데 큰 영향을 미쳤다.
>
> 보나르는 주로 일상적인 풍경과 정물, 인물화를 그렸지만, 마르트는 그의 작업에서 특별한 위치를 차지했다. 마르트는 욕조에 있는 모습이나 침실에서 쉬고 있는 장면으로 자주 묘사되었으며, 이는 그녀의 사적인 세계와 보나르의 내면적 감정을 표현하는 주제가 되었다. 그들의 관계는 단순한 예술적 뮤즈와 화가의 관계를 넘어선 깊은 유대감을 보여준다. 마르트는 보나르와 오랜 시간 함께하며 그의 삶과 예술에 큰 영향을 미쳤지만, 동시에 보나르의 작업은 그녀의 삶을 영원히 캔버스에 새겨 넣었다. 그녀는 그의 그림 속에서 늘 새로운 빛과 감정으로 살아 숨 쉬며, 그들의 사랑은 예술을 통해 영속성을 얻었다.

① 보나르는 마르트를 통해 그의 내면적 감정과 삶의 일면을 표현하고자 했다.
② 보나르와 마르트의 관계는 예술적 협력에서 비롯된 관계로 깊은 유대감은 찾아보기 힘들었다.
③ 보나르가 마르트를 욕조와 침실 등 사적인 공간에 그린 것은 그들이 공유한 일상적인 관계의 깊이와 개인적인 친밀감을 반영한다.
④ 보나르의 그림을 통해 마르트의 존재는 영원히 예술의 일부로 남을 것이다.
⑤ 마르트는 보나르에게 단순히 작품에 등장하는 모델로서의 역할을 넘어서는 존재였을 것이다.

**문제풀이**

주어진 글에 의하면 보나르와 마르트의 관계는 단순한 예술적 뮤즈와 화가의 관계를 넘어선 깊은 유대감이 존재한다.

**[오답 풀이]**

④ 주어진 글에서는 마르트가 보나르의 그림 속에서 늘 새로운 빛과 감정으로 살아 숨 쉰다고 언급하였다.

정답 ▶ ②

## 03 다음 글을 읽고 추론한 내용으로 가장 적절하지 않은 것은?

> 안나 카레니나 법칙은 작가 레프 톨스토이의 소설 「안나 카레니나」의 첫 문장인 "행복한 가정은 모두 비슷한 이유로 행복하지만, 불행한 가정은 모두 다른 이유로 불행하다"에서 유래한 개념이다. 안나 카레니나 법칙은 목적을 이루기 위해서는 여러 가지 상호되는 조건들이 모두 충족되어야 하고, 하나라도 조건이 충족되지 못하면 실패할 수밖에 없다는 것을 설명했다. 이 법칙은 이후 다양한 분야에서 적용되고 있으며, 성공적인 결과나 시스템을 달성하기 위해서는 여러 가지 조건이 모두 충족되어야 한다는 원리를 강조한다. 주요 예시로 소프트웨어 개발에서는 모든 요구사항을 충족시켜야만 성공적인 제품이 될 수 있고, 생물학에서는 생물이 생존과 번식을 하기 위해서는 환경, 먹이, 포식자 회피 등 여러 가지 조건이 충족되어야 한다는 것이 있다. 진화생물학자 재레드 다이아몬드는 그의 저서 「총, 균, 쇠」에서 "가축화할 수 있는 동물은 모두 비슷하지만, 가축화할 수 없는 동물은 저마다 이유가 다르다"며, 이 법칙을 야생동물의 가축화에 적용되는 원칙으로 활용하였다.

① 안나 카레니나 법칙을 통해 생물학적 조건들이 상호 연계되어 생존을 결정짓듯, 사회적 시스템에서도 단일 실패가 전체를 붕괴시킬 수 있음을 알 수 있다.

② 생물학적 생존에 필요한 요소인 적합한 환경, 충분한 먹이, 포식자 회피 중 어느 하나만이 결여되더라도 종 전체의 생존에 영향을 미칠 것이다.

③ 안나 카레니나 법칙은 시스템 내 실패의 원인이 복잡성에서 비롯되지 않고, 단순한 실수나 오류에서 기인한다고 주장한다.

④ 안나 카레니나 법칙에 의하면 실패의 다양성이 성공의 단조로움보다 원인 분석에 있어 더 복잡한 양상을 보일 수 있다.

⑤ 안나 카레니나 법칙에 의하면 성공적인 시스템은 단일 요소의 개선을 통해 구축되는 것이 아닌 다각적 요소의 균형을 필요로 한다.

**문제풀이**

안나 카레니나 법칙은 여러 상호작용하는 조건들이 모두 충족되어야 성공이 가능하며, 하나라도 충족되지 않으면 실패할 수밖에 없다는 원칙을 설명한다. 즉 실패의 원인이 서로 연결되어있는 여러 요소들에서 비롯된다고 보았지, 단순한 실수나 오류에서 실패가 비롯된다고 보지는 않았다.

**[오답 풀이]**

① 안나 카레니나 법칙에 의하면 상호작용하는 조건들이 모두 충족되어야 성공이 가능하기 때문에 단일 실패는 전체 시스템을 붕괴시킬 수 있다.

② 생물학적 생존의 여러 조건 중 하나라도 충족되지 못한다면 다른 조건들도 영향을 받아 생물 종 전체의 생존에 영향을 미칠 수 있다.

④ 안나 카레니나 법칙에 의하면 성공은 여러 조건들이 모두 충족되어야 하는 반면, 실패는 조건 중 하나라도 충족되지 않으면 발생할 수 있다. 따라서 성공의 원인은 '모든 요소의 충족'이라는 비교적 단순한 것인 반면, 실패의 원인을 분석하기 위해서는 서로 연결되어있는 여러 요소들을 고려해야 한다.

⑤ 안나 카레니나 법칙의 의하면 성공은 모든 요소가 충족되어야 이루어진다. 따라서 단일 요소를 개선하는 것으로는 성공적인 시스템을 구축하기 어렵다.

정답 ▶ ③

## 빈출 유형 공략 문제

해설 p. 41

**01** 다음 글을 읽고 추론한 것으로 적절한 것은?

> 1980년 드라마 '쇼군'이 미국 지상파TV NBC에서 방영되어 높은 시청률을 기록하였다. 일본 전국시대 말기 영국인 항해사 존 블랙손이 일본에서 겪는 이야기로 1600년대에 일본 역사를 배경으로 한 드라마이지만, 한국에서는 일본 대중문화 향유가 통제되던 시절이었기에 시청할 수 없었다. 올해 새롭게 선보인 '쇼군'은 1980년 '쇼군'에 비해 오리엔탈리즘이 희석되었고, 일본 역사 고증에 충실했다는 평가를 받고 있다. OTT 훌루를 통해 첫 공개된 '쇼군'은 방영 첫 주 미국 OTT 콘텐츠 중 시청 분량 1위를 차지하였다. 또한 지난 에미상 시상식에서는 작품상과 감독상, 남우주연상, 여우주연상 등 18관왕을 차지하였다. 닛케이 신문은 '쇼군'의 18관왕 달성 이면에는 한국 드라마 '오징어 게임'이 있다고 보도하였다. 대사의 70%가 일본어인 드라마가 미국에서 흥행한 것은 '오징어 게임'이 토양을 만들어둔 영향이라는 것이다. 또한 '오징어 게임'의 성공에는 1980년 '쇼군'의 영향도 있었다고 닛케이 신문은 분석하였다.

① 닛케이 신문은 '쇼군'의 성공이 '오징어 게임'의 인기에 영향을 받았다고 분석하였다.
② 현대의 '쇼군'은 1980년 버전과는 완전히 다른 캐릭터들로 구성되어 있다.
③ '쇼군'은 '오징어 게임'과 유사한 줄거리를 가지고 있다.
④ '쇼군'의 성공은 전적으로 '오징어 게임'의 후광효과 때문이다.
⑤ '쇼군'은 에미상에서 18개 부문의 후보로 지명되었다.

**02** **다음 글을 읽고 추론한 내용으로 가장 적절하지 않은 것은?**

> 자유의지와 결정론은 인간의 행동과 선택을 설명하는 두 가지 상반된 관점이다. 자유의지는 개인이 자신의 의지와 선택을 통해 행동을 결정할 수 있다는 믿음이다. 이 관점은 인간이 도덕적 책임을 지고, 자율적인 선택을 할 수 있다고 주장한다. 예를 들어, 우리는 다양한 선택지 가운데 하나를 선택할 수 있는 능력을 가지고 있다고 믿으며, 이로 인해 우리가 내리는 결정에 대해 책임을 진다고 여긴다.
>
> 반면, 결정론은 인간의 행동이 외부의 원인이나 내적 조건에 의해 결정된다고 주장한다. 이 관점은 우리의 선택이 신경학적, 생리적, 환경적 요인에 의해 미리 정해져 있다고 본다. 즉, 우리가 내리는 모든 선택은 이전의 사건이나 조건에 의해 영향을 받으며, 이는 결국 우리가 자유로운 의지를 행사한다고 느끼더라도 실제로는 미리 결정된 결과일 수 있다는 것이다.
>
> 이 두 관점은 철학적 논쟁을 불러일으키며, 인간의 행동에 대한 깊은 이해를 돕는다. 자유의지론은 인간의 자율성과 도덕적 책임을 강조하는 반면, 결정론은 과학적이고 물리적인 원인들이 인간 행동을 이끈다고 주장한다. 이 두 관점을 어떻게 통합할 것인가에 대한 논의는 여전히 현재진행형의 철학적 문제로 남아 있다.

① 자유의지와 결정론은 인간의 선택을 설명하는 상호 배타적인 두 체계로, 이들의 조화로운 통합은 철학적 도전 과제이다.

② 자유의지의 존재는 인간 존재의 자율성과 개인적 책임을 강조하는 반면, 결정론은 개인의 선택이 필연적이고 예측 가능한 과정임을 시사한다.

③ 자유의지와 결정론의 충돌은 인간 행동을 이해하는 데 중요한 철학적 논쟁을 형성한다.

④ 자유의지와 결정론은 모두 인간 행동에 영향을 미치는 요인이 있다는 것을 인정한다.

⑤ 결정론에 따르면, 인간은 과거의 모든 사건에 의해 결정된 결과로만 행동하므로 도덕적 책임을 물을 수 없다.

## 03 다음 글을 읽고 추론한 것으로 적절하지 않은 것은?

> 당나라 황제 태종은 과거제도를 통하여 인재를 선발하였는데, 선발 기준은 '신언서판'이었다. 신(身)은 외모에서 품격과 진실성이 드러나는지, 언(言)은 자기 생각을 조리 있고 이치에 맞게 표현할 수 있는지, 서(書)는 자기의 생각과 철학을 글로 설득할 수 있는지, 판(判)은 옳음과 그름을 판단할 수 있는지를 보는 것이다.
>
> 순자는 '군자는 힘들고 고달프더라도 용모가 거칠지 않으며, 아첨하지 않고 말을 잘하되 어지럽지 않고, 변론하면서도 다투지 않고 살피면서도 격렬하지 않다. 그러나 소인은 말마다 항상 믿음성이 없고, 행동마다 항상 곧음이 없으며, 오직 이익 있는 곳이면 기웃거리지 않는 곳이 없다'고 불구 편에서 말했다.
>
> 수나라 황제 양제는 우중문의 30만 정예 군대를 선봉으로 하는 백만 대군을 이끌고 612년 고구려를 침략했다. 수나라 군대를 게릴라식 전투로 지치게 한 고구려의 을지문덕 장군은 적장인 우중문의 심리를 뒤흔드는 시로 그의 판단을 흐렸고 결국 수나라의 백만 대군을 물리쳤다. 을지문덕이 적장의 심리를 뒤흔든 글(書)과 지략(判)은 신언서판의 인재가 나라를 지키는 데 얼마나 중요한지를 보여준다.

① 당 태종은 신언서판을 기준으로 고구려와 효과적인 전쟁을 치를 수 있는 인재를 찾았을 것이다.
② 을지문덕의 시는 수나라의 백만 대군을 물리치는 데 결정적인 역할을 하였다.
③ 당 태종은 신언서판을 기준으로 인재를 등용하였다.
④ 을지문덕의 시와 전략은 신언서판 중 '서'와 '판'에 해당할 것이다.
⑤ 순자가 생각하는 군자에 대한 기준은 당 태종의 인재 선발 기준과 유사하다.

**04** **다음 내용에 대한 추론으로 적절하지 않은 것은?**

> DRAM은 커패시터에 전하가 저장되어 있는지 여부에 따라 데이터 '1', '0'을 구분하는 메모리 소자이다. 커패시터에 저장한 전하는 전하가 계속 충전되지 않으면 저장한 값을 유지하지 못하고 다시 빠르게 방전되는 특성이 있다. 저장된 전하가 방전되는 것을 방지하기 위해 데이터 저장 후에는 연결된 셀 트랜지스터를 'off' 시키고 있다. 하지만 이 경우도 커패시터 주변 구조를 통해 전하가 빠져 나갈 수 있다. 이렇게 저장된 데이터를 잃어버리기 때문에 휘발성 메모리이고, 누설된 전하량을 보충하여 DRAM의 데이터를 유지시켜 주는 과정을 Refresh라고 한다.
>
> DRAM 특성을 개선하는 것은 결국 데이터 유지 시간을 길게 하는 (Refresh 간격을 길게 하는) 것이라고 할 수 있다. 저장된 데이터를 오래 유지하는 것은 ①전하가 빠져나가도 데이터를 읽는 데 문제없게 충분한 양의 전하를 저장하기 위해 커패시턴스를 크게 만들거나, ②저장된 전하가 빠져나가는 누설 전류를 작게 하는 방법으로 가능하다.

① 커패시터에 저장된 전하는 계속 충전되지 않으면 저장한 값을 유지하지 못하고 방전될 수 있다.

② DRAM의 데이터가 손실되는 문제에 대한 해결책으로는 커패시턴스를 크게 만드는 방법과 누설전류의 원인을 찾아 개선하는 방법이 있다.

③ 데이터 저장 전에 연결된 셀 트랜지스터를 'off'로 유지하여 저장된 전하가 방출되지 않도록 한다.

④ DRAM은 저장된 데이터를 유지하기 위하여 주기적으로 Refresh 작업을 수행한다.

⑤ DRAM은 커패시터에 전하가 저장되어 있는지 여부에 따라 데이터를 구분한다.

## 05 다음 글을 읽고 추론한 것으로 적절한 것은?

> 사일로 효과(Silo Effect)는 조직 내 부서나 팀 간 소통이 단절되어 협력이 저하되고 비효율이 발생하는 현상이다. '사일로'라는 곡물 저장고에서 유래한 이 용어는 부서가 고립되어 독립적으로 운영되며 조직 전체의 목표보다 자신들의 이익이나 성과에만 집중하는 상황을 비유적으로 나타낸다. 사일로 효과는 수직적 계층 구조와 지나치게 세분화된 조직 체계에서 발생하기 쉽다. 또한, 부서별로 상이한 목표를 우선시하거나 개별 성과를 강조하는 조직 문화는 협력보다 경쟁을 조장해 문제를 악화시킨다.
>
> 사일로 효과가 발생하면 정보와 자원의 공유가 부족해 효율성이 떨어지고, 중복 작업이나 의사결정 지연과 같은 문제가 발생한다. 부서 간 갈등은 조직의 분열을 초래하며, 다양한 아이디어가 교류되지 않아 혁신이 저해될 뿐만 아니라, 고객에게 일관된 서비스를 제공하기 어려워 만족도가 저하될 수 있다. 이를 극복하기 위해서는 조직 전체가 공감할 수 있는 명확한 목표를 설정하고, 부서 간 소통을 강화해야 한다. 또한 정기적인 협업 회의나 정보 공유 플랫폼을 도입하고, 부서 간 협력을 평가와 보상 체계에 반영해야 한다.

① 사일로 효과를 극복하기 위해서는 부서 간의 의사소통과 협업을 강화하는 것이 중요하다.
② 사일로 효과를 극복하기 위해서는 개별 부서의 목표를 우선시해야 한다.
③ 조직의 성과를 향상시키기 위해서는 사일로 효과가 필요하다.
④ 부서 간 협력이 강화되면 의사결정은 느려진다.
⑤ 사일로 효과는 고객 만족도를 높이는 데 기여할 수 있다.

## 06 다음 글에 대한 추론으로 적절하지 않은 것은?

> 주상복합빌딩(Complex apartment)이란, 계획 및 설계적 측면에서 주거공간과 상업공간이 복합된 건물을 말하며, 「건축법」에 의한 공동주택과 주거용 외의 용도가 복합된 건축물로서 공동주택 부분의 면적이 연면적 합계의 90% 미만(조례로 90% 미만의 범위에서 정한 경우에는 그 비율)인 것을 말한다. 주거복합건물은 주거공간과 문화 · 오락 · 편의 · 상업시설 등의 다른 용도가 한 건물 내에 들어서는 복합적인 용도의 건축물로서 도심공동화 현상을 막고 도심 내 직장인에게 주거공간 및 생활편익시설들을 함께 제공할 수 있다는 장점을 가지고 있으며, 일반적으로 상업 및 편의시설이 저층에 위치하고 아파트 등 공동주택이 상층에 들어서는 형태를 띠고 있다. 공동주택 부분의 면적이 연면적 합계에서 차지하는 비율은 90% 미만의 범위 안에서 도시 · 군계획조례로 정할 수 있으며, 주거복합건물은 「국토의 계획 및 이용에 관한 법률」에 의한 상업지역 중 중심상업지역, 일반상업지역 및 근린상업지역에 한하여 입지가 가능하다. 우리나라의 경우 세운상가가 최초의 주상복합빌딩이다.

① 주상복합빌딩은 주거와 상업 시설을 효율적으로 결합시킨 형태의 건물이다.

② 주상복합빌딩은 공동주택 부분의 면적이 연면적 합계의 90% 이하인 것을 말한다.

③ 주거복합건물은 주거 및 상업 시설이 한 건물 내에 복합적으로 위치하는 형태를 가지고 있다.

④ 주상복합빌딩은 도시 공간을 효율적으로 활용하고 주민들에게 다양한 편의 시설을 제공한다.

⑤ 주거복합건물은 관련 법률에 의한 상업지역 중 중심상업지역, 일반상업지역 및 근린상업지역에 입지할 수 있다.

## 07 다음 글을 읽고 추론한 것으로 적절한 것은?

번아웃에 이르기 전의 상태를 뜻하는 토스트아웃이란 토스트를 오래 구워 까맣게 타기 직전 상태를 비유한 말로, 피로와 무기력에 빠진 상황을 뜻하는 신조어이다. 토스트아웃 증상을 보이는 사람들은 실제로 업무나 공부 등에서 의욕을 느끼지는 못하지만, 본인의 역할을 충실하게 수행하며 일상을 살아간다.

토스트아웃은 반복되는 일상에서 비롯되며 특히 바쁘게 살아가는 직장인이라면 누구나 쉽게 겪을 수 있는 현상이다. 매일 같은 일을 반복하며, 직장 생활이나 일상에서 오는 소소한 스트레스와 지루함이 쌓이다 보면 무기력함을 느끼게 된다. 이를 극복하기 위해서는 일상에서 잠시 벗어나 자신만의 시간을 가지는 것이 중요하다. 휴식을 취하고, 스트레스를 유발하는 요소를 피하면서 정신적 에너지를 회복해야 한다. 또한, 취미활동을 통해 사회적 소통을 하거나 가족과 시간을 보내는 것도 큰 도움이 된다. 규칙적인 운동도 스트레스를 해소하고, 체력과 정신력을 회복하는 데 유효하다. 만약 이 모든 방법에도 불구하고 토스트아웃에서 벗어나지 못한다면 전문가의 도움을 받는 것이 필요하다. 무엇보다 중요한 것은 일과 삶의 균형을 유지하려고 꾸준히 노력하여 토스트아웃을 예방하는 것이다.

① 전문가의 도움을 받아야 극복할 수 있는 것은 토스트아웃 증상이 아니라 번아웃 증상이다.
② 토스트아웃 증상은 업무나 공부에 대한 의욕이 높아지는 것이 특징이다.
③ 토스트아웃 증상을 느끼는 사람들은 무기력하지만 일상의 역할은 수행한다.
④ 일과 삶의 균형을 유지하는 것보다 휴식이 토스트아웃을 예방하는 데 중요하다.
⑤ 토스트아웃은 번아웃과 달리 긍정적인 상태를 나타내는 용어이다.

**08** 다음 글을 읽고 추론한 것으로 적절한 것은?

> '메라비언의 법칙'은 캘리포니아대학교 심리학과 교수인 앨버트 메라비언이 그의 저서 「침묵의 메시지」에서 주장한 내용으로, 상대방에 대한 인상이나 호감을 결정하는 데는 언어적인 요소가 7%, 청각적인 요소가 38%, 시각적인 요소가 55%의 영향을 미친다는 법칙이다. 이를 흔히 '7-38-55 법칙'이라고도 한다.
>
> 우리가 다른 사람과 소통할 때, 시각적인 요소인 눈빛·표정·몸짓 등은 매우 중요한 역할을 한다. 이런 요소들은 사람들의 관심을 끌고, 메시지를 전달하는 데 큰 도움이 된다. 청각적인 요소는 음성, 음악, 소리 등을 포함하며, 시각적인 요소와 함께 사용되어 메시지를 더욱 효과적으로 전달할 수 있다. 마지막으로 언어적인 요소는 말이나 글로 전달되는 것을 말하며, 시각적인 요소나 청각적인 요소보다 전달력이 떨어지기 때문에, 이들과 함께 사용해야 한다. 따라서 광고, 마케팅, 프레젠테이션 등에서는 시각적이고 청각적인 요소를 강조해 메시지를 더 잘 전달할 수 있도록 해야 한다.

① 마케팅에서 언어적인 요소는 비언어적인 요소보다 전달력이 떨어지기 때문에 사용을 자제해야 한다.
② 한 번 결정된 인상을 바꾸기 위해서는 시각적인 요소보다 언어적인 요소가 중요하다.
③ 상대방에 대한 인상에 영향을 주는 요소는 문화적인 차이에 따라 달라질 수 있다.
④ 메라비언의 법칙은 사람들 간의 소통뿐만 아니라 일상적인 모든 상황에서 적용할 수 있다.
⑤ 마케팅이나 서비스를 홍보할 때, 언어적인 요소보다 비언어적인 요소를 고려하는 것이 효과가 좋다.

필수 유형 4

# 빈칸 채우기

## 필수 이론

### 유형 설명

- 주어진 글에서 빈칸에 들어갈 적절한 용어를 찾는 유형
- 주어진 글에서 빈칸에 들어갈 적절한 표현을 찾는 유형
- 주어진 글에서 빈칸에 들어갈 적절한 소제목을 찾는 유형
- 주어진 글에서 빈칸에 들어갈 적절한 문장을 찾는 유형

### 풀이 TIP

- 문장이나 문단의 전체적 이해가 중요하므로 빈칸이 나온 이유나 빈칸 앞뒤의 내용을 파악하여 어떤 유형의 정보가 들어갈 것인지에 대한 문맥 이해하기
- 빈칸 채우기에서 모든 유형은 문맥의 앞뒤 힌트 활용하기
- 용어, 단어, 소제목은 뒤의 문맥에서 단서 찾기
- 다중 선택지의 빈칸이 주어지는 경우, 각 선택지를 주어진 문맥과 비교 분석하여 유사한 의미이거나 문맥에 잘 어울리는 선택지 찾기

## 필수 유형 연습

**01** **다음 글의 빈칸 ⓐ에 들어갈 문장으로 가장 적절한 것은?**

> 보안 프로그램 교육은 온라인에서의 보안 위협에 대비하고, 개인 정보를 안전하게 관리하는 방법을 배워 개인 및 기업의 정보보호 수준을 향상시킬 수 있도록 하는 교육이다. ( ⓐ ) 이에 따라 보안 위협이 증가하고, 이러한 위협에 대비하는 교육이 필요해졌다. 주요한 보안 프로그램으로는 컴퓨터 시스템에서 악성 소프트웨어, 바이러스, 트로이목마 등을 탐지하고 제거하는 역할을 하는 안티바이러스 프로그램, 네트워크 트래픽을 모니터링하고, 외부로부터의 불법적인 접근을 차단하여 시스템을 보호하는 방화벽(Firewall), 시스템에 침입하여 개인 정보를 수집하거나 광고를 표시하는 스파이웨어를 탐지하고 삭제하는 스파이웨어 제거 프로그램, 민감한 데이터를 암호화하여 외부로부터의 무단 액세스를 방지하는 암호화 프로그램, 강력한 암호 생성, 저장 및 관리를 지원하여 개인 정보를 안전하게 보호하는 패스워드 관리 프로그램 등이 있다. 이러한 보안 프로그램들은 보안 교육에서 배울 수 있는 내용 중 일부이며, 교육에서는 주요 보안 위협에 대한 인식과 예방 방법, 안전한 인터넷 사용 관례 등을 다루는 내용을 포함한다.

① 온라인 교육은 인터넷 연결만 있으면 시간과 장소에 구애받지 않아 편리하다.
② 최근 개인정보 보호 실천에 대한 경각심이 지속적으로 높아지고 있다.
③ 인터넷과 모바일 기기의 보급으로 인해 많은 사람들이 온라인에서의 활동을 더 많이 하게 되었다.
④ 데이터가 암호화 되면 인가된 사용자만 읽을 수 있다.
⑤ 개인정보 보호 실천 방법 중 가장 대표적인 것은 강력한 비밀번호 사용이다.

**문제풀이**

빈칸 바로 뒤의 문장인 '이에 따라 보안 위협이 증가하고, 이러한 위협에 대비하는 교육이 필요해졌다.'를 통해 빈칸에 들어갈 문장에는 온라인에서의 보안 위협이 증가한 이유에 대한 내용이 나오는 것을 알 수 있다. 인터넷과 모바일 기기의 보급으로 인해 많은 사람들이 온라인에서의 활동을 더 많이 하게 되었고, 이로 인해 온라인에서의 보안 위협이 증가했다는 내용이 자연스럽게 이어지므로 정답은 ③번이다.

정답 ▶ ③

## 02 다음 글을 읽고 〈보기〉의 빈칸 A, B, C에 들어갈 단어를 순서대로 나열한 것으로 적절한 것은?

> 님비(NIMBY) 현상은 'Not In My Back Yard'의 약자로, 해석하면 '나의 집 뒷마당은 안된다'는 의미이다. 반대로 핌비(PIMFY) 현상은 'Please In My Front Yard'의 약자로, '나의 집 앞마당에 지어 달라'는 것을 의미한다. 마지막으로 바나나(BANANA) 신드롬은 'Build Absolutely Nothing Anywhere Near Anybody'의 약자로 어떤 시설이 설치되거나 개발 프로젝트가 진행되는 것을 무조건 반대하는 태도나 현상을 의미한다.

〈보 기〉

> ( A )의 예시로는 풍력발전소가 환경에 미치는 영향을 우려하여 어느 지역에서도 설치를 반대하는 것이나, 교통 체증 해소를 위한 고속도로 확장이 필요함에도 불구하고 환경 파괴 우려를 이유로 사업을 반대하는 것을 들 수 있다. ( B )의 예시로는 에너지 수요를 충족하기 위해 필요한 화력발전소 건설에 대해, 인근 주민들이 환경오염과 건강 문제를 이유로 설치를 반대하는 것을 들 수 있다. ( C )의 예시로는 지역 경제 활성화와 고용 창출을 이유로 대형 쇼핑몰을 자기 지역에 유치하려고 주민들이 적극적으로 나서는 경우를 들 수 있다.

| | A | B | C |
|---|---|---|---|
| ① | 님비 현상 | 핌피 현상 | 바나나 신드롬 |
| ② | 님비 현상 | 바나나 신드롬 | 핌피 현상 |
| ③ | 바나나 신드롬 | 님비 현상 | 핌피 현상 |
| ④ | 바나나 신드롬 | 핌피 현상 | 님비 현상 |
| ⑤ | 핌피 현상 | 바나나 신드롬 | 님비 현상 |

**문제풀이**

A: 풍력발전소나 고속도로 확장이 환경에 좋지 않은 영향을 미치기 때문에 어느 지역에서든 설치 자체를 반대하는 것은 바나나 신드롬의 예시로 볼 수 있다.

B: 화력발전소 건설에 대해 인근 주민들이 환경오염과 건강 문제를 이유로 반대를 하는 것은 님비 현상의 예시로 볼 수 있다.

C: 지역 경제 발전에 도움이 되는 시설을 서로 유치하기 위해서 나서는 현상은 핌피 현상의 예시로 볼 수 있다.

정답 ▶ ③

## 03 다음을 읽고 빈칸 ⓐ에 들어갈 내용으로 적절한 것은?

> 선두 기업의 경영진들과 전문가들은 '사내 기업가 정신이 충만한 조직은 발전하고 그렇지 못한 조직은 쇠퇴할 것'이라고 단언하였으며, S 그룹의 회장은 "도전과 혁신으로 미래를 열어라.", "도전과 혁신이 기업의 성장과 발전을 이루는 핵심"이라고 말하고 있다. 끊임없는 도전과 새로운 시도를 통해 미래를 열어가야 한다고 강조하였고, 1993년 독일에서 개최된 SS그룹의 신경영 선포에서 회장은 "아내와 자식만 빼고 모두 바꿔야 한다." 고 밝힌 사실이 있다. 또한 100년 지속 기업으로 널리 알려진 GE의 J. Immelt 회장은 과거 코넬 대학 강연에서 "혁신만이 기업 성공의 핵심이며, 미래에 투자할 유일한 이유"라고 강조했으며, Microsoft CEO인 S. Ballmer는 "고객을 계속 행복하게 만족시키고 경쟁자를 물리치는 유일한 길이 혁신"이라고 언급한 바 있다.
>
> ( ⓐ ) 무기력하고 타성에 젖은 조직이 깨어나고 유지적 성장의 원동력으로 사내 기업가 정신이 재고될 수 있다. 항간에는 SS그룹 회장이 "아내와 자식만 빼고 모두 바꿔야 한다."는 언급을 S그룹 내에서는 수만 번 반복했다는 이야기도 있다. 기존 조직의 혁신에 최고 경영진의 리더십이 얼마나 중요한지를 보여 주는 한 단면이라고 생각한다.

① 조직 구성원들이 혁신의 중요성을 인식하고 교육받을 때
② 최고 경영진이 혁신의 중요성과 필요성을 구성원에게 반복적으로 강조하고 필요에 따라 지원할 때
③ 조직의 중간관리자가 혁신 수행을 위하여 예산을 목적과 다르게 사용하여 지원할 때
④ 기업이 혁신을 통하여 기업의 폐쇄성, 이기적인 이익 추구를 할 때
⑤ 기업이 경영진이 혁신을 명분으로 윤리적 가치 및 사회적 책임을 무시할 때

**문제풀이**

국내외 기업의 회장들에 대한 사례를 소개한 후 결론을 내리기 위하여 ( ⓐ )에 의하여 무기력하고 타성에 젖은 조직이 깨어나고 유지적 성장의 원동력으로 사내 기업가 정신이 재고될 수 있다고 하면서, 글의 마지막에 S그룹 내에서 회장이 했던 말이 반복되고, 리더십의 단면이라고 하였다. 따라서 ( ⓐ )는 최고 경영진의 역할과 지원에 대한 표현이 적절하다.

**[오답 풀이]**

① 조직 구성원이 아니라 기업의 CEO가 혁신의 중요성을 인식하고, 조직 구성원의 교육을 지원할 때가 더 적절하다.

정답 ▶ ②

## 04 다음 글의 ( ⓐ )에 들어갈 말로 가장 적절한 것은?

( ⓐ )은/는 기차에서 사용되는 동력을 효율적으로 사용하기 위한 방식이다. 대표적으로는 직류 전기 제어 방식과 교류 전기 제어 방식이 있다. 직류 전기 제어 방식은 기차에서 사용되는 전기 모터에 직류 전기를 공급하여 속도를 조절하는 방식으로 이 방식은 단순하고 실용적이지만, 속도가 높아질수록 전류의 변동이 매우 크기 때문에 제한적인 속도 조절이 필요하다. 그리고 교류 전기 제어 방식은 직류 전기 제어 방식의 한계를 극복하기 위해 개발된 방식으로, 교류 전기를 사용하여 제어한다. 이 방식은 직류 전기 제어 방식보다 더 다양한 속도 조절이 가능하며, 고속철도에서 많이 사용된다. 또한 최신 기술로는 인버터 제어 방식이 있다. 이 방식은 교류 전기를 직류 전기로 변환한 후, 전자 회로를 이용하여 제어하는 방식이다. 이 방식은 기존 방식보다 더 정확한 속도 조절이 가능하며, 전력 소모량을 줄일 수 있어 효율적이다. ( ⓐ )은/는 기차의 안전성과 효율성에 큰 영향을 미치는 중요한 기술이며, 적절한 방식을 선택하여 사용함으로써 안전하고 경제적인 운행이 가능해진다.

① 기차 전동화
② 기차 동력 제어 방식
③ 기차 자동 제어 시스템
④ 고속철도기술
⑤ 기차스마트기술

**문제풀이**

기차 동력 제어 방식에 대하여 설명하고 있다.

**[오답 풀이]**

① 기차 전동화란 기차의 움직임에 사용되는 전기 모터를 통해 동력을 발생시키는 기술이다. 전동화는 기차의 속도와 가속도를 향상시키고, 환경 친화적이고 효율적인 운영을 가능하게 한다.
③ 기차 자동 제어 시스템이란 기차의 운행을 자동으로 제어하는 기술이다. 이 시스템은 기차의 속도, 방향, 제동 등을 자동으로 조절하여 안전하고 효율적인 운영을 도와준다.
④ 고속철도기술이란 고속으로 운행되는 기차를 위한 기술로, 트랙, 차량, 신호 시스템 등을 개선하여 높은 속도와 안정성을 실현한다. 예를 들어, 자기부상열차(Maglev) 기술은 자기력을 이용하여 기차를 부상시켜 마찰을 줄이고 고속 운행을 가능하게 한다.
⑤ 기차스마트기술이란 IoT(Internet of Things)와 인공지능 기술을 활용하여 기차 운영을 최적화하는 스마트 기술 등을 의미한다. 예를 들어, 스마트 센서를 이용하여 기차의 상태를 모니터링하고 예지보전을 실시할 수 있다.

정답 ▶ ②

# 빈출 유형 공략 문제

해설 p. 43

**01** **다음 글의 빈칸 (A)에 들어갈 정책으로 가장 적절한 것은?**

| 2022 하반기 기출 키워드 | 미세먼지

> 미세먼지는 대기 중에 존재하는 작은 입자로, 주로 자동차 배기가스, 산업 활동, 연소 과정 등으로 인하여 발생한다. 이 입자들은 주로 지름 2.5 마이크로미터 이하로 매우 작아서 눈에 보이지 않는다. 그래서 미세먼지는 호흡기에 침투하여 기관지 염증, 천식, 호흡곤란 등의 호흡기 질환을 유발할 수 있으며, 눈, 코, 목의 가려움, 기침, 재채기 등의 증상을 유발하는 등 건강에 해로운 영향을 미칠 수 있다.
>
> 미세먼지 농도는 대기 오염 지수로 측정되며, 통상적으로 미세먼지 농도가 높을수록 대기 상태가 나쁘다고 판단된다. 정부와 관련 기관은 대기 오염을 관리하기 위해 ( A )을 시행하고 있으며, 개인적으로는 마스크 착용, 실내 공기 청정기 사용 등의 조치를 통해 미세먼지로부터 보호할 수 있다.

① 미세 물질 처리 예산 삭감 정책
② 대기오염 인식 정보 조작 정책
③ 미세먼지 저감 정책
④ 산업 확대 정책
⑤ 환경 규제 완화 정책

**02** **다음을 읽고 빈칸 ⓐ에 들어갈 내용으로 가장 적절한 것은?**

> 핵은 원자핵의 물질을 이용하여 에너지를 생성하거나 파괴하는 과정을 말한다. 핵은 에너지 생산뿐만 아니라 핵무기의 개발과 사용 등에도 관련이 있어 국제적으로 많은 관심을 받고 있다.
>
> 핵처리 기술은 원자력 발전 및 핵연료 생산 과정에서 사용되는 기술을 의미한다. 핵처리 기술은 원자핵의 에너지를 다루는 기술이기 때문에, 안전이 매우 중요하다. ( ⓐ ) 또한, 방사선 관리 및 폐기물 처리 등에 대한 철저한 조치가 이루어진다.
>
> 핵 재처리 기술은 사용된 핵 연료에서 효율적으로 용접성을 증가시키고, 재사용 가능한 원자재를 추출하는 과정을 말한다. 주요 목표는 핵 연료의 재활용과 핵 폐기물의 양을 줄이는 것이다. 핵 재처리 기술은 원자력 발전의 연료 공급 안정성과 에너지 효율성을 향상시킬 수 있지만, 동시에 핵무기 개발의 우려도 존재한다. 따라서 핵 재처리 기술은 국제 사회에서 강력한 규제와 안전성을 요구받고 있다.

① 방사선은 과도하게 노출될 경우 생물학적 조직에 심각한 손상을 줄 수 있다.

② 핵무기는 핵분열이나 핵융합 반응을 통해 막대한 에너지를 방출하여 대규모 파괴와 피해를 초래하는 무기이다.

③ 이에 따라 산업안전 관련 자격증을 취득하고자 하는 사람이 많아지고 있다.

④ 원자핵 에너지는 핵분열 또는 핵융합 과정에서 방출되며, 이는 현대 에너지 기술에서 중요한 역할을 한다.

⑤ 핵발전소와 핵시설은 엄격한 안전 규제와 절차를 따른다.

**03** **다음을 읽고 빈칸 ⓐ에 들어갈 내용으로 가장 적절한 것은?**

> (　　　　ⓐ　　　　) 합성(Anabolism)은 간단한 물질인 원료를 사용하여 복잡한 화합물, 즉 영양소를 생성하는 과정으로 생체 내에서 일어나며, 주로 대사 경로에서 일어난다. 분해(Catabolism)는 복잡한 화합물인 영양소를 간단한 물질로 분해하는 과정으로 생체 내에서 주로 호흡 작용(셀룰라르 호흡)을 통해 일어나며, 에너지를 생성한다. 그리고 합성과 분해는 대사(Metabolism)의 두 가지 주요 단계로 생체 내에서 발생하는 화학 반응 전체를 일컫는 용어로, 에너지 생성 및 소비, 생체 조직의 구성과 유지, 생체 활동의 조절 등을 포함한다. 즉 대사는 합성과 분해를 포함하여 다양한 생체 화학 반응에 의해 조절된다.
>
> 결국 이러한 영양소의 합성과 분해 과정은 생명체의 생존과 성장에 중요한 역할을 하며, 효율적인 영양소 대사는 올바른 영양 섭취와 함께 건강과 웰빙을 유지하는 데 중요하다.

① 건강을 유지하는 것은 개인의 삶의 질을 높이고 정신적 안정에 도움을 준다.

② 인간이 섭취해야 할 주요 영양소는 크게 탄수화물, 단백질, 지방, 비타민, 무기질, 물로 나뉜다.

③ 영양소의 합성과 분해는 생명체에게 역할과 에너지를 제공하는 과정이다.

④ 생명체가 생존하기 위해서는 기본적인 생명 활동을 유지하고, 외부 환경에 대처해야 한다.

⑤ 광합성은 태양 에너지를 포도당으로 변환하여 생물들이 사용할 수 있는 에너지원을 만든다.

## 04 ( A )에 들어갈 용어로 가장 적절한 것은?

> 사회적 ( A )이란 미래의 비용과 편익을 현재 가치로 환산하는 비율을 말한다. 사회적 ( A )은 비용 편익 분석의 핵심 요소이며, ( A )이 높을수록 미래에 발생하는 비용과 편익의 현재 가치가 낮게 평가되는 경향을 가진다. 공공의 이익을 위한 사업에는 보통 더 낮은 ( A )이 적용하게 된다. 하나의 예를 들어 보면, 사회적 ( A )이 연 20%라면 내년의 12억 원의 현재 가치는 10억 원이 된다. 따라서 적정한 사회적 ( A )이 도출되지 못한다면 추진하지 말아야 할 사업을 추진하거나 추진해야 할 사업을 추진하지 못하게 되는 결과를 발생시킬 수 있다.
>
> 요즘 경제성 논란이 끊이지 않는 가덕도신공항 건설의 비용 대비 편익이 매우 저조하다는 조사 결과가 나왔다. 사회적 ( A )을 5.5%로 하는 경우, 국제선 활주로 1본 운영하는 경우가 국내/국제 선 활주로 2본을 운영하는 경우보다 비용편익비가 높았다. 하지만 항공전문가들은 가덕도신공항이 국제공항으로서 제구실하려면 활주로 2본은 필요하다고 강조해 서로 다른 견해를 밝히고 있다.

① 환산율　② 할인율　③ 할증률
④ 통계율　⑤ 참조율

**05** **다음을 읽고 빈칸 ⓐ에 들어갈 내용으로 가장 적절한 것은?**

커튼월(Curtain wall)은 건물의 무게를 기둥, 들보, 바닥, 지붕으로 지탱하고, 외벽은 무게를 지탱하지 않은 채, (　　　ⓐ　　　) 이 시스템은 외벽이 없는 건물들에 사용되는 외벽 처리 기법으로, 건물 내에 있는 사람들을 건물 밖 날씨로부터 막아주기 위해 활용되고, 일반적으로 비구조적인 형태이기 때문에 경량 재료들로 만들 수 있으므로 건설 비용을 절감할 수 있다. 커튼월로써 유리가 사용되는 경우 좋은 점은 자연광이 건물 내부로 깊숙하게 침투할 수 있다는 것이다. 커튼 벽 외관은 자체 무게 중량 이외에는 건물로부터 구조적 무게를 받지 않는다. 또한 건물의 바닥이나 기둥들 간의 연결을 통해 건물에 들어오는 횡방향 풍하중을 주요 구조물에 전달한다. 그러므로 커튼월은 외부 환경(바람, 비, 눈 등)의 침투를 막고, 지진과 바람에 의한 건물에 가해지는 흔들림을 흡수하고, 풍하중을 견디며, 자체 무게를 받치기 위해 고안된 외벽 처리 기법인 것이다.

① 에너지 효율성을 최우선으로 한 건축 양식이다.
② 돌과 같은 자재에 커튼 모양을 새겨 외벽을 쌓은 건축 양식이다.
③ 유리를 이용하여 외벽을 구성하는 건축 양식이다.
④ 거친 콘크리트의 질감을 살려 실용성을 강조한 건축 양식이다.
⑤ 커튼을 치듯 건축자재를 돌려쳐 외벽으로 만드는 건축 양식이다.

필수 유형 5

# 문단 배열

## 필수 이론

### 유형 설명

- 주어진 글에서 여러 문장 또는 문단들을 논리적이고 일관성 있게 배열하는 문제 유형
- 주어진 글에서 문맥, 주제, 문장 특징, 문맥 일관성 파악 및 연결어, 시간 표현 등을 활용하여 문장과 문단을 배열하는 문제 유형

### 풀이 TIP

- 주어진 문장을 전체적으로 파악한 후 문장들 간의 관계를 이해하고, 문장들의 주제, 시간적인 흐름, 인과관계 등을 고려하여 올바른 순서로 배열하기
- 문장들 간의 관계를 나타내는 연결어나 시간 표현을 활용하여 문장/문단 배열하기
- 문단의 주제나 핵심 아이디어를 나타내는 문장을 파악하여, 다음 문장을 배열하기
- 문장들을 배열할 때 문장들 간의 논리적인 흐름을 고려하고 이전 문장과 이후 문장과의 관련성을 파악하여 문단 배열하기
- 문장들의 특징, 구조를 파악하여 어떤 유형에 속하는지, 문장의 구조나 표현 방식에 따라 순서를 결정하여 배열하기

## 필수 유형 연습

**01** **다음에 글의 (A)~(D)를 문맥에 맞게 순서대로 배열한 것은?**

(A) Cyber에서 제작에 관한 명령 정보만 입력하면, 제조 라인의 기계와 부품들은 실시간으로 서로 정보를 주고받으며 가장 효율적인 방법으로 완성품을 만들어 낸다. 실제로 암베르크 공장에서는 Software 기반의 Smart Factory System을 구현한 후 생산성이 8배나 향상되었다고 한다.

(B) 독일은 4차 산업혁명과 더불어 이러한 제조 공정 혁신으로 고객 맞춤형 제품을 저가로 공급하여 경쟁력을 높이겠다는 전략 목표를 수립하고 있다.

(C) Smart Factory는 설계·개발, 제조 및 유통·물류 등 생산 과정에 Digital Automation Solution이 결합된 정보통신기술(ICT)을 적용하여 생산성, 품질, 고객 만족도를 향상시키는 지능형 생산 공장, 공장 내 설비와 기계에 사물인터넷(IoT)이 설치되어 공정 데이터가 실시간으로 수집되고, 데이터에 기반한 의사 결정이 이루어짐으로써 생산성을 극대화할 수 있는 시스템을 말한다.

(D) Smart Factory를 생산 공정에 적용시켜 4차 산업혁명 시대를 맞이하여 좋은 품질과 원가 경쟁력을 높이고 있는 지멘스사의 암베르크 공장 미래형 Smart Factory 예를 살펴보도록 하겠다.

① (C) – (D) – (A) – (B)
② (B) – (C) – (D) – (A)
③ (C) – (A) – (B) – (D)
④ (B) – (D) – (A) – (C)
⑤ (A) – (B) – (C) – (D)

**문제풀이**

스마트 팩토리의 개념에 대하여 설명한 (C)가 먼저 나오고, 스마트 팩토리를 4차 산업혁명 시대에 맞게 적용하는 이유를 설명하고 사례를 언급한 (D)가 다음에, 독일 암베르크 공장 사례를 설명하고 있는 (A)가 다음에, 그래서 결론적으로 현재 독일은 향후 어떻게 할지 전략 목표를 수립하고 있다는 내용이 다음에 위치하면 이 글의 흐름이 가장 적절하다.

정답 ▶ ①

**02** 다음에 글의 (A)~(E) 중 문맥상 없어도 되는 문단으로 가장 적절한 것은?

(A) 세계 컨설팅사인 Grand View Research에 의하면 전 세계 채식주의 시장 규모는 매년 평균 9.6%씩 성장해 2025년 240억 600만 달러(약 28조 5,000억 원)에 달할 것이라고 한다. 한국채식연합은 국내 채식주의자 수가 2008년 15만 명에서 2019년 150만~200만 명으로 증가했다고 밝혔다.

(B) 이들은 소위 '바른 소비'를 강조한다. 고기를 먹지 않는 것뿐 아니라 동물 복지에 반하지 않는 화장품과 위생용품을 고르고 되도록 천연 재료를 소비하고자 한다.

(C) 한국 화장품 생산이 증가하게 된 것은 사실 외국 유명 제품의 수입에서 시작되었다. 미국과 EU 제품의 수입 판매 상승세에 따라 한국 업체도 뛰어들어 제품군을 확대하고 있다.

(D) 최근에는 식품업계에서도 채식주의 제품을 출시하며 채식주의자 고객 확보에 나섰다. 대체육을 사용한 햄버거와 채식주의 아이스크림, 식물성 베이커리 등이 등장했는데 시작과 동시에 반응이 좋다는 평가다. L사의 식물성 버거는 1년 만에 140만 개가 팔렸고, L 아이스크림의 비건 아이스크림은 두 달 만에 7만 개가 팔렸다.

(E) 그러나 채식주의 시장 전체로 보면, 지금도 도입기에 머물러 있다. 채식주의와 채식주의자들이 찾는 먹거리와 생활용품, 식당이 일상화되어 채식주의자가 아닌 사람들도 쉽게 접하기까지는 먼 여정이 될 것이다. 그 여정에 다양한 비즈니스 기회가 열려 있다. 바른 소비를 실천하는 밀레니얼, 그중에서도 채식주의와 채식주의자를 대상으로 한 다양한 제품과 서비스가 나타날 수 있다. 멕시코의 채식 산업을 깊이 들여다보면 우리에게 필요한 것에 대한 실마리를 얻을 수 있을 것이다.

① (A) ② (B) ③ (C)
④ (D) ⑤ (E)

**문제풀이**

이 글은 바른 소비를 실천하는 밀레니얼들 중에 비건과 채식주의자를 타깃으로 한 제품과 서비스에 대하여 이야기하고 있다. 문맥의 흐름상 (C)는 한국 화장품의 제품 확대에 대하여 이야기하는 것으로 본 글의 전체적 흐름과 관련성이 떨어지므로 삭제하는 것이 적절하다. (D)는 비건과 채식주의자 타깃 부분에서 큰 영향을 받는 식품업계의 사례를 자세히 설명하여 주는 것이 필요하므로 유지하는 것이 적절하다.

정답 ▶ ③

**03** **다음 글을 읽고 문맥상 (A)~(E) 중 〈보기〉가 들어갈 문단으로 적절한 것은?**

(A)

한국 현대사는 성공의 역사이다. 전쟁 후 140여 개 독립국가 중에 산업화와 민주화에 성공한 나라는 한국이 유일하다. 개발도상국으로는 처음으로 선진국 반열에 올랐고, 한국 문화와 한국적인 삶에 대한 세계인의 관심도 커지고 있다. 하지만 이럼에도 불구하고 한국인으로서 자긍심을 느끼는 사람은 55%에 불과한 것으로 설문 결과가 나왔다.

(B)

D일보와 설문조사 플랫폼이 성인 남녀 1,850명을 대상으로 설문한 결과 '한국인인 것이 자랑스럽다'고 응답한 비율은 55%에 불과했고, '별로 자랑스럽지 않다'는 응답변이 22%, 나머지 23%는 '한국인인 것이 싫다'고 했다. 그중 10, 20대는 '한국인인 것이 싫다'고 답한 비율이 10명 중 3명(28.8~29.4%)이었다. 국가의 성공이 국가에 대한 자부심이나 개인의 성취감으로 이어지지 못하고 있는 것이다.

(C)

사회의 발달과 개인주의 성향이 강해지면 국위 선양이 국가 자부심으로 연결되지 않는 것이 보편적이다. 젊을수록 현실에 대한 불만도가 높은 것도 사실이다. 그렇지만 이번 조사를 보면 한국적 특수성도 눈에 띈다. '한국과 가장 잘 어울리는 이미지'에 대한 복수 응답에서 '역동적'(25.8%), '경쟁적'(36.5%), '복잡'(17.7%), '피곤'(16.3%)의 응답이 있었다.

(D)

경쟁이 치열하면 실패자가 많아진다. 개인의 삶이 고달픈데 국가의 성공에 긍지를 가질 여유가 없고, 노력해도 사회 경제적 배경의 한계를 넘을 수 없을 때, 상대적 박탈감은 커지게 된다.

(E)

〈 보 기 〉

국가의 성공에 나의 기여도가 있다는 사람이 많아져야 행복도가 올라가고 조직의 역량도 강화된다. 개인의 삶의 가치를 존중하고, 소모적 경쟁을 줄이고, 공정 경쟁을 보장하며, 실패해도 재기할 기회와 최소한의 인간적인 삶을 보장받는다는 믿음을 느낄 때 공동체에 대한 신뢰와 책임감이 생길 것이다. 이것들은 갈등을 조율하고 합의를 끌어내는 정치가 가능할 때 이루어질 수 있는 것들이다.

① (A) ② (B) ③ (C)
④ (D) ⑤ (E)

**문제풀이**

한국인이 느끼는 자긍심에 대한 설문조사 후 작성한 글이다. 〈보기〉는 설문 조사를 통하여 앞으로 해야 할 일에 대한 결론에 해당하므로 문맥상 (E)에 위치하는 것이 적절하다.

**정답 ▶ ⑤**

## 04 다음에 글의 (A)~(E)를 문맥에 맞게 순서대로 배열한 것은?

(A) 미국 시카고대학교 부스경영대학원 행동경제학 교수 Richard Thaler는 2017년 노벨 경제학상을 수상하였다.

(B) 넛지는 '팔꿈치로 슬쩍 찌르다.', '주의를 환기하다.'라는 의미를 가지고 있다. Thaler 교수는 이것을 '타인의 선택을 유도하는 부드러운 개입'으로 정의하였다. '넛지 효과'란 일상에서 사람을 설득하거나 권유할 때 직접적이고 단호한 방식이 아닌 부드럽고 자연스러운 개입을 의미한다.

(C) 인간의 행동을 유도하는 방법으로는 당근과 채찍이 있다. 즉 인간은 기본적으로 보상이 있으면 뛰어 들고, 처벌이 있으면 피한다. 그러나 보상과 처벌 외에 인간의 행동을 유도하는 방법으로 넛지를 활용하는 것이다.

(D) 행동경제학은 경제를 인간의 심리와 엮어 풀어내는 학문이다. 2009년에 출간된 저서 '넛지(nudge)'엔 그의 행동경제학을 이해하는 내용이 담겨 있다.

(E) 이 효과를 활용한 실제 사례를 보면, 스키폴 국제공항 화장실에서 처음 시작된 공중화장실 남성용 변기에 파리 스티커를 붙이는 아이디어는 전 세계로 알려졌고 국내에서도 자주 볼 수 있다. 그리고 지하철, 건물 등에 에스컬레이터 대신 계단을 이용하도록 설치한 피아노 소리가 나는 계단, 쓰레기를 잘 버리게 하기 위하여 설치한 투표 쓰레기통이나 농구 골대 쓰레기통, 어린이 보호구역 횡단보도에 설치된 옐로우 카펫 등이 있다.

① (A) – (B) – (C) – (D) – (E)
② (E) – (D) – (C) – (B) – (A)
③ (D) – (B) – (C) – (E) – (A)
④ (C) – (A) – (D) – (B) – (E)
⑤ (A) – (D) – (B) – (C) – (E)

**문제풀이**

이 글은 교수에 대하여 설명 – 그의 행동경제학 이론인 넛지 언급 – 넛지의 의미와 효과 설명 – 넛지 활용 설명 – 사례 설명이 적절한 흐름이다.

**정답 ▶ ⑤**

## 빈출 유형 공략 문제

해설 p. 44

**01** **다음에 글의 (A)~(E)를 문맥에 맞게 순서대로 배열한 것은?**

(A) 아로마테라피는 고대 문명부터 사용되었고 최소한 6천년은 되었다고 여겨진다. 아로마테라피에 사용되는 아로마 에센셜 오일은 특히 이집트 피라미드에서 많이 발견되었는데, 인류 최초로 사용되었다고 알려진 아로마 에센셜 오일은 기원전 14세기에 이집트를 지배한 파라오인 투탕카멘의 무덤에서 발견된 향유이다. 20세기 발견 당시 은은한 향기로 세계인들을 놀라게 했던 향유는 손에 묻으면 녹는 끈적끈적한 고체에 가까운 물질이었으며 냄새는 풍미로우면서도 느끼했다.

(B) 아로마 에센셜 오일을 사용해서 치료하는 걸 아로마테라피라고 한다. 아로마테라피는 두 단어에서 파생되었다. 아로마(Aroma)는 향기나 냄새를 뜻하고 테라피(Trerrapy)는 치료를 뜻한다.

(C) 19세기 후반부터 21세기에 이르기까지 화학 합성 약물들의 개발이 활발하게 이루어지면서 현대의학에서는 아로마 에센셜 오일과 같은 천연물질을 이용한 치료법에 많이 적용해 가고 있다.

(D) B. C. 1555년경의 의학서에서는 거의 모든 질병에 대한 치료에 대해 언급하고 있고 오늘날의 아로마테라피와 허브(약초)요법에서 사용하는 방법과 유사하다. 르네 모리스 가테포세는 화학자로서 실험 중 손을 데었는데 라벤더 정유에 손을 넣었다가 통증과 상처가 빨리 낫는다는 것을 발견하고 아로마가 재생 능력이 탁월하다는 것을 통해 '아로마테라피'라는 책을 최초로 출판하였다.

(E) 아로마 에센셜 오일은 식물의 꽃, 잎, 줄기, 열매, 뿌리, 과피, 수지 등에서 추출한 휘발성이 있는 정유이다. 에센셜 오일이 추출되는 식물은 방향식물이라 불리는 약 3,500종 중 약 200여 종이다. 대부분의 식물은 자식을 번식, 성장시키는 힘과 식물의 수동적인 방어 형태로 박테리아 같은 균이나 침입자에게 방어하기 위해 자극적인 냄새나 독성을 만드는 등 물리적, 화학적 형태의 물질을 합성한다.

① (A) – (B) – (D) – (C) – (E)
② (B) – (A) – (D) – (C) – (E)
③ (B) – (A) – (C) – (D) – (E)
④ (B) – (D) – (C) – (A) – (E)
⑤ (A) – (D) – (C) – (B) – (E)

**02** 다음에 글의 (A)~(E) 중 문맥상 생략되어도 되는 문단으로 가장 적절한 것은?

(A) 미국에서 임대인과 임차인 간의 분쟁이 벌어졌다. 임대인은 아이폰으로 유명한 애플이고 임차인은 '포트나이트'란 게임을 만든 에픽이다. 에픽은 애플이 조성한 앱 생태계 안에 들어가 장사를 해서 돈을 버니 일종의 임차인이었다. 분쟁의 핵심은 이른바 인앱(in-app)결제이다. 물건을 팔고 돈을 받을 때 애플이 설치한 앱 내에서 하라는 것이다. 불만이 생긴 에픽은 자체 결제시스템을 마련해 소비자들로부터 돈을 직접 받고자 했다. 돈보다도 고객 정보가 중요하였기 때문이다. 내 고객이 누군지 아는 게 비즈니스의 기본이기 때문이다. 애플의 대응은 '방 빼, 나가'였다. 임차인은 임대인에게 고맙다고 하는 것이 맞다는 식의 '갑(甲)마인드'였다. 소송 결과 에픽이 10개 사안 중 인앱결제 하나만 승리했는데 출혈이 상당했다.

(B) 판결이 나온 뒤 애플은 "성공은 불법이 아니다."라고 하였다. 같은 미국 기업도 이런 판결이 나왔는데 한국 기업들은 어떻겠는가. 그래서 높은 수수료 이슈가 생겼고 을(乙)의 수모를 참다못해 연합한 한국 중소기업들이 공정거래위원회에 제소하기에 이르렀다.

(C) 또 다른 사례는 이렇다. 재작년 대학가에서는 갑자기 구글에 저장해 둔 데이터를 정리하는 소동이 벌어졌다. 대학 측은 많은 용량의 수업 영상과 자료를 구글 계정에 올렸는데 구글이 갑자기 "방 비워 달라"고 했기 때문이다. 기본 용량을 초과하면 요금을 납입하라는 구글의 방침이었다.

(D) 플랫폼이 불러오는 독과점 이슈는 필연적이다. 경제학적 전문용어 네트워크의 외부효과와 규모의 경제, 내 친구가 구글에서 놀면 나도 어쩔 수 없이 구글에서 놀아야 하는 게 네트워크 외부효과고, 덩치를 키울수록 비용은 줄어드는 게 규모의 경제다. 이 둘이 상승작용을 일으키며 승자독식의 세계를 만든다. 그럼 티롤의 해법은? 100점짜리 답은 없다.

(E) 생성형 AI 시대가 열렸다. 모든 플랫폼이 거대 언어모델로 집중되고 있다. 그만큼 플랫폼의 독과점 이슈는 심각해졌다. '미션 임파서블'의 대사를 패러디해 보면 AI 플랫폼을 장악하는 자, 시장을 지배할 것이다. 미국의 빅테크 기업들이 혈투를 벌이고, 국가 차원에서 사활을 걸고 덤벼드는 것도 같은 이유에서다.

① (A) ② (B) ③ (C)
④ (D) ⑤ (E)

## 03 다음 글을 읽고 문맥상 (A)~(E) 중 <보기>가 들어갈 문단으로 가장 적절한 것은?

(A)

루터의 교육에 대한 이론은 하나님에 대한 그의 사랑과 독일에 대한 그의 충성에 기초하고 있다. 따라서 교육이념은 실제로 이중적인 것이다. 하나는 온 인류에게 적용되고 장소의 분별없이 모든 사람에게 필요한 "하늘의 부름"을 위한 교육이며, 다른 하나는 개개인의 독특한 재능과 재개 사회와 국가에 잘 적응할 수 있고 특이한 환경에 따라 서로 다를 수 있는 "지상의 사명"을 위한 교육이다. 즉 하나는 정신적인 종교생활의 문제요, 다른 하나는 현실적이고 사회적인 시민교육의 문제이다.

(B)

중세기 및 루터시대의 교육의 맹점은 서민 계급을 위한 교육이 전혀 무방비 상태였고, 교회학교는 사제직의 지원자들을 위해, 교구학교는 청년들의 교회원이 되기 위해, 공민학교는 제도시의 상인과 장인계급의 양성을 위해, 기사교육은 기사단을 훈련시키기 위한 것이었다. 이때에 루터는 종교개혁가로서만이 아니라, 교육 사상가이며, 교육 개혁가로서 중세 수도원 학교나 교회학교에서 실시되던 지적, 도덕적인 측면의 교육에서 탈피하여, 전인적인 인간을 만드는 획기적인 교육을 주장하였다.

(C)

루터의 교육은 목적, 형태 또는 그 내용으로 볼 때 한결같이 "종교적(기독교적)"이다. 그것은 그리스도 안에서 하나님께 영광을 돌리는 것이 궁극적이며, 하나님과 인간, 그리고 국가에 대한 의무를 다하는 것이라고 하였다. 즉 신의 영광과 경외이며, 인간 공동생활에서는 신과 인간의 사랑이 더불어 나타나는 것이 교육의 목적이어야 했다.

(D)

이와 같이 볼 때에 루터의 교육은 종교의 궁극적인 목적인 하나님을 경외하여 하나님을 아는 지식에 이르게 하는 종교교육이며, 자녀들을 크리스찬으로 육성하도록 하는 목적을 지닌 도덕교육을 의미한다. 따라서 하나님과 인간을 사랑하는 것이야말로 루터의 교육 목적이며 이것이 그리스도 안에서 이루어져 나가야 함을 강조한다.

(E)

〈보 기〉

다시 말해 하나님과 동료 인간과 국가에 대한 우리의 의무를 달성하는 것이 교육 목적이라고 하였다. 이것은 개인이 하나님을 사랑하고 경외하며, 이웃에 대하여 봉사하는 생활, 하나님과 영광과 인간을 위한 사랑에 적합하도록 행하는 것이다.

① (A) ② (B) ③ (C)
④ (D) ⑤ (E)

**04** 다음에 글의 (A)~(E)를 문맥에 맞게 순서대로 배열한 것은?

(A) 반도체 산업은 24개월마다 반도체 집적도가 두 배씩 증가한다는 무어의 법칙(Moore's Law)에 맞추어 기술개발을 해 왔는데, 포토 공정의 해상도 증가가 한계에 봉착하면서 개발 속도가 점점 느려지고 있다.

(B) 따라서 공정비용 증가를 막으면서 반도체 제품의 성능을 향상시키는 기술 개발이 진행되고 있는데, 다음 3가지로 구분할 수 있다.

(C) 첫째, 포토 공정의 파장이 짧은 EUV 기술을 도입하여 DPT, QPT 등의 기술을 단순화하는 방법이 있다. 둘째, DRAM/NAND보다 구조가 간단하여 공정비용이 낮을 것으로 기대되는 신개념 소자를 도입하는 방법이 있다. 셋째, 미세화의 근본적인 이유가 같은 면적에 더 많은 소자를 만드는 집적도 향상에 있기 때문에, 소자를 위로 적층하여 접적도를 높이는 방법이 있다.

(D) 포토 공정의 한계를 극복하기 위해 DPT(Double Patterning Technology) 및 QPT(Quadruple Patterning Technology) 기술을 사용하지만, 공정비용이 급격히 증가하기 때문에 미세화를 통한 원가 절감의 장점이 희석되는 상황이다.

(E) 또한 DRAM의 경우는 커패시터의 형상비(Aspect Ratio)가 100:1 이상의 수준으로 증가하면서 공정이 어려워지는 점, NAND의 경우 셀 간 간섭으로 20nm 이하에서는 더 이상 미세화하기 힘들다는 점 등이 향후 반도체 산업의 계속적인 발전을 저해하는 요인이 되어 왔다.

① (A) – (E) – (D) – (B) – (C)
② (A) – (D) – (E) – (B) – (C)
③ (A) – (B) – (C) – (D) – (E)
④ (A) – (B) – (C) – (E) – (D)
⑤ (A) – (C) – (B) – (E) – (D)

필수유형분석
언어이해
자료해석
창의수리
언어추리
수열추리

## 05 다음에 글의 (A)~(E)를 문맥에 맞게 순서대로 배열한 것은?

繪事後素(회사후소): 모든 일은 기본을 잘 갖춘 후에 실행해야 한다.

* 繪: 그릴 회, 事: 일 사, 後: 뒤 후, 素: 흰 바탕 소

(A) 이후, 기본에 충실할 것을 강조할 때면 이 '繪事後素'라는 말을 인용하여 "그림을 그릴 때도 먼저 흰 도화지가 마련되어 있어야 하듯이…."라며 회사후로를 운운하게 되었다.

(B) 공자의 답인 회사후소(繪事後素)도 회사후어소(繪事後於素), 즉 "그리는(꾸미는) 일은 본바탕보다(於:than) 후(後)에 있다"라고 해석함으로써 그 함축된 의미를 '먼저 기본이 되어 있어야 한다'로 굳혔다.

(C) 공자의 대답이 회사후소(繪事後素)였다.

(D) 제자 자하가 "예쁜 웃음의 보조개, 아름다운 눈의 또렷함이여! 본바탕으로 아름다움을 삼았구나!"라는 옛 시에 나오는 "본바탕으로 아름다움을 삼았다(素以爲絢·소이위현)"라는 말의 의미를 물으니,

(E) 회사후소(繪事後素)! 『논어』에서 많이 인용하는 유명한 문구 중의 하나이다. "그림 그리려면 흰 도화지를 먼저 마련한다"라고 해석하고, '모든 일은 기본을 갖춘 다음에 실행해야 한다'는 뜻으로 활용한다.

① (A) – (D) – (C) – (B) – (E)
② (E) – (A) – (D) – (C) – (B)
③ (D) – (C) – (B) – (E) – (A)
④ (E) – (D) – (C) – (B) – (A)
⑤ (C) – (D) – (B) – (E) – (A)

필수 유형 6

# 비판 및 평가

## 필수 이론

### 유형 설명

- 주어진 글에서 주장자, 학자, 작성자, 학설 등 어떤 시각이나 견해를 비판하거나 평가하는 유형
- 주어진 글에서 하나 또는 둘 이상의 학설, 주장, 견해, 의견 등에 대한 비판, 평가, 의견, 시각 등에 대하여 적절하거나 적절하지 않은 것을 찾는 유형
- 비판이나 평가에 대한 주장, 견해, 학설, 의견, 시각 등에 대한 분석 능력을 평가하는 유형

### 풀이 TIP

- 문제에서 어떤 요구 사항이 주어졌는지, 어떤 측면을 비판하거나 평가하는지 파악하기
- 주어진 시각, 견해와 관련된 논리적 결함이나 모순점을 찾고 이에 대한 비판에 초점 맞추기
- 주어진 시각, 견해와 관련된 논리적 결함이나 모순점 찾고 이에 대한 평가에 필요한 증거와 논리적 근거 찾기
- 주장이나 견해를 비판 또는 평가하는 근거나 핵심 내용 파악하기
- 비판과 평가를 강화하는 예시를 통하여 문제 해결하기
- 주어진 주장과 비판, 평가자의 입장에서 지문 읽기

## 필수 유형 연습

**01** **다음 글을 통해 비판하고 있는 내용으로 가장 적절한 것은?**

> 정부가 2년 동안 한정 기간 동안 적용되는 '전세사기 특별법'으로 피해자들을 지원하기로 했다. 특별법에 따라 피해자로 인정되면 거주하고 있는 주택이 경매에 넘어가면 선매수할 수 있는 권한 등이 부여된다.
>
> 정부는 이번 '특별법'에서 전세사기 피해자로 인정받을 수 있는 특별법 지원 대상은 대항력을 갖추고 확정일자를 받은 임차인, 임차주택에 대한 경·공매 진행(집행권원 포함), 면적·보증금 등을 고려한 서민 임차주택, 수사 개시 등 전세사기 의도 존재, 다수의 피해자 발생 우려, 보증금 상당액 미반환 우려 등 6가지 요건을 모두 충족해야 한다.
>
> 전세사기 피해자 구제를 위해서 어떤 정책보다 '특별법'이 필요하였다. 그러나 이번 특별법이 피해자 대책위원회에서 주장하는 '실효성 없는 보여 주기식 해법'이라는 것도 생각해 보아야 한다. 대책위는 피해자 인정 범위가 좁아 전세사기 피해자들이 지원대상에서 제외되는 경우가 많다고 반발하였다.

① 정부가 제시한 특별법의 6가지 조건들은 피해자 인정의 범위와 지원 대상을 명확히 하기 위한 것이다.
② 전세사기 특별법은 2년 한시적으로만 적용되어서는 안 된다.
③ 전세사기 특별법의 조건들이 전세 피해자 지원이 목적이라면 피해자의 차별이 있어서는 안 된다.
④ 전세사기 정책보다는 특별법이 필요하다.
⑤ 모든 피해자의 의사와 권익을 고려하며, 특별법을 다시 수립하여야 한다.

**문제풀이**

이 글은 전세사기 피해자를 지원하기 위한 전세사기 특별법에서 제시한 6가지 조건에 해당되는 피해자에게만 지원을 하겠다는 정부 발표에 대하여 6가지 조건을 맞출 수 없는 피해자에게는 실효성이 없으니 모든 전세사기 피해자에게 차별 없는 지원을 받을 수 있게 해야 한다는 비판의 글이다.

**[오답 풀이]**

① 정부가 제시한 특별법의 6가지 조건은 피해자 인정범위와 지원대상을 명확히 한 것으로 이해할 수 있지만, 이 글을 통해 비판하고 있는 것은 여기서 제외되는 피해자가 있어서는 안 된다는 것이다.
② 전세사기 특별법의 한시성에 대한 비판이 아니라 조건에서 제외되는 대상이 있어서는 안 된다는 것이다.
④ 전세사기 피해자를 지원하기 위하여 정책보다 특별법이 필요하다는 것은 안전한 지원을 보장받기 위한 사항으로 위 글에서 비판한 사항이 아니다.
⑤ 모든 피해자의 의사와 권익을 고려하여 특별법을 재수립하자는 것보다는 현재의 특별법의 대상 조건이 피해자의 일부를 위한 것이어서는 안 된다는 것이다.

정답 ▶ ③

## 02 다음 글을 비판하는 내용으로 가장 적절한 것은?

> 기업들이 자사 상품에 대한 고객의 구매를 의도적으로 줄임으로써 적절한 수요를 창출하는 마케팅 기법을 '디마케팅'이라고 한다. 디마케팅은 기업이 브랜드 가치를 유지하거나 장기적인 이익을 고려해 수요를 전략적으로 조정하는 것으로, 소비를 촉진하는 일반적인 마케팅과는 다르다.
>
> 디마케팅은 '돈 안 되는' 고객을 의도적으로 줄여 판촉 비용 부담을 줄이고, 특정 고객의 충성도를 강화하여 기업의 수익을 높이는 전략이다. 이는 얼핏 보면 이윤 극대화를 목표로 하는 기업의 본질에 어긋나 보이지만, 실제로는 그렇지 않다. 디마케팅의 예시로는 명품 브랜드를 들 수 있다. 일부 명품 브랜드는 제품의 생산량을 제한하거나 높은 가격 정책을 유지하여 특정 소비자층에게만 상품을 판매한다. 또한 특정 레스토랑의 경우 매장이 지나치게 붐비는 것을 막기 위해 예약제로만 운영하기도 한다. 이를 통해 일시적으로 매출이 감소할 수 있으나, 장기적으로는 제품과 서비스의 희소성을 강조하여 브랜드 가치를 높일 수 있다.

① 디마케팅은 기업이 사회적 책임을 수행하는 데 도움이 되지 않는 전략이다.
② 디마케팅은 특정 지역에서의 브랜드 입지를 약화시킬 수 있다.
③ 디마케팅을 통해 수요를 의도적으로 줄이는 과정에서 매출이 지속적으로 감소할 수 있다.
④ 디마케팅은 경쟁사에게 유리한 기회를 제공할 수 있다.
⑤ 디마케팅으로 인해 고객들이 불쾌한 경험을 할 수 있다.

**문제풀이**

주어진 글에서는 디마케팅으로 인해 일시적으로 매출이 감소할 수 있다는 점을 언급하였지만, 장기적으로는 이득이라고 주장했다. 따라서 주어진 글을 비판하는 내용으로 가장 적절한 것은 디마케팅을 통해 매출이 지속적으로 감소할 수 있다는 선택지이다.

**[오답 풀이]**

① 기업의 사회적 책임은 주어진 글에서 언급되지 않았다.
②, ④, ⑤ 주어진 글에서는 디마케팅의 장점에 대해 설명했다. 따라서 디마케팅의 단점을 지적하는 선택지가 정답인데 ②, ④, ⑤ 모두 디마케팅의 단점을 말하고 있다. 하지만 ②, ④, ⑤에 해당하는 내용 모두 주어진 글에서는 언급되지 않아, 글에서 언급한 내용과 연관이 있는 ③번 선택지가 가장 적절한 비판이라고 볼 수 있다.

정답 ▶ ③

## 03 다음 글에서 비판하고 있는 내용으로 가장 적절하지 않은 것은?

> 외국에서는 고연령 또는 장애, 질병 등으로 도움이 필요한 가족 구성원을 직접 돌보는 아동·청소년을 '영케어러(Young Carer)'로 규정한다. 호주, 영국 등 일부 나라에서는 벌써 이들의 존재를 인지하고 발굴 및 지원체계 전반을 포용하는 법률을 제정했으며, 이 기반하에 세부 정책들을 실행하는 곳도 있다. 그에 반하여 한국의 영케어러와 관련한 국제 비교 연구에 의하면 '무반응 국가'로 분류된다. 아동의 가족 돌봄 문제가 사회적 공론장으로 나오기 시작한 것도 최근이다. 병환의 아버지를 혼자 돌보던 아들이 생활고를 견디지 못하고 아버지를 방치하여 죽음에 이르게 한, 이른바 '영케어러 간병 살인' 사건으로 알려진 비극이 있어야 비로소 그동안 수면 아래 있던 영케어러의 존재가 공론화되기 시작했다. 사회적 문제가 되니 이들을 칭하는 이름이 등장했고 현황 파악을 위한 실태조사 및 각종 지원 정책이 추진됐다. 무반응보다야 나아간 셈이지만 정부 해당 부처, 지방자치단체, 국회 등 실행 주체에 따라서 접근이 각각 달라 종합적이고 체계적인 계획에 의거한 지원이 이뤄지는 수준에는 미치지 못하고 있다.

① 우리나라는 비극적인 사건이 있고 나서 영케어러에 대하여 공론화된 것은 국가적으로 예방적인 정책과 실행이 미흡한 것을 비판하고 있다.

② 우리나라는 정부 부처, 지방자치단체, 국회 등 국가적으로 하나로 통일된 계획과 지원이 이루어지지 않고, 실행 주체별로 접근이 다른 것을 비판하고 있다.

③ 우리나라가 국제 비교 연구에서 영케어러에 대한 무반응 국가로 분류되었다는 것은 세계적으로 한국의 복지의 현실을 보여 주는 불편한 진실이라는 것을 비판하고 있다.

④ 우리나라의 영케어러에 대한 안타까운 사례를 통해 뒷북 행정을 비판하고 있다.

⑤ 우리나라도 영국, 호주 등 일부 국가와 같이 일찍이 이들의 존재를 인지하고 발굴 및 지원 체계 전반을 아우르는 법률을 제정하였으나, 실행되지 않는 것을 비판하고 있다.

**문제풀이**

외국에서는 고연령 또는 장애, 질병 등으로 도움이 필요한 가족 구성원을 직접 돌보는 아동·청소년을 '영케어러(Young Carer)'로 규정한다. 영국, 호주 등 일부 나라에서는 벌써 이들의 존재를 인지하고 발굴 및 지원체계 전반을 포용하는 법률을 제정했으며, 이 기반하에 세부 정책들을 실행하는 곳도 있다. 그에 반하여 한국의 영케어러와 관련한 국제 비교 연구에서 '무반응 국가'로 분류된다고 설명하며 안타까운 사례 후에 관련 정책이 실행되는 것을 설명하고 있다. 따라서 우리나라도 일부 외국과 같이 일찍이 영케어러의 존재를 인지하고 발굴, 지원체계 전반을 아우르는 법률은 있었으나 실행되지 않은 것을 비판하고 있다는 내용은 적절하지 않다.

**[오답 풀이]**

①, ②, ③, ④ 글을 통해 비판하는 것으로 적절하다.

정답 ▶ ⑤

## 04 다음 글을 통해 비판할 수 있는 내용으로 적절하지 않은 것은?

> 밀레니얼 세대(Millennials), Y세대(Generation Y) 또는 에코붐 세대(Echo boomers)는 X세대와 Z세대 사이의 세대 및 인구집단이다. 인구통계학자들은 1980년대 초반부터 1990년대 중반 또는 2000년대 초반까지의 출생자, 그 가운데서도 1981년생부터 1996년생까지를 밀레니얼 세대로 분류한다. 이들은 베이비붐 세대와 초기 X세대의 자녀들이다.
>
> 스스로를 밀레니얼 세대라고 생각하는 sk는 팀의 막내이다. 트렌드 변화에 선두이기를 희망하는 sk는 밀레니얼 세대와 관련된 내용을 검색하여 읽는 것에 심취하여 있다. 그런데 이슈는 자신보다 나이가 많은 연장자들은 꼰대라고 기준을 정하고 행동한다. 상사가 업무 지시를 해도 꼰대스러운 지시이고, 거부와 자기 주장을 하면서 하루가 짜증스럽다고 생각한다. 언제인가부터 sk 씨는 팀의 트러블메이커가 되었다. '나이 많은 연장자는 다 꼰대지 뭐야'라고 스스로 기준을 정하는 역 꼰대가 되었다.
>
> 어느 시대이든 신입사원도 시간이 지나면 중견사원이 된다. 현재의 sk씨가 꼰대라고 생각하는 상사도 신입사원인 때가 있었다. 서로가 다른 환경과 문화를 가졌다는 것을 생각하지 않고 단순히 나이 차이로 문화 차이가 있다고 기준을 세우는 행위가 사회 생활에 갈등을 일으키는 역 꼰대의 모습이다.

① sk 씨의 행동이 밀레니얼 세대 모두의 생각과 행동이 아니고 본인만의 생각과 행동이라는 것을 인식해야겠네.

② sk 씨는 상사들의 업무지시가 수용하기 어렵다고 꼰대라고 할 것이 아니라 직장 내에서는 본질인 수행할 업무에 집중하여 다름을 서로 이야기하고 협의하는 역지사지의 사고가 필요하겠군.

③ sk 씨는 나이와 문화의 차이를 존중하는 자세가 필요하겠군.

④ 각 세대마다 다양한 경험과 가치관을 가지고 있기 때문에 sk 씨는 현재 본인의 기준을 일반화하면 안 되겠네.

⑤ 밀레니얼 세대의 생각과 사고에 대하여 공감할 수 있는 중견사원 세대의 이해가 필요한 것이지 sk 씨를 트러블 메이커로 바라보면 안 되겠군.

문제풀이

이 글은 밀레니얼 세대라고 인식하는 sk 씨가 꼰대의 기준을 정하고 행동하는 것을 비판하는 것이므로 '밀레니얼 세대의 생각과 사고에 대하여 공감할 수 있는 중견사원 세대의 이해가 필요한 것이지 sk 씨를 트러블 메이커로 바라보면 안 되겠군.' 이라는 비판은 글을 통해 비판할 수 있는 내용으로 적절하지 않다.

[오답 풀이]

① sk 씨의 행동이 밀레니얼 세대 모두의 생각과 행동이 아니고 본인만의 생각과 행동이라는 것을 인식한다면, 타인의 생각과 행동도 세대 차이가 아니라는 것을 알 수 있을 것이므로 적절한 비판이다.

② 상사들의 업무지시가 수용하기 어렵다고 꼰대라고 할 것이 아니라 직장 내에서는 본질인 수행할 업무에 집중하여 다름을 서로 이야기하고 협의할 수 있으면 sk 씨는 스스로 역 꼰대가 되지는 않을 것이며, 역지사지의 사고를 한다면 트러블 메이커가 되지도 않을 것이므로 적절한 비판이다.

③ sk 씨는 나이와 문화의 차이를 존중하는 자세가 필요하므로 적절한 비판이다.

④ 각 세대마다 다양한 경험과 가치관을 가지고 있기 때문에 sk 씨가 현재 본인의 기준을 일반화하면 안 된다는 것은 적절한 비판이다.

정답 ▶ ⑤

## 빈출 유형 공략 문제

해설 p. 44

**01** 다음 글을 통해 비판하고 있는 내용으로 가장 적절한 것은?

> 제2경인고속도로 방음 터널 화재로 사망자 5명 등 42명의 사상자가 발생했다. 트럭에서 일어난 불길이 방음 터널의 플라스틱 방음판에 옮겨 붙으면서 희생이 커졌다. 800m의 터널이 순식간에 고온 가스실로 변한 것이다.
>
> 실제로 유사한 사고가 발생한 적이 있었다. 2020년 8월 광교신도시 하동IC 고가도로 방음 터널 안에서 차량 화재가 발생해 터널 50m가 전소됐다. 하지만 그 사고는 인명 피해가 없어서 사회 문제가 되지 않고 사고 터널만 보수하고 대충 넘어갔다. 국토교통부는 지난 6월에야 방음 시설의 화재 안전 기준을 마련하기 위해 연구 용역을 발주했다고 한다. 전국 방음 터널 중 화재에 취약한 방음재를 사용한 곳이 몇 곳인지조차 몰랐다. 2012년 도로설계편람을 개정할 때는 있던 방음벽 화재 안전 규정도 삭제했다고 한다. 사고 터널 관리 책임은 민자고속도로 회사에 있지만 전문가 경고와 실제 사고에도 불구하고 법 규정을 정비하지 않은 국토부를 비판하지 않을 수 없다.

① 2012년 도로설계편람 개정 시에 방음벽 화재 안전 규정을 삭제한 것
② 안전 시설 의무와 법 적용 시 예외 되는 시설을 검토하지 않는 것
③ 사소한 안전 문제도 인명이 희생되는 사회적 이슈가 되어야 챙기는 것
④ 사회 안전 시설 위험을 비용 기준으로 검토하는 것
⑤ 전문가의 안전에 대한 경고 자문이 있어도 해당 부서가 무관심한 것

**02** **다음 글을 비판하는 내용으로 가장 설득력이 낮은 것은?**

> 원자력 발전은 많은 장점이 있는 에너지 생산 방법이다. 첫째, 청정 에너지로 분류되어 온실가스를 배출하지 않는다. 이는 기후 변화 문제를 해결하는 데 중요한 역할을 한다. 두 번째로, 원자력은 고효율의 에너지 생산이 가능하다. 적은 연료로 많은 전력을 생산할 수 있어, 대규모 에너지 공급에 유리하다. 또한, 원자력 발전소는 지속 가능한 에너지를 제공할 수 있다. 다른 재생 가능 에너지처럼 기후에 영향을 받지 않으며, 일정한 에너지 공급이 가능하다. 세 번째로, 원자력은 안정적이고 예측 가능한 전력 공급원으로, 전력망의 안정성을 높이는 데 도움을 준다. 마지막으로, 기술 발전으로 안전성 또한 크게 향상되었고, 과거의 사고들을 교훈 삼아 점점 더 안전한 시스템을 구축해 나가고 있다. 원자력 발전은 미래의 에너지 문제를 해결할 중요한 대안이 될 수 있다.

① 원자력 발전은 방사능 물질을 포함하고 있어, 사고 발생 시 심각한 환경오염과 인명 피해를 초래할 수 있다.

② 원자력 발전소 건설 지역의 주민들은 대부분 발전소 건설에 부정적인 반응을 보인다.

③ 원자력 발전에서 나오는 핵폐기물은 방사능을 수천 년 동안 방출하며, 처리 방법 또한 불분명하다.

④ 원자력 연료인 우라늄은 한정된 자원으로 고갈될 위험이 있다.

⑤ 원자력 기술은 핵무기 등으로 군사적 측면에서 악용될 가능성이 있다.

**03** 다음 글을 비판하는 내용으로 가장 적절하지 않은 것은?

> 주식 투자는 개인의 경제적 미래를 준비하는 데 중요한 도구다. 은행 예금이나 적금만으로는 장기적으로 물가 상승률을 따라잡기 어려운 경우가 많다. 반면, 주식은 역사적으로 높은 수익률을 보여줬고, 기업의 성장에 따라 투자자의 자산도 함께 증가할 가능성이 크다.
>
> 주식 투자는 단순히 돈을 벌기 위한 수단을 넘어선다. 경제와 기업의 흐름을 이해하고 투자 철학을 세우는 과정을 통해 장기적인 안목과 금융 지식을 키울 수 있다. 물론 리스크가 따르지만, 분산 투자와 충분한 공부로 리스크를 관리할 수 있다.
>
> 결국, 주식 투자는 도박이 아니라 미래를 위한 준비다. 작은 금액으로 시작해 투자 경험을 쌓는다면, 장기적으로 큰 성과를 얻을 수 있을 것이다. 주식은 선택이 아니라 필수적인 도구라고 할 수 있다.

① 주식 투자는 예금과 달리 원금이 보장되지 않아 이익보다 손해가 클 수 있다.
② 주식 시장은 매우 복잡하므로 투자에 대한 이해도가 낮은 경우 손실을 입을 위험이 크다.
③ 매매 시 발생하는 수수료가 누적되면 큰 비용이 발생할 수 있다.
④ 주식은 변동성이 높은 투자 자산이지만, 장기 투자를 통해 안정성을 높일 수 있다.
⑤ 주식 투자자들은 주식 가격의 변동으로 극심한 불안감과 스트레스를 느낄 수 있다.

**04** **다음 글에서 설명하는 검열제도에 대한 비판으로 가장 설득력이 낮은 것은?**

> 아그리파(Agrippa)의 논변은 고대 로마 시대의 철학자 마르쿠스 툴리우스 카이케로(Marcus Tullius Cicero)의 대변을 다룬 것으로, 로마의 수상들이 권력 남용을 막기 위해 만든 정치 체제인 "검열제도"를 지지하는 내용으로 구성되어 있다.
>
> 검열제도는 로마 제국 시대의 검열관(censor)이 국민의 도덕적 품위와 선량한 생활 방식을 유지하는 것을 목적으로 만들어진 제도였다. 이러한 검열제도는 규범적인 행동과 도덕적인 삶을 유도할 뿐 아니라, 권력의 남용을 방지하기 위한 체제로서도 기능하였다. 아그리파의 논변은 이러한 검열제도의 중요성을 강조하면서, 수상들이 권력을 남용하거나 불법적인 행동을 할 경우에는 검열관이 이를 파악하고 처벌하는 것이 필요하며, 이를 통해 국가의 안정과 질서를 유지해야 한다는 주장을 펼쳤다.
>
> 아그리파의 논변은 로마 제국 시대의 검열제도의 중요성을 강조하면서도, 검열관의 권력 남용 가능성에 대한 우려도 함께 제기하였다. 이는 권력과 균형을 유지하며, 국가의 안정과 질서를 보장하는 것이 중요하다는 것을 암시하는 내용으로, 이후에도 권력 분립과 검열제도에 대한 논의에 영향을 미쳤다.

① 아그리파의 논변은 검열제도를 통해 권력 남용을 방지할 수 있다고 주장하지만, 검열관이 개인적인 이익을 추구하거나 편파적인 판단으로 공정한 검열이 이루어지지 않을 수 있다.

② 아그리파의 논변은 국민의 도덕적 품위와 생활 방식을 유지하기 위해 검열제도가 필요하다고 주장하지만, 검열제도가 과도하게 개인의 사생활에 개입하거나 자유로운 생각과 표현을 억압할 수 있다는 우려가 있다.

③ 검열제도가 권력자의 정치적 이유에 따라 경쟁자를 탄압하거나 반대 의견을 억압하기 위해 악용될 수 있다.

④ 검열제도는 국민 전체를 감시하고 판단하는 작업이 필요하므로, 많은 인력과 자원이 필요하다. 이로 인해 비용 문제와 효율성 문제가 발생할 수 있다.

⑤ 검열제도는 도덕적인 품위와 생활 방식을 강제하는 체제로서, 사회의 발전을 저해할 수 있다.

## 05 다음 글을 비판하는 내용으로 가장 설득력이 낮은 것은?

> 온라인 교육은 디지털 기술과 인터넷의 발전으로 빠르게 성장하고 있다. 시간과 장소의 제약 없이 학습이 가능하다는 점이 가장 큰 장점이다. 전통적인 교실 수업과 달리, 학습자는 자신의 일정에 맞춰 원하는 콘텐츠를 선택하고 학습할 수 있다. 특히, 전 세계적으로 수준 높은 강의를 누구나 쉽게 접할 수 있어 교육 기회의 평등을 실현하는 데 기여하고 있다. 또한, AI와 빅데이터를 활용한 개인 맞춤형 학습 시스템은 학습 효율성을 높이고, 각자의 학습 스타일에 맞춘 교육을 가능하게 하고 있다. 이외에도 비용 효율성이 높아 많은 사람들이 저렴한 비용으로 양질의 교육을 받을 수 있다. 기업과 학교에서도 온라인 교육 플랫폼을 통해 직원 교육과 학생 학습을 지원하며 그 활용 범위가 점점 확대되고 있다. 온라인 교육은 현대 사회에서 지속적으로 발전하며 중요한 교육 방식으로 자리 잡고 있다.

① 온라인 교육 수강에 필요한 전자기기 구매 비용이 지속적으로 증가하고 있다.

② 직원 교육을 온라인으로 진행하면 대면 상호작용이 부족하여 사회적 기술을 배우는 데 부정적인 영향을 미칠 수 있다.

③ 일반적으로 학생들은 온라인 교육을 지루해하는 경향이 있어 학습 효과가 크지 않다.

④ 학습자의 자기 주도 학습 능력에 따라 온라인 교육으로 얻을 수 있는 효과의 차이가 크다.

⑤ 온라인 교육을 집이나 개인 공간에서 학습하다 보면 주변 환경에 영향을 받아 학습 효율이 저하될 가능성이 크다.

필수 유형 7

# 사례 판단

## 필수 이론

### 유형 설명

- 주어진 글에서 제시된 특정한 상황, 개념, 이론, 표현 등에 대한 사례를 찾는 유형
- 주어진 글에서 제시된 특정한 상황, 개념, 이론, 표현 등에 적절한 사례를 찾아 빈칸을 채우는 유형
- 주어진 글에서 제시된 특정한 상황, 개념, 이론, 표현 등에 해당하는 사례를 짝짓는 유형

### 풀이 TIP

- 주어진 상황의 배경, 인물, 주어진 정보 등을 주의 깊게 읽고 특정한 상황을 정확하게 파악하기
- 주어진 개념, 이론, 표현, 법칙, 원리 등에 대한 설명을 정확하게 이해하고 사례를 식별하기
- 주어진 정보와 근거로 논리적이고 합리적인 사례 찾기
- 선택지의 사례들이 주어진 글의 내용의 범위를 벗어나는 축소/확대한 사례가 아닌, 글의 내용의 범위 내에서 그대로 제시한 사례 찾기

## 필수 유형 연습

**01** 다음 글의 밑줄 친 ⓐ에 해당하는 사례로 가장 적절하지 않은 것은?

> ⓐ 잡음(Noise)은 커뮤니케이션 과정에서 발생하는 방해요소를 의미한다. 잡음은 다양한 형태로 나타날 수 있으며, 채널에서 발생하는 외부 환경에서 발생하는 물리적인 잡음, 전달되는 메시지의 의미를 전혀 인지하지 못하는 인지적인 잡음, 발신자와 수신자의 마음속에 일어나는 잡념인 심리적인 잡음 등이 있다. 잡음은 커뮤니케이션 과정에서 메시지의 왜곡이나 오해, 불필요한 비용의 증가, 효과적인 피드백의 어려움 등을 유발할 수 있다. 따라서, 잡음을 최소화하고, 효과적으로 커뮤니케이션 하기 위해서는 발신자와 수신자의 인지적, 문화적, 심리적 차이를 고려하여 메시지를 작성하고, 적절한 채널을 선택하는 등의 노력이 필요하다.

① 전파 장애로 흔들리는 TV 화면
② 관점 차이로 좁혀지지 않는 의견
③ 생소한 표현의 외국어로 쓰인 메일
④ 사진, 영상, 그래프 등 다양한 시청각 자료를 활용한 발표 자료
⑤ 언성이 높아져 주제를 벗어난 회의

**문제풀이**

사진, 영상, 그래프 등 다양한 시청각 자료를 활용한 발표 자료는 전달하고자 하는 메시지를 명확하게 하는 사례이다.

[오답 풀이]

① 물리적 잡음이라고 볼 수 있다. 외부의 소음, 강렬한 햇빛, 어두운 조명, 불편한 의자 등이 여기에 속한다.
②, ⑤ 심리적 잡음이라고 볼 수 있다. 속상했던 일로 타인의 의견에 집중하지 못하는 것, 감정적인 상태, 공감 불능 등이 여기에 속한다.
③ 인지적인 잡음이라고 볼 수 있다. 언어의 어려움, 문맥의 오해 등이 여기에 속한다.

정답 ▶ ④

## 02 다음 글의 밑줄 친 ⓐ에 해당하는 사례로 가장 적절하지 않은 것은?

> ⓐ 시너지효과는 전체가 개별 부분의 합보다 더 큰 가치를 창출하는 현상을 말한다. 이를 통해 조직이나 시스템에서 더 큰 성과를 이끌어내고, 경제적인 이득을 얻을 수 있다. 이것은 여러 요소나 요소들 간의 조합이 서로 보완하고 증폭되어 더 큰 효과를 나타내는 것을 의미한다. 개별 요소들이 개별적으로는 한계가 있을지라도, 함께 작용하면 상호보완되어 더 큰 효과를 만들어낸다. 그리고 생산성을 향상시키는 데 도움을 준다. 여러 개별 작업이 통합되거나 협력적으로 진행될 때, 작업의 효율성과 생산성이 증가하게 된다. 또한 비용 절감에도 기여한다. 여러 기능이 통합되거나 자원이 공유되면, 중복된 비용을 줄이고 효율적으로 자원을 활용할 수 있다. 그뿐만 아니라 시너지효과는 협력과 창의성을 촉진한다. 다양한 아이디어와 관점이 결합되면, 새로운 아이디어와 혁신적인 해결책을 도출할 수 있고, 기업이나 조직의 시장 경쟁력을 강화하는 데 도움을 준다. 기능이나 부서 간의 협업과 통합을 통해 더 효과적인 제품이나 서비스를 개발하고, 고객에게 더 큰 가치를 제공할 수 있기 때문이다. 조직 내에서는 지식 공유와 학습을 촉진한다. 다양한 전문성과 경험을 가진 사람들이 함께 일하면, 지식과 노하우를 공유하고 상호 학습하며 조직 전체의 역량이 향상된다.
>
> 시너지효과는 다양한 분야에서 나타날 수 있으며, 조직이나 시스템의 성과와 효율성을 극대화하는 데 중요한 역할을 한다.

① 기업 자원, 노하우 공유 및 비용 절감을 위한 M&A

② 신제품 개발 기획을 위한 기획팀, 설계팀, 엔지니어링팀, 마케팅팀, 재무팀 인원으로 구성된 TF팀

③ 기러기 무리의 V자형 비행

④ 국가고시를 준비하는 학생들의 스터디모임

⑤ 실력 있는 공격수 11명으로 구성된 축구팀

**문제풀이**

시너지효과로 가장 적절하지 않은 것은 실력 있는 공격수 11명으로 구성된 축구팀이다. 시너지효과란 전체가 개별 부분의 합보다 더 큰 가치를 창출하는 현상이지만, 축구팀에 필요한 다양한 포지션이 아닌 공격수만이 모인 축구팀은 시너지효과의 예시로 적절하지 않다.

**[오답 풀이]**

①, ②, ③, ④ 시너지효과의 사례로 볼 수 있다.

정답 ▶ ⑤

**03** 다음 글에서 (A)의 사례가 아닌 것은?

| 2022 하반기 기출 키워드 | 상관관계를 인과관계로 오인하는 사례

어떤 결과가 생겼다면 이 결과에 영향을 미친 여러 가지 요인이 있을 것이다. 이 결과와 다양한 원인이 상관관계에 있다고 하는 것이고, 어떤 요인이 반드시 어떤 결과에 영향을 미칠 때 인과관계에 있다고 한다. 상관관계와 인과관계는 비슷한 듯 하지만, 확연하게 차이가 있다. 영향을 미칠 수 있는 것인 '상관관계'와 반드시 영향을 미친다는 것인 '인과관계'는 엄연히 다른 것이다. (A) 사람들은 어떤 현상을 보고 대체로 인과관계가 있다고 오인한다는 것이다. "상관관계는 곧바로 인과관계로 이어지지 않는다", "상관관계만으로는 인과관계를 장담할 수 없다", "상관관계는 인과관계를 암시하지 않는다", "상관관계는 인과관계의 필요조건(necessary condition)이다" 등등 다양한 표현들로 변용될 수 있다. 변인 A와 변인 B가 상관관계에 있다고 해서 한쪽 변인이 다른 한 변인의 원인임이 반드시 입증되지 않는다. 원인이 되는 변인이 단 하나가 아니고 수많은 변인들이 원인으로서 작용하는 사례들이 있기 때문이다.

① 뉴스 머리글을 보고 A라는 요인이 B라는 결과에 영향을 미쳤다고 무작정 믿어 버린다.
② 화재현장에 출동하는 소방대원이 많을수록 화재의 규모는 크다.
③ 흡연이 폐암의 원인이다.
④ 가뭄이 들었을 때 기우제를 지내면 비가 온다.
⑤ 방 안에 불을 켰더니 방이 환해졌다.

**문제풀이**

방 안에 불을 켰더니 방이 환해진 것은 방 안에 불을 켰다는 원인이 방을 환하게 만들었다는 결과로 이어지는 인과관계이다.

[오답 풀이]

① 뉴스 글머리의 A라는 요인이 B와 상관관계는 있으나, 반드시 A라는 요인이 B에 영향을 주었다는 인과관계는 없을 수 있다.
② 소방대원의 인원수와 화재 규모는 강한 상관관계는 있으나, 출동한 소방대원이 많을수록 화재의 규모가 크다는 인과관계는 존재하지 않는다.
③ 흡연과 폐암에는 분명한 상관관계가 있다. 그러나 폐암의 원인이 흡연뿐이라는 인과관계는 성립되지 않을 수도 있다.
④ 가뭄이 들었을 때 기우제를 지내면 비가 오는 날이 있어서 상관관계는 있을 수 있다. 그러나 반드시 가뭄에 기우제를 지내면 비가 오는 인과관계가 있지는 않다.

정답 ▶ ⑤

## 04 다음 글의 밑줄 친 ⓐ에 해당하는 사례로 가장 적절하지 않은 것은?

> ⓐ 카페라테 효과는 최근에 등장한 경제 신조어로 커피에 빗대어 습관적으로 소비하는 소액의 지출을 장기적으로 꾸준하게 투자하면 목돈처럼 큰 효과를 가져온다는 것을 의미하는 용어다. 미국의 경제 전문가 데이비드 바흐가 '라테 팩터(The Latter Factor)'라는 책에서 커피 한잔 값을 절약했을 때의 효과를 설명하기 위해 제시한 개념이다.
>
> 식사 후 자연스럽게 마시는 커피 한잔을 아낄 경우 기대 이상의 재산을 축적할 수 있다. 흔히 마시는 카페라테 한잔의 값은 적을지라도 이를 매일매일, 몇십 년을 마시지 않고 모으면 목돈이 된다고 하여 생긴 말이다. 즉 소액이라도 장기적으로 저축, 투자하면 목돈처럼 큰 효과를 볼 수 있다는 것이다.

① A 씨는 현금 출금 시 ATM기 수수료를 절약하기 위해 주거래 통장의 수수료 면제 서비스를 활용하였다.

② B 씨는 가까운 거리를 이동할 때는 자전거나 대중교통을 이용함으로써 택시비로 지출되던 금액을 0원으로 줄일 수 있었다.

③ C 씨는 근무 중 생각 없이 먹던 간식을 끊어 보았더니 한 달 간식비가 5만 원이나 줄었다는 것을 알게 되었다.

④ D 씨는 갖고 싶었던 건담 피규어를 사기 위해 금연을 선언하고 담배를 피우고 싶을 때마다 담배 값을 저축하였다.

⑤ E 씨는 체중을 줄이고 싶은 마음에 매일 세끼씩 먹던 식습관을 1일 1식으로 줄여 두 달간 10kg 감량이라는 큰 효과를 보았다.

**문제풀이**

카페라테 효과는 습관적으로 소비하는 소액의 지출을 장기적으로 꾸준하게 투자하면 목돈처럼 큰 효과를 가져온다는 의미인데, 1일 1식의 사례는 1일 3식 중 2식을 아껴서 절약하겠다는 의미보다는 체중 감량이라는 다이어트 목적을 달성하기 위한 방법으로 볼 수 있다. 따라서 카페라테 효과의 사례로 가장 적절하지 않다.

[오답 풀이]

①, ②, ③, ④ 습관적으로 편하게 이용하던 ATM기, 택시, 매일 먹던 어떤 간식, 담배를 절제하여 그 금액을 모으겠다는 의미로 해석될 수 있으므로 카페라테 효과의 사례로 보기에 적절하다.

정답 ▶ ⑤

해설 p. 45

**01** 다음 글의 밑줄 친 ⓐ에 해당하는 사례로 가장 적절하지 않은 것은?

> ⓐ 부정성 편향은 인간의 사고나 판단에서 부정적인 정보에 대해 더 큰 비중을 두는 경향을 말한다. 이는 우리의 인지적 편향 중 하나로 알려져 있다.
>
> 부정성 편향의 특징은 부정적인 정보에 대해 높은 민감도를 가지는 경향을 의미한다. 예를 들어, 어떤 결정을 내리거나 판단을 할 때, 부정적인 사건이나 결과에 대한 영향을 더 크게 받을 수 있다. 부정성 편향은 우리의 기억력에도 영향을 미친다. 부정적인 사건이나 경험은 더 오래 기억되는 경향이 있고, 긍정적인 사건보다 더 선명하게 기억될 수 있다. 이는 우리의 의사결정에 영향을 미칠 수 있다. 부정적인 정보에 더 큰 비중을 두기 때문에, 일부 중요한 정보를 놓치거나 부정적인 시나리오에 더 큰 가중치를 부여할 수 있다. 부정성 편향은 우리의 인식에도 영향을 미친다. 부정적인 정보를 더 쉽게 받아들일 수 있고, 긍정적인 정보에 대해서는 더 비판적인 태도를 가질 수 있다.
>
> 이렇게 부정성 편향은 우리의 사고 과정에서 자연스럽게 발생하는 경향이지만, 때로는 판단력을 흐리게 하거나 오인과 오류를 일으킬 수 있다. 우리는 이러한 편향을 인지하고, 가능한 한 객관적인 시각을 유지하며 판단하는 것이 중요하다.

① 지연될 확률이 10%인 비행기보다 정시 운항할 확률이 88%인 비행기를 선호한다.
② 자신의 정치적 신념과 일치하는 정보는 선호하고, 반대 정보는 무시 및 왜곡하는 경향을 가진다.
③ 음식에 대한 리뷰 중에서 긍정적 리뷰보다 부정적 리뷰에 더 관심을 가진다.
④ 100번의 칭찬을 해도 1번의 꾸중으로 서로의 관계가 더 나빠진다.
⑤ 20년간 차량을 운전하며 여행했던 기억보다는 교통사고가 났던 기억이 더 오래 남는다.

**02** **다음 글의 밑줄 친 ⓐ에 해당하는 사례로 가장 적절하지 않은 것은?**

> ⓐ Attention Economy는 사람들이 제한된 시간과 주의력을 가지고 다양한 콘텐츠나 서비스를 소비하는 환경에서, 기업들이 주목을 끌기 위해 경쟁하는 경제 모델을 의미한다. 인터넷과 스마트폰의 발전으로 정보가 넘쳐나고, 사람들의 주의는 점점 더 분산되고 있다. 이에 따라 기업들은 광고, 소셜 미디어, 콘텐츠 마케팅 등을 통해 소비자의 관심을 끌려고 한다. ⓐ Attention Economy에서 주의력은 중요한 자원이 되어, 이를 효율적으로 확보한 기업들이 시장에서 성공하는 경우가 많다. 예를 들어, 소셜 미디어 플랫폼은 사용자의 주의를 집중시키기 위해 알고리즘을 활용하여 맞춤형 콘텐츠를 제공하고, 광고주는 사람들의 주의력을 끌어내기 위한 전략을 사용한다. 하지만 이 경제 모델은 소비자에게 과도한 정보와 자극을 제공해 스트레스를 유발할 수 있으며, 기업들은 지나치게 공격적인 방법을 사용해 소비자 신뢰를 잃을 위험도 존재한다.

① 자극적인 제목의 뉴스 기사
② 진실과는 거리가 먼 유튜브 영상
③ 게임과 결합된 학습 프로그램
④ 인스타그램 릴스, 틱톡 등의 숏폼
⑤ 환경 오염을 고발하는 다큐멘터리

## 03 다음 글의 밑줄 친 ⓐ에 해당하는 사례로 가장 적절하지 않은 것은?

> 로또 복권에 당첨될 확률은 0.000012% 정도로 알려져 있다. 확률상 발생하기 어려운 일이다. 그럼에도 사람들은 매주 복권을 사고, 당첨자가 나온다. 이유가 무엇일까? 그것을 설명해 주는 이론이 ⓐ'대수의 법칙(law of large numbers)'이다.
>
> 아무리 특별한 사건이라도 발생 기회가 많으면 그만큼 가능성이 높아진다는 것이다. 복권에 당첨될 확률은 수백만 분의 1에 불과하지만 매주 거의 예외 없이 당첨자가 나오는 이유는, 그만큼 많은 사람들이 매주 복권을 사기 때문이라는 것이다. 이 이론의 핵심은 적은 규모나 소수로는 확정적이지 않지만, 대규모 혹은 다수로 관찰하면 일정한 법칙이 나타난다는 사실이다. 예를 들어 어떤 사람이 언제 사망할지는 예측할 수 없지만, 많은 사람들을 관찰한 결과로 매년 일정한 사망률이 집계되는데 이를 '사망률에 관한 대수의 법칙'이라 한다.
>
> 결국 대수의 법칙은 '경험적 확률과 수학적 확률과의 관계를 나타내는 정리(定理)'라고 할 수 있다. 표본 관측 대상의 수가 많으면 통계적 추정의 정밀도가 향상된다는 것을 수학적으로 증명한 이론이다.

① 동전을 던져서 앞, 뒤가 나올 확률은 각각 50%이다.
② 보험에서 사용하는 연령별 사망률이 집계되어 있다.
③ 가위바위보 게임에서 이기고 지고 비기는 확률은 각각 1/3이다.
④ 주사위를 던져서 6개의 숫자 중 하나가 나올 확률은 각각 1/6이다.
⑤ SNS상의 사람들은 사랑에 빠지고, 좋은 여행지에서 맛있는 음식을 먹는다.

## 04 다음의 지문 (가), (나)의 사례로 적절한 것은?

| 2023 상반기 기출 키워드 | 윤리적 소비에 대한 사례 판단

(가) 올바른 소비란 제품의 가격과 품질, 브랜드 이미지, 생산 과정 등을 종합적으로 고려하여 소비하는 것을 말한다. 올바른 소비는 소비자의 지각과 선택에 의해 생산자나 판매자들의 행동을 바꿀 수 있으며, 이를 통해 사회적 책임을 다할 수 있는 소비 문화를 형성할 수 있다.

(나) 올바른 소비의 중요성은 지속 가능한 소비 문화를 형성하는 데 매우 중요한 역할을 한다. 소비자들이 제품의 가격과 품질, 브랜드 이미지, 생산 과정 등을 종합적으로 고려하여 소비하면, 생산자나 판매자들은 더욱 지속 가능한 제품을 생산하거나 판매할 수 있게 된다. 또한 기업의 사회적 책임에도 큰 영향을 미친다. 소비자들이 사회적 책임을 다하는 기업의 제품을 선택하고, 비사회적 행동을 하는 기업의 제품을 피하게 된다면, 기업들은 더욱 사회적 책임을 다하도록 노력하게 된다. 따라서, 올바른 소비는 소비자와 기업, 그리고 사회 전반에 걸쳐 매우 중요한 역할을 한다. 지속 가능한 소비 문화를 형성하고, 사회적 책임을 다하는 기업을 선발함으로써, 우리는 더욱 지속 가능하고 공정한 사회를 만들어 나갈 수 있다.

| | (가) | (나) |
|---|---|---|
| ① | 친환경적인 제품 | 비용 감소를 위한 오염수 하천 방류 |
| ② | 편리성이 높은 일회용 제품 | 의료 소외지역 의료지원 |
| ③ | 노동자의 권리 보호 제품 | 태양광 온수시스템 도입 |
| ④ | 모바일 게임의 중독성 강한 아이템 제품 | 성능을 안전성보다 우선한 원재료 사용 |
| ⑤ | 트렌디한 제품 | 매출을 위한 성차별적 광고 실시 |

## 05 밑줄 친 (A)의 사례로 가장 적절하지 않은 것은?

> (A) 포비아(phobia)는 불안장애의 일종으로, 공포증이다. 극도의 두려움이나 불안을 느끼는 것으로 환자는 두려운 물체나 상황을 피하려 하고 이 때문에 일상생활에 지장을 받는다. 공포증을 일으키는 상황에 접하면 공황발작이 생기는데, 불안하고 땀이 나며 가슴이 두근거리는 증상이 나타난다. 그러나 단순히 특정 대상을 꺼리거나 싫어하는 단계만으로 공포증으로 치부할 수는 없다. 공황장애(panic disorder)와는 다르다. 일종의 강박관념, 신경질환의 하나로 볼 수 있으며, 특정 현상에 대한 포비아를 가진 사람은 그러한 현상과 마주하게 되었을 때 신체적인 고통을 수반하기도 한다.
>
> 공포증 환자는 이런 심한 두려움이 비합리적이라는 것은 알지만 이런 불안은 두려운 상황을 벗어나야만 없어진다. 이런 상황을 회피하려는 것 때문에 새로운 경험을 하지 못하고 활동이 제한된다. 최소 10%의 인구가 공포증을 가지고 있다. 공포증은 어린이 후기, 사춘기, 성인 초기에 생긴다.

① 코로나19 팬데믹 기간 입사한 MZ세대 신입사원의 '콜 포비아'(전화 공포증)

② 높은 건물에 있을 때, 높은 곳의 출렁다리를 건널 때 느끼는 고소공포증

③ 오디션, 면접, 시험에 대한 긴장감이 싫어 테스트를 꺼리는 테스트포비아

④ 광장이나 공공장소, 특히 급히 빠져나갈 수 없는 상황에 도움 없이 혼자 있게 되는 것에 대한 불안과 공포인 광장 포비아

⑤ 동그란 문양이 반복적으로 모여 있는 모습을 보면 공포에 질려 일상생활이 불가능한 환 공포증

**06** **다음 글의 ⓐ의 사례로 적절하지 않은 것은?**

> ⓐ 슈링크플레이션(Shrinkflation)이란 '줄어들다(Shrink)'와 '인플레이션(Inflation)'의 합성어로 기존 제품의 가격은 그대로 유지하면서 제품의 크기나 수량 등을 줄여 사실상 가격 인상 효과를 노리는 판매 방식이다. 2015년 영국의 경제학자 Pippa Malmgren이 제시한 표현으로 'Package Dounsizing'이라고도 한다. 이것은 주로 가공식품 제조업계들이 인플레이션 상황에서 가격 인상의 대안으로 빈번하게 사용하는 방식이기도 하며, 기업은 원자재 가격이 상승할 때 가격 인상, 가격이 낮은 원재료로의 변경, 제품 용량 축소 등을 추진할 수 있는데, 이것은 이 가운데 가장 위험부담이 적다. 즉 성분 변경이나 가격 인상의 경우 고객 이탈이 일어날 가능성이 크지만, 제품 용량을 줄이면 소비자가 눈치만 채지 못한다면 지속적 이윤 창출이 가능하다. 그래서 슈링크플레이션은 꼼수 방식이라고 할 수 있다.

① 내용물 양을 줄이고 남은 공간을 질소로 충전한 과자
② 가격은 같은데 양이 줄어든 김
③ 박스당 개수를 5개에서 4개로 줄였으나 포장법을 달리 하여 박스 크기는 줄지 않은 핫도그
④ 놀이공원 주차장에서 놀이공원까지 고객을 이동시키는 트램의 운영을 중단하여 고객이 걸어가는 것
⑤ 과즙 함량 100%에서 80%로 바뀐 과일 음료수

필수 유형 8

# 서술 방식

## 필수 이론

### 유형 설명

- 주어진 글에서 어떤 서술 방식을 주로 사용했는지를 확인하는 문제
- 글이 어떤 논지 전개 방식을 통해 논리가 전개되었는지 확인하는 문제
- 주어진 글 내에서 특정 문장이 글에서 어떤 역할을 하는지를 확인하는 문제

### 풀이 TIP

- 글에서 사용된 서술 방식이 무엇인지 찾기
  : 서술 방식이 선택지로 주어지며, 문장을 통해 주어진 글의 서술 방식을 분석해야 한다.
  (설명, 인용, 예시, 정의, 해설, 비교와 대조, 과정, 주장, 분석 등)
- 글에서 가장 적절한 논지 전개 방식 찾기 또는 사용되지 않은 논지 전개 방식 찾기
  (비교 논지 전개, 인과관계 논지 전개, 예시를 통한 논지 전개, 시간 순서 논지 전개, 반론 논지 전개 등)
- 특정 문장의 기능이 무엇인지 찾기
  : 주어진 문장이 설명, 인용, 예시, 주장 강화, 결론 역할 등을 수행하는지를 파악
  (문장이 어떤 주장을 강조하기 위해 사용되었는지, 문장이 어떤 예시를 제공하는 역할을 하는지, 문장이 전체 논지 흐름에서 어떤 역할을 하는지 등)

## 필수 유형 연습

**01** **다음 글의 논지 전개 방식으로 가장 적절하지 않은 것은?**

> 베블런 효과는 경제학에서 특정 상품의 가격이 높을수록 그 수요가 증가하는 현상을 말한다. 일반적으로 가격이 오르면 수요가 줄어드는 것과 달리, 고가 상품이 소비자의 과시욕을 충족시키기 때문에 발생한다. 이는 '과시적 소비'로도 불리며, 주로 명품 시장에서 나타난다. 예를 들면, 한정판 고가 시계나 명품 가방은 가격이 비쌀수록 사람들의 구매 욕구를 자극한다. 사람들은 이러한 제품을 소유함으로써 자신의 경제적 여유와 사회적 지위를 드러내고자 한다. "사람들은 자신이 사는 물건의 가치를 통해 타인에게 메시지를 전달한다"라는 베블런의 말은 이 현상을 잘 설명한다. 이것은 단순히 상품의 물리적 효용이 아니라, 그 상품이 제공하는 사회적 상징성에 의해 좌우된다. 예컨대, 고급 브랜드의 자동차는 이동 수단으로서의 본래 기능을 넘어 구매자의 지위를 상징하는 역할을 한다. 이는 현대 소비 사회에서 브랜드 가치와 사회적 인정이 얼마나 중요한지를 보여준다. 결론적으로, 베블런 효과는 소비가 단순한 생존의 수단이 아니라, 자신의 정체성과 지위를 드러내는 행위임을 잘 나타낸다.

① 정의–베블런 효과의 개념을 명확히 설명
② 예시–베블런 효과를 설명하기 위한 구체적 사례를 제시
③ 인용–베블런의 관점을 직접 언급하여 신뢰성을 강화
④ 설명–베블런 효과의 사회적 의미와 소비자의 행동 심리를 풀이
⑤ 분석–베블런 효과를 분해하여 세부적으로 파악하고, 그것의 의미나 중요성을 설명

**문제풀이**

이 글의 논지 전개 방식은 베블런 효과에 대하여 정의, 예시, 인용, 설명을 통하여 설명하고 있으므로, 분석이 가장 적절하지 않다.

[오답 풀이]

① '베블런 효과는 경제학에서 특정 상품의 가격이 높을수록 그 수요가 증가하는 현상을 말한다.'는 부분은 논지 전개 방식 중 정의를 활용하였다.
② '한정판 고가 시계나 명품 가방은 가격이 비쌀수록 사람들의 구매 욕구를 자극한다.'는 부분은 논지 전개 방식 중 예시를 활용하였다.
③ '"사람들은 자신이 사는 물건의 가치를 통해 타인에게 메시지를 전달한다"라는 베블런의 말은 이 현상을 잘 설명한다.'는 부분은 논지 전개 방식 중 인용을 활용하였다.
④ '이것은 단순히 상품의 물리적 효용이 아니라, 그 상품이 제공하는 사회적 상징성에 의해 좌우된다.'는 부분은 논지 전개 방식 중 설명을 활용하였다.

정답 ▶ ⑤

## 02 다음 글의 서술 방식으로 가장 적절하지 않은 것은?

> 공공재와 사유재는 소유권과 사용 방식에서 차이를 보이는 경제학 개념이다. 공공재는 누구나 사용할 수 있는 재화로, 개인의 사용이 다른 사람의 사용을 제한하지 않는다. 국방, 치안, 공기 등이 대표적이며, 주로 정부가 관리한다. 공공재는 과소 공급 문제와 과도한 소비로 자원이 낭비될 위험이 있다는 특징을 가진다. 반면, 사유재는 개인이나 기업이 소유하며 시장을 통해 거래되는 재화이다. 부동산, 주식, 자동차 등이 이에 해당하며, 사용자는 비용을 지불한다. 사유재는 자원의 효율적 배분을 가능하게 하지만, 독점으로 인한 불평등이 발생할 수 있다는 특징을 가진다. 일부가 과도하게 자원을 소유하며 다른 사람이 이를 이용하지 못하는 상황이 대표적이다. 결론적으로, 공공재는 평등한 접근을 제공하지만, 낭비 위험이 있으며, 사유재는 효율적이지만 불평등을 초래할 수 있다.

① 공공재와 사유재의 기본 개념을 명확히 설명하여 독자가 이해할 수 있도록 돕는 정의
② 개념을 구체적으로 이해하기 위해 사례를 제시하는 예시
③ 공공재가 제공되는 전개와 순서를 설명하는 방식의 과정
④ 공공재와 사유재의 차이점을 비교하여 두 개념 간의 대비를 명확히 드러내는 대조
⑤ 공공재와 사유재의 특징과 이로 인한 문제를 구체적으로 풀이하는 설명

**문제풀이**

이 글의 서술 방식으로는 정의, 예시, 대조, 설명이 활용되었으나, 공공재가 제공되는 전개와 순서를 설명하는 방식의 과정은 활용되지 않았다.

**[오답 풀이]**

① '공공재는 누구나 사용할 수 있는 재화로, 개인의 사용이 다른 사람의 사용을 제한하지 않는다.'는 부분에서 정의를 서술 방식으로 사용하였다.
② '공공재는 ~ 국방, 치안, 공기 등이 대표적이며,' 부분과 '사유재는 ~ 부동산, 주식, 자동차 등이 이에 해당하며' 부분에서 예시를 서술 방식으로 사용하였다.
④ '공공재는 평등한 접근을 제공하지만 낭비 위험이 있으며, 사유재는 효율적이지만 불평등을 초래할 수 있다.'는 부분에서 대조를 서술 방식으로 사용하였다.
⑤ '공공재는 과소 공급 문제와 과도한 소비로 자원이 낭비될 위험이 있다.'는 부분에서 설명을 서술 방식으로 사용하였다.

정답 ▶ ③

## 빈출 유형 공략 문제

해설 p. 47

**01** **다음 글의 논지 구조로 가장 적절하지 않은 것을 고르면?**

> 퍼블리시티권은 개인이 자신의 이름, 이미지, 목소리 등 상업적 가치를 통제할 수 있는 권리이다. 주로 유명 인사들이 자신의 이름이나 이미지를 광고나 상업적 활동에 사용하는 것을 허가하거나 이를 보호하기 위해 행사하는 법적 권리로, 미국에서 공공 법적 개념으로 발전하였다. 이 권리는 개인의 명성이나 이미지가 상업적으로 악용되지 않도록 보호하는 것을 목적으로 한다.
>
> 예를 들어, 축구 선수 손흥민이 특정 브랜드 광고에 등장하면 그의 이름과 얼굴은 상표 가치를 높이는 데 사용된다. 즉, 퍼블리시티권은 유명인의 이미지와 상업적 가치를 연결하는 역할을 한다.
>
> 법률 전문가 존 스미스는 "퍼블리시티권은 개인이 자신과 관련된 상업적 사용에 대해 통제할 수 있도록 보장하는 법적 장치"라고 말하며, 이 권리가 사생활 보호뿐 아니라 경제적 가치를 지키는 역할도 한다고 강조한다. 또한, 단순한 보호를 넘어, 명성과 이미지를 관리하고 거래할 수 있는 권리로 작용한다. 이를 통해 개인은 자신의 상업적 기회를 통제하고, 불법적인 사용을 방지하며, 전략적으로 이미지를 관리해 경제적 이득을 얻을 수 있다.

① 개념 제시 – 퍼블리시티권의 정의와 목적 설명
② 구체화 – 손흥민 사례를 통해 권리의 실제 적용 방식 제시
③ 전문가 인용 – 법적 측면에서 권리의 중요성을 강화
④ 확장 설명 – 퍼블리시티권의 다각적 역할을 논하며 결론 도출
⑤ 비교와 대조 – 다른 개념 및 사례와 퍼블리시티권의 차이점, 공통점을 비교

**02** **이 글의 서술 방식에 관해 설명한 것으로 가장 적절한 것을 고르면?**

| |
|---|
| 펫테크는 기술을 활용해 반려동물의 건강과 생활을 개선하는 산업으로 빠르게 성장하고 있다. 웨어러블 기기, 디지털 기술, 앱 등을 통해 반려동물의 건강 모니터링과 생활 편의성을 높이는 서비스와 제품을 포함한다. 예시로 활동량, 체온, 수면 패턴 등을 추적할 수 있는 웨어러블 기기와 스마트 급식기가 있다. 이러한 기기들은 반려동물의 건강 상태를 실시간으로 관리하며, 주인이 스마트폰으로 데이터를 확인할 수 있다. 펫테크는 질병 예방과 건강 관리에도 중요한 역할을 한다. 활동량 측정을 통해 비만을 예방하거나, 질병 초기 증상 감지 기술들이 개발되고 있다. 이러한 기술들은 반려동물의 수명 연장과 주인의 부담 감소에도 이바지한다. 기술 전문가 김지훈은 "펫테크는 반려동물의 삶의 질을 향상시키고, 반려인과 반려동물 간의 관계를 더욱 의미 있게 만들어 주는 혁신 기술"이라고 말한다. AI, 빅데이터, IoT와 결합한 펫테크의 미래는 더욱 발전할 가능성이 크며, 맞춤형 관리와 서비스 제공이 가능해질 것이다. 결론적으로, 펫테크는 반려동물과 주인의 삶을 혁신적으로 변화시키는 기술 산업으로, 미래 가능성이 더욱 커질 것이다. |

① 설명의 이해를 돕기 위해 구체적인 제품과 서비스를 설명한 예시
② 질문에 답하는 형식의 설명 방식인 지정
③ 일이 어떻게 되어 가는가의 선후 관계에 따라 설명하는 방식인 과정
④ 둘 이상의 대상이나 개념을 비교하여 유사점을 밝히는 방식인 비교
⑤ 전문가의 반대되는 의견을 제시하여 주장하는 비판

## 03 다음 글의 논지 전개 방식 중에서 가장 적절하지 않은 것을 고르면?

바로크 양식은 17, 18세기 초 유럽에서 유행한 예술 양식으로, 화려하고 감성적인 표현이 특징이다. 바로크는 '이야기'와 '극적인 효과'를 중시하며, 복잡하고 과장된 형태와 강렬한 감정을 전달한다. 이는 종교적 열정과 왕권의 절대성을 강조하려는 시도와 맞물려 발전하였다. 바로크 미술과 건축에서는 웅장함, 대칭, 세밀한 장식, 깊이 있는 빛과 그림자 효과를 사용하였으며, 베르니니의 '성 테레사의 몰입'은 종교적 신비와 감정을 극적으로 표현한 작품이다. 바로크 건축은 대성당이나 궁전처럼 웅장한 구조가 특징이며, 성 베드로 대성당이 대표적이다. 바로크 음악에서도 감정 표현이 중요한 역할을 하였다. 바흐와 헨델이 인간의 감정을 극적으로 드러내어 종교적 행사와 궁정 행사에 맞게 음악을 구성하였고, 감정 변화를 명확히 담아냈다. 바로크 양식은 단순한 화려함을 넘어 인간 감정과 정신 깊이를 탐구하려는 의도를 담고 있다. 이를 통해 바로크는 오늘날까지도 감동적이고 극적인 예술로 평가받으며, 그 당시 사람들의 삶과 신앙을 반영하는 중요한 예술적 자산으로 남아 있다.

① 개념을 제시하여 논지 전개
② 예시를 통한 논지 전개
③ 특징 설명을 통한 논지 전개
④ 의의와 평가를 제시하여 논지 전개
⑤ 반론 논지 전개

Chapter

# 02

# 자료해석

필수 유형 1. 자료이해

필수 유형 2. 자료계산

## Chapter 소개

- 자료해석 영역은 표나 그래프 형태로 주어진 정보나 데이터를 활용해 문제를 해결하는 영역으로 자료이해, 자료계산 등의 유형이 출제된다.
- 실제 시험에서는 15분 동안 20문제를 풀어야 한다.

## 풀이 TIP

- 자료이해 및 자료계산 유형은 변화량, 증감률, 비중 등 빈출계산식을 정확하게 익혀놓는 것이 좋다.
- 실제 시험에서는 온라인으로 제공되는 계산기 활용이 가능하므로 계산기로 문제 푸는 연습을 하는 것이 좋다.

필수 유형 1

# 자료 이해

## 필수 이론

### 유형 설명

자료이해 유형은 정보나 데이터를 이해하고 활용하는 데 필요한 다양한 능력과 기술을 평가하기 위한 유형이다. 해당 유형은 표 또는 그래프를 바탕으로 수치나 통계자료를 이해하는 능력이 필요하다. 데이터를 분석하고 추세, 패턴 및 관련성을 파악할 수 있어야 한다.

### 풀이 TIP

1. 시간의 흐름이 깨지는 부분 찾기
   예 지속적 증가, 지속적 감소, 증감 추이 등
2. 상대수치 vs 절대수치
   → 상대수치는 기준이 동일한 경우 절대적인 수치를 비교할 수 있다. 예) 지수, % 등
3. 표를 읽는 순서
   ① 주어진 표의 제목과 단위 확인
   - 제목: 자료의 내용 요약
   - 단위: 상대수치 vs 절대수치
     * 상대수치(%, 비율): 특정 시점, 특정 대상 등 기준이 동일한 경우 비교 가능
     * 절대수치(실제 숫자): 구성비, 증가율, 비중 등 기준이 동일하거나 다른 경우 모두 비교 가능
   ② 표의 구성 확인
   - 횡단면 자료(Cross-Sectional Data): 한 특정 시점에서 여러 데이터를 수집한 자료
     ex) 한 해 동안 여러 가구의 소득을 조사한 데이터, 특정 시점에서 다양한 지역의 기온 데이터
   - 시계열 자료(Time Series Data): 일정 시간 간격으로 측정된 데이터로 연속된 시간 순서 및 시간에 따른 변화를 타나낸 자료
     ex) 매월 판매된 제품의 양, 매일의 주가 지수
   - 불연속 시계열(Discrete Time Series): 시간 간격이 균일하지 않거나 불규칙한 간격으로 측정된 시계열 자료
     ex) 불규칙한 간격으로 기록된 주식 거래 데이터, 사건 발생시 기록된 데이터
   ③ 각주/주석 확인
   - 공식이나 구체적인 수치 등을 제시 또는 자료의 의미 등을 제시

④ 선택지 확인

- 계산을 하지 않고 파악할 수 있는 선택지부터 해결
- 자료 범위를 벗어나거나 자료 속성상 판단할 수 없는 선택지 소거

4. 그래프를 읽는 순서

① 주어진 그래프의 제목 및 단위 확인

② 표와 그래프의 비교 대상이 적은 선택지부터 확인

③ 자료 범위를 모두 포함했는지 확인

④ 증가, 감소의 경우 정확히 표현했는지 확인

## 필수 유형 연습

**01** 다음은 S국의 2022년 종사자규모별 취업자에 대한 자료이다. 다음 〈보기〉 중 옳은 것을 모두 고른 것은? (단, 소수점 아래 둘째 자리에서 반올림한다.)

| 2023 하반기 기출 키워드 | ㄱ~ㄹ에서 옳은 것을 고르는 문제

〈표〉 2022년 종사자규모별 취업자

(단위 : 천 명)

| 구분 | 2022. 1분기 | 2022. 2분기 | 2022. 3분기 | 2022. 4분기 |
|---|---|---|---|---|
| 계 | 27,369 | 28,347 | 28,424 | 28,216 |
| 1~4인 | 9,622 | 9,987 | 10,046 | 9,938 |
| 5~299인 | 14,824 | 15,352 | 15,344 | 15,252 |
| 300인 이상 | 2,923 | 3,008 | 3,034 | 3,026 |

〈보 기〉

ㄱ. 취업자가 가장 많은 분기의 5~299인 기업 취업자는 1~4인 기업과 300인 이상 기업 취업자 수의 합보다 많다.
ㄴ. 모든 분기에서 전체 대비 5~299인 기업 취업자가 차지하는 비중은 55% 이상이다.
ㄷ. 300인 이상 기업 취업자는 2022년 2분기 대비 2022년 4분기에 1% 이상 증가했다.
ㄹ. 1~4인 기업과 300인 이상 기업 취업자 수의 증감 추이는 동일하다.

① ㄱ, ㄴ　　② ㄱ, ㄷ　　③ ㄱ, ㄹ
④ ㄴ, ㄷ　　⑤ ㄴ, ㄹ

**문제풀이**

ㄱ. 취업자가 가장 많은 분기는 2022. 3분기이고, 1~4인 기업 취업자와 300인 이상 기업 취업자 수의 합은 $10,046+3,034=13,080$(천 명)으로 15,344천 명보다 적다.
ㄹ. 1~4인 기업 취업자 수와 300인 이상 기업 취업자 수의 증감 추이는 '증가–증가–감소'로 동일하다.

[오답 풀이]

ㄴ. 매 분기 5~299인 기업 취업자가 차지하는 비중은 다음과 같다.

| 2022. 1분기 | 2022. 2분기 |
|---|---|
| $\frac{14,824}{27,369}\times 100 \fallingdotseq 54.2(\%)$ | $\frac{15,352}{28,347}\times 100 \fallingdotseq 54.2(\%)$ |
| **2022. 3분기** | **2022. 4분기** |
| $\frac{15,344}{28,424}\times 100 \fallingdotseq 54.0(\%)$ | $\frac{15,252}{28,216}\times 100 \fallingdotseq 54.1(\%)$ |

ㄷ. 300인 이상 기업 취업자의 2022년 2분기 대비 4분기의 증가율

$$=\frac{3,026-3,008}{3,008}\times 100=0.6(\%)$$

정답 ▶ ③

**02** 다음은 G20 아시아 회원국의 2017~2021년 소비자 물가지수에 대한 자료이다. 다음 중 옳은 것은?

〈표〉 G20 아시아 회원국 2017~2021년 소비자 물가지수

(기준: 2010년=100)

| 구분 | 2017년 | 2018년 | 2019년 | 2020년 | 2021년 |
|---|---|---|---|---|---|
| 대한민국 | 113.1 | 114.7 | 115.2 | 115.8 | 118.7 |
| 중국 | 119.1 | 121.6 | 125.1 | 128.1 | 129.4 |
| 인도 | 159.2 | 165.5 | 171.6 | 183.0 | 192.4 |
| 인도네시아 | 142.2 | 146.7 | 151.2 | 154.1 | 156.5 |
| 일본 | 104.0 | 105.0 | 105.5 | 105.5 | 105.2 |
| 사우디아라비아 | 118.0 | 120.9 | 118.4 | 122.5 | 126.2 |
| 튀르키예 | 175.0 | 203.5 | 234.4 | 263.2 | 314.8 |

① G20 아시아 회원국 중에서 2021년 소비자 물가가 가장 높은 국가는 튀르키예이다.
② 조사기간 동안 소비자 물가지수가 높은 순위는 매년 동일하다.
③ 2018년 대비 2019년 인도의 소비자 물가지수 증가율은 약 4.7%이다.
④ 조사기간 동안 중국과 사우디아라비아의 증감 추이가 동일하다.
⑤ 전년 대비 2020년 소비자 물가지수의 증가량이 두 번째로 적은 국가는 중국이다.

문제풀이

소비자 물가지수가 높은 순위는 튀르키예, 인도, 인도네시아, 중국, 사우디아라비아, 대한민국, 일본 순으로 조사기간 동안 매년 동일하다.

[오답 풀이]

① 소비자 물가지수는 각 국가의 2010년 소비자 물가를 기준으로 비교한 것으로 국가별 소비자 물가를 비교할 수 없다.

③ 2018년 대비 2019년 인도의 소비자 물가지수 증가율 $\frac{171.6-165.5}{165.5}\times100≒3.7(\%)$

④ 조사기간 동안 중국의 소비자 물가지수는 지속적으로 증가하고 있으나 사우디아라비아의 소비자 물가지수는 2019년 감소했다.

⑤ 전년 대비 2020년 소비자 물가지수의 증가량은 다음과 같다.

| 국가별 | 2019년 | 2020년 | 증가량 |
|---|---|---|---|
| 대한민국 | 115.2 | 115.8 | 115.8−115.2=0.6 |
| 중국 | 125.1 | 128.1 | 128.1−125.1=3.0 |
| 인도 | 171.6 | 183.0 | 183.0−171.6=11.4 |
| 인도네시아 | 151.2 | 154.1 | 154.1−151.2=2.9 |
| 일본 | 105.5 | 105.5 | 105.5−105.5=0 |
| 사우디아라비아 | 118.4 | 122.5 | 122.5−118.4=4.1 |
| 튀르키예 | 234.4 | 263.2 | 263.2−234.4=28.8 |

따라서, 두 번째로 적은 국가는 대한민국이다.

정답 ▶ ②

필수유형분석 / 언어이해 / 자료해석 / 창의수리 / 언어추리 / 수열추리

**03** 다음은 OCED 주요 국가의 2016~2020년 인구 10만 명당 결핵 발생 빈도에 대한 자료이다. 다음 자료를 바탕으로 옳지 않은 것은? (단, 소수점 아래 둘째 자리에서 반올림한다.)

〈표〉 OCED 주요국가 2016~2020년 인구 10만 명당 결핵 발생 빈도

(단위 : 명)

| 구분 | 2016년 | 2017년 | 2018년 | 2019년 | 2020년 |
|---|---|---|---|---|---|
| 대한민국 | 76 | 70 | 65 | 59 | 49 |
| 일본 | 16 | 15 | 14 | 13 | 12 |
| 미국 | 3 | 3 | 3 | 3 | 2 |
| 핀란드 | 5 | 5 | 5 | 5 | 4 |
| 프랑스 | 9 | 9 | 9 | 9 | 8 |
| 독일 | 8 | 7 | 7 | 6 | 6 |

① 조사기간 동안 핀란드와 프랑스의 증감 추이가 동일하다.
② 조사기간 동안 인구 10만 명당 결핵 발생 빈도가 매년 전년 대비 감소하는 국가는 2개이다.
③ 2020년 대한민국의 인구 10만 명당 결핵 발생 빈도는 나머지 국가의 결핵 발생 빈도의 합보다 작다.
④ 2016년 대비 2019년 일본의 인구 10만 명당 결핵 발생 빈도의 감소율은 20% 미만이다.
⑤ 조사기간 동안 미국과 독일의 인구 10만 명당 결핵 발생 빈도의 비중은 각각 2% 이상이다.

**문제풀이**

2020년 대한민국을 제외한 나머지 국가의 결핵 발생 빈도의 합은 12+2+4+8+6=32이므로 대한민국이 더 크다.

**[오답 풀이]**

① 핀란드와 프랑스의 증감추이는 일정, 감소로 동일하다.
② 조사기간 동안 인구 10만 명당 결핵 발생 빈도가 매년 전년 대비 감소하는 국가는 대한민국과 일본 2개이다.
④ 2016년 대비 2019년 일본의 인구 10만 명당 결핵 발생 빈도의 감소율은 다음과 같다.

$$\left|\frac{13-16}{16}\times100\right| \fallingdotseq 18.8(\%)$$

⑤ 조사기간 동안 미국과 독일의 인구 10만 명당 결핵 발생 빈도의 비중을 구하면 다음과 같다.

| 국가 | 2016년 | 2017년 | 2018년 | 2019년 | 2020년 |
|---|---|---|---|---|---|
| 전체 | 117 | 109 | 103 | 95 | 81 |
| 미국 | 3 | 3 | 3 | 3 | 2 |
| 비중 | $\frac{3}{117}\times100\fallingdotseq2.6(\%)$ | $\frac{3}{109}\times100\fallingdotseq2.8(\%)$ | $\frac{3}{103}\times100\fallingdotseq2.9(\%)$ | $\frac{3}{95}\times100\fallingdotseq3.2(\%)$ | $\frac{2}{81}\times100\fallingdotseq2.5(\%)$ |
| 독일 | 8 | 7 | 7 | 6 | 6 |
| 비중 | $\frac{8}{117}\times100\fallingdotseq6.8(\%)$ | $\frac{7}{109}\times100\fallingdotseq6.4(\%)$ | $\frac{7}{103}\times100\fallingdotseq6.8(\%)$ | $\frac{6}{95}\times100\fallingdotseq6.3(\%)$ | $\frac{6}{81}\times100\fallingdotseq7.4(\%)$ |

정답 ▶ ③

## 04 다음은 2018~2022년 행정심판위원회 연도별 사건처리 현황에 대한 자료이다. 다음 설명 중 옳은 것은? (단, 소수점 아래 둘째 자리에서 반올림한다.)

〈표〉 2018~2022년 행정심판위원회 연도별 사건처리 현황

(단위 : 건)

| 구분 | 접수 | 심리·의결 | | | | 취하·이송 |
|---|---|---|---|---|---|---|
| | | 인용 | 기각 | 각하 | 소계 | |
| 2018년 | 31,473 | 4,990 | (　　) | 1,162 | 30,472 | 1,001 |
| 2019년 | 29,986 | 4,640 | 23,284 | 999 | 28,923 | 1,063 |
| 2020년 | 26,002 | 3,983 | 19,974 | 1,030 | 24,987 | 1,015 |
| 2021년 | 26,255 | (　　) | 18,334 | 1,358 | 24,405 | 1,850 |
| 2022년 | 26,014 | 4,131 | 19,164 | 1,975 | 25,270 | 744 |

※ 인용률(%) = $\frac{\text{인용 건수}}{\text{심리·의결 건수}} \times 100$

※ 당해연도에 접수된 사건은 당해연도에 심리·의결 또는 취하·이송됨.

① 인용률이 가장 높은 해는 2022년이다.
② 기각 건수가 가장 적은 해는 2021년이다.
③ 접수 건수와 취하·이송 건수의 연도별 증감 추이가 동일하다.
④ 2018년 행정 관련 사건이 가장 많이 발생했다.
⑤ 취하·이송 건수는 매년 감소하였다.

**문제풀이**

2018년 기각 건수는 30,472−(4,990+1,162)=24,320이다. 따라서 2021년 기각 건수가 가장 적다.

[오답 풀이]

① 각 해의 인용률을 구하면 다음과 같다.

| | |
|---|---|
| 2018년 | $\frac{4,990}{30,472} \times 100 ≒ 16.4(\%)$ |
| 2019년 | $\frac{4,640}{28,923} \times 100 ≒ 16.0(\%)$ |
| 2020년 | $\frac{3,983}{24,987} \times 100 ≒ 15.9(\%)$ |
| 2021년 | $\frac{4,713}{24,405} \times 100 ≒ 19.3(\%)$ |
| 2022년 | $\frac{4,131}{25,270} \times 100 ≒ 16.3(\%)$ |

따라서, 2021년 인용률이 19.3%로 가장 높다.

③ 접수 건수는 감소, 감소, 증가, 감소이고 취하·이송 건수는 증가, 감소, 증가, 감소로 증감 추이가 동일하지 않다.

④ 2018년 행정심판위원회에 접수된 건수는 2018년 가장 많지만 행정 관련 사건 발생 건수는 주어진 표를 바탕으로 알 수 없다.

⑤ 취하·이송 건수는 증감을 반복하고 있다.

정답 ▶ ②

## 빈출 유형 공략 문제

해설 p. 48

**01** **다음은 S기업의 연도별 실적에 관한 자료이다. 이에 대한 설명으로 옳은 것은?**

| 2019 하반기 기출 키워드 | 매출액과 영업이익

〈표〉 S기업의 연도별 실적

(단위 : 억 원)

| 구분 | 2018년 | 2019년 | 2020년 | 2021년 | 2022년 |
|---|---|---|---|---|---|
| 매출액 | 4,044,501 | 269,907 | 319,004 | 429,978 | 446,216 |
| 매출원가 | 151,808 | 188,188 | 210,898 | 240,456 | 290,002 |
| 영업이익 | 208,437 | 27,192 | 50,126 | 124,103 | 68,137 |
| 영업 외 수익 | 4,973 | −2,700 | 12,244 | 10,056 | −28,066 |

※ 매출 총이익 = 매출액 - 매출원가
※ 경상이익 = 영업이익 + 영업 외 수익 - 영업 외 비용

① 매출액 대비 영업이익의 비중은 매년 10% 이상이다.
② 매출 총이익은 지속적으로 증가한다.
③ 2020년과 2021년 영업 외 비용이 동일하다고 할 때, 경상이익은 2020년이 더 많다.
④ 매출액과 영업이익의 증감 추이가 동일하다.
⑤ 2022년 매출액의 전년 대비 증가율은 4% 미만이다.

**02** 다음은 할인마트와 온라인 쇼핑몰의 상품군별 2020년 판매수수료율에 대한 자료이다. 다음 중 옳지 않은 것은?

〈표1〉 할인마트 판매수수료율 순위

(단위 : %)

| 판매수수료율 상위 5개 | | | 판매수수료율 하위 5개 | | |
|---|---|---|---|---|---|
| 순위 | 상품군 | 판매 수수료율 | 순위 | 상품군 | 판매 수수료율 |
| 1 | 신선식품 | 33.9 | 1 | 여성정장 | 11.0 |
| 2 | 디지털기기 | 32.0 | 2 | 잡화 | 14.4 |
| 3 | 문구 | 31.8 | 3 | 셔츠 | 18.6 |
| 4 | 대형가전 | 31.7 | 4 | 모피 | 18.7 |
| 5 | 소형가전 | 31.1 | 5 | 레저용품 | 20.8 |

〈표2〉 온라인 쇼핑몰 판매수수료율 순위

(단위 : %)

| 판매수수료율 상위 5개 | | | 판매수수료율 하위 5개 | | |
|---|---|---|---|---|---|
| 순위 | 상품군 | 판매 수수료율 | 순위 | 상품군 | 판매 수수료율 |
| 1 | 보석 | 42.0 | 1 | 화장품 | 8.4 |
| 2 | 건강용품 | 39.7 | 2 | 여성정장 | 21.9 |
| 3 | 디지털기기 | 37.8 | 3 | 셔츠 | 28.1 |
| 4 | 여행패키지 | 37.4 | 4 | 청바지 | 28.2 |
| 5 | 유아용품 | 36.8 | 5 | 남성정장 | 28.7 |

① 대형가전 상품군과 소형가전 상품군의 판매수수료율은 할인마트보다 온라인 쇼핑몰에서 더 높을 수 없다.

② 여성정장 상품군의 판매수수료율은 할인마트보다 온라인쇼핑몰에서 더 높다.

③ 화장품 상품군의 판매수수료율은 할인마트에서 온라인쇼핑몰의 2배 이상이었다.

④ 할인마트, 온라인쇼핑몰 모두 셔츠 상품군의 판매수수료율이 3번째로 낮다.

⑤ 할인마트, 온라인쇼핑몰 모두 상위 5개의 상품군의 판매수수료율이 각각 30%를 넘는다.

**03** 다음은 디스플레이 산업 동향에 대한 자료이다. 이에 대한 설명으로 〈보기〉에서 옳은 것을 모두 고른 것은?

〈표〉 디스플레이 산업 동향

(단위 : 조 원, %, 억 불, $)

| 구분 | 2020년 | 2021년 |
|---|---|---|
| 생산액(조 원) | 69 | 76 |
| 시장점유율(%) | 37 | 33 |
| 수출액(억 불) | 180 | 214 |
| 모니터 가격($) | 36 | 44 |
| TV 가격($) | 47 | 64 |

〈보 기〉

ㄱ. 2020년 대비 2021년의 디스플레이 산업 수출액 증가율은 20% 이상이다.
ㄴ. 2020년 대비 2021년의 모니터 가격과 TV 가격은 모두 상승하였다.
ㄷ. 2020년과 2021년 모두 TV 가격이 모니터 가격보다 높다.

① ㄱ ② ㄴ ③ ㄱ, ㄴ
④ ㄱ, ㄷ ⑤ ㄴ, ㄷ

**04** 다음은 G기업과 B기업의 매출 추이를 나타낸 자료이다. 다음 중 옳지 않은 것은? (단, 소수점 아래 둘째 자리에서 반올림한다.)

| 2023 하반기 기출 키워드 | 각 연도의 A, B 매출을 통한 차이 계산

〈표〉 G기업과 B기업의 매출 추이

(단위 : 억 원)

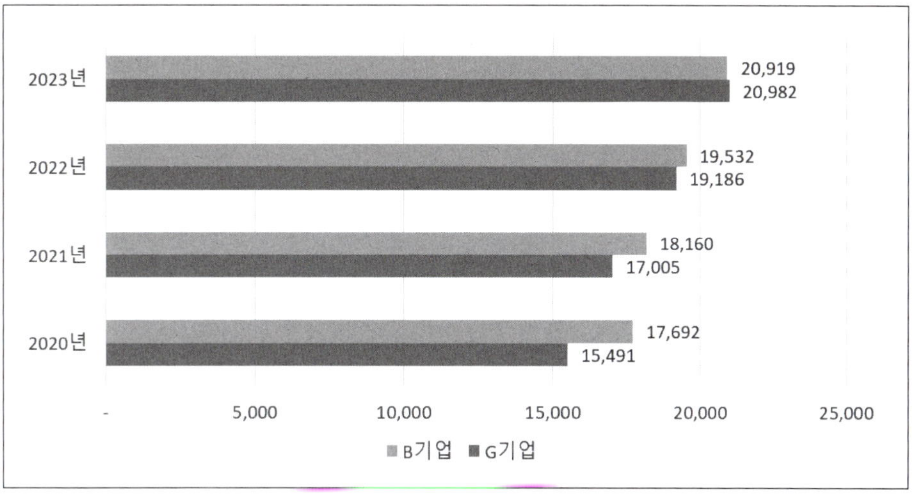


① B기업의 매출액은 지속적으로 증가한다.
② 2023년에 G기업의 매출액이 B기업의 매출액을 앞섰다.
③ 2021년 B기업의 매출액과 G기업의 매출액 차이가 가장 크다.
④ 2020년 대비 2022년 B기업의 매출액은 10% 이상 증가했다.
⑤ 2021년 대비 2023년 G기업의 매출액은 24% 미만 증가했다.

**05** 다음은 2020~2022년 농림수산식품 수출액 상위 5개 품목에 대한 자료이다. 이를 바탕으로 옳지 않은 것은? (단, 소수점 아래 둘째 자리에서 반올림한다.)

〈표〉 2020~2022년 농림수산식품 수출액 상위 5개 품목

(단위 : 천 톤, 백만 불)

| 순위 | 2020년 | | | 2021년 | | | 2022년 | | |
|---|---|---|---|---|---|---|---|---|---|
| | 품목 | 수출물량 | 수출액 | 품목 | 수출물량 | 수출액 | 품목 | 수출물량 | 수출액 |
| 1 | 배 | 10.5 | 24.3 | 인삼 | 0.7 | 37.8 | 인삼 | 0.5 | 22.3 |
| 2 | 인삼 | 0.4 | 23.6 | 배 | 7.7 | 19.2 | 배 | 6.5 | 20.5 |
| 3 | 사과 | 7.3 | 15.2 | 유자차 | 5.7 | 12.6 | 궐련 | 1.6 | 18.4 |
| 4 | 김치 | 37.5 | 15.0 | 궐련 | 0.6 | 8.1 | 유자차 | 7.0 | 14.6 |
| 5 | 유자차 | 4.8 | 9.7 | 비스킷 | 1.8 | 7.9 | 비스킷 | 2.4 | 8.8 |

① 조사기간 동안 항상 5위 안에 있는 품목은 인삼, 배, 유자차이다.
② 2022년 비스킷의 수출액은 2021년 대비 10% 이상 증가했다.
③ 2020년 궐련의 수출물량이 0.4천 톤이라고 할 때, 2021년 궐련의 수출물량 증가율은 약 50%이다.
④ 2022년 수출액 상위 5개 품목 중 수출물량 대비 수출액의 비중이 가장 큰 것은 유자차이다.
⑤ 2020년 김치의 수출액 대비 수출물량의 비율은 약 250%이다.

## 06 다음은 연도별 시간당 최저임금 결정 현황을 나타낸 자료이다. 다음 자료를 바탕으로 옳은 것을 모두 고른 것은?

| 2019 하반기 기출 키워드 | 시간당 최저임금

〈표〉 연도별 시간당 최저임금 결정 현황

(단위 : 원)

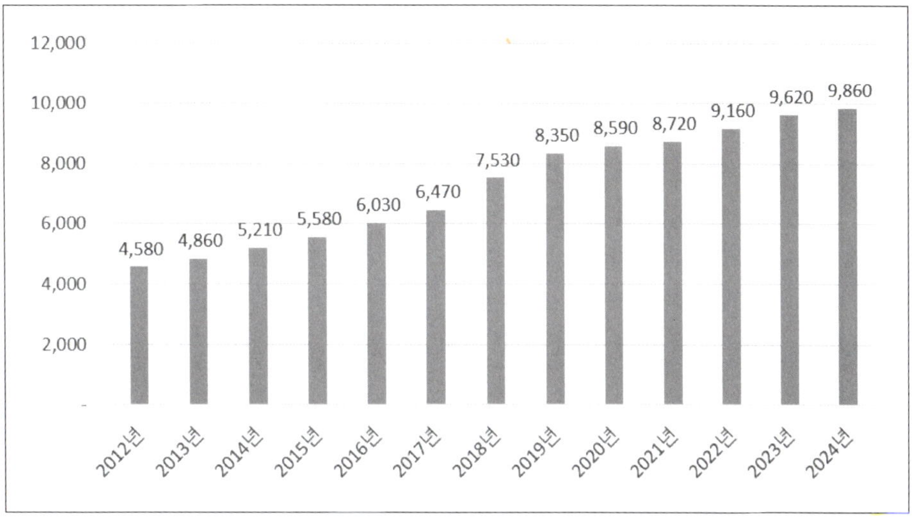


〈 보 기 〉

ㄱ. 2018년의 최저임금은 전년 대비 증가율이 가장 크다.
ㄴ. 일 8시간 기준으로 2024년의 일급은 75,000원을 넘지 않는다.
ㄷ. 2021년 전년 대비 최저임금 인상률은 2% 미만이다.
ㄹ. 전년 대비 인상액이 세 번째로 많은 해는 2016년이다.

① ㄱ, ㄴ
② ㄱ, ㄹ
③ ㄱ, ㄷ
④ ㄴ, ㄹ
⑤ ㄷ, ㄹ

**07** 다음은 M국의 의약품별 특허 출원현황에 대한 자료이다. 다음 중 옳지 않은 것은?

〈표〉 M국의 의약품별 특허 출원현황

(단위 : 건)

| 구분 | 2021년 | 2022년 | 2023년 |
| --- | --- | --- | --- |
| 완제 의약품 | 7,137 | 4,394 | 2,999 |
| 원료 의약품 | 1,757 | 797 | 500 |
| 기타 의약품 | 2,236 | 1,517 | 1,220 |
| 합계 | 11,130 | 6,708 | 4,719 |

① 완제 의약품 특허 출원은 매년 감소한다.

② 기타 의약품이 전체 의약품 특허 출원에서 차지하는 비중은 매년 증가한다.

③ 2022년 원료 의약품이 전체 의약품 특허 출원에서 차지하는 비중은 10% 미만이다.

④ 2023년 완제 의약품은 2021년 대비 4,138건 감소했다.

⑤ 전체 의약품 특허 출원은 매년 감소하고 있고, 2022년에 가장 크게 감소했다.

필수 유형 2

# 자료 계산

## 필수 이론

### 유형 설명

자료계산 유형은 주어진 자료에서 요구하는 값을 사칙연산을 통해 구하는 유형이다. 해당 유형은 변화량, 증감율, 비중 등의 빈출계산식을 이용하여 해결해야 하는 유형이다. 뿐만 아니라 공식 변환 등을 통해 새로운 정보를 취득하는 유형으로도 출제된다. 따라서 빠른 공식 변환 능력과 더불어 계산을 줄이는 어림산 능력이 중요하다.

### 풀이 TIP

1. 빈출계산식

| | |
|---|---|
| 변화량 | • 비교연도 **대비** 기준연도 A의 변화량<br>= 기준연도 A - 비교연도 A |
| 증감률 | • 비교연도 **대비** 기준연도 A의 증감률(%)<br>= {(기준연도 A - 비교연도 A)/비교연도 A} × 100 |
| 비중 | • 전체에서 A가 차지하는 비중(%)<br>= (A/전체) × 100 |

## 필수 유형 연습

**01** 다음은 2019~2021년 여행업 조직형태별 사업체 수에 대한 자료이다. 2019년 대비 가장 많이 감소한 조직형태 사업체 수의 전년 대비 감소율은? (단, 소수점 아래 둘째 자리에서 반올림한다.)

〈표〉 2019~2021년 여행업 조직형태별 사업체 수

(단위 : 개)

| 구분 | 2019년 | 2020년 | 2021년 |
|---|---|---|---|
| 개인사업체 | 4,984 | 5,308 | 4,532 |
| 회사법인 | 12,922 | 11,281 | 12,764 |
| 회사외법인 | 275 | 58 | 96 |
| 비법인단체 | 42 | 14 | 41 |

① 12.7% ② 13.0% ③ 13.4%
④ 14.2% ⑤ 15.0%

문제풀이

2019년 대비 증감량을 구하면 다음과 같다.

| 구분 | 2020년 | 2021년 |
|---|---|---|
| 개인사업체 | 5,308−4,984=324 | 4,532−4,984=−452 |
| 회사법인 | 11,281−12,922=−1,641 | 12,764−12,922=−158 |
| 회사외법인 | 58−275=−217 | 96−275=−179 |
| 비법인단체 | 14−42=−28 | 41−42=−1 |

따라서, 2020년 회사법인이 2019년 대비 사업체 숙 가장 많이 감소한 조직형태이다. 2019년 대비 2020년 회사법인 사업체 수의 감소율은 $\left|\frac{11,281-12,922}{12,922}\right|\times 100 \fallingdotseq 12.7(\%)$이다.

정답 ▶ ①

**02** 다음은 2023년 3~7월 ICT분야 BSI에 대한 자료이다. 실적BSI가 세 번째로 높은 기간의 실현율은? (단, 소수점 아래 첫째 자리에서 반올림한다.)

〈표〉 2023년 3~7월 ICT분야 BSI

| 구분 | 2023.03 | 2023.04 | 2023.05 | 2023.06 | 2023.07 |
|---|---|---|---|---|---|
| 실적BSI | 107 | 103 | 98 | 95 | 96 |
| 전망BSI | 103 | 104 | 100 | 99 | 97 |

※ 실현율(%)={1 − (∣전망BSI − 실적BSI∣/실적BSI)} × 100

① 95%
② 96%
③ 97%
④ 98%
⑤ 99%

문제풀이

실적BSI가 세 번째로 높은 기간은 2023년 5월이다. 이 기간의 실현율은 다음과 같다.

$$\left(1-\frac{|100-98|}{98}\right)\times 100 ≒ 98(\%)$$

정답 ▶ ④

필수유형분석
언어이해
자료해석
창의수리
언어추리
수열추리

**03** 다음은 2019~2023년 OECD 주요국의 GDP 대비 공공복지예산 비율에 대한 자료이다. 조사기간 동안 GDP 대비 공공복지예산 비율이 가장 높은 국가의 전년 대비 2022년 증가율과 GDP 대비 공공복지예산 비율이 가장 낮은 국가의 2019년 대비 2021년 증가율의 차는? (단, 소수점 아래 둘째 자리에서 반올림한다.)

〈표〉 2019~2023년 OECD 주요국의 GDP 대비 공공복지예산 비율

(단위 : %)

| 구분 | 2019년 | 2020년 | 2021년 | 2022년 | 2023년 |
|---|---|---|---|---|---|
| 한국 | 7.65 | 8.67 | 8.32 | 8.34 | 9.06 |
| 호주 | 17.80 | 17.80 | 17.90 | 18.20 | 18.80 |
| 미국 | 17.00 | 19.20 | 19.80 | 19.60 | 19.70 |
| 영국 | 21.80 | 24.10 | 23.80 | 23.60 | 23.90 |
| 프랑스 | 29.80 | 32.10 | 32.40 | 32.00 | 32.50 |
| 독일 | 25.20 | 27.80 | 27.10 | 25.90 | 25.90 |

① 7.3%p　② 8.2%p　③ 9.0%p
④ 9.3%p　⑤ 10.0%p

문제풀이

GDP 대비 공공복지예산 비율이 가장 높은 국가는 프랑스이고, 가장 낮은 국가는 한국이다. 2021년 대비 2022년 프랑스 GDP 대비 공공복지예산 비율의 증가율은 $\frac{32-32.4}{32.4}\times100 \fallingdotseq -1.2(\%)$이고, 2019년 대비 2021년 한국의 증가율은 $\frac{8.32-7.65}{7.65}\times100 \fallingdotseq 8.8(\%)$이다. 따라서, 증가율의 차를 구하면 $8.8-(-1.2)=10(\%p)$이다.

정답 ▶ ⑤

**04** 다음은 2019~2022년 수종별 원목생산량에 대한 자료이다. 2020년 소나무 생산량의 비율이 20%라고 할 때, 2020년 잣나무의 생산량은? (단, 소수점 아래 둘째 자리에서 반올림한다.)

〈표〉 2019~2022년 수종별 원목생산량

(단위 : 만 ㎥)

| 구분 | 2019년 | 2020년 | 2021년 | 2022년 |
|---|---|---|---|---|
| 소나무 | 50.4 | 52.0 | 58.2 | 56.2 |
| 잣나무 | 37.3 | (　) | 50.5 | 63.3 |
| 전나무 | 28.1 | 38.6 | 77.1 | 92.2 |
| 낙엽송 | 52.5 | 69.4 | 76.0 | 87.7 |
| 참나무 | 5.6 | 8.3 | 12.8 | 14.0 |
| 기타 | 21.7 | 42.7 | 97.9 | 85.7 |
| 전체 | 195.6 | (　) | 372.5 | 399.1 |

① 41.0　　② 43.6　　③ 49.0
④ 53.2　　⑤ 55.6

문제풀이

2020년 소나무 생산량의 비율이 20%이므로 2020년의 전체 원목생산량을 $x$라 하고, 구하면 다음과 같다.

$\frac{52.0}{x} \times 100 = 20\%$ 따라서, 전체 생산량은 260만 ㎥이다.

잣나무의 생산량은 $260-(52.0+38.6+69.4+8.3+42.7)=49.0$(만 ㎥)이다.

정답 ▶ ③

## 빈출 유형 공략 문제

해설 p. 50

**01** **다음은 2022년 극한기후 유형별 발생일수와 발생지수에 관한 자료이다. 〈계산방법〉을 바탕으로 발생지수를 구할 수 있을 때, 폭염 발생지수와 한파 발생지수의 차는?**

〈표〉 2022년 극한기후 유형별 발생일수와 발생지수

| 구분 | 폭염 | 강풍 | 한파 | 대설 | 호우 |
|---|---|---|---|---|---|
| 발생일수(일) | 16 | 5 | 3 | 0 | 1 |
| 발생지수 | (　) | 2.25 | (　) | 1.00 | 1.25 |

※ 극한기후 유형은 폭염, 강풍, 한파, 대설, 호우만 존재한다.

〈계산방법〉

$$\text{극한기후 발생지수} = 4\times(\frac{A-B}{C-B})+1$$

A: 당해년도 해당 극한기후 유형 발생일수

B: 당해년도 폭염, 한파, 호우, 대설, 강풍의 발생일수 중 최솟값

C: 당해년도 폭염, 한파, 호우, 대설, 강풍의 발생일수 중 최댓값

① 3.25　② 3.75　③ 4.25
④ 4.75　⑤ 5.25

**02** **다음은 임차인 A~D의 전·월세 전환 현황에 관한 자료이다. A와 C의 전·월세 전환율을 각각 6%, 3%라고 할 때, A의 전세금과 C의 월세보증금의 합을 구하면?**

〈표〉 임차인 A~D 전·월세 전환 현황

(단위 : 만 원)

| 구분 | 전세금 | 월세보증금 | 월세 |
|---|---|---|---|
| A | (　) | 25,000 | 50 |
| B | 38,000 | 30,000 | 80 |
| C | 60,000 | (　) | 70 |
| D | 58,000 | 53,000 | |

※ $\text{전·월세 전환율(\%)} = \frac{\text{월세}\times 12}{\text{전세금}-\text{월세보증금}}\times 100$

① 5억 7천만 원　② 6억 2천만 원　③ 6억 7천만 원
④ 7억 1천만 원　⑤ 7억 4천만 원

**03** 다음은 S국의 수출입 현황에 대한 자료이다. 수출액이 두 번째로 많았던 해의 전년 대비 수입액의 증감률은? (단, 소수점 아래 둘째 자리에서 반올림한다.)

〈표〉 S국 수출입 현황

(단위 : 억 불)

| 구분 | 2020년 | 2021년 | 2022년 | 2023년 |
| --- | --- | --- | --- | --- |
| 수출액 | 5,268 | 4,954 | 5,737 | 6,049 |
| 수입액 | 4,365 | 4,062 | 4,785 | 5,352 |

① 16.2% ② 17.0% ③ 17.8%
④ 18.0% ⑤ 18.2%

**04** S회사에 근무하는 M 팀장은 거래처 L회사에 방문할 예정이다. 교통수단별 시간 및 요금이 다음과 같을 때 결정조건 계수가 가장 큰 교통편은? (단, 소수점 아래 셋째 자리에서 반올림한다.)

〈표〉 교통수단별 시간 및 요금

| 구분 | 교통수단 | 시간 | 편안함 계수 | 요금 |
| --- | --- | --- | --- | --- |
| A | 고속버스 | 8시간 | 5 | 30,000원 |
| B | 고속버스 | 6시간 | 5 | 45,000원 |
| C | 일반열차 | 4시간 | 6 | 64,000원 |
| D | 고속열차 | 2시간 | 7 | 90,000원 |
| E | 고속열차 | 1시간 30분 | 10 | 95,000원 |

※ 결정조건 계수 = $\frac{(\text{편안함 계수}) \times 500}{(\text{시간}) \times 100 + (\text{요금}) \times 0.5}$

① A ② B ③ C
④ D ⑤ E

**05** 다음은 2022년 주요국의 교원 1인당 학생 수에 대한 자료이다. 중학교의 교원 1인당 학생 수가 가장 적은 국가의 중학교 및 고등학교 교원이 각각 20만 명이라 할 때, 해당 국가의 고등학교 학생 수는?

〈표〉 2022년 주요국 교원 1인당 학생 수

(단위 : 명)

| 구분 | 유치원 | 초등학교 | 중학교 | 고등학교 |
|---|---|---|---|---|
| 미국 | 18.7 | 15.8 | 16.3 | 14.1 |
| 영국 | 21.0 | 21.2 | 17.6 | 12.5 |
| 독일 | 23.6 | 19.8 | 15.7 | 13.9 |
| 일본 | 18.8 | 20.9 | 16.8 | 14.0 |
| 한국 | 23.1 | 32.1 | 21.5 | 20.9 |

① 278만 명　② 280만 명　③ 282만 명
④ 284만 명　⑤ 286만 명

**06** 다음은 S시의 2022년 연령별 출생아 부모의 육아휴직 사용률이다. S시의 전체 인구수가 20만 명이라 할 때, 전체 육아휴직 사용인구는?

〈표〉 2022년 연령별 출생아 부모의 육아휴직 사용률

(단위 : %)

| 구분 | 2023년 | | | | |
|---|---|---|---|---|---|
| | 전체 | 30세 미만 | 30~34세 | 35~39세 | 40세 이상 |
| 전체 | 30.2 | 41.7 | 36.7 | 24.4 | 13.8 |
| 부 | 6.8 | 7.3 | 7.0 | 7.0 | 5.7 |
| 모 | 70.0 | 73.5 | 72.9 | 65.2 | 57.3 |

① 51,000명　② 58,200명　③ 59,400명
④ 60,400명　⑤ 61,000명

Chapter

# 03

# 창의수리

필수 유형 1. 사칙연산

필수 유형 2. 거리 • 속력 • 시간

필수 유형 3. 농도와 비율

필수 유형 4. 경우의 수와 확률

필수 유형 5. 작업량

필수 유형 6. 비용

## Chapter 소개

- 창의수리 영역은 사칙연산, 거리·속력·시간, 농도와 비율, 경우의 수와 확률, 작업량, 비용 등의 개념을 활용하여 주어진 문제를 해결하는 유형의 문제가 출제된다.
- 실제 시험에서는 15분 동안 20문제를 풀어야 한다.

## 풀이 TIP

- 사칙연산 유형의 경우, 주어진 조건들의 관계를 정확하게 파악하여 식을 세워야 한다.
- 거리·속력·시간 유형의 경우, 주어진 공식은 "거리=속력×시간" 뿐이므로 조건들의 관계를 정확하게 파악하여 식을 세워야 한다.
- 농도와 비율 유형의 경우, 공식을 활용하되 계산을 간단히 할 수 있도록 조건들의 관계를 정확하게 파악하여 식을 세워야 한다.
- 경우의 수와 확률 유형의 경우, 조건부 확률 또는 여사건의 확률을 나타내는 표현을 미리 파악해두어야 한다.
- 작업량 유형의 경우, 단위 시간을 시간이 아니라 분당으로도 계산이 가능하다는 점을 잊지 말아야 한다.
- 비용 유형의 경우, 증가량과 증가한 후의 양은 다르기 때문에 둘 중에 하나를 이용하여 계산한다.

필수 유형 1

# 사칙연산

## 필수 이론

### 유형 설명

- 사칙연산을 이용하여 기초수리력 및 응용수리력을 평가하는 유형이다.
- 대체로 난이도가 낮은 편에 속하며 빠른 시간 안에 정확하게 계산하는 능력을 알아보기 위한 유형들로 주어진 조건들을 이용하여 논리적으로 접근해야 한다.
- 정형화된 형태 외에도 다양한 유형의 문제를 풀어봄으로써 실전에 대비해야 한다.

### 풀이 TIP

- 주어진 조건들의 관계를 정확하게 파악하여 식을 세워야 한다.
- 제시되지 않은 미지수를 설정하는 것과 문제 안에 숨은 의도를 잘 파악하여 방정식, 부등식, 최대공약수, 최소공배수 등 여러 유형에 맞추어 식을 세우고 답을 구해야 한다.

## 필수 유형 연습

**01** 6자루의 볼펜을 제조하는 데 2,400원의 원가가 든다. 볼펜을 3자루씩 1세트로 포장하여 30세트를 생산하는 과정 중에, 불량품이 생겨 8세트를 폐기 처분하였다. 생산된 볼펜을 모두 판매하였지만 3,000원의 손해가 생겼다면, 볼펜 1자루당 판매가격을 바르게 구한 것은?

| 2023 하반기 기출 키워드 | 연립방정식

① 450원 ② 480원 ③ 500원 ④ 550원 ⑤ 580원

문제풀이

볼펜 한 자루당 원가는 $\frac{2,400}{6}=400$(원)이고, 30세트 중 8세트를 폐기 처분했으므로 22세트만 판매를 했다.

볼펜 한 자루당 판매가격을 $x$라고 하면, 총매출액은 $3\times22\times x=66x$가 되고, 원가는 $(3\times30)\times400=36,000$(원)이며, 3,000원의 손해가 생기므로 $66x-36,000=-3,000$이다. 따라서 $x=500$이 된다. 볼펜 한 자루당 판매가격은 500원이다.

정답 ▶ ③

**02** 2024년도 한국사 자격증 시험을 실시하였다. 전체 응시자의 $\frac{5}{8}$가 남자이며 남자 응시자 중 $\frac{9}{10}$가 합격하였고, 여자 응시자 중 $\frac{1}{3}$이 불합격하였다. 불합격한 남자의 수가 5명일 때, 합격한 여자의 수를 바르게 구한 것은?

① 18명 ② 20명 ③ 22명 ④ 24명 ⑤ 25명

문제풀이

응시자 전체의 수를 $x$명이라 하자. 남자와 여자의 수는 각각 $\frac{5}{8}x$명, $\frac{3}{8}x$명이다. 이때 남자 응시자중

$\frac{9}{10}$가 합격하였고, 불합격한 남자의 수는 5명이므로, $\frac{5}{8}x\times\frac{1}{10}=5$, $\frac{1}{16}x=5$, $\therefore 5\times16=80$(명)이 된다.

여자 응시자 중 $\frac{1}{3}$이 불합격 하였으므로 $\frac{2}{3}$는 합격하였다. 따라서 합격한 여학생 수는

$\frac{3}{8}x\times\frac{2}{3}=\frac{3}{8}\times80\times\frac{2}{3}=20$(명)이 된다.

정답 ▶ ②

**03** 어느 회사의 올해 입사 지원자의 수는 작년에 비하여 여자가 15% 늘고, 남자는 10%가 줄어서, 전체 지원자의 수는 20명이 늘어난 520명이 되었다고 한다. 올해 남자 지원자 수를 바르게 구한 것은?

① 220명 ② 212명 ③ 204명 ④ 198명 ⑤ 188명

문제풀이

작년 남녀 지원자의 수를 $x$, $y$라 하고, 올해 남자와 여자의 증감에 대해 식을 세우면,

$\frac{90}{100}x + \frac{115}{100}y = 520$이 된다. 여기서 올해 남자 지원자 수만 구하면 되므로, $\frac{90}{100}x = \frac{9}{10}x$가 되므로

올해 남자 지원자 수는 9의 배수만 나올 수 있다. 보기 중에 9의 배수는 ④번뿐이다.

정답 ▶ ④

**04** 고대 수학자 아르키메데스는 부피와 무게를 이용하여 왕의 왕관이 순금으로 이루어지지 않았고 은이 섞여 있다는 사실을 알아냈다. 왕관의 무게가 240g이고 부피가 14㎤일 때, 이 왕관에 섞여 있는 은의 양을 바르게 구한 것은? (단, 금 1㎤은 20g, 은 1㎤은 10g으로 생각한다.)

① 4g ② 10g ③ 40g ④ 120g ⑤ 200g

문제풀이

금의 부피를 $x$라 하고, 은의 부피를 $y$라 하면, $x + y = 14$가 된다. 또한 금 1㎤은 20g, 은 1㎤은 10g이므로

무게로 식을 세우면 $20x + 10y = 240$이 된다. 두 식을 정리하면 $x = 10$, $y = 4$가 되므로 은의 양은 $4 \times 10 = 40$g이 된다.

정답 ▶ ③

**05** 한 변의 길이가 $x$cm인 정사각형 13개를 다음 그림과 같이 0.5cm씩 겹쳐서 직사각형을 만들었다. 직사각형의 가로의 길이가 85cm일 때, 정사각형의 한 변의 길이를 바르게 구한 것은?

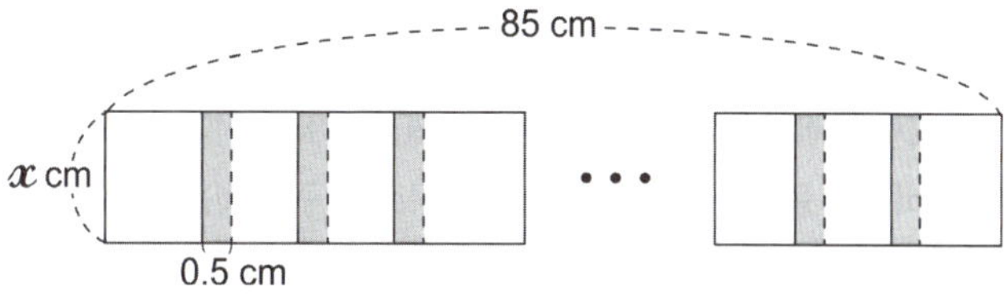


① 3cm ② 4cm ③ 5cm ④ 6cm ⑤ 7cm

문제풀이

겹쳐진 부분은 0.5cm씩 12부분이므로 가로의 길이는

$13x-0.5\times12=85$, $13x-6=85$

$13x=91$

$x=7$

따라서 정사각형의 한 변의 길이는 7cm이다.

정답 ▶ ⑤

**06** SK에서 신입사원 OT를 진행하는데 직원들을 4명씩 하나의 방에 배정하면 12명이 방 배정을 받지 못하고, 6명씩 하나의 방에 배정하면 방이 2개가 남는다고 할 때, 신입사원의 최댓값을 바르게 구한 것은?

① 70명 ② 68명 ③ 60명 ④ 56명 ⑤ 48명

문제풀이

방의 개수를 $x$라고 하자.

$6(x-3)+1\leq4x+12\leq6(x-3)+6$

$6x-17\leq4x+12\leq6x-12$

$2x\leq29$, $2x\geq24$

$x\leq14.5$, $x\geq12$

$\therefore 12\leq x\leq14.5$

신입직원의 수가 최대가 되려면 방의 개수도 최댓값이어야만 하므로 $x=14$가 된다.

따라서 신입직원의 수는 $4x+12=4\times14+12=56+12=68$(명)이 된다.

정답 ▶ ②

필수유형분석
언어이해
자료해석
창의수리
언어추리
수열추리

## 빈출 유형 공략 문제

해설 p. 51

**01** 어느 버스회사의 배차간격과 첫차 출발시각에 대한 내용이다. 아래 내용을 보고 첫차 출발시각 다음으로 세 버스가 동시에 출발하는 시각을 바르게 구한 것은?

- A버스의 배차간격은 8분이다.
- B버스의 배차간격은 20분이다.
- C버스의 배차간격은 15분이다.
- 세 버스의 첫차 출발시각은 오전 6시 50분이다.

① 오전 7시 10분 ② 오전 7시 50분 ③ 오전 8시 10분
④ 오전 8시 30분 ⑤ 오전 8시 50분

**02** 어머니와 아들의 나이 차는 32살이다. 지금부터 11년 후에 어머니의 나이가 아들의 나이의 2배가 된다고 할 때, 현재 아들의 나이를 바르게 구한 것은?

① 18살 ② 19살 ③ 20살 ④ 21살 ⑤ 22살

**03** 어느 프로축구리그에서 4개의 팀이 서로 경기를 하였다. 각 팀의 경기 결과는 아래 표와 같고, 승리한 경우 일정 점수를 얻고, 패배한 경우 일정 점수를 잃는다고 한다. 모든 팀이 다른 3개 팀과 경기를 하였고, A팀과 B팀의 총점이 각각 5점, 1점일 때, C팀과 D팀의 총점의 합은 얼마인가? (단, 무승부는 없으며 잃는 점수가 얻는 점수보다 많을 경우 총점은 음수가 된다.)

| 구분 | 승 | 패 | 총점 |
|---|---|---|---|
| A팀 | 2 | 1 | 5 |
| B팀 | 1 | 2 | 1 |
| C팀 | 3 | 0 | |
| D팀 | 0 | 3 | |

① 3점 ② 4점 ③ 5점 ④ 6점 ⑤ 7점

**04** SK는 매년 연말에 우수사원을 선발한다. 이 중 대상과 장려상을 받은 사원에게 상금으로 각각 500만 원과 100만 원을 준다. 예정된 총상금은 6천만 원이고, 우수사원으로 선발된 인원이 20명일 때, 장려상을 받게 되는 사원이 몇 명인지 바르게 구한 것은?

| 2023 상반기 기출 키워드 | 대상, 장려상, 총 상금 금액

① 14명 ② 13명 ③ 12명 ④ 11명 ⑤ 10명

**05** 어느 대학교 수학경시대회에 100명이 참가하여 점수가 높은 순서대로 16명이 수상하였다. 16등 한 학생의 점수는 참가한 전체 학생의 평균보다 36점이 높고 수상자들의 평균보다는 6점이 낮으며, 수상하지 못한 학생들의 평균의 3배보다는 6점이 낮다고 한다. 이때 16등을 한 학생의 점수를 바르게 구한 것은?

① 58점 ② 65점 ③ 69점 ④ 71점 ⑤ 75점

**06** 한 변의 길이가 1cm씩 증가하는 정사각형 5개를 다음과 같이 이어 붙였다. 이어 붙인 도형의 총면적이 330㎠라고 할 때, 이어 붙인 도형의 둘레를 바르게 구한 것은?

| 2022 하반기 기출 키워드 | 한 변의 길이가 1cm씩 증가하는 정사각형을 이어 붙였을 때의 넓이 통해 둘레 구하기

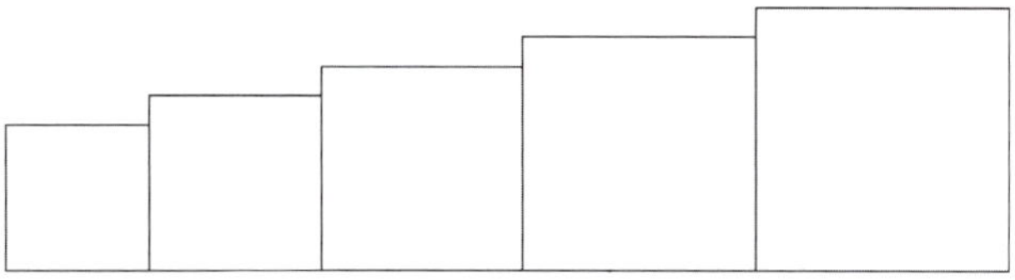

① 80cm ② 90cm ③ 95cm ④ 96cm ⑤ 100cm

## 필수 유형 2 거리 · 속력 · 시간

### 필수 이론

#### 유형 설명

- 다른 속력으로 가는 경우 : 시속 $a$km로 가다가 시속 $b$km로 갈 때, 각 구간에서 걸린 시간의 합을 구할 때
  → (시속 $a$km로 가는 데 걸린 시간) + (시속 $b$km로 가는 데 걸린 시간) = 총 걸린 시간
- 시간 차가 발생하는 경우 : P가 출발한 지 $a$분 후 Q가 출발하여 $x$분 후에 만났을 때
  → P가 $(a + x)$분 동안 간 거리 = Q가 $x$분 동안 간 거리
- 마주 보고 출발하여 중간에 만난 경우 : P, Q 두 사람이 $x$분 후에 만날 때
  → P, Q 두 사람이 $x$분 동안 걸은 거리의 합 = P, Q 두 사람이 있던 지점 사이의 거리
  * 트랙을 도는 경우 : P, Q 두 사람이 $x$분 후에 만날 때
    - 반대 방향으로 돌 때 → P, Q 두 사람이 $x$분 동안 걸은 거리의 합 = 트랙 둘레의 길이
    - 같은 방향으로 돌 때 → P, Q 두 사람이 $x$분 동안 걸은 거리의 차 = 트랙 둘레의 길이
- 기차가 다리를 완전히 통과했다는 것은 "총 이동 거리 = 다리 길이 + 기차의 길이"가 되고,
  기차가 보이지 않았다는 것(기차가 아직 터널 안에 있다는 것)은 "총 이동 거리 = 터널의 길이 − 기차의 길이"
- 배, 강물문제 : 배의 속력을 $x$라고 하고, 물의 속력이 $y$일 때,
  - 내려갈 때 → 시간 × $(x+y)$ = 강물의 길이
  - 올라갈 때 → 시간 × $(x-y)$ = 강물의 길이

#### 풀이 TIP

- 주어진 공식은 "거리=속력×시간" 뿐이므로 조건들의 관계를 정확하게 파악하여 식을 세워야 한다.
- 미지수를 설정하는 것과 문제 안에 숨은 의도를 잘 파악하여 여러 유형에 맞추어 식을 세우고 답을 구해야 한다.
- 단위를 실수하지 않도록 해야 한다. km/h, m/m, m/s

## 필수 유형 연습

**01** 30km 떨어진 서점까지 가는데 출발지점에서 A지점까지 자전거를 타고 8km/h로 가다가, A지점에서 서점까지 4km/h로 걸어갔을 때, 총 5시간이 걸렸다면 자전거를 타고 간 거리를 바르게 구한 것은?

| 2023 하반기 기출 키워드 | 자전거를 타고 가다가 속도를 변경하였을 때, 이동한 거리를 묻는 문제

① 10km ② 12km ③ 16km ④ 20km ⑤ 22km

문제풀이

거리=속력×시간이므로, 총거리인 30km를 자전거로 이동한 거리를 $x$라고 하자. 걸어서 이동한 거리는 $(30-x)$km가 된다.

따라서 $\frac{x}{8}+\frac{30-x}{4}=5,\ x+2(30-x)=40$,

$\therefore x=20$

정답 ▶ ④

**02** 둘레의 길이가 1.4km인 공원을 광호와 지우가 같은 지점에서 동시에 출발하여 같은 방향으로 돌면 14분 후에 처음으로 만나고, 반대 방향으로 돌면 2분 후에 처음으로 만난다고 한다. 광호가 지우보다 빠르게 뛴다고 할 때, 광호의 속력은 몇 m/m인지 바르게 구한 것은?

① 300m/m ② 350m/m ③ 400m/m
④ 450m/m ⑤ 500m/m

문제풀이

광호의 속력을 $x$라 하고, 지우의 속력을 $y$라고 하자.

반대 방향일 때는 광호의 거리+지우의 거리=1,400m이고, 같은 방향일 때는 광호의 거리-지우의 거리=1,400m가 된다.
따라서 반대 방향일 때는 $2(x+y)=1{,}400m$이고, 같은 방향일 때는 $14(x-y)=1{,}400m$이다. 따라서 두 식을 정리하면 $x$=400, $y$=300이 나온다.

Tip

어차피 $x$, $y$에 대한 연립방정식이므로 $x$, $y$에 대한 계수를 맞추고 한 번은 더 하고, 한 번은 빼고 난 후 2로 나누면 답이 나온다. 즉, 반대 방향일 때는 $(x+y)=700m$이고, 같은 방향일 때는 $(x-y)=100m$으로 정리가 되고 700과 100을 한 번은 더하고 한번은 빼면 800과 600이 되고 각각을 2로 나누면 속력이 빠른 값이 400이 되고 느린 값이 300이 된다.

정답 ▶ ③

## 03 강을 따라 배를 타고 40km 떨어진 상류로 올라가는 데는 5시간, 원래 위치로 내려오는 데는 2시간이 걸렸다. 이 강물의 속력을 바르게 구한 것은?

① 20km/h ② 16km/h ③ 10km/h ④ 6km/h ⑤ 4km/h

**문제풀이**

배의 속력을 시속 $x$km, 강물의 속력을 시속 $y$km라 하면, 강물을 올라갈 때의 배의 속력은 시속 $(x-y)$km 이고, 강물을 내려갈 때 배의 속력은 시속 $(x+y)$km이다. 따라서

$5(x-y)=40$

$2(x+y)=40$,

$10x-10y=80$

$10x+10y=200$,

$\therefore 20x=280,\ x=14,\ y=6$

따라서 강물의 속력은 시속 6km이다.

정답 ▶ ④

## 04 일정한 속력으로 달리는 열차가 길이가 700m인 철교를 완전히 통과하는 데 1분이 걸렸다. 또 길이가 1,350m인 터널을 통과할 때는 열차가 1분 30초 동안 보이지 않았다. 이 열차의 길이를 바르게 구한 것은?

① 120m ② 110m ③ 100m ④ 90m ⑤ 70m

**문제풀이**

열차의 길이를 $x$m라 할 때, 열차의 길이가 700m인 철교를 완전히 통과하려면 $(700+x)$m를 달려야 하고, 길이가 1,350m인 터널을 통과하는 동안 열차가 보이지 않을 때 이동한 거리는 $(1,350-x)$m이다.

이때, 열차의 속력이 일정하므로 $\frac{700+x}{60}=\frac{1,350-x}{90}$, $2,100+3x=2,700-2x$, $5x=600$ $\therefore x=120$

따라서 열차의 길이는 120m이다.

정답 ▶ ①

**05** **자전거로 A 지점에서 B 지점까지 가는데 시속 12km로 가면 예정 시간보다 3분이 더 걸리고, 시속 15km로 가면 예정 시간보다 5분이 단축된다고 할 때, 예정 시간을 바르게 구한 것은?**

① 40분 ② 39분 ③ 38분 ④ 37분 ⑤ 36분

문제풀이

예정된 시간을 $x$라 하고, 시속 12km로 가는 것과 시속 15km로 가는 거리는 동일하므로 분을 시간의 단위로 바꿔서 식을 세우면 $12(x+\frac{1}{20})=15(x-\frac{1}{12})$이다. 정리하면, $3x=\frac{37}{20}$, $x=\frac{37}{60}$이므로 37분이 된다.

정답 ▶ ④

필수유형분석

■ 언어이해

■ 자료해석

■ 창의수리

■ 언어추리

■ 수열추리

## 빈출 유형 공략 문제

해설 p. 52

**01** 올라갈 때와 내려올 때 각각 1,000m씩인 등산 산책로가 있다. 올라갈 때는 1m/s로 가고 내려올 때는 4m/s 속력으로 뛰다가 중간에 2m/s로 걸어 내려왔다. 올라갈 때가 내려올 때보다 600s의 시간이 더 걸렸을 때, 내려올 때 뛰어간 거리를 바르게 구한 것은?

| 2023 하반기 기출 키워드 | 산책로 1000m 올라갈 때는 1m/s, 내려올 때는 4m/s로 뛰다가 2m/s로 걷는 문제

① 300m ② 400m ③ 450m ④ 500m ⑤ 600m

**02** 400m 원형 트랙을 A와 B가 돌고 있다. A는 160m/s, B는 200m/s로 돌 때, 같은 지점에서 동시에 출발하여 같은 방향으로 1분 동안 달린다면 두 사람은 몇 번 만나는지 바르게 구한 것은? (단, 처음 출발할 때 만난 것은 횟수에서 제외한다.)

| 2023 상반기 기출 키워드 | 400m 원형 트랙을 A가 160m/s, B가 200m/s로 돌 때 몇 번 만나는가

① 7번 ② 6번 ③ 5번 ④ 4번 ⑤ 3번

**03** 유속이 2km/h, 보트의 속력이 12km/h이고, 거리가 28km인 상류에서 하류까지 왕복했을 때, 걸린 시간을 바르게 구한 것은?

| 2023 하반기 기출 키워드 | 유속 2, 보트의 속력 12로 상류에서 하류를 왕복했을 때 걸린 시간

① 4시간 18분 ② 4시간 24분 ③ 4시간 36분
④ 4시간 40분 ⑤ 4시간 48분

**04** A지점에서 B지점까지의 길을 성곤, 예림 두 사람은 동시에 출발하고, 승우는 6분 뒤에 출발하였다. 예림이와 승우가 B에 동시에 도착했을 때, 성곤이는 B지점으로부터 1,200m 떨어진 곳에 있었다. 성곤, 예림, 승우의 속도의 비는 3:4:5로 세 명 모두 각각 일정한 속력으로 움직일 때, 예림이의 속력을 바르게 구한 것은?

① 160m/min ② 150m/min ③ 140m/min
④ 130m/min ⑤ 120m/min

**05** 길이가 120m인 두 기차가 각각 시속 108km로 마주 보며 달려오고 있다. 두 기차가 만나서 완전히 스쳐 지나갈 때까지 걸리는 시간을 바르게 구한 것은?

① 6초 ② 5.5초 ③ 5초 ④ 4.5초 ⑤ 4초

# 필수 유형 3 농도와 비율

## 필수 이론

### 유형 설명

- 소금물에 물을 더 넣었거나 증발시키는 경우 : 소금물의 양은 늘어나거나 줄어들지만 소금의 양은 변하지 않는다. 소금의 양의 변화가 없는 경우에는 소금의 양을 기준으로 하여 계산한다. 소금물의 양이 대부분 백의 자리이므로 100으로 약분하여 수를 줄여서 계산한 후 마지막에 100을 곱하면 계산이 쉽다.

- 두 소금물을 섞는 경우 : (A소금물의 소금의 양) + (B소금물의 소금의 양) = (A+B 소금의 양)
  소금물의 양이 대부분 백의 자리이므로 100으로 약분하여 수를 줄여서 계산한 후 마지막에 100을 곱하면 계산이 쉽다.

- 농도가 서로 다른 두 소금물의 양을 다르게 하여 섞는 경우 : 2번의 유형에서 응용된 문제이다. 소금의 양의 변화가 없으므로 소금의 양을 기준으로 두고 계산식을 세우고 연립방정식을 이용하여 계산할 수 있다.
  농도가 A인 소금물　　　농도가 B인 소금물
  (소금물 $x$g의 소금의 양) + (소금물 $y$g의 소금의 양) = (A/100)$x$ + (B/100)$y$ = $(x+y)$ X 전체농도/100
  (소금물 $p$g의 소금의 양) + (소금물 $q$g의 소금의 양) : (A/100)$p$ + (B/100)$q$ = $(p+q)$ X 전체농도/100

- 소금물에 소금을 더 넣은 경우: 소금을 추가할 경우 소금물의 양, 농도, 소금의 양 모두 값이 변하게 된다. 소금물의 양이 대부분 백의 자리이므로 약분하여 수를 줄여서 계산하면 된다.
  (기존 소금물의 소금의 양) + ( 추가된 소금의 양 ) = (완성된 소금물의 소금의 양)

- 학생 수가 증가/감소하는 경우: 학생 수의 증감량 문제는 사람의 수를 구하는 문제이므로 소수나 분수 형태가 아닌 정수 형태로 나올 수 밖에 없다. 이에 따라 처음에는 연립방정식으로 연습하되 시간이 지나면 배수 개념으로 답을 구하면 쉽다.

### 풀이 TIP

- 공식을 활용하되 계산을 간단히 할 수 있도록 조건들의 관계를 정확하게 파악하여 식을 세워야 한다.
- 미지수를 설정하는 것과 문제 안에 숨은 의도를 잘 파악하여 여러 유형에 맞추어 식을 세우고 답을 구해야 한다.
- 가중치를 이용하여 문제를 풀면 시간을 단축시킬 수 있다.

## 필수 유형 연습

**01** **주연이는 4%의 소금물 Ag에 12%의 소금물 Bg을 섞어서 10%의 소금물 480g을 만들려고 한다. B−A 의 값을 바르게 구한 것은?**

① 360g ② 240g ③ 180g ④ 150g ⑤ 120g

문제풀이

가중치로 문제를 풀면 아래와 같다.

<table>
<tr><td>4%</td><td>10%</td><td>12%</td><td></td></tr>
<tr><td colspan="2">6(10−4)</td><td>2(12−10)</td><td>10%를 기준으로 농도 차의 비를 정리하면 3:1</td></tr>
<tr><td colspan="2">1</td><td>3</td><td>비례식으로 풀기 위해 1:3으로 바꿔줌</td></tr>
<tr><td>120g</td><td>480g</td><td>360g</td><td>10%의 소금물이 480g이므로 1:3을 계산하기 위해<br>4로 나누면 1당 120g이 됨을 알 수 있음</td></tr>
</table>

따라서 360−120 = 240g이 된다.

정답 ▶ ②

**02** **8%의 소금물 400g과 15%의 소금물을 섞어 11%의 소금물을 만들었다. 이때 15%의 소금물의 양을 바르게 구한 것은?**

① 210g ② 240g ③ 250g ④ 270g ⑤ 300g

문제풀이

15%의 소금물의 양을 $x$g이라 하면

$\frac{8}{100}\times 400+\frac{15}{100}\times x=\frac{11}{100}\times(400+x)$, $3,200+15x=11(400+x)$, $3,200+15x=4,400+11x$

$4x=1,200$, $x=300(\text{g})$

따라서 15%의 소금물은 300g이다.

정답 ▶ ⑤

**03** M고등학교의 올해의 남학생 수와 여학생 수는 작년에 비하여 남학생은 10% 증가하고 여학생은 8% 감소했다. 작년의 전체 학생 수는 770명이었고, 올해는 작년에 비하여 4명이 감소하였다고 할 때, 작년의 여학생 수를 바르게 구한 것은?

① 450명 ② 425명 ③ 400명 ④ 390명 ⑤ 370명

문제풀이

작년의 여학생 수를 $x$명이라 하면, 작년 전체 학생 수는 770명이므로 작년의 남학생 수는 $(770-x)$명이다.
올해 남학생은 10% 증가하였고, 여학생은 8% 감소하였으므로 작년 대비 올해 증가한 남학생 수와 감소한 여학생 수는 각각 $\frac{10}{100}\times(770-x)$명, $-\frac{8}{100}x$명이다.

이때 전체 학생은 4명이 감소하였으므로 $\frac{10}{100}\times(770-x)-\frac{8}{100}x=-4$이다. 양변에 100을 곱하면

$7,700-10x-8x=-400,\ 18x=8,100,\ x=450$

따라서 작년의 여학생 수는 450명이다.

정답 ▶ ①

**04** A회사와 B회사에서 만든 냉장고 수의 비는 5:6, 합격품인 냉장고 수의 비는 7:8, 불합격품인 냉장고 수의 비는 1:2였다. 합격품인 냉장고 수가 450대였을 때, A회사와 B회사에서 만든 냉장고는 모두 몇 대인지 바르게 구한 것은?

① 490대 ② 495대 ③ 500대 ④ 505대 ⑤ 510대

문제풀이

A회사와 B회사에서 만든 냉장고 수를 각각 $5x$대, $6x$대라고 하면 A회사에서 만든 합격품인 냉장고 수는 $450\times\frac{7}{15}=210$(대), B회사에서 만든 합격품인 냉장고 수는 $450\times\frac{80}{15}=240$(대)이므로, 불합격인 냉장고 수는 각각 $(5x-210)$대, $(6x-240)$대이다. 이때, 불합격품인 냉장고 수의 비가 1:2이므로

$(5x-210):(6x-240)=1:2$

$(6x-240)=2(5x-210),\ 6x-240=10x-420,\ 4x=180,\ x=45$

따라서, A회사와 B회사에서 만든 냉장고는 모두 $5x+6x=11\times45=495$(대)이다.

정답 ▶ ②

**05** 농도가 서로 다른 두 종류의 소금물 $A$, $B$가 있다. 소금물 $A$를 30g, 소금물 $B$를 20g 섞으면 10%의 소금물이 되고, 소금물 $A$를 20g, 소금물 $B$를 30g 섞으면 11%의 소금물이 된다. 두 소금물 $A$, $B$의 농도가 각각 $a\%$, $b\%$일 때, $ab$의 값을 바르게 구한 것은?

① 104 ② 96 ③ 88 ④ 72 ⑤ 68

문제풀이

두 소금물을 섞어도 소금의 양은 변화가 없으므로 소금의 양으로 식을 정리하면

| | 소금의 양 | |
|---|---|---|
| 농도 a%의 소금물 $A$를 30g + 농도 b%의 소금물 $B$를 20g =10%의 소금물 50g | $0.3a+0.2b=0.1\times50$ | $3a+2b=50$ |
| 농도 a%의 소금물 $A$를 20g + 농도 b%의 소금물 $B$를 30g =11%의 소금물 50g | $0.2a+0.3b=0.11\times50$ | $2a+3b=55$ |

두 식을 정리하면 $a=8$, $b=13$이 되고 8×13=104가 된다.

정답 ▶ ①

## 빈출 유형 공략 문제

해설 p. 53

**01** 6%의 소금물 200g에서 물을 증발시켜 12% 이상의 소금물을 만들려고 한다. 이때 최소 몇 g의 물을 증발시켜야 하는지 바르게 구한 것은?

① 100g ② 95g ③ 90g ④ 80g ⑤ 60g

**02** 파란색과 빨간색의 페인트가 A용기에는 2:3의 비율로 섞여 있고, B용기에는 4:5의 비율로 섞여 있다. A용기와 B용기의 페인트를 모두 섞어 파란색과 빨간색이 3:4의 비율로 섞인 페인트 840g을 만들었다면 A용기에 들어 있던 페인트의 양은 얼마인지 바르게 구한 것은?

① 180g ② 210g ③ 240g ④ 270g ⑤ 300g

**03** 8%의 소금물 250g이 있다. 20%의 소금물을 만들기 위해 몇 g의 소금을 더 넣어야 하는지 바르게 구한 것은?

① 36g ② 36.5g ③ 37g ④ 37.5g ⑤ 38g

**04** 각각의 컵에 6%의 소금물 300g과 9%의 소금물 600g이 들어 있다. 이 두 컵에서 동시에 $x$g의 소금물을 덜어 내어 서로 바꾸어 넣었더니 두 소금물의 농도가 같아졌다고 할 때, $x$의 값을 바르게 구한 것은?

① 150g ② 180g ③ 200g ④ 210g ⑤ 240g

**05** A, B 두 제품을 생산하는 공장이 있다. 이 공장의 지난달 생산량은 A, B 두 제품을 합하여 460개이고, 이번 달 생산량은 지난달에 비해 A 제품은 15% 증가하고, B 제품은 5% 감소하여 총생산량이 473개가 되었다. 이번 달 A 제품의 생산량을 바르게 구한 것은?

① 186개 ② 192개 ③ 207개 ④ 213개 ⑤ 221개

필수 유형 4

# 경우의 수와 확률

## 필수 이론

### 유형 설명

- 주어진 사건의 경우의 수와 관련된 합의 법칙, 곱의 법칙, 순열이나 조합에 관한 공식을 활용한 유형이다.
- 계산이 어렵지 않아 시간이 오래 걸리지는 않으나 실수로 인한 오답률이 높을 수 있다.
- 문제에서 요구하는 조건이 무엇인지 잘 파악하여 적합한 풀이로 답을 구해야한다.

### 풀이 TIP

- "~일 때, ~일 확률이란?" 표현이 나오면 조건부 확률을 이용한다.
- "적어도" 라는 표현이 나오면 여사건의 확률을 이용한다.
- 원순열, 중복 조합의 경우 공식을 활용한다.

## 필수 유형 연습

**01** **남자 사원 6명, 여자 사원 4명 중에서 남자 사원 2명과 여자 사원 2명을 총무로 뽑는 방법의 수를 바르게 구한 것은?**

① 64가지　② 80가지　③ 90가지　④ 108가지　⑤ 120가지

문제풀이

남자 사원 6명 중 총무 2명을 뽑는 가지 수는 ${}_6C_2=\frac{6\times5}{2}=15$(가지)이고, 여자 사원 4명 중 총무 2명을 뽑는 가지 수는 ${}_4C_2=\frac{4\times3}{2}=6$(가지)이다. 따라서 남자 사원 2명과 여자 사원 2명을 총무로 뽑는 경우의 수는 $15\times6=90$(가지)이다.

정답 ▶ ③

**02** **A, B, C, D, E 5명이 월~금요일까지 근무를 하는데, D가 금요일, E가 수요일에 일할 확률을 바르게 구한 것은?**

| 2023 하반기 기출 키워드 | 월~금 5명이 근무하는데 D가 금요일, E가 수요일에 근무할 확률

① $\frac{1}{10}$　② $\frac{1}{15}$　③ $\frac{1}{20}$　④ $\frac{1}{5}$　⑤ $\frac{1}{4}$

문제풀이

5명이 월요일부터 금요일까지 근무를 설 수 있는 총 가지 수는 $5\times4\times3\times2\times1=120$(가지)이고, 이 중에서 D가 금요일, E가 수요일에 일할 가지 수는 D와 E는 정해져 있으므로 나머지 A, B, C가 월요일, 화요일, 목요일에 근무가 정해지므로 $3\times2\times1=6$(가지)이다. 따라서 확률은 $\frac{1}{20}$이 된다.

정답 ▶ ③

**03** 우석이와 소희를 포함한 5명이 원탁에 앉아 있다. 우석이와 소희 두 사람이 이웃하여 앉는 경우의 수를 a가지, 마주 보고 앉는 경우의 수를 b가지라고 할 때, a는 b의 몇 배인지 바르게 구한 것은?

① 8배 ② 6배 ③ 5배 ④ 3배 ⑤ 2배

문제풀이

ⅰ) 우석이와 소희가 이웃하여 앉는 경우: 두 사람을 한 묶음으로 두고, 총 4명이 원탁에 앉는 경우를 구하면 $(4-1)!=3!=6$(가지)가 된다. 여기서 우석이와 소희가 자리를 바꿀 수 있으므로 $6\times2=12$(가지)이다. $\therefore a=12$

ⅱ) 우석이와 소희가 마주 보며 앉는 경우: 우석이와 소희가 마주 보면 나머지 3명만 자리를 바꿀 수 있으므로 $3!=6$(가지)가 된다. $\therefore b=6$

따라서 a는 b의 2배가 된다.

정답 ▶ ⑤

**04** A팀과 B팀이 경기를 하고 있다. 먼저 두 세트를 이긴 팀이 결승에 진출한다고 하며 각 세트당 A팀이 이길 확률은 $\frac{1}{3}$, B팀이 이길 확률은 $\frac{1}{4}$이며, 비길 확률은 $\frac{5}{12}$이다. 두 세트만에 결승에 진출할 팀이 나올 확률을 바르게 구한 것은?

① $\frac{119}{144}$ ② $\frac{7}{12}$ ③ $\frac{4}{9}$ ④ $\frac{35}{144}$ ⑤ $\frac{25}{144}$

문제풀이

두 세트만에 결승에 진출할 팀이 나오려면 A팀 혹은 B팀이 연속으로 2세트를 모두 이기면 된다. 따라서 A팀이 2세트 연속으로 이길 확률은 $(\frac{1}{3})^2=\frac{1}{9}$이고, B팀이 2세트 연속으로 이길 확률은 $(\frac{1}{4})^2=\frac{1}{16}$이다. 따라서 $\frac{1}{9}+\frac{1}{16}=\frac{16}{144}+\frac{9}{144}=\frac{25}{144}$가 된다.

정답 ▶ ⑤

**05** 갑이 받은 이메일 중에서 60%는 스팸메일이고, 40%는 일반메일이라고 한다. 이때 스팸메일 중에서 당첨이라는 단어가 포함될 확률은 0.7이고 일반메일 중에서 당첨이라는 단어가 포함될 확률은 0.1이라 한다. 갑이 당첨이라는 단어가 포함된 이메일을 받았다고 할 때, 이 메일이 스팸메일일 확률을 바르게 구한 것은?

① $\frac{2}{21}$ ② $\frac{5}{21}$ ③ $\frac{1}{24}$ ④ $\frac{2}{23}$ ⑤ $\frac{21}{23}$

문제풀이

스팸메일과 일반메일의 수를 각각 $3x$, $2x$로 놓고 주어진 조건을 정리하면 다음과 같다.

| | 스팸메일 | 일반메일 | 합계 |
|---|---|---|---|
| 당첨 O | $3x \times 0.7 = 2.1x$ | $2x \times 0.1 = 0.2x$ | $2.1x + 0.2x = 2.3x$ |
| 당첨 × | | | |
| 합계 | $3x$ | $2x$ | |

따라서 구하는 확률은 $\frac{2.1x}{2.3x} = \frac{21}{23}$이 된다.

정답 ▶ ⑤

필수유형분석
언어이해
자료해석
창의수리
언어추리
수열추리

## 빈출 유형 공략 문제

해설 p. 54

**01** 어느 공장의 제품 중 5%는 불량품이다. 이 공장에서는 불량품을 판정하기 위해 기계를 사용하는데 이 기계가 올바르게 판정할 확률이 90%이다. 이 공장 제품 중 하나를 택하여 기계로 판정했을 때 불량품이었다면, 이 제품이 실제로 불량품일 확률을 바르게 구한 것은?

| 2023 하반기 기출 키워드 | 확률

① $\frac{5}{28}$　② $\frac{9}{28}$　③ $\frac{9}{14}$　④ $\frac{5}{14}$　⑤ $\frac{1}{7}$

**02** 성곤이랑 지혜랑 주사위 게임을 하고 있다. 성곤이가 주사위 굴려서 3이 나오면 당첨이고 2, 4, 5, 6이 나오면 "다음 기회"가 된다. 1이 나온 경우에는 지혜와 가위바위보를 해서 이기면 당첨, 비기면 다시 가위바위보, 지면 다음 기회가 된다. 두 번째로 진행한 가위바위보에서는 무조건 이겨야만 당첨이 되고 비기거나 지게 되면 다음 기회라고 할 때, 성곤이가 당첨이 될 수 있는 확률을 바르게 구한 것은?

① $\frac{13}{54}$　② $\frac{11}{54}$　③ $\frac{13}{27}$　④ $\frac{11}{27}$　⑤ $\frac{6}{27}$

**03** A아파트 공동현관 비밀번호는 세 자리 숫자이다. 비밀번호는 1부터 5까지 조합된 수이다. 이때, 비밀번호의 숫자가 216 이상일 확률을 바르게 구한 것은? (단, 숫자는 중복 사용이 가능하다.)

① $\frac{6}{25}$　② $\frac{31}{36}$　③ $\frac{19}{25}$　④ $\frac{19}{125}$　⑤ $\frac{6}{125}$

**04** 공 10개와 크기가 다른 상자 3개가 있다. 공 10개를 상자에 넣을 때, 모든 상자에 한 개 이상의 공이 들어가도록 넣는 방법의 수를 바르게 구한 것은?

① 6가지 ② 12가지 ③ 20가지 ④ 28가지 ⑤ 36가지



**05** 준오를 포함하여 7명의 후보 중에서 대표 2명을 뽑으려고 할 때, 준오가 뽑히지 않을 확률을 바르게 구한 것은?

① $\frac{2}{35}$ ② $\frac{5}{7}$ ③ $\frac{5}{14}$ ④ $\frac{2}{15}$ ⑤ $\frac{3}{5}$

**06** 7전 4선승제 경기에서 2승 1패 중인 J팀이 K팀에게 역전을 당해 우승하지 못할 확률을 바르게 구한 것은?

① $\frac{1}{4}$ ② $\frac{3}{8}$ ③ $\frac{9}{16}$ ④ $\frac{7}{16}$ ⑤ $\frac{5}{16}$

필수 유형 5

# 작업량

## 필수 이론

### 유형 설명

- 한 시간 동안 어떤 일을 끝내는 데, A와 B가 각각 소요된 시간이 주어졌을 때, A와 B가 함께 일하면 총 얼마의 시간이 소요되는지 묻는 문제
- 하루에 A와 B가 함께 할 수 있는 일의 양과 하루에 A와 C가 함께 할 수 있는 일의 양을 알려주고 A, B, C 각각 하루에 할 수 있는 일의 양을 구하는 문제
- A, B 두 개의 호스로 물통을 채우는 양을 알려주고 C 호스로는 물을 배수하는 양을 알려주면서 물통 전체를 채울 수 있는 시간을 구하는 문제

### 풀이 TIP

- 단위 시간을 시간이 아니라 분당으로 계산도 가능하다.
- '시간' 단위가 분수로 제시되는 경우, '분' 단위로 환산할 때 실수가 없도록 해야한다.

  예 $\frac{2}{10}$(시간)=12(분)
- 방정식, 연립방정식 유형으로 계산을 빨리 할 수 있도록 숫자를 잘 이용해야한다.

## 필수 유형 연습

**01** 어떤 물통에 물을 가득 채우는 데 A호스로는 8시간, B호스로는 16시간이 걸리며, 또 가득 찬 물을 C호스로 빼는 데는 12시간이 걸린다고 한다. A, B호스로 물을 넣음과 동시에 C호스로 물을 뺀다면 이 물통에 물을 가득 채우는 데 걸리는 시간을 바르게 구한 것은?

① 9시간 48분 ② 9시간 36분 ③ 9시간 12분
④ 8시간 42분 ⑤ 8시간 36분

문제풀이

전체 물통의 물의 양을 1이라고 하면 A, B호스로 1시간 동안 채우는 물의 양은 각각 $\frac{1}{8}$, $\frac{1}{16}$이고,

C호스로 1시간 동안 빼는 물의 양은 $\frac{1}{12}$이다.

물통에 물을 가득 채우는 데 걸리는 시간을 $x$시간이라고 하면,

$(\frac{1}{8}+\frac{1}{16}-\frac{1}{12})\times x=1$

$(6+3-4)x=48$

$x=\frac{48}{5}=9\frac{3}{5}=9\frac{36}{60}$

따라서 9시간 36분이 걸린다.

정답 ▶ ②

**02** **A, B 두 사람이 함께 8일 동안 작업하면 끝나는 일이 있다. 이 일을 A가 먼저 5일 동안 한 후에 B가 10일 동안 일을 해서 끝마쳤다고 한다. 같은 일을 A, B가 함께 2일을 하고 B가 혼자서 며칠 동안 일을 하면 끝날 수 있는지 바르게 구한 것은?**

① 6일 ② 7일 ③ 8일 ④ 9일 ⑤ 10일

문제풀이

전체 일의 양을 1이라 하고 A, B 두 사람이 하루에 할 수 있는 일의 양을 각각 a, b라고 하자.
8일 동안 일을 끝냈다면, $8(a+b)=1$이 되고, A가 5일 동안 한 후에 B가 10일 동안 일을 해서 끝냈다면 $5a+10b=1$이 된다. 두 식을 정리하면 a=$\frac{1}{20}$, b=$\frac{3}{40}$이 된다.
같은 일을 A, B가 함께 2일을 하고 B가 혼자서 며칠 동안 일을 하면 끝내는지를 구하기 위해 B가 혼자서 일한 날을 $x$라고 한다면, $2(a+b)+bx=1$이 된다. 위의 a=$\frac{1}{20}$, b=$\frac{3}{40}$을 대입하면, $2(\frac{1}{20}+\frac{3}{40})+\frac{3}{40}x=1$이 되고 정리하면 $x$=10(일)이 된다.

정답 ▶ ⑤

**03** **크로스핏 선수가 스쿼트 600개를 하는 데 2시간이 걸리고, 오늘 처음 크로스핏을 시작한 초보자가 스쿼트 600개를 하는 데는 4시간이 걸린다. 크로스핏 선수와 초보자가 동시에 스쿼트를 시작해서 두 사람의 총 스쿼트 개수가 600개가 되는 시간을 바르게 구한 것은?**

① 1시간 10분 ② 1시간 20분 ③ 1시간 25분
④ 1시간 30분 ⑤ 1시간 50분

문제풀이

크로스핏 선수는 스쿼트 600개를 2시간에 하므로 1시간에 300개를 할 수 있고, 초보자는 스쿼트 600개를 4시간 동안 하므로 1시간에 150개를 할 수 있다. 둘이 함께 하는 시간을 $x$라고 하고, 1시간에 450개를 하는 것으로 식을 세우면 $(300+150)\times x=600, x=\frac{4}{3}$가 된다. 따라서 1시간 20분이 된다.

정답 ▶ ②

## 빈출 유형 공략 문제

해설 p. 55

**01** 어느 공장에서는 신발을 만들기 위해 A, B 두 종류의 기계를 사용한다. A기계 1대와 B기계 4대를 가동하면 3분 동안 신발 60켤레를 만들 수 있고, A기계 2대와 B기계 3대를 가동하면 2분 동안 신발 50켤레를 만들 수 있다. A기계 3대와 B기계 2대를 이용하여 3분 동안 만들 수 있는 신발의 수를 바르게 구한 것은? (단, A, B기계는 각각 따로 작동한다.)

① 85켤레 ② 88켤레 ③ 90켤레 ④ 94켤레 ⑤ 100켤레

**02** 도자기 장인이 컵을 하나 만드는 데 일반인보다 10분 동안 2개를 더 만들어 낼 수 있다고 한다. 일반인은 3시간 동안 만들어도 장인의 1시간 작업량의 절반밖에 만들지 못한다고 할 때, 장인과 일반인이 1시간 동안 만들 수 있는 도자기 컵은 모두 몇 개인지 바르게 구한 것은?

① 13.6개 ② 14.2개 ③ 15개 ④ 16.8개 ⑤ 17.4개

**03** 화물차 A, B, C가 있다. 어떤 화물을 A화물차 5대로 매일 8시간씩 나르면 12일에, B화물차 12대로 매일 10시간씩 나르면 5일에, C화물차 3대로 매일 8시간씩 나르면 5일에 모두 나를 수 있다고 한다. 만일 A화물차 4대, B화물차 5대, C화물차 3대로 매일 8시간씩 함께 나른다면 며칠 만에 모두 나를 수 있는지 바르게 구한 것은?

① 6일 ② 5일 ③ 4일 ④ 3일 ⑤ 2일

**04** A는 1시간에 1/10의 일을 하고 B는 1/5의 일을 한다. A와 B가 같이 일할 때, 일을 끝내는 데 걸릴 시간을 바르게 구한 것은?

| 2023 하반기 기출 키워드 | A는 1시간에 1/10의 일, B는 1/5의 일을 한다. 같이 일할 때, 일이 끝나는 시간

① 3시간 30분 ② 3시간 20분 ③ 3시간 10분
④ 3시간 ⑤ 2시간 20분

**05** 물이 들어 있는 커다란 수조가 하나 있다. 1분마다 수조에는 일정량이 물이 흘러 들어가고 있다. 4명이 이 수조의 물을 퍼내는 데 30분이 걸리고, 8명이 이 일을 하면 10분이 걸린다. 이 수조의 물을 5분 만에 모두 퍼내려고 하면 몇 명이 필요한지를 바르게 구한 것은?

| 2023 하반기 기출 키워드 | 일의 양

① 16명 ② 15명 ③ 14명 ④ 13명 ⑤ 12명

필수 유형 6

# 비용

## 필수 이론

### 유형 설명

- 정가에 a%를 할인하여 판매한 금액을 구하거나, 원가에 b%의 이익을 붙였을 때 정가를 구하는 문제
- 이자유형에서 단리나 복리를 활용하는 유형

### 풀이 TIP

- 증가량과 증가한 후의 양은 다르기 때문에 둘 중에 하나를 이용하여 계산한다.
- 원가 + 이익 = 정가라는 것을 기억해두고 실수하지 않아야 한다.
- 복리계산의 경우, 비율적으로 한 번에 구할 수 있는 지점을 활용해야 한다.

## 필수 유형 연습

**01** **원가에 30%의 이익을 붙여 정가를 정했는데 물건이 팔리지 않아 정가에 25%를 할인해서 판매하였다. 1개당 700원을 손해 봤을 때, 원가를 바르게 구한 것은?**

① 28,000원 ② 27,000원 ③ 26,000원
④ 25,000원 ⑤ 24,000원

문제풀이

원가를 $a$라고 하면 $a(1+\frac{30}{100})\times\frac{75}{100}-a=-700$으로 식을 세울 수 있다.

정리하면 $\frac{39}{40}a-a=-700$, $-\frac{1}{40}a=-700$, $a=28{,}000$원이 된다.

정답 ▶ ①

**02** 어느 지역의 공원에서 반려견 쉼터를 거쳐서 쇼핑몰까지 운행하는 버스의 구간별 요금은 다음과 같다. 공원에서 이 버스를 탄 승객은 50명이고, 쇼핑몰에 도착하여 내린 승객은 45명이다. 이 버스의 승차권의 판매 요금이 총 69,800원일 때, 반려견 쉼터에서 버스에 탄 승객과 내린 승객은 모두 몇 명인지 바르게 구한 것은?

| 구간 | 요금 |
|---|---|
| 공원 → 반려견 쉼터 | 800원 |
| 반려견 쉼터→ 쇼핑몰 | 1,000원 |
| 공원 → 쇼핑몰 | 1,400원 |

① 19명 ② 18명 ③ 17명 ④ 16명 ⑤ 15명

**문제풀이**

반려견 쉼터에서 탄 사람의 수를 $x$명이라 하고, 내린 사람의 수를 $y$명이라고 하자. 공원에서 반려견 쉼터까지 이동한 승객은 반려견 쉼터에서 내린 인원수와 같으므로 $y$명이 되고, 반려견 쉼터에서 쇼핑몰까지 이동한 사람의 수는 반려견 쉼터에서 탑승한 승객의 수와 같으므로 $x$명이 되며 공원에서 쇼핑몰까지 간 승객은 50명에서 반려견 쉼터에서 내린 사람을 뺀 $(50-y)$명이 된다. 또한 처음 50명에서 내리고 탄 사람을 계산하면 쇼핑몰에서 내린 인원인 45명이므로 $50+x-y=45$가 된다.

| 구간 | 요금 | 승객의 수 |
|---|---|---|
| 공원 → 반려견 쉼터 | 800원 | $y$명 |
| 반려견 쉼터→ 쇼핑몰 | 1,000원 | $x$명 |
| 공원 → 쇼핑몰 | 1,400원 | $(50-y)$명 |

따라서 식을 세우면 $1,400(50-y)+800y+1,000x=69,800$

$700-14y+8y+10x=698$

$5x-3y=-1$

두식을 정리하여 $x-y=-5$, $5x-3y=-1$을 계산하면 $x=7$, $y=12$이며 총 19명이 된다.

정답 ▶ ①

## 03

은행에 60만 원을 예금하면 1년 간 연 이자가 $x$%이다. 이자소득에 대한 세금으로 15%를 공제하면 1년 뒤에 받을 수 있는 돈이 615,300원이라고 할 때, 연 이자는 몇 %인지 바르게 구한 것은?

① 3.5% ② 3.2% ③ 3% ④ 2.8% ⑤ 2.5%

**문제풀이**

60만 원에 대한 이자는 $600,000\times\frac{x}{100}=6,000x$(원)이다.

이때 $6,000x$원에 대한 세금이 15%이고 1년 뒤에 받는 돈의 이익이 15,300원이므로,

$6,000x\times\frac{85}{100}=15,300$, $5,100x=15,300$

$x=3$

따라서 연 이자는 3%이다.

정답 ▶ ③

## 04

민지의 휴대전화는 기본요금이 12,000원이고 1초 통화에 2원씩인 요금제를 사용한다. 이번 달 우수고객으로 선정되어 기본요금을 30% 할인받고 200분 무료통화, 그 후 600초 통화까지는 20%, 600초 초과부터는 40%를 할인받았더니 전화요금이 28,200원이었다. 민지가 이번 달에 통화한 시간은 몇 초인지 바르게 구한 것은? (단, 문자 사용료는 무료이다.)

① 32,800초 ② 31,400초 ③ 30,000초
④ 29,600초 ⑤ 28,300초

**문제풀이**

이번 달 통화시간을 $x$초라 하면

기본요금에서 30% 할인받으면 $12,000\times\frac{70}{100}$, 600초까지 20% 할인받으면 $600\times2\times\frac{80}{100}$,

무료통화 200분(=12,000초)과 600초를 제외하고 40% 할인받으면

$(x-12,600)\times2\times\frac{60}{100}$

$12,000\times\frac{70}{100}+600\times2\times\frac{80}{100}+(x-12,600)\times2\times\frac{60}{100}=28,200$

$8,400+960+\frac{6}{5}x-15,120=28,200$,

$\frac{6}{5}x=33,960$

$x=28,300$(초)

정답 ▶ ⑤

## 빈출 유형 공략 문제

해설 p. 56

**01** 정사원은 3,000만 원으로 주식을 시작하여 10%의 손해를 본 후, 투자금을 모두 회수하였다. 회수한 투자금 중 2,000만 원은 연이율 5%인 A은행에 예금하고, 나머지 투자금은 연이율 4%인 B은행에 예금하였다. 이때 예금액이 최초 주식투자 금액보다 많아지는 해는 몇 년 후인지 바르게 구한 것은? (단, 연이율은 복리로 계산하고, 소수점 아래는 버린다.)

| 2023 상반기 기출 키워드 | 일정 금액에서 손해를 보고 투자금 모두 회수, 일정 금액 예금

① 1년 ② 2년 ③ 3년 ④ 4년 ⑤ 5년

**02** 어떤 물건을 정가의 20%를 할인하여 팔았더니 원가에 대하여 4%의 이익을 얻었다고 한다. 이 물건은 원가에 몇 %의 이익을 붙여서 정가를 정한 것인지 바르게 구한 것은?

① 17% ② 20% ③ 24% ④ 26% ⑤ 30%

**03** 어떤 상품을 원가에 30%의 이익을 붙여서 정가를 정하고, 정가에서 1,200원을 할인하여 팔았더니 1개를 팔 때마다 원가의 10%의 이익을 얻었다. 이 상품의 원가를 바르게 구한 것은?

① 4,000원 ② 4,500원 ③ 5,000원 ④ 5,500원 ⑤ 6,000원

**04** 수진이는 다이어트를 하기 위해 두 식품 A, B를 각각 100g씩 먹을 때 섭취할 수 있는 탄수화물과 지방의 양을 조사하여 표로 나타내었다. 탄수화물은 95g, 지방은 48g만 섭취하려고 하며, A는 100g당 2,800원, B는 100g당 3,500원이라고 할 때 두 식품 A, B를 구입하는 데 필요한 비용은 총 얼마인지 바르게 구한 것은?

| 식품 / 영양소 | A | B |
|---|---|---|
| 탄수화물(g) | 25 | 10 |
| 지방(g) | 8 | 12 |

① 15,400원 ② 14,500원 ③ 14,400원
④ 13,400원 ⑤ 12,400원

**05** 최 부장은 2024년 말부터 매년 말에 1,100만 원씩 20년 동안 연금을 받게 된다. 이 연금을 연이율 4%의 복리로 계산하여 2024년 초에 일시불로 수령하고자 할 때, 수령하게 되는 금액을 바르게 구한 것은? (단, $(1.04)^{19}=2.1$, $(1.04)^{20}=2.2$로 계산하고 세금은 무시한다.)

① 2억 원 ② 1억 5,000만 원 ③ 1억 2,500만 원
④ 1억 1,500만 원 ⑤ 1억 원

Chapter

# 04

# 언어추리

필수 유형 1. 명제추리

필수 유형 2. 조건추리_줄 세우기

필수 유형 3. 조건추리_테이블

필수 유형 4. 조건추리_O, X 채우기

필수 유형 5. 조건추리_2×n, 3×3

필수 유형 6. 조건추리_정보정리

필수 유형 7. 진실게임_기본적인 진실게임

필수 유형 8. 진실게임_A=T, A=F

필수 유형 9. 진실게임_1명이 2개의 진술

## Chapter 소개

- 언어추리 영역은 명제추리, 조건추리, 진실게임 등의 유형이 출제되며, 주어진 조건을 통해 문제를 해결하는 유형의 문제가 출제된다.
- 실제 시험에서는 15분 동안 20문제를 풀어야 한다.

## 풀이 TIP

- 명제추리는 매개념 및 대우를 활용하거나 정보를 알아보기 편하게 정리한다.
- 조건추리_줄 세우기 유형의 경우, 고정조건을 토대로 경우의 수를 줄이는 것이 좋다.
- 조건추리_테이블 유형의 경우, 일반적으로 마주 보고 앉는다는 조건을 고정조건처럼 사용할 수 있다.
- 조건추리_O, X 채우기 유형의 경우, 고정조건을 토대로 표 안에 O 또는 X를 기입하며 문제를 푸는 것이 좋다.
- 조건추리_2Xn, 3X3, 정보정리 유형의 경우, 고정조건 및 제약사항을 토대로 경우의 수를 줄이는 것이 좋다.
- 진실게임 유형 대부분은 모순관계, 동일관계를 활용하여 진술의 참/거짓을 판별하거나 선택지를 소거한다.

# 언어추리에 들어가기 앞서서

최근 트렌드를 확인하면 명제추리는 단순명제 위주로 출제되며 조건추리에서는 AND, OR 등을 사용한 복합명제도 출제된다.

## 1. 명제의 종류

- 단순 명제: 정언 명제라고 하기도 하며 'A는 B이다.'와 같이 더 이상 쪼갤 수 없는 긍정형의 명제를 말한다.
- 합성 명제: AND를 활용한 연언 명제, OR를 활용한 선언 명제와 같이 논리 연산으로 묶인 명제를 말한다.

## 2. 합성 명제에 대한 이해

### 2.1. AND

- A와 B가 물건을 훔쳤다.

위 명제는 'A가 물건을 훔쳤고 B가 물건을 훔쳤다.'와 같이 두 명제가 AND로 묶인 경우다. AND의 경우 두 명제가 참이어야 합성 명제가 참이다. 다시 말해 'A가 물건을 훔쳤다.', 'B가 물건을 훔쳤다.'를 만족해야만 'A와 B가 물건을 훔쳤다.'가 참이다. 기호로 표현하자면 'A∧B'로 표현할 수 있고 진리표는 다음과 같다.

| A | B | A∧B |
|---|---|---|
| T | T | T |
| T | F | F |
| F | T | F |
| F | F | F |

### 2.2. OR

- A 또는 B가 물건을 훔쳤다.

위 명제도 'A가 물건을 훔쳤거나 B가 물건을 훔쳤다.'와 같이 두 명제가 OR로 묶인 경우다. OR의 경우 두 명제 중 하나 이상이 참이어야 합성 명제가 참이다. 다시 말해 'A가 물건을 훔쳤다.', 'B가 물건을 훔쳤다.' 중 하나를 만족하거나 둘 다 만족한다면 'A 또는 B가 물건을 훔쳤다.'가 참이다. 기호로 표현하자면 'A∨B'로 표현할 수 있고 진리표는 다음과 같다.

| A | B | A∨B |
|---|---|---|
| T | T | T |
| T | F | T |
| F | T | T |
| F | F | F |

### 2.3. XOR

- A 또는 B 중 한 명만 물건을 훔쳤다.

위 명제는 'A와 B 중 한 명만 물건을 훔쳤다.'와 같은 의미다. XOR의 경우 두 명제 중 하나만 참이어야 합성 명제가 참이다. 다시 말해 'A가 물건을 훔쳤다.', 'B가 물건을 훔쳤다.' 중 하나만 만족한다면 'A 또는 B 중 한 명만 물건을 훔쳤다.'가 참이다. 기호로 표현하자면 'A⊻B'로 표현할 수 있고 진리표는 다음과 같다.

| A | B | A⊻B |
| --- | --- | --- |
| T | T | F |
| T | F | T |
| F | T | T |
| F | F | F |

필수 유형 1

# 명제추리

## 필수 이론

### 유형 설명

- 3가지 이상의 단순명제를 제시 후 특정 명제를 도출할 수 있는지를 판별하는 유형이다.
- 총 20문제 중 2~3문제가 출제된다.

### 유형 TIP

- 매개념 및 대우를 활용한다.
- 특정 값의 대소비교는 부등호(<, >, ≤, ≥)를 활용하여 정리한다.
- 상황판단이 필요하다면 전체의 경우를 상정하여 판단한다.

## 1. 풀이 방법

명제추리 유형을 크게 이어주기, 대소비교, 상황판단으로 나눌 수 있다. 각 유형에 따른 풀이방법을 소개한다.

1.1. 이어주기

가장 대표적인 유형이고 전통적인 명제추리이다. 보기의 명제를 이어준 뒤 판별하는 보기의 내용이 옳은지(=항상 참인지), 옳지 않은지(=항상 거짓인지, 반드시 거짓인지), 옳은지 옳지 않은지 알 수 없는지(=항상 참인지 항상 거짓인지 판단할 수 없는지)를 판단해 보자.

1.1.1. 기호화

제시된 명제를 이어줄 때 간단하게 기호로 정리하자. 예를 들어 '논리력이 좋은 사람은 성격이 좋다'를 기호화하면 '논리력 → 성격'이다.

'~하지 않는다'와 같은 부정의 개념은 '~(not)'으로 표현해 보자. '논리력이 좋지 않은 사람은 말이 많지 않다'를 기호로 정리하면 '~논리력 → ~말.많'이다.

위에서 기호로 나타낸 것과 같이 논리력, 성격, 말.많과 같이 개념을 간단하게 정리하여 인식을 더 빠르게 할 수 있도록 해 보자.

1.1.2. 대우

보기의 명제를 이을 때 대우를 활용할 수도 있다. 대우를 취하는 방법은 명제에서 앞부분과 뒷부분을 바꾼 후 부정하는 것을 말한다. 명제인 p → q가 있다고 가정하자. 이를 대우하면 ~q → ~p이다. 명제가 참이면 대우도 참이다. 예를 들어 '논리력이 좋지 않은 사람은 말이 많지 않다'를 대우하면 '말.많 → 논리력'이다.

1.1.3. 매개념을 토대로 이어주기

참고하는 보기에 주어진 명제가 'a → b', '~c → ~b', 'c → d'라고 가정하자. 'a → b', '~c → ~b'를 이어주기 위해 '~c → ~b'를 대우하면 'b → c'가 된다. b를 매개로 'a → b → c'를 도출할 수 있다. 'a → b → c'에 'c → d'를 이어주면 'a → b → c → d'가 된다. b나 c와 같이 명제를 이어주도록 만드는 개념을 매개념이라 한다. 매개념을 중심으로 명제를 이은 후 판단하는 보기를 판별하자.

1.1.4. 선택지 판별

참고하는 보기의 명제를 이은 결과가 'a → b → c → d'라 가정하자. 이를 토대로 아래의 명제를 판별하면 다음과 같다. 편의상 상태에 따라 옳다는 O, 옳지 않다는 X, 옳은지 옳지 않은지 알 수 없다는 △로 정리했다.

〈보 기〉

| | | | | | |
|---|---|---|---|---|---|
| A. a → c | ⇒ O | J. ~a → ~c | ⇒ △ | S. c → ~a | ⇒ X |
| B. a → d | ⇒ O | K. ~a → ~d | ⇒ △ | T. d → ~a | ⇒ X |
| C. b → d | ⇒ O | L. ~b → ~d | ⇒ △ | U. d → ~b | ⇒ X |
| D. ~a → c | ⇒ X | M. c → a | ⇒ △ | V. ~c → ~a | ⇒ O |
| E. ~a → d | ⇒ X | N. d → a | ⇒ △ | W. ~d → ~a | ⇒ O |
| F. ~b → d | ⇒ X | O. d → b | ⇒ △ | X. ~d → ~b | ⇒ O |
| G. a → ~c | ⇒ X | P. ~c → a | ⇒ X | | |
| H. a → ~d | ⇒ X | Q. ~d → a | ⇒ X | | |
| I. b → ~d | ⇒ X | R. ~d → b | ⇒ X | | |

판별한 과정을 A, F, H, J, M, Q, S, X 명제로 설명하겠다. 옳다(O)와 옳지 않다(X)를 판별하는 기준은 뒤에 이어지는 개념이 오기는 하지만 명제와 정/부정이 맞는지의 여부이고 옳은지 옳지 않은지 알 수 없다(△)를 판별하는 기준은 명제에서 제시한 뒷부분이 있는지 없는지의 여부다. 명제에서 제시한 뒷부분이 없다면 해당 명제는 옳은지 옳지 않은지 알 수 없다.

- A. a → c

  'a → b → c → d'에 의해 옳다고 판단할 수 있다.

- F. ~b → d

  'a → b → c → d'를 대우하듯 정리해보자. '~d → ~c → ~b → ~a'를 도출할 수 있다. 이와 '~b → d'를 대우한 '~d → b'와 비교하면 ~d이면 ~b가 와야 하는데 b가 왔으니 옳지 않다고 판단할 수 있다.

  위 과정과 같이 참고하는 보기의 명제를 이은 결과와 판별하는 보기의 명제 모두 대우하여 판단해야 하는데 편의상 둘 다 대우하지 않고 'b → c → d'와 '~b → d'만 보고도 옳지 않다고 판단할 수 있다.

- H. a → ~d

  'a → b → c → d'에 의해 a이면 d라고 알 수 있다. a이면 ~d는 옳지 않다.

- J. ~a → ~c

  F명제의 판별 과정과 비슷하다. '~d → ~c → ~b → ~a'를 보면 ~a 뒤에 이어지는 개념이 없다. ~a이면 ~c인지 ~a이면 c인지 판별할 수 없다.

- M. c → a

  'a → b → c → d'에서 c 뒤에 이어지는 개념은 d뿐이다. 즉 c 뒤에 이어지는 개념으로 a 또는 ~a가 오지 않았기에 c이면 a인지 c이면 ~a인지 판별할 수 없다.

- Q. ~d → a

  '~d → ~c → ~b → ~a'를 보면 ~d이면 ~a라고 알 수 있다. 이에 따라 ~d이면 a는 옳지 않다.

- S. c → ~a

  'c → ~a'를 대우하면 'a → ~c'이다. a 뒤에 c가 오기에 'c → ~a'는 옳지 않다.

- X. ~d → ~b

  '~d → ~c → ~b → ~a'를 토대로 ~d이면 ~b라고 알 수 있다. ~d → ~b는 옳다.

### 1.2. 대소비교

참고하는 보기의 명제에 작다, 크다와 같은 표현을 토대로 대소비교를 부등호를 활용하여 정리한 뒤 판별하는 보기의 내용이 옳은지, 옳지 않은지, 알 수 없는지를 판단해 보자.

#### 1.2.1. 부등호로 정리

최근 출제 경향을 보면 작다, 크다 위주로 나오기에 <나 >로 정리하면 되지만 만약 작지 않다, 크지 않다의 표현이 나온다면 ≤, ≥로 정리했으면 한다. 예시와 함께 대소비교를 정리하면 다음과 같다.

예시

| | |
|---|---|
| – c는 e보다 연봉이 많다.<br>– a는 e보다 연봉이 많다. | – b는 d보다 연봉이 적다.<br>– a는 b보다 연봉이 적다. |

1단계

각 명제를 부등호로 간단히 나타낸다.

'a는 b보다 연봉이 적다'를 나타낸 'b > a'와 같이 부등호를 <나 >중 하나로 통일하여 각 명제를 토대로 결과를 도출하기 편리하게 만든다.

처음 문제를 푼다면 1단계의 과정이 필요하지만 풀이가 익숙해지면 각 명제를 부등호로 정리하지 않고 2단계의 결과물과 같이 대소비교를 하면서 바로 정리했으면 한다.

| | |
|---|---|
| $c > e$<br>$a > e$ | $d > b$<br>$b > a$ |

2단계

주어진 명제들을 토대로 결과를 도출한다.

| | |
|---|---|
| $c > e$ | $d > b > a > e$ |

1.2.2 선택지 판별

2단계까지 거친 결과를 토대로 판별하는 보기의 내용을 판별해 보자. 2.1.4. 선택지 판별과 마찬가지로 편의상 상태에 따라 옳다는 O, 옳지 않다는 X, 옳은지 옳지 않은지 알 수 없다는 △로 정리했다.

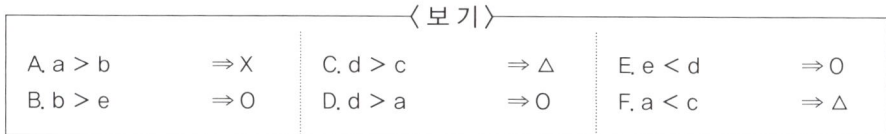

〈보 기〉

| | | | | | |
|---|---|---|---|---|---|
| A. a > b | ⇒ X | C. d > c | ⇒ △ | E. e < d | ⇒ O |
| B. b > e | ⇒ O | D. d > a | ⇒ O | F. a < c | ⇒ △ |

A. a > b

'd > b > a > e'에 의해 옳지 않다고 판단할 수 있다.

B. b > e

'd > b > a > e'에 의해 옳다고 판단할 수 있다.

C. d > c

d와 c의 대소비교를 정리하지 못했다. 옳은지 옳지 않은지 알 수 없다.

D. d > a

'd > b > a > e'에 의해 옳다고 판단할 수 있다.

E. e < d

'e < d'를 'd > e'로 인식하면 편하다. 'd > b > a > e'에 의해 옳다고 판단할 수 있다.

F. a < c

a와 c의 대소비교를 정리하지 못했다. 옳은지 옳지 않은지 알 수 없다.

1.3. 상황판단

상황 판단 유형은 참고하는 보기에 주어진 명제 즉 조건을 토대로 가능한 경우를 상정한 후 판별하는 보기의 명제가 모든 경우를 만족하는지(O), 아닌지(X), 일부만 만족하는지(△)를 판별하는 문제다. 경우 나누기, 명제의 판별 등 조건추리의 풀이와 비슷하다. 바로 문제로 풀이하면 다음과 같다.

**예** **다음의 명제를 토대로 도출한 〈보기〉의 결론 A, B에 대한 설명으로 옳은 것을 고르시오.**

- 채희, 희재, 재이는 매장에 도착한 순서대로 줄을 선다.
- 희재는 채희보다 먼저 매장에 도착한다.
- 재이는 2번째로 줄을 서지 않는다.

〈보 기〉

- A: 재이는 1번째로 줄을 선다.
- B: 채희는 재이보다 먼저 매장에 도착한다.

① A만 옳다. ② B만 옳다. ③ A, B 모두 옳다.
④ A, B 모두 옳지 않다. ⑤ A, B 모두 옳은지 옳지 않은지 알 수 없다.

문제풀이

재이는 2번째로 줄을 서지 않는다. 재이가 1번째로 줄을 서는 경우와 3번째로 줄을 서는 경우로 나눠보자.

| Case | 1번째 | 2번째 | 3번째 |
|---|---|---|---|
| 1 | 재이 | | |
| 2 | | | 재이 |

희재는 채희보다 먼저 매장에 도착한다. 이를 토대로 두 경우의 빈칸을 채우면 다음과 같다.

| Case | 1번째 | 2번째 | 3번째 |
|---|---|---|---|
| 1 | 재이 | 희재 | 채희 |
| 2 | 희재 | 채희 | 재이 |

A, B를 판별해 보자.

A: Case 1에서는 옳지만 Case 2에서는 옳지 않다.

B: Case 2에서는 옳지만 Case 1에서는 옳지 않다.

제시한 명제를 만족하는 모든 경우(Case 1, 2)에서 옳아야 옳다고 할 수 있고 제시한 명제를 만족하는 모든 경우에서 옳지 않아야 옳지 않다고 할 수 있다. A, B 모두 옳은지 옳지 않은지 알 수 없다.

정답 ▶ ⑤

## 2. 문제 유형

요즘의 출제 트렌드를 보면 발문, 보기, 선택지로 구성되어 있으나 이전에는 위의 '1.3. 상황판단'의 예시문제처럼 발문, 판별하는 보기, 참고하는 보기, 선택지로 구성된 문제를 출제했었다. 언제든 출제 스타일이 다를 수 있으니 참고 바란다.

### 2.1. 발문, 보기, 선택지로 구성

| | |
|---|---|
| 발문 | 과자인 A, B, C, D, E 중 일부를 구매한다. 〈보기〉의 명제를 참고하여 다음 중 항상 참인 것을 고르시오. |
| 보기 | – A를 구매하면 E를 구매하지 않는다.<br>– B와 C 중 한 가지는 반드시 구매한다.<br>– C를 구매하면 D는 구매하지 않는다.<br>– E를 구매하지 않으면 D를 구매한다. |
| 선택지 | ① B를 구매하지 않으면 E를 구매한다.<br>② A를 구매하면 B를 구매하지 않는다.<br>③ E를 구매하지 않으면 B를 구매한다.<br>④ D를 구매하면 A를 구매한다.<br>⑤ C를 구매하면 E를 구매하지 않는다. |

#### 2.1.1. 보기

3가지 이상의 명제를 제시한다. AND, OR 등을 활용한 명제도 출제하는 경향을 보인다. 요즘의 트렌드를 기준으로는 'A와 B를 구입하면 C를 구입하지 않는다.', 'E를 구입하면 C 또는 D를 구입하지 않는다.'와 같이 '~라면'에 AND나 OR를 사용하는 경우는 드물고 위의 예시처럼 'B와 C 중 한 가지는 반드시 구매한다.'정도로 제시한다.

#### 2.1.2. 선택지

위 보기와 같이 '~라면'식으로 제시하기도 하고 'A를 구매한다.'와 같이 일반적인 명제로 제시하기도 한다. '~라면'식으로 제시한 선택지는 앞부분(=전건)을 만족한다고 가정했을 때 뒷부분(=후건)이 만족하는지 확인하는 방식으로 풀이한다.

문제풀이

보기의 1, 3, 4번째 명제를 정리하면 'A → ~E → D → ~C'이다. 3번째 보기는 정리할 때 대우한 'D를 구매하면 C를 구매하지 않는다.'를 활용했다.
B와 C 중 한 가지는 반드시 구매한다. 정리한 내용을 'A → ~E → D → B'로도 이해할 수 있다.
단, 조심해야 할 것이 'A → ~E → D → ~C'의 각 명제를 대우한 후 이어준다고 생각하면 'C → ~D → E → ~A'인데 이와 같은 원리로 'A → ~E → D → B'의 각 명제를 대우한 후 이어준다고 생각하면 안 된다. 즉 '~B → ~D → E → ~A'가 성립한다고 생각하면 안 된다. B와 C 중 한 가지를 반드시 구매한다고 했지 C를 구매한다고 하여 B를 구매하지 않는다고 할 수 없기 때문이다.

정답 ▶ ③

2.2. 발문, 판별하는 보기, 참고하는 보기, 선택지로 구성

보기가 참고하는 보기와 판별하는 보기로 나뉜다.

| | |
|---|---|
| 발문 | 다음의 명제를 토대로 도출한 〈보기〉의 결론 A, B에 대한 설명으로 옳은 것을 고르시오. |
| 참고하는 보기 | – 논리력이 좋은 사람은 성격이 좋다.<br>– 성격이 좋은 사람은 친구가 많다.<br>– 논리력이 좋지 않은 사람은 말이 많지 않다. |
| 판별하는 보기 | – A: 말이 많은 사람은 친구가 많다.<br>– B: 말이 많지 않으면 성격이 좋다. |
| 선택지 | ① A만 옳다.<br>② B만 옳다.<br>③ A, B 모두 옳다.<br>④ A, B 모두 옳지 않다.<br>⑤ A, B 모두 옳은지 옳지 않은지 알 수 없다. |

2.2.1. 참고하는 보기

3가지 이상의 명제를 제시하며 AND, OR 등이 없는 단순명제 위주로 제시한다.

2.2.2. 판별하는 보기

A, B로 명명한 2가지의 명제를 제시한다. 참고하는 보기를 정리한 결과를 토대로 판별하는 대상이다.

2.2.3. 선택지

예시와 같이 5가지의 척도로 제시한다. '① A만 옳다.'는 A는 옳고 B는 옳지 않은 경우와 A는 옳고 B는 옳은지 옳지 않은지 알 수 없는 경우로 나뉜다. A는 옳고 B는 옳지 않아도 ①이 정답이고 A는 옳고 B는 옳은지 옳지 않은지 알 수 없어도 ①이 정답이다. 이는 '② B만 옳다.'도 마찬가지다.

문제풀이

참고하는 보기의 세 명제를 이어주면 '말이 많은 사람 → 논리력이 좋은 사람 → 성격이 좋은 사람 → 친구가 많은 사람'이다. 실제 풀이에서는 이보다 더 간단하게 '말.많 → 논리 → 성격 → 친구'로 정리했으면 한다.
판별하는 보기의 명제를 판별해보자.
A: A는 옳다.
B: B는 옳은지 옳지 않은지 알 수 없다. '말.많 → 논리 → 성격 → 친구'를 뒤집으면 '~친구 → ~성격 → ~논리 → ~말.많'이 되는데 '~말.많' 뒤에 성격이 오지 않아 B가 옳은지 옳지 않은지 판별할 수 없다.

## 필수 유형 연습

**01** A, B, C, D, E 중 일부 인원이 이직한다. 〈보기〉의 명제를 토대로 반드시 거짓인 것을 고르시오.

〈 보 기 〉

- A가 이직한다면 C는 이직하지 않는다.
- D가 이직하지 않는다면 B는 이직하지 않는다.
- E가 이직한다면 D는 이직하지 않는다.
- C가 이직한다면 B도 이직한다.

① C가 이직한다면 E는 이직하지 않는다.
② A가 이직한다면 B는 이직하지 않는다.
③ B가 이직한다면 E도 이직한다.
④ E가 이직하지 않는다면 B는 이직한다.
⑤ D가 이직한다면 A도 이직한다.

**문제풀이**

〈보기〉에서 제시한 명제를 이어주면 다음과 같다. 크게 2가지 흐름으로 보인다.

| | |
|---|---|
| − E → ~D → ~B → ~C | − A → ~C |

이어서 두 흐름을 대우하면 다음과 같다. 4개의 개념이 모인 흐름은 명제 각각을 대우한 뒤 이었다고 보아도 무방하다.

| | |
|---|---|
| − C → B → D → ~E | − C → ~A |

**[오답 풀이]**

① C가 이직한다면 E는 이직하지 않는다.
'C → B → D → ~E'에 의해 항상 참이다.

② A가 이직한다면 B는 이직하지 않는다.
A와 B의 관계를 알 수 없다. 항상 참인지 항상 거짓인지 알 수 없다.

④ E가 이직하지 않는다면 B는 이직한다.
'C → B → D → ~E'를 보면 E가 이직하지 않는다고 할 때 B는 이직하는지 아닌지 알 수 없다. B가 ~E보다 왼쪽에 있다. B가 ~E보다 오른쪽에 있다면 해당 선택지가 항상 참인지 항상 거짓인지 판별할 수 있다.

⑤ D가 이직한다면 A도 이직한다.
D와 A의 관계를 알 수 없다. 항상 참/거짓 여부를 판별할 수 없다.

정답 ▶ ③

**02** A, B, C, D, E의 SKCT의 성적은 모두 다르다. 〈보기〉의 명제를 참고하여 항상 참인 것을 고르시오.

〈 보 기 〉

- D의 성적은 A보다 낮다.
- C의 성적은 E보다 낮다.
- A의 성적은 E보다 높다.
- C의 성적은 B보다 높다.

① D의 성적은 B보다 낮다.
② E의 성적은 B보다 낮다.
③ B의 성적은 A보다 높다.
④ C의 성적은 D보다 높다.
⑤ E의 성적은 B보다 높다.

**문제풀이**

〈보기〉의 명제를 정리하면 다음과 같다. 선지를 원활하게 판별하려면 '〉'로 정리하든 '〈'로 정리하든 한 방향으로 통일시켜 주는 것이 좋다.

| | |
|---|---|
| A 〉 E 〉 C 〉 B | – A 〉 D |

**[오답 풀이]**

① D의 성적은 B보다 낮다.
D와 B의 대소비교를 할 수 없다. 항상 참인지 항상 거짓인지 알 수 없다.

② E의 성적은 B보다 낮다.
'A 〉 E 〉 C 〉 B'에 의해 항상 거짓이라고 알 수 있다.

③ B의 성적은 A보다 높다.
'A 〉 E 〉 C 〉 B'에 의해 항상 거짓이라고 알 수 있다.

④ C의 성적은 D보다 높다.
C와 D의 대소비교를 할 수 없다. 항상 참/항상 거짓 여부를 알 수 없다.

정답 ▶ ⑤

**03** A, B, C, D, E, F의 성별은 남성과 여성이다. 〈보기〉의 조건을 토대로 성별이 같은 사람으로만 짝지은 것을 고르시오.

〈보기〉

- B와 F는 성별이 다르다.
- A는 D와 성별이 같다.
- C는 여성이고 F는 남성이다.

① A, F　② B, C　③ D, E
④ E, A　⑤ F, B

**문제풀이**

C를 여성, F를 남성에 고정하자. B는 F와 성별이 다르다. B는 여성이다. B와 C는 여성으로 성별이 같다.

**[오답 풀이]**

A, D는 여성인지 남성인지 알 수 없다. 또한 E에 대한 조건도 없다. E 역시 여성인지 남성인지 알 수 없다. 가능한 경우를 모두 찾아보면 다음과 같다.

| | |
|---|---|
| 남: F, E<br>여: C, B, A, D | 남: F<br>여: C, B, A, D, E |
| 남: F, A, D, E<br>여: C, B | 남: F, A, D<br>여: C, B, E |

정답 ▶ ②

**04** **다음의 명제를 토대로 도출한 〈보기〉의 결론 A, B에 대한 설명으로 옳은 것을 고르시오.**

- 아희는 찬혁이보다 키가 작다.
- 찬혁이는 은재보다 키가 작다.
- 아희는 윤하보다 키가 크다.
- 윤하는 재희보다 키가 크다.
- 윤하는 지유보다 키가 작다.

〈보 기〉

- A: 아희는 지유보다 키가 크다.
- B: 은재는 윤하보다 키가 크다.

① A만 옳다.
② B만 옳다.
③ A, B 모두 옳다.
④ A, B 모두 옳지 않다.
⑤ A, B 모두 옳은지 옳지 않은지 알 수 없다.

**문제풀이**

참고하는 보기의 내용을 정리해 보자.

1단계

| | | |
|---|---|---|
| – 찬혁 > 아희<br>– 은재 > 찬혁 | – 아희 > 윤하<br>– 윤하 > 재희 | – 지유 > 윤하 |

2단계

| | |
|---|---|
| – 은재 > 찬혁 > 아희 > 윤하 > 재희 | – 지유 > 윤하 |

A: A는 옳은지 옳지 않은지 알 수 없다.
B: 판별하는 보기의 '은재 > 찬혁 > 아희 > 윤하 > 재희'를 토대로 B는 옳다고 알 수 있다.

아희와 지유 둘 다 윤하보다 키가 크기는 하지만 아희와 지유 중 누구의 키가 더 큰지는 알 수 없다.

정답 ▶ ②

## 빈출 유형 공략 문제

해설 p. 57

**01** **S는 음식점에서 A, B, C, D, E 중 몇 가지를 주문한다. 〈보기〉의 명제를 참고하여 주문한다고 할 때 항상 참인 것을 고르시오.**

〈보 기〉

- C를 주문하면 E를 주문하지 않는다.
- A와 D 중 한 가지 이상은 반드시 주문한다.
- D를 주문하지 않으면 B를 주문한다.
- A를 주문하면 C를 주문한다.

① A를 주문하지 않으면 B를 주문하지 않는다.
② D를 주문하지 않으면 E를 주문하지 않는다.
③ C를 주문하면 D를 주문한다.
④ E를 주문하면 A를 주문한다.
⑤ B를 주문하면 C를 주문하지 않는다.

**02** **A, B, C, D, E, F는 2개 조로 나누어 과제를 진행한다. 〈보기〉의 명제에 따라 조를 나눈다고 할 때 항상 참인 것을 고르시오.**

〈보 기〉

- D는 C와 같은 조다.
- A가 E와 같은 조라면 F는 B와 다른 조다.
- B가 속한 조의 인원은 2명이다.

① B는 F와 같은 조다.
② E는 B와 같은 조다.
③ B는 A와 같은 조다.
④ F는 C와 같은 조다.
⑤ D는 E와 같은 조다.

**03** Z는 국가인 A, B, C, D, E의 방문 여부를 〈보기〉의 조건에 따라 결정한다. 다음 중 항상 참인 것을 고르시오.

〈보 기〉

- A를 방문한다면 C는 방문하지 않는다.
- C를 방문한다면 E를 방문한다.
- B를 방문한다면 A와 E는 방문하지 않는다.
- E를 방문하면 D를 방문하지 않는다.

① A를 방문하면 E를 방문하지 않는다.
② B를 방문하면 D를 방문하지 않는다.
③ C를 방문하면 B를 방문하지 않는다.
④ D를 방문하면 A를 방문하지 않는다.
⑤ E를 방문하면 C를 방문하지 않는다.

**04** T는 물고기 5마리를 잡아 회를 떴다. 물고기인 A, B, C, D, E의 수득률이 각기 다르다고 할 때 〈보기〉의 명제를 참고하여 반드시 거짓인 것을 고르시오.

〈보 기〉

- B는 D보다 수득률이 높다.
- C가 E보다 수득률이 높다면 A의 수득률은 5마리 중 제일 낮다.
- A의 수득률은 D보다 높다.
- E의 수득률은 5마리 중 3번째로 높다.

① A는 D보다 수득률이 높다.
② B는 A보다 수득률이 높다.
③ B는 C보다 수득률이 높다.
④ D는 C보다 수득률이 높다.
⑤ E는 B보다 수득률이 높다.

# 조건추리에 들어가기 앞서

조건추리는 약 10문제 정도 출제되며 줄 세우기, 테이블, O, X 채우기, 2×n, 3×3, 정보정리, 진실게임 등 여러 유형으로 출제된다.
조건추리는 실력이 하루아침에 늘지 않음으로 연습 및 풀이 후 분석이 필요하다.

## 1. 조건추리의 이해

조건추리의 풀이는 문제의 상황을 만족하는 전체의 경우에서 〈보기〉의 조건을 만족하는 소수의 경우로 추린 후 선택지를 판별하는 과정이다. 다음의 문제와 함께 설명하겠다.

**J01** **A, B, C, D, E 5명이 일렬로 줄을 섰다. 다음 중 항상 참인 것을 고르시오**

〈 보 기 〉

- D는 5번째로 줄을 섰다. (조건1)
- A, B는 인접하게 줄을 섰다. (조건2)
- C와 D 사이에는 2명이 줄을 섰다. (조건3)

① A는 2번째로 줄을 섰다.
② C는 B와 인접하게 줄을 섰다.
③ A는 3번째로 줄을 섰다.
④ A와 C는 인접하게 줄을 섰다.
⑤ E는 1번째로 줄을 섰다.

문제에서는 5명이 일렬로 줄을 선 상황을 제시했다. 5명이 일렬로 줄을 서는 경우는 5!로 120가지다. 120가지의 경우 중 〈보기〉의 조건을 만족하는 경우를 찾은 후 선택지를 판별한다.
〈보기〉의 조건 중 조건1을 적용하면 1명을 고정한 후 4명이 줄을 서는 경우와 같다. 4!로 24가지다. 120가지의 경우에서 조건1을 만족하는 경우는 24가지다.
이어서 조건2를 적용하면 A와 B를 한 그룹으로 묶고 D를 고정했으니 3명을 줄 세우는 것처럼 식을 세운 후 A와 B가 자리를 바꾸기에 2를 곱한 것과 같다. 즉 3! × 2가 되며 12가지다. 즉 120가지의 경우 중 조건1, 조건2를 만족하는 경우는 12가지다.
조건3도 적용해 보자. 조건1, 2를 만족하는 12가지 경우 중 조건3을 만족하는 경우를 진한 글씨로 표기하면 다음과 같다. 문제의 상황과 〈보기〉의 모든 조건을 만족하는 경우는 2가지다.

| 1 | 2 | 3 | 4 | 5 | 1 | 2 | 3 | 4 | 5 |
|---|---|---|---|---|---|---|---|---|---|
| A | B | C | E | D | E | A | B | C | D |
| B | A | C | E | D | E | B | A | C | D |
| A | B | E | C | D | C | E | A | B | D |
| B | A | E | C | D | C | E | B | A | D |
| C | A | B | E | D | **E** | **C** | **A** | **B** | **D** |
| C | B | A | E | D | **E** | **C** | **B** | **A** | **D** |

추려온 과정을 정리하면 다음과 같다. 이해를 돕기 위해 수식으로 몇 가지 경우인지를 설명했을 뿐 실제 풀이에서 몇 가지 경우인지를 계산하며 푸는 방법은 추천하지 않는다.

| | |
|---|---|
| • 5명이 일렬로 줄을 서다: | 5! = 120가지 |
| • D는 5번째로 줄을 서다: | 4! = 24가지 |
| • A, B가 인접하게 줄을 서다: | 3! × 2 = 12가지 |
| • C와 D 사이에 2명이 줄을 서다: | 2가지 |

문제의 상황을 만족하는 모든 경우에서 〈보기〉의 조건을 만족하는 경우를 추렸으니 선택지를 판별해 보자. 항상 참인 것을 고르라고 했으니 문제의 상황과 〈보기〉를 만족하는 모든 경우에서 참인 선택지를 확인해 보자. 편의상 추려낸 경우를 Case 1, 2로 명명하겠다.

| | 1 | 2 | 3 | 4 | 5 |
|---|---|---|---|---|---|
| Case 1 | E | C | A | B | D |
| Case 2 | E | C | B | A | D |

① A는 2번째로 줄을 섰다. (X)
– Case 1, 2 둘 다 만족하지 않는다. 항상 거짓이다.

② C는 B와 인접하게 줄을 섰다. (△)
– Case 1은 만족하지 않고 Case 2만 만족한다. 항상 참도 항상 거짓도 아니다.

③ A는 3번째로 줄을 섰다. (△)
– Case 1은 만족하고 Case 2는 만족하지 않는다. 항상 참도 항상 거짓도 아니다.

④ A와 C는 인접하게 줄을 섰다. (△)
– Case 1은 만족하고 Case 2는 만족하지 않는다. 항상 참도 항상 거짓도 아니다.

⑤ E는 1번째로 줄을 섰다. (O)
– Case 1, 2 모두 만족한다. 항상 참이다.

위의 과정에 따라 정답은 ⑤번이다. 선택지 옆에 O, △, X로 표기한 의미는 뒤에 6. 선택지의 종류 및 판별에서 설명하겠다.

## 2. 조건추리 문제를 구성하는 요소 및 파악해야 할 정보

조건추리를 발문, 보기, 선택지로 나누어 파악해야 하는 정보를 정리하면 다음과 같다. 경우와 Case를 혼용하여 설명했는데 같은 의미라 봐주셨으면 한다.

### 1) 발문

문제의 상황 파악: 도식화 방법 결정

난이도 판별: 변수의 종류, 변수의 값, 도식화 방법, 문제의 물음 등을 토대로 확인

문제의 물음 파악: 특정 칸을 물어보는지, 항상 참/거짓을 물어보는지, 경우의 수를 묻는지 등

### 2) 보기

난이도 판별: 조건이 몇 가지인지, 변수의 종류, 변수의 값, '~라면'으로 제시된 조건 등

조건의 우선순위 파악

- 1순위: 고정조건 & 특정 칸에 제약을 두는 조건(=특정제약조건)
- 2순위: 모든 칸에 영향을 주는 제약 조건(=광역기조건)
- 3순위: Case가 적게 나뉘는 반고정조건(=강한 반고정) + 자주 언급한 변숫값 언급
- 4순위: Case가 많이 나뉘는 반고정조건(=약한 반고정) + 자주 언급한 변숫값 언급
- 5순위: '~라면'으로 제시된 조건(=조건적인 조건)

### 3) 선택지

난이도 판별: 특정 칸을 묻는지, 특정 경우를 묻는지, 여러 경우를 묻는지, 경우의 수를 따지는지, '~라면'으로 제시했는지 등

## 3. 조건추리 문제의 접근 순서

공통으로 언급한 파악할 정보는 난이도 판별이다. 난이도 판별까지 고려하여 문제의 접근 순서를 정리하면 다음과 같다.

**1) 문제, 〈보기〉, 선택지를 보며 난이도를 판별한다.**

**2) 문제의 상황을 토대로 도식화 방법을 선택한다.**

**3) 우선순위에 따라 〈보기〉의 조건을 확인한다.**

**4) 선택지를 판별한다.**

순서별로 설명을 곁들이면 다음과 같다.

### 1) 문제, 〈보기〉, 선택지를 보며 난이도를 판별한다.

SKCT는 주어진 시간 내에 얼마나 많은 문제를 정확하게 풀 수 있는지가 평가 요소이다. 이에 따라 눈대중으로 봤을 때 어려운 문제인지 쉬운 문제인지를 확인할 수 있는 눈을 키워야 한다. 어려운 문제는 말 그대로 풀이가 어려운 문제를 의미하기도 하지만 풀이가 복잡해 시간이 오래 걸리는 문제라는 뜻도 내포하고 있다.

남은 풀이 시간 동안 문제를 풀이하여 정답을 가져올 수 있는지 없는지를 판별하는 눈이 필요하다. 어떤 요소가 난이도를 결정하는지는 뒤의 7. 난이도 판별에서 자세히 설명하겠다.

### 2) 문제의 상황을 토대로 도식화 방법을 선택한다.

도식화 방법은 몇 장을 넘기면 나오는 유형3. 조건추리_줄 세우기, 유형4. 조건추리_테이블 등에서 설명하겠다. 일부 문제 유형은 어떤 도식화 방법을 사용하는지에 따라 풀이 속도, 정확도가 확연히 다르다.

### 3) 우선순위에 따라 〈보기〉의 조건을 확인한다.

각 조건들의 우선순위는 아래의 내용과 같이 2. 조건추리 문제를 구성하는 요소 및 파악해야 할 정보에서 정리하였다.

- 1순위: 고정조건 & 특정 칸에 제약을 두는 조건(=특정제약조건)
- 2순위: 모든 칸에 영향을 주는 제약 조건(=광역기조건)
- 3순위: Case가 적게 나뉘는 반고정조건(=강한 반고정) + 자주 언급한 변숫값 언급
- 4순위: Case가 많이 나뉘는 반고정조건(=약한 반고정) + 자주 언급한 변숫값 언급
- 5순위: '~라면'으로 제시된 조건(=조건적인 조건)

각 조건에 대한 상세 설명은 4. 〈보기〉에서 제시한 조건의 우선순위 및 활용에서 이어나가겠다.

### 4) 선택지를 판별한다.

선택지는 확정적인 선택지, 경우의 수 선택지, 가능성의 선택지, 조건적인 선택지로 나뉜다. 문제에서 묻는 바가 무엇인지에 따라 선택지를 판별하는 방법이 달라지기도 한다. 자세한 내용은 5. 문제의 물음 유형을 먼저 확인한 후 6. 선택지의 종류 및 판별에서 알아보자.

## 4. 〈보기〉에서 제시한 조건의 우선순위 및 활용

〈보기〉의 조건을 크게 확정적인 조건과 조건적인 조건으로 나뉜다. 여기서 확정적인 조건은 고정조건, 반고정조건, 제약조건으로 나눈다. 반고정조건은 강한 반고정조건과 약한 반고정조건으로 나누고 제약조건은 특정 칸에 제약을 두는 조건(이하 특정제약조건)과 모든 칸에 영향을 주는 제약 조건(이하 광역기조건)으로 나눈다. 설명의 편의를 위한 우리끼리의 정의다.

<table>
<tr><td rowspan="5">확정적인 조건</td><td colspan="2">고정조건</td></tr>
<tr><td rowspan="2">반고정조건</td><td>강한 반고정조건</td></tr>
<tr><td>약한 반고정조건</td></tr>
<tr><td rowspan="2">제약조건</td><td>특정제약조건</td></tr>
<tr><td>광역기조건</td></tr>
<tr><td colspan="3">조건적인 조건</td></tr>
</table>

이해를 돕기 위해 각 조건의 예를 들면 다음과 같다.

〈확정적인 조건의 예〉

확1. A와 B는 인접하다.

확2. A는 2층에 거주한다.

확3. A는 B 뒤에 위치한다.

확4. 남자와 여자는 인접하게 줄을 서지 않는다.

확5. A와 B 사이에는 1명이 있다.

확6. A는 3일차에 갑을 방문하지 않는다.

확7. 3학년인 학생의 수는 1학년보다 많다.
확8. A 바로 앞에 B가 줄을 선다.

〈조건적인 조건의 예〉
조1. A가 2층에 거주한다면 B는 3층에 거주한다.
조2. A 또는 B가 갑을 방문하지 않는다면 C는 병을 방문한다.

확정적인 조건은 〈보기〉의 조건을 모든 경우에 적용할 수 있지만 조건적인 조건은 ~라면으로 표현한 조건부(=전건)를 만족하는 경우에만 서술부(=후건)의 정보를 적용한다. 문제를 어느 정도 풀이했을 때 다음의 두 경우가 있다고 가정하자. 이때 조1. A가 2층에 거주한다면 B는 3층에 거주한다는 Case 2에만 적용할 수 있다. Case 2에서 B는 3층에 거주한다.

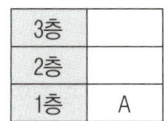

| | |
|---|---|
| 3층 | |
| 2층 | |
| 1층 | A |

Case 1

| | |
|---|---|
| 3층 | |
| 2층 | A |
| 1층 | |

Case 2

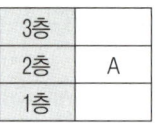

조1. A가 2층에 거주한다면 B는 3층에 거주한다는 Case 1에 적용하지 않는다. 조건부를 만족하지 않기 때문이다. 즉 B는 2층에 거주할 수도 있고 3층에 거주할 수 있다.
조건적인 조건은 조건부를 만족하는지를 알아야 적용할 수 있기에 확정적인 정보를 토대로 도식을 어느 정도 채운 후 사용한다. 즉 우선순위가 낮다. 더불어 모든 Case를 아우르지 않는다는 점도 조건적인 조건의 우선순위가 낮은 요인이다. 확정적인 조건을 조건적인 조건보다 먼저 확인하자.
확정적인 조건 안에서도 우선순위가 존재한다. 우선순위를 설명하기에 앞서 어떤 의미를 담아 명명했는지 소개하겠다. 예시는 앞서 예로 들은 확정적인 조건의 예다.

**1) 고정조건**

특정 칸에 값을 고정할 수 있는 조건을 말한다. 문제의 상황을 만족하는 경우 중 고정조건을 만족하는 경우는 소수다. 즉 경우를 확 줄여주기에 〈보기〉의 조건 중 1순위로 확인해야 하는 조건이다.
확2. A는 2층에 거주한다.

**2) 반고정조건**

고정조건처럼 확실하게 한 칸을 채울 수는 없지만 특정 값이 들어가는 범위를 좁혀주는 조건이다.
확1. A와 B는 인접하다.
확3. A는 B 뒤에 위치한다.
확5. A와 B 사이에는 1명이 있다.
확8. A 바로 앞에 B가 줄을 선다.

반고정조건의 우선순위는 2-1) 경우가 적게/많이 나뉘는지, 2-2) 자주 언급된 변숫값, 고정조건으로 활용된 변숫값을 포함하는지, 2-3) 언급한 변숫값의 개수가 몇 개인지에 따라 나눌 수 있다.

2-1) 경우가 적게/많이 나뉘는지

반고정조건을 적용했을 때 경우가 적게 나뉘면 강한 반고정조건, 경우가 많이 나뉘면 약한 반고정조건이라 할 수 있다. 4명이 일렬로 줄을 선다고 가정할 때 확1. A와 B는 인접하다와 확8. A 바로 앞에 B가 줄을 선다를 고민해보자. A와 B가 인접하게 줄을 선다는 점은 같지만 A와 B가 순서를 바꿀 수 있는 확1. A와 B는 인접하다는 경우가 더 많이 나뉘기에 약한 반고정조건이고 확8. A 바로 앞에 B가 줄을 선다는 경우가 적게 나뉘기에 강한 반고정조건이다.

| 1 | 2 | 3 | 4 |
|---|---|---|---|
| A | B | | |
| B | A | | |
| | A | B | |
| | B | A | |
| | | A | B |
| | | B | A |

확1. 약한 반고정

| 1 | 2 | 3 | 4 |
|---|---|---|---|
| B | A | | |
| | B | A | |
| | | B | A |

확8. 강한 반고정

반고정조건이 강한 반고정인지 약한 반고정인지는 상대적이다. 5명이 일렬로 줄을 선다고 가정하고 확1. A와 B는 인접하다와 확3. A는 B 뒤에 위치한다를 비교했을 때 확1. A와 B는 인접하다는 확3. A는 B 뒤에 위치한다에 비해 강한 반고정조건이다.

| 1 | 2 | 3 | 4 | 5 |
|---|---|---|---|---|
| A | B | | | |
| B | A | | | |
| | A | B | | |
| | B | A | | |
| | | A | B | |
| | | B | A | |
| | | | A | B |
| | | | B | A |

확1. 강한 반고정(상대적)

| 1 | 2 | 3 | 4 | 5 |
|---|---|---|---|---|
| B | A | | | |
| B | | A | | |
| B | | | A | |
| B | | | | A |
| | B | A | | |
| | B | | A | |
| | B | | | A |
| | | B | A | |
| | | B | | A |
| | | | B | A |

확3. 약한 반고정

문제를 풀이 후 분석하는 과정에서 강한 반고정과 약한 반고정을 절대적으로 구분하지 말고 주어진 반고정조건 중 강한 반고정인지 약한 반고정인지 상대적으로 구분했으면 한다.

2-2) 자주 언급된 변숫값, 고정조건으로 활용된 변숫값을 포함하는지

반고정조건의 우선순위를 결정하는 또 다른 요소는 자주 언급된 변숫값, 고정조건으로 활용된 변숫값을 포함하는지다. J02와 함께 확인해보자. 선택지는 추후에 공개하겠다.

## J02 A, B, C, D, E 5명이 일렬로 줄을 섰다. 〈보기〉를 참고하여 이들이 줄을 선 경우는 모두 몇 가지인지 고르시오.

〈 보 기 〉

- D는 5번째로 줄을 섰다. (조건1)
- A, B는 인접하게 줄을 섰다. (조건2)
- C, D는 인접하게 줄을 섰다. (조건3)

조건2와 조건3은 반고정조건이다. 조건2를 기준으로 경우를 나누어도, 조건3을 기준으로 경우를 나누어도 나뉘는 경우의 수는 같다. 그런데 고정조건인 조건1을 적용한 뒤 조건2로 경우를 나누면 6가지, 조건1을 적용한 뒤 조건 3으로 경우를 나누면 1가지다. 편의상 A와 B가 자리를 바꾸는 경우는 A/B 또는 B/A와 같이 빗금으로 표기했다.

| 1 | 2 | 3 | 4 | 5 |
|---|---|---|---|---|
| A/B | B/A | | | D |
| | A/B | B/A | | D |
| | | A/B | B/A | D |

조건1, 2 적용

| 1 | 2 | 3 | 4 | 5 |
|---|---|---|---|---|
| | | | C | D |

조건1, 3 적용

물론 조건1, 2, 3을 적용하면 결과는 같다. 다만 풀이의 과정에서 굳이 정리하지 않아도 되는 경우를 그리고 채우고 확인하는 시간을 줄이기 위한 목적이 크다. 하기의 내용은 굳이 정리하지 않아도 되는 내용이다.

| 1 | 2 | 3 | 4 | 5 |
|---|---|---|---|---|
| | | A/B | B/A | D |

조건1, 2 적용/불필요한 부분

2-3) 언급한 변숫값의 개수가 몇 개인지

반고정조건의 우선순위를 결정하는 마지막 요인은 언급한 변숫값의 개수이다. J03과 함께 설명하겠다. J03의 선택지와 완벽한 풀이는 뒤에서 공개하겠다.

## J03 A, B, C, D, E는 일렬로 줄을 선다. 〈보기〉를 참고하여 E가 몇 번째로 줄을 서는지 고르시오.

〈 보 기 〉

- A는 2번째 또는 3번째로 줄을 선다. (조건1)
- C, D는 인접하게 줄을 선다. (조건2)
- B는 4번째로 줄을 선다. (조건3)

고정조건인 조건3을 먼저 적용한 후 조건1만 적용한 풀이와 조건2만 적용한 풀이로 정리해보자.

| 1 | 2 | 3 | 4 | 5 |
|---|---|---|---|---|
|  | A |  | B |  |
|  |  | A | B |  |

조건1, 3 적용

| 1 | 2 | 3 | 4 | 5 |
|---|---|---|---|---|
| C | D |  | B |  |
| D | C |  | B |  |
|  | C | D | B |  |
|  | D | C | B |  |

조건2, 3 적용

조건1, 3을 적용한 풀이는 각 행의 빈칸(3칸)에 언급하지 않은 C, D, E 3명을 일렬로 줄 세우는 6가지 경우로 나뉘고 2행이기에 총 12가지 경우로 나뉜다. 조건2, 3을 적용한 풀이는 각 행의 빈칸(2칸)에 언급하지 않은 A, E가 자리를 바꾸어 앉는 2가지 경우로 나뉘고 4행이기에 8가지 경우로 나뉜다.
조건1은 A만 언급했고 조건2는 C와 D를 언급했다. 1명을 언급한 조건보다 2명을 언급한 조건이 경우를 보다 많이 줄인다. 즉 언급한 변수값이 많을 수록 우선순위가 높다.

### 3) 제약조건

특정 칸이나 여러 칸에 제약을 부여하는 조건이다. 특정 칸에 제약을 걸면 특정제약조건이고 여러 칸에 제약을 부여하면 광역기조건이다. 광역기는 게임에서 여러 캐릭터/몬스터에게 피해를 줄 수 있는 스킬을 말하는데 여러 칸에 제약을 부여하기에 이름을 따왔다. 특정제약이든 광역기든 제약조건의 우선순위는 높다. 제약을 알지 못하고 문제를 풀이하다보면 굳이 나누지 않아도 되는 경우를 나누는 경우도 존재하고 굳이 나눈 경우를 지울 때가 많아 풀이 시간이 지연된다.
확4. 남자와 여자는 인접하게 줄을 서지 않는다.
확6. A는 3일차에 갑을 방문하지 않는다.
확7. 3학년인 학생의 수는 1학년보다 많다.

확6. A는 3일차에 갑을 방문하지 않는다는 특정제약조건이고 나머지 확4. 남자와 여자는 인접하게 줄을 서지 않는다와 확7. 3학년인 학생의 수는 1학년보다 많다는 광역기조건이다. 제약조건을 머리로만 기억하다가 풀이 중 까먹을 때가 많은 학생들은 꼭 표에 표기하거나 간소하게 적어두자. 특정제약조건을 표기하는 예시는 J04와 같다. J04의 선택지와 풀이는 뒤의 설명에서 이어가겠다.

**J04** **A, B, C, D, E, F는 비행기를 타기 위해 일렬로 줄을 선다. 〈보기〉를 토대로 항상 C와 인접하게 줄을 서는 사람을 고르시오.**

〈보 기〉

- C는 2번째로 줄을 섰다. (조건1)
- A 바로 뒤에 B가 줄을 선다. (조건2)
- E는 D보다 앞에 줄을 선다. (조건3)
- E는 5번째로 줄을 서지 않는다. (조건4)

조건4가 특정 칸에 제약을 거는 특정제약조건이다. 이를 머릿속으로 기억하지 말고 다음과 같이 표기하여 실수를 줄이자.

필수유형분석 언어이해 자료해석 창의수리 언어추리 수열추리

| | | | | ~E | |
|---|---|---|---|---|---|
| 1 | 2 | 3 | 4 | 5 | 6 |
| | | | | | |

광역기조건의 예시도 확인해보자. 변수의 종류가 여럿인 문제에 광역기조건이 자주 보인다. 변수의 종류가 많다면 문제의 상황을 만족하는 경우가 많아지기에 광역기조건으로 경우를 줄인다고도 생각된다. J05와 함께 알아보자.

**J05** **남자 3명, 여자 2명으로 이뤄진 A, B, C, D, E가 일렬로 줄을 선다. 〈보기〉를 참고하여 2번째로 줄을 서는 인물을 고르시오.**

〈 보 기 〉

- 같은 성별끼리 인접하게 줄을 서지 않는다. (조건1)
- A와 B의 성은 다르다. (조건2)
- C와 D의 성은 같다. (조건3)
- E는 4번째로 줄을 서지 않는다. (조건4)

① A ② B ③ C
④ D ⑤ E

조건4는 특정제약조건이고 조건1은 광역기조건이다. 특정 칸에 제약을 부여하는 조건4의 정보를 표기하여 실수를 줄이자. 또한 남자와 여자가 서로 인접하게 줄을 서지 않는다는 조건을 토대로 경우를 크게 남 - 여 - 남 - 여 - 남으로 서는 경우와 여 - 남 - 여 - 남 – 여로 줄을 서는 경우로 나눌 수 있겠지만 문제에서 남자가 3명, 여자가 2명인 상황으로 부여했다. 1, 3, 5번째로 줄을 서는 사람이 남자다.

| | | | ~E | |
|---|---|---|---|---|
| 남 | 여 | 남 | 여 | 남 |
| 1 | 2 | 3 | 4 | 5 |
| | | | | |

조건2와 조건3이 남았는데 누가 어디에 줄을 서는지 알려주지는 않고 성이 같거나 다르다는 정보만 준다. 이를 정리해보자. C와 D의 성이 같다. C와 D가 남자일 수도 있고 여자일 수도 있다. 그런데 C와 D가 여자라면 조건2를 적용할 수 없다. A와 B의 성이 다르다고 했으니 둘 중 1명이 남자이고 나머지 1명이 여자인데 C와 D까지 여자라면 여자가 3명이 된다. 문제의 상황을 만족하지 않는다. 따라서 C와 D는 남자이다. A와 B는 서로 남자/여자 자리를 바꿀 수 있으니 A/B 또는 B/A로 표기했다.

남(3명): C, D, A/B
여(2명): B/A

언급하지 않은 E는 자연스럽게 여자라고 알 수 있다. E는 2번째 또는 4번째로 선다고 생각하면 오산이다. 이미 조건4에 의해 E가 4번째로 줄을 서지 않는다고 확인했다. E는 2번째로 줄을 선다. 정답을 찾았으니 풀이를 마친다. 풀이를 마치는 이유는 뒤에 이어지는 5. 문제의 물음 유형에서 확인할 수 있다.

위 내용을 토대로 다시 한번 조건의 우선순위를 정리해보면 다음과 같다.

– 1순위: 고정조건 & 특정 칸에 제약을 두는 조건(=특정제약조건)
– 2순위: 모든 칸에 영향을 주는 제약 조건(=광역기조건)
– 3순위: Case가 적게 나뉘는 반고정조건(=강한 반고정) + 자주 언급한 변숫값 언급
– 4순위: Case가 많이 나뉘는 반고정조건(=약한 반고정) + 자주 언급한 변숫값 언급
– 5순위: '~라면'으로 제시된 조건(=조건적인 조건)

상대적으로 순위가 위와 같다는 것이지 절대적이지는 않다. 다만 고정조건이 늘 반고정조건보다 우선순위가 높다는 점은 꼭 기억했으면 한다. J01을 예로 들겠다.

**J01** **A, B, C, D, E 5명이 일렬로 줄을 섰다. 다음 중 항상 참인 것을 고르시오**

〈 보 기 〉

- D는 5번째로 줄을 섰다. (조건1)
- A, B는 인접하게 줄을 섰다. (조건2)
- C와 D 사이에는 2명이 줄을 섰다. (조건3)

문제의 상황과 조건1을 만족하는 경우: 4! = 24가지
문제의 상황과 조건2를 만족하는 경우: 4! × 2 = 48가지

조건1을 먼저 적용하면 24가지의 경우 중 남은 조건을 만족하는 경우를 찾는 과정이고 조건2를 먼저 적용하면 48가지의 경우에서 남은 조건을 만족하는 경우를 추리는 과정이다. 24가지를 들고 싸우는 사람이 48가지를 들고 싸우는 사람보다 유리하다.

### 4) 조건적인 조건과 대우

앞서 조건적인 조건은 조건부 즉 앞부분을 만족할 때 서술부 또는 뒷부분을 적용한다고 전했다. 문제를 풀이하다 앞부분은 만족하는지 모르지만 뒷부분을 적용하면 〈보기〉의 조건이 충돌되는 경우는 어떻게 접근해야 할까? 예를 들면 다음과 같다.

〈 보 기 〉

- A는 4번째로 줄을 선다. (조건1)
- D가 1번째로 줄을 선다면 C가 4번째로 줄을 선다. (조건2)

조건1에 의해 A가 4번째로 줄을 선다. 조건2는 조건적인 조건인데 D가 1번째로 줄을 서는지는 현재로서 알 수 없다. 하지만 C가 4번째로 줄을 서게 되면 A가 4번째로 줄을 선다는 조건1과 충돌된다. D가 1번째로 줄을 서게 되면 C와 A가 충돌되기 때문에 D는 1번째로 줄을 서지 않는다고 알 수 있다. 처음부터 조건2를 대우하여 C가 4번째로 줄을 서지 않는다면 D가 1번째로 줄을 서지 않는다고 제시할 수 있지만 풀이를 하다보면 대우를 취해야겠다는 생각이 나지 않는다. 오히려 뒷부분이 충돌되네? 앞부분은 만족하지 않겠구나!와 같이 사고하는 편이 빠르다.
오해를 줄이기 위해 설명을 더 추가하자면 D가 1번째로 줄을 서는지 현재로서 알 수 없다고 했지만 A를 4번째 자리에 배치한 후 여러 가지 경우로 나눈 후 문제를 풀이해도 된다. 그중 D가 1번째로 줄을 서는 경우는 D가 1번째로 줄을 선다면 C가 4번째로 줄을 서기에 〈보기〉의 조건을 만족하지 않아 소거하는 경우가 된다. 경우를 더 그리고 지우고 하는 과정을 구태여 하지 않기 위해 위와 같이 설명했다.

## 5. 문제의 물음 유형

대표적인 유형은 1) 특정 값을 묻는 문제, 2) 가능한 경우를 선별하는 문제, 3) 항상 참/거짓을 묻는 문제로 나뉜다.

### 1) 특정 값을 묻는 문제

특정 값을 물어보는 문제의 예시는 다음과 같다.

특1. 반드시 2층에 사는 사람을 고르시오.

특2. A와 항상 마주 보고 앉는 사람을 고르시오.

특3. 4번째로 줄을 서는 사람을 고르시오.

특4. B와 항상 같은 팀인 인원을 고르시오.

특5. 항상 C와 인접하게 줄을 서는 사람을 고르시오.

특정 값을 묻는 문제는 문제의 상황과 〈보기〉의 조건을 만족하는 경우가 소수일 때가 많다. 경우가 많아지면 모든 경우를 만족하는 선지를 도출하기 어렵기 때문이다. 즉 문제가 쉬운 편일 확률이 높다. 특히나 다음의 예시와 같이 특정 자리의 값을 묻는 문제라면 문제의 상황과 〈보기〉의 조건을 만족하는 경우 중 한 가지 경우만 찾거나 도식을 다 채우지 않아도 정답을 찾을 확률이 높다. 대표적인 예시가 앞서 풀이한 J05이다.

**J05** **남자 3명, 여자 2명으로 이뤄진 A, B, C, D, E가 일렬로 줄을 선다. 〈보기〉를 참고하여 2번째로 줄을 서는 인물을 고르시오.**

〈 보 기 〉

- 같은 성별끼리 인접하게 줄을 서지 않는다. (조건1)
- A와 B의 성은 다르다. (조건2)
- C와 D의 성은 같다. (조건3)
- E는 4번째로 줄을 서지 않는다. (조건4)

5명의 성을 아래와 같이 정리했다. 여자인 E는 2, 4번째로 줄을 설 수 있는데 조건4에 의해 E는 4번째로 줄을 설 수 없고 2번째로 줄을 설 수 있다. 문제에서 2번째로 줄을 서는 사람을 고르라고 묻는다. 즉 정답이 나왔다.

| |
|---|
| 남(3명): C, D, A/B |
| 여(2명): B/A, E |

이처럼 특정 값을 묻는 문제는 도식을 다 채우지 않아도 정답을 찾을 확률이 높다. 참고로 문제의 상황과 〈보기〉를 만족하는 경우는 여러 가지가 있지만 모두 2번째로 줄 서는 사람은 E이다. 다음은 문제의 상황과 〈보기〉를 만족하는 모든 경우다.

| 남 | 여 | 남 | 여 | 남 |
|---|---|---|---|---|
| 1 | 2 | 3 | 4 | 5 |
| C | E | D | B/A | A/B |
| C | E | A/B | B/A | D |
| D | E | C | B/A | A/B |
| D | E | A/B | B/A | C |
| A/B | E | C | B/A | D |
| A/B | E | D | B/A | C |

J05는 문제가 조금 어려울 수 있다. 보다 쉬운 문제인 J03, J06과 함께 알아보자.

**J03** **A, B, C, D, E는 일렬로 줄을 선다. 〈보기〉를 참고하여 E가 몇 번째로 줄을 서는지 고르시오.**

〈보 기〉

- A는 2번째 또는 3번째로 줄을 선다. (조건1)
- C, D는 인접하게 줄을 선다. (조건2)
- B는 4번째로 줄을 선다. (조건3)

① 1번째 ② 2번째 ③ 3번째
④ 4번째 ⑤ 5번째

앞선 풀이에서 조건 2, 3을 적용한 경우로 추렸다.

| 1 | 2 | 3 | 4 | 5 |
|---|---|---|---|---|
| C | D | | B | |
| D | C | | B | |
| | C | D | B | |
| | D | C | B | |

조건2, 3 적용

조건1에서 A는 2번째 또는 3번째로 줄을 선다고 한다. 2, 3번째 자리에 C와 D가 있는 경우를 소거하고 A를 3번째 자리에 배치하자. E는 자연스럽게 5번째로 줄을 선다.

| 1 | 2 | 3 | 4 | 5 |
|---|---|---|---|---|
| C | D | A | B | E |
| D | C | A | B | E |

**J06** **A, B, C, D, E는 버스를 타기 위해 일렬로 줄을 선다. 〈보기〉를 토대로 4번째로 줄을 서는 사람을 고르시오.**

〈 보 기 〉

- C는 2번째로 줄을 섰다. (조건1)
- A 바로 뒤에 B가 줄을 선다. (조건2)
- E와 D 사이에 1명이 줄을 선다. (조건3)

① A ② B ③ C
④ D ⑤ E

고정조건인 조건1을 먼저 확인하자. C는 2번째로 줄을 선다. 이후 강한 반고정 조건인 조건2를 토대로 경우를 나누자. 조건2로 인해 나뉘는 경우가 조건3으로 인해 나뉘는 경우보다 적다.

| 1 | 2 | 3 | 4 | 5 |
|---|---|---|---|---|
| | C | A | B | |
| | C | | A | B |

조건3을 적용해보자. A가 3번째, B가 4번째인 경우는 조건3을 만족하지 않는다. 문제의 물음이 4번째로 줄은 서는 사람을 고르라 했으니 도식을 다 채우지 않아도 A가 4번째로 줄을 선다고 알 수 있다. 이처럼 특정 칸의 값을 물어보는 문제는 쉬운 문제일 확률이 높다.

앞서 다 풀이하지 않았던 J04와 함께 특정 칸의 값이 아닌 특정 값을 묻는 문제도 접근해 보자. 특정 칸의 값을 묻는 문제보다는 복잡할 가능성이 크지만 마찬가지로 문제의 상황과 〈보기〉의 조건을 만족하는 경우 중 한 가지 경우만 찾거나 도식을 다 채우기 정답일 확률이 높다.

**J04** **A, B, C, D, E, F는 비행기를 타기 위해 일렬로 줄을 선다. 〈보기〉를 토대로 항상 C와 인접하게 줄을 서는 사람을 고르시오.**

〈 보 기 〉

- C는 2번째로 줄을 선다. (조건1)
- A 바로 뒤에 B가 줄을 선다. (조건2)
- E는 D보다 앞에 줄을 선다. (조건3)
- E는 5번째로 줄을 서지 않는다. (조건4)

① A ② B ③ D
④ E ⑤ F

고정조건인 조건1과 특정제약조건인 조건4를 확인하자. C를 2번째에 고정하고 E가 5번째에 줄을 서지 않는다고 표기하자.

| 1 | 2 | 3 | 4 | 5 (~E) | 6 |
|---|---|---|---|---|---|
| | C | | | | |

조건2가 조건3보다 강한 반고정조건으로 보인다. 조건2를 토대로 경우를 나누자.

| | 1 | 2 | 3 | 4 | 5 (~E) | 6 |
|---|---|---|---|---|---|---|
| Case 1 | | C | A | B | | |
| Case 2 | | C | | A | B | |
| Case 3 | | C | | | A | B |

조건3의 정보를 채워보자. Case 1에서 E는 1번째에만 줄을 선다. E는 조건4에 의해 5번째로 줄을 서지 않는다. E가 6번째로 줄을 서면 E 뒤에 D가 줄을 선다는 조건3을 만족하지 않는다. D는 5번째 또는 6번째로 줄을 서고 두 경우에 빈자리를 F가 줄을 선다. 이를 편의상 D/F, F/D라 표기하겠다.

| | 1 | 2 | 3 | 4 | 5 (~E) | 6 |
|---|---|---|---|---|---|---|
| Case 1 | E | C | A | B | D/F | F/D |

Case 2도 확인해보자. D는 3번째나 6번째로 줄을 선다. D가 3번째로 줄을 서는 경우 E는 1번째, F는 6번째로 줄을 선다. 풀이를 마치자. 정답은 나왔다. C와 항상 인접하게 줄을 서는 사람은 E이다.
Case 1에서 C와 항상 인접하게 줄을 설 수 있는 사람은 E 또는 A이다. 그런데 A는 Case 2에서 4번째로 줄을 선다고 가정했다. Case 2를 이루는 여러 경우(상기의 Case 2는 빈칸이 3칸이 있음으로 엄밀하게 6가지 경우를 의미) 중에 조건3을 만족하는 경우가 한 가지라도 있다면 A가 4번째로 줄을 서는 경우도 성립하기 때문에 A는 항상 C와 인접하게 줄을 서는 사람이 아니게 된다. 참고를 위해 조건3을 적용하여 Case 2를 더 나눠보면 다음과 같다.

| | 1 | 2 | 3 | 4 | 5 | 6 |
|---|---|---|---|---|---|---|
| Case 2 | E | C | D | A | B | F |
| | E | C | F | A | B | D |
| | F | C | E | A | B | D |

**2) 가능한 경우를 선별하는 문제**

가능한 경우를 묻는 문제는 특정 인물이 취할 수 있는 값을 모두 고르는 문제, 문제의 상황과 〈보기〉의 조건을 만족하는 경우가 몇 가지인지 찾는 문제 등이 있다. 예를 들면 다음과 같다.

가1. A가 거주할 수 있는 층을 모두 포함한 것을 고르시오.

가2. 이들이 줄을 서는 경우는 모두 몇 가지인지 고르시오.

가3. 3번째로 줄을 설 수 있는 사람이 몇 명인지 구하시오.

가능한 경우를 묻는 문제의 정답은 대부분 문제의 상황과 〈보기〉의 조건을 만족하는 경우를 모두 찾아야 알 수 있을 때가 많다. 앞서 완벽한 풀이와 선택지를 제공하지 않았던 J02를 가능한 경우를 묻는 문제의 예시로 들겠다.

**J02** A, B, C, D, E 5명이 일렬로 줄을 섰다. 〈보기〉를 참고하여 이들이 줄을 선 경우는 모두 몇 가지인지 고르시오.

〈 보 기 〉

- D는 5번째로 줄을 섰다. (조건1)
- A, B는 인접하게 줄을 섰다. (조건2)
- C, D는 인접하게 줄을 섰다. (조건3)

① 1가지 ② 2가지 ③ 3가지
④ 4가지 ⑤ 5가지

이전의 풀이 과정에서 조건1, 조건3을 토대로 정리한 결과까지 도출했다.

| 1 | 2 | 3 | 4 | 5 |
|---|---|---|---|---|
| | | | C | D |

조건1, 3 적용

이어서 조건2를 토대로 경우를 나누면 다음과 같다. A와 B가 자리를 바꾸는 경우는 편의상 A/B 또는 B/A와 같이 빗금으로 표기했다. A, B를 채운 후 남은 한 자리에 E를 배치하자.

| 1 | 2 | 3 | 4 | 5 |
|---|---|---|---|---|
| A/B | B/A | E | C | D |
| E | A/B | B/A | C | D |

E가 3번째로 줄을 선 경우 2가지, E가 1번째로 줄을 선 경우 2가지로 총 4가지다.

J02를 변형하여 예시를 더 들어보겠다. 문제의 물음을 바꾸고 그에 따라 선택지도 바꿨다. 다음의 문제를 확인해보자.

**J07** A, B, C, D, E 5명이 일렬로 줄을 섰다. 〈보기〉를 참고하여 3번째로 줄을 설 수 있는 사람이 몇 명인지 구하시오.

〈 보 기 〉

- D는 5번째로 줄을 섰다. (조건1)
- A, B는 인접하게 줄을 섰다. (조건2)
- C, D는 인접하게 줄을 섰다. (조건3)

① 1명 ② 2명 ③ 3명
④ 4명 ⑤ 5명

풀이 과정은 J02와 같기에 생략하고 결과만 다시 제시하면 다음과 같다.

| 1 | 2 | 3 | 4 | 5 |
|---|---|---|---|---|
| A/B | B/A | E | C | D |
| E | A/B | B/A | C | D |

3번째로 줄을 설 수 있는 사람은 E, B, A로 3명이다. 이처럼 가능한 경우를 선별하는 문제는 문제의 상황과 〈보기〉의 조건을 만족하는 경우를 모두 찾아야 하는 경우가 많기에 손이 많이 간다. 손이 많이 가는 것뿐이다. 귀찮다고 어떻게 머리를 쓰면 편하게 풀지 궁리하는 것보다 얼른 정리하여 답을 내야겠다고 생각해주면 더 좋겠다.

### 3) 항상 참/거짓을 묻는 문제

항상 참인 것은 문제의 상황과 〈보기〉의 조건을 만족하는 경우를 모두 만족하는 것을 말하고 항상 거짓 또는 반드시 거짓인 것은 문제의 상황과 〈보기〉의 조건을 만족하는 경우를 모두 만족하지 않는 것을 말한다. 앞서 예로 들었던 J01을 다시 확인해보자.

**J01** A, B, C, D, E 5명이 일렬로 줄을 섰다. 다음 중 항상 참인 것을 고르시오.

〈보기〉

- D는 5번째로 줄을 섰다. (조건1)
- A, B는 인접하게 줄을 섰다. (조건2)
- C와 D 사이에는 2명이 줄을 섰다. (조건3)

① A는 2번째로 줄을 섰다.
② C는 B와 인접하게 줄을 섰다.
③ A는 3번째로 줄을 섰다.
④ A와 C는 인접하게 줄을 섰다.
⑤ E는 1번째로 줄을 섰다.

정답은 ⑤번이다. 풀이하면 J01의 상황과 조건을 만족하는 경우는 다음과 같은데 다음의 두 경우 모두 E가 1번째로 줄을 서기 때문이다.

| | 1 | 2 | 3 | 4 | 5 |
|---|---|---|---|---|---|
| Case 1 | E | C | A | B | D |
| Case 2 | E | C | B | A | D |

물음만 바꾸어도 정답이 달라진다. J08은 J01과 문제의 물음만 다르고 〈보기〉의 조건과 선택지는 같다.

**J08** **A, B, C, D, E 5명이 일렬로 줄을 섰다. 다음 중 항상 거짓인 것을 고르시오.**

〈보 기〉

- D는 5번째로 줄을 섰다. (조건1)
- A, B는 인접하게 줄을 섰다. (조건2)
- C와 D 사이에는 2명이 줄을 섰다. (조건3)

① A는 2번째로 줄을 섰다.
② C는 B와 인접하게 줄을 섰다.
③ A는 3번째로 줄을 섰다.
④ A와 C는 인접하게 줄을 섰다.
⑤ E는 1번째로 줄을 섰다.

정답은 ①번이다. J08의 상황과 조건을 만족하는 다음의 두 경우 모두 A가 2번째로 줄을 서지 않기 때문이다.

| | 1 | 2 | 3 | 4 | 5 |
|---|---|---|---|---|---|
| Case 1 | E | C | A | B | D |
| Case 2 | E | C | B | A | D |

J08에서 문제의 물음과 일부 선택지를 변경해보겠다. 문제의 물음은 항상 참이 아닌 것을 묻는데 이는 모든 경우를 만족하는 것이 아닌 선택지를 고르는 문제다. 다시 말해 모든 경우를 만족하지 않는 선택지도 정답이고 만족하는 경우도 존재하고 만족하지 않는 경우도 존재하는 선택지도 정답이다.

**J09** **A, B, C, D, E 5명이 일렬로 줄을 섰다. 다음 중 항상 참이 아닌 것을 모두 고르시오. (복수 정답)**

〈보 기〉

- D는 5번째로 줄을 섰다. (조건1)
- A, B는 인접하게 줄을 섰다. (조건2)
- C와 D 사이에는 2명이 줄을 섰다. (조건3)

① A는 2번째로 줄을 섰다.
② C는 B보다 앞에 줄을 섰다.
③ 5명이 줄을 서는 경우는 2가지다.
④ A와 C는 인접하게 줄을 섰다.
⑤ E는 1번째로 줄을 섰다.

앞선 J01, J08의 풀이를 토대로 ①번은 항상 거짓, ⑤번은 항상 참이라고 알 수 있었다. 나머지 선택지에서 정답을 찾아보자.

| | 1 | 2 | 3 | 4 | 5 |
|---|---|---|---|---|---|
| Case 1 | E | C | A | B | D |
| Case 2 | E | C | B | A | D |

② C는 B보다 앞에 줄을 섰다. (O)

– 두 경우 모두 C는 B보다 앞에 줄을 섰다. 항상 참이고 정답은 아니다.

③ 5명이 줄을 서는 경우는 2가지다. (O)

– 위의 정리와 같이 2가지 맞다. 항상 참이고 정답은 아니다.

④ A와 C는 인접하게 줄을 섰다. (△)

– Case 1은 만족하고 Case 2는 만족하지 않는다. 항상 참도 항상 거짓도 아니다. 정답이다.

그런데 정답은 ④번만이 아니다. 항상 참이 아닌 것을 고르는 문제이기에 항상 참도 항상 거짓도 아닌 ④번도 정답이지만 항상 거짓인 ①번도 정답이다.

특정 값을 묻는 문제, 가능한 경우를 선별하는 문제는 물음 자체가 열린 질문이 아니기에 3명, 1가지, 인물명 등 선택지의 폭이 좁지만 항상 참/거짓을 묻는 문제는 선택지의 폭이 넓다. J01, J08, J09의 선택지 중 J09의 ③번만 경우의 수 선택지고 나머지는 확정적인 선택지로서 비교적 쉬운 편이다. 어떤 선택지가 어려운지, 선택지에 따라 참/거짓을 묻는 문제를 어떻게 접근할지와 앞서 언급만 했던 O, △, X가 어떤 의미인지 자세히 알아보자.

## 6. 선택지의 종류 및 판별

### 1) 선택지 판별

선택지의 판별은 풀이용 판별과 분석용 판별로 나뉜다. 분석용 판별은 O, △, X로 표기하고는 하는데 이는 분석하는 과정에서 명확하게 구분하기 위해 활용하는 것이지 실제로 풀이하거나 시간을 재고 풀이할 때에는 답이다 답이 아니다로만 판별했으면 한다. 각 의미를 정리하면 다음과 같다.

O: 문제의 상황과 〈보기〉를 만족하는 경우를 모두 만족하는 선택지

X: 문제의 상황과 〈보기〉를 만족하는 경우를 모두 만족하지 않는 선택지

△: 문제의 상황과 〈보기〉를 만족하는 경우 중 일부 경우는 만족하고 일부 경우는 만족하지 않는 선택지

J01의 풀이 및 선택지를 참고하여 O, △, X로 판별하면 다음과 같다.

| | 1 | 2 | 3 | 4 | 5 |
|---|---|---|---|---|---|
| Case 1 | E | C | A | B | D |
| Case 2 | E | C | B | A | D |

① A는 2번째로 줄을 섰다. (X)

② C는 B와 인접하게 줄을 섰다. (△)

③ A는 3번째로 줄을 섰다. (△)

④ A와 C는 인접하게 줄을 섰다. (△)

⑤ E는 1번째로 줄을 섰다. (O)

필수유형분석
■ 언어이해
■ 자료해석
■ 창의수리
■ 언어추리
■ 수열추리

문제의 물음이 항상 참, 항상 거짓, 항상 참이 아닌 것으로 나눴을 때 정답이 되는 선택지는 다음과 같다.

| 문제의 물음 | 정답이 되는 선택지 |
| --- | --- |
| 항상 참인 것 | O |
| 항상 거짓인 것 | X |
| 항상 참이 아닌 것 | △, X |

출제 빈도가 낮지만 '항상 참이 아닌 것'의 의미는 O가 아닌 선택지를 말한다. 즉 항상 거짓인 X도 정답이지만 참인 경우도 있고 거짓인 경우도 있는 △도 정답이다.

**2) 반례 찾기**

강조의 의미로 다시 말하자면 선택지를 O, △, X로 확인하는 방법은 분석할 때 활용하자. 시간을 재고 풀거나 실제로 풀며 O, △, X로 명확하게 구분했다고 칭찬해줄 사람은 아무도 없다. 풀이가 오래 걸리기 때문이다. 오히려 정답이다, 정답이 아니다의 지표로 접근하기를 추천한다. 이때 반례를 생각하며 문제를 풀이하는 방법이 가장 빠르기에 추천한다.

항상 참인 것을 묻는 문제에서 선택지를 만족하지 않는 경우가 한 가지라도 있다면 정답이 아니다. 선택지를 만족하지 않는 경우가 한 가지라도 있다는 말은 해당 선택지가 X나 △일 것이기 때문이다.

마찬가지로 항상 거짓을 묻는 문제에서는 선택지를 만족하는 경우가 한 가지라도 있다면 정답이 아니다. 선택지를 만족하는 경우가 한 가지라도 있다는 말은 해당 선택지가 O나 △일 것이기 때문이다.

**3) 선택지 종류**

선택지는 확정적인 선택지, 경우의 수 선택지, 가능성의 선택지, 조건적인 선택지로 나뉜다. 4가지로 나누어 설명하면 다음과 같다.

3-1) 확정적인 선택지

자주 출제되는 선택지이며 일반적으로 다른 선택지의 유형에 비해 풀이 과정이 간단하거나 쉬운 경우가 많다.

선택지의 예를 들면 다음과 같다.

- A는 2층에 거주한다.
- A와 B는 서로 마주 보고 앉는다.
- A는 B보다 뒤쪽의 자리에 앉는다.
- A는 B와 같은 팀이다.
- A는 3번째로 줄을 섰다.

3-2) 경우의 수 선택지

경우의 수를 묻는 선택지는 문제의 상황과 〈보기〉의 조건을 만족하는 경우를 모두 찾아야만 정답을 찾을 수 있기에 손이 많이 간다. 예시는 다음과 같다.

- A가 2층에 거주하는 경우는 2가지다.
- 5명이 줄을 서는 경우는 3가지다.

앞서 J09에서 경우의 수 선택지를 활용했다. 책 페이지를 왔다 갔다 하지 않도록 문제와 선택지만 공유하면 다음과 같다. 풀이가 기억나지 않는다면 책 페이지를 앞으로 넘겨보자.

**J09** **A, B, C, D, E 5명이 일렬로 줄을 섰다. 다음 중 항상 참이 아닌 것을 모두 고르시오.**

〈 보 기 〉

| | |
|---|---|
| • D는 5번째로 줄을 섰다. | (조건1) |
| • A, B는 인접하게 줄을 섰다. | (조건2) |
| • C와 D 사이에는 2명이 줄을 섰다. | (조건3) |

③ 5명이 줄을 서는 경우는 2가지다.

3–3) 가능성의 선택지

가능성을 묻는 선택지 역시 문제의 상황과 〈보기〉의 조건을 만족하는 경우를 모두 찾아야만 정답을 찾을 수 있기에 손이 많이 간다.

– A는 2층에 거주할 수 있다.

– 1층에 거주할 수 있는 인원은 1명이다.

가능성의 선택지는 A는 2층에 거주할 수 있다와 같이 성발 가능성을 묻는 선택지도 있고 1층에 거주할 수 있는 인원은 1명이다와 같이 경우의 수를 묻는 선택지도 있다. 정말 가능성을 묻는 선택지의 경우 문제의 상황과 〈보기〉의 조건을 만족하는 경우에서 1가지라도 만족하면 O이고 모든 경우가 만족하지 않는다면 X이다. 이를 J10과 함께 설명하겠다.

**J10** **A, B, C, D, E는 영훈이 앞에 일렬로 줄을 선다. 〈보기〉를 참고하여 다음 중 반드시 거짓인 것을 고르시오.**

〈 보 기 〉

| | |
|---|---|
| • A 바로 뒤에 E가 줄을 선다. | (조건1) |
| • A와 B는 서로 인접하게 줄을 선다. | (조건2) |
| • C는 D보다 앞쪽에 줄을 선다. | (조건3) |

① A는 2번째로 줄을 설 수 있다.
② B는 2번째로 줄을 설 수 있다.
③ C는 4번째로 줄을 설 수 있다.
④ D는 4번째로 줄을 설 수 있다.
⑤ E는 5번째로 줄을 설 수 있다.

아쉽게도 고정조건이 보이지 않는다. 세 조건 모두 반고정조건인데 이 중 강한 반고정조건인 조건1을 먼저 살피자. 조건1로 나누는 경우가 가장 소수이다. 그러면서 A 바로 뒤에 E가 줄을 서기 때문에 A와 인접하게 줄을 서는 B가 A 바로 앞에 줄을 선다고 알 수 있다. [ B | A | E ]를 한 그룹으로 묶어 나올 수 있는 경우를 정리하면 다음과 같다.

| 1 | 2 | 3 | 4 | 5 |
|---|---|---|---|---|
| B | A | E | | |
| | B | A | E | |
| | | B | A | E |

C와 D가 남았다. 조건3에 의해 C를 D보다 앞쪽에 배치하면 다음과 같다. 정리 후 선택지를 판별해보자.

| | 1 | 2 | 3 | 4 | 5 |
|---|---|---|---|---|---|
| Case 1 | B | A | E | C | D |
| Case 2 | C | B | A | E | D |
| Case 3 | C | D | B | A | E |

① A는 2번째로 줄을 설 수 있다. (O)

– Case 1에서 A는 2번째로 줄을 선다.

② B는 2번째로 줄을 설 수 있다. (O)

– Case 2에서 B는 2번째로 줄을 선다.

③ C는 4번째로 줄을 설 수 있다. (O)

– Case 1에서 C는 4번째로 줄을 선다.

④ D는 4번째로 줄을 설 수 있다. (X)

– Case 1, 2, 3 모두 D는 4번째로 줄을 서지 않는다.

⑤ E는 5번째로 줄을 설 수 있다. (O)

– Case 3에서 E는 5번째로 줄을 선다.

J10에서 선택지만 바꿔 가능성을 묻는 것 같지만 경우의 수를 따져야 풀 수 있는 문제로 제시해보겠다.

**J11** **A, B, C, D, E는 영훈이 앞에 일렬로 줄을 선다. 〈보기〉를 참고하여 다음 중 반드시 거짓인 것을 고르시오.**

〈 보 기 〉

- A 바로 뒤에 E가 줄을 선다. (조건1)
- A와 B는 서로 인접하게 줄을 선다. (조건2)
- C는 D보다 앞쪽에 줄을 선다. (조건3)

① 1번째로 줄을 설 수 있는 사람은 2명이다.
② 2번째로 줄을 설 수 있는 사람은 3명이다.
③ 3번째로 줄을 설 수 있는 사람은 2명이다.
④ 4번째로 줄을 설 수 있는 사람은 3명이다.
⑤ 5번째로 줄을 설 수 있는 사람은 2명이다.

이미 J10에서 풀이를 했기에 풀이한 결과를 가지고 선택지를 판별해보자.

| | 1 | 2 | 3 | 4 | 5 |
|---|---|---|---|---|---|
| Case 1 | B | A | E | C | D |
| Case 2 | C | B | A | E | D |
| Case 3 | C | D | B | A | E |

① 1번째로 줄을 설 수 있는 사람은 2명이다. (O)

– B와 C로 2명이다.

② 2번째로 줄을 설 수 있는 사람은 3명이다. (O)

– A, B, D로 3명이다.

③ 3번째로 줄을 설 수 있는 사람은 2명이다. (X)

– E, A, B로 3명이다.

④ 4번째로 줄을 설 수 있는 사람은 3명이다. (O)

– C, E, A로 3명이다.

⑤ 5번째로 줄을 설 수 있는 사람은 2명이다. (O)

– D, E로 2명이다.

$x$번째로 줄을 서는 사람을 묻는 것이 아니라 설 수 있는 사람을 묻는다. 풀이를 완료한 3가지 경우에서 한 가지 경우에서라도 $x$번째로 줄을 선다면 줄을 설 수 있는 사람이다. 가능성의 선택지일 때 정말 가능성의 선택지이든 경우의 수 선택지이든 문제의 상황과 〈보기〉의 조건을 모두 만족하는 경우를 찾아야만 정답을 판별할 수 있다는 점은 같다.

3–4) 조건적인 선택지

'~라면'으로 제시된 선택지를 조건적인 선택지라 지칭했다. 조건적인 선택지를 제시한 문제는 어렵거나 복잡할 확률이 높다. 문제의 상황과 〈보기〉를 만족하는 경우가 2가지 이상일 확률이 높고 선택지에서 ~라면으로 표현한 앞부분이 특정 경우를 지칭하기에 다소 복잡하다. 조건적인 선택지는 앞부분을 만족하는 경우에서 뒷부분을 만족하는지로 O, △, X를 판별한다. 다른 선택지들과 마찬가지로 O, △, X로 판별하는 방법은 분석과정에서 사용하고 시간을 재고 풀거나 실제로 시험에 응시할 때는 정답이다, 정답이 아니다로 구분했으면 한다. J10 또는 J11과 문제의 발문과 〈보기〉는 같지만 선택지만 다른 J12로 설명하겠다.

**J12** A, B, C, D, E는 영훈이 앞에 일렬로 줄을 선다. 〈보기〉를 참고하여 다음 중 반드시 거짓인 것을 고르시오.

〈 보 기 〉

- A 바로 뒤에 E가 줄을 선다. (조건1)
- A와 B는 서로 인접하게 줄을 선다. (조건2)
- C는 D보다 앞쪽에 줄을 선다. (조건3)

① A가 2번째로 줄을 선다면 C는 4번째로 줄을 선다.
② B가 3번째로 줄을 선다면 E는 5번째로 줄을 선다.
③ C가 1번째로 줄을 선다면 B는 2번째로 줄을 선다.
④ D가 5번째로 줄을 선다면 A는 3번째로 줄을 선다.
⑤ E가 4번째로 줄을 선다면 D는 2번째로 줄을 선다.

J10에서 풀이했기에 풀이는 생략하고 선택지를 바로 판별하겠다.

| | 1 | 2 | 3 | 4 | 5 |
|---|---|---|---|---|---|
| Case 1 | B | A | E | C | D |
| Case 2 | C | B | A | E | D |
| Case 3 | C | D | B | A | E |

① A가 2번째로 줄을 선다면 C는 4번째로 줄을 선다. (O)
- A가 2번째로 줄을 서는 경우는 Case 1이다. Case 1에서 C는 4번째로 줄을 선다. 항상 참이다.

② B가 3번째로 줄을 선다면 E는 5번째로 줄을 선다. (O)
- B가 3번째로 줄을 서는 경우는 Case 3이다. Case 3에서 E는 5번째로 줄을 선다. 항상 참이다.

③ C가 1번째로 줄을 선다면 B는 2번째로 줄을 선다. (△)
- C가 1번째로 줄을 서는 경우는 Case 2와 Case 3이다. B는 Case 2에서 2번째로 줄을 서지만 Case 3에서는 3번째로 줄을 선다. 참인 경우도 있고 거짓인 경우도 있다.

④ D가 5번째로 줄을 선다면 A는 3번째로 줄을 선다. (△)
- D가 5번째로 줄을 서는 경우는 Case 1, 2다. A는 Case 2에서 3번째로 줄을 선다. 하지만 Case 1에서는 2번째로 줄을 서기에 ④번 선택지는 항상 참일 수 없고 항상 거짓일 수도 없다.

⑤ E가 4번째로 줄을 선다면 D는 2번째로 줄을 선다. (X)
- E가 4번째로 줄을 서는 경우는 Case 2다. D는 Case 2에서 5번째로 줄을 선다. 항상 거짓이다.

위의 과정과 같이 앞부분을 만족하는 경우에서 뒷부분의 만족 여부로 판별한다. 해당 풀이법은 1) 문제의 상황과 〈보기〉를 만족하는 경우를 모두 찾은 후 푸는 방법이다. 즉 앞부분이 지칭하는 경우에서 뒷부분을 만족하는지 확인하는 방법이다. 이 외에도 2) 도식을 채울 만큼 채운 후 앞부분을 넣어봤을 때 뒷부분이 만족하는지를 확인하는 방법도 있다. J13과 함께 두 번째 풀이법을 고민해보자.

**J13** A, B, C, D, E는 어쩌다 보니 일렬로 줄을 선다. 〈보기〉를 참고하여 다음 중 항상 참인 것을 고르시오.

〈 보 기 〉

- C는 E보다 앞에 줄을 선다. (조건1)
- B는 E와 인접하게 줄을 서지 않는다. (조건2)
- C와 E는 홀수 번째로 줄을 선다. (조건3)

① D가 3번째로 줄을 선다면 A는 4번째로 줄을 선다.
② A가 2번째로 줄을 선다면 B는 5번째로 줄을 선다.
③ C가 1번째로 줄을 선다면 E는 5번째로 줄을 선다.
④ E가 3번째로 줄을 선다면 B는 4번째로 줄을 선다.
⑤ C가 3번째로 줄을 선다면 A는 4번째로 줄을 선다.

〈보기〉의 조건에서 E를 가장 많이 언급했고 다음으로 언급을 많이 한 것은 C이다. E와 C를 고민해 보자. 조건1, 3을 먼저 살피면 E와 C는 홀수 번째로 줄을 서고 C는 E보다 앞에 줄을 선다. 이를 토대로 경우를 나누면 다음과 같다.

| | 1 | 2 | 3 | 4 | 5 |
|---|---|---|---|---|---|
| Case 1 | C | | E | | |
| Case 2 | C | | | | E |
| Case 3 | | | C | | E |

조건2에 따라 B가 몇 번째로 줄을 서는지에 따라 경우를 더 나누어도 되고 선택지를 바로 판별해도 좋겠다. 2) 도식을 채울 만큼 채운 후 앞부분을 넣어봤을 때 뒷부분이 만족하는지를 확인하는 방법을 설명할 차례이니 바로 선택지를 확인해보자.

① D가 3번째로 줄을 선다면 A는 4번째로 줄을 선다. (O)

– D를 3번째에 배치할 수 있는 경우는 Case 2뿐이다. 남은 A와 B는 각각 2번째와 4번째로 줄을 서며 누가 2번째로 줄을 서는지는 확정할 수 없다. 아직 고려하지 않은 조건2를 떠올려보자. B와 E는 인접하게 줄을 서지 않는다. 이에 따라 B는 2번째, A는 4번째로 줄을 선다.

| | 1 | 2 | 3 | 4 | 5 |
|---|---|---|---|---|---|
| Case 2 | C | B | D | A | E |

② A가 2번째로 줄을 선다면 B는 5번째로 줄을 선다. (△)

– A가 2번째에 배치할 수 있는 경우는 Case 1, 2, 3이다. A를 배치 후 B와 E가 인접하지 않도록 배치하면 다음과 같다. B는 Case 1에서 5번째로 줄을 서지만 Case 2, 3에서는 5번째로 줄을 서지 않는다.

| | 1 | 2 | 3 | 4 | 5 |
|---|---|---|---|---|---|
| Case 1 | C | A | E | D | B |
| Case 2 | C | A | B | D | E |
| Case 3 | B | A | C | D | E |

필수유형분석 언어이해 자료해석 창의수리 언어추리 수열추리

③ C가 1번째로 줄을 선다면 E는 5번째로 줄을 선다. (△)

– 경우를 이미 E와 C로 나눴다. C를 배치할 수 있는 경우를 찾는 것이 아니라 C를 1번째로 채워둔 Case 1, 2에서 E가 5번째로 줄을 서는지 판별해보자. B와 E를 인접하지 않게 배치하자. Case 1에서 B는 5번째로 줄을 서고 Case 2에서 B는 2번째 또는 3번째로 줄을 선다.

| | 1 | 2 | 3 | 4 | 5 |
|---|---|---|---|---|---|
| Case 1 | C | | E | | B |
| Case 2 | C | B | | | E |
| | C | | B | | E |

남은 두 자리는 A와 D의 자리다. A, D가 몇 번째로 줄을 서든 E가 5번째로 줄을 서는 경우도 있고 E가 5번째로 줄을 서지 않는 경우도 있다.

④ E가 3번째로 줄을 선다면 B는 4번째로 줄을 선다. (X)

– E가 3번째로 줄을 서는 경우를 Case 1로 정리했다. E가 3번째로 줄을 서면 B와 E는 인접하게 줄을 서지 않기에 B는 2번째와 4번째로 줄을 서지 않는다. 항상 거짓이다.

| | 1 | 2 | 3 | 4 | 5 |
|---|---|---|---|---|---|
| Case 1 | C | A/D | E | D/A | B |

⑤ C가 3번째로 줄을 선다면 A는 4번째로 줄을 선다. (△)

– C가 3번째로 줄을 서는 경우를 Case 3으로 정리했다. 여기서 B는 E와 인접하지 않게 줄을 서기 때문에 1번째 또는 2번째로 줄을 선다. B를 채운 후 남은 두 자리에 A와 D를 배치하자. A와 D가 순서를 바꿀 수 있기에 A/D 또는 D/A로 표기했다. A가 4번째로 줄을 서는 경우도 있지만 그렇지 않은 경우도 있다.

| | 1 | 2 | 3 | 4 | 5 |
|---|---|---|---|---|---|
| Case 3 | B | A/D | C | D/A | E |
| | A/D | B | C | D/A | E |

조건적인 선택지를 풀이하는 방법은 크게 2가지다. 이 중 어떤 방법을 선택할지는 〈보기〉의 조건을 토대로 풀이할 때 경우가 많이 나올지 아닐지로 택한다. 즉 조건을 모두 고려했는데도 경우가 많이 나뉠 것으로 예상되면 2) 앞부분을 넣어보며 푸는 방법, 적게 나올 것으로 예상되면 1) 모든 경우를 찾은 후 푸는 방법을 택한다.

1) 문제의 상황과 〈보기〉를 만족하는 경우를 모두 찾은 후 푸는 방법
(=앞부분이 지칭하는 경우에서 뒷부분을 만족하는지 확인하는 방법)
2) 도식을 채울 만큼 채운 후 앞부분을 넣어봤을 때 뒷부분이 만족하는지를 확인하는 방법

위 풀이법 이외에도 〈보기〉를 고려하지 않고 선택지의 앞부분을 넣은 후 〈보기〉의 조건을 만족하는지 확인하는 방법도 있지만 이 방법은 추천하지 않는다. 5개의 선택지를 확인하며 〈보기〉의 각 조건을 최대 5번을 적용하는 번거로움이 있기 때문이다.

조건추리와 관련된 전반의 설명을 마친다. 예로 들었던 문제의 정답을 정리하면 다음과 같다.

| J01 | J02 | J03 | J04 | J05 |
|---|---|---|---|---|
| ⑤ | ④ | ⑤ | ④ | ⑤ |
| J06 | J07 | J08 | J09 | J10 |
| ① | ③ | ① | ①, ④ | ④ |
| J11 | J12 | J13 | | |
| ③ | ⑤ | ① | | |

* 참고

자주 나오는 유형이나 꼭 알아야 하는 개념을 위주로 유형을 정리했기에 교재에서 제시한 유형이 SKCT 조건추리의 모든 유형을 대표하지는 않는다.

필수 유형 2

# 조건추리_줄 세우기

## 필수 이론

### 유형 설명

- 5명을 일렬로 줄 세우거나 4층의 건물의 각 층에 사람이 사는 등 일자형 도식을 주로 사용하는 유형을 말한다.
- 조건추리 중 가장 쉬운 난이도로서 시간을 절약하는 문제다.

### 풀이 TIP

- 고정조건을 토대로 경우의 수를 줄인다.
- 자리를 바꿀 수 있는 반고정조건을 확인한다.
- 순서를 기준으로 도식을 정리한다.

### 1. 기준 변수 설정하기

기준으로 변수를 누구로 두느냐에 따라 직관성이 달라진다. 일반적으로 1, 2, 3과 같이 순차성을 띄는 것을 기준 변수로 추천한다. 이를 예시로 설명하겠다.

A, B, C, D, E, F는 퇴근카드를 찍기 위해 일렬로 줄을 선다. 다음을 참고하여 항상 참인 것을 고르시오.
- F는 4번째로 줄을 선다.
- B는 F 바로 앞에 줄을 선다.
- A와 C 사이에 1명이 줄을 선다.

변수가 사람과 순서로 2가지다. 사람을 기준으로 도식을 그리면 〈보기〉의 조건에서 바로 앞, 바로 뒤 등을 표현하기 어렵다. 즉 직관적으로 도식을 알아보기 어렵다. 기준 변수를 잡을 때에는 변수 내 값이 많은 것, 연속성을 보이는 것으로 잡을 때 도식이 비교적 단순하다. 일반적으로 줄 세우기 유형에서는 줄서는 순서를 기준변수로 두는 풀이가 가장 활용하기 좋다.

| A | B | C | D | E | F |
|---|---|---|---|---|---|
| | | | | | 4 |

사람이 기준변수 (추천하지 않음)

| 1 | 2 | 3 | 4 | 5 | 6 |
|---|---|---|---|---|---|
| | | | F | | |

순서가 기준변수

## 2. 한 행을 경우로 표현하기

문제마다 딱 맞는 도식화 방법이 존재한다. 줄 세우기 유형의 경우 한 행이 하나의 경우를 나타내도록 하는 것이 좋다. O, X로 도식을 채우는 방법으로 푸는 사람도 있는데 변수끼리 1:1의 경우 O, X는 비효율적이다. 또한 변수의 종류가 3가지 이상인 경우 2가지 변수만을 고려하는 O, X의 방법으로는 모든 정보를 한 도식에 담기 어렵기 때문에 선택지를 판별하는 과정에서 정보를 종합해야하는 번거로움이 있다. 다음의 예시를 O, X로 정리해 보자.

A, B, C, D, E, F는 퇴근카드를 찍기 위해 일렬로 줄을 선다. 다음을 참고하여 항상 참인 것을 고르시오.
- F는 4번째로 줄을 선다.
- F와 E 사이에는 1명이 줄을 선다.

| | 1 | 2 | 3 | 4 | 5 | 6 |
|---|---|---|---|---|---|---|
| A | | | | X | | X |
| B | | | | X | | X |
| C | | | | X | | X |
| D | | | | X | | X |
| E | X | X | X | X | X | O |
| F | X | X | X | O | X | X |

Case 1

| | 1 | 2 | 3 | 4 | 5 | 6 |
|---|---|---|---|---|---|---|
| A | | X | | X | | |
| B | | X | | X | | |
| C | | X | | X | | |
| D | | X | | X | | |
| E | X | O | X | X | X | X |
| F | X | X | X | O | X | X |

Case 2

F를 고정한 후 E가 6번째로 줄서는 경우와 2번째로 줄서는 경우로 나눴다. F가 4번째라는 정보를 표현하기 위해 수많은 X를 그려야 한다. 더불어 경우가 나뉠 때 같은 도식을 추가로 그려야하는 번거로움도 있다. 기준변수는 앞서 설명한 것처럼 순서로 두고 한 행이 경우를 나타내도록 도식을 그려보자. O, X로 채우는 도식보다 Case 나뉨을 표현하기 용이하다.

| | 1 | 2 | 3 | 4 | 5 | 6 |
|---|---|---|---|---|---|---|
| Case 1 | | | | F | | E |
| Case 2 | | E | | F | | |

## 3. 빗금 활용하기

조건추리 전반에 적용할 수 있는 팁이다. 도식을 채우다보면 칸에 들어가는 값을 바꿀 수 있을 경우가 있다. 이를 경우를 새로 나누는 것보다 빗금을 활용하여 정리하면 보다 편리하다. 다만 빗금을 너무 자주 쓰는 경우 헷갈릴 수 있으니 문제를 풀며 본인만의 허용범위를 설정해두자.

A, B, C, D, E, F는 퇴근카드를 찍기 위해 일렬로 줄을 선다. 다음을 참고하여 항상 참인 것을 고르시오.
- F는 4번째로 줄을 선다.
- F와 E 사이에는 1명이 줄을 선다.
- A와 B는 인접하게 줄을 선다.

E는 2번째 또는 4번째로 줄을 선다. E가 2번째로 줄을 서는 경우를 Case 2라 명명하고 Case 2만 살펴보자. A와 B가 인접하게 줄을 선다. A가 먼저일 수도 있고 B가 먼저일 수도 있다. 둘의 순서를 바꿀 수 있다. 이를 다음과 같이 경우를 나누어 풀어도 되지만 한 행을 더 그리기 손이 많이 간다.

| | 1 | 2 | 3 | 4 | 5 | 6 |
|---|---|---|---|---|---|---|
| Case 2.1 | | E | | F | A | B |
| Case 2.2 | | E | | F | B | A |

이를 조금이라도 간소화하기 위해 다음과 같이 빗금(/)을 활용하여 A와 B의 자리를 바꿀 수 있다고 표기해 보자.

| | 1 | 2 | 3 | 4 | 5 | 6 |
|---|---|---|---|---|---|---|
| Case 2 | | E | | F | A/B | B/A |

## 4. 3가지 변수의 접근

줄 세우기 유형은 변수가 3가지로 출제되더라도 일반적으로 기준변수를 순차성을 띄는 변수로 두는 것이 편하다. 기준변수가 아닌 나머지 변수들은 각 행에 두어 정리해 보자.

> 갑 팀인 A, B와 을 팀인 C, D와 병 팀인 E, F는 퇴근카드를 찍기 위해 일렬로 줄을 선다. 다음을 참고하여 항상 참인 것을 고르시오.
> • F는 4번째로 줄을 선다.
> • 갑 팀은 1번째와 3번째로 줄을 선다.
> • C는 2번째 또는 5번째로 줄을 선다.

갑 팀이 1, 3번째로 줄을 선다. 이를 토대로 A, B가 1, 3번째로 줄을 서지만 둘 중 누가 1번째인지는 알 수 없다. 한 표에 모든 정보를 볼 수 있도록 한 행에 사람, 다른 한 행에 소속팀을 두자. 더불어 C는 2번째 또는 5번째로 줄을 선다. 이를 토대로 경우를 나누면 다음과 같다.

| | 1 | 2 | 3 | 4 | 5 | 6 |
|---|---|---|---|---|---|---|
| Case 1 | A/B | C | B/A | F | | |
| | 갑 | 을 | 갑 | 병 | | |
| Case 2 | A/B | | B/A | F | C | |
| | 갑 | | 갑 | 병 | 을 | |

참고로 Case 1과 2는 A, B의 위치에 따라 2가지 경우로 더 나뉘지만 간단한 도식화를 위해 빗금을 활용했다. 사람마다 3가지 변수를 대하는 방식이 조금 다르기도 하다. 기준 변수 위에 팀을 적는 방법과 사람 옆에 팀을 적는 방법도 소개한다. 본인이 편한 방식으로 풀어봤으면 한다.

| 갑 | | 갑 | 병 | 을 | |
|---|---|---|---|---|---|
| 1 | 2 | 3 | 4 | 5 | 6 |
| A | | B | F | C | |

기준 변수 위에 팀을 적는 방법

| 1 | 2 | 3 | 4 | 5 | 6 |
|---|---|---|---|---|---|
| A갑 | C을 | B갑 | F병 | | |

사람 옆에 팀을 적는 방법

## 필수 유형 연습

**01** A, B, C, D, E, F는 일렬로 줄을 선다. 〈보기〉의 조건을 토대로 1번째로 줄을 서는 사람을 고르시오.

〈 보 기 〉

- E와 B 사이에 1명이 줄을 선다.
- A 바로 뒤에 F가 줄을 선다.
- C는 E보다 앞에 줄을 선다.
- F는 5번째로 줄을 선다.

① A ② B ③ C
④ D ⑤ E

**문제풀이**

고정조건을 먼저 확인하자. F를 5번째로 줄을 세우자. A 바로 뒤에 F가 줄을 서니 A는 4번째로 줄을 선다.

| 1번째 | 2번째 | 3번째 | 4번째 | 5번째 | 6번째 |
|---|---|---|---|---|---|
| | | | A | F | |

E와 B 사이에 1명이 줄을 선다. E와 B는 1번째와 3번째로 줄을 선다. 단 둘 중 누가 1번째로 줄을 서는지 알 수 없다. C는 E보다 앞에 줄을 선다. E가 1번째로 줄을 선다면 C가 줄을 설 곳이 없다. E는 3번째, B는 1번째, C는 2번째로 줄을 선다. 아직 언급하지 않은 D는 6번째로 줄을 서지만 문제에서 묻는 것은 1번째로 줄을 서는 사람이기에 풀이에서는 고려하지 않아도 괜찮았다.

| 1번째 | 2번째 | 3번째 | 4번째 | 5번째 | 6번째 |
|---|---|---|---|---|---|
| B | C | E | A | F | D |

정답 ▶ ②

## 02 A, B, C, D, E는 일렬로 줄을 선다. 〈보기〉의 내용을 토대로 항상 참인 것을 고르시오.

〈보 기〉

- D 바로 뒤에는 E가 줄을 선다.
- A는 E보다 앞에 줄을 선다.
- B는 3번째로 줄을 선다.

① A와 B는 서로 인접하게 줄을 선다.
② B와 C는 서로 인접하게 줄을 선다.
③ E와 A는 서로 인접하게 줄을 선다.
④ C와 A는 서로 인접하게 줄을 선다.
⑤ D와 C는 서로 인접하게 줄을 선다.

**문제풀이**

특정 칸을 고정할 수 있는 고정조건의 우선순위가 높다. B는 3번째로 줄을 선다고 말하는 조건을 토대로 B를 3번째에 고정하자.

D 바로 뒤에 E가 줄을 서고 E보다 앞에 A가 줄을 선다. D와 E는 4, 5번째로 줄을 서고 A는 1번째로 줄을 서거나 2번째로 줄을 선다.

| 1 | 2 | 3 | 4 | 5 |
|---|---|---|---|---|
| A | | B | D | E |
| | A | B | D | E |

남은 빈칸에 C를 채우자. C와 A는 두 경우 모두 인접하게 줄을 선다.

| 1 | 2 | 3 | 4 | 5 |
|---|---|---|---|---|
| A | C | B | D | E |
| C | A | B | D | E |

정답 ▶ ④

## 빈출 유형 공략 문제

해설 p. 58

**01** A, B, C, D, E는 일렬로 줄을 선다. 〈보기〉를 참고하여 C가 몇 번째로 줄을 서는지 고르시오.

〈 보 기 〉

- B는 E보다 앞에 줄을 선다.
- A와 D는 서로 인접하게 줄을 선다.
- E는 4번째로 줄을 선다.

① 1번째 ② 2번째 ③ 3번째
④ 4번째 ⑤ 5번째

**02** A, B, C, D는 4층의 건물의 각 층에 산다. 4명 모두 1개 층에만 살며 아무도 살지 않는 층은 없다고 할 때 〈보기〉를 참고하여 항상 참인 것을 고르시오.

〈 보 기 〉

- C와 D는 서로 인접한 층에 살지 않는다.
- A는 홀수 층에 산다.
- B는 D보다 높은 층에 산다.

① B는 2층에 산다.
② A는 3층에 산다.
③ C는 4층에 산다.
④ A는 1층에 산다.
⑤ D는 2층에 산다.

**03** **A, B, C, D, E는 게이트에 도착한 순서대로 일렬로 줄을 선다. 〈보기〉를 참고하여 줄을 서는 순서가 제일 빠른 사람을 좌측부터 정렬한 것을 고르시오.**

〈 보 기 〉

- B와 D 사이에 2명이 줄을 선다.
- E는 C보다 게이트에 먼저 도착한다.
- E와 C는 서로 이웃하게 줄을 선다.
- D 바로 뒤에 A가 줄을 선다.

① B – E – C – D – A
② C – E – D – A – B
③ E – B – C – A – D
④ E – C – D – A – B
⑤ B – E – A – D - C

**04** **A, B, C, D, E는 식사를 하기 위해 일렬로 줄을 선다. 이들이 선택하는 메뉴는 한식, 양식, 중식이며 인당 하나의 메뉴를 선택한다. 〈보기〉를 참고하여 5명의 메뉴와 줄을 서는 순서를 확정하는 경우가 모두 몇 가지인지 구하시오.**

〈 보 기 〉

- 같은 메뉴를 선택하는 사람끼리는 인접하게 줄을 서지 않는다.
- A와 D는 한식을 선택한다.
- E 바로 앞에 D가 줄을 선다.
- 3번째로 줄을 서는 사람은 중식을 선택한다.
- B와 A 사이에 1명이 줄을 선다.

① 1가지 ② 2가지 ③ 3가지
④ 4가지 ⑤ 5가지

필수 유형 3

# 조건추리_테이블

## 필수 이론

### 유형 설명

- 원형, 육각형, 사각형 등의 테이블의 형태로 문제의 상황을 제시한다.

### 풀이 TIP

- 일반적으로 마주 보고 앉는다는 조건을 고정조건처럼 사용할 수 있다.
- 자리를 바꿀 수 있는 반고정조건을 확인한다.
- 도식을 그릴 때 *과 같이 선을 그어 간략히 표현한다.

### 1. 마주 보고 앉는다는 조건

테이블 문제에서 고정조건처럼 활용할 수 있는 건 마주본다는 조건이다. A와 B가 마주본다고 할 때 이를 먼저 고정 후 문제를 풀이하는 것이 좋다. A와 B가 자리를 바꿀 수 있다고 생각할 수 있지만 테이블을 회전하면 마찬가지이기 때문에 A, B를 고정 후 문제를 풀이할 수 있다. 다만 자리에 번호, 도착순서 등이 정해진 경우 마주본다는 조건에 해당된 사람이 자리를 바꾸는 경우도 확인해야 한다.

### 2. 서로 인접하지 않는다는 조건

서로 인접하지 않는다는 조건을 제시할 때가 있다. 6명이 앉는 테이블에서 갑 팀이 3명, 을 팀이 2명, 병 팀이 1명으로 나뉘는 경우 3명은 삼각형 또는 역삼각형의 형태로 앉는다.

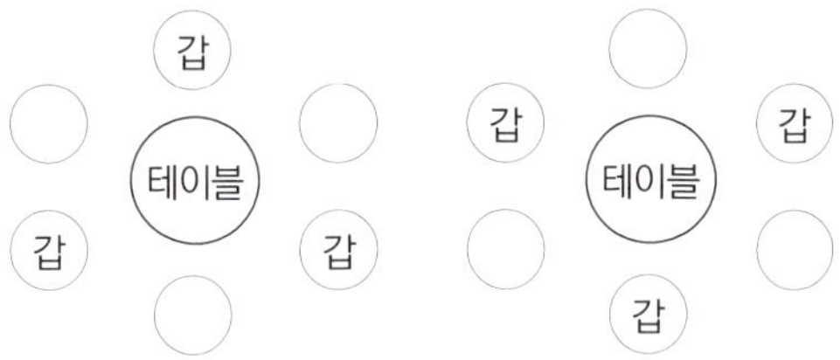

다만 인당 한 팀에 속하고 6명이며 같은 팀인 사람끼리 이웃하게 앉지 않는다는 문제에서 자주 실수하기도 한다. 현재 주어진 상황에서는 팀별 인원이 몇 명인지 모르는데 무조건 삼각형을 그리며 앉는다고 착각하는 경우다. 다음의 예시와 같이 각 팀의 인원이 2명인 경우 꼭 삼각형을 그리며 앉지 않는다.

## 3. 부등호 처리

조건추리 전반에 적용할 수 있는 팁이다. 〈보기〉의 조건에서 크다, 작다, 크거나 같다, 작거나 같다 등의 조건이 있을 때 >, <, ≥, ≤의 기호로 정리하는 것보다 숫자를 대입하며 경우를 뽑아 단순하게 인식할 수 있도록 만드는 작업이 필요하다.

A, B, C, D, E, F는 원형의 테이블에 동일한 간격으로 앉는다. 같은 팀인 인원끼리 인접하게 앉지 않는다고 할 때 다음을 참고하여 항상 참인 것을 고르시오.

- 갑 팀인 인원은 을 팀 인원보다 많다.
- 병 팀의 소속원은 1명이다.

위 예시에서 '갑 > 을'과 같이 〈보기〉를 정리하지 말고 숫자를 대입하여 가능한 경우를 뽑아보자. 갑 팀은 3명, 을 팀은 2명, 병 팀은 1명으로 정리할 수 있다. 같은 팀원끼리 인접하게 앉지 않기 때문에 갑 팀인 3명은 삼각형 또는 역삼각형을 그리며 앉는다고 알 수 있다. 이를 제약사항 또는 고정조건처럼 활용할 수 있다.

다만 팀원이 2명, 2명, 2명으로 나뉘는 경우 삼각형 모양을 보장하지 않는다. 전체 인원수와 팀원인 인원수를 확인한 후 삼각형 모양을 떠올리자.

## 4. 도식 간략화

원형 테이블에 6명이 앉는 문제나 육각형 테이블에 6명이 앉는 문제는 같은 유형이라 봐도 무방하다. 테이블 모양을 그리는 것보다 인원수에 따라 다음의 모양을 그린 후 문제를 풀이하는 것이 보다 편리하다. 특히 인원이 많을 경우 도식의 오와 열이 맞지 않게 그렸다면 마주보는지 아닌지 등을 헷갈릴 때가 있는데 이런 실수를 방지하기 용이하다.

정리하기에 용이하다는 것이지 경우가 여럿이 나뉨에도 한 도식에 모든 것을 정리해야 한다는 것은 아니다. 풀이 초반에 경우가 나뉘면 테이블을 1 ~ 2가지 더 그려 정리하는 것이 보다 수월하다. 경우가 나뉘는 것을 모두 머리로 기억하고 푸는 방법은 생각보다 시간이 더 소모되고 정답률이 낮다. 경우를 나누어 정리하는 예시는 이어지는 '5. 3가지 변수의 접근'에서 들겠다.

## 5. 3가지 변수의 접근

변수의 종류가 3가지가 되더라도 테이블의 모양을 중심으로 한 뒤 자리에 앉는 사람과 팀과 같은 추가 정보를 함께 정리하여 혼란을 줄여보자. 도식하는 방법을 예시로 들면 다음과 같다.

| |
|---|
| 1학년인 A, B, C, 2학년인 D, E, 3학년인 F가 원탁에 같은 간격으로 앉아 회의한다. 다음을 참고하여 반드시 거짓인 것을 고르시오.<br>• 학년이 같은 학생끼리 인접하게 앉지 않는다.<br>• C는 D와 인접하게 앉는다.<br>• A와 F는 마주 보고 앉는다. |

A와 F를 마주보는 자리에 고정하자. 1학년이 3명이고 학년이 같은 학생끼리 인접하게 앉지 않기 때문에 삼각형을 그리며 앉는다.

B와 C는 F와 인접한 두 자리에 앉는다. 하지만 누가 F의 오른쪽에 앉는지 알 수 없다. 풀이 초반이기에 경우를 나눠보자. 그러면서 C와 D를 인접하게 앉도록 정리하자. 남은 한 자리는 언급하지 않은 E의 자리다.

## 필수 유형 연습

**01** **A, B, C, D, E, F는 원형의 테이블에 놓인 의자에 앉는다. 의자의 배치 간격이 일정하여 누군가를 마주 보고 앉는다고 할 때 〈보기〉를 참고하여 E와 인접하게 앉을 수 없는 사람을 고르시오.**

〈 보 기 〉

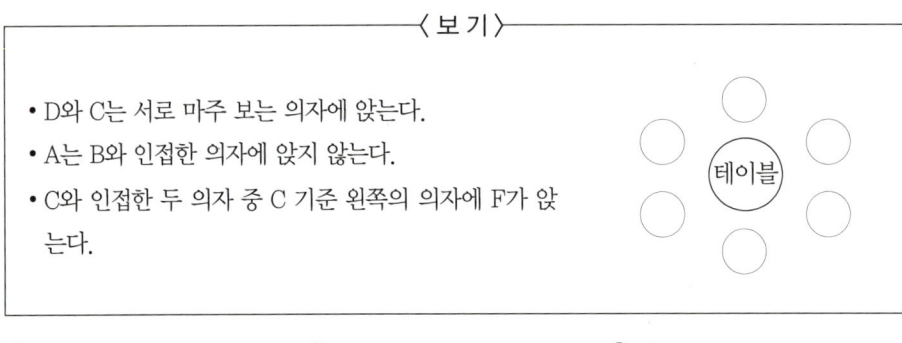

- D와 C는 서로 마주 보는 의자에 앉는다.
- A는 B와 인접한 의자에 앉지 않는다.
- C와 인접한 두 의자 중 C 기준 왼쪽의 의자에 F가 앉는다.

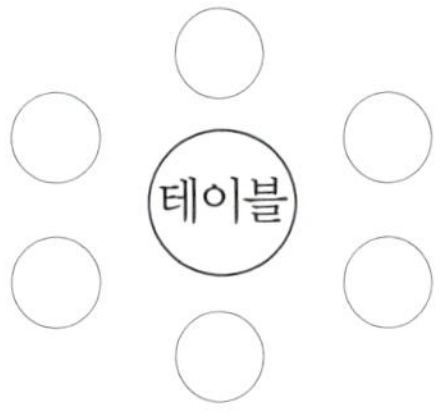


① A ② B ③ C
④ D ⑤ F

**문제풀이**

D와 C를 마주 보도록 앉히자. 이후 C의 왼쪽에 F를 앉히자.

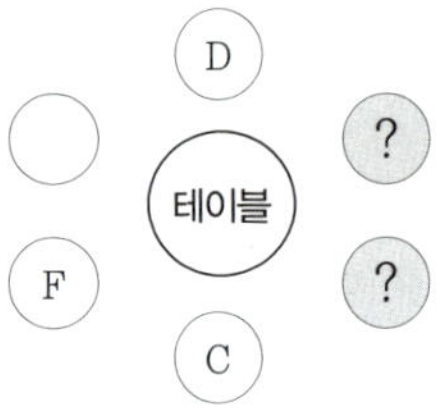


A와 B는 인접한 의자에 앉지 않는다. A와 B가 둘 다 위의 별색으로 칠했으며 ?를 기입한 의자에 앉지 않는다. 둘 중 1명은 D 기준 오른쪽에 인접한 의자에 앉는다. 결과적으로 E는 F와 인접하게 앉지 않는다.

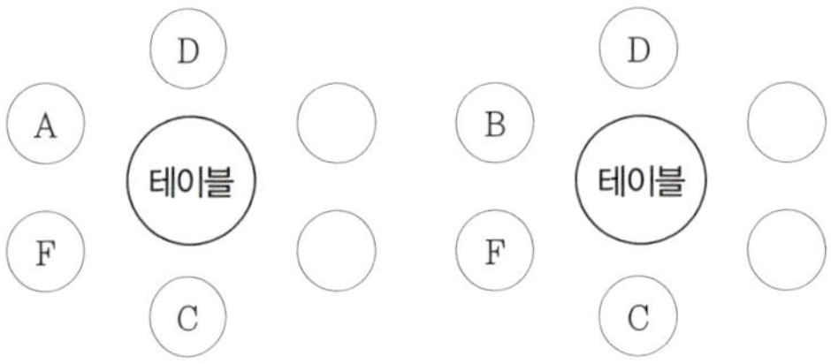


정답 ▶ ⑤

정답이 나왔으니 풀이를 멈췄으면 한다. 문제 풀이 후 분석하는 과정을 거친다면 다음과 같다.
두 경우로 나눠보자. D 기준 오른쪽에 인접한 의자에 A가 앉으면 남은 두 의자에는 B와 E가 앉는다. 다만 B와 E 중 누가 어느 의자에 앉는지 확정할 수 없다. 이를 BE 또는 EB로 표기했다. 마찬가지로 D 기준 오른쪽에 인접한 의자에 B가 앉는 경우 남은 두 의자에 AE 또는 EA로 표기했다.

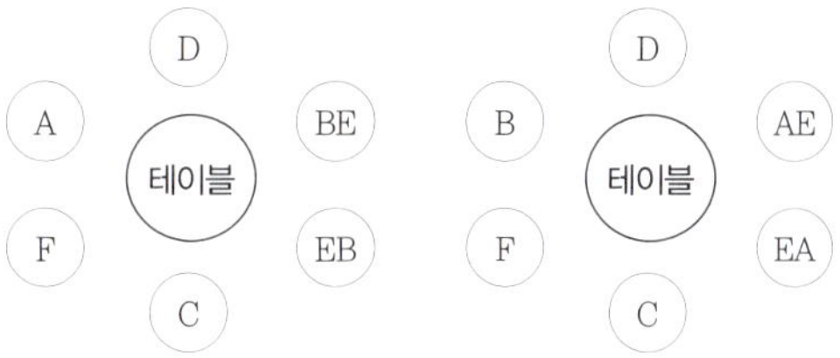


## 02

**과장인 A, B와 사원인 C, D, E, F는 원탁을 바라보고 일정한 간격으로 앉는다. 〈보기〉의 조건을 토대로 E의 양옆에 앉는 사람을 고르시오.**

〈 보 기 〉

- 과장과 과장 사이에는 2명의 사원이 앉는다.
- F는 B와 이웃한 자리에 앉지 않는다.
- A는 C와 이웃하게 앉지 않는다.
- C와 D는 서로 이웃한 자리에 앉는다.

① A, C　　② A, F　　③ B, D

④ B, F　　⑤ C, F

**문제풀이**

과장과 과장 사이에는 2명의 사원이 앉는다. A와 B 사이에 사원이 2명이 앉도록 배치하자. C는 D와 서로 이웃한 자리에 앉으며 C는 A와 이웃하게 앉지 않는다. 이를 토대로 경우를 나누면 다음과 같다.

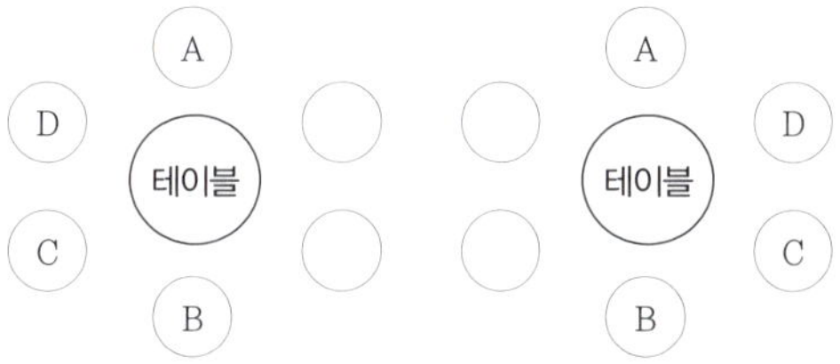


Case 1　　Case 2

F는 B와 이웃한 자리에 앉는다. Case 1, 2에서 F를 B와 떨어진 자리에 배치하자. 남은 한 자리는 E의 자리다.

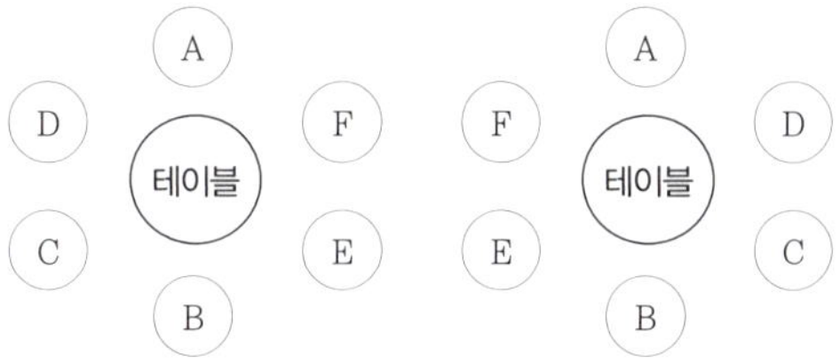


Case 1　　Case 2

E와 인접한 자리에 앉는 2명은 B와 F이다.

정답 ▶ ④

## 빈출 유형 공략 문제

해설 p. 60

**01** **A, B, C, D, E는 원탁에 놓인 6개의 의자 중 한 의자에 앉는다. 의자의 간격은 서로 일정하다고 할 때 〈보기〉를 참고하여 항상 참인 것을 고르시오.**

〈 보 기 〉

- D는 E와 마주 보고 앉는다.
- C와 인접한 두 의자 중 한 의자에 앉는 사람은 없다.

① C와 D는 서로 이웃한 의자에 앉는다.
② A와 B는 서로 이웃한 의자에 앉는다.
③ E와 B는 서로 이웃한 의자에 앉는다.
④ A와 C는 서로 이웃한 의자에 앉는다.
⑤ D와 B는 서로 이웃한 의자에 앉는다.

**02** **A, B, C, D, E, F는 원형의 테이블에 앉는다. 서로 일정한 간격으로 앉아 누군가를 마주 보고 앉는다고 할 때 〈보기〉를 참고하여 반드시 A와 인접하게 앉는 사람을 고르시오.**

〈 보 기 〉

- C는 E와 마주 보고 앉는다.
- F는 B와 마주 보고 앉는다.
- E와 인접하며 E의 왼쪽 자리에 D가 앉는다.

① B ② C ③ D
④ E ⑤ F

**03** A, B, C, D, E, F는 원형의 테이블에 일정한 간격으로 앉는다. 〈보기〉를 참고하여 항상 참인 것을 고르시오.

〈 보 기 〉

- C는 B와 인접하며 B의 오른쪽 자리에 앉는다.
- A는 D 사이에 1명이 앉는다.
- F는 A와 인접한 자리에 앉지 않는다.

① D와 B는 마주 보는 자리에 앉는다.
② E와 C는 마주 보는 자리에 앉는다.
③ C와 D는 마주 보는 자리에 앉는다.
④ A와 F는 마주 보는 자리에 앉는다.
⑤ B와 A는 마주 보는 자리에 앉는다.

**04** A, B, C, D, E, F는 회의실 원탁에 앉아 회의한다. 이들은 회의실에 도착한 순서와 같은 숫자가 적힌 자리에 앉고 자리의 간격이 동일하여 누군가를 마주 보고 앉는다고 할 때 〈보기〉를 참고하여 항상 참인 것을 고르시오.

〈 보 기 〉

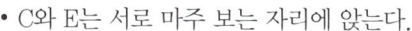

- C와 E는 서로 마주 보는 자리에 앉는다.
- F는 E보다 먼저 회의실에 도착한다.
- A가 회의실에 도착한 뒤 곧바로 B가 회의실에 도착한다.
- C가 앉은 자리의 번호는 짝수다.

① B가 4번 자리에 앉으면 D는 6번 자리에 앉는다.
② F가 1번 자리에 앉으면 A는 3번 자리에 앉는다.
③ A가 4번 자리에 앉으면 D는 1번 자리에 앉는다.
④ C가 6번 자리에 앉으면 F는 2번 자리에 앉는다.
⑤ D가 1번 자리에 앉으면 C는 5번 자리에 앉는다.

필수 유형 4

# 조건추리_O, X 채우기

## 필수 이론

### 유형 설명

- 변수의 종류가 2가지이고 변수끼리의 관계가 다:다인 경우 용이하다.
- 상동(≡), 부분집합(⊂), 교집합(∩), 겹치지 않음 등의 관계를 나타낸 조건에 유의한다.

### 풀이 TIP

- 고정조건을 토대로 표 안에 O 또는 X를 기입한다.
- 제약사항을 토대로 남은 칸의 O, X를 추리한다.
- 문제의 상황과 〈보기〉의 조건을 만족하는 경우가 1~2가지 정도일 확률이 높기 때문에 일반적으로 경우가 나뉘는 칸은 빈칸으로 두고 풀이하는 편이 낫다.

### 1. 변수로 파악하는 O, X 유형

앞서 '필수 유형 2. 조건추리_줄 세우기'에서 O, X는 변수끼리 1:1 관계일 때 공간을 많이 차지하고 손이 많이 가기 때문에 용이하지 않다고 전했다. 하지만 문제에서 변수의 종류가 2가지이고 변수끼리 다:다(n:m 또는 多:多) 관계를 형성할 때 각 변수를 축으로 두고 값을 O 또는 X로 채우는 것이 보다 직관적이다.

A, B, C, D는 주황, 분홍, 보라, 자주 중 최대 3개까지 색을 고른다. 다음을 참고하여 항상 거짓인 것을 고르시오.
- A는 자주를 고르지 않았다.
- 주황을 고른 사람은 2명이다.
- B는 분홍색을 고른다.

예시를 토대로 도식을 그리고 바로 알 수 있는 조건을 채워보자.

| | A | B | C | D |
|---|---|---|---|---|
| 주황(2) | | | | |
| 분홍 | | O | | |
| 보라 | | | | |
| 자주 | X | | | |

'B: 분홍'과 같이 글로 정리하는 것보다 O, X로 표기하는 장점은 B가 분홍 외에 다른 색을 고르지 않은 것인지 아직 판별하지 못 한건지 쉽게 확인할 수 있다. 글로 정리한다면 'B: 분홍, ~보라'와 같이 선택하지 않음을 표기할 수는 있지만 가로, 세로축으로 바로 확인할 수 있는 O, X만큼 직관적이지는 않다. 주황을 고른 사람이 2명인데 2명인지 아닌지 세어보며 확인해야하는 것보다 바로 눈으로 확인하는 것이 더 편리하다.

* 참고
  설명하기 위해 '~보라'를 언급했지 아직은 B가 보라를 고르지 않았다고 확정할 수 없다. 또한 ~은 not을 의미한다. 편의상 보라로 적어도 무방하다.

## 2. 상동(≡), 부분집합(⊂), 교집합(∩), 겹치지 않음

조건추리 전반에 쓸 수 있는 내용이다. 상동(≡), 부분집합(⊂), 교집합(∩), 겹치지 않음은 O, X로 채우는 문제에서 자주 나오기 때문에 해당 유형에서 설명하겠다.

> A, B, C, D는 주황, 분홍, 보라, 자주 중 최대 3개까지 색을 고른다. 다음을 참고하여 항상 거짓인 것을 고르시오.
> • A는 자주를 고르지 않았다.
> • 주황을 고른 사람은 2명이다.
> • B가 고른 색 모두를 C도 고른다.
> • A가 고른 색과 D가 고른 색은 겹치지 않는다.
> • A와 B가 고른 색은 같다.
> • B는 분홍색을 고른다.

추가된 조건에 따라 내용을 더 채우면 다음과 같다. 칸을 채운 이유와 함께 각 조건을 어떻게 다룰지 확인하자.

| | A | B | C | D |
|---|---|---|---|---|
| 주황(2) | X(4) | X(4) | O(4) | O(4) |
| 분홍 | O(1) | O | O(2) | X(3) |
| 보라 | | | | |
| 자주 | X | X(1) | | |

(1) A와 B가 고른 색이 같다. 따라서 A는 분홍을 고르고 B는 자주를 고르지 않는다.
(2) B가 고른 색 모두를 C도 고른다. B가 고른 분홍을 C도 고른다.
(3) A가 고른 색과 D가 고른 색은 겹치지 않는다. D는 A가 고른 분홍을 고르지 않는다.
(4) 주황을 고른 사람이 2명이다. A, B가 주황을 고르면 C도 주황을 골라야 한다. 따라서 A, B는 주황을 고르지 않고 C와 D가 주황을 고른다.

2.1. 자주 실수하는 내용

- B가 고른 색 모두를 C도 고른다.

'B ⊂ C'의 관계를 형성한다. C는 B가 고른 색 이외에 추가로 색을 고를 수 있다. 다시 말해 B가 분홍을 고른다고 했을 때 C는 분홍, 자주와 같이 추가로 색을 더 고를 수 있다. 부분집합을 보이는 조건을 가지고 'B ≡ C'와 같이 상동이라 오해하는 실수가 잦다. 포함인지 상동인지 꼭 잘 살펴봐야 한다.

만약 인당 고르는 색이 2가지씩이라고 같은 가지 수를 선택한다면 'B가 고른 색 모두를 C도 고른다.'는 조건이 포함을 의미하지만 'B ≡ C'라고 이해할 수 있다. B가 2가지 색을 고르고 C도 2가지 색을 고르니 C는 B가 고른 모든 색을 고르고 B가 고르지 않은 색은 C도 고르지 않았다고 알 수 있다. 문제의 상황, 제약사항 등에 따라 해석이 달라질 수 있으니 유의하자. 이런 부분은 문제를 많이 풀고 점검하며 개인 경험치를 쌓아 가야하는 영역으로 생각된다.

- A가 고른 색과 D가 고른 색은 겹치지 않는다.

D는 A가 고른 색을 고르지 않는다. 하지만 A가 고르지 않았다고 하여 D가 고른다고 할 수 없다. 둘 다 고르지 않는 색이 있을 수 있다. 자주 실수하는 내용 중 하나이니 주의하자.

만약 4가지 색상 중 A도 2가지 색상을 고르고 D도 2가지 색상을 고른다면 A가 고르지 않은 색을 D가 고른다고 판별할 수 있다. 위 예시와 함께 예를 들면 A가 주황, 분홍을 고르면 D는 보라, 자주를 고른다. 색이 총 4가지이니 가능하다. 만약 색이 5가지이고 A, D가 2가지 색상을 고른다면 A가 고르지 않았다고 하여 D가 고른다고 할 수 없다. 위 설명과 마찬가지로 문제의 상황, 제약사항 등에 따라 해석이 달라질 수 있다는 점을 유의하자.

- A와 B가 고른 색은 같다.

상동이다. A가 고른 색을 B가 골랐고 A가 고르지 않은 색을 B가 고르지 않았다고 알 수 있다.

## 3. 3가지 변수의 접근

O, X 채우기는 변수의 종류가 2가지인 문제에서 용이하다. O, X 채우기 유형처럼 보이는데 변수의 종류가 3가지라면 일반적으로 '필수 유형 2. 조건추리_줄 세우기' 또는 '필수 유형 6. 조건추리_정보정리'의 3가지 변수 접근법을 추천한다.

## 필수 유형 연습

**01** A, B, C, D는 우산, 휴대폰, 지갑, 키 중 2가지를 소지하며 개인이 소지한 2개의 물품은 다르다. 각 물품은 모두 2개씩이라고 할 때 〈보기〉를 참고하여 C가 소지한 2개의 물품을 올바르게 짝지은 것을 고르시오.

〈보 기〉

- D는 우산과 지갑을 소지한다.
- A가 소지한 물품 중 B가 소지한 물품과 같은 물품은 없다.

① 휴대폰, 키
② 지갑, 우산
③ 휴대폰, 지갑
④ 지갑, 키
⑤ 우산, 휴대폰

**문제풀이**

제약조건을 확인해 보자. 인당 2개의 물품을 소지하고 있고 물품은 2개씩이다. 물건을 기준으로 각 물건을 선택하는 사람은 2명씩이다.

변수가 사람과 물품으로 2가지이고 2:2의 구조 즉 다:다의 구조를 보이고 있다. 각 축에 변수의 값들을 두고 표 안을 O, X로 채우는 도식이 직관적일 것으로 예상된다. 표를 그린 후 고정조건인 D가 소지한 물품을 기입하자. D는 우산과 지갑을 소지하기에 휴대폰과 키는 소지하지 않는다. 이를 X로 표기하여 혼란을 줄이자.

| | A | B | C | D |
|---|---|---|---|---|
| 우산 | | | | O |
| 휴대폰 | | | | X |
| 지갑 | | | | O |
| 키 | | | | X |

A가 소지한 물품 중 B가 소지한 물품과 같은 물품은 없다. 인당 2가지의 물품을 소지하는데 A, B가 소지한 물품들이 겹치지 않는다. A와 B가 소지한 물품을 모으면 우산 1개, 휴대폰 1대, 지갑 1개, 키 1개다. 이에 따라 C와 D가 소지한 물품을 모으면 우산 1개, 휴대폰 1대, 지갑 1개, 키 1개다. 즉 C와 D가 소지한 물품도 겹치지 않는다.

| | A | B | C | D |
|---|---|---|---|---|
| 우산 | | | X | O |
| 휴대폰 | | | O | X |
| 지갑 | | | X | O |
| 키 | | | O | X |

정답 ▶ ①

**02** **A, B, C, D는 미국, 영국, 중국, 인도로 출장을 간다. 인당 두 곳씩 출장을 간다고 할 때 〈보기〉를 참고하여 다음 중 항상 거짓인 것을 고르시오.**

〈 보 기 〉

- D는 C가 출장을 가는 곳에 모두 출장을 간다.
- B가 출장을 가는 곳 중 하나는 인도다.
- 영국으로 출장을 가는 사람은 3명이다.
- A가 출장을 가는 곳 중 D가 출장을 가는 곳과 겹치는 곳은 없다.

① B는 영국으로 출장을 간다.
② C는 미국으로 출장을 간다.
③ A는 영국으로 출장을 간다.
④ D는 인도로 출장을 간다.
⑤ C는 중국으로 출장을 간다.

문제풀이

변수가 사람과 국가로 2가지이며 다대다의 관계다. 한 축에는 사람을 놓고 다른 한 축에 국가를 놓은 뒤 표 안을 O, X로 채워보자.

B는 인도로 출장을 가고 영국으로 출장을 가는 사람은 3명이다.

| | A | B | C | D |
|---|---|---|---|---|
| 미국 | | | | |
| 영국(3) | | | | |
| 중국 | | | | |
| 인도 | | O | | |

영국으로 출장을 가는 사람은 3명이다. D는 C가 출장을 가는 곳에 모두 출장을 간다. C도 2곳을 가고 D도 2곳을 간다. C가 출장을 가는 2곳은 D가 출장을 가는 2곳이기도 하다. 영국으로 출장을 가는 사람이 3명이니 B, C, D가 영국으로 출장을 가거나 A, C, D가 영국으로 출장을 간다.

A가 출장을 가는 곳 중 D가 출장을 가는 곳과 겹치는 곳은 없다. 영국으로 출장을 가는 3명은 B, C, D이다.

B가 출장을 가는 2곳은 영국과 인도다. B는 미국과 중국으로 출장을 가지 않는다.

| | A | B | C | D |
|---|---|---|---|---|
| 미국 | | X | | |
| 영국(3) | X | O | O | O |
| 중국 | | X | | |
| 인도 | | O | | |

위의 빈칸은 누가 출장을 가는지 확정할 수 없어 둔 빈칸이다. 즉 출장을 가는 경우도 있을 것이고 가지 않는 경우도 있다. 항상 거짓일 수 없다.

정답 ▶ ③

## 빈출 유형 공략 문제

해설 p. 62

**01** **A, B, C, D는 서울, 대전, 부산으로 출장을 간다. 출장을 가지 않는 사람은 없다고 할 때 〈보기〉를 참고하여 항상 거짓인 것을 고르시오.**

〈 보 기 〉

- C가 출장을 가는 곳은 1곳이다.
- A의 출장지 중 D의 출장지와 겹치는 곳은 없다.
- 부산으로 출장을 가는 사람은 3명이다.
- 서울, 대전, 부산으로 출장을 가는 사람은 1명이다.

① 대전으로 출장을 가는 사람은 1명이다.
② 대전으로 출장을 가는 사람은 2명이다.
③ 대전으로 출장을 가는 사람은 3명이다.
④ 서울로 출장을 가는 사람은 1명이다.
⑤ 서울로 출장을 가는 사람은 2명이다.

**02** **A, B, C, D는 인당 1곳 이상의 프로젝트에 속한다. 이들이 속한 프로젝트 이름이 P, Q, R, S이고 아무도 속하지 않은 프로젝트는 없다고 할 때 〈보기〉를 참고하여 항상 참인 것을 고르시오.**

〈 보 기 〉

- D가 속한 프로젝트는 A가 속한 어떤 프로젝트와도 겹치지 않는다.
- C가 속한 프로젝트에 모두 B도 속한다.
- B는 P, Q 프로젝트에 속하고 R, S 프로젝트에는 속하지 않는다.
- 각 프로젝트에 속한 최대 인원은 2명이다.
- A는 R 프로젝트에 속한다.
- D가 속한 프로젝트는 2곳이다.

① A는 P프로젝트에 속한다.
② D는 Q프로젝트에 속한다.
③ C는 S프로젝트에 속한다.
④ C는 P프로젝트에 속한다.
⑤ D는 S프로젝트에 속한다.

**03** A, B, C, D는 화장품 가게에 들러 스킨, 로션, 에센스, 크림 중 2가지를 산다. 네 화장품 중 아무도 사지 않은 화장품은 없다고 할 때 〈보기〉를 참고하여 항상 거짓인 것을 고르시오.

〈 보 기 〉

- B는 로션과 크림을 산다.
- A가 산 화장품 중 1가지 화장품이 D가 산 화장품과 같다.
- 스킨을 사는 사람은 3명이고 크림을 사는 사람은 1명이다.
- 로션을 사는 사람의 수는 에센스를 사는 사람의 수보다 많다.

① A는 스킨을 산다.
② C는 로션을 산다.
③ D는 에센스를 산다.
④ A는 로션을 산다.
⑤ C는 에센스를 산다.

**04** A, B, C, D는 4개의 물건 중 1~2가지를 선택한다. 이들이 선택하는 물건이 가, 나, 다, 라라고 할 때 〈보기〉를 참고하여 항상 참인 것을 고르시오.

〈 보 기 〉

- B는 나와 다를 선택한다.
- A는 D가 선택한 물건을 모두 선택한다.
- C가 선택한 물건 중 B가 선택한 물건과 같은 물건은 없다.
- 가를 선택한 사람은 2명이고 나머지 물건을 선택한 사람은 각각 1명씩이다.

① C는 라를 선택한다.
② D는 다를 선택한다.
③ A는 라를 선택한다.
④ C는 가를 선택한다.
⑤ D는 라를 선택한다.

필수 유형 5

# 조건추리_2×n, 3×3

## 필수 이론

### 유형 설명

- 2×3, 2×4, 3×3의 형태로 상황을 제시하는 유형이다.
- 고정조건 – 반고정조건의 순서로 도식을 채우고 경우를 나눈다.

### 풀이 TIP

- 고정조건 및 제약사항을 토대로 경우의 수를 줄인다.
- 자리를 바꿀 수 있는 반고정조건을 확인한다. 일반적으로 반고정조건으로 경우를 나누는 경우 머리로 처리하는 것보다 도식을 1~2가지 더 추가로 그리는 풀이 방법이 보다 빠르다.
- 빈칸은 경우가 나뉨을 의미한다. 쉬운 문제일 때 경우가 나뉘게 되면 새로 도식을 추가하여 그리는 것보다 빈칸을 두고 나뉠 수 있는 경우를 이해한 채 문제를 푸는 것도 방법이다.
- '미정' 칸을 〈보기〉에서 제시한 정보를 한 눈에 볼 수 있도록 한다.

### 1. 주어진 틀 그대로 활용

2 × n, 3 × 3 유형은 문제에 도식의 틀을 제공하는 경우가 많다. 본인만의 도식화 방법을 토대로 새로 정리하지 말고 주어진 도식을 그대로 활용해 보자. 만약 도식을 주지 않는다면 행과 열 또는 층과 좌/우 등의 지표를 주기에 이를 토대로 도식을 그린 후 문제의 상황과 〈보기〉에서 주는 정보를 채워보자. 예를 들면 다음과 같다.

> A, B, C, D, E는 3행 2열로 배치된 사물함을 한 칸씩 사용한다. 1행 2열에 위치한 사물함은 아무도 사용하지 않는다고 할 때 다음을 참고하여 C가 사용하는 사물함의 위치를 고르시오.
> - A와 D는 같은 행에 위치한 사물함을 사용한다.
> - E는 2행 1열에 위치한 사물함을 사용한다.

따로 틀을 주지는 않았지만 3행 2열의 칸을 그리고 정보를 채워보자. 고정조건인 E가 2행 1열 사용, 빈 사물함은 1행 2열이라는 정보를 정리하자(설명의 편의를 위해 1행, 2행 등의 정보를 기입했지만 실제 풀이에서는 적을 필요가 없다).

| | 1열 | 2열 |
|---|---|---|
| 1행 | | X |
| 2행 | E | |
| 3행 | | |

A와 D는 3행에 위치한 사물함을 사용한다. 각 행에 두 칸의 사물함이 있는데 1행은 아무도 사용하지 않는 사물함이 있고

필수유형분석 | 언어이해 | 자료해석 | 창의수리 | 언어추리 | 수열추리

2행의 두 칸 중 한 칸의 사물함은 E가 사용한다. 따라서 A와 D는 3행의 사물함을 사용한다. 다만 누가 3행 1열의 사물함을 사용하는지는 확정할 수 없다. 이를 '필수 유형 2. 조건추리_줄세우기' 중 '3. 빗금 활용하기'에서 언급한 것처럼 빗금을 활용하여 간략하게 정리해 보자.

| | 1열 | 2열 |
|---|---|---|
| 1행 | | X |
| 2행 | E | |
| 3행 | A/D | D/A |

## 2. 경우의 나뉨

2 × n, 3 × 3의 유형은 문제에 도식이 X, Y 축으로 이뤄질 확률이 높아 경우가 나뉘는 것을 머리로 기억하기가 어렵다. 기억하며 풀 수 있다고 하더라도 풀이속도가 저하된다. 따라서 경우가 나뉘는 것을 머리로 기억하지 말고 도식이 비교적 간단하다면 빗금을, 도식이 복잡하다면 도식을 추가하여 경우가 나뉜다는 것을 보이자. 특히 '필수 유형 3. 조건추리_테이블' 중 '5. 3가지 변수의 접근'에서 예시를 든 것처럼 초반에 경우가 나뉜다면 도식을 추가로 더 그린 후 푸는 것을 추천한다. 예시는 다음의 접근과 같다.

> A, B, C, D, E는 3행 2열로 배치된 사물함을 한 칸씩 사용한다. 여섯 칸의 사물함 중 한 사물함은 아무도 사용하지 않는다고 할 때 다음을 참고하여 C가 사용하는 사물함의 위치를 고르시오.
> • B와 D가 사용하는 사물함은 같은 열에 위치한다.
> • A는 1행 2열에 위치한 사물함을 사용한다.
> • E는 3행 1열에 위치한 사물함을 사용한다.

고정조건인 A와 E가 사용하는 사물함을 정리하자. 이후 B와 D가 사용하는 사물함이 같은 열에 위치한다는 정보를 토대로 두 경우로 나눠보자. B와 D가 사용하는 사물함의 위치가 서로 바뀔 수 있다는 것은 빗금으로 정리하되 B와 D가 1열에 위치한 사물함을 사용하는 경우와 2열에 위치한 사물함을 사용하는 경우는 도식을 더 그려 정리해 보자.

Case 1

| | |
|---|---|
| B/D | A |
| D/B | |
| E | |

Case 2

| | |
|---|---|
| | A |
| | B/D |
| E | D/B |

## 3. 미정인 칸 두기

도식을 만들고 정리하다보면 칸에는 넣을 수 없지만 정보는 알고 있을 때가 있다. 이럴 때 미정인 칸을 두어 한 도식에서 정보를 한눈에 볼 수 있도록 만들어 문제풀이의 실수를 줄이고 효율성을 높였으면 한다. 예를 들면 다음과 같다.

> A, B, C, D, E는 3행 2열로 배치된 사물함을 한 칸씩 사용한다. 여섯 칸의 사물함 중 한 사물함은 아무도 사용하지 않는다고 할 때 다음을 참고하여 C가 사용하는 사물함의 위치를 고르시오.
> • B는 1행에 위치한 사물함을 사용한다.
> • E는 2열에 위치한 사물함을 사용한다.
> • D는 2행 2열에 위치한 사물함을 이용한다.

고정조건인 'D는 2행 2열에 위치한 사물함을 이용한다.'를 먼저 정리하자. B는 1행에 위치한 사물함을 사용한다. B가 1행의 1열에 위치한 사물함을 사용하는지 2열에 위치하는 사물함을 사용하는지 확정할 수 없다. B를 1행이며 미정인 칸에 두자. 마찬가지로 E를 2열이며 미정인 칸에 적어 도식 안에서 정보를 쉽게 알아볼 수 있도록 정리하자.

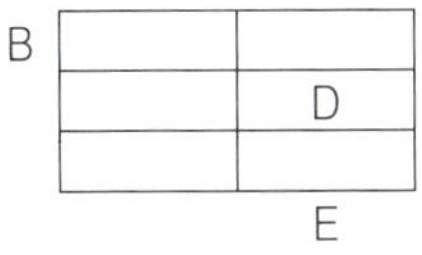


이후 접근은 문제마다 다르다. 예시에서 들지는 않았지만 다른 반고정조건을 토대로 경우를 나눈 후 풀 수도 있고 경우를 나눌만한 조건이 보이지 않는다면 미정의 값을 토대로 경우를 나누어 풀기도 한다. 위 예시에 이어 E를 토대로 경우를 나누며 정리하면 다음과 같다.

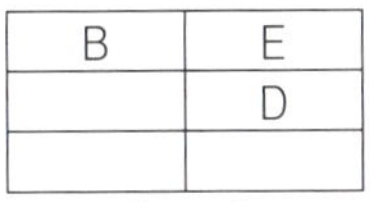


Case 1

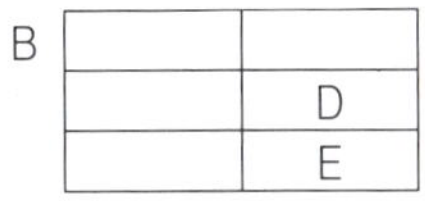


Case 2

## 4. '~라면'의 선택지

선택지가 '~라면'으로 제시된 문제는 크게 1) 문제의 상황과 〈보기〉를 만족하는 모든 경우를 정리한 후 풀기, 2) 선택지의 앞부분을 대입했을 때 뒷부분을 만족하는지 아닌지 확인하는 방법으로 풀기로 접근할 수 있다. 고정조건 및 반고정조건이 잘 나와서 문제의 상황과 〈보기〉를 만족하는 경우가 소수라고 판단되면 1)의 방법으로 문제를 풀고 고정조건이 없고 반고정조건도 소수만 제시됐다면 2)의 방법으로 푼다.

최근 트렌드를 반영했을 때 2×n, 3×3 유형의 문제는 문제의 상황과 〈보기〉를 만족하는 경우가 소수로 제시되는 경우가 많이 1)의 방법이 효율적일 가능성이 크다. 무조건 1)의 방법으로 풀기보다는 문제의 상황과 〈보기〉를 만족하는 경우가 많을지 적을지를 가늠한 뒤 풀이방법을 선택하길 바란다.

선택지가 '~라면'으로 제시됐을 때 1)과 2)의 방법 중 택일하는 방법, 풀이법은 조건추리 전반에서 활용할 수 있다.

## 5. 3가지 변수의 접근

2 × n, 3 × 3은 이미 행, 열, 값/층, 좌/우, 사람과 같이 변수의 종류가 3가지로 보인다. 앞선 풀이법으로 접근하는 문제가 다수이다.

## 필수 유형 연습

**01** A, B, C, D, E, F는 2행 3열로 배치된 의자에 앉는다. 〈보기〉의 내용을 참고하여 항상 참인 것을 고르시오.

〈 보 기 〉

- E와 A는 같은 열에 놓인 의자에 앉는다.
- B는 1행 2열의 의자에 앉는다.
- A와 F는 같은 행이며 서로 이웃하게 놓인 의자에 앉는다.

① C와 F는 같은 행에 놓인 의자에 앉는다.
② E와 F는 같은 행에 놓인 의자에 앉는다.
③ B와 E는 같은 행에 놓인 의자에 앉는다.
④ A와 B는 같은 행에 놓인 의자에 앉는다.
⑤ D와 C는 같은 행에 놓인 의자에 앉는다.

**문제풀이**

B를 1행 2열의 의자에 고정하자. A와 F는 같은 행이며 서로 이웃한 의자에 앉는다. A와 F가 의자에 앉는 경우는 다음과 같이 2가지다. E와 A는 같은 열에 놓인 의자에 앉기 때문에 A는 2행 2열의 의자에 앉지 않는다.

| | | |
|---|---|---|
| | B | |
| A | F | |

Case 1

| | | |
|---|---|---|
| | B | |
| | F | A |

Case 2

E는 A와 같은 열에 놓인 의자에 앉는다. Case 1에서 E는 1행 1열에 놓인 의자에 앉고 Case 2에서 E는 1행 3열에 놓인 의자에 앉는다. C와 D는 Case 1, 2에서 남은 두 의자에 앉으며 서로 자리를 바꿀 수 있다. 이를 C/D 또는 D/C로 표기했다.

| | | |
|---|---|---|
| E | B | C/D |
| A | F | D/C |

Case 1

| | | |
|---|---|---|
| C/D | B | E |
| D/C | F | A |

Case 2

정답 ▶ ③

**02** A, B, C, D, E, F는 3층짜리 빌라에 거주한다. 이 빌라의 각 층에는 2개의 호가 있으며 왼쪽이 1호, 오른쪽이 2호라고 할 때 〈보기〉를 참고하여 3층에 거주할 가능성이 있는 사람은 몇 명인지 고르시오.

〈보 기〉

- D와 F는 같은 층에 거주하지 않는다.
- B는 3층 2호에 거주한다.
- C와 E는 같은 층에 거주한다.

| | 1호 | 2호 |
|---|---|---|
| 3층 | | |
| 2층 | | |
| 1층 | | |

① 1명 ② 2명 ③ 3명
④ 4명 ⑤ 5명

**문제풀이**

B를 3층 2호에 고정하자. 이후 C와 E가 같은 층에 거주한다는 조건을 토대로 C, E가 2층에 거주하는 경우와 1층에 거주하는 경우로 나눠보자. 그러면서 C와 E 중 누가 1호에 사는지 확정할 수 없기에 C/E 또는 E/C로 둘의 자리가 바뀔 수 있다고 표기하자.

| | 1호 | 2호 |
|---|---|---|
| 3층 | | B |
| 2층 | C/E | E/C |
| 1층 | | |

| | 1호 | 2호 |
|---|---|---|
| 3층 | | B |
| 2층 | | |
| 1층 | C/E | E/C |

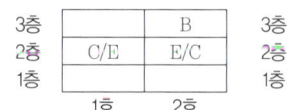

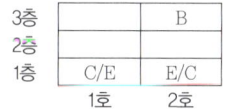

D와 F는 같은 층에 거주하지 않는다. 두 경우 모두 D나 F 중 1명이 3층에 거주해야만 D와 F가 같은 층에 거주하지 않는다는 조건을 만족한다. 따라서 3층에 거주할 가능성이 있는 사람은 B, D, F로 3명이다.

**정답 ▶ ③**

정답은 나왔지만 문제 풀이 후 분석을 위해 모든 경우를 나눠보자. 빈칸은 경우가 더 나뉜다고 의미한다. 경우를 더 나누어도 3층에 거주할 수 있는 사람이 3명인 점은 변함이 없다. 3층의 1호 자리에 D 또는 F가 오니 D/F로 표기한 후 남은 두 자리에 A와 F/D가 오는 경우로 나눠보자.

| | 1호 | 2호 |
|---|---|---|
| 3층 | D/F | B |
| 2층 | C/E | E/C |
| 1층 | F/D | A |

| | 1호 | 2호 |
|---|---|---|
| 3층 | D/F | B |
| 2층 | C/E | E/C |
| 1층 | A | F/D |

| | 1호 | 2호 |
|---|---|---|
| 3층 | D/F | B |
| 2층 | F/D | A |
| 1층 | C/E | E/C |

| | 1호 | 2호 |
|---|---|---|
| 3층 | D/F | B |
| 2층 | A | F/D |
| 1층 | C/E | E/C |

**[오답 풀이]**

B는 이미 3층 거주가 확정되었다. 거주할 가능성이 있는 사람이다.

## 빈출 유형 공략 문제

해설 p. 64

**01** **2행 4열로 나뉜 진열장의 각 칸에 A, B, C, D, E, F, G를 진열한다. 〈보기〉를 참고하여 아무것도 진열하지 않는 칸의 위치로 적절하지 않은 것을 고르시오.**

〈 보 기 〉

- F와 C는 같은 열의 칸에 진열한다.
- A와 G는 같은 행이며 서로 이웃한 칸에 진열한다.
- B는 2행 3열의 칸에 진열하고 E는 1행 2열의 칸에 진열한다.

① 1행 1열 ② 1행 3열 ③ 1행 4열
④ 2행 2열 ⑤ 2행 4열

**02** **A, B, C, D, E, F는 3층의 건물에 거주한다. 각 층에 2명씩 거주한다고 할 때 〈보기〉를 참고하여 반드시 거짓인 것을 고르시오.**

〈 보 기 〉

- A가 거주하는 층은 E가 거주하는 층과 1층 차이다.
- F가 거주하는 층보다 1층 위에 C가 거주한다.
- E는 C와 같은 층에 거주하지 않는다.
- D는 B보다 높은 층에 거주한다.

① D가 3층에 거주한다면 C는 2층에 거주한다.
② E가 1층에 거주한다면 D는 3층에 거주한다.
③ C가 2층에 거주한다면 B는 1층에 거주한다.
④ F가 2층에 거주한다면 A는 3층에 거주한다.
⑤ B가 1층에 거주한다면 F는 1층에 거주한다.

**03** 3×3으로 나뉜 보석상자의 각 칸에 A, B, C, D, E, F, G, H, I를 놓는다. 〈보기〉의 조건을 확인하여 항상 참인 것을 고르시오.

〈 보 기 〉

- F는 2행 2열의 칸에 놓고 I는 1행 3열의 칸에 놓는다.
- H와 C는 1열이며 서로 이웃한 칸에 놓는다.
- E와 A는 같은 행이며 서로 이웃한 칸에 놓는다.
- B와 D는 1행인 칸에 놓는다.

① D는 1행 1열의 칸에 놓는다.
② C는 2행 1열의 칸에 놓는다.
③ A는 3행 2열의 칸에 놓는다.
④ E는 1행 2열의 칸에 놓는다.
⑤ G는 2행 3열의 칸에 놓는다.

**04** A, B, C, D, E, F는 2층의 호텔에 묵는다. 호텔의 각 층에는 3개의 호실이 있다고 할 때 〈보기〉 및 호실 배치도를 참고하여 항상 참인 것을 고르시오.

〈 보 기 〉

- F는 D와 같은 층의 호실에 묵지 않는다.
- A와 E가 묵는 호실의 끝 번호는 같다.
- C는 A와 같은 층의 호실에 묵는다.
- B가 묵는 호실의 끝 번호는 3이다.
- E가 묵는 호실의 끝 번호는 1이다.

| | | |
|---|---|---|
| 201호 | 202호 | 203호 |
| 101호 | 102호 | 103호 |

〈호실 배치도〉

① A가 201호에 묵는다면 D는 102호에 묵는다.
② F가 202호에 묵는다면 B는 103호에 묵는다.
③ D가 203호에 묵는다면 E는 201호에 묵는다.
④ E가 101호에 묵는다면 F는 203호에 묵는다.
⑤ C가 102호에 묵는다면 B는 203호에 묵는다.

필수 유형 6

# 조건추리_정보정리

## 필수 이론

### 유형 설명

- 도식을 그리기 모호한 유형의 문제도 출제된다. 도식화를 하는 것보다 정보를 정리하며 문제를 풀이하는 유형을 정보정리라는 이름으로 소개한다.

### 풀이 TIP

- 어려운 문제는 문제의 상황, 〈보기〉에 따라 경우를 나누어 풀어야 하기도 한다. 나뉘는 모든 경우를 고려하여 문제를 푼다.
- 선택지가 '~라면'의 가정형태로 제시된다면 문제의 상황과 〈보기〉의 조건을 만족하는 경우가 소수라고 판단하면 경우를 구한 후 풀고, 아니라면 채울 수 있는 정보만 채운 뒤 각 선택지의 앞부분을 대입하며 뒷부분을 만족하는지 파악하며 푼다.

## 1. 정보정리 유형의 접근법

조건추리 전반에 활용되는 팁이다. 고정조건은 경우가 나뉘더라도 항상 유지되는 내용이다. 최대한 고정조건으로 칸을 채운 후 반고정조건 또는 채우지 못한 칸이 경우가 나뉜다는 점을 고려하며 문제를 풀어야 한다.

> A, B는 갑 팀이고 C, D는 을 팀이다. 각 팀에서 최소 1명 이상이 보직변경을 신청한다고 할 때 다음을 참고하여 반드시 거짓인 것을 고르시오.
> - A는 보직변경을 신청한다.
> - A가 보직변경을 신청한다면 C는 보직변경을 신청하지 않는다.

A가 보직변경을 신청한다는 고정조건이 있다. 이를 토대로 C는 보직변경을 신청하지 않는다고 알 수 있고 각 팀에서 최소 1명 이상이 보직변경을 신청하기 때문에 D는 반드시 보직변경을 신청한다고 알 수 있다. 이와 같이 고정조건을 통해 A, ~C, D의 정보를 얻은 후 B가 보직변경을 신청하는 경우와 신청하지 않는 경우로 나누어 문제를 풀어야 한다. B의 보직변경 신청여부를 알 수 없었다. 이를 강의에서 빈칸은 경우가 나뉨을 의미한다는 말로 표현하고는 한다.

Case 1. 신청: A, D / 미신청: B, C

Case 2. 신청: A, B, D / 미신청: C

위의 풀이방법은 문제의 상황과 〈보기〉의 조건을 만족하는 경우를 모두 찾은 후 푸는 방법이다. 다른 풀이법은 A, D가 신청하고 C가 신청하지 않았다는 정보에서 선택지의 앞부분을 대입하며 푸는 방식이다. 즉 B의 신청여부까지는 고려하지 않고 빈칸으로 둔 채 경우가 나뉜다는 가능성을 열어두고 선택지를 판별하는 방법이다.

## 2. 3가지 변수의 접근

'필수 유형 5. 조건추리_2×n, 3×3'과 접근법이 비슷하다. 변수의 종류가 3가지인 경우 두 변수를 축으로 두고 남은 한 변수를 도식 안에 값으로 채우며 풀이한다. 이때 일반적으로는 사람(변수)을 값으로 채우는 것을 추천한다. 사유는 '어떤 사람이 몇 조다.', '어떤 사람이 남자다.'와 같이 사람을 중심으로 표현하기 때문이다. 다시 말해 축으로 두는 두 변수와 각각 연관성을 띄는 변수를 값으로 넣는 것이 가장 직관적이다. 이후 경우를 나누는 법, 빗금 활용, 선택지에 따른 접근 등은 앞선 필수 유형에서 설명한 바와 동일하다.

### 2.1 경우 나누기

경우가 나뉘는 것을 머리로 기억하지 말고 도식이 비교적 간단하다면 빗금을, 도식이 복잡하다면 도식을 추가하여 경우가 나뉜다는 것을 보이자. 종이와 펜은 머리가 기억할 내용을 적어두어 머리의 리소스를 아껴 풀이속도를 높이는 역할이라 생각해주면 좋겠다.

> 남자인 A, B, C, D와 여자인 E, F, G, H는 2인 1조로 조별활동을 한다. 각 조의 조원의 성별은 서로 다르다고 할 때 다음을 참고하여 항상 참인 것을 고르시오.
> • D는 2조이고 F는 3조이다.
> • B와 C는 1조가 아니다.

예시를 보면 변수가 사람, 성별, 조로 3가지다. 3가지 변수를 한 도식에 정리하려면 사람을 채워 풀이하는 것이 보다 편리하다. 도식의 축을 그리고 D, F를 채우자.

| | 1조 | 2조 | 3조 | 4조 |
|---|---|---|---|---|
| 남 | | D | | |
| 여 | | | F | |

B와 C는 1조가 아니다. 1조인 남자는 A이다. B가 3조일지 4조일지 확정할 수 없다. 이를 빈칸으로 둔 채 문제를 풀어도 되지만 B와 C를 빗금으로 표현하여 정리해도 무방하겠다.

| | 1조 | 2조 | 3조 | 4조 |
|---|---|---|---|---|
| 남 | A | D | B/C | C/B |
| 여 | | | F | |

만약 B, C의 자리가 3조 또는 4조인 것을 머리로만 기억하며 문제를 푸는 경우 B, C가 3조 또는 4조라는 정보를 잊어버려 오답을 낼 수도 있고 자꾸 기억한 채로 추리해야하기 때문에 추리 속도가 느려지기도 한다. 조금은 귀찮더라도 빗금 또는 새 도식을 그려 경우가 나뉨을 나타내자. 새로 도식을 그려 문제를 푸는 경우는 예제에서 설명하겠다.

#### 2.1.1. 반고정의 복합 활용

고정조건을 통해 칸을 채운 후 반고정조건으로 경우를 나눈다. 반고정조건이 2가지 이상인 경우 조건을 하나씩 확인하는 풀이보다 동시에 2가지 조건을 확인하는 풀이가 보다 빠르다. 하지만 숙달되기 전에는 실수가 잦을 수 있으니 연습을 통해 익숙해지자. 교재의 해설에서는 이해를 돕기 위해 반고정조건을 하나씩 다룬다. 해설이 최단시간의 풀이법이 아님을 전한다.

2.2. 미정인 칸 두기

도식을 만들고 정리하다보면 칸에는 넣을 수 없지만 정보는 알고 있을 때가 있다. 이럴 때 미정인 칸을 두어 한 도식에서 정보를 한눈에 볼 수 있도록 만들어 문제풀이의 실수를 줄이고 효율성을 높였으면 한다.

> 대학교 1, 2, 3학년인 A, B, C, D, E, F는 하루에 1번씩 공원을 산책한다. 이들이 산책하는 시간대는 오전과 저녁이라고 할 때 다음을 참고하여 항상 거짓인 것을 고르시오.
> - A와 B는 1학년이다.
> - D는 오전에 산책한다.

예시를 토대로 한 축에는 학년, 한 축에는 산책시간을 두며 도식을 그리자. A, B가 1학년이라고 알 수 있지만 오전에 산책하는지 오후에 산책하는지 알 수 없다. 이럴 경우 시간 미정을 두어 A, B를 채우자. 마찬가지로 D는 오전에 산책한다고 알 수 있지만 학년을 모른다. 마찬가지로 학년 미정을 두어 D를 채우자.

| | 1학년 | 2학년 | 3학년 | 학년 미정 |
|---|---|---|---|---|
| 오전 | | | | D |
| 저녁 | | | | |
| 시간 미정 | A, B | | | |

## 필수 유형 연습

**01** A, B, C, D, E, F는 1개 층에 4개의 객실이 있는 2층의 호텔에 묵는다. 6명 모두 객실을 하나씩 쓰고 각 객실을 쓰는 사람은 최대 1명이라고 할 때 〈보기〉 참고하여 항상 참인 것을 고르시오.

〈 보 기 〉

- B와 F는 서로 다른 층의 객실을 쓴다.
- A와 E는 같은 층의 객실을 쓴다.
- C가 쓰는 객실과 같은 층에 공실인 객실이 있다.
- D는 1층의 객실을 쓴다.
- 1층에 위치한 객실 중 1개 이상의 객실이 공실이다.

① C는 1층의 객실을 쓴다.
② E는 1층의 객실을 쓴다.
③ B는 1층의 객실을 쓴다.
④ F는 1층의 객실을 쓴다.
⑤ A는 1층의 객실을 쓴다.

문제풀이

객실은 총 8개이고 사람은 6명이다. 2개 객실이 공실이다.

D는 1층의 객실을 쓰고 B와 F는 서로 다른 층의 객실을 쓴다는 정보를 먼저 정리해보자. B와 F는 서로 층을 바꿀 수 있기에 편의를 위해 B/F 또는 F/B로 적었으며 선택지에서 묻는 것은 누가 몇 층의 객실을 쓰는지이기 때문에 층으로만 정보를 정리했다.

2층: B/F
1층: D, F/B

1층에 위치한 객실 중 1개 이상의 공실이 객실이다. 1층에 공실인 객실이 2곳일 수도 있고 1곳일 수도 있다. 두 경우 모두 같은 층의 객실을 쓰는 A와 E는 1층의 객실을 쓸 수 없다. A와 E는 2층의 객실을 쓴다.

2층: B/F, A, E
1층: D, F/B

C가 쓰는 객실과 같은 층에 공실인 객실이 있다. C가 2층의 객실을 쓰게 되면 2층에 공실이 없다. C는 1층의 공실을 사용한다.

2층: B/F, A, E, X
1층: D, F/B, C, X

정답 ▶ ①

**02** 남자인 A, B, C, D와 여자인 E, F, G, H가 2명씩 1개 조를 이룬다. 조 남자 1명과 여자 1명으로 이룬다고 할 때 〈보기〉를 참고하여 항상 참인 것을 고르시오.

〈 보 기 〉

- D는 G와 같은 조를 이루지 않는다.
- A는 E와 조를 이루거나 F와 조를 이룬다.
- C는 H와 조를 이룬다.

① G는 B와 같은 조를 이룬다.
② A는 F와 같은 조를 이룬다.
③ B는 E와 같은 조를 이룬다.
④ D는 E와 같은 조를 이룬다.
⑤ F는 D와 같은 조를 이룬다.

**문제풀이**

C는 H와 조를 이룬다. D는 G와 같은 조를 이루지 않는다. D와 같은 조를 이룰 수 있는 사람은 여자 중 H, G를 제외한 E와 F다. A는 E와 조를 이루거나 F와 조를 이룬다. A와 같은 조를 이룰 수 있는 사람도 D와 마찬가지로 E와 F다.
C, D, A 모두 G와 조를 이루지 않는다. G와 같은 조를 이루는 사람은 B이다.

**[오답 풀이]**

A와 E가 조를 이루고 D와 F가 조를 이루는지 A와 F가 조를 이루고 D와 E가 조를 이루는지는 확정할 수 없다. 즉 2가지 경우로 나뉜다.

정답 ▶ ①

## 빈출 유형 공략 문제

해설 p. 67

**01** A, B, C, D, E, F 중 일부 인원은 임원이다. 〈보기〉의 내용을 토대로 반드시 임원인 사람은 몇 명인지 고르시오.

〈보 기〉

- C와 D 중 1명은 반드시 임원이다.
- D가 임원이라면 F는 임원이 아니다.
- A는 임원이다.
- C가 임원이라면 A는 임원이 아니다.
- E 또는 D가 임원이라면 B는 임원이다.

① 1명 ② 2명 ③ 3명
④ 4명 ⑤ 5명

**02** A, B, C, D, E, F는 SI팀과 SM팀이다. 6명 모두 하나의 팀에만 속하고 팀에 속하지 않은 사람은 없다고 할 때 〈보기〉를 토대로 반드시 SM팀인 인원이 몇 명인지 구하시오.

〈보 기〉

- C가 SI팀이라면 F는 SM팀이다.
- E 또는 F가 SM팀이라면 A는 SM팀이다.
- B가 SM팀이라면 D와 E는 SI팀이 아니다.
- A는 SI팀이다.

① 1명 ② 2명 ③ 3명
④ 4명 ⑤ 5명

**03** 여자인 A, B, C, D는 커플 모임에 남자친구와 함께 참석한다. 모임에 참석하는 남자친구가 E, F, G, H라 할 때 〈보기〉를 참고하여 4쌍의 커플을 확정할 수 있는 모든 경우가 몇 가지인지 고르시오.

〈 보 기 〉

- B는 E와 커플이 아니다.
- C는 G와 커플이다.
- A는 H와 커플이 아니다.

① 2가지 ② 3가지 ③ 4가지
④ 5가지 ⑤ 6가지

**04** A, B, C, D, E, F, G, H는 2인이 1개 조를 이룬다. 각 조는 강원도, 경상도, 전라도, 충청도 중 한 곳으로 연수를 가고 연수를 가지 않는 지역은 없다고 할 때 〈보기〉를 참고하여 항상 참인 것을 고르시오.

〈 보 기 〉

- C와 F는 전라도로 연수를 간다.
- D는 경상도로 연수를 간다.
- G는 충청도로 연수를 간다.
- E와 H는 서로 다른 지역으로 연수를 간다.

① B가 강원도로 연수를 가면 A는 경상도로 연수를 간다.
② E가 충청도로 연수를 가면 H는 강원도로 연수를 간다.
③ A가 강원도로 연수를 가면 E는 충청도로 연수를 간다.
④ H가 경상도로 연수를 가면 E는 충청도로 연수를 간다.
⑤ A가 충청도로 연수를 가면 B는 강원도로 연수를 간다.

필수 유형 7

# 진실게임_기본적인 진실게임

## 필수 이론

### 유형 설명

- 진실게임은 언어추리 20문항 중 7문항 정도 출제된다. 이때 진실게임은 '기본적인 진실게임' 유형, 'A=T, A=F' 유형, '1명이 2개의 진술' 유형으로 나눌 수 있다.
- 동일관계, 모순관계를 활용하여 진술의 참/거짓을 판별하고 진술의 참/거짓 정보에 따라 추가 정보를 얻으며 푸는 방법이다.

### 풀이 TIP

- 문제에서 부여한 Action 대상자의 수, 거짓을 말하는 사람의 수 등 상황을 먼저 확인한다.
- 모순관계, 동일관계를 활용하여 진술의 참/거짓을 판별하거나 선택지를 소거한다.
- 진술의 참/거짓을 확인한 후 추가 정보를 얻고 다른 인물의 참/거짓을 판별하거나 선택지를 소거한다.
- 소거하고 남은 선택지를 토대로 정보를 얻어 문제를 풀이한다.

### 1. 모순관계

모순관계란 모든 경우에 1명은 참, 1명은 거짓인 경우를 말한다. 다시 말해 모든 경우에 동시에 참이거나 동시에 거짓인 경우가 없는 관계를 말한다. 모순 관계를 보이는 대표 유형은 1) 다른 인물을 거짓이라고 하는 경우, 2) 한 인물의 Action 상태에 대한 진술이 상반되는 경우, 3) 한 인물의 진술(참/거짓)에 대한 진술이 상반되는 경우, 4) 드모르간이다. 다음의 예시와 함께 확인해 보자.

A: B의 말은 거짓이다.
B: C가 물건을 훔쳤다.
C: D와 E가 물건을 훔쳤다.
D: E는 물건을 훔치지 않았다.
E: A가 물건을 훔쳤다.
F: A는 물건을 훔치지 않았다.
G: B의 말은 참이다.
H: D 또는 E는 물건을 훔치지 않았다.

1.1. 다른 인물을 거짓이라고 하는 경우

A: B의 말은 거짓이다.
B: C가 물건을 훔쳤다.

예시에서 A의 진술을 보자. B의 말을 거짓이라고 한다. 진실게임에서 진술은 참/거짓 나뉜다. 이를 토대로 A의 진술이 참이면 B의 말이 거짓이라 하니 B의 진술은 거짓이 된다. A의 진술이 거짓이면 B의 말이 거짓이라는 말이 거짓이니 B의 말이 참이다. 이 경우가 헷갈린다면 B의 진술이 참이면 B를 거짓이라 말하는 A의 진술이 거짓이다. 다른 인물을 참/거짓이라고 지칭하는 진술은 진술관계를 확인하기 가장 좋은 힌트다. 다른 인물을 참이라 말하는 진술은 [3. 동일관계]에서 설명하겠다.

1.2. 한 인물의 Action 상태에 대한 진술이 상반되는 경우

E: A가 물건을 훔쳤다.
F: A는 물건을 훔치지 않았다.

예시를 보면 인물의 상태가 물건을 훔쳤다와 물건을 훔치지 않았다로 나눌 수 있다. 이에 따라 한 인물에 대한 Action 상태, 즉 물건을 훔쳤는지 여부가 갈리는 진술은 모순관계를 형성한다. E와 F의 진술을 보면 E와 F는 A의 Action 상태에 대한 진술이 엇갈린다. E가 참이면 A가 물건을 훔쳤고 F의 말이 거짓이다. 반대로 F가 참이면 A가 물건을 훔치지 않았고 E가 거짓이다.

1.3. 한 인물의 진술(참/거짓)에 대한 진술이 상반되는 경우

A: B의 말은 거짓이다.
G: B의 말은 참이다.

이는 [1.2. 한 인물의 Action 상태에 대한 진술이 상반되는 경우]와 비슷하다. B의 진술은 참 또는 거짓 중 하나인데 A와 G의 진술은 B의 참/거짓 상태를 각각 다르게 진술한다. 이에 따라 A와 G의 진술은 모순관계다. A의 진술이 참이면 B의 말은 거짓이고 이에 따라 G의 진술은 거짓이다. 반대로 A의 진술이 거짓이면 B의 진술은 참이고 G의 진술도 참이다.

1.4. 드모르간의 법칙

이전에 집합 기호로 배웠을 때를 기억해보면 A∩B의 여집합은 $A^C \cup B^C$였다. 여기서 $^C$는 부정 또는 거짓을 의미한다고도 말할 수 있다. ∩는 AND를 ∪는 OR를 의미한다. 즉 A∩B를 부정하면 $(A \cap B)^C$가 되는데 이는 $A^C \cup B^C$가 된다. 이를 명제 기호로 표현하면 $^C$는 ~이고 ∩는 ∧, ∪는 ∨를 의미한다. 기호 등은 알지 못해도 문제를 풀이하는데 상관없지만 아는 척 해봤다.

C: D와 E가 물건을 훔쳤다.
H: D 또는 E는 물건을 훔치지 않았다.

C와 H의 진술을 보자. C의 진술이 거짓이라면 D가 물건을 훔치지 않았거나 E가 물건을 훔치지 않았다고 알 수 있다. 이는 H의 진술과 동일하다. 즉 C와 H는 동시에 참, 동시에 거짓일 수 없다. 모순관계를 형성한다.

1.5. 자주하는 실수

> B: C가 물건을 훔쳤다.
> E: A가 물건을 훔쳤다.

B와 E의 진술을 살펴보자. 한 눈에 보기에 모순관계처럼 보이지만 아직 예시에서 몇 명이 물건을 훔쳤는지 상황을 부여하지 않았다. 1명이 물건을 훔쳤다고 가정해 보자. B와 E의 진술이 모순관계를 형성한다고 자신 있게 말할 수 없다. 몇 명이 거짓을 말하는지 상황을 부여하지 않았다. 1명이 물건을 훔치고 2명이 거짓을 말한다고 할 때 B가 지칭하는 C, E가 지칭하는 A 이외에 다른 인물이 물건을 훔쳤다고 하면 B와 E의 진술은 동시에 거짓이다. 전하고자 하는 바를 요약하면 관계만으로 진술 관계를 찾기 어려운 경우도 많다. 몇 명이 Action 대상자인지, 몇 명이 거짓을 말하는지 등 문제에서 부여한 상황을 예의주시해야한다.

참고로 1명이 물건을 훔치고 1명이 거짓을 말하는 경우 B와 E의 진술을 모순관계처럼 쓸 수 있다. F가 물건을 훔친 경우와 같이 B와 E가 동시에 거짓을 말하는 경우도 있지만, 이는 1명이 거짓을 말한다는 문제의 조건을 벗어난다. 또한 1명만 물건을 훔치니 B와 E가 동시에 참을 말할 수 없다. 이에 따라 문제의 조건을 만족하는 경우에서 B와 E는 동시에 참, 동시에 거짓을 말할 수 없기에 모순처럼 쓸 수 있다. 참고 정도로만 알아두자.

> C: D와 E가 물건을 훔쳤다.
> D: E는 물건을 훔치지 않았다.

C와 D의 진술을 살펴보자. C의 진술이 참이면 E가 물건을 훔쳤다. 이에 따라 D의 진술이 거짓이 된다. D의 진술이 참이면 E는 물건을 훔치지 않았고 C는 거짓을 말한다. C의 진술이 AND이기 때문에 D와 E 둘 다 물건을 훔친 경우만 참이 되기 때문이다. 이를 토대로 C와 D를 모순관계라 생각할 수 있지만 이는 실수다.

물건을 훔친 사람이 2명이고 A와 E가 물건을 훔쳤다고 가정해 보자. C의 진술은 D가 물건을 훔치지 않았기에 거짓이다. 물건을 훔친 사람이 2명이고 A와 E가 물건을 훔쳤으니 나머지 인물은 물건을 훔치지 않았고 D가 물건을 훔치지 않았다고 알 수 있다. D의 진술은 E가 물건을 훔쳤기에 거짓이다. C와 D의 진술이 동시에 거짓인 경우도 존재한다. 모순관계는 모든 경우에 동시에 참, 동시에 거짓이 아닌 관계를 의미한다. 즉 모순관계라 보기 어렵다.

## 2. 모순 관계의 활용

2.1. 모순 관계 밖의 인물의 참/거짓 따지기

A, B, C, D, E 5명 중 1명이 거짓말을 하고 A, B의 진술이 모순 관계라 가정하자. 이 경우 A가 거짓인 경우, B가 거짓인 경우로 나누어 문제를 풀기도 하지만 두 경우 모두 공통적으로 C, D, E가 참이라고 가정한다. C, D, E의 진술을 먼저 확인하는 것을 추천한다.

문제에서 물건을 훔친 사람을 고르라고 하는데 'D: A가 물건을 훔쳤다.'와 같은 진술이 있다면 훔친 사람으로 A를 고르며 시간을 단축할 수 있다.

2.2. 2개 이상의 모순 관계 활용하기

A, B, C, D, E 5명 중 1명이 거짓말을 하고 A, B의 진술이 모순 관계, B, C의 진술도 모순 관계라 하자. 2개의 모순 관계가 있고 공통적으로 B가 있다. 따라서 B가 거짓이다. 왜냐하면 A가 거짓이라고 하면 B는 참이고 C는 거짓이 된다. 거짓말을 하는 사람이 1명이기 때문에 B의 진술이 거짓임을 알 수 있다. 물론 문제의 조건이 거짓말 2명이라고 하면 B가 거짓말을 하는 사람이라고 볼 수 없다. 그렇다고 A, C가 거짓말이라고도 볼 수 없다. 남은 D, E 중 1명이 거짓말을 하면 B가 거짓이기 때문이다. 문제에서 Action, 참/거짓 대상자가 몇 명인지가 문제 풀이 방법에 큰 영향을 준다.

## 3. 동일 관계

동일 관계는 꼭 착한 애가 있다. 누군가를 지지해준다. 이 때 지지대상의 참/거짓을 따라간다.

| |
|---|
| A: C는 물건을 훔치지 않았다.<br>B: A는 거짓말을 하는 사람이 아니다. |

B는 A의 진술이 거짓이 아니라고 지지하고 있다. B가 A를 지지하는 동일관계다. 이 때 A의 진술이 참이라면 B의 진술도 참이 된다. 반대로 A의 진술이 거짓이라면 B는 A가 거짓말을 하는 사람이 아니라고 하기에 거짓이 된다.

만약 문제에서 거짓말을 1명이 한다고 하면 위 상황에서 A, B는 거짓말을 하지 않는다. 왜냐하면 A, B는 동시에 참 또는 거짓말을 하는데 거짓말을 하는 사람이 1명이니 A, B는 거짓말을 하지 않는다고 볼 수 있다.

## 4. 동일 관계의 활용

4.1. 1명이 참인 경우/1명이 거짓인 경우에 동일관계 활용하기

| |
|---|
| A, B, C, D, E 중 1명이 과제를 늦게 제출했다. 1명이 거짓말을 하고 있을 때 과제를 늦게 제출한 사람을 고르시오.<br>A: D가 과제를 늦게 제출했다.<br>D: A의 말은 사실이다. |

거짓말을 하는 사람이 1명이고 A, D의 진술은 동일 관계다. 따라서 A, D의 진술은 거짓일 수 없다. A의 진술에 의해 D가 과제를 늦게 제출했다고 알 수 있다.

4.2. 동일관계와 모순관계 활용하기

A, B, C, D, E 중 1명이 참을 말하고 A와 B의 진술이 모순관계, B와 C의 진술이 동일관계라 가정해 보자. 1명이 참을 말하니 B와 C의 진술은 거짓이다. B와 C의 진술이 참이라면 1명만 참이라는 문제의 조건을 만족하지 않는다. B의 진술이 거짓이니 B의 진술과 모순관계인 A의 진술이 참이다. 1명만 참을 찾는 문제라면 A가 참을 말한다를 고르고 Action 대상자를 고른다면 A의 진술이 참, B와 C의 진술이 거짓이라는 정보를 토대로 추가 정보를 얻는다.

## 5. 진술에서 추가 정보 얻기

모순관계, 동일관계 등을 활용하여 일부 인원의 진술이 참 또는 거짓이라고 확정할 수 있을 때 추가로 얻을 수 있는 정보를 확인해 보자.

> A: B가 물건을 훔쳤다.
> B: A는 물건을 훔치지 않았다.
> C: A 또는 B가 물건을 훔쳤다.
> D: C와 D가 물건을 훔쳤다.
> E: A 또는 H 중 1명이 물건을 훔쳤다.
> F: D 또는 E는 물건을 훔치지 않았다.
> H: E와 F는 물건을 훔치지 않았다.
> I: J의 진술은 진실이다.
> J: R의 진술은 거짓이다.

9명의 진술이 모두 참이라면 정보를 그대로 활용한다. 즉 A가 B가 물건을 훔쳤다고 진술하고 A의 진술이 참이기 때문에 B가 물건을 훔쳤다는 정보를 얻을 수 있다. 그런데 자주 실수하는 진술이 E와 C의 진술이다. 1명이 물건을 훔치고 E의 진술이 참이라면 A가 물건을 훔친 경우와 H가 물건을 훔친 경우로 나눌 수 있다. 1명이 물건을 훔치고 C의 진술이 참이라면 A가 물건을 훔친 경우와 B가 물건을 훔친 경우로 나눌 수 있다. 하지만 2명이 물건을 훔친 경우는 말이 조금 달라진다. 2명이 물건을 훔치고 E의 진술이 참이라면 A와 다른 누군가가 훔친 경우와 H와 다른 누군가가 훔친 경우로 나눌 수 있다. 다만 A와 H 둘 다 훔친 경우는 1명이 물건을 훔쳤다는 진술에 맞지 않는다. 2명이 물건을 훔치고 C의 진술이 참이라면 A와 다른 누군가가 훔친 경우와 B와 다른 누군가가 훔친 경우로 나눌 수 있다. 더불어 A와 B 둘 다 물건을 훔친 경우도 고려해야한다.

이번에는 9명의 진술이 거짓인 경우, 얻을 수 있는 정보를 확인해 보자.

| | |
|---|---|
| A(거짓): B가 물건을 훔쳤다. | → B는 물건을 훔치지 않음 |
| B(거짓): A는 물건을 훔치지 않았다. | → A가 물건을 훔침 |
| C(거짓): A 또는 B가 물건을 훔쳤다. | → A와 B는 물건을 훔치지 않음 (드모르간) |
| D(거짓): C와 D가 물건을 훔쳤다. | → C 또는 D는 물건을 훔치지 않음 (드모르간) |
| E(거짓): A 또는 H 중 1명이 물건을 훔쳤다. | → A와 H 둘 다 훔치거나 둘 다 훔치지 않음 |
| F(거짓): D 또는 E는 물건을 훔치지 않았다. | → D와 E는 물건을 훔침 (드모르간) |
| H(거짓): E와 F는 물건을 훔치지 않았다. | → E 또는 F가 물건을 훔침 (드모르간) |
| I(거짓): J의 진술은 진실이다. | → J의 진술이 거짓 |
| J(거짓): R의 진술은 거짓이다. | → R의 진술이 참 |

## 6. 선택지 활용

Action 대상자를 고르라는 문제의 선택지는 Action 대상자 후보고, 참을 말하는 사람을 고르라는 문제의 선택지는 참을 말하는 사람 후보고, 거짓말하는 사람을 고르라는 문제의 선택지는 거짓말하는 사람 후보다. 일반적으로 1명의 대상자를 고르는 문제보다 2명의 대상자를 고르는 문제에서 선택지를 활용할 수 있는 가능성이 더 크다. 선택지가 다음과 같이 제시됐다는 가정 하에 활용하는 방법을 설명하겠다.

| | | |
|---|---|---|
| ① A, B | ② A, E | ③ B, C |
| ④ C, D | ⑤ D, E | |

### 6.1. 2명의 Action 대상자를 고르는 문제

표를 그릴 수밖에 없다면 5명 중 2명을 선택하는 경우인 10가지($_5C_2$)를 고민해야 한다. 하지만 선택지에 5가지의 경우만 제시했다. 5가지만 두고 표를 그려 시간을 아끼자.

진술관계를 통해 B가 Action 대상자라는 정보를 얻었다고 가정하자. 선택지 중 ① A, B ③ B, C를 두고 나머지를 소거한다. 2가지 경우에 대해 문제의 조건(n명이 참 또는 거짓)을 만족하는지 확인하자.

### 6.2. 2명의 참을 말하는 사람을 고르는 문제

B의 진술이 참이라는 정보를 얻었다고 가정하자. ① A, B ③ B, C를 두고 나머지를 소거한다. 선택지에 언급하지 않은 D, E의 진술이 거짓이다. 이를 통해 추가 정보를 얻을 수 있다. D와 E가 거짓인 이유를 추가로 설명하자면 아래와 같이 두 선택지 모두 D와 E의 진술이 거짓이라는 정보를 내포하고 있다.

① A, B (A, B는 참이고 C, D, E는 거짓)

③ B, C (B, C는 참이고 A, D, E는 거짓)

C와 D의 진술이 거짓이라는 정보를 얻었다고 가정하자. C와 D를 언급한 선택지를 소거하고 ① A, B ② A, E만 남기자. 남은 두 선택지 모두 A의 진술이 참이라고 하기 때문에 A의 진술이 참일 때 얻을 수 있는 추가 정보를 확인하자.

### 6.3. 2명의 거짓을 말하는 사람을 고르는 문제

접근법은 [6.2. 2명의 참을 말하는 사람을 고르는 문제]와 동일하다. 위 설명에서 참/거짓만 반대로 두고 고민해 보자.

## 필수 유형 연습

**01** A, B, C, D, E 중 1명이 육아휴직을 사용한다. 5명 중 1명은 거짓을 말하고 나머지 4명은 참을 말한다고 할 때 〈보기〉의 진술을 참고하여 육아휴직을 사용하는 사람을 고르시오.

〈 보 기 〉

- A: E는 거짓을 말한다.
- B: D는 육아휴직을 사용하지 않는다.
- C: A와 D는 육아휴직을 사용하지 않는다.
- D: C와 E는 육아휴직을 사용하지 않는다.
- E: B가 하는 말은 거짓이다.

① A ② B ③ C
④ D ⑤ E

**문제풀이**

A는 E의 진술이 거짓이라 말한다. A와 E의 진술은 모순관계다. 마찬가지로 E는 B가 거짓을 말한다고 한다. E와 B의 진술도 모순관계다. 진술은 참/거짓으로 나뉘기에 A와 B가 같은 편이라고 정리할 수 있다. (A, B ↔ E) E가 거짓을 말하면 A와 B는 참을 말하고 반대로 E가 참을 말하면 A와 B는 거짓을 말하기 때문이다.

A와 B가 둘 다 거짓을 말하는 경우는 1명만 거짓을 말한다고 하는 문제의 상황을 만족하지 않는다. 따라서 A, B는 참을 말하고 E가 거짓을 말한다.

E가 거짓을 말하기에 A, B, C, D는 참을 말한다고 알 수 있다. B, C, D의 진술에 의해 D, A, C, E가 육아휴직을 사용하지 않는다고 알 수 있다. 즉 B가 육아휴직을 사용한다.

정답 ▶ ②

**02** A, B, C, D, E 중 2명이 해외에서 학위를 받았다. 5명 중 1명이 거짓말을 하고 나머지 4명은 참을 말한다고 할 때 〈보기〉의 진술을 확인하여 거짓말을 하는 사람을 고르시오.

〈 보 기 〉

A: D는 거짓말을 하지 않는다.
B: A 또는 D가 해외에서 학위를 받았다.
C: 나와 A는 해외에서 학위를 받지 않았다.
D: B가 해외에서 학위를 받았다.
E: B와 C는 해외에서 학위를 받지 않았다.

① A
② B
③ C
④ D
⑤ E

문제풀이

A의 진술이 참이면 D는 거짓말을 하지 않는다. 즉 A의 진술이 참이면 D의 진술도 참이다. A의 진술이 거짓이면 D는 거짓말을 하지 않는다는 말이 거짓이 된다. 즉 D의 진술도 거짓이다. A와 D의 진술은 모든 경우에 동시에 참을 말하거나 동시에 거짓을 말하는 동일관계다.

문제에서 1명만 거짓을 말한다고 한다. 문제의 상황과 〈보기〉의 진술을 모두 만족하는 경우에서는 A와 D가 참을 말한다. D의 진술이 참이기에 B가 해외에서 학위를 받았다고 알 수 있다.

E의 진술을 보자. B와 C는 해외에서 학위를 받지 않았다고 한다. 이미 우리는 B가 해외에서 학위를 받았다고 알고 있다. AND 조건은 하나만 만족하지 않아도 거짓이기에 E의 진술이 거짓이다.

정답 ▶ ⑤

## 빈출 유형 공략 문제

해설 p. 69

**01** A, B, C, D, E 중 1명은 경력사원이고 나머지 4명은 신입사원이다. 5명 중 1명만 참을 말하고 나머지 4명은 거짓을 말한다고 할 때 〈보기〉의 진술을 참고하여 참을 말하는 사람을 고르시오.

〈보 기〉

A: D는 신입사원이다.
B: 나와 C는 경력사원이 아니다.
C: E가 경력사원이다.
D: 거짓을 말하는 사원은 A다.
E: B와 D는 신입사원이다.

① A ② B ③ C
④ D ⑤ E

**02** A, B, C, D, E 중 2명이 팀장이고 나머지 3명은 팀원이다. 이들 중 1명만 진실을 말한다고 할 때 〈보기〉의 진술을 토대로 진실을 말하는 1명을 고르시오.

〈보 기〉

A: E의 말은 거짓이다.
B: A는 팀장이다.
C: A와 D는 팀장이 아니다.
D: C는 팀장이 아니다.
E: 나와 D는 팀원이다.

① A ② B ③ C
④ D ⑤ E

**03** A, B, C, D, E 중 2명의 취미는 수영이다. 5명 중 2명이 거짓을 말하고 나머지 3명은 참을 말한다고 할 때 〈보기〉를 참고하여 거짓을 말하는 2명을 고르시오.

〈 보 기 〉

A: E의 취미는 수영이 아니다.
B: A의 진술은 참이다.
C: B 또는 D의 취미가 수영이다.
D: B의 취미는 수영이 아니다.
E: B의 취미는 수영이다.

① A, B ② A, E ③ B, D
④ C, D ⑤ C, E

**04** A, B, C, D, E 중 1명이 물건을 훔쳤다. 이들 중 2명만 진실을 말한다고 할 때 〈보기〉의 진술을 토대로 물건을 훔친 1명과 진실을 말하는 2명을 올바르게 제시한 것을 고르시오.

〈 보 기 〉

A: C 또는 D가 물건을 훔쳤다.
B: E는 거짓을 말하지 않는다.
C: D가 하는 말은 거짓이다.
D: B 또는 C가 물건을 훔쳤다.
E: C가 물건을 훔쳤다.

① 훔친 사람: A, 진실을 말하는 사람: A, C
② 훔친 사람: D, 진실을 말하는 사람: C, E
③ 훔친 사람: A, 진실을 말하는 사람: B, E
④ 훔친 사람: C, 진실을 말하는 사람: C, E
⑤ 훔친 사람: D, 진실을 말하는 사람: A, C

필수 유형 8

# 진실게임_A=T, A=F

## 필수 이론

### 📖 유형 설명

- 기본적인 진실게임에서 '물건을 훔친 1명이 거짓을 말하는 1명' 또는 '물건을 훔친 1명이 진실을 말하는 1명'과 같이 Action의 변수와 진실/거짓 변수의 관계를 제시한 유형이다.
- 등장인물이 5명인 문제, 4명인 문제, 3명인 문제가 골고루 출제된다.

### ✎ 풀이 TIP

- 모순관계처럼 활용할 수 있는 내용이나 동일관계처럼 활용할 수 있는 내용을 찾아서 확인한다.

### 1. A=T, A=F의 이해

진실게임은 일반적으로 5명 중 1명이 거짓을 말한다고 할 때 거짓을 말하는 경우가 1가지만 나오는 문제가 다수다. 예를 들어 A, B, C, D, E 5명 중 1명이 물건을 훔치고 1명이 거짓을 말하는 문제일 때 Action을 기준으로 경우를 나누면 A가 물건을 훔치는 경우, B가 물건을 훔치는 경우, C가 물건을 훔치는 경우, D가 물건을 훔치는 경우, E가 물건을 훔치는 경우로 나뉜다. 이 5가지 경우 중 1가지 경우만 1명이 거짓을 말하는 경우를 말한다.

그러나 Action의 변수와 진실/거짓 변수의 관계를 제시한 경우 5명 중 1명이 거짓을 말하고 거짓을 말하는 1명이 물건을 훔쳤다고 할 때 거짓을 말하는 사람이 1명인 경우가 1가지 이상이 나올 수 있다. 예를 들면 다음과 같다.

**예** **A, B, C, D, E 중 1명이 물건을 훔쳤다. 물건을 훔친 1명은 거짓을 말하고 나머지 4명은 진실을 말한다고 할 때 물건을 훔친 사람을 고르시오.**

〈 보 기 〉

A: B와 C는 물건을 훔치지 않았다.
B: E는 진실을 말한다.
C: E는 물건을 훔치지 않았다.
D: C가 하는 말은 거짓이다.
E: A는 물건을 훔치지 않았다.

① A ② B ③ C ④ D ⑤ E

필수유형분석 ■ 언어이해 ■ 자료해석 ■ 창의수리 ■ 언어추리 ■ 수열추리 설명을 위해 D가 물건을 훔친 경우와 E가 물건을 훔친 경우만 살펴보자.

| | A의 진술 | B의 진술 | C의 진술 | D의 진술 | E의 진술 |
|---|---|---|---|---|---|
| D가 훔침 | 진실 | 진실 | 진실 | 거짓 | 진실 |
| E가 훔침 | 진실 | 진실 | 거짓 | 진실 | 진실 |

두 경우 모두 1명만 거짓을 말한다. 이와 같이 거짓을 말하는 사람이 1명인 경우가 1가지 이상이 나올 수 있다.
다만 문제에서 물건을 훔친 1명은 거짓을 말하고 나머지 4명은 진실을 말한다고 한다. D가 물건을 훔친 경우 거짓을 말하는 사람이 D 1명으로 조건을 만족하지만 E가 물건을 훔친 경우 거짓을 말하는 사람은 C이다. 따라서 조건을 만족하는 경우는 D가 훔친 경우뿐이다.
위의 풀이 과정과 같이 일일이 따져 푸는 방법이 가장 정석적인 풀이지만 시간이 오래 걸린다. 모순관계나 동일관계를 활용하여 문제를 풀어보자.

1.1. 모순관계를 활용한 풀이

위의 예시 문제를 그대로 활용하겠다. D의 진술에 의해 D와 C의 진술이 모순관계라고 알 수 있다. D의 진술이 진실이면 C의 진술은 거짓이고 D의 진술이 거짓이면 C의 진술은 진실이다. D와 C는 모든 경우에서 둘 중 1명은 진실을 말하고 나머지 1명은 거짓을 말한다.
정답인 경우에서 D와 C 중 1명이 거짓을 말할 것이다. 둘 중 누가 거짓을 말하든 A, B, E의 진술은 진실이다. A의 진술이 진실이니 B와 C는 물건을 훔치지 않았다고 알 수 있다. 문제에서 물건을 훔친 1명은 거짓을 말하고 나머지 4명은 진실을 말한다고 한다. B와 C는 물건을 훔치지 않았으니 진실을 말한다.
C와 D 중 진실을 말하는 사람이 C이다. D는 거짓을 말한다. 물건을 훔친 1명은 D이다.

1.2. 동일관계를 활용한 풀이

마찬가지로 위의 예시 문제를 그대로 활용하겠다. B의 진술에 의해 B와 E의 진술이 동일관계라고 알 수 있다. B의 진술이 진실이면 E의 진술도 진실이고 B의 진술이 거짓이면 E의 진술도 거짓이다. B와 E의 진술은 모든 경우에서 둘 다 진실을 말하거나 둘 다 거짓을 말하는 동일관계다.
문제에서 1명만 거짓을 말한다고 한다. 정답이 되는 경우에서 B와 E는 진실을 말한다. 문제에서 물건을 훔친 1명은 거짓을 말하고 나머지 4명은 진실을 말한다고 한다. B와 E는 진실을 말하기에 물건을 훔친 사람이 아니다.
E의 진술이 진실이다. A는 물건을 훔치지 않았다. A는 물건을 훔치지 않았으니 진실을 말한다. A의 진술이 진실이니 B와 C도 물건을 훔치지 않았다고 알 수 있다.
B, E, A, C가 물건을 훔치지 않았다. 물건을 훔친 사람은 D이다.

## 2. 모순관계처럼 활용, 동일관계처럼 활용

A=T, A=F 유형은 Action의 변수와 진실/거짓 변수의 관계를 설정한 덕에 엄밀하게 모순관계나 동일관계는 아니지만 모순관계처럼 쓸 수 있는 진술이나 동일관계처럼 쓸 수 있는 진술이 존재한다. A=F로 제시한 예시문제로 설명하겠다.

**예** **A, B, C, D, E 중 1명이 물건을 훔쳤다. 물건을 훔친 1명만 거짓을 말하고 나머지 4명은 진실을 말한다고 할 때 거짓을 말하는 사람을 고르시오.**

〈보 기〉

A: D와 E는 물건을 훔치지 않았다.
B: A 또는 C가 물건을 훔쳤다.
C: D가 물건을 훔쳤다.
D: B 또는 C가 물건을 훔쳤다.
E: A는 물건을 훔치지 않았다.

① A ② B ③ C
④ D ⑤ E

2.1. A=F에서 모순관계처럼 활용

C의 진술을 확인해보자. C는 D가 물건을 훔쳤다고 한다. 물건을 훔친 1명만 거짓을 말한다는 조건과 함께 고려해보면 C와 D의 진술을 모순관계처럼 쓸 수 있다고 알 수 있다. C의 진술이 진실이면 D가 물건을 훔쳤다. 물건을 훔친 사람이 거짓을 말하니 D는 거짓을 말한다. C의 진술이 거짓이면 D는 물건을 훔치지 않았다. 물건을 훔친 1명만 거짓을 말한다. D는 진실을 말한다. 이와 같이 C와 D의 진술은 물건을 훔친 1명만 거짓을 말한다는 조건과 함께 둘 중 1명이 진실, 나머지 1명이 거짓을 말하는 모순관계처럼 쓸 수 있다.

2.2. A=F에서 동일관계처럼 활용

E의 진술을 확인해보자. E의 진술이 진실이면 A는 물건을 훔치지 않았다. 물건을 훔친 1명만 거짓을 말하니 A의 진술은 진실이다. E의 진술이 거짓이면 A는 물건을 훔쳤다. 물건을 훔친 1명만 거짓을 말하기에 A의 진술은 거짓이다. 이와 같이 E와 A의 진술은 물건을 훔친 1명만 거짓을 말한다는 조건과 함께 둘 다 진실을 말하거나 둘 다 거짓을 말하는 동일관계처럼 쓸 수 있다.

**문제풀이**

정답이 되는 경우에서 C, D 중 1명이 거짓을 말한다. A, B, E의 진술은 진실이다. A의 진술에 의해 D와 E가 물건을 훔치지 않았다고 알 수 있다. D는 물건을 훔치지 않았다. 즉 진실을 말한다. 거짓을 말하는 사람은 C이다.

정답 ▶ ③

*참고

C와 D의 진술은 아래의 내용과 같이 모든 경우에서 모순관계를 보이지 않는다. 정답인 C가 훔친 경우에서만 모순관계처럼 쓸 수 있다.

| | C의 진술 | D의 진술 |
|---|---|---|
| A가 훔침 | 거짓 | 거짓 |
| B가 훔침 | 거짓 | 진실 |
| C가 훔침 | 거짓 | 진실 |
| D가 훔침 | 진실 | 거짓 |
| E가 훔침 | 거짓 | 거짓 |

마찬가지로 E와 A의 진술 역시 모든 경우에서 동일관계를 보이지 않는다. 정답인 C가 훔친 경우에서만 동일관계처럼 쓸 수 있다.

| | A의 진술 | E의 진술 |
|---|---|---|
| A가 훔침 | 진실 | 거짓 |
| B가 훔침 | 진실 | 진실 |
| C가 훔침 | 진실 | 진실 |
| D가 훔침 | 거짓 | 진실 |
| E가 훔침 | 거짓 | 진실 |

이번에는 A=T의 유형으로 설명해보겠다. 앞선 문제에서 A=F를 A=T로만 바꾸어 제시하겠다.

**예** **A, B, C, D, E 중 1명이 물건을 훔쳤다. 물건을 훔친 1명만 진실을 말하고 나머지 4명은 거짓을 말한다고 할 때 진실을 말하는 사람을 고르시오.**

〈보 기〉

A: D와 E는 물건을 훔치지 않았다.
B: A 또는 C가 물건을 훔쳤다.
C: D가 물건을 훔쳤다.
D: B 또는 C가 물건을 훔쳤다.
E: A는 물건을 훔치지 않았다.

① A ② B ③ C
④ D ⑤ E

2.3. A=T에서 모순관계처럼 활용

E의 진술을 확인하자. E는 A가 물건을 훔치지 않았다고 한다. E의 진술이 진실이면 A는 물건을 훔치지 않았고 물건을 훔친 1명만 진실을 말하기에 A는 거짓을 말한다. E의 진술이 거짓이면 A는 물건을 훔쳤다. 물건을 훔친 1명은 진실을 말한다. 즉 A는 진실을 말한다. E와 A의 진술은 모순관계처럼 쓸 수 있다.

2.4. A=T에서 동일관계처럼 활용

C의 진술을 확인하자. C의 진술이 진실이면 D가 물건을 훔쳤다. 물건을 훔친 1명은 진실을 말하기에 D의 진술은 진실이다. C의 진술이 거짓이면 D는 물건을 훔치지 않았다. 물건을 훔친 1명만 진실을 말하기에 D는 진실을 말한다. C와 D의 진술은 동일관계처럼 쓸 수 있다.

문제풀이

E와 A의 진술을 모순관계처럼 쓸 수 있다는 점을 활용하며 문제를 풀면 더 쉬우나 여러 풀이방법을 제시하기 위해 C와 D의 진술을 토대로 문제를 풀어보겠다.

C와 D의 진술은 정답인 경우에서 둘 다 진실을 말하거나 둘 다 거짓을 말한다. 진실을 말하는 사람이 1명이기에 C와 D는 거짓을 말한다.

D의 진술이 거짓이니 B와 C는 물건을 훔치지 않았다. 물건을 훔치지 않은 사람은 거짓을 말한다. B의 진술도 거짓이다. B의 진술이 거짓이기에 A와 C가 물건을 훔치지 않았다고 알 수 있다. A의 진술도 거짓이다.

C, D, B, A의 진술이 거짓이다. E의 진술이 진실이다.

정답 ▶ ⑤

*참고

C와 D의 진술은 아래의 내용과 같이 모든 경우에서 동일관계를 보이지 않는다. 정답인 E가 훔친 경우에서만 동일관계처럼 쓸 수 있다.

| | C의 진술 | D의 진술 |
|---|---|---|
| A가 훔침 | 거짓 | 거짓 |
| B가 훔침 | 거짓 | 진실 |
| C가 훔침 | 거짓 | 진실 |
| D가 훔침 | 진실 | 거짓 |
| E가 훔침 | 거짓 | 거짓 |

마찬가지로 E와 A의 진술 역시 모든 경우에서 모순관계를 보이지 않는다. 정답인 E가 훔친 경우에서만 모순관계처럼 쓸 수 있다.

| | A의 진술 | E의 진술 |
|---|---|---|
| A가 훔침 | 진실 | 거짓 |
| B가 훔침 | 진실 | 진실 |
| C가 훔침 | 진실 | 진실 |
| D가 훔침 | 거짓 | 진실 |
| E가 훔침 | 거짓 | 진실 |

## 3. 선택지 활용

'필수 유형 7. 진실게임_기본적인 진실게임' 중 [6.2. 2명의 참을 말하는 사람을 고르는 문제], [6.3. 2명의 거짓을 말하는 사람을 고르는 문제]에서 설명한 바와 같이 모순관계, 동일관계를 토대로 선택지를 소거할 수 있다. 이와 같이 모순관계처럼 활용할 수 있는 진술관계, 동일관계처럼 활용할 수 있는 진술관계를 토대로 선택지를 소거할 수 있다.

## 필수 유형 연습

**01** **A, B, C, D, E 중 1명만 승진한다. 승진한 1명은 거짓을 말하고 나머지 4명은 진실을 말한다고 할 때 〈보기〉의 진술을 토대로 승진한 사람을 고르시오.**

〈 보 기 〉

A: B는 승진하지 않았다.
B: E는 승진하지 않았다.
C: A가 승진했다.
D: B는 진실을 말한다.
E: C는 거짓을 말한다.

① A　② B　③ C
④ D　⑤ E

**문제풀이**

**[치트키1]**

E는 C가 거짓을 말한다고 한다. E의 진술이 진실이면 C의 진술은 거짓이고 E의 진술이 거짓이면 C의 진술은 진실이다. E와 C의 진술은 모든 경우에서 둘 중 1명은 거짓을 말하고 나머지 1명은 진실을 말하는 모순관계다.
B는 E가 승진하지 않았다고 한다. B의 진술이 진실이면 E는 승진하지 않았고 승진하지 않았기에 E는 진실을 말한다. B의 진술이 거짓이면 E는 승진했고 승진한 사람이 거짓을 말한다는 조건에 의해 E는 거짓을 말한다고 알 수 있다. B와 E의 진술은 승진한 1명이 거짓을 말한다는 조건 안에서 동일관계처럼 활용할 수 있다.
거짓을 말하는 사람이 1명이기에 B와 E는 진실을 말한다. E와 모순관계에 있는 C의 진술이 거짓이다. 즉 C가 승진했다.

**[치트키2]**

E와 C의 진술이 모순관계다. 1명만 거짓을 말하기에 A, B, D의 진술은 정답이 되는 경우에서 진실이다. B의 진술을 보면 E는 승진하지 않았다고 한다. 즉 E의 진술은 진실이라고 알 수 있다. C가 거짓을 말하는 1명이며 승진한 1명이다.

**[치트키3]**

E와 C의 진술이 모순관계다. 1명만 거짓을 말하기에 A, B, D의 진술은 정답이 되는 경우에서 진실이다. 그런데 C는 A가 승진했다고 말한다. 승진한 사람이 거짓을 말하는데 A는 정답이 되는 경우에서 진실을 말한다. C의 진술이 거짓이다. 즉 C가 승진했다.

**[일반풀이]**

E와 C의 진술이 모순관계다. 둘 중 1명이 거짓을 말한다. 즉 둘 중 1명이 승진했다. E가 승진한 경우와 C가 승진한 경우로 나눠 5명의 진술이 진실인지 거짓인지 판별해보자.

Case 1. C가 승진한 경우

| | A의 진술 | B의 진술 | C의 진술 | D의 진술 | E의 진술 |
|---|---|---|---|---|---|
| C가 승진 | 진실 | 진실 | 거짓 | 진실 | 진실 |

거짓을 말하는 사람은 1명이다. 5명 중 1명만 거짓을 진술한다는 조건을 만족한다. 그러면서 C가 승진한 사람이기도 하고 C가 거짓을 말하는 사람이기도 하다. 승진한 1명이 거짓을 말한다는 정보도 만족한다.

Case 2. E가 승진한 경우

| | A의 진술 | B의 진술 | C의 진술 | D의 진술 | E의 진술 |
|---|---|---|---|---|---|
| E가 승진 | 진실 | 거짓 | 거짓 | 거짓 | 진실 |

거짓을 말하는 사람이 3명이다. C의 진술이 거짓으로 판명되어 B, C가 거짓을 진술한다는 것을 알게 되었다면 D, E의 진술이 진실인지 거짓인지 알지 않아도 E가 승진한 경우는 정답이 아니라고 알 수 있다.

정답 ▶ ③

**02** A, B, C, D 중 1명은 도보로 출근하고 나머지 3명은 버스로 출근한다. 도보로 출근하는 1명은 참을 말하고 버스로 출근하는 3명은 거짓을 말한다고 할 때 도보로 출근하는 사람을 고르시오.

〈 보 기 〉

A: B 또는 C가 도보로 출근한다.
B: D의 말은 거짓이다.
C: A 또는 B가 도보로 출근한다.
D: A는 버스로 출근한다.

① A　　② B　　③ C
④ D　　⑤ 정답 없음

문제풀이

[치트키]
B의 말이 참이면 D의 말은 거짓이고 B의 말이 거짓이면 D의 말은 참이다. B와 D의 말은 모든 경우에서 둘 중 1명이 거짓을 말하고 나머지 1명이 참을 말하는 모순관계다. 문제에서 1명만 참을 말한다고 하기에 정답이 되는 경우에서 B의 말이 참인지 D의 말이 참인지는 모르겠지만 A와 C의 말이 거짓이라고 알 수 있다.
A의 말이 거짓이기에 B와 C가 도보로 출근하지 않는다고 알 수 있다. C의 말이 거짓이기에 A와 B가 도보로 출근하지 않는다고 알 수 있다. A, B, C는 도보로 출근하지 않는다. 즉 A, B, C는 버스로 출근한다.
도보로 출근하며 거짓을 말하는 사람은 D이다.

[일반풀이]
진술관계를 보지 못했거나 보았더라도 활용하기 어렵다면 A가 도보로 출근하는 경우부터 D가 도보로 출근하는 경우까지 총 4가지 경우에서 A, B, C, D의 말이 참인지 거짓인지 판별하며 풀어야 한다.

| | A의 말 | B의 말 | C의 말 | D의 말 |
|---|---|---|---|---|
| A가 도보 | 거짓 | 참 | 참 | 거짓 |
| B가 도보 | 참 | 거짓 | 참 | 참 |
| C가 도보 | 참 | 거짓 | 거짓 | 참 |
| D가 도보 | 거짓 | 거짓 | 거짓 | 참 |

D가 도보로 출근하는 경우 참을 말하는 사람이 1명이다. 그러면서 참을 말하는 사람은 D이다. 문제의 조건을 만족한다.

정답 ▶ ④

## 빈출 유형 공략 문제

해설 p. 70

**01** A, B, C, D, E 중 1명이 연말정산을 하지 않았다. 5명 중 연말정산을 하지 않은 1명만 진실을 말하고 나머지 4명은 거짓을 말한다고 할 때 〈보기〉를 참고하여 진실을 말하는 1명을 고르시오.

〈 보 기 〉

A: C가 연말정산을 하지 않았다.
B: A 또는 C가 연말정산을 하지 않았다.
C: B 또는 D가 연말정산을 하지 않았다.
D: B는 진실을 말한다.
E: C는 연말정산을 했다.

① A ② B ③ C
④ D ⑤ E

**02** A, B, C, D, E 중 1명이 보고를 누락했다. 5명 중 1명만 거짓을 말하고 거짓을 말하는 1명이 보고를 누락했다고 할 때 〈보기〉의 진술을 토대로 보고를 누락한 사람을 고르시오.

〈 보 기 〉

A: C의 진술은 거짓이 아니다.
B: D가 보고를 누락했다.
C: 나와 E는 보고를 누락하지 않았다.
D: A가 보고를 누락하거나 E가 보고를 누락했다.
E: B와 C는 보고를 누락하지 않았다.

① A ② B ③ C
④ D ⑤ E

**03** A, B, C, D 중 1명만 진실을 말하고 나머지 3명은 거짓을 말한다. 진실을 말하는 1명만 인턴사원이고 나머지 3명은 신입사원이라고 할 때 〈보기〉를 참고하여 인턴사원을 고르시오.

〈보 기〉

A: C와 D는 신입사원이다.
B: A 또는 C가 인턴사원이다.
C: A가 인턴사원이다.
D: A는 신입사원이다.

① A ② B ③ C
④ D ⑤ 정답 없음

**04** A, B, C 중 1명이 라면을 먹고 나머지 2명은 우동을 먹는다. 라면을 먹는 1명만 거짓을 말하고 나머지 2명은 진실을 말한다고 할 때 〈보기〉의 진술을 토대로 다음 중 항상 참인 것을 고르시오.

〈보 기〉

A: B 또는 C가 우동을 먹는다.
B: A 또는 C가 우동을 먹는다.
C: A가 라면을 먹는다.

① A는 거짓으로 진술한다.
② A는 진실로 진술한다.
③ B는 진실로 진술한다.
④ C는 진실로 진술한다.
⑤ C는 거짓으로 진술한다.

필수 유형 9

# 진실게임_1명이 2개의 진술

## 필수 이론

### 유형 설명

- 3명의 인물이 나오며 각 인물의 진술이 2개씩이다. 3명 모두 2개의 진술 중 한 진술은 진실, 나머지 한 진술은 거짓인 경우를 찾는 문제다.
- 〈보기〉를 진술 부분과 판별하는 보기로 나누어 제시하기도 한다.

### 풀이 TIP

- 진실/거짓을 기준으로 경우를 나누면 1명당 2가지 경우가 나오고 3명이니 2의 세제곱으로 8가지 경우가 나온다. Action을 취하는 사람이 1명이라면 Action을 기준으로 경우가 3가지로 나뉜다. Action을 기준으로 경우를 나눈 후 6개의 진술의 진실/거짓여부를 파악하는 방법이 유리하다.
- 어떤 1명이 진술하는 2개 진술이 모든 경우에서 두 진술 중 한 진술이 거짓이고 나머지 한 진술이 진실이라면 그 1명의 두 진술이 진실인지 거짓인지 판별하지 않아도 된다.

### 1. 문제 유형

| | |
|---|---|
| 발문 | A, B, C 중 1명이 물건을 훔쳤다. 3명 모두 2번씩 진술하며 한 진술은 진실, 나머지 한 진술은 거짓이라고 할 때 〈보기〉를 참고하여 항상 참인 것을 고르시오. |
| 진술 부분 | A: B는 물건을 훔치지 않았다.<br>A: B가 물건을 훔쳤다.<br>B: A 또는 C가 물건을 훔쳤다.<br>B: A와 C는 물건을 훔치지 않았다.<br>C: B가 물건을 훔쳤다.<br>C: 나와 B는 물건을 훔치지 않았다. |
| 판별하는 보기 | (가): A는 물건을 훔치지 않았다.<br>(나): B는 물건을 훔치지 않았다.<br>(다): C는 물건을 훔치지 않았다. |
| 선택지 | ① (가)만 옳다.<br>② (다)만 옳다.<br>③ (가)와 (나)만 옳다.<br>④ (나)와 (다)만 옳다.<br>⑤ (가), (나), (다) 모두 옳다. |

일반적으로 위와 같이 〈보기〉가 진술 부분과 판별하는 보기로 나누어 출제한다.

1.1. 판별하는 보기

Action을 기준으로 경우를 나눈다고 가정하겠다. 3명 모두 2개의 진술 중 한 진술은 진실, 나머지 한 진술은 거짓인 경우는 1가지 이상일 수 있다. 만족하는 경우를 1가지만 찾은 후 판별하는 실수를 줄였으면 한다.

## 2. Action으로 경우를 나누어 풀이

'1. 문제 유형'에서 제시한 문제를 그대로 풀어보겠다. A가 물건을 훔친 경우, B가 물건을 훔친 경우, C가 물건을 훔친 경우로 나눈 후 6개의 진술의 진실/거짓 여부를 파악하면 다음과 같다. 편의상 한 인물을 기준으로 위의 진술을 진술1, 아래의 진술을 진술2로 명명했다.

| | A진술1 | A진술2 | B진술1 | B진술2 | C진술1 | C진술2 |
|---|---|---|---|---|---|---|
| A가 훔침 | 진실 | 거짓 | 진실 | 거짓 | 거짓 | 진실 |
| B가 훔침 | 거짓 | 진실 | 거짓 | 진실 | 진실 | 거짓 |
| C가 훔침 | 진실 | 거짓 | 진실 | 거짓 | 거짓 | 거짓 |

A가 물건을 훔친 경우 3명 모두 2개의 진술 중 한 진술은 진실, 나머지 한 진술은 거짓이다. B가 훔친 경우도 마찬가지다. 주어진 정보를 토대로 C는 물건을 훔치지 않았다고 확실하게 알 수 있다. 단 A가 훔쳤는지, B가 훔쳤는지는 현재의 정보로는 확정할 수 없다. (다)만 옳다.

## 3. 판별 스킵

1명이 진술하는 2개 진술이 모든 경우에서 두 진술 중 한 진술이 거짓이고 나머지 한 진술이 진실이라면 그 1명의 두 진술이 진실인지 거짓인지 판별하지 않아도 된다. 위에서 예로 든 문제 중 A의 두 진술과 B의 두 진술을 확인하자.

| | |
|---|---|
| 진술 부분 | A: B는 물건을 훔치지 않았다.<br>A: B가 물건을 훔쳤다.<br>B: A 또는 C가 물건을 훔쳤다.<br>B: A와 C는 물건을 훔치지 않았다. |

A의 두 진술이 모순관계다. A, B, C 중 누가 물건을 훔치든 A의 두 진술을 두 진술 중 하나는 진실이고 나머지 한 진술은 거짓이다. B의 두 진술도 모순관계이기에 마찬가지다. 이를 알았다면 풀이는 아래와 같이 더 심플하게 바뀐다.

| | C진술1 | C진술2 |
|---|---|---|
| A가 훔침 | 거짓 | 진실 |
| B가 훔침 | 진실 | 거짓 |
| C가 훔침 | 거짓 | 거짓 |

C는 물건을 훔치지 않았다.

아래의 경우도 판별을 스킵할 수 있는 경우다. 엄밀하게 모순관계는 아니지만 문제의 조건 아래(등장인물이 총 3명, 3명 중 1명이 훔침)에 모순처럼 쓸 수 있기 때문이다. A가 물건을 훔친 경우, B가 물건을 훔친 경우, C가 물건을 훔친 경우 A의 두 진술 중 한 진술은 진실이고 나머지 한 진술은 거짓이다. 세 경우에서 B의 두 진술도 한 진술은 진실이고 나머지 한 진술은 거짓이다.

| | |
|---|---|
| 진술 부분 | A: 내가 물건을 훔쳤다.<br>A: B 또는 C가 물건을 훔쳤다.<br>B: A는 물건을 훔치지 않았다.<br>B: 나와 C는 물건을 훔치지 않았다. |

## 필수 유형 연습

**01** **A, B, C는 2번의 진술에서 1번은 진실, 1번은 거짓을 말한다. 3명 중 1명만 신입사원이라고 할 때 〈보기〉의 진술을 토대로 항상 참인 것을 고르시오.**

〈 보 기 〉

A: 나와 B는 신입사원이 아니다.
A: B는 신입사원이 아니다.
B: A는 신입사원이 아니다.
B: C는 신입사원이 아니다.
C: A가 신입사원이다.
C: B가 신입사원이다.

(가): A가 신입사원일 수 있다.
(나): B가 신입사원일 수 있다.
(다): C가 신입사원일 수 있다.

① (가)만 옳다.
② (다)만 옳다.
③ (가)와 (나)만 옳다.
④ (나)와 (다)만 옳다.
⑤ (가), (나), (다) 모두 옳다.

**문제풀이**

인당 진술이 2번이다. 둘 중 한 진술이 거짓이고 나머지 한 진술이 진실이다. 2가지 경우로 나뉜다. 인물이 3명이니 총 8가지 경우다. 진실/거짓을 가정하며 풀이하기가 어렵다고 판단된다.
A가 신입사원인 경우, B가 신입사원인 경우, C가 신입사원인 경우로 나누어 풀어보자. 또한 선택지를 보면 신입사원일 수 있는 가능성이 1명 이상이기에 정답이 나오더라도 더 판별해야 할 것으로 보인다.
편의상 한 인물의 두 진술 중 위의 진술이 진술1, 아래 진술이 진술2라 정리하겠다.

Case 1. A가 신입사원인 경우

| | A진술1 | A진술2 | B진술1 | B진술2 | C진술1 | C진술2 |
|---|---|---|---|---|---|---|
| A가 신입 | 거짓 | 진실 | 거짓 | 진실 | 진실 | 거짓 |

A, B, C 모두 두 진술에서 진실이 하나, 거짓이 하나다. 조건을 만족한다. A는 신입사원일 가능성이 있다.

Case 2. B가 신입사원인 경우

| | A진술1 | A진술2 | B진술1 | B진술2 | C진술1 | C진술2 |
|---|---|---|---|---|---|---|
| B가 신입 | 거짓 | 거짓 | | | | |

A의 두 진술이 거짓이다. B, C의 진술을 판별하지 않아도 B가 신입사원이 아니라고 알 수 있다.

Case 3. C가 신입사원인 경우

| | A진술1 | A진술2 | B진술1 | B진술2 | C진술1 | C진술2 |
|---|---|---|---|---|---|---|
| C가 신입 | 진실 | 진실 | | | | |

A의 두 진술이 진실이다. B, C의 진술을 판별하지 않아도 C가 신입사원이 아니라고 알 수 있다.

참고로 위에서 채우지 않은 진실/거짓은 판별하면 다음과 같다.

| | A진술1 | A진술2 | B진술1 | B진술2 | C진술1 | C진술2 |
|---|---|---|---|---|---|---|
| A가 신입 | 거짓 | 진실 | 거짓 | 진실 | 진실 | 거짓 |
| B가 신입 | 거짓 | 거짓 | 진실 | 진실 | 거짓 | 진실 |
| C가 신입 | 진실 | 진실 | 진실 | 거짓 | 거짓 | 거짓 |

정답 ▶ ①

## 빈출 유형 공략 문제

해설 p. 71

**01** **A, B, C는 2번의 진술에서 1번은 진실, 1번은 거짓을 말한다. 3명 중 1명만 병가를 사용했다고 할 때 〈보기〉의 진술을 토대로 항상 참인 것을 고르시오.**

〈보 기〉

A: B와 C는 병가를 사용하지 않았다.
A: 나와 B는 병가를 사용하지 않았다.
B: A가 병가를 사용했다.
B: A 또는 C가 병가를 사용했다.
C: 나와 B는 병가를 사용하지 않았다.
C: A는 병가를 사용하지 않았다.

(가): A는 병가를 사용하지 않았다.
(나): B가 병가를 사용했다.
(다): C가 병가를 사용했다.

① (가)만 옳다.
② (나)만 옳다.
③ (가)와 (다)만 옳다.
④ (나)와 (다)만 옳다.
⑤ (가), (나), (다) 모두 옳다.

**02** A, B, C는 2번의 진술에서 1번은 진실, 1번은 거짓을 말한다. 3명 중 1명이 승용차를 구입했다고 할 때 〈보기〉의 진술을 토대로 항상 참인 것을 고르시오.

〈 보 기 〉

A: C는 승용차를 구입하지 않았다.
A: 나와 B는 승용차를 구입하지 않았다.
B: A와 C는 승용차를 구입하지 않았다.
B: A 또는 C가 승용차를 구입했다.
C: A는 승용차를 구입하지 않았다.
C: B는 승용차를 구입하지 않았다.

(가): A가 승용차를 구입하지 않았다.
(나): B가 승용차를 구입하지 않았다.
(다): C가 승용차를 구입하지 않았다.

① (나)만 옳다.
② (다)만 옳다.
③ (가)와 (나)만 옳다.
④ (나)와 (다)만 옳다.
⑤ (가), (나), (다) 모두 옳다.

Chapter

# 05

# 수열추리

필수 유형 1. 등차수열과 등비수열

필수 유형 2. 여러 가지 수열

필수 유형 3. 특수한 규칙의 수열

## Chapter 소개

- 수열추리 영역은 일정한 규칙을 가진 숫자들이 나열되어 있을 때, 숫자들 사이의 규칙을 파악하여 빈칸에 들어갈 알맞은 수를 추리, n번째 올 수를 추리하는 영역이다.
- 실제 시험에서는 15분 동안 20문제를 풀어야 한다.

## 풀이 TIP

- SKCT 수열추리 영역에는 등차수열, 등비수열뿐만 아니라 계차수열, 건너뛰기수열 등 여러 가지 수열이 출제되므로 다양한 유형을 학습하도록 한다.
- 숫자의 흐름이 증가인지 감소인지 확인한다. 증가일 경우, 덧셈 또는 곱셈 규칙이 사용되었을 가능성이 크며, 감소일 경우, 뺄셈 또는 나눗셈 규칙이 사용되었을 가능성이 크다.
- 숫자의 형태가 정수, 소수, 분수 등 다양하게 출제되므로 많은 문제를 풀어 다양한 숫자 형태의 수열추리 문항에 익숙해져야 한다.
- 숫자 사이의 규칙성과 논리를 빠르게 파악하는 능력을 요구하므로 다양한 문제들을 많이 풀어두는 것이 좋다.

필수 유형 1

# 등차수열과 등비수열

## 필수 이론

### 유형 설명

• 등차수열(arithmetic sequence): 각 항이 이전 항에 일정한 공차(difference)를 더해서 얻어지는 수열이다. 수열 내의 숫자들 간에 규칙적인 증가 또는 감소가 있는 경우이다. 등차수열에서 각 항은 첫 번째 항($a_1$)부터 시작하며, 공차(d)는 각 항 간의 차이를 나타낸다. 일반적인 등차수열의 일반항은 다음과 같다.

$$a_n = a_1 + (n-1) \cdot d$$

예 2, 6, 10, 14, 18, 22, 26 (+4, +4, +4, +4, +4, +4)

• 등비수열(geometric sequence): 각 항이 이전 항에 일정한 비율을 곱해서 얻어지는 수열이다. 수열 내의 숫자들 간에 규칙적인 곱셈 관계가 있는 경우이다. 일반적인 등비수열의 일반항은 다음과 같다.

$$a_n = a_1 \times r^{(n-1)}$$

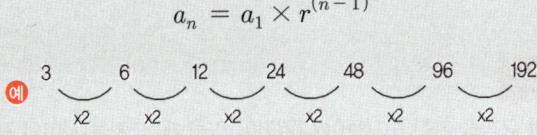

예 3, 6, 12, 24, 48, 96, 192 (x2, x2, x2, x2, x2, x2)

### 풀이 TIP

• 등차수열, 등비수열과 같은 기본적인 유형은 필수적으로 익혀두도록 한다.
• 숫자의 흐름이 증가인지 감소인지 확인한다. 증가일 경우, 덧셈 또는 곱셈 규칙이 사용되었을 가능성이 크며, 감소일 경우, 뺄셈 또는 나눗셈 규칙이 사용되었을 가능성이 크다.
• 숫자 사이의 규칙성과 논리를 빠르게 파악하는 능력을 요구하므로 다양한 문제들을 많이 풀어두는 것이 좋다.

# 필수 유형 연습

**01** 다음 수는 일정한 규칙을 통해 나열되어 있다. A 위치에 들어갈 알맞은 수를 고르시오.

〈보 기〉

| | | | | | | | |
|---|---|---|---|---|---|---|---|
| 1,918 | 1,855 | 1,792 | 1,729 | 1,666 | 1,603 | 1,540 | ( A ) |

① 1,421 ② 1,462 ③ 1,477 ④ 1,483 ⑤ 1,521

문제풀이

제시된 수들은 공차가 −63인 등차수열의 규칙을 가지므로 A 위치에 들어갈 알맞은 수는 '1,477'이다.

정답 ▶ ③

**02** 다음 수는 일정한 규칙을 통해 나열되어 있다. A, B 위치에 들어갈 알맞은 수를 구한 뒤, A+B를 계산한 값을 구하시오.

〈보 기〉

| | | | | | | |
|---|---|---|---|---|---|---|
| 8 | 17 | ( A ) | 35 | 44 | 53 | ( B ) |

① 80 ② 88 ③ 96 ④ 104 ⑤ 112

문제풀이

제시된 수들은 공차가 9인 등차수열의 규칙을 가지므로 A에 들어갈 수는 26, B에 들어갈 수는 62이다. 따라서 A+B=88이다.

정답 ▶ ②

## 03 다음 수는 일정한 규칙을 통해 나열되어 있다. A 위치에 들어갈 알맞은 수를 고르시오.

〈보 기〉

( A )    8.1    2.43    0.729    0.2187    0.06561

① 3    ② 8    ③ 9    ④ 27    ⑤ 54

**문제풀이**

제시된 수들은 공비가 0.3인 등비수열의 규칙을 가지므로 A 위치에 들어갈 알맞은 수는 '27'이다.

정답 ▶ ④

## 04 다음 수는 일정한 규칙을 통해 나열되어 있다. 8번째에 올 수로 알맞은 것을 구하시오.

〈보 기〉

$\frac{3}{5}$    $\frac{2}{5}$    $\frac{4}{15}$    $\frac{8}{45}$    $\frac{16}{135}$    $\frac{32}{405}$

① $\frac{128}{1,215}$    ② $\frac{64}{1,215}$    ③ $\frac{128}{3,645}$    ④ $\frac{256}{3,645}$    ⑤ $\frac{64}{3,645}$

**문제풀이**

제시된 수들은 공비가 $\frac{2}{3}$인 등비수열이므로 8번째 수를 구하기 위해서는 6번째 수에 $\frac{2}{3}$를 두 번 곱하면 된다. 따라서 8번째에 올 수는 $\frac{32}{405} \times \frac{2}{3} \times \frac{2}{3} = \frac{128}{3,645}$이다.

정답 ▶ ③

## 빈출 유형 공략 문제

해설 p. 73

**01** 다음 수는 일정한 규칙을 통해 나열되어 있다. A, B 위치에 들어갈 알맞은 수를 구한 뒤, A÷B를 계산한 값을 구하시오.

〈보 기〉

$\frac{2}{5}$ $\frac{4}{15}$ $\frac{8}{45}$ ( A ) $\frac{32}{405}$ ( B ) $\frac{128}{3,645}$

① $\frac{9}{4}$ ② $\frac{135}{16}$ ③ $\frac{950}{547}$ ④ $\frac{1,215}{964}$ ⑤ $\frac{2,025}{1,024}$

**02** 다음 수는 일정한 규칙을 통해 나열되어 있다. A 위치에 들어갈 알맞은 수를 고르시오.

〈보 기〉

275 269 263 257 ( A ) 245 239

① 247 ② 249 ③ 250 ④ 251 ⑤ 255

**03** 다음 수는 일정한 규칙을 통해 나열되어 있다. A 위치에 들어갈 알맞은 수를 고르시오.

〈보 기〉

17 187 2,057 22,627 248,897 ( A ) 30,116,537

① 2,737,867 ② 2,947,547 ③ 27,378,677
④ 29,475,477 ⑤ 30,047,517

**04** 다음 수는 일정한 규칙을 통해 나열되어 있다. 9번째에 올 수로 알맞은 것을 구하시오.

〈보 기〉

$\frac{5}{6}$ $\frac{7}{6}$ $\frac{3}{2}$ $\frac{11}{6}$ $\frac{13}{6}$ $\frac{5}{2}$

① $\frac{17}{6}$ ② 3 ③ $\frac{19}{6}$ ④ $\frac{10}{3}$ ⑤ $\frac{7}{2}$

# 필수 유형 2 여러 가지 수열

## 필수 이론

### 유형 설명

- 계차수열: 계차가 일정한 규칙을 가지는 수열이다. 여기서 계차란, 이웃하는 두 항 사이의 차를 말한다.

예 1 2 4 7 11 16 22

+1 +2 +3 +4 +5 +6

+1 +1 +1 +1 +1

- 건너뛰기수열: 두 개 이상의 수열이 일정한 간격을 두고 번갈아가며 나타나는 수열이다.

예

×2 ×2

2 6 5 12 8 24 11

+3 +3 +3

- 교대수열: + , − , ×, ÷ 의 규칙이 번갈아 가면서 규칙성을 가지는 수열이다.

예 1 3 4 12 13 39 40

x3 +1 x3 +1 x3 +1

- 피보나치수열: 앞의 두 항의 합이 다음 항을 이루는 수열이다.

예 1 1 2 3 5 8 13 21

1+1 1+2 2+3 3+5 5+8 8+13

- 분수수열: 분수의 분자와 분모가 규칙을 가지는 수열이다.

예

+1 +1 +1 +1 +1

$\frac{1}{2}$ $\frac{2}{4}$ $\frac{3}{8}$ $\frac{4}{16}$ $\frac{5}{32}$ $\frac{6}{64}$

x2 x2 x2 x2 x2

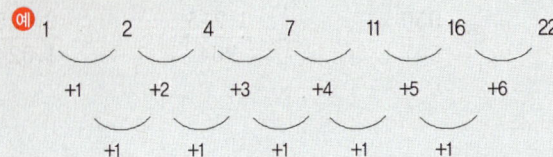

- 군수열: 일정한 규칙성으로 몇 항씩 군(그룹)으로 분할하여 나열한 수열이다.

예 3 6 11 | 3 8 13 | 5 7 14

3+6+2 =11 | 3+8+2=13 | 5+7+2=14

- 조화수열: 역수가 등차수열인 수열(분수)이다.

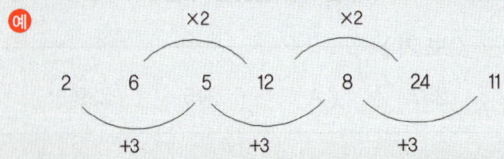

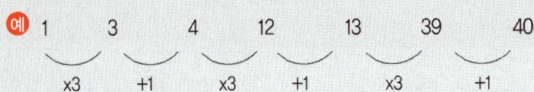

예 720 360 240 180 144

역수) $\frac{1}{720}$ $\frac{2}{720}$ $\frac{3}{720}$ $\frac{4}{720}$ $\frac{5}{720}$

$+\frac{1}{720}$ $+\frac{1}{720}$ $+\frac{1}{720}$ $+\frac{1}{720}$

### 풀이 TIP

- SKCT 수열추리 영역에는 계차수열, 건너뛰기수열 등 여러 가지 수열이 출제되므로 다양한 유형을 학습하도록 한다.
- 숫자의 흐름이 증가인지 감소인지 확인한다. 증가일 경우, 덧셈 또는 곱셈 규칙이 사용되었을 가능성이 크며, 감소일 경우, 뺄셈 또는 나눗셈 규칙이 사용되었을 가능성이 크다.
- 숫자의 형태가 정수, 소수, 분수 등 다양하게 출제되므로 많은 문제를 풀어 다양한 숫자 형태의 수열추리 문항에 익숙해져야 한다.
- 숫자 사이의 규칙성과 논리를 빠르게 파악하는 능력을 요구하므로 다양한 문제들을 많이 풀어두는 것이 좋다.

## 필수 유형 연습

**01** 다음 수는 일정한 규칙을 통해 나열되어 있다. A 위치에 들어갈 알맞은 수를 고르시오.

〈보 기〉

| | | | | | | |
|---|---|---|---|---|---|---|
| 1.8 | 2.8 | 3 | 3.04 | 3.048 | 3.0496 | (A) |

① 3.04991 ② 3.049912 ③ 3.0499122 ④ 3.04992 ⑤ 3.04996

**문제풀이**

제시된 수들은 인접한 항의 차이가 일정한 규칙을 갖는 계차수열로 인접한 항의 차이가 초항이 1, 공비가 0.2인 등비수열의 규칙을 가지므로 A 위치에 들어갈 알맞은 수는 '3.04992'이다.

정답 ▶ ④

**02** 다음 수는 일정한 규칙을 통해 나열되어 있다. 12번째에 올 수로 알맞은 것을 구하시오.

〈보 기〉

| | | | | | | | | |
|---|---|---|---|---|---|---|---|---|
| $\frac{6}{11}$ | $\frac{1}{7}$ | $\frac{8}{11}$ | $\frac{2}{7}$ | $\frac{32}{33}$ | $\frac{4}{7}$ | $\frac{128}{99}$ | $\frac{8}{7}$ | $\frac{512}{297}$ |

① $\frac{16}{7}$ ② $\frac{32}{7}$ ③ $\frac{64}{7}$ ④ $\frac{2,048}{891}$ ⑤ $\frac{8,192}{2,673}$

**문제풀이**

제시된 수들은 2개의 수열이 번갈아 가며 나타나는 건너뛰기수열이다. 첫 번째 수열은 첫 번째 항에서 시작하며 초항이 $\frac{6}{11}$이고 공비가 $\frac{4}{3}$인 등비수열이며, 두 번째 수열은 두 번째 항에서 시작하며 초항이 $\frac{1}{7}$이고 공비가 2인 등비수열이다.

따라서 12번째에 올 수는 두 번째 수열에서 찾으면 되며, $\frac{8}{7}\times2\times2=\frac{32}{7}$이다.

정답 ▶ ②

## 03 다음 수는 일정한 규칙을 통해 나열되어 있다. A, B 위치에 들어갈 알맞은 수를 구한 뒤, B−A를 계산한 값을 구하시오.

〈 보 기 〉

| | | | | | | | |
|---|---|---|---|---|---|---|---|
| 5 | 30 | 20 | 120 | 110 | 660 | ( A ) | ( B ) |

① 930 ② 1,120 ③ 2,000 ④ 3,250 ⑤ 3,900

**문제풀이**

제시된 수들은 ×6, −10이 번갈아 적용되는 규칙을 가지는 교대수열이므로 A에 들어갈 수는 650, B에 들어갈 수는 3,900이다. 따라서 B−A=3,250이다.

정답 ▶ ④

## 04 다음 수는 일정한 규칙을 통해 나열되어 있다. A 위치에 들어갈 알맞은 수를 고르시오.

〈 보 기 〉

| | | | | | |
|---|---|---|---|---|---|
| 15 | 3 | 45 | 135 | ( A ) | 820,125 |

① 2,155 ② 4,845 ③ 5,045 ④ 6,075 ⑤ 8,685

**문제풀이**

제시된 수들은 앞선 두 개의 수의 곱으로 다음 항이 생겨나는 피보나치수열이므로 A 위치에 들어갈 알맞은 수는 '6,075'이다.

정답 ▶ ④

## 05 다음 수는 일정한 규칙을 통해 나열되어 있다. A, B 위치에 들어갈 알맞은 수를 구한 뒤, A÷B를 계산한 값을 구하시오.

〈 보 기 〉

| | | | | | | |
|---|---|---|---|---|---|---|
| $\frac{4}{5}$ | $\frac{6}{10}$ | ( A ) | $\frac{10}{40}$ | $\frac{12}{80}$ | ( B ) | $\frac{16}{320}$ |

① $\frac{30}{7}$ ② $\frac{31}{7}$ ③ $\frac{32}{7}$ ④ $\frac{33}{7}$ ⑤ $\frac{34}{7}$

**문제풀이**

제시된 수들은 분자에 있는 수에 +2, 분모에 있는 수에 ×2의 규칙이 적용된 특수한 형태의 수열이다. 따라서 A에 들어갈 수는 $\frac{8}{20}$, B에 들어갈 수는 $\frac{14}{160}$이므로 A÷B는 $\frac{32}{7}$이다.

정답 ▶ ③

필수유형분석 ■ 언어이해 ■ 자료해석 ■ 창의수리 ■ 언어추리 ■ 수열추리

**06** **다음 수는 일정한 규칙을 통해 나열되어 있다. A 위치에 들어갈 알맞은 수를 고르시오.**

〈 보 기 〉

| | | | | | | | | |
|---|---|---|---|---|---|---|---|---|
| 12 | 86 | 1,032 | 31 | 97 | 3,007 | 1,124 | 7 | ( A ) |

① 1,131 ② 1,138 ③ 4,131 ④ 7,868 ⑤ 7,888

문제풀이

제시된 수들은 세 개의 항씩 묶어 규칙을 갖는 군수열로 앞선 두 개의 수의 곱으로 다음 항이 생겨나므로 A 위치에 들어갈 알맞은 수는 '7,868'이다.

정답 ▶ ④

**07** **다음 수는 일정한 규칙을 통해 나열되어 있다. A 위치에 들어갈 알맞은 수를 고르시오.**

〈 보 기 〉

| | | | | | |
|---|---|---|---|---|---|
| 200 | 100 | $\frac{200}{3}$ | 50 | 40 | ( A ) |

① $\frac{25}{3}$ ② $\frac{50}{3}$ ③ 25 ④ 30 ⑤ $\frac{100}{3}$

문제풀이

제시된 수들은 역수가 등차수열인 조화수열로 제시된 수들의 역수는 다음과 같다.

$\frac{1}{200}$ $\frac{2}{200}$ $\frac{3}{200}$ $\frac{4}{200}$ $\frac{5}{200}$

이에 따라 제시된 수들의 역수는 초항이 $\frac{1}{200}$이고 공차가 $\frac{1}{200}$인 등차수열로 A 위치에 들어갈 알맞은 수는 $\frac{6}{200}$의 역수를 약분한 형태인 '$\frac{100}{3}$'이다.

정답 ▶ ⑤

## 빈출 유형 공략 문제

해설 p. 73

**01** 다음 수는 일정한 규칙을 통해 나열되어 있다. A, B 위치에 들어갈 알맞은 수를 구한 뒤, A+B를 계산한 값을 구하시오.

〈보 기〉

5.1 8.4 10.5 2.3 10.1 11.6 7.1 8.2 8.7 (A) 10 (B)

① 12.2 ② 14.0 ③ 15.1 ④ 16.7 ⑤ 19.5

**02** 다음 수는 일정한 규칙을 통해 나열되어 있다. 11번째에 올 수로 알맞은 것을 구하시오.

〈보 기〉

4 8 12 20 32 52 84

① 356 ② 576 ③ 628 ④ 745 ⑤ 932

**03** 다음 수는 일정한 규칙을 통해 나열되어 있다. A 위치에 들어갈 알맞은 수를 고르시오.

〈보 기〉

1.3 8.5 2.7 9.9 4.1 (A) 5.5

① 5.1 ② 5.3 ③ 11.3 ④ 11.5 ⑤ 11.9

**04** 다음 수는 일정한 규칙을 통해 나열되어 있다. A, B 위치에 들어갈 알맞은 수를 구한 뒤, A×B를 계산한 값을 구하시오.

〈보 기〉

7 5 14 7 (A) 9 28 (B) 35

① 125 ② 177 ③ 200 ④ 224 ⑤ 231

**05** 다음 수는 일정한 규칙을 통해 나열되어 있다. 9번째에 올 수로 알맞은 것을 구하시오.

〈보 기〉

| | | | | | |
|---|---|---|---|---|---|
| 27 | 29 | 33 | 41 | 57 | 89 |

① 216 ② 281 ③ 482 ④ 512 ⑤ 537

**06** 다음 수는 일정한 규칙을 통해 나열되어 있다. A, B 위치에 들어갈 알맞은 수를 구한 뒤, A÷B를 계산한 값을 구하시오.

〈보 기〉

| | | | | | | |
|---|---|---|---|---|---|---|
| 8 | 4 | $\frac{8}{3}$ | (A) | $\frac{8}{5}$ | $\frac{4}{3}$ | (B) |

① 2 ② $\frac{7}{4}$ ③ $\frac{3}{2}$ ④ $\frac{10}{7}$ ⑤ 1

**07** 다음 수는 일정한 규칙을 통해 나열되어 있다. A, B 위치에 들어갈 알맞은 수를 구한 뒤, A와 B의 평균값을 구하시오.

〈보 기〉

| | | | | | | | | |
|---|---|---|---|---|---|---|---|---|
| 15 | 16 | 32 | 6 | 3 | 54 | (A) | 21 | (B) |

① 15 ② 17 ③ 21 ④ 24 ⑤ 30

**08** 다음 수는 일정한 규칙을 통해 나열되어 있다. A 위치에 들어갈 알맞은 수를 고르시오.

〈보 기〉

| | | | | | | |
|---|---|---|---|---|---|---|
| 0.7 | 0.8 | 1.5 | 2.3 | 3.8 | 6.1 | (A) |

① 8.4 ② 8.7 ③ 9.0 ④ 9.5 ⑤ 9.9

**09** 다음 수는 일정한 규칙을 통해 나열되어 있다. A 위치에 들어갈 알맞은 수를 고르시오.

〈보기〉

21　46　96　171　271　396　( A )

① 446　② 466　③ 546　④ 566　⑤ 571

**10** 다음 수는 일정한 규칙을 통해 나열되어 있다. A, B 위치에 들어갈 알맞은 수를 구한 뒤, A+B를 계산한 값을 구하시오.

〈보기〉

2.5　7.5　4.5　13.5　( A )　31.5　28.5　( B )　82.5

① 60　② 75.5　③ 81.5　④ 85.5　⑤ 96

필수 유형 3

# 특수한 규칙의 수열

## 필수 이론

### 유형 설명

• 앞의 항에 일정하게 변화된 수를 곱하거나 나누어 진행하는 수열

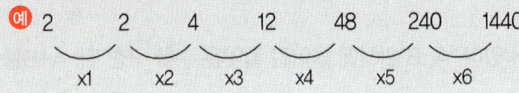

예 2 2 4 12 48 240 1440

(x1, x2, x3, x4, x5, x6)

### 풀이 TIP

• 수열추리 영역은 15분 동안 20문항을 풀어야 하므로 빠르게 규칙을 파악해야 한다. 따라서 심화된 수열 형태인 특수한 규칙의 수열 또한 학습해두는 것이 좋다.

• 숫자의 흐름이 증가인지 감소인지 확인한다. 증가일 경우, 덧셈 또는 곱셈 규칙이 사용되었을 가능성이 크며, 감소일 경우, 뺄셈 또는 나눗셈 규칙이 사용되었을 가능성이 크다.

• 숫자 사이의 규칙성과 논리를 빠르게 파악하는 능력을 요구하므로 다양한 문제들을 많이 풀어두는 것이 좋다.

## 필수 유형 연습

**01** 다음 수는 일정한 규칙을 통해 나열되어 있다. A, B 위치에 들어갈 알맞은 수를 구한 뒤, A÷B를 계산한 값을 구하시오.

〈보 기〉

| | | | | | | |
|---|---|---|---|---|---|---|
| (A) | $\frac{1}{13}$ | $\frac{1}{17}$ | $\frac{1}{19}$ | $\frac{1}{23}$ | (B) | $\frac{1}{31}$ |

① $\frac{17}{13}$　② $\frac{19}{29}$　③ $\frac{19}{31}$　④ $\frac{29}{11}$　⑤ $\frac{33}{13}$

문제풀이

제시된 수들은 역수로 바꾸었을 때 소수를 순서대로 나열한 특수 수열이므로 A에 들어갈 수는 $\frac{1}{11}$, B에 들어갈 수는 $\frac{1}{29}$이다. 따라서 $A \div B = \frac{29}{11}$ 이다.

정답 ▶ ④

**02** 다음 수는 일정한 규칙을 통해 나열되어 있다. 8번째에 올 수로 알맞은 것을 구하시오.

〈보 기〉

| | | | | | |
|---|---|---|---|---|---|
| $\frac{1}{6}$ | $\frac{4}{18}$ | $\frac{7}{54}$ | $\frac{10}{162}$ | $\frac{13}{486}$ | $\frac{16}{1,458}$ |

① $\frac{22}{13,122}$　② $\frac{19}{4,374}$　③ $\frac{28}{13,122}$　④ $\frac{11}{2,187}$　⑤ $\frac{22}{2,187}$

문제풀이

제시된 수들은 분자에 있는 수에 +3, 분모에 있는 수에 ×3의 규칙이 적용된 특수한 형태의 수열이다. 따라서 7번째에 올 수는 $\frac{16+3}{1,458\times3}=\frac{19}{4,374}$, 8번째에 올 수는 $\frac{19+3}{4,374\times3}=\frac{22}{13,122}$ 이다.

정답 ▶ ①

필수유형분석
■ 언어이해
■ 자료해석
■ 창의수리
■ 언어추리
■ 수열추리

**03** **다음 수는 일정한 규칙을 통해 나열되어 있다. 12번째에 올 수로 알맞은 것을 구하시오.**

〈 보 기 〉

$$4 \quad \frac{1}{2} \quad 2 \quad 1 \quad 2 \quad 2 \quad 4 \quad 8$$

① 131,072 ② 262,144 ③ 524,288
④ 1,048,576 ⑤ 2,097,152

**문제풀이**

제시된 수들은 앞선 두 항을 곱하면 다음 항이 나오는 형태의 수열이다. 따라서 9번째 수는 4×8=32, 10번째 수는 8×32=256, 11번째 수는 32×256=8,192, 12번째 수는 256×8,192=2,097,152이다.

정답 ▶ ⑤

## 빈출 유형 공략 문제

해설 p. 74

**01** 다음 수는 일정한 규칙을 통해 나열되어 있다. A 위치에 들어갈 알맞은 수를 고르시오.

〈보 기〉

| | | | | | | | |
|---|---|---|---|---|---|---|---|
| 1 | 2 | (A) | 7 | 8 | 10 | 13 | 14 |

① 3 ② 4 ③ 5 ④ 6 ⑤ 7

**02** 다음 수는 일정한 규칙을 통해 나열되어 있다. A, B 위치에 들어갈 알맞은 수를 구한 뒤, A−B를 계산한 값을 구하시오.

〈보 기〉

| | | | | | | |
|---|---|---|---|---|---|---|
| 5,103.7 | 1,701.6 | 567.5 | 189.4 | (A) | 21.2 | (B) |

① 84.1 ② 64.6 ③ 71.2 ④ 56.2 ⑤ 42.4

**03** 다음 수는 일정한 규칙을 통해 나열되어 있다. A 위치에 들어갈 알맞은 수를 고르시오.

〈보 기〉

| | | | | | | |
|---|---|---|---|---|---|---|
| 27 | 81 | 9 | (A) | 3 | 729 | 1 |

① 18 ② 36 ③ 99 ④ 123 ⑤ 243

**04** 다음 수는 일정한 규칙을 통해 나열되어 있다. 10번째에 올 수로 알맞은 것을 구하시오.

〈보 기〉

$$\frac{10}{7} \quad \frac{7}{17} \quad \frac{17}{24} \quad \frac{24}{41} \quad \frac{41}{65} \quad \frac{65}{106} \quad \frac{106}{171}$$

① $\frac{448}{725}$ ② $\frac{171}{277}$ ③ $\frac{725}{1,173}$ ④ $\frac{277}{448}$ ⑤ $\frac{1,173}{1,898}$

PART

# 04

# 실전 모의고사

# 시험 안내

- PART3에서 학습한 유형별 전략을 토대로 실전 시험을 대비할 수 있도록 모의고사 2회분을 제공합니다.
- 최근 2024년 실제 SKCT 시험에 출제된 유형별 경향성 및 난이도를 반영하였습니다.
- 본책의 도서 구매 혜택으로 제공하고 있는 [SKCT 모의고사 온라인 응시+성적분석 서비스]를 활용하시면 실제 SKCT와 유사한 환경에서 시험을 응시하실 수 있습니다. 모의고사 온라인 응시 방법과 관련해서는 본 도서 3페이지의 [도서 구매 혜택 안내] 내용을 참고 부탁드립니다.
- 온라인 시험을 응시하실 때는 필기구를 사용하지 않고 온라인 메모장과 계산기만을 이용하시는 것을 추천합니다.
- 실제 시험에서는 문제 풀이 중 이전 문제로 다시 넘어가는 것은 불가능했으며, 이미 풀고 넘어온 문제의 정답 또한 수정이 불가했으므로 본책에 수록된 실전 모의고사를 응시할 때도 실전처럼 이전 문제로 다시 넘어가지 않는 것을 추천합니다.

# 실전 모의고사 1회

## 언어이해

문항수 20문항 | 제한시간 15분

해설 p. 75

**01 다음 글을 읽고 추론한 내용으로 가장 적절하지 않은 것은?**

> 인간의 뇌와 인공지능은 둘 다 정보 처리와 학습 능력을 가지고 있지만, 그 구조와 방식에서는 큰 차이가 있다. 인간의 뇌는 약 1,000억 개의 뉴런으로 구성되어 있으며, 이 뉴런들은 복잡한 네트워크를 형성하여 정보를 처리한다. 이러한 네트워크는 인간의 경험과 학습에 따라 계속해서 변화하고 발전한다. 또한 인간의 뇌는 감정, 창의성, 직관 등의 고등 인지 기능을 수행할 수 있다. 반면에 인공지능은 컴퓨터 알고리즘과 기계 학습 기술을 기반으로 동작한다. 인공지능은 대량의 데이터를 학습하여 패턴을 인식하고 예측할 수 있다. 그러나 인공지능은 인간의 뇌와 달리 선형적인 방식으로 정보를 처리하며, 감정이나 직관과 같은 고등 인지 기능을 현재까지는 수행할 수 없다.
>
> 인간의 뇌와 인공지능은 각각 장단점을 가지고 있으며, 상호 보완적인 관계를 형성할 수 있다. 인간의 뇌는 창의성과 감정적인 이해력을 제공하며, 인공지능은 빠른 계산 능력과 대용량 데이터 처리를 돕는다. 이러한 협력을 통해 우리는 더 나은 문제 해결 방법을 찾을 수 있을 것이다.

① 인간의 뇌는 복잡한 네트워크를 통해 학습을 지속적으로 발전시키며, 이를 통해 창의성과 직관을 발휘할 수 있다.

② 인공지능은 알고리즘을 사용하여 정보를 선형적으로 처리하며, 인간의 뇌처럼 직관적 결정을 내린다.

③ 인간의 뇌는 비선형적인 방식으로 정보를 처리하며, 인공지능은 수행할 수 없는 고등 인지 기능을 수행한다.

④ 인공지능은 감정적 이해를 할 수 없지만, 빠른 계산 능력과 대용량 데이터 처리에서 인간의 뇌를 능가한다.

⑤ 인간의 뇌와 인공지능은 각각 고유한 기능을 가지고 있으며, 이들을 결합하여 인간의 사고를 더욱 확장할 수 있다.

**02** **다음 글을 읽고 추론한 내용으로 가장 적절한 것은?**

> 게슈탈트 심리학은 20세기 초 독일에서 시작된 심리학 이론으로, 인간이 세상을 인식하는 방식을 설명한다. 게슈탈트는 독일어로 '형태'나 '전체'를 뜻하며, 이 심리학은 개별 요소의 합이 아닌 전체적인 구조와 맥락이 중요하다고 본다. 즉, 인간은 사물이나 상황을 개별적인 부분으로 분리해서 인식하기보다 전체적인 패턴이나 관계를 통해 이해한다. 예를 들어, 멜로디는 개별 음표의 집합이 아니라 음표들의 관계와 흐름에서 발생하는 전체적 경험으로 이해된다.
>
> 게슈탈트 붕괴 현상은 이러한 전체적인 인식이 깨져 사물을 그 본래의 의미나 맥락으로 파악하지 못하는 현상을 말한다. 예를 들어, 한 단어를 반복해서 읽다 보면 단어가 무의미한 글자들의 나열처럼 느껴지는 경험이 이에 해당한다. 이는 인간의 뇌가 익숙한 전체 패턴을 떠나 개별 요소에 초점을 맞추기 때문에 발생한다. 게슈탈트 붕괴는 주로 피로, 스트레스, 과도한 반복 활동 등의 상황에서 나타나며, 일시적으로 인지적 혼란을 초래할 수 있다.

① 게슈탈트 붕괴 현상은 사람이 너무 많은 정보를 처리할 때 발생한다.
② 게슈탈트 붕괴 현상은 게슈탈트 심리학이 강조하는 전체적 인식의 한계를 드러낸다.
③ 게슈탈트 심리학은 인간이 사물을 분석할 때 논리적인 순서를 따른다고 주장한다.
④ 게슈탈트 붕괴 현상은 인간이 반복적으로 작업을 수행할 때 인지적 혼란을 피할 수 있게 만든다.
⑤ 게슈탈트 심리학은 게슈탈트 붕괴 현상이 발생할 때 인간이 즉시 전체를 재구성할 수 있다고 주장한다.

**03** **다음 글의 주제로 가장 적절한 것은?**

> 한 독일 기업의 최고경영자(CEO)는 "우리 회사에는 루프트한자보다 많은 파일럿이 있다"라고 말하였다. 혁신을 희망했지만 임원들과 실무진들은 점차적인 변화를 선호하여 파일럿의 수가 독일 최대 항공사의 파일럿 수보다도 많아졌다는 이야기를 하였다.
>
> 디지털 혁신에서 성과를 얻은 기업 대부분은 1년 내에 디지털 과제의 목표 75%를 완료한다고 한다. 이와 같이 디지털 혁신에 성과를 얻은 기업들에는 공통점이 있는데, 아날로그적 가치를 추구했다는 점이다. 우선 규율과 실행 중심이다. 각 디지털 과제의 목표, 중간 마일스톤과 일정을 명확하게 하고 과제별 책임자를 두어 주·월·분기 단위로 진행 상황을 확인했다. 디지털 혁신이 추구했던 또 다른 중심의 아날로그적 가치는 고객 중심이다. 디지털 혁신은 그 자체가 목적이 아니라 비즈니스 가치 창출의 수단이고, 가치 창출의 핵심은 고객이다. 끝으로 인재 강화와 역량 강화는 디지털 혁신의 연속성을 보장하는 아날로그적 가치라고 할 수 있다. 어떤 방법으로 외부에서 디지털 인재를 채용하고, 회사의 전체적 디지털 역량을 키울 것인가에 대한 계획 없이 컨설팅사에 의존하는 디지털 혁신은 장기적인 혁신이 될 수 없다.

① 디지털 혁신을 위한 디지털 가치 추구
② 디지털 혁신의 핵심은 기술적인 측면이 아닌 경영 전략적인 측면
③ 디지털 역량 강화를 위한 컨설팅사를 통한 장기적 혁신
④ 디지털 혁신은 단기적인 목표 달성보다는 장기적인 변화의 추구
⑤ 디지털 혁신을 위한 아날로그 가치

**04** **다음 글을 읽고 추론한 내용으로 가장 적절한 것은?**

> Workshop에서 뇌 생물학적 구조가 사람의 생각과 행동의 결정에서 무슨 역할을 하고, 어떻게 그리 되는지 설명하면, 남성과 여성 모두 동일하게 다행스러워 한다. 남성과 여성의 기본적인 타고난 성품에 어떤 '잘못'이 없다는 깨달음과 안도감을 얻는다. 이 깨달음의 순간은 남성과 여성 모두에게 굉장한 흥분의 시간이 된다. 남성과 여성의 차이를 오해 및 과소평가하거나 이로 인해 종종 비난을 일으키지만, 이는 언제나 약점이 되는 것이 아니라 오히려 강점이 될 수 있다는 것을 처음으로 깨닫게 되는 것이다. 삶 속의 많은 불만족과 스트레스는 타인과 자신의 다름을 인정하지 않고 남성과 여성이 동일하게 행동하려고 노력하는 것에서 생겨난다. 현대의 대다수 사람들은 일터에서 불행하다고 생각하는데, 63개국 110개 기업의 175만 근로자를 대상으로 설문조사 기관이 실시한 연구조사에서 근로자의 사기가 실제로 얼마나 떨어진 상태인지 확인된다. '매일 최선을 다하는 삶을 살고 있는가?'라는 질문에 응답자 중 20%만이 본인의 장점과 역량을 일에 쏟아 붓고 있다고 응답했다.

① 남녀 간의 생물학적 차이는 항상 사람들의 생각과 행동에 영향을 미친다.
② 우리는 남녀의 다름을 과소평가한다.
③ 모든 남성은 수리 능력이 뛰어나다.
④ 모든 여성은 감정적인 결정을 내리는 데에 뛰어나다.
⑤ 모든 남녀는 경쟁심이 강하다.

**05** **다음 글을 읽고 추론한 내용으로 가장 적절하지 않은 것은?**

> 코로나 팬데믹으로 인해 개인화된 여가 취미활동으로 최근에는 캠핑과 차박, 차크닉 등을 선택하는 사람들이 늘어나고 있다. 이 중에 긴 기간의 차박 캠핑으로 척추나 관절의 건강과 '역류성 식도염'과 '녹내장'까지 발병할 수 있는 위험이 있어 주의가 필요하다.
>
> 차박 캠핑을 할 경우 간편 식품이나 밀키트 등은 자극적인 맵고 짠 음식이면서 식사를 좁은 차 내에서 빈번하고 반복적으로 하게 될 수 있으므로 이 경우 위식도 역류질환을 유발할 위험이 있다. 또한 차박 캠핑을 즐기는 사람은 녹내장과 안구건조증 등 안질환 위험도 초래할 수 있다. 차박을 할 경우  좁은 차 내에서 잠들기 전에 눕거나 엎드려서 핸드폰을 보는 경우가 많은데, 컴컴한 차박지의 어두운 차 내에서 핸드폰 화면을 계속적으로 보게 되면 초점을 맞추기 위하여 눈 안의 섬모체 근육이 긴장을 하게 되어 눈의 피로도가 높아져 퍼져 보이거나 두 개로 보이는 경우가 있다.

① 차박 캠핑으로 인해 녹내장이 발생한다.

② 캠핑과 차박의 인기가 코로나 팬데믹으로 인해 증가하고 있다.

③ 차박 캠핑 시 반복적으로 자극적인 간편식 등을 차 안에서 섭취하는 경우 위식도 역류질환에 주의해야 한다.

④ 어두운 차 안에서 스마트폰을 사용할 경우 안질환 위험도가 증가한다.

⑤ 차박 캠핑을 할 때에는 건강과 안전을 위해 적절한 식단과 눈 건강 관리가 필요하다.

**06** **다음 글의 내용과 일치하지 않은 것은?**

> 금동관음보살상에 관한 한·일 간 소유권 분쟁 재판이 부석사(浮石寺)의 역사를 증명하는 것에 초점이 맞추어지면서 법조계와 사학·종교계가 활발히 움직이고 있다. 일본 침략과 6·25전쟁을 겪은 우리 역사에 비추어 볼 때 한 사찰에 수백년 연속성의 증명을 요구하는 법원이 과한 입증책임을 부과한 것이라는 평가가 있는 한편, 부석사 현지에서 실시한 지표조사에서는 전에 없던 유물이 발굴되어 사학계가 주목하고 있다. 대법원의 심리불속행 기각 여부를 결정할 시점이 2주 앞으로 다가오면서 종교계에서도 탄원서를 접수했다.
>
> 일본 대마도의 사찰 간논지에서 발견되어 한국으로 반입된 금동관음보살상의 반환 청구 소송이 대법원에 상고되어 다음 달 중순 심리불속행 기각 여부에 대한 판단이 있을 전망이다. 심리불속행 기각은 대법원의 상고심에서 원심 판결에 위법 등 특정 사유가 없다면 본안 심리를 하지 않고 상고를 받아들이지 않는 제도이다. 금동관음보살상의 부석사 반환 소송이 중요하여 본안 판결에 이르지 않고 기각할 가능성은 크지 않을 것으로 예상되나, 지역 정치계와 종교계에서 탄원서 제출을 서두르고 있는 모습이다. 서산시의회가 금동관음상 소유권 회복을 촉구하는 결의안을 대법원에 접수하였고, 대한불교조계종의 전국 25개 사찰에서 주지와 신도가 작성한 진정서 및 탄원서를 해당 민사1부 재판부에 제출했다.

① 부석사 불상 반환소송과 관련하여 전국 사찰에서는 탄원서를 제출하고 있다.

② 금동관음보살상의 반환을 청구하는 소송이 대법원에 상고되어 심리불속행 기각 여부를 판단할 예정이다.

③ 부석사 지표조사에서 유물이 발견되었다.

④ 금동관음보살상의 부석사 반환 소송은 한국과 일본 간의 외교 문제로 해결하여야 한다.

⑤ 일본 대마도의 간논지에서 발견 후 한국으로 반입된 금동관음보살상의 반환 청구 소송이 진행되고 있다.

**07** **다음 글을 읽고 추론한 내용으로 가장 적절하지 않은 것은?**

> 저먼 카모마일의 항염증성은 국소 적용에 더 효과적이다. 카모마일의 항염증 활성은 주로 카마줄렌에 기인한다는 것이 일반적이다. 이 파란색 성분은 수증기 추출법에 의한 매트리카린에서부터 형성된다. 즉 자연 상태에서 카모마일에 들어있는 성분은 매트리카린이며, 이것이 수증기의 작용으로 카마줄렌으로 전환한다. 저먼 카모마일에 존재하는 소염효과는 쥐를 통한 관절염 보조제에 관한 실험에서 증명하였고, 저먼 카모마일 오일에는 모노테르펜과 세스퀴테르펜 성분이 풍부하며, 이것은 담즙 배출 촉진 작용 및 담즙 분비 작용이 나타난다. 허브 추출물 및 에센셜 오일은 내장 평활근에 용량 의존적 진정 효과가 있으며, 또한 간 재생성이 입증되었다. 연구에서 카모마일의 전통적 용도를 확인하였으며, 다수의 경우 에센셜 오일은 단독 사용보다는 전체 추출물을 사용하는 것이 더 효과적이다. 이 방식에서는 친지성 및 친수성 성분들을 이용할 수 있기 때문이다.

① 카모마일에는 카마줄렌이라는 성분이 있으며, 이 성분은 항염증 활성을 보인다.
② 저먼 카모마일은 관절염 보조제로 사용될 수 있다.
③ 저먼 카모마일 오일에는 모노테르펜과 세스퀴테르펜 성분이 풍부하며, 담즙 배출 촉진 및 담즙 분비 작용에 도움을 줄 수 있다.
④ 카모마일 추출물과 에센셜 오일은 내장 평활근에 진정 효과를 가지고 있다.
⑤ 카모마일 추출물과 에센셜 오일은 단독 사용하면 안 되고 친지성과 친수성 성분을 이용할 수 있는 전체 추출물을 사용하여야 한다.

**08** **다음 글을 읽고 추론한 내용으로 가장 적절한 것은?**

> 인도의 약점으로 꼽히던 것 중 하나가 세계 7위의 국토 면적에도 불구하고 인프라와 제조업 기반이 약하다는 점이었다. 하지만 모디 정부가 출범한 2014년부터 인도는 다양한 정책과 프로젝트를 통해 인도의 산업 구조를 균형 있게 발전시키고자 정책적인 노력을 기울이고 있다. 특히 2014년부터 현재까지 이어지는 'Made in India' 정책과 자립 인도 정책, 전략적 육성 산업에 인센티브를 제공하는 생산 연계 인센티브 제조, 부족한 인프라를 민영화를 통해 보완하는 국가 수익화 파이프라인 등 제조업 및 인프라에 대한 자본 지출 투자가 지속적으로 증가하고 있다. 이러한 정책은 궁극적으로 인프라 투자 및 제조업 육성, 그에 따른 수출 확대, 궁극적으로 경제 증진으로 이어지는 효과를 목표로 한다. 향후 인도의 도시화율은 2023년 36%에서 2030년 40%대로 진입할 것으로 전망되며 이는 중국의 2000년대 초/중반과 유사한 수준(UNCTAD기준)이다. 2018년 세제 개편 이후 정부의 세수 수입이 꾸준히 증가하고 있는 점, 그리고 2024년 모디 총리의 재선이 유력시된다는 점 등을 감안할 때, 이러한 정책적 뒷받침은 장기간 지속될 것으로 보인다.

① 인도 정부의 제조업과 인프라 산업 육성를 통해 산업 구조 발전을 추진하고 있다.
② 'Made in India' 정책은 인도의 인프라 개선을 위한 민영화 프로젝트이다.
③ 인도의 도시화율은 2023년에 40% 이상으로 예상된다.
④ 세제 개편 이후 인도 정부의 세수 수입은 감소하고 있다.
⑤ 모디 총리의 재선은 2024년에 확실하게 예상되고 있다.

**09** **다음 글의 문맥을 고려하였을때, (A)~(E) 중 다음 <보기>가 들어갈 위치로 가장 적절한 것은?**

(A)

'로봇'이라는 용어는 1920년에 체코슬로바키아 차페에 의하여 쓰인 〈로섬의 만능로봇〉이란 희곡에서 처음 사용되었다고 전해진다. 로봇의 어원은 체코어로 천한 노동, 중노동, 강제노동 등을 뜻하는 '로보타(robota)'이다.

(B)

연극은 과학자 로섬과 그의 아들이 원형질에 근접한 화학물질을 개발하면서 시작된다. 그들 부자는 이 물질로 인간에게 복종하고 육체적 노동을 대신해 줄 로 봇을 만들었다. 그런데 로섬의 동료가 로봇에 감정을 넣은 후에는 로봇이 점차로 일을 싫어하게 되고, 종국은 반란을 일으키면서 사람들을 죽이고 세계를 정복하게 된다.

(C)

로봇 이야기 논의에서 제외할 수 없는 사람은 아이작 아시모프이다. 'SF의 황금시대'를 연 사람으로 1940~1950년에 로봇에 관하여 9편의 소설을 썼다. 1941년의 〈라이어!〉에서는 로봇의 3대 원칙을 제시하였고 1942년의 〈런어라운드〉에서는 '로봇공학(robotics)'이란 용어를 최초로 사용했다.

(D)

아시모프의 초기 소편들은 1950년에 ≪아이, 로봇≫으로 발간되어 큰 인기를 누렸는데, 이 소설들은 대부분 로봇의 긍정적인 미래상이 그려지고 있다. 그의 로봇들은 높은 온도의 작업장에서 주어진 일을 하고 일상의 가사노동을 대신해 주며 사람을 미지의 은하계로 인도한다. 아시모프에게 로봇은 사람이 기피하거나 직접 할 수 없는 일을 대신해 주는 헌신적인 보조자인 것이다.

(E)

〈 보 기 〉

그러나 아시모프가 미래에 관하여 환상만을 묘사한 것은 아니다. 앞에서 언급했듯이, 그는 1941년에 쓴 〈라이어!〉에서 로봇의 위험성을 고려하여 로봇이 지켜야 할 3대 원칙을 제시했다. 첫 번째로 로봇은 인간에게 해를 끼쳐서는 안 되고, 위험에 처한 사람을 방관하여서도 안 된다. 두 번째로 제1원칙에 위배되지 않는 경우 로봇은 사람의 명령에 복종해야만 한다. 세 번째로 제1원칙과 제2원칙에 위배되지 않는 경우 로봇은 로봇 자신을 보호해야만 한다.

① (A) ② (B) ③ (C)
④ (D) ⑤ (E)

**10** **다음 글을 읽고 추론한 내용으로 가장 적절하지 않은 것은?**

| |
|---|
| 열다섯 살에 우리는 무엇을 했을까? 아주 특별한 경우가 아니고서는 대부분 중학교를 다니고 사춘기를 겪는 시기였을 것이다. 그렇지만 파키스탄에서는 억압에 대항하다 총격을 입는 이가 있다. 지금 우리가 살고 있는 21세기의 일이다. 최연소 노벨평화상 수상자, 파키스탄의 말랄라 유사프자이 이야기이다. 말랄라는 1997년 7월 12일 파키스탄 카이베르파크툰크와 주 민고라에서 태어났다. 그녀가 태어났을 때 아버지는 기뻐하였는데, 남존여비 사상이 극심한  나라에서 이것은 굉장히 드문 일이었다. 진보적인 교육자였던 그녀의 아버지는 아들이 아니면 족보에 잘 올리지도 않는 관례에도 족보에 파란 잉크로 그녀의 이름을 올렸다. 이것을 보고 지적하는 친척들과 주변 사람들에게 오히려 주의를 주었고, 말랄라의 다른 남자 형제들에게도 여성에 대해 차별하지 말 것을 가르쳤다. 그리고 11살에 불과했던 말랄라는 영국 공영방송 BBC 블로그에 가명으로 탈레반 치하의 생활과 억압받는 여성의 이야기를 일기로 쓰기 시작했다. 이는 세계적으로 영향을 미치어 뉴욕타임스는 다큐멘터리 제작에 나섰고, 그해 12월 제1회 파키스탄 청소년평화상 수상으로 이어졌다. |

① 말랄라 유사프자이의 아버지는 진보적인 교육자였으며, 말라라의 권리와 평등을 지지했을 것이다.

② 말랄라 유사프자이의 여성을 위한 활동들은 세계적인 반향을 이르켰다.

③ 말랄라 유사프자이가 태어났을 때, 파키스탄은 남존여비사상에 의한 심한 성차별이 있었다.

④ 말랄라 유사프자이는 텔레반으로부터 테러를 당하였다.

⑤ 말라라 유사프자이가 BBC 블로그에 가명으로 올린 일기는 여성 인권 존중을 찾고자 한 내용이었을 것이다.

실전모의고사

1회

2회

## 11 다음 글을 읽고 추론한 내용으로 가장 적절하지 않은 것은?

기업의 사회적 책임에 대한 '국제 표준(ISO26000)'은 2010년 76개 참가국 대상으로 최종안에 대한 투표를 통하여 93% 찬성표를 획득함으로써 국제 표준으로 확정되었다. ISO26000의 사회적 책임은 사회를 이루는 사회 조직이 사회 책임 행동을 선택할 때, 기초 준칙으로 7대 원칙을 언급하였다. 이것은 '책임성, 투명성, 윤리적 행동, 이해관계자 이익 침해 금지, 법치, 국제 규범 준수, 인권 존중'으로 요약된다. 행위 주체의 의사 결정과 행동이 사회와 환경에 미친 영향에 대해 책임을 져야 한다는 책임성, 충실한 정보 공개 의무인 투명성, 정직과 형평 그리고 신뢰의 기준에 충실한 윤리적 행동, 다른 조직 구성원의 이해관계가 침해되지 않아야 한다는 이해관계자 이익 침해 금지, 힘이 재량적 집행을 금지하는 법치, 조직은 시민적, 정치적, 경제적, 사회적, 문화적 권리를 존중해야 한다는 인권 존중이다.

① ISO26000은 2010년에 국제 표준으로 확정되었고, 7대의 사회적 책임의 기초 원칙을 포함하고 있다.

② ISO26000은 2010년에 참가국의 투표를 통해 93%의 찬성으로 확정되었으며, 참가한 76개국만 모두 준수하기로 하였다.

③ ISO26000은 사회 조직이 사회적 책임 행동을 선택할 때 참고할 수 있는 가이드라인이 되었다.

④ ISO26000은 사회적 책임 행동을 선택할 때 참고할 수 있는 가이드라인이지만, 모든 기업이 이를 준수해야 하는 것은 아니며 적용에는 여러 요인들이 존재한다.

⑤ ISO26000은 7대 원칙을 책임성, 투명성, 윤리적 행동, 이해관계자 이익 침해 금지, 법치, 국제 규범 준수, 인권 존중으로 요약하고 있다.

**12** 다음 글의 내용과 일치하는 것은?

박물관은 더 이상 나라나 지역을 다스리는 사람들에 계급의 역사와 문화만을 다루는 것이 아닌, 긴 시간 동안 그들에게 가려지고 외면되었던 일반인들의 삶을 들여다보게 되었다. 박물관은 사회의 요구를 파악하고 변화하는 사회와 소통하는 도구라는 사실을 알아야 한다. 박물관은 어떤 공동체 내에 존재하는 다양한 문화를 표현하고 대중들에게 문을 열어야 한다. 박물관은 공동체의 필요와 기대에 대응해야 할 것이다. 특히 지역 박물관은 점점 다양해지는 공동체에 주목을 시작하면서 지역 또는 국가의 문제를 토론하는 장이 되기를 바란다. 박물관은 문화적, 물리적, 지적, 재정적, 감성적 접근 등을 방해하는 많은 요소들을 확인 후 이들을 극복할 방법을 찾고자 한다. 사회적 포용은 사회적 배제(social exclusion)의 상대적인 용어로 사용되는데, 사회적 배제를 방어하고 포용을 요구하는 박물관의 역할은 사회적 불평등 · 불이익 · 차별의 면에서 이해할 수 있다. 다수의 나라에서 건강, 복지, 사회서비스 부서 및 기타 단체와 박물관은 파트너십을 맺음으로써 사회적 역할, 목적, 영향력을 개발하고, 사회적 혜택을 못 받는 것과 관련해 그들의 사회적 성과를 전달하고 있다.

① 박물관은 오직 나라를 다스리는 자의 계급의 역사와 문화에만 초점을 맞추고 있다.
② 박물관은 사회적 포용을 위해 문화적, 감성적, 지적 접근 등 장벽을 극복할 방법을 찾고자 한다.
③ 박물관은 사회의 변화와 요구에 무관심하며, 역사의 기록에 의존하여 독립적으로 운영되어야 한다.
④ 박물관은 오직 전문가들을 위한 학술적인 장소로서 기능하다.
⑤ 박물관은 오직 역사적인 사실들을 전시하는 곳으로서, 가치를 지니지 않는다.

**13** **다음 글을 읽고 추론한 내용으로 가장 적절한 것은?**

> 한국 패션업자들의 New 장삿속인 '조용한 명품'을 소비한다고 해서 'Old Money 패션'이라고 부른다면 그건 정말 'Old Money'라는 멋진 단어의 진정한 의미를 모르는 것이다. 물론 'Old Money 패션'을 자신이 보유한 부를 밖으로 안 나타내려고 노력하는, 그러나 아는 사람들끼리는 알 수 있는 패션을 이르는 말이라면 사실 멋진 표현일 수도 있다. 실제 영국의 관점에서 보면 'Old Money'라는 단어는  물건을 사고팔기 위하여 사용해서는 안 되는 단어이다. 영국의 진정한 'Old Money'들은 누구보다 돈이 많고 다르게 보이려는 이유로 '조용한 명품'을 소비하는 행동을 하지 않는다. 영국인들은 'Old Money'의 반대 의미로 'New Money'라는 말을 쓰는 것도 멀리한다. 점잖은 영국인들은 졸부들을 칭할 때 '누보 리슈(Nouveau Riche)'라는 프랑스어로 표현한다. 이것은 'New Money'라는 말이 누군가를 무시하거나 비하하는 듯한 어감이 드는 걸 회피하려는 의도인 듯하다. 그 정도로 'Old Money'들은 자신들의 부를 드러내지 않으며 다른 사람들을 배려한다. 따라서 오랜 기간 동안 자선을 베풀 수 있는 재력을 바탕으로 그 재력을 활용해 실제 자선활동을 꾸준히 해야 한다.

① 영국의 'Old Money'들은 고급스러운 옷차림과 명품 브랜드를 과시하는 것을 피하며, 자신의 소속 및 후원하는 단체와 관련된 넥타이를 착용한다.

② 영국의 'Old Money'들은 자신들의 부유함을 드러내며, 일부러 다른 사람들이 부러워하도록 행동한다.

③ 영국의 'Old Money'들은 자신들이 소속된 프라이빗 클럽에서만 활동하며, 같은 'Old Money'끼리는 서로의 부유함을 과시하는 것이 일반적이다.

④ 영국의 'Old Money'들은 자신들의 부를 뽐내며, 사교클럽에서만 만나는 것이 아니라 일상적인 모임에서도 부유함을 과시한다.

⑤ 영국의 'Old Money'들은 자신들의 부를 뽐내는 것을 꺼리지 않으며, 이를 피해가는 것은 그들의 자존심에 상처를 줄 수 있다.

**14** **다음 글을 읽고 추론한 내용으로 가장 적절하지 않은 것은?**

> 동양의 경전들을 보면, 늘 그들은 새로운 무엇이 아니라 그들에게 전해진 그것, 그들이 들은 무엇이었다고 말한다. 힌두교도들에게는 경전에 대한 단어가 둘이 있다. 슈루티(shruti)와 스므리티(smriti)이다. 슈루티는 '우리는 하늘의 계시로 그것을 들었다'는 의미이다. 스므리티는 '우리는 그것을 아는 사람으로부터 모았다'는 의미이다. 어느 것도 그들이 알았다고 주장하지 않는다. 그 이유는 '내가 알았다'고 하는 주장은 무지를 표현하는 것이고, '나'라는 것은 함축된 무지를 의미하기 때문이다. 그들은 뒤로 계속 후퇴한다. 우파니샤드에서는 '나는 나의 스승에게서 배웠다. 나의 스승은 그의 스승에게서 배웠다. 이런 방법으로 계속 계승된다. 그리고 그 처음엔 가서 이렇게 말한다. "세상의 창조주인 브라마(Brahma)는 우주 존재 자체인 브라만(Brahman)으로부터 배웠다."

① 슈루티와 스므리티는 내가 알았다고 주장하는 것은 무지하다는 것을 표현한 것이라고 하는군요.

② 동양 경전은 항상 그들이 직접 알았다고 주장하지는 않지만, 새로운 어떤 것을 그들이 발견했다고 하는군요.

③ 동양 경전은 내가 알게 된 새로운 어떤 것이 아니라 그들에게 말해진 것, 그들이 들은 어떤 것이라고 전하는군요.

④ 힌두교의 경전들은 슈루티와 스므리티라는 용어를 사용하여 그들이 들은 것이나 그들로부터 모아진 것이라고 표현하는군요.

⑤ '나', '내가'라는 것은 함축된 무지를 나타내므로, 우파니샤드에서는 나는 스승에게 배웠고, 그 스승은 또 그의 스승에게 배웠다고 계속 선조를 언급하며 설명하는군요.

**15** **다음 글의 내용의 사례로 적절한 것은?**

> 약자와 강자의 싸움을 이야기할 때 대부분의 사람들은 '다윗과 골리앗의 싸움'을 이야기한다. 힘세고 강한 거인 골리앗은 사람들에게 두려움의 표상이었다. 다윗 역시 골리앗과 1:1로 대결을 하면 이길 것이라고 생각하지 않았다. 그래서 다윗은 먼 곳에서 돌을 던져 맞추어 눕히는 전략을 세운다. 그리고 골리앗은 다윗이 던진 돌에 맞아 제대로 힘 한 번 써 보지 못하고 죽고 말았다. 다윗은 골리앗이 힘을 쓰지 못할 정도의 거리에서 공격했고, 그것 외에도 거인 골리앗의 힘을 무력화 하는 방법으로 좁은 장소로 유인하여 싸운 것이다. 좁은 동굴 또는 좁은 폭의 통나무다리 등은 거인과 같은 큰 몸집을 가진 자에게는 약점이 되기 때문이다. 벽과 천장에 부딪히면 몸을 움직이지 못하거나, 중심을 잃어 힘을 쓸 수 없게 된다. 이런 일들은 우리의 일상생활 속에서 현재도 빈번하게 일어나고 있다.

① 법정에서의 변론, 변호사는 강한 증거와 논리를 통해 상대방을 대적한다.
② 정치 선거, 정치인들은 다른 후보들과의 경쟁에서 직접적으로 맞서 싸워서 투표를 얻어야 한다.
③ 슈퍼스타 K2, 지상파가 할 수 없는 도전으로 이변을 낳다.
④ 군대의 전투, 군대에서는 훈련을 통해 체력과 실력을 갖춘 강한 병사들이 직접 적과 싸워야 한다.
⑤ 올림픽 선수들의 경기, 올림픽에서는 강한 선수들이 직접 대결하여 승부를 겨룬다.

## 16 다음 글을 읽고 추론한 내용으로 가장 적절하지 않은 것은?

> 커피의 향미는 품종, 기상 조건, 선별, 보관, 수송, 로스팅 강도 등 다양한 요인에 의해 변한다. 단품 커피는 단일 산지만의 독특한 특성을 향유할 수 있는 반면, 블랜딩한 커피는 목적에 따라 다양한 콩을 혼합하여 원하는 향미를 만들 수 있다. 코모디티 커피로 만든 블랜드는 콜롬비아 SP, 브라질 No2, 과테말라 SHB 등으로 생산국의 수출 규격대로 대량 생산하는 경우가 많다. 그러므로 양적 공급이 안정적인 콜롬비아와 브라질의 커피를 많이 사용한다. 주된 목적은 품질과 향미의 안정성, 비용 대비 고품질을 확보하는 것이고, 그러면서도 중요한 것은 결점이 될 향미가 혼입되지 않는 것이다. 그리고 스페셜 커피의 블랜드는 코모디티 커피에 비해 생두의 생산지, 품종, 정제 방식 등의 정보가 합쳐지며 고려 사항이 많아지는 만큼 향미의 다양성이 풍부해진다. 생산지보다는 생두가 가진 향미 요소가 더 중요하기 때문에 어떻게 로스팅하여 어떤 향미를 만들 것인가가 핵심 포인트가 되며, 주요 목적은 향미의 안정성과 새로운 향미의 창조성이다.

① 코모디티 커피로 만드는 블랜드는 대량 생산을 위해 브라질, 콜롬비아 등의 커피를 주로 사용한다는 것을 알 수 있다.

② 블랜딩은 향미의 안정성을 유지하고 새로운 향미를 창조하는 목적을 가지고 있다는 것을 알 수 있다.

③ 블랜딩 커피는 항상 스페셜 커피보다 향미의 다양성이 적다는 것을 알 수 있다.

④ 커피의 품질은 양적인 공급 안정성이 중요하다 것을 알 수 있다.

⑤ 단품 커피는 특정 산지의 독특한 개성을 즐길 수 있어 단품 커피 애호가들 사이에서 인기가 있다는 것을 알 수 있다.

## 17 다음 글을 읽고 추론한 내용으로 가장 적절한 것은?

> 10월부터 부산지역 시내버스에 음식물이 담긴 일회용 용기반입과 버스 내 반려동물의 노출이 전면 금지된다. 부산시는 이와 같은 내용의 '부산시 시내버스 운송약관'을 개정하고, 10월부터 시행한다고 오늘 밝혔다. 최근 부산시에는 코로나 팬데믹 후에 국내외 여행객이 증가하였고 음료가 든 일회용 컵을 들고 시내버스를 탑승하거나 버스 내에서 동반한 반려동물을 노출 시킨 승객이 늘고 있으나, 시내버스 이용에 대한 기준이 마련돼 있지 않았다.
>
> 부산시가 개정·시행하는 시내버스 운송약관은 △시내버스 내 반입 휴대품 규격 예시 제시 △반려동물 탑승 시 준수사항 및 노출 금지 △일회용 용기 등에 담긴 음식물의 반입 및 취식 금지 △보호자 1인당 동반 탑승이 가능한 소아의 수를 3명으로 규정 △할인 대상의 신분 확인과 다인승 거래 및 고액권 사용 시 거스름돈 지급 기준 등이다. 그중에서도 최근 반려동물 인구가 늘어남에 따라서 반려동물의 시내버스 탑승 규정도 마련하였다. 반려동물은 전용 이동 용구나 가방 등에 들어가 있어야 하며, 반려동물의 머리 등이 노출되어 있으면 승차가 거절될 수 있다. 또 음식물이 일회용 용기 등에 담겨 있으면 반입이 전면 금지된다. 단, 취식 목적이 아닌 단순 운반 목적의 포장된 음식물이나 식재료, 수분 섭취를 위해 뚜껑이 닫힌 플라스틱 병 등에 담긴 음료 등은 반입이 허용된다.

① 10월부터 부산시 시내버스 운송약관 개정으로 인해 부산지역 시내버스에서 반려동물은 전용 상자나 가방 등에 들어가만 있다면 머리 등이 노출되어도 승차 거절을 할 수 없다.

② 부산시 시내버스 운송약관이 개정되어 10월부터 시내버스에서는 집에서 취식할 목적의 일회용 용기에 담긴 음식물의 반입이 금지된다.

③ 개정된 운송약관에는 보호자 1인당 동반 탑승 가능한 소아 수, 할인 대상 신분 확인, 다인승 거래 및 현금 사용 시 거스름돈 미지급 기준 등의 내용도 포함되어 있다.

④ 10월부터 부산지역 시내버스 이용 시에 단순 운반 목적의 포장된 음식물이나 식재료, 뚜껑이 닫힌 플라스틱 병 등에 담긴 음료는 일회용 용기에 담긴 음식물 반입 금지 사항에 해당하지 않고 허용된다.

⑤ 부산시 시내버스 운송약관 개정으로 인해 부산지역 시내버스에 모든 휴대품은 반입이 가능하게 된다.

**18** **다음 글의 내용과 일치하지 않은 것은?**

> '인터넷 경제의 3원칙'에는 '무어의 법칙', '메트칼프의 법칙', 그리고 '가치사슬을 지배하는 법칙'이 있다. 첫째, 무어의 법칙(Moore's Law)은 1965년에 미국 캘리포니아 공과대학의 카버미드 교수가 최초로 이 법칙을 발견한 인텔(Intel) 창립자 '고든 무어(Gorden Moore)'의 이름으로 정하였다. '무어의 법칙(Moore's Law)'은 "반도체에 집적하는 트랜지스터 수가 1~2년마다 2배씩 증가한다"는 내용이었으나, 10년 후부터 "반도체에 집적하는 트랜지스터 수가 18개월마다 2배씩 증가하며 가격은 1/2로 하락한다"로 변경되었다. 둘째, 메트칼프의 법칙(Metcalfe's Law)은 1980년 미국 전기공학자이고 쓰리콤(3Com)사의 창립자인 '로버트 메트칼프(Robert Metcalfe)'가 제시한 인터넷 경제 원칙으로 "네트워크의 규모가 커짐에 따라 해당 비용은 직선적으로 증가하지만 네트워크의 가치는 참여자 수의 제곱에 비례해서 기하급수적으로 증가한다."는 것이다. 셋째, UC 버클리 교수인 '올리버 윌리엄슨'이 창안한 법칙 가치사슬을 지배하는 법칙으로 "조직은 계속 거래비용이 적게 드는 쪽으로 변화한다"는 것이 핵심 내용이다.

① 무어의 법칙, 메트칼프의 법칙, 그리고 가치사슬을 지배하는 법칙을 인터넷 경제의 3원칙이라 총칭한다.

② 가치사슬을 지배하는 법칙은 올리버 윌리엄슨이라는 UC 버클리 교수가 제시한 법칙으로, 조직은 거래비용이 높지 않은 쪽으로 지속적으로 변화한다는 내용을 강조한다.

③ 메트칼프의 법칙은 네트워크의 규모가 커짐에 따라 그 비용은 직선적으로 증가하며, 네트워크의 가치는 참여자 수의 제곱에 비례해서 기하급수적으로 증가한다는 내용을 나타낸다.

④ 현재 무어의 법칙은 반도체에 집적하는 트랜지스터 수가 18개월마다 2배씩 증가하며 가격은 반으로 하락하는 현상을 의미한다.

⑤ 메트칼프의 법칙은 네트워크의 규모가 커질수록 그 비용은 기하급수적으로 증가한다는 내용을 설명한다. 또한 네트워크의 가치는 참여자 수에 비례하여 선형적으로 증가한다.

**19** **다음 글의 빈칸 ( A )에 들어갈 말로 가장 옳은 것은?**

> 2023년 9월 현재, 한국 광역단위 행정구역은 1개의 특별시, 6개의 광역시, 5개의 도, 3개의 특별자치도, 그리고 1개의 특별자치시까지 총 17개 광역 단위로 이루어져 있다. 지방자치단체 구역(시/군/구) 기준으로는 6개 광역시(내 69개 자치구)와 6개 도, 2개의 특별자치도(강원, 전북) 내 77개 자치시 및 82개 군이 설치되어 있어 도합 165개에 이른다. ( A )특별자치도와 세종특별자치시의 하위 행정구역은 자치단체가 아니며 각각 ( A )특별자치도지사와 세종특별자치시장이 임명하는 단층제 광역자치단체이다. 이 중에서 특별광역자치단체는 특별자치시로는 세종특별자치시가 유일하며, 행정중심복합도시 개발계획에 따라 기존 충청남도 공주시 일부와 연기군 대부분 지역을 흡수하여 특별자치시로 설립되었고, 출범 순서대로 ( A )특별자치도, 강원특별자치도, 전북특별자치도의 3개 광역단체가 존재한다. 기능적으로는 기존의 행정구역인 도(道)와 큰 차이가 없으나, 지방자치법에 의거한 상급 지방 자치 단체로 정부가 직할하며, 법률에 의거하여 자치권이 보장된 도(道) 단위의 행정 구역으로, 고도의 자치권이 보장되는 것은 물론, 중앙정부로부터 다양한 재정 지원을 받게 된다.

① 경기
② 제주
③ 경북
④ 충북
⑤ 창원

## 20 다음 글에 대한 비판과 평가로 적절하지 않은 것은?

> 현 화재보험의 계약상 임차인은 보험계약자 또는 피보험자가 아닌 제3자이다. 단체화재보험을 가입할 때 보험계약자를 '아파트입주자 대표회'와 같이 단체명으로 계약을 체결하므로 임차인은 보험계약자로 보지 않는 것이다. 대법원 판례 등에 의하면 화재보험의 계약에서 피보험자는 아파트 등 보험목적물의 소유자이며, 임차인이 보험료를 납부하여도 피보험자라고 할 수 없다. 그래서 임차인은 관리비 등을 통해 화재보험료를 납부하여도 화재보험으로 보상받지 못하여 경제적 손해가 발생했었다. 또한 임차인 과실로 화재가 발생한 경우 보험회사는 건물 소실로 인한 피해액을 아파트 소유자에게 보상한 후 임차인에게 보험금을 회수하는 대위권을 행사하였다.
>
> 하지만 향후로는 세입자가 아파트 관리비로 화재보험료를 납입하고도 화재가 발생할 경우 손해배상 책임을 져야 하는 일이 발생하지 않게 된다. 그러므로 보험료를 납부하고도 화재 피해로부터 보장 사각지대에 있었던 임차인의 경제적 손실이 줄어들 것이다. 금융감독원은 화재보험 약관에 아파트 임차인이 보험료를 납부하는 경우 보험회사가 대위권을 행사하지 않도록 예외조항을 신설한다고 4일 밝혔다. 금감원 관계자는 "손해보험사 개별약관은 표준약관 개정 전이라도 자체 개선해 조기 시행하거나 보상 실무지침 등에 우선 반영해 다음 달부터 운영한다"고 말했다.

① 현재의 화재보험 시스템은 아파트 임차인에게 보장이 없는 보험료 납입이라는 불공정한 경제적 부담을 안겨 주고 있었다는 점에서 비판을 받았다.

② 화재보험 약관에 아파트 임차인이 보험료를 부담하는 경우에도 보험사가 대위권을 행사하는 것은 공정성에 부합하지 않는다는 비판을 받았다.

③ 향후 약관 개정은 기존의 대법원 판례 등에 따른 화재보험계약의 피보험자는 아파트 등 보험목적물의 소유자이며, 임차인이 보험료를 납부했더라도 피보험자라고 할 수 없다는 법리의 변화로 평가받는다.

④ 금감원 관계자가 "손해보험사 개별약관은 표준약관 개정 전이라도 자체 개선해 조기 시행하거나 보상 실무지침 등에 우선 반영해 다음 달부터 운영한다"라고 말한 것은 현재까지의 이 사례의 보험금 지급 절차가 실질적으로 불공정하다는 비판에 대한 소급 조치로 평가받는다.

⑤ 향후 변경되는 보험계약에서의 보험료를 부담한 임차인에게 보험사가 대위권을 행사하지 않도록 하는 예외조항의 신설은 현행까지의 법리가 변경되는 것은 아니라는 평가를 받는다.

실전모의고사
1회
2회

해설 p. 79

**01** 다음은 D시의 공영주차장에 대한 자료이다. 다음 〈보기〉에서 옳은 것을 고른 것은? (단, 소수점 아래 둘째 자리에서 반올림한다.)

| 2022 하반기 기출 키워드 | 주차장 수와 주차 가능 대수

〈표〉 D시 공영주차장 현황

(단위 : 개)

| 구분 | 계 | | 노상 | | 노외 | |
|---|---|---|---|---|---|---|
| | 개소 수 | 구획 수 | 개소 수 | 구획 수 | 개소 수 | 구획 수 |
| 계 | ( ) | 8,606 | 37 | 1,419 | 51 | 7,187 |
| 공단직영 | 57 | (A) | 10 | 413 | 47 | 6,989 |
| 민간위탁 | 31 | 1,204 | (B) | 1,006 | 4 | ( ) |

〈보기〉

ㄱ. D시 공영주차장의 노상 주차장과 노외 주차장의 개소 수는 총 78개이다.
ㄴ. 민간위탁 주차장 중 노외 주차장 개소 수의 비중은 약 13%이다.
ㄷ. 노상 주차장과 노외 주차장 모두 공단직영 주차장의 구획 수가 민간위탁 주차장의 구획 수보다 많다.
ㄹ. A의 값은 7,402이고 B의 값은 27이다.

① ㄱ, ㄴ ② ㄱ, ㄷ ③ ㄱ, ㄹ
④ ㄴ, ㄷ ⑤ ㄴ, ㄹ

**02** 다음은 S국의 건강보험료 부담액에 관한 자료이다. 다음 중 옳은 것은?

〈표〉 S국 건강보험료 부담액

(단위 : 만 원)

| 구분 | 2020년 | 2021년 | 2022년 | 2023년 |
|---|---|---|---|---|
| 전체 | 94,040 | 98,128 | 101,178 | 104,201 |
| 지역가입자 | 80,876 | 84,531 | 87,458 | 85,546 |
| 직장가입자 | 100,510 | 104,507 | 107,449 | 112,635 |

① 2021년 지역가입자 건강보험료 부담액은 전년 대비 3,555만 원 증가했다.

② 2022년 직장가입자 건강보험료는 2020년 대비 7,000만 원 이상 증가했다.

③ 지역가입자 건강보험료 부담액이 가장 많은 해의 직장가입자 건강보험료 부담액도 가장 많다.

④ S국 전체 건강보험료 부담액의 증감 추이와 지역가입자 건강보험료 부담액의 증감 추이는 동일하다.

⑤ 조사기간 동안 직장가입자와 지역가입자의 건강보험료 부담액의 차가 가장 큰 해는 2023년이다.

**03** 다음은 2021~2023년 K국의 질병 발생 원인별 인원에 대한 자료이다. 다음 중 옳지 않은 것은? (단, 소수점 아래 둘째 자리에서 반올림한다.)

〈그래프〉 K국 질병 발생 원인별 인원

(단위 : 천 명)

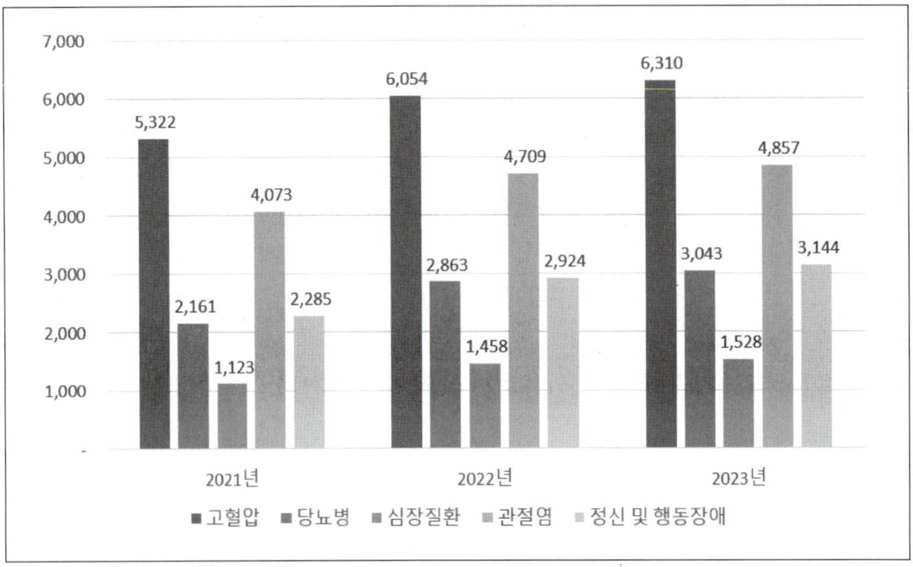


① 매년 질병 발생 원인별 인원이 많은 순위는 동일하다.

② 조사기간 동안 모든 질병 발생 원인별 인원은 증가한다.

③ 당뇨병은 2023년 처음으로 3백만 명을 넘었다.

④ 2022년 관절염 인원은 당뇨병과 정신 및 행동장애 인원의 합보다 많다.

⑤ 고혈압은 조사기간 동안 가장 많은 비중을 차지한다.

**04** 다음은 K시의 2019~2023년 마늘과 양파 재배면적에 대한 자료이다. 양파 재배면적이 가장 많았던 해의 전년 대비 마늘 재배면적의 전년 대비 증가율은? (단, 소수점 아래 둘째 자리에서 반올림한다.)

〈표〉 K시 2019~2023년 마늘과 양파 재배면적

(단위 : ha)

| 구분 | 2019년 | 2020년 | 2021년 | 2022년 | 2023년 |
|---|---|---|---|---|---|
| 마늘 | 20,638 | 20,758 | 24,864 | 28,351 | 27,689 |
| 양파 | 18,015 | 19,896 | 19,538 | 26,425 | 21,777 |

① 11.6%　② 12.3%　③ 14.0%
④ 15.2%　⑤ 15.8%

**05** 다음은 K국의 2023년 10~12월 부산항, 인천항, 목포항의 운항과 화물 현황을 나타낸 자료이다. 다음 중 옳은 것은? (단, 소수점 아래 둘째 자리에서 반올림한다.)

〈표〉 K국 2023년 10~12월 부산항, 인천항, 목포항 운항과 화물 현황

(단위 : 천 편, 천 톤)

| 구분 | 10월 | | 11월 | | 12월 | |
|---|---|---|---|---|---|---|
| | 운항 | 화물 | 운항 | 화물 | 운항 | 화물 |
| 합계 | 110 | 350 | 59 | 304 | 24 | 269 |
| 인천항 | 63 | 302 | 34 | 276 | 6 | 250 |
| 부산항 | 26 | 24 | 13 | 13 | 10 | 10 |
| 목포항 | 21 | 24 | 12 | 15 | 8 | 9 |

① 12월 운항 전체 대비 부산항이 차지하는 비율은 50% 이상이다.
② 조사기간 동안 매월 인천항의 운항 수는 부산항과 목포항의 운항 수의 합보다 적다.
③ 11월 인천항의 화물 수는 전월 대비 10% 미만 감소했다.
④ 조사기간 동안 부산항은 화물 수보다 운항 수가 항상 많다.
⑤ 조사기간 동안 목포항은 화물 수보다 운항 수가 항상 많다.

**06** 다음은 2021~2023년 L국의 업종별 일반음식점 수를 나타낸 자료이다. 다음 중 옳지 않은 것은? (단, 소수점 아래 둘째 자리에서 반올림한다.)

〈표〉 2021~2023년 L국 업종별 일반음식점 수

(단위 : 개 소)

| 구분 | 2021년 | 2022년 | 2023년 |
|---|---|---|---|
| 한식 | 317,200 | 314,028 | 307,500 |
| 중식 | 28,670 | 27,540 | 26,850 |
| 일식 | 12,540 | 11,420 | 10,790 |
| 서양식 | 15,757 | 14,550 | 13,980 |
| 기타 외국식 | 2,333 | 2,450 | 2,340 |
| 계 | 376,500 | 369,988 | 361,460 |

① 조사기간 동안 전체 음식점 중 한식 음식점이 차지하는 비중은 매년 85% 이상이다.
② 조사기간 동안 전체 일반음식점 수는 지속적으로 감소한다.
③ 2021년 전체 음식점 중 서양식이 차지하는 비중은 5% 미만이다.
④ 2023년 일식 음식점은 전년 대비 630개소 감소했다.
⑤ 2022년 중식 음식점 수는 기타 외국식의 10배 이상이다.

**07** 다음은 ICT산업 생산액 현황에 대한 자료이다. 이에 대한 설명으로 〈보기〉에서 옳은 것을 모두 고른 것은?

〈표〉 ICT 산업 생산액 현황

(단위 : 억 원)

| 구분 | 2021년 | 2022년 | 2023년 |
|---|---|---|---|
| 정보통신방송기기 | 3,090,158 | 3,427,552 | 3,655,480 |
| 정보통신방송서비스 | 726,886 | 748,828 | 762,231 |
| 소프트웨어 | 493,402 | 540,251 | 555,283 |
| 합계 | 4,310,446 | 4,716,631 | 4,972,994 |

〈 보 기 〉

ㄱ. ICT 산업 모든 분야의 생산액은 매년 전년 대비 증가하였다.
ㄴ. 2023년 정보통신방송기기 생산액이 전체 ICT산업 생산액에서 차지하는 비중은 약 73.5%이다.
ㄷ. 매년 정보통신방송서비스의 생산액은 소프트웨어 생산액의 1.6배 이상이다.

① ㄴ ② ㄷ ③ ㄱ, ㄴ
④ ㄱ, ㄷ ⑤ ㄴ, ㄷ

**08** 다음은 K국의 연령대별 여성취업자에 대한 자료이다. 다음 중 옳지 않은 것은?

〈표〉 K국 연령대별 여성취업자

(단위 : 천 명)

| 구분 | 전체 | 연령대 | | |
|---|---|---|---|---|
| | | 20대 | 50대 | 60대 이상 |
| 2018년 | 9,706 | 2,128 | 1,510 | 1,073 |
| 2019년 | 9,826 | 2,096 | 1,612 | 1,118 |
| 2020년 | 9,874 | 2,051 | 1,714 | 1,123 |
| 2021년 | 9,772 | 1,978 | 1,794 | 1,132 |
| 2022년 | 9,914 | 1,946 | 1,921 | 1,135 |
| 2023년 | 10,091 | 1,918 | 2,051 | 1,191 |

① 조사기간 동안 20대 여성취업자 수와 50대 여성취업자 수의 증감 추이가 동일하다.
② 전체 여성 취업자 수는 2022년 이후 전년 대비 지속적으로 증가한다.
③ 20대 여성 취업자 수가 가장 많았던 해에 60대 이상 여성 취업자 수는 가장 적다.
④ 2023년 50대 여성 취업자 수는 전체 대비 20% 이상 차지한다.
⑤ 2020년 50대 이상 여성취업자 수는 2022년 20대 여성취업자 수보다 891천 명 많다.

**09** 다음은 2019~2023년 커피 수입 현황에 대한 자료이다. 다음 중 옳은 것은? (단, 소수점 아래 둘째 자리에서 반올림한다.)

〈표〉 2019~2023년 커피 수입 현황

(단위 : 톤, 천 달러)

| 구분 | | 2019년 | 2020년 | 2021년 | 2022년 | 2023년 |
|---|---|---|---|---|---|---|
| 생두 | 중량 | 97.8 | 96.9 | 107.2 | 116.4 | 100.2 |
| | 금액 | 252.1 | 234.0 | 316.1 | 528.1 | 365.4 |
| 원두 | 중량 | 3.1 | 3.5 | 4.5 | 5.4 | 5.4 |
| | 금액 | 37.1 | 42.2 | 55.5 | 90.5 | 109.8 |
| 커피 조제품 | 중량 | 6.3 | 5.0 | 5.5 | 8.5 | 8.9 |
| | 금액 | 42.1 | 34.6 | 44.4 | 98.8 | 122.4 |

※ 커피는 생두, 원두, 커피 조제품으로만 구분된다.

① 2023년 원두의 수입 금액 대비 중량은 전년 대비 증가했다.
② 커피 수입 금액은 2019년부터 2021년까지 매년 증가하다 2022년에 감소했다.
③ 커피 조제품 수입 금액은 2020년에 전년 대비 증가했다.
④ 원두 수입 금액의 전년 대비 증가율은 2022년 최대이다.
⑤ 2022년 생두 수입 중량은 2020년 대비 감소했다.

**10** 다음은 S시의 버스 종류별 1대당 1일 가동비용에 대한 자료이다. 다음 〈보기〉 중 옳지 않은 것을 모두 고른 것은? (단, 소수점 아래 둘째 자리에서 반올림한다.)

〈표〉 S시 버스 종류별 1대당 1일 가동비용

(단위 : 원)

| 항목 | 일반버스 | 저상버스 | 굴절버스 |
|---|---|---|---|
| 운전직 인건비 | 331,400 | 331,400 | 331,400 |
| 연료비 | 104,649 | 133,133 | 160,709 |
| 타이어비 | 3,313 | 8,282 | 4,306 |
| 합계 | 439,362 | 472,815 | 496,415 |

〈 보 기 〉

ㄱ. 운전직 인건비 대비 연료비는 일반버스보다 굴절버스가 많다.

ㄴ. 타이어비가 전체에서 차지하는 비중은 모든 버스에서 1% 미만이다.

ㄷ. 연료비가 높은 순서는 저상버스, 일반버스, 굴절버스이다.

ㄹ. 이용객이 동일하다고 할 때, 버스회사는 일반버스를 운영하는 것이 저상버스를 운영하는 것보다 경제적으로 이득이다.

① ㄱ, ㄴ　② ㄱ, ㄷ　③ ㄱ, ㄹ

④ ㄴ, ㄷ　⑤ ㄴ, ㄹ

**11** 다음은 S국의 총에너지소비량 대비 용도별 소비량 구성비를 나타낸 자료이다. 다음 중 옳은 것은? (단, 소수점 아래 둘째 자리에서 반올림한다.)

〈그래프〉 S국 총에너지소비량 대비 용도별 소비량 구성비

(단위 : %)

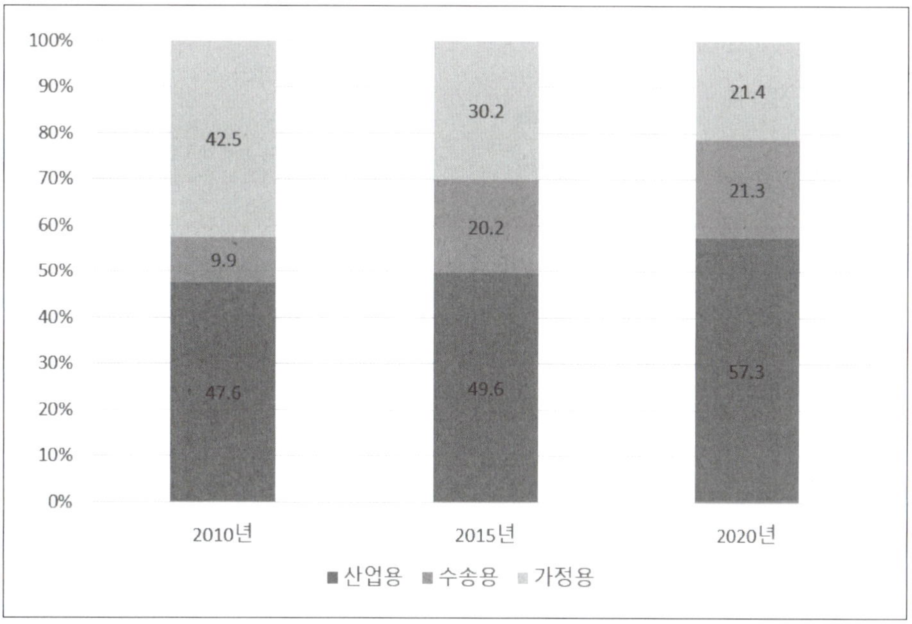


① 수송용 에너지소비량은 지속적으로 증가한다.

② 2015년 산업용 에너지소비량은 수송용 에너지소비량의 2배 이상이다.

③ 2010년 가정용 에너지소비량은 2020년 수송용 에너지소비량의 1.5배 이상이다.

④ 2010년과 2020년 총에너지소비량이 동일할 때, 2020년의 수송용 에너지소비량은 2010년 수송용 에너지소비량의 2배 미만이다.

⑤ 2020년 산업용 에너지소비량은 2010년 산업용 에너지소비량보다 많다.

실전모의고사
1회
2회

**12** **다음은 해외직접투자 현황에 대한 자료이다. 이에 대한 설명으로 〈보기〉에서 옳은 것을 모두 고른 것은?**

〈표〉 해외직접투자

(단위 : 건, 억 불)

| 구분 | | 2019년 | 2020년 | 2021년 | 2022년 |
|---|---|---|---|---|---|
| 신고기준 | 해외직접투자 건수 | 13,558 | 10,503 | 10,622 | 11,207 |
| | 해외직접투자 금액 | 844.6 | 717.2 | 1,105.0 | 981.3 |
| 투자기준 | 해외직접투자 건수 | 18,099 | 14,323 | 13,517 | 13,980 |
| | 해외직접투자 금액 | 618.5 | 565.8 | 768.4 | 771.5 |

〈 보 기 〉

ㄱ. 신고기준 해외직접투자 건수와 투자기준 해외직접투자 건수의 연도별 전년 대비 증감 추이는 서로 같다.

ㄴ. 2021년 투자기준 해외직접투자 금액의 전년 대비 증가율은 약 35.8%이다.

ㄷ. 신고기준 해외직접투자 금액이 투자기준 해외직접투자 금액의 1.5배 이상인 해는 1개 연도이다.

① ㄴ ② ㄷ ③ ㄱ, ㄴ

④ ㄱ, ㄷ ⑤ ㄴ, ㄷ

**13** **다음은 노인 학대 원인별 현황에 대한 자료이다. 다음 중 옳지 않은 것은? (단, 소수점 아래 둘째 자리에서 반올림한다.)**

〈표〉 노인 학대 원인별 현황

(단위 : 건수)

| 원인별 | 2019년 | 2020년 | 2021년 | 2022년 | 2023년 |
|---|---|---|---|---|---|
| 계 | 3,530 | 4,223 | 4,329 | 5,045 | 4,850 |
| 학대피해노인-학대행위자 갈등 | 1,917 | 2,376 | 2,709 | 3,064 | 3,154 |
| 가족구성원 간의 갈등(자녀 간, 형제 간, 친족 간) | 893 | 1,112 | 1,005 | 1,268 | 1,135 |
| 가족의 경제적 어려움 | 720 | 735 | 615 | 713 | 561 |

① 학대피해노인과 학대행위자의 갈등으로 인한 노인 학대 발생 건수는 지속적으로 증가한다.

② 학대피해노인과 학대행위자의 갈등으로 인한 노인 학대 발생 건수는 매년 가족구성원 간의 갈등으로 인한 노인학대 건수의 2배 이상이다.

③ 가족구성원 간의 갈등은 매년 전체 원인 중 25% 이상을 차지한다.

④ 가족의 경제적 어려움으로 인한 노인 학대 발생 건수는 2020년부터 전년 대비 증가, 감소의 추이가 반복된다.

⑤ 2021년 전체 노인 학대 건수는 전년 대비 100건 이상 증가했다.

**14** 다음은 2023년 세계 10대 은행 평균과 국내 5개 은행 평균을 나타낸 지표이다. 국내 5개 은행의 평균 대출금액과 세계 10대 은행 평균 당기순이익을 순서대로 구한 것은?

〈표〉 2023년 세계 및 국내 은행 평균

| 구분 | 자산 (억 달러) | 세전이익 (억 달러) | ROA (%) | 자산 대비 대출 비중 (%) |
|---|---|---|---|---|
| 세계 10대 은행 평균 | 23,329 | 303.0 | 1.3 | 47.9 |
| 국내 5대 은행 평균 | 2,838 | 8.1 | 0.2 | 58.9 |

※ ROA(%) = 당기순이익 / 자산 × 100

① 1,672억 달러, 300억 달러
② 1,672억 달러, 303억 달러
③ 1,750억 달러, 300억 달러
④ 1,750억 달러, 404억 달러
⑤ 2,100억 달러, 300억 달러



**15** 다음은 방송서비스 시장 매출액에 대한 자료이다. 2022년 전년 대비 유선방송 매출액의 증가율은? (단, 소수점 아래 둘째 자리에서 반올림한다.)

〈표〉 방송서비스 시장 매출액

(단위 : 십억 원)

| 구분 | 2020년 | 2021년 | 2022년 | 2023년 |
|---|---|---|---|---|
| 지상파방송 | 4,111 | 4,009 | 3,695 | 3,807 |
| 유선방송 | 2,262 | 2,172 | 2,133 | 2,092 |
| 프로그램 제작·공급 | 6,222 | 6,380 | 6,640 | 6,840 |

① 1.8%
② 2.1%
③ −1.2%
④ −1.8%
⑤ −2.1%

**16** 다음은 S시 연도별 관광통역 안내사 자격증 취득 현황에 대한 자료이다. 다음 <보기> 중 옳은 것을 모두 고른 것은?

〈표〉 S시 연도별 관광통역 안내사 자격증 취득 현황

(단위 : 명)

| 구분 | 영어 | 일어 | 중국어 | 불어 | 독어 | 태국어 |
|---|---|---|---|---|---|---|
| 2019년 | 166 | 278 | 698 | 2 | 3 | 12 |
| 2020년 | 238 | 244 | 1,160 | 3 | 4 | 8 |
| 2021년 | 379 | 266 | 2,468 | 3 | 1 | 35 |
| 2022년 | 344 | 137 | 1,963 | 7 | 3 | 17 |
| 2023년 | 464 | 153 | 1,418 | 6 | 3 | 15 |

〈 보 기 〉

ㄱ. 매년 중국어 자격증 취득을 한 사람의 비중이 가장 크다.
ㄴ. 영어와 중국어 자격증 취득 인원의 증감 추이가 동일하다.
ㄷ. 태국어 자격증 취득 인원은 매년 독어 자격증 취득 인원의 3배 이상이다.
ㄹ. 관광통역 안내사 자격증을 취득한 인원은 2021년에 가장 많다.

① ㄱ, ㄴ　② ㄱ, ㄹ　③ ㄴ, ㄷ
④ ㄴ, ㄹ　⑤ ㄷ, ㄹ

**17** 다음은 전체근로자 월평균 근로 현황에 대한 자료이다. 이에 대한 설명으로 <보기>에서 옳지 않은 것을 모두 고른 것은?

〈표〉 전체근로자 월평균 근로 현황

(단위 : 일, 시간, 천 원)

| 구분 | 2017년 | 2018년 | 2019년 | 2020년 | 2021년 | 2022년 |
|---|---|---|---|---|---|---|
| 월평균 근로일수 | 20.1 | 20.0 | 20.0 | 19.7 | 19.8 | 19.6 |
| 월평균 근로시간 | 166.3 | 163.9 | 163.1 | 160.6 | 160.7 | 158.7 |
| 월평균 1인당 임금총액 | 3,207 | 3,376 | 3,490 | 3,527 | 3,689 | 3,869 |

〈 보 기 〉

ㄱ. 월평균 근로시간을 월평균 근로일수로 나눈 일평균 근로시간은 2017년에 가장 높다.
ㄴ. 월평균 근로시간과 월평균 1인당 임금총액의 전년 대비 증감 추이는 매년 정반대이다.
ㄷ. 2022년 월평균 근로시간의 전년 대비 감소율은 2.1% 이상이다.

① ㄱ　② ㄷ　③ ㄱ, ㄴ
④ ㄴ, ㄷ　⑤ ㄱ, ㄴ, ㄷ

**18** 다음은 K은행의 신규 적금 금액별 비율을 나타낸 자료이다. K은행에 신규 적금을 가입한 사람이 25,000명일 때, 신규 적금 금액이 10만 원 이상 50만 원 미만으로 가입한 사람의 수는?

〈그래프〉 K은행 신규 적금 금액별 비율

(단위 : %)

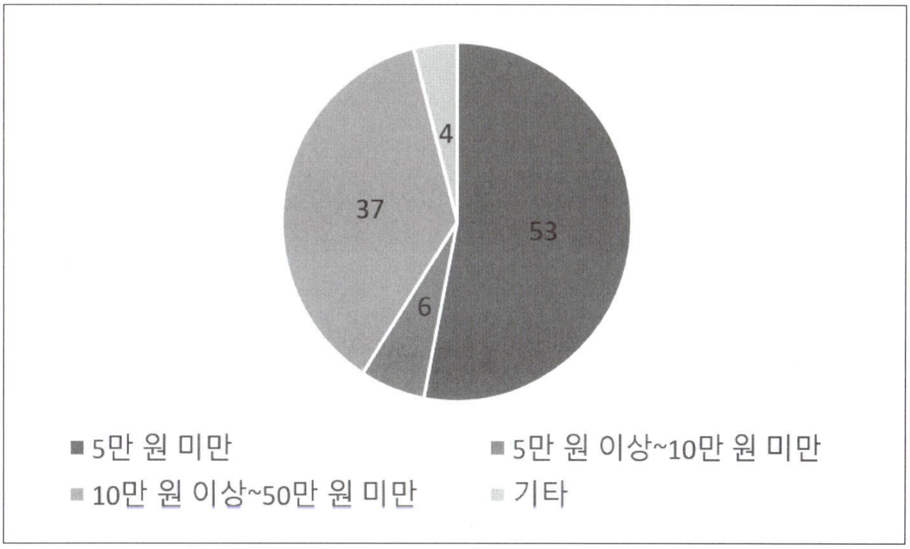


① 9,250명 ② 9,300명 ③ 9,420명

④ 9,480명 ⑤ 9,520명

**19** 다음은 2022년 S시 '가'~'다' 지역의 아파트 실거래가격지수에 대한 자료이다. 이에 대한 설명으로 〈보기〉에서 옳지 않은 것을 모두 고른 것은?

〈표〉 2022년 S시 '가'~'다' 지역의 아파트 실거래가격지수

| 구분 | 가 | 나 | 다 |
|---|---|---|---|
| 1월 | 100.0 | 100.0 | 100.0 |
| 2월 | 101.6 | 99.9 | 103.2 |
| 3월 | 103.2 | 100.0 | 104.9 |
| 4월 | 104.5 | 102.6 | 105.4 |
| 5월 | 105.5 | 103.0 | 106.0 |
| 6월 | 106.1 | 100.6 | 106.3 |
| 7월 | 106.6 | 100.4 | 107.2 |
| 8월 | 108.3 | 99.8 | 102.6 |
| 9월 | 110.7 | 99.6 | 110.9 |
| 10월 | 116.9 | 102.4 | 119.8 |
| 11월 | 123.2 | 100.0 | 125.1 |
| 12월 | 126.3 | 101.9 | 130.7 |

※ n월 아파트실거래가격지수 = $\frac{\text{해당 지역의 n월 아파트 실거래가격}}{\text{해당 지역의 1월 아파트 실거래가격}} \times 100$

〈보 기〉

ㄱ. 3월 '가' 지역의 아파트 실거래가격과 2월 '다' 지역의 아파트 실거래가격이 동일하다.
ㄴ. '나' 지역의 1월 아파트 실거래가격과 11월 아파트 실거래가격이 동일하다.
ㄷ. 2022년 '가' 지역 아파트 실거래가격은 매월 지속적으로 상승했다.
ㄹ. '다' 지역의 아파트 실거래가격은 다른 두 지역의 아파트 실거래가격보다 매월 높다.

① ㄱ, ㄹ　　② ㄱ, ㄴ　　③ ㄴ, ㄷ
④ ㄷ, ㄹ　　⑤ ㄴ, ㄹ

**20** 다음은 S시의 마트 개업 및 폐업 현황이다. 2023년 현재 34개의 마트가 있다고 할 때, 가장 많은 마트가 있었던 시기는?

〈표〉 S시의 마트 개업 및 폐업 현황

(단위 : 개소)

| 구분 | 2018년 | 2019년 | 2020년 | 2021년 | 2022년 | 2023년 |
|---|---|---|---|---|---|---|
| 개업 | 5 | 10 | 1 | 0 | 5 | 11 |
| 폐업 | 3 | 4 | 0 | 7 | 6 | 5 |

① 2018년 ② 2019년 ③ 2020년
④ 2021년 ⑤ 2022년

실전모의고사

1회

2회

해설 p. 83

**01** 어느 동물원의 입장료는 중학생이 2,000원, 초등학생이 1,200원이고, 10인 단체권의 경우 중학생 10인의 요금에서 25%를 할인해 준다고 한다. 중학생과 초등학생을 합하여 9명이 입장하려고 할 때, 중학생이 몇 명 이상이면 10인 단체권을 사는 것이 유리한지 바르게 구한 것은?

① 8명 ② 7명 ③ 6명 ④ 5명 ⑤ 4명

**02** 다음 영단어 dance에서 5개의 문자를 일렬로 나열할 때, a 또는 c가 맨 뒤에 오는 경우의 수를 바르게 구한 것은?

① 32가지 ② 36가지 ③ 40가지 ④ 44가지 ⑤ 48가지

**03** 8%의 소금물과 2%의 소금물을 혼합하여 5%의 소금물 400g을 만들었을 때, 8%의 소금물의 양을 바르게 구한 것은?

① 120g ② 150g ③ 160g ④ 180g ⑤ 200g

**04** 아빠와 딸의 나이의 합이 49세이고 10년 후 아빠의 나이는 딸의 나이의 2배보다 15세가 많아진다. 현재 딸의 나이를 바르게 구한 것은?

① 11살 ② 10살 ③ 9살 ④ 8살 ⑤ 7살

**05** 어느 학교에서 작년의 전체 학생 수는 1,150명이었다. 올해는 남학생 수가 작년보다 3% 감소하고, 여학생 수가 2% 증가하여 전체 학생 수는 1,143명이 되었다. 올해의 남학생 수를 바르게 구한 것은?

① 582명 ② 564명 ③ 548명 ④ 520명 ⑤ 500명

**06** 강당에서 긴 의자가 있다. 의자에 5명씩 앉으면 24명이 앉지 못하고, 8명씩 앉으면 의자가 7개 남고 마지막 의자에는 1명이 앉게 된다고 한다. 학생 수를 $x$명, 의자 수를 $y$개라 할 때, $x-y$의 값을 바르게 구한 것은?

① 138　② 140　③ 142　④ 144　⑤ 148

**07** 회사 장기자랑 대회에 총 6팀이 참가하여 아래 그림과 같이 토너먼트 방식으로 진행될 때, 대진표를 작성하는 경우의 수를 바르게 구한 것은?

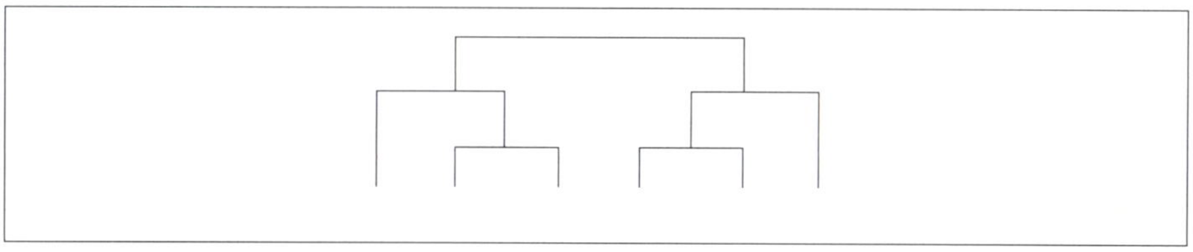

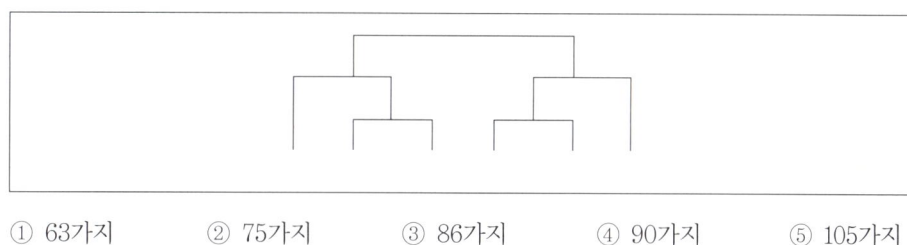

① 63가지　② 75가지　③ 86가지　④ 90가지　⑤ 105가지

**08** 우진이는 산책을 하는데, 갈 때는 시속 5km로, 올 때는 같은 길을 시속 3km로 걸어서 총 1시간 20분 이내에 되돌아오려고 한다. 우진이가 출발점에서 최대 몇 km 떨어진 지점까지 갔다 올 수 있는지를 바르게 구한 것은?

① 1.5km　② 2km　③ 2.5km　④ 3km　⑤ 3.5km

**09** 어떤 티셔츠의 원가에 3할의 이익을 붙여 정가를 매긴 후 정가에서 100원을 할인해서 팔면 원가에 대하여 1,100원의 이익이 있다고 한다. 이때 티셔츠의 원가를 바르게 구한 것은?

① 2,500원　② 3,000원　③ 3,500원　④ 4,000원　⑤ 4,500원

**10** 어떤 일을 완성하는 데 A는 20일, B는 12일이 걸린다. A가 4일 동안 이 일을 한 후에 A와 B 같이 나머지를 일하여 완성하였다면, A는 총 며칠 동안 일하였는지 바르게 구한 것은?

① 12일　② 10일　③ 9일　④ 8일　⑤ 6일

**11** 성적우수자를 선발하기 위해 200명의 학생에게 시험을 치르게 한 결과 30명이 합격하였다. 최저 합격 점수는 200명의 평균보다 30점이 높고, 합격자의 평균보다는 4점이 낮으며, 불합격자의 평균의 2배보다는 9점이 낮다. 이때 최저 합격 점수를 바르게 구한 것은?

① 90점　② 85점　③ 81점　④ 51점　⑤ 45점

**12** 케이크 판매점 진열장에 30개의 케이크가 있다. 첫 케이크가 판매된 후 8분마다 케이크가 한 개씩 팔리고, 12분마다 새로운 케이크 한 개를 진열장에 넣는다. 진열장에 케이크가 한 개도 남지 않게 되면 가게 문을 닫는다고 할 때, 주인은 첫 케이크가 팔린 후 몇 분이 지나야 가게 문을 닫을 수 있는지 바르게 구한 것은?

① 720분　② 680분　③ 600분　④ 560분　⑤ 520분

**13** 공원 안에 둘레의 길이가 1km인 호수가 있다. 지은이와 승아가 같은 지점에서 동시에 반대 방향으로 출발하면 10분 만에 처음으로 만나고, 같은 방향으로 출발하면 늦어도 50분 안에 처음으로 만난다. 지은이가 승아보다 빠를 때, 지은이의 최소 속력을 바르게 구한 것은?

① 45m/분　② 50m/분　③ 55m/분　④ 60m/분　⑤ 65m/분

**14** 농도가 서로 다른 두 종류의 소금물 A, B가 있다. 소금물 A를 30g, 소금물 B를 20g 섞으면 10%의 소금물이 되고, 소금물 A를 20g, 소금물 B를 30g 섞으면 11%의 소금물이 된다. 두 소금물 A, B의 농도가 각각 $a$%, $b$%일 때, $ab$의 값을 바르게 구한 것은?

① 124　② 104　③ 96　④ 84　⑤ 72

**15** 빨간 공 3개, 노란 공 1개, 파란 공 2개, 흰 공 2개가 주머니에 들어있다. 이 주머니에서 임의로 4개의 공을 동시에 꺼낼 때, 공의 색깔이 모두 다를 확률을 바르게 구한 것은?

① $\frac{1}{12}$　② $\frac{2}{5}$　③ $\frac{3}{7}$　④ $\frac{6}{35}$　⑤ $\frac{3}{35}$

**16** 다음 A지점에서 Q지점까지 최단경로로 이동할 때, P를 무조건 지나가게 되는 확률을 바르게 구한 것은?

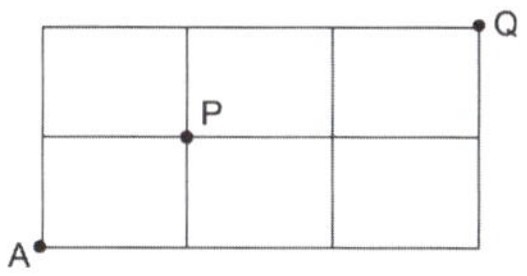


① $\frac{2}{3}$ ② $\frac{1}{2}$ ③ $\frac{3}{5}$ ④ $\frac{1}{5}$ ⑤ $\frac{1}{4}$

**17** A가 혼자 2시간을 일하고, B가 30분을 더 일하면 끝나는 작업이 있다. A와 B가 함께 일을 했을 때, 남아 있는 작업의 양이 20%인 시점에서 A가 혼자 30분을 더 일하고 난 후 작업이 완료되었다면, A와 B가 함께 일한 시간을 바르게 구한 것은?

① 15분 ② 30분 ③ 45분 ④ 50분 ⑤ 1시간

**18** 월 소득 중에서 300만 원까지는 a%의 세금을 내고 300만 원을 초과한 소득에 대해서는 (a+1)%의 세금을 낸다. A가 월 소득의 (a+0.85)%를 세금으로 냈다면, 월 소득이 얼마인지 바르게 구한 것은?

① 2,200만 원 ② 2,000만 원 ③ 1,800만 원
④ 1,700만 원 ⑤ 1,500만 원

**19** 120km/h와 96km/h의 속력으로 마주 보고 달려오는 두 기차가 있다. 두 기차가 만나서 서로 완전히 스쳐 지나가는 데 6분이 걸렸다. 속력이 빠른 기차의 길이가 다른 기차 길이의 3배라고 할 때, 속력이 느린 기차의 길이를 바르게 구한 것은?

① 5,000m ② 5,100m ③ 5,200m ④ 5,300m ⑤ 5,400m

**20** 서울 지역의 버스 요금은 거리에 상관없이 성인 1인당 1,200원이다. 또 택시 요금은 출발 후 3km까지는 기본요금인 3,000원이고, 3km를 초과하면 150m당 120원씩 추가된다고 한다. 성인 세 사람이 함께 택시를 타고 가다가 중간에 내려서 버스로 갈아타서 전체 요금이 9,960원을 초과하지 않게 하려고 한다. 택시를 타고 최대 몇 km까지 갈 수 있는지 바르게 구한 것은? (단, 택시 요금은 3km 이후부터 0m<(거리)≤150m일 때도 120원씩 추가된다.)

① 6km ② 7km ③ 7.1km ④ 7.2km ⑤ 7.3km

해설 p. 86

**01** **A, B, C, D, E는 일렬로 줄을 선다. 〈보기〉를 참고하여 항상 참인 것을 고르시오.**

〈 보 기 〉

- C는 D보다 앞에 줄을 선다.
- A와 B는 서로 인접하게 줄을 서지 않는다.
- E는 맨 앞과 맨 뒤에 줄을 서지 않는다.
- A는 2번째로 줄을 선다.

① C는 1번째로 줄을 선다.
② D는 3번째로 줄을 선다.
③ E는 3번째로 줄을 선다.
④ B는 4번째로 줄을 선다.
⑤ D는 5번째로 줄을 선다.

**02** **A, B, C, D, E 중 1명이 출장을 간다. 5명 중 1명은 거짓을 말하고 나머지 4명은 진실을 말한다고 할 때 〈보기〉의 진술을 참고하여 거짓을 말하는 사람을 고르시오.**

〈 보 기 〉

A: D가 출장을 간다.
B: 나와 D는 출장을 가지 않는다.
C: B와 E는 출장을 가지 않는다.
D: E의 진술은 진실이다.
E: B 또는 D가 출장을 간다.

① A ② B ③ C
④ D ⑤ E

**03** M은 〈보기〉의 명제에 따라 장을 본다. 다음 중 항상 참인 것을 고르시오.

〈 보 기 〉

- 파를 사면 무를 사지 않는다.
- 무를 사면 쌀을 산다.
- 햄을 사지 않으면 무를 산다.
- 마를 사면 파를 산다.

① 무를 사면 햄을 산다.
② 쌀을 사지 않으면 햄을 사지 않는다.
③ 햄을 사지 않으면 마를 사지 않는다.
④ 마를 사면 쌀을 산다.
⑤ 파를 사면 쌀을 사지 않는다.



**04** 정후, 우주, 민희, 은영, 인호, 소윤이는 3층 건물에서 근무한다. 한 층에 2명씩 근무한다고 할 때 〈보기〉를 참고하여 항상 거짓인 것을 고르시오.

〈 보 기 〉

- 인호는 소윤이보다 높은 층에서 근무한다.
- 정후는 은영이보다 1개 층이 높은 곳에서 근무한다.
- 우주는 2층에서 근무한다.

① 민희와 인호는 같은 층에서 근무한다.
② 소윤이와 민희는 같은 층에서 근무한다.
③ 우주와 정후는 같은 층에서 근무한다.
④ 우주와 은영이는 같은 층에서 근무한다.
⑤ 정후와 소윤이는 같은 층에서 근무한다.

**05** **A, B, C, D, E 중 1명이 표창장을 받는다. 표창장을 받는 1명은 진실을 말하고 나머지 4명은 거짓을 말한다고 할 때 진실을 말하는 1명을 고르시오.**

〈 보 기 〉

A: D 또는 E가 표창장을 받는다.
B: A는 진실을 말한다.
C: B는 표창장을 받지 않는다.
D: 나와 C는 표창장을 받지 않는다.
E: C와 D는 표창장을 받지 않는다.

① A ② B ③ C
④ D ⑤ E

**06** **A, B, C, D, E의 시력은 2.0 1명, 1.5 1명, 1.0 2명, 0.5 1명이다. 〈보기〉의 명제를 참고하여 항상 참인 것을 고르시오.**

〈 보 기 〉

- B는 C보다 시력이 좋다.
- A는 D보다 시력이 나쁘다.
- E는 D보다 시력이 좋다.
- B는 E보다 시력이 나쁘다.

① A의 시력은 0.5다.
② B의 시력은 1.0이다.
③ C의 시력은 1.0이다.
④ D의 시력은 1.5이다.
⑤ E의 시력은 2.0이다.

**07** **A, B, C, D, E는 6명이 앉을 수 있는 원탁에 앉는다. 자리의 간격이 일정하다고 할 때 〈보기〉를 참고하여 항상 참인 것을 고르시오.**

〈 보 기 〉

- A와 B는 마주 보고 앉는다.
- C와 D는 마주 보고 앉는다.

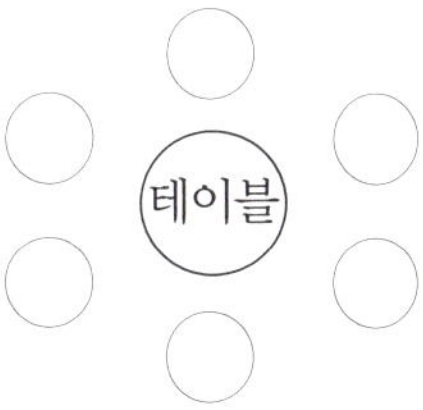


① A와 인접한 양옆의 자리는 빈자리가 아니다.
② B와 인접한 양옆의 자리는 빈자리가 아니다.
③ C와 인접한 양옆의 자리는 빈자리가 아니다.
④ D와 인접한 양옆의 자리는 빈자리가 아니다.
⑤ E와 인접한 양옆의 자리는 빈자리가 아니다.

**08** **설아, 아준, 서현, 민혁, 준희 중 1명이 감기에 걸렸다. 5명 중 1명은 거짓을 말하고 나머지 4명은 참을 말한다고 할 때 〈보기〉의 진술을 토대로 거짓을 말하는 사람을 고르시오.**

〈 보 기 〉

- 설아: 준희 또는 서현이가 감기에 걸렸다.
- 아준: 서현이와 준희는 감기에 걸리지 않았다.
- 서현: 설아 또는 준희가 감기에 걸렸다.
- 민혁: 설아와 아준이는 감기에 걸리지 않았다.
- 준희: 아준이는 거짓을 말한다.

① 설아 ② 아준 ③ 서현
④ 민혁 ⑤ 준희

**09** A, B, C, D는 입사 선물로 명함꽂이, 포스트잇, 텀블러 중 2가지를 선택한다. 〈보기〉를 참고하여 반드시 거짓인 것을 고르시오.

〈 보 기 〉

- B가 선택한 선물 중 1가지가 D가 선택한 선물과 같다.
- 포스트잇을 선택한 사람은 1명이다.

① C는 텀블러를 선택한다.
② D는 포스트잇을 선택한다.
③ B는 명함꽂이를 선택한다.
④ A는 포스트잇을 선택한다.
⑤ D는 명함꽂이를 선택한다.

**10** A, B, C, D 중 1명만 다른 행동을 취한다. 다른 행동을 취하는 사람만 진실을 말하거나 다른 행동을 취하는 사람만 거짓을 말한다고 할 때 〈보기〉를 토대로 항상 참인 것을 고르시오.

〈 보 기 〉

A: B는 다른 행동을 취하지 않는다.
B: A와 C는 다른 행동을 취하지 않는다.
C: B는 진실을 말한다.
D: C가 다른 행동을 취한다.

① 1명만 진실을 말할 때 A가 다른 행동을 취한다.
② 1명만 진실을 말할 때 B가 다른 행동을 취한다.
③ 1명만 진실을 말할 때 D가 다른 행동을 취한다.
④ 1명만 거짓을 말할 때 C가 다른 행동을 취한다.
⑤ 1명만 거짓을 말할 때 B가 다른 행동을 취한다.

**11** A, B, C, D, E는 일렬로 줄을 선다. 이들 중 3명이 남자이고 나머지 2명은 여자라 할 때 〈보기〉를 참고하여 4번째로 줄을 설 수 있는 사람은 몇 명인지 고르시오.

〈보 기〉

- 남자끼리는 인접하게 줄을 서지 않는다.
- A는 C보다 앞에 줄을 선다.
- C 바로 앞에는 D가 줄을 선다.
- A와 E의 성별은 다르다.
- B는 A보다 뒤에 줄을 선다.

① 1명 ② 2명 ③ 3명
④ 4명 ⑤ 5명

**12** A, B, C, D, E, F는 회의장에 도착한 순서와 같은 숫자가 적힌 의자에 앉았다. 6개의 의자는 모두 원탁을 둘러싸듯 배치되어 있고 의자의 간격이 일정하다고 할 때 〈보기〉를 참고하여 항상 참인 것을 고르시오.

〈보 기〉

- C와 E는 마주 보고 앉았다.
- D는 C보다 먼저 회의장에 도착했다.
- B는 2번째로 회의장에 도착했다.
- A와 F는 서로 인접하게 앉았다.

① A가 6번째로 회의장에 도착했다면 E는 1번째로 회의장에 도착했다.
② E가 1번째로 회의장에 도착했다면 F는 4번째로 회의장에 도착했다.
③ F가 4번째로 회의장에 도착했다면 C는 3번째로 회의장에 도착했다.
④ C가 3번째로 회의장에 도착했다면 F는 5번째로 회의장에 도착했다.
⑤ F가 5번째로 회의장에 도착했다면 D는 1번째로 회의장에 도착했다.

**13** **A, B, C, D, E 중 2명이 심술이 났다. 5명 중 1명만 거짓을 말한다고 할 때 〈보기〉의 진술을 참고하여 심술 난 2명을 고르시오.**

〈보 기〉

- A: 거짓을 말하는 사람은 C다.
- B: A와 E는 심술 나지 않았다.
- C: A는 심술 나지 않았다.
- D: B 또는 C가 심술 났다.
- E: A와 D는 심술 나지 않았다.

① A, D ② A, E ③ B, C
④ B, D ⑤ C, E

**14** **A, B, C, D, E는 오케스트라 단원이다. 이들이 연주하는 악기는 오보에, 바이올린, 티파니이고 5명 모두 하나의 악기만 연주한다. 5명 중 여자인 단원의 수는 남자인 단원의 수보다 많다고 할 때 〈보기〉를 참고하여 항상 거짓인 것을 고르시오.**

〈보 기〉

- 오보에를 연주하는 단원은 2명이며 오보에를 연주하는 단원은 모두 여자다.
- C는 남자이고 바이올린을 연주한다.
- 티파니를 연주하는 사람은 E뿐이다.
- A와 B의 성(性)이 다르다.

① E와 D의 성(性)이 같다.
② B와 E의 성(性)이 같다.
③ A와 B는 다른 악기를 연주한다.
④ C와 D는 같은 악기를 연주한다.
⑤ D와 B는 같은 악기를 연주한다.

**15** A, B, C 중 1명이 퇴근한다. 3명 모두 2번씩 진술하며 한 진술은 진실, 나머지 한 진술은 거짓이라고 할 때 〈보기〉를 참고하여 항상 참인 것을 고르시오.

〈 보 기 〉

A: B와 C는 퇴근하지 않는다.
A: 나와 B는 퇴근하지 않는다.
B: 나와 A는 퇴근하지 않는다.
B: 나와 C는 퇴근하지 않는다.
C: A가 퇴근한다.
C: A와 B는 퇴근하지 않는다.

(가): A는 퇴근하지 않는다.
(나): B는 퇴근하지 않는다.
(다): C는 퇴근하지 않는다.

① (가)만 옳다.
② (나)만 옳다.
③ (가)와 (다)만 옳다.
④ (나)와 (다)만 옳다.
⑤ (가), (나), (다) 모두 옳다.

**16** A, B, C는 월요일부터 수요일까지 3일간 청주, 이천, 분당으로 출장 간다. 3명 모두 하루에 한 곳씩, 총 세 곳으로 출장 간다고 할 때 〈보기〉를 참고하여 반드시 거짓인 것을 고르시오.

〈 보 기 〉

- 일자와 출장 장소가 겹치는 사람은 없다.
- B는 화요일에 청주로 출장을 간다.
- C는 A보다 먼저 분당으로 출장을 간다.
- A는 수요일에 이천으로 출장을 간다.

① C는 화요일에 이천으로 출장을 간다.
② A는 월요일에 청주로 출장을 간다.
③ B는 월요일에 이천으로 출장을 간다.
④ C는 월요일에 청주로 출장을 간다.
⑤ A는 화요일에 분당으로 출장을 간다.

**17** **E는 〈보기〉의 명제에 따라 티셔츠를 구매한다. 다음 중 항상 거짓인 것을 고르시오.**

〈보 기〉

- 빨간 티셔츠를 구매하면 노란 티셔츠는 구매하지 않는다.
- 까만 티셔츠를 구매하지 않으면 빨간 티셔츠를 구매하지 않는다.
- 파란 티셔츠를 구매하면 노란 티셔츠를 구매한다.
- 하얀 티셔츠를 구매하면 빨간 티셔츠를 구매한다.

① 하얀 티셔츠를 구매하면 까만 티셔츠를 구매한다.
② 노란 티셔츠를 구매하면 파란 티셔츠를 구매한다.
③ 까만 티셔츠를 구매하지 않으면 파란 티셔츠를 구매하지 않는다.
④ 빨간 티셔츠를 구매하지 않으면 노란 티셔츠를 구매한다.
⑤ 파란 티셔츠를 구매하면 하얀 티셔츠를 구매한다.

**18** **A, B, C, D, E, F는 S사의 직원이다. 이들의 직급이 CL2와 CL4 중 하나이고 소속된 팀은 PE팀, 개발팀, TEST팀 중 하나이다. 각 팀에 속한 직원의 수는 최소 1명이라고 할 때 〈보기〉를 참고하여 반드시 D와 같은 팀인 직원을 고르시오.**

〈보 기〉

- A, B, C의 직급은 CL2이고 D, E, F의 직급은 CL4이다.
- 각 팀의 인원은 2명씩이고 직급이 CL4인 직원이 속하지 않은 팀은 없다.
- C의 소속은 개발팀이다.
- B와 F는 같은 팀 소속이다.
- A와 E는 서로 다른 팀 소속이다.

① A  ② B  ③ C
④ E  ⑤ F

**19** A, B, C, D, E, F는 중화요리 전문점에서 식사를 한다. 이들이 주문하는 메뉴는 짜장면과 짬뽕이고 인당 한 메뉴 이상을 주문한다고 할 때 반드시 짬뽕을 주문하는 사람을 모두 짝지은 것을 고르시오.

〈보기〉

- 짬뽕을 주문하는 사람은 3명이다.
- D는 C가 주문하는 메뉴를 모두 주문한다.
- F는 짜장면만 주문한다.
- B는 짬뽕을 주문하고 C는 짜장면을 주문한다.
- A가 짜장면을 주문한다면 F는 짬뽕을 주문한다.

① B　② A, B　③ A, B, C
④ A, B, E　⑤ B, C, D

**20** A, B, C, D, E 중 2명은 커피를 마시고 나머지 3명은 홍차를 마신다. 5명 중 2명만 진실을 말한다고 할 때 〈보기〉의 진술을 참고하여 커피를 마시는 2명을 고르시오.

〈보기〉

A: E가 커피를 마신다.
B: A의 진술은 진실이다.
C: D와 E는 녹차를 마신다.
D: B 또는 E가 커피를 마신다.
E: D는 거짓을 진술하지 않는다.

① A, D　② A, E　③ B, C
④ B, D　⑤ C, E

해설 p. 95

**01** 다음 수는 일정한 규칙을 통해 나열되어 있다. A 위치에 들어갈 알맞은 수를 고르시오.

〈보 기〉

1.5　9　54　324　1,944　( A )　69,984　419,904

① 7,776　② 9,720　③ 11,664　④ 13,608　⑤ 15,552

**02** 다음 수는 일정한 규칙을 통해 나열되어 있다. 12번째에 올 수로 알맞은 것을 구하시오.

〈보 기〉

19　16　3　13　−10　23　−33　56

① 379　② −379　③ 234　④ −234　⑤ 145

**03** 다음 수는 일정한 규칙을 통해 나열되어 있다. A 위치에 들어갈 알맞은 수를 고르시오.

〈보 기〉

158　161　80.5　83.5　41.75　44.75　( A )

① 22.125　② 22.375　③ 22.5　④ 47.25　⑤ 47.75

**04** 다음 수는 일정한 규칙을 통해 나열되어 있다. A 위치에 들어갈 알맞은 수를 고르시오.

〈보 기〉

3　4　7　11　18　( A )　47

① 19　② 23　③ 25　④ 29　⑤ 32

**05** 다음 수는 일정한 규칙을 통해 나열되어 있다. 8번째에 올 수와 9번째에 올 수의 합으로 알맞은 것을 고르시오.

〈보 기〉

| | | | | | | |
|---|---|---|---|---|---|---|
| 10 | 10 | 20 | 8 | 15 | 17 | 32 |

① 8　② 16　③ 32　④ 64　⑤ 128

**06** 다음 수는 일정한 규칙을 통해 나열되어 있다. A 위치에 들어갈 알맞은 수를 고르시오.

〈보 기〉

| | | | | | | | |
|---|---|---|---|---|---|---|---|
| 0.5 | 1.88 | 3.26 | 4.64 | 6.02 | 7.4 | 8.78 | ( A ) |

① 9.16　② 9.46　③ 9.76　④ 9.96　⑤ 10.16

**07** 다음 수는 일정한 규칙을 통해 나열되어 있다. 9번째에 올 수로 알맞은 것을 구하시오.

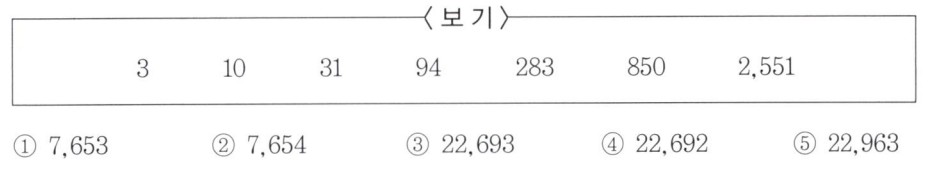

〈보 기〉

| | | | | | | |
|---|---|---|---|---|---|---|
| 3 | 10 | 31 | 94 | 283 | 850 | 2,551 |

① 7,653　② 7,654　③ 22,693　④ 22,692　⑤ 22,963

**08** 다음 수는 일정한 규칙을 통해 나열되어 있다. A 위치에 들어갈 알맞은 수를 고르시오.

〈보 기〉

| | | | | | |
|---|---|---|---|---|---|
| ( A ) | 444 | 16,428 | 607,836 | 22,489,932 | 832,127,484 |

① 4　② 6　③ 12　④ 62　⑤ 122

## 09

다음 수는 일정한 규칙을 통해 나열되어 있다. A, B 위치에 들어갈 알맞은 수를 구한 뒤, A+B를 계산한 값을 구하시오.

〈 보 기 〉

| | | | | | | | |
|---|---|---|---|---|---|---|---|
| 1 | 7 | 19 | 37 | ( A ) | 91 | 127 | ( B ) |

① 169 ② 188 ③ 196 ④ 212 ⑤ 230

## 10

다음 수는 일정한 규칙을 통해 나열되어 있다. A 위치에 들어갈 알맞은 수를 고르시오.

〈 보 기 〉

| | | | | | | |
|---|---|---|---|---|---|---|
| 38 | 25 | 63 | ( A ) | 151 | 239 | 390 |

① 75 ② 88 ③ 101 ④ 121 ⑤ 123

## 11

다음 수는 일정한 규칙을 통해 나열되어 있다. 11번째에 올 수로 알맞은 것을 구하시오.

〈 보 기 〉

| | | | | | | |
|---|---|---|---|---|---|---|
| $\frac{1}{2}$ | 1 | $\frac{4}{3}$ | $\frac{11}{6}$ | $\frac{13}{6}$ | $\frac{8}{3}$ | 3 |

① $\frac{5}{2}$ ② $\frac{7}{2}$ ③ $\frac{23}{6}$ ④ $\frac{13}{3}$ ⑤ $\frac{14}{3}$

## 12

다음 수는 일정한 규칙을 통해 나열되어 있다. A 위치에 들어갈 알맞은 수를 고르시오.

〈 보 기 〉

| | | | | | |
|---|---|---|---|---|---|
| 90 | 45 | 30 | $\frac{45}{2}$ | 18 | ( A ) |

① 12 ② 15 ③ $\frac{31}{2}$ ④ 17 ⑤ $\frac{35}{2}$

**13** 다음 수는 일정한 규칙을 통해 나열되어 있다. A, B 위치에 들어갈 알맞은 수를 구한 뒤, A−B를 계산한 값을 구하시오.

〈보 기〉

| | | | | | | | | |
|---|---|---|---|---|---|---|---|---|
| 32 | ( A ) | 8 | −4 | −16 | −28 | −40 | −52 | ( B ) |

① 70 ② 76 ③ 84 ④ 92 ⑤ 100

**14** 다음 수는 일정한 규칙을 통해 나열되어 있다. A 위치에 들어갈 알맞은 수를 고르시오.

〈보 기〉

| | | | | | |
|---|---|---|---|---|---|
| ( A ) | 160 | 133 | 106 | 79 | 52 |

① 187 ② 188 ③ 189 ④ 190 ⑤ 191

**15** 다음 수는 일정한 규칙을 통해 나열되어 있다. A 위치에 들어갈 알맞은 수를 고르시오.

〈보 기〉

| | | | | | | | | |
|---|---|---|---|---|---|---|---|---|
| 0.47 | 6.8 | 7.27 | 1.45 | 0.23 | 1.68 | 0.8 | 13.4 | ( A ) |

① 14.0 ② 14.1 ③ 14.2 ④ 14.4 ⑤ 14.6

**16** 다음 수는 일정한 규칙을 통해 나열되어 있다. 10번째에 올 수로 알맞은 것을 구하시오.

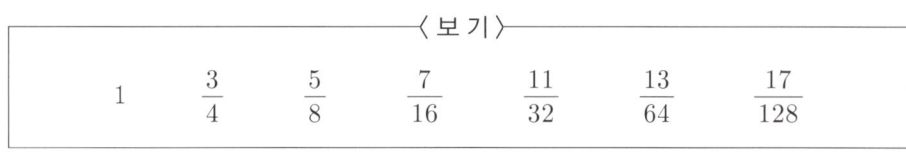

〈보 기〉

| | | | | | | |
|---|---|---|---|---|---|---|
| $1$ | $\frac{3}{4}$ | $\frac{5}{8}$ | $\frac{7}{16}$ | $\frac{11}{32}$ | $\frac{13}{64}$ | $\frac{17}{128}$ |

① $\frac{19}{512}$ ② $\frac{23}{512}$ ③ $\frac{27}{1,024}$ ④ $\frac{29}{1,024}$ ⑤ $\frac{31}{1,024}$

실전모의고사 1회 2회

## 17 다음 수는 일정한 규칙을 통해 나열되어 있다. A 위치에 들어갈 알맞은 수를 고르시오.

〈 보 기 〉

| | | | | | |
|---|---|---|---|---|---|
| 2 | 128 | 8,192 | 524,288 | 33,554,432 | ( A ) |

① 2,047,548,648　② 2,147,483,648　③ 20,475,486,488
④ 21,474,836,488　⑤ 23,684,836,448

## 18 다음 수는 일정한 규칙을 통해 나열되어 있다. A 위치에 들어갈 알맞은 수를 고르시오.

〈 보 기 〉

| | | | | | | |
|---|---|---|---|---|---|---|
| 111 | 124 | 150 | 189 | 241 | ( A ) | 384 |

① 306　② 315　③ 329　④ 331　⑤ 336

## 19 다음 수는 일정한 규칙을 통해 나열되어 있다. A, B 위치에 들어갈 알맞은 수를 구한 뒤, A+B를 계산한 값을 구하시오.

〈 보 기 〉

| | | | | | | | | |
|---|---|---|---|---|---|---|---|---|
| 11.5 | 20.1 | 31.6 | 51.7 | ( A ) | ( B ) | 218.3 | 353.3 | 571.6 |

① 154.4　② 169.8　③ 174.2　④ 218.3　⑤ 236.1

## 20 다음 수는 일정한 규칙을 통해 나열되어 있다. A 위치에 들어갈 알맞은 수를 고르시오.

〈 보 기 〉

$\frac{5}{42}$　$\frac{5}{18}$　$\frac{35}{54}$　$\frac{245}{162}$　$\frac{1,715}{486}$　( A )

① $\frac{10,005}{1,458}$　② $\frac{11,005}{1,458}$　③ $\frac{12,005}{1,458}$
④ $\frac{13,005}{1,458}$　⑤ $\frac{14,005}{1,458}$

# 실전 모의고사 2회

## 언어이해

문항수 20문항 | 제한시간 15분

해설 p. 97

**01** 다음 글을 읽고 추론한 내용으로 가장 적절한 것은?

> 피터팬 증후군은 성인이 되기를 거부하고, 어린 시절의 자유롭고 책임 없는 생활을 지속하려는 심리적 상태를 말한다. 이 증후군을 겪는 사람들은 책임을 회피하고, 성인으로서의 역할을 수행하는 것을 거부하는 경향이 있다. 보통은 현실적인 문제와 직면하기보다는, 모험과 쾌락을 추구하며, 대개는 성장과 변화에 대한 두려움을 내포하고 있다.
>
> 파랑새 증후군은 항상 더 나은 것, 더 행복한 것을 찾아다니는 심리적 상태를 의미한다. 이 증후군을 겪는 사람들은 현재의 상황에 만족하지 못하고, 끊임없이 외부에서 행복과 성공을 추구한다. 이들은 '파랑새'처럼 더 나은 것을 찾기 위해 계속해서 새로운 목표를 설정하지만, 결국 그 목표를 성취해도 만족하지 못하는 경향이 있다.
>
> 두 증후군의 공통점은 모두 현재 상태에 대한 불만족에서 비롯된다는 것이다. 반면, 차이점으로는 피터팬 증후군은 성인 역할에 대한 거부와 책임 회피와 관련이 있지만 파랑새 증후군은 끊임없는 외적 만족 추구에 집중한다는 점이다. 피터팬 증후군은 내적 성장에 대한 두려움이 주요 원인이라면, 파랑새 증후군은 외부에서 행복을 찾으려는 욕구가 주된 원인이다.

① 피터팬 증후군을 겪는 사람들은 새로운 목표를 설정하기보다는 과거의 성공을 떠올리며 산다.
② 피터팬 증후군과 파랑새 증후군 모두 불안정한 심리적 상태를 초래하며, 자신의 삶에 만족하지 못한다.
③ 파랑새 증후군을 가진 사람들은 안정적이고 지속적인 인간관계를 유지하려는 경향이 강하다.
④ 피터팬 증후군은 주로 외적인 요인, 예를 들어 사회적 기대나 타인의 압박감에 의해 유발된다.
⑤ 파랑새 증후군을 겪는 사람들은 자신의 목표를 비로소 성취했을 때 내적 만족을 경험할 것이다.

**02** **다음 글의 내용과 일치하지 않은 것은?**

> 인간의 영양과 건강에서 제일 중요한 지방산은 18개 탄소가 연결된 2가지 산이다. 즉 리놀레산과 리놀렌산으로 이것은 필수 지방산이다. 리놀레산은 2개의 유용한 지방산, 감마리놀렌산과 다이호모감마 리놀렌산 생산을 위하여 대사된다. 구조에 의하여 '오메가-6 지방산'이라 부르기도 한다. 리놀레산은 홍화씨, 해바라기씨, 호두, 호박씨, 참깨씨, 아마씨 오일과 같은 냉압착 식물성 오일에 함유된 주요 오메가-6가 불포화 지방산이며, 이것의 결핍은 습진, 피부발진, 탈모, 간변성, 남성 불임, 여성 유산, 관절염, 성장 지연, 열과 순환의 문제를 초래할 수 있다. 그리고 리놀렌산은 '알파 리놀렌산'이라 부르기도 하는 아마씨 오일, 캐놀라 오일과 같은 식물성 오일 또한 연어, 정어리, 고등어나 참치와 같이 낮은 수온에서 사는 생선에 고농도로 들어 있다. 이것이 체내에서 대사되면, 리놀렌산은 오메가-3 지방산계의 성분들을 형성하고, 가장 주된 성분은 EPA와 DHA가 있다. 이것의 결핍은 성장 지연, 근육 약화, 운동 조정 부족, 팔과 다리 저림 증상, 시각 기능장애와 행동 변화를 포함한 다양한 장애를 유발한다.

① 주요 오메가-6 지방산은 불포화 지방산이며, 홍화씨, 호박씨, 아마씨 오일과 같은 냉압착 식물성 오일에 함유되어 있다.

② 성장 지연, 근육 약화, 운동 조정 부족, 팔과 다리 저림 증상, 시각 기능장애와 행동 변화를 유발하는 것은 리놀렌산의 결핍이다.

③ 리놀레산은 18개 탄소가 연결된 필수 지방산 중 하나로, 감마리놀렌산과 다이호모감마 리놀렌산을 생산하기 위해 대사된다.

④ 리놀렌산은 체내에서 오메가-3 지방산인 EPA와 DHA를 성분을 형성하는 데 중요한 역할을 한다.

⑤ 알파 리놀렌산은 연어, 정어리, 고등어나 참치 등의 동물성 오일에만 함유되어 있으며, 결핍으로 습진, 피부발진, 관절염 등이 발생할 수 있다.

## 03 다음 글을 읽고 추론한 내용으로 가장 적절하지 않은 것은?

> 탄소국경조정제도(CBAM, Carbon Border Adjustment Mechanism)는 유럽연합(EU)이 세계에서 처음으로 도입하는 탄소국경세로, 유럽연합 역내로 수입되는 제품 중에 자국 제품보다 높은 탄소배출의 제품에 관하여 비용을 부과하는 것이다. 이것은 2030년까지는 탄소 배출량 55% 감축이 목표인 유럽연합의 'Fit for 55' 정책의 일환으로, 유럽연합 역내 저탄소 제품 생산 기업들이 외국 수입 제품과 가격 경쟁 면에서 뒤지는 것에 따라 제안된 제도이다. 유럽연합은 2023년부터 전기·시멘트·비료·철강·알루미늄 등 탄소배출이 높은 품목에 CBAM을 시범 시행한 후에 2026년부터 단계적으로 적용한다. 탄소국경조정제도 도입은 2021년 7월(초안 마련)으로 2030 기후목표 계획 달성을 위한 입법안을 발표하고, 2023년 10월부터 12월까지의 처음 보고 기한은 2024년 1월 31일까지로, 외국 수출기업은 마감 기한 전에 유럽연합이 정한 형식에 맞추어 신고자인 유럽연합 역내 수입업자에 탄소 배출량 데이터를 공유해야 한다. 만약 기한을 지키지 못하거나, 보고 규정을 준수하지 않으면 t당 10~50유로의 벌금 등 벌칙이 부과된다. 전환기는 본격적으로 관세를 부과하는 2026년 1월 전까지의 일종의 준비 기간으로, 보고 의무만 있지만, 2026년 1월 1일부터는 탄소 배출량에 상응하는 CBAM 인증서를 구입해야만 한다.

① EU는 탄소국경조정제도(CBAM)를 도입하여 탄소배출이 많은 제품에 추가 비용을 부과한다.

② CBAM은 EU 내 저탄소 제품과 외국 수입 제품 간의 가격 경쟁력 차이를 완화하기 위한 것이다.

③ CBAM은 기업들이 탄소배출량을 감소시키는 노력을 장려하기 위해 도입되었다.

④ CBAM은 2024년 1월 31일까지, 외국 수출기업은 EU가 정한 형식에 맞춰 신고자인 EU 역내 수입업자에 탄소 배출량 데이터를 공유해야 하며, 기한 또는 보고 규정 미준수 시는 t당 10~50유로의 벌금 등 벌칙이 부과될 것이다.

⑤ CBAM은 2023년부터 시범 시행되어 탄소배출량 보고 의무만 있고, 2026년부터 본격적으로 적용된다.

**04** **다음 글을 읽고 추론한 내용으로 가장 적절하지 않은 것은?**

> 미국의 경제학자 제레미 리프킨은 『소유의 종말』에서 21세기에는 소유가 필요 없는 '접속의 시대(The Age of Access)'가 될 것이라고 예측하였다. 제레미 리프킨의 말처럼 소유보다는 경험을 추구하는 사람들이 점점 많아지고 있다. '구독경제'라는 새로운 경제 모델도 나타났다. 그것은 '스트리밍 라이프(Streaming Life)'다. 제레미 리프킨이 말하는 접속의 시대의 큰 특징으로 이야기되는 스트리밍 라이프는 음성, 음악, 영상, 애니메이션 등 멀티미디어 콘텐츠를 다운로드 받지 않고 On Line에서 실시간으로 재생하는 스트리밍(streaming) 서비스와 라이프(life)를 합친 말이다. 스트리밍 라이프는 코로나 팬데믹 사태 이후에 새로운 소비트렌드로 상승하고 있는 중이다. 기존에는 음원 서비스에 국한되었던 스트리밍이 지금은 생활의 구석구석으로 확산되고 있는 것이다. 구입하면 장기간 사용하던 가전제품이나 침대, 가구 같은 내구재를 자주 바꿀 수 있고, 내 취향에 맞는 상품들이 정기적으로 배달된다. 점점 더 나아가 주거공간이나 업무공간도 스트리밍으로 사용하는 사람들이 증가하고 있는 추세이다. 지금은 누가 많이 소유하는가가 아닌 누가 많은 경험을 했는가가 삶의 풍요성을 평가하는 새로운 척도가 되었다. 이와 같은 것을 구독 경제라고 말하며 국내에서는 "정기 배송 서비스" 또는 "렌탈"이라는 말로 소비자에게는 더 친숙하다.

① 향후는 접속의 시대가 올 것이고, 이 시대에는 소유보다는 경험을 추구하는 사람들이 많아질 것이다.

② 향후는 삶의 풍요도 평가의 척도는 누가 많은 경험을 했는가이며, 정기배송 및 렌탈서비스가 소비자에게 친숙한 서비스가 될 것이다.

③ 구독 경제는 정기 배송 서비스나 렌탈 서비스와 같은 형태로 한국에서도 흔히 사용되는 용어이다.

④ 스트리밍 라이프는 기존 음원 서비스에 국한되어 있다.

⑤ 향후 스트리밍 라이프는 코로나19 이후 새로운 소비 트렌드로 급부상하고 있고, 앞으로 점차 증가할 것이다.

## 05 다음 글의 흐름에 맞는 문단 배열로 적절한 것은?

(A) 어빙 재니스는 '집단사고'를 "응집력이 강한 집단의 구성원들이 현실적인 판단을 내릴 때 만장일치를 얻으려고 하는 사고의 경향"이라고 정의하였다. 다시 말하자면, 낙관론에 집단적으로 눈이 멀어버리는 현상이다.

(B) 미국에서 '집단사고'의 대표적인 사례로는 케네디 정부의 피그스만(彎) 침공 사건, 존슨 정부의 베트남 정책, 닉슨 정부의 워터게이트 사건 등이 거론되고 있다. 이 사건들이 그러하였듯이, '집단사고'는 집단 구성원에게서 '따돌림'을 당할 가능성에 대한 걱정 또는 보상에 대한 기대치에 의하여 의심을 참음으로써 나타난다.

(C) 최근 화두인 집단지성(collective intelligence)과 집단사고의 거리는 멀지 않다. 집단지성을 추구하다가 집단사고에 깊이 잠기는 것은 쉽다. 회의 때문에 직장인의 70%가 스트레스 상태에 놓이고, 경영자들은 하루의 50% 정도를 회의로 소모한다고 하소연을 하는 현실에서 "회의(會議)가 많으면 회의(懷疑)에 빠지게 된다"는 말은 농담 이상의 뜻을 지닌다.

(D) 집단사고가 반드시 나쁜 것만은 아니다. 일상적이며 소소한 결정은 시간 절약 효과를 얻게 해줄 수 있다. 문제는 심도 있는 결정을 하는 일에서조차 조직 내의 합치되는 분위기를 깨지 않으려는 강한 욕망이다. 이것이 집단사고를 해치는 주범이기 때문이다.

(E) 어빙 재니스(Irving Janis), 미국 예일대학의 심리학자는 1972년에 출판한 『집단사고의 희생자들(Victims of Groupthink)』에서 어떻게 자타가 인정하는 우수한 두뇌 집단이 잘못된 결정을 내릴 수 있는지에 관한 문제를 연구하면서 '집단사고(groupthink)'라는 개념을 제시하였다.

① (E) - (A) - (B) - (D) - (C)
② (E) - (B) - (C) - (D) - (A)
③ (E) - (D) - (B) - (A) - (C)
④ (E) - (C) - (D) - (A) - (B)
⑤ (E) - (D) - (A) - (B) - (C)

**06** **다음 글을 읽고 추론한 내용으로 가장 적절한 것은?**

> 과실 책임과 무과실 책임은 법률에서 사용되는 책임의 형태를 나타내는 법률 용어이다. 과실 책임(Fault Liability)은 행위자가 자신의 부주의, 실수, 불이익한 행동 등으로 다른 사람에게 피해를 입힐 경우 책임을 진다는 원칙이다. 이는 행위자의 부주의나 과실 여부가 피해 배상의 기준이 되고, 일반적으로 사회적으로 기대되는 주의와 관리를 소홀히 한 경우, 다른 사람에게 피해를 입힌 경우에 과실 책임이 발생할 수 있다. 무과실 책임(Strict Liability)은 행위자의 과실 여부와 상관없이 행위자가 특정한 행위를 한 경우에 책임을 진다는 원칙이다. 이는 행위의 종류나 특성에 따라 법률적으로 책임을 지게 되고, 일반적으로 위험한 행위나 화학물질, 동물 등을 소유 또는 관리하는 경우에 무과실 책임이 발생할 수 있다. 일상 생활 중의 사례로 과실 책임은 운전자가 신호를 무시하고 교통사고를 일으킨 경우, 운전자는 과실 책임을 부담하게 되고, 무과실 책임은 애완동물의 주인이 무단으로 도로에 동물을 놓아 해당 동물이 교통사고를 당한 경우, 주인은 무과실 책임을 부담하게 된다.

① 행위자의 부주의, 실수, 불이익한 행동 등으로 타인에게 피해를 입힐 경우 무과실 책임을 진다.
② 화학물질, 동물 등을 소유 또는 관리하는 경우에 무과실 책임이 발생할 수 있다.
③ 행위자의 과실 여부와 상관없이 특정한 행위를 한 경우에 과실 책임을 진다.
④ 무과실 책임은 행위자의 부주의나 과실 여부와 상관없이 모든 행위에 대해 항상 적용된다.
⑤ 행위자의 의도적인 악의적 행동으로 인해 발생한 피해에 대해서는 무과실 책임을 진다.

**07** **다음 글을 읽고 추론한 내용으로 가장 적절하지 않은 것은?**

공정무역에 관한 관심도가 높아지면서 윤리적 소비가 화두로 부상하였다. 대한민국의 커피 수입량은 석유 다음이라고 한다. 커피에 약 4천억 달러를 소비하고 있지만, 그 금액 중 단 1%만이 빈민국의 커피 농가에 전해진다고 한다. 이 사실이 언론 등을 통하여 알려지면서 공정무역에 대한 관심이 높아지고 있다. 현대의 소비자들은 자신의 소비가 지역사회에 공헌하거나 생활의 질 향상으로 연결되기를 바란다. 그래서 정신적 가치를 추구하는 경향이 깊어지고 있다. 생활의 질이 향상되면서 가격보다는 만족감, 제3자의 시선, 건강 등에 대한 가치에 초점을 두는 소비자들이 증가한 것도 같은 이유 중 하나이다. 이와 같이 소비자들의 인식에 공동체적인 시민의식이 더하여지면서, 소셜미디어를 통해 사회적 이슈에 대한 정보공유가 보편화되고, 윤리적 소비가 이 시대의 소비트렌드의 하나로 자리잡고 있다. 기업과 소비자 간 소통이 원활해지면서 소비자들의 소비패턴을 분석하고 활용하는 기업마케팅이 늘어나고 있는데, 그 가운데 하나가 '착한 소비자가 되고 싶은 욕심'을 건드리는 코즈마케팅이다. 코즈마케팅이란 기업이 환경, 보건, 빈곤 등과 같은 사회적인 이슈, 즉 코즈(cause)를 기업의 이익 추구를 위하여 활용하는 것이다.

① 공정무역에 대한 관심이 높아진 계기는 빈민국의 커피 농가 이야기 때문이다.

② 현대 소비자들은 자신의 소비로 지역사회에 공헌하거나 삶의 질 향상을 기대하는 경향이 있으며, 이러한 인식 변화는 기업의 소비패턴 분석과 마케팅 전략에 영향을 미치고 있다.

③ 소셜미디어를 통한 정보공유와 기업과 소비자 간의 소통은 소비자들의 인식 변화와 공정무역에 대한 관심 상승을 촉진시키는 데 중요한 역할을 한다.

④ 코즈마케팅은 기업의 이익 추구와 동시에 사회적 가치 추구를 결합시켜 소비자들의 지속적인 관심과 참여를 유도할 수 있는 유용한 전략 중 하나이다.

⑤ 소비자들의 인식 변화와 공정무역에 대한 관심 상승은 오직 윤리적 소비에 대한 필요성만을 강조하는 것이다.

## 08 다음 글을 읽고 '평균실종'에 관한 사례로 가장 적절하지 않은 것은?

> 인간은 일생 '평균'을 기준으로 삼으며 살아간다. 탄생의 순간부터 신체, 즉 키, 몸무게, 발달지수 등이 평균의 범위 내에 있는지를 확인하고 학교 생활에서도 그러하다. 졸업 후에는 사회 생활을 하면서도 직장, 급여, 승진 등이 평균에 근접하면 '보통이다'라는 평가를 받는다. 평균이라는 낱말은 '정규분포 곡선의 중앙'을 의미한다. 어떤 집단의 정규분포는 완만한 종 모양의 분포를 갖는데, 그 가운데에 평균이 위치하고 평균 주위에 많은 사람이 모여 있는 것이 일반적이다. 통계학, 자연과학, 사회과학에서도 이 정규분포를 '기본값'으로 생각한다. 그래서 평균에 해당한다는 것은 우리에게 심리적 안정감을 전해준다. 그렇지만 '평균의 시대'도 끝나가고 있다. 2023년 키워드 가운데 하나가 '평균실종'이기 때문이다. 올해 초 S대 소비트렌드분석센터장은 "우리는 평균의 삶이 사라진 시대를 살고 있으며, 경제·사회·정치·문화 등 여러 측면에서 양극화·엔(N)극화가 심화하고 있다"라고 분석한 바 있다. 평균실종은 결국엔 보편성의 맨 끝이다. 그 끝이 양극화일지 엔극화일지는 아직 판단할 수 없다. 평균실종의 시대가 불평등과 차별이 아니기를, 다양성과 개성의 시대이기를 바랄 뿐이다.

① 특급호텔에서 불티나게 팔리는 10만 원이 넘는 망고 빙수
② 편의점에서 동이 나는 3,000원의 가성비 도시락
③ 나만의 도마
④ 소비를 고백하고 욕을 먹는 거지방
⑤ 대형마트에 늘 구매 가능한 라면

**09** **다음 글을 읽고 추론한 내용으로 가장 적절하지 않은 것은?**

| |
|---|
| 마흔 번째 생일을 맞아 일흔 명의 손님을 초대하여 홀로 자신과의 결혼식을 한 여자가 화제가 됐다. 이탈리아에 거주하는 로라 메시는 남자와 같이 하는 결혼 대신 자신만의 행복한 삶을 위하여 자기 자신과 결혼식을 올렸다. 최근의 이슈로 부상한 METOO도 무관하지 않다. 이것을 두고 페미니즘의 '승'이라고 환호하는가 하면 다른 편에선 가족제도의 몰락을 예고하는 걱정의 시선을 보내고 있다. 솔로가미(sole gamie)는 자기 자신의 행복 추구를 위한 자신과의 결혼을 의미하는 말이다. 솔로가미는 일부다처제를 뜻하는 폴리가미(poly gamie)에서 발상해 만든 신조어다. 약 20년 전 미국 드라마 '섹스 앤 더 시티' 속 캐리 브래드쇼가 자신과의 '결혼'을 말하면서 '솔로가미'는 처음으로 뉴스에 등장했다. 최근 영국 BBC방송은 인도에서 처음으로 솔로가미를 하는 크샤마 빈두(24)의 이야기를 소개하였다. 대학교에서 사회학을 공부하는 크샤마 빈두는 "많은 사람들이 내게 훌륭한 결혼 상대라고 말한다"라며, "나는 스스로와 결혼함으로써 내 삶을 자기 사랑에 바칠 것"이라고 말했다. 또한 특별한 사례로 33세의 한 브라질 모델이 자신과의 '결혼식'을 올린 지 3개월 후 자신과 '이혼'하는 일도 있었다. 따라서 이것은 비혼과 다른 자기 자신과 결혼하여 평생 동안 자기 자신에게 최선을 다하는 솔로 웨딩이라고 할 수 있다. |

① 로라 메시와 같은 개인의 선택은 다양한 사회적 의견과 논란을 일으킬 수 있으며, 가족과 결혼의 개념에 대한 다양한 시각을 이끌어낼 수 있다.

② 솔로가미는 현대 사회에서 가족 제도와 결혼의 의미에 대한 재고와 변화를 암시하는 새로운 개념이다.

③ 크샤마 빈두의 결혼식은 개인의 행복과 자유를 추구하는 트렌드를 반영한 사례로 해석될 수 있다.

④ 솔로가미는 비혼주의를 표명하는 솔로 웨딩이다.

⑤ 솔로가미는 개인의 자유와 행복을 우선시하는 시대적 흐름을 대변하는 개념으로 이해할 수 있다.

**10** **다음 글을 읽고 추론한 내용으로 가장 적절한 것은?**

| |
|---|
| 『트리거(Triggers)』란 경영학 계열의 노벨상이라 칭하는 싱커스50에서 2015년 세계에서 가장 영향력 있는 리더십 사상가 1위로 뽑힌 구루 마셜 골드스미스가 일과 삶에서 우리를 움직이게 하는 심리적 방아쇠 '트리거'를 분석한 책이다. 저자는 우리가 자신의 행동을 변화시켜 진심을 다하여 원하는 자신의 모습이 되기 위해서는 트리거가 무엇인지 인지하고, 우리에게 필요한 트리거를 발견해야 한다고 말하고 있다. 인생의 변화를 성취하기란 힘든 일이다. 강한 타성 때문일 수도, 변화의 필요성을 절박하게 느끼지 못해서일 수도 있다. 그렇지만 제일 중요한 것은 우리는 어떻게 변화를 위해 출발할지를 모른다는 것이다. 시작이 반이라는데 그 시작이 어렵다는 것이다. 이것을 트리거에서는 '행동의 방아쇠를 당기는 일', 즉 트리거를 다루는 것이 서툴기 때문이고, 어떠한 변화의 첫머리가 되는 심리적 동기부여 과정을 예리하게 파헤치며, 계속적 행동 변화를 끌어내는 방법은 간단하지만 쉽지는 않다고 말한다. 트리거는 우리 생각과 행동에 영향을 주는 자극들로 정의하며, 트리거를 인지하고 깊이 생각하여 현명한 선택을 하는 법, 나아가 긍정적이고 계속적인 변화를 이끌어내는 방법을 알려준다. |

① 마셜 골드스미스는 "트리거"라는 개념을 다루며, 우리의 행동 변화에 대한 인사이트를 제공한다.
② 마셜 골드스미스의 책에서는 "트리거"를 완전히 제어할 수 있는 방법을 제시한다.
③ "트리거"를 이해하면 모든 문제가 해결될 수 있다.
④ 마셜 골드스미스는 "트리거"를 다루는 것이 우리에게 필수적인 능력이라고 주장한다.
⑤ "트리거"는 오직 외부 자극에만 영향을 받는다.

**11** **다음 글에 대한 비판의 의견으로 가장 적절하지 않은 것은?**

> "당신이 비도덕적일 때, 그때에 도덕에 대한 의문이 생긴다. 그리고 당신이 올바른 인격을 갖고 있지 않을 때, 그때에 인격에 관하여 생각한다. 훌륭한 인격을 보유한 사람은 인격이 존재한다는 사실을 완전히 잊어버리고 산다. 진정 도덕적인 사람은 도덕이라는 낱말이 무엇을 의미하는지조차도 모른다."
>
> 존재 자체가 성스럽고 아름다운 축복이라는 것을 이해하기 위해서는 완벽하게 다른 삶을 살아야만 한다. 어떤 것도 다음으로 미루지 않는 삶을 살아야 할 것이다. 그것이 바로 순간 순간을 살아간다는 구절의 의미이다.
>
> 노자는 오직 하나의 원리가 존재한다고 말한다. '도'가 그 원리이다. 도는 억지로 꾸미지 않은 이상함이 없는 것, 멈춤이 없는 흐르는 것을 의미한다. 고뇌의 상태에서 삶과 부딪힘이 없이 수용하는 것, 강을 멀리하지 않고 그것이 어디로 흘러가도 같이 흘러가는 것을 의미한다.

① 저자는 훌륭한 인격을 가진 사람들이 인격 그 자체라는 의미로 인격의 존재를 망각한다고 주장하고 있지만, 이는 훌륭한 인격을 가진 모든 사람에게 해당하지 않을 수 있다.

② 존재 자체가 아름답고 성스러운 축복이라는 것을 이해하기 위해 완전히 다른 삶을 살아야만 한다는 것은 모든 사람들이 동일한 경험과 시점을 갖고 있다고 가정한 일반화일 수 있다.

③ 어느 것도 미루지 않는 삶은 순간 순간에 최선을 다한다는 것을 의미하지만, 일부 상황에서는 무계획과 무목표를 가지고 미래를 고려하는 것이 필요할 수 있다.

④ 노자의 '도'의 개념은 흐름에 따라 받아들이는 것을 강조하고 있지만, 모든 상황에서 무조건적으로 받아들이는 것이 항상 최선의 선택인지에 대한 의문이 있을 수 있다.

⑤ 도덕적인 사람이 도덕의 의미를 모르는 것으로 묘사하고 있지만, 실제로 도덕적인 사람들은 도덕에 대한 깊은 이해와 고려를 갖고 행동할 수 있다.

## 12 다음 글을 읽고 추론한 것으로 가장 적절한 것은?

| 2022 하반기 기출 키워드 | 암묵지

암묵지(Tacit knowledge)란 명시적으로 표현되지 않은, 경험과 직관에 기반한 지식을 의미한다. 이는 주로 실제 경험과 상호 작용을 통해 습득되며, 언어나 문서로 쉽게 전달되지 않는 비형식적인 지식이다. 이 암묵지 개념은 헝가리 물리화학자이며 철학자였던 폴라니(Michael Polanyi, 1891~1976)에 의해 만들어졌다. 그는 과학 이론이나 교재에 있는 명시적인 지식 이외에, 과학자에게 체화되어 있는 개인적이고 암묵적인 지식이 중요하다고 보고, 이를 암묵지라고 명했다. 그는 탐침으로 어두운 동굴을 탐사하는 과정에 비유하여 무언가를 알아가는 과정이라 하였다. 어둠 속에서 실체를 알아볼 수 없는 동굴이 '인식의 초점(목표)'이라면, 우리는 동굴의 여러 부분을 탐침 끝으로 더듬어 탐사한다. 이때에 우리는 탐침을 붙잡고 있는 손과 근육의 느낌이라는 보조적 인식에 의존해서 동굴이라는 대상을 알게 된다. 즉, 앎의 과정은 보조적인 세부 내용들을 핵심 목표에 통합하여 전체의 패턴과 의미를 인식하는 것이며, 그 과정에서 중심 부분에 대한 보조 부분의 관계는 서로를 통합하려는 인간의 행위를 통해서 형성된다. 과학적 발견은 이러한 암묵적 통합을 이루어내는 개인적 인식에 기초해서 이루어진다.

① 암묵지는 과학 교재나 이론에 담겨 있는 명시적인 지식이다.
② 암묵지는 언어나 문서로 쉽게 전달되는 형식적인 지식이다.
③ 암묵지는 주로 학문적인 지식에만 적용된다.
④ 암묵지를 발견한 학자 폴라니는 과학자에게 체화되어 있는 개인적인 지식은 중요하지 않다고 보았다.
⑤ 암묵지는 경험과 직관에 기반한 비형식적인 지식이다.

**13** **다음 글을 읽고 추론한 내용으로 가장 적절하지 않은 것은?**

> 사업에 모두 증빙관리 규정이 적용되는 것은 아니다. 소득에 대응하는 세금인 법인세와 소득세는 수익-비용에 의하여 세금이 산출된다. 그래서 비용이 증가하면 자연적으로 세금도 감소하게 된다. 그러나 비용은 회사가 하고 싶은 대로 결정하는 것이 아닌 1차적으로 비용지출 사실에 대하여 회사에 입증책임이 있다. 즉 객관적인 증빙 자료로 입증해야 하며 그 수단이 법정 지출증빙인 것이다. 따라서 증빙 규정은 물품이나 서비스를 구매하면 지출되는 비용, 즉 자금이 지급되는 것에 대하여 적용된다. 회사의 자금이 지출되는 대부분은 자산의 취득이나 각종 경비의 지출인 경우이므로 증빙 규정도 이것에 대해서 적용된다. 증빙 관리는 그 기본원리만 알고 준수한다면 고의적으로 증빙을 받지 않은 경우와 허위 증빙을 하는 경우를 제외하고는 다른 손해를 보지는 않는다. 증빙 규정이 적용되는 사업자는 영리법인 또는 비영리법인의 수익사업 관련 지출로서 업무와 관련된 자산 취득이나 비용을 지출하는 경우 또는 재화나 용역을 제공받고 회사의 자금이 지급되는 경우에만 적용되고, 입금되는 돈에 대해서는 적용하지 않는다. 그리고 일정한 금액을 초과하는 지출이면서 일반 비용은 3만 원부터, 접대비는 1만 원부터, 경조사비는 20만 원부터 증빙 예외 규정에 해당하지 않는 거래이다.

① 소득세와 법인세는 수익과 비용을 기반으로 세금이 산출된다는 것을 알 수 있다.

② 비용이 많으면 세금이 줄어들게 되므로, 비용 적격 증빙은 회사가 입증해야 한다는 사실을 알 수 있다.

③ 증빙 규정은 영리/비영리법인의 수익사업 관련 지출로서 업무와 관련된 물품이나 서비스 구입에 지출에 적용된다는 것을 알 수 있다.

④ 증빙 예외 규정에 적용되려면, 일반비용 3만원 · 접대비 1만원 · 경조사비 20만원 미만까지라는 것을 알 수 있다.

⑤ 회사에 들어오는 대부분의 돈은 자산의 취득으로 여기에 대해서도 증빙 규정이 적용된다는 것을 알 수 있다.

**14** **다음 글의 내용과 일치하는 것은?**

> AI 기반의 클라우드 보안업체인 센티넬원(SentinelOne)도 RSAC 2023에서 실시간 자율 대응을 제공하는 위협 탐색 플랫폼(threat-hurting platform)을 선보였다. 센티넬원 위협 탐색 플랫폼은 실시간 인공신경망과 대규모 언어 모델 기반에 자연어 인터페이스를 융합해 모든 보안 데이터를 모니터링하고 운영하도록 설계되었다. 보안팀은 위협 탐색 플랫폼을 이용해 복잡한 위협을 찾아내고 명령을 실행해 기업 환경을 관리한다. 위협 탐색 플랫폼은 엔드포인트(네트워크를 통해 통신하는 모든 디바이스), 클라우드, 네트워크, 사용자 데이터 전반에 걸쳐 장치 및 로그 정보를 집계하고 상관관계를 지정해 핵심적인 정보를 제공한다. 이후 즉시 실행할 수 있는 대응 조치도 추천해 준다.

① 센티넬원(SentinelOne)은 RSAC 2022에서 자율 대응을 위한 위협 탐색 플랫폼을 선보였다.

② 센티넬원은 RSAC 2023에서 데이터 분석을 위한 플랫폼을 선보였다.

③ 센티넬원의 위협 탐색 플랫폼은 사용자 데이터에 대한 모니터링을 지원하지 않는다.

④ 센티넬원의 위협 탐색 플랫폼은 실시간 인공신경망과 언어 모델을 기반으로 하여 보안 데이터를 모니터링함으로써 기업의 복잡한 위협의 발견과 실행으로 기업의 환경을 안전하게 관리한다.

⑤ 센티넬원의 위협 탐색 플랫폼은 엔드포인트, 클라우드, 네트워크 등 다양한 환경에서 장치와 로그 정보를 집계하기 전에 즉시 실행할 수 있는 대응 조치를 추천해 준다.

## 15 다음 글을 읽고 추론한 내용으로 가장 적절하지 않은 것은?

> 민법 상속편(제5편) 제2절에 규정된 상속인을 말한다. 이 법 제1000조는 상속의 순위를 1. 피상속인의 직계비속, 2. 피상속인의 직계존속, 3. 피상속인의 형제자매, 4. 피상속인의 4촌 이내의 방계혈족으로 명시하고 있다. 여기서 같은 순위의 상속인이 여러 명일 때는 최근친을 선순위로 한다. 또 '동친 등의 상속인이 수인인 때에는 공동상속인이 된다. 예를 들어 망자의 배우자나 자식이 없을 때 형제자매가 공동상속인이 된다. 상속인 중 태아의 상속순위에 관하여는 '이미 출생한 것으로 본다'고 명시하고 있다. 배우자의 상속순위는 피상속인의 배우자는 제1000조 1. 피상속인의 직계비속 또는 2. 피상속인의 직계존속이 있는 경우에는 그 상속인과 동순위로 공동상속인이 되고 그 상속인이 없는 때에는 단독상속인이 된다. (민법 제1003조) 또한 법정상속분은 동순위의 상속인이 수인인 때에는 그 상속분은 균분으로 하고, 피상속인의 배우자의 상속분은 직계비속과 공동으로 상속하는 때에는 직계비속의 상속분의 5할을 가산하고, 직계존속과 공동으로 상속하는 때에는 직계존속의 상속분의 5할을 가산한다.

① 피상속인의 직계비속이 상속인 순위에서 가장 우선한다.

② 피상속인의 배우자는 피상속인의 직계비속 또는 피상속인의 직계존속과 동순위로 공동상속을 하게 된다.

③ 피상속인의 상속인 중 태아는 출생한 것으로 보아서 배우자와 공동상속을 하게 된다.

④ 피상속인의 배우자는 직계비속과 직계존속의 상속인이 없다면, 단독으로 100% 상속을 받게 된다.

⑤ 피상속인의 민법에서 인정하는 법정상속인이 확정되면 모두 균분하여 상속을 받게 된다.

실전모의고사
1회
2회

**16** **다음 글을 읽고 추론한 내용으로 가장 적절한 것은?**

> 폐수배출시설을 운영 중 배출허용기준을 초과하여 폐수를 배출하면 특별시장·광역시장·도지사 또는 특별자치도지사로부터 ① 개선명령 또는 조치명령, ② 개선명령을 받은 자가 개선명령을 이행하지 않은 경우 등에는 조업정지명령, ③ 수질오염물질을 배출하는 사업자 등에는 배출부과금 부과, ④ 거짓이나 그 밖의 부정한 방법으로 허가 등을 받은 경우에는 허가 취소의 제재를 받을 수 있습니다. 그리고 배출시설 운영에 따른 제재는 ① 측정기기의 운영·관리기준을 지키지 못하거나 배출시설에서 나오는 오염물질의 정도가 배출허용기준을 초과하는 경우(폐수무방류배출시설의 경우는 제외)에는 시·도지사로부터 개선명령 또는 조치명령을 받을 수 있습니다. ② 개선명령 또는 조치명령을 받은 자가 해당 명령을 이행하지 않거나 기간 내에 이행은 하였으나 검사결과 배출허용기준을 계속 초과한 경우에는 해당 배출시설의 전부 또는 일부에 대해 조업정지명령을 받을 수 있습니다. ③ 배출시설(폐수무방류배출시설은 제외)의 조업정지가 주민의 생활, 대외적인 신용·고용·물가 등 국민경제, 그 밖에 공익에 현저한 지장을 줄 우려가 있다고 인정되는 경우에는 조업정지처분에 갈음하여 매출액에 100분의 5를 곱한 금액을 초과하지 않는 범위에서 과징금을 부과받을 수 있습니다.

① 폐수배출시설에서 배출하는 수질오염물질의 양이 많을수록, 제재를 받을 확률이 줄어들게 될 것이다.

② 폐수배출시설을 운영하는 사업자는 배출허용기준을 초과해도 아무런 제재를 받지 않게 될 것이다.

③ 제재로 인해 주민의 생활, 대외적인 신용·고용·물가 등 국민경제, 그 밖에 공익에 현저한 지장을 줄 우려가 있다면, 필수적으로 과징금이 부과된다.

④ 폐수배출시설 운영자는 일정한 배출허용기준을 준수해야 하고, 배출허용기준을 초과하면 다양한 제재를 받을 수 있을 것이다.

⑤ 폐수배출시설을 운영하는 사업자는 어떤 경우에도 제재를 받지 않을 것이다.

**17** **다음 글의 서두 (A)에 들어갈 문장으로 가장 적절한 것은?**

( A ) 어느 곳을 가나 마주친다. 간편하게 식사를 하기 위하여 샐러드를 구입하러 들른 식당에서도, 지인과 대화하려고 방문한 카페에서도, 하물며 친구의 고양이에게 줄 선물을 사러 들른 반려동물용품점에서도 만난다. 특히 카페는 대규모 프랜차이즈는 물론이고 소상공인인 개인 카페에서도 마주쳐서 지금은 방문한 곳에서 내가 키오스크 자리를 찾으려고 서성거리며 가게에 들어선다. 손님이 나밖에 없는 패스트푸드 점에서도 기계로 음료나 패스트푸드를 주문하곤 하니, 사람들과 대화 한마디 없이도 하루를 보낼 수 있을 것 같다. 실상은 편하다. 말 한마디 없이 설치된 기계를 통해서 원하는 바를 얻어낼 수 있으니까. 말하기 싫은 피곤했던 날은 그의 존재가 편안하기까지 했다. 간편하게 장을 보기 위하여 방문한 마트에서는 긴 줄을 서가면서까지 직원에게 직접 계산하는 일 없이, 셀프 계산대에서 직접 계산해 버리고 나면 그만이고, 하물며 해외여행에서도 키오스크가 있는 매장이면 애써 통하지 않는 말로 대화를 하기보다는 키오스크를 사용해 편리하게 이용이 가능하여 정말로 편리한 세상이 되었다 싶었다.

① 지금은 바로 키오스크 세상이다.
② AI의 시대가 도래했다.
③ 기술의 발전은 실로 대단하다.
④ 4차 산업혁명으로 삶의 질이 높아졌다.
⑤ 건강에 대한 관심은 지속해서 증가하고 있다.

**18** **다음 글을 읽고 추론한 내용으로 가장 적절하지 않은 것은?**

> 대한민국의 인구 고령화는 세계적으로 사례를 찾아볼 수 없을 정도로 급속도로 진행 중이다. 이미 65세 이상 노인 인구 비율이 전체 인구의 14%를 상위하여 고령화 사회가 되었고, 2025년에는 그 비율이 20%를 상위하여 초고령사회에 진입할 것으로 예상된다. 이것은 고령자가 증가하는 만큼 임종 전의 돌봄이 요구되는 사람들도 증가하기 때문이다. 그러므로 임종 간호는 우리가 당면한 중요한 사회문제 가운데 하나로 인식된다. 다행인 것은 2016년 '호스피스·완화의료 및 임종 환자의 연명의료 결정에 관한 법률'이 제정된 후에 불필요한 연명의료 중단에 대한 사회적인 공감대가 마련된 상황이다. 이것 때문에 넓은 의미의 웰다잉으로 주목받는 것이 바로 '의사조력자살', 즉 조력존엄사이다. 현실적으로 작년에 대한호스피스완화의료학회지에 발표된 논문에 의하면, 학회가 국민 1천7명을 대상으로 설문조사를 한 결과, 존엄사를 위하여 정부와 국회가 우선적으로 해야 할 일로 '의사조력자살 합법화'(13.6%)보다 의료비 절감 등 경제적 지원(26.7%), 간병부담 경감을 위한 지원체계 마련(28.6%), 호스피스 완화 및 돌봄 서비스 확대(25.4%) 등을 선택한 응답이 많았다. 국민들은 의사조력자살을 합법화하는 것에 우선해서 기존 호스피스 완화의료 확대 등의 노력이 선행되어야 한다는 의견이 강하다는 게 학회의 분석이다.

① 초고령화 사회로 진입하면서 임종 돌봄이 필요한 사람들이 증가할 것이다.
② 의사조력자살에 대한 사회적인 관심과 공감대가 증가하고 있다.
③ 의사조력자살 합법화보다는 의료비 경감, 간병부담 경감 및 오스피스 완화 및 돌봄 서비스의 확대가 고령화 사회에 대한 정부와 국회의 선행 과제라고 생각하는 국민이 많다.
④ 호스피스·완화의료 및 임종 환자의 연명의료 결정에 관한 법률은 고령자의 임종만 다루고 있는 법률이다.
⑤ 의사조력자살에 대한 반대에 대한 입장은 알 수 없다.

**19** **다음 글의 주제로 가장 적절한 것은?**

| |
|---|
| 현실을 더 현실적으로 생동감 있게 해 주는 VR과 AR이 우리 생활에 접목되면서 오랜 기간 병으로 병원에 입원해야 하는 학생들을 학교에 가서 수업을 들을 수 있게 해 주고, 사정이 있어서 참석 못 하는 결혼식장에도 VR 로봇을 통해 참석할 수 있다. 내가 섭취할 육류, 야채, 과일, 꿀을 위하여 VR로 직접 소를 키우기도 할 수 있고, 나무 기르기나 양봉도 할 수 있다. 이제 VR은 미지의 생활을 경험하게 하는 것뿐만 아니라 살고 있는 현실을 더욱 실제적이고 충실히 체득하게 해 준다. 사람의 삶을 연결해 주는 2020년 이후의 버추얼 커넥터(Virtual Connector)의 새로움이 많이 기대된다. |

① VR과 AR을 통한 완전한 현실 대체
② 세상과 나를 연결해 주는 새로운 길
③ VR을 통한 생동감 있는 학교 경험
④ 가상 현실 체험을 통한 현실 고난 극복
⑤ VR을 통한 축산업과 농업 산업의 변화

## 20 다음 글의 내용과 일치하지 않은 것은?

디지털(digital)과 아날로그(analog)의 차이는 신호 처리 방식에 있다. 음성 송수신의 경우, 아날로그 방식은 목소리의 진동에 해당되는 전기 신호로 전달하나, 디지털 방식은 송신기로 받은 전기 아날로그 신호들이 교환대의 전기 회선 내에서 2진법 숫자들로 바뀌어 부호 형태로 전달된다. 전류 파장의 높이가 초마다 수천 번씩 측정되어 1과 0이라는 숫자 부호로 표시되며, 다음의 전류는 1에서 흐르고 0에서 흐름이 멈추는 일련의 펄스(pulse), 즉 순간 파동으로 변환되어 파장 측정치를 나타낸다. 이것이 펄스 변조 부호이다. 이처럼 디지털은 0과 1의 많은 조합에 의하여 다양한 신호 전달 체계를 갖게 되고, 아날로그 방식은 자연 그대로의 진동, 파동 또는 기계적 동력에 상응하는 신호 체계를 만든다. 디지털은 0과 1, 참과 거짓인지 명쾌한 해석을 내리므로 디지털은 빠르고 정확하다. 반도체는 이것을 전류의 off와 on의 신호를 이용하여 설계하는 것이다. 디지털은 정확한 수치로 전체를 볼 수 있는 자료를 제공하지만 그것을 관계로 연결하려면 연속적 사고가 필요하다. 바로 그것이 아날로그적 사고이다. 실무자에게는 디지털식 사고가 필수 역량이지만 리더에게는 아날로그식 사고가 필수 역량이라고 할 수 있다.

① 디지털과 아날로그는 신호 처리 방식에서 차이가 있다.
② 디지털은 0과 1의 수많은 조합에 의해 다양한 신호 전달 체계를 갖는다.
③ 리더에게는 디지털식 사고가 필수지만 실무자에게는 아날로그식 사고가 필수 조건이다.
④ 아날로그 방식은 음성 송수신에서 목소리의 진동에 해당되는 전기 신호로 전달한다.
⑤ 아날로그 방식은 자연 그대로의 진동, 파동 또는 기계적 동력에 상응하는 신호 체계를 만든다.

해설 p. 101

**01** 다음은 2019~2023년 S시의 청구인과 피청구인에 따른 특허심판 청구건수에 관한 자료이다. 이를 바탕으로 옳은 것은? (단, 소수점 아래 둘째 자리에서 반올림한다.)

〈표〉 2019~2023년 S시 청구인과 피청구인에 따른 특허심판 청구건수

(단위 : 건)

| 연도 \ 청구인 / 피청구인 | 내국인 | | 외국인 | |
|---|---|---|---|---|
| | 내국인 | 외국인 | 내국인 | 외국인 |
| 2019년 | 795 | 359 | 191 | 72 |
| 2020년 | 889 | 1,970 | 156 | 119 |
| 2021년 | 771 | 401 | 93 | 230 |
| 2022년 | 741 | 213 | 152 | 46 |
| 2023년 | 765 | 270 | 204 | 172 |

① 2021년 청구인이 내국인인 특허심판 청구건수는 전년 대비 50% 미만 감소했다.

② 2019년 피청구인이 내국인인 특허심판 청구건수는 피청구인이 외국인인 특허심판 청구건수의 3배 이상이다.

③ 조사기간 동안 청구인과 피청구인 모두 내국인인 특허심판 청구건수와 청구인과 피청구인 모두 외국인인 특허심판 청구건수의 증감 추이가 동일하다.

④ 2022년 내국인이 외국인에게 청구한 특허심판 청구건수는 2021년 외국인이 외국인에게 청구한 특허심판 청구건수보다 적다.

⑤ 내국인이 내국인에게 청구한 특허심판 청구건수가 가장 많은 해에 외국인이 내국인에게 청구한 특허심판 청구건수도 가장 많다.

**02** 다음은 1990년대 이후 A~E도시의 시기별 및 자본금액별 창업 건수에 관한 자료이다. 다음 중 옳지 않은 것을 모두 고른 것은?

〈표〉 1990년대 이후 A~E도시의 시기별 및 자본금액별 창업 건수

(단위 : 건)

| 시기 | 1990년대 | | 2000년대 | | 2010년대 | | 2020년대 | |
|---|---|---|---|---|---|---|---|---|
| 자본금액 | 1천만 원 미만 | 1천만 원 이상 | 1천만 원 미만 | 1천만 원 이상 | 1천만 원 미만 | 1천만 원 이상 | 1천만 원 미만 | 1천만 원 이상 |
| A | 12 | 2 | 19 | 17 | 16 | 17 | 76 | 14 |
| B | 4 | 0 | 25 | 0 | 53 | 3 | 246 | 7 |
| C | 46 | 0 | 101 | 5 | 233 | 4 | 458 | 16 |
| D | 198 | 11 | 206 | 32 | 461 | 26 | 788 | 101 |
| E | 27 | 3 | 73 | 34 | 101 | 24 | 225 | 27 |

〈 보 기 〉

ㄱ. 모든 도시에서 1990년대 대비 2020년대 창업 건수는 자본금액 상관없이 증가했다.

ㄴ. 2010년대 1천만 원 미만 창업 건수가 가장 많은 도시는 2000년대 1천만 원 이상 창업 건수가 가장 많다.

ㄷ. C도시와 E도시의 1천만 원 이상 창업건수의 증감 추이는 동일하다.

ㄹ. 2010년대 대비 2020년대 1천만 원 이상 창업 건수 증가율이 가장 큰 도시는 D도시이다.

① ㄱ, ㄴ ② ㄱ, ㄷ ③ ㄴ, ㄷ ④ ㄴ, ㄹ ⑤ ㄷ, ㄹ

## 03 다음은 2019~2023년 S국의 교통사고 심판현황이다. 다음 중 옳지 않은 것은?

〈표〉 2019~2023년 S국 교통사고 심판현황

(단위 : 건)

| 구분 | 2019년 | 2020년 | 2021년 | 2022년 | 2023년 |
|---|---|---|---|---|---|
| 전년 이월 | 96 | 100 | 90 | ( ) | 89 |
| 해당 연도 접수 | 226 | 223 | 168 | 204 | 252 |
| 심판대상 | 322 | 323 | 258 | 275 | ( ) |
| 재결 | 222 | 233 | 187 | 186 | 210 |

※ '심판대상' 중 '재결'되지 않은 건은 다음 연도로 이월함.

① 심판대상 중 전년 이월의 비중은 2022년이 2023년보다 낮다.
② 다음 연도로 이월되는 건수가 가장 많은 연도는 2022년이다.
③ 2023년 심판대상 건수는 341건이다.
④ 재결 건수가 두 번째로 적은 해에는 해당 연도 접수 건수가 가장 적다.
⑤ 해당 연도 접수 건수를 제외하고 2020년과 2021년의 전년 대비 증감 추이는 각 항목에서 서로 반대이다.



## 04 다음은 S국의 2023년 2분기와 3분기 죄종별 범죄발생 및 검거현황에 대한 자료이다. 다음 설명 중 옳은 것은? (단, 소수점 아래 둘째 자리에서 반올림한다.)

〈표〉 죄종별 범죄발생 및 검거현황

| 죄종별 | 2023년 2분기 | | 2023년 3분기 | |
|---|---|---|---|---|
| | 발생건수 | 검거건수 | 발생건수 | 검거건수 |
| 총계 | 374,936 | 293,577 | 377,271 | 296,297 |
| 강력범죄 | 6,364 | 5,983 | 6,797 | 6,398 |
| 절도범죄 | 48,262 | 33,990 | 48,392 | 35,178 |
| 폭력범죄 | 59,438 | 52,296 | 60,245 | 53,194 |
| 지능범죄 | 111,938 | 64,768 | 110,586 | 63,045 |

① 2023년 2분기 전체 검거건수 대비 절도범죄 검거건수의 비중은 10% 미만이다.
② 2023년 2분기 발생건수 대비 검거건수의 비율이 가장 높은 범죄는 폭력범죄이다.
③ 2023년 3분기 절도범죄 검거건수는 전분기 대비 4% 이상 증가했다.
④ 2023년 3분기 강력범죄 발생건수는 전분기 대비 5% 미만 증가했다.
⑤ 조사기간 동안 죄종별 발생건수와 검거건수의 증감 추이가 동일하다.

**05** 다음은 2021년 신재생에너지에 대한 자료이다. 다음 〈보기〉에서 옳은 것을 모두 고른 것은? (단, 소수점 아래 둘째 자리에서 반올림한다.)

〈표〉 2021년 신재생에너지 현황

| 업종별 | 사업체 수 (개) | 종사자 수 (명) | 매출액 (억 원) | 투자액 (억 원) |
|---|---|---|---|---|
| 신재생에너지 산업 합계 | 107,833 | 140,953 | 288,088 | 63,720 |
| 신재생에너지 제조업 | 536 | 11,864 | 121,191 | 5,408 |
| 신재생에너지 건설업 | 2,144 | 14,937 | 64,544 | 332 |
| 신재생에너지 발전 및 열 공급업 | 104,132 | 108,462 | 87,352 | 57,630 |
| 신재생에너지 서비스업 | 1,021 | 5,690 | 15,001 | 350 |

〈 보 기 〉

ㄱ. 신재생에너지 산업에서 신재생에너지 서비스업 사업체 수의 비중은 1% 미만이다.
ㄴ. 투자액 대비 매출액의 비율이 가장 큰 업종은 신재생에너지 서비스업이다.
ㄷ. 사업체 수가 두 번째로 많은 업종은 투자액이 가장 적다.
ㄹ. 신재생에너지 발전 및 열 공급업 종사자 수는 신재생에너지 건설업 종사자 수의 8배 이상이다.

① ㄱ, ㄴ ② ㄱ, ㄷ ③ ㄱ, ㄹ ④ ㄴ, ㄷ ⑤ ㄷ, ㄹ

**06** 다음은 S국의 2023년 65세 이상 인구의 세대구성별 분포에 대한 자료이다. 다음 중 옳은 것은?

〈표〉 2023년 65세 이상 인구의 세대구성별 분포

(단위 : %)

| 구분 | 2023년 | | | |
|---|---|---|---|---|
| | | 65~69세 | 70~79세 | 80세 이상 |
| 합계 | 100.0 | 100.0 | 100.0 | 100.0 |
| 1세대 가구 | 28.7 | 35.5 | 27.5 | 12.8 |
| 2세대 가구 | 23.9 | 27.3 | 19.9 | 26.5 |
| 3세대 이상 가구 | 30.8 | 23.2 | 33.3 | 45.1 |
| 1인 가구 | 16.2 | 13.7 | 18.9 | 15.0 |
| 비혈연 가구 | 0.4 | 0.4 | 0.5 | 0.5 |

① 80세 이상 1세대 가구의 수는 65~69세 1인 가구의 수보다 적다.
② 65~69세 전체의 인구가 1만 명이라 할 때, 2세대 가구의 수는 273명이다.
③ 연령이 높아질수록 3세대 이상 가구의 비중이 높아지고 있다.
④ S국 전체에서 3세대 이상 가구가 세대구성 형태 중에서 가장 큰 비중을 차지하고 있다.
⑤ 70~79세와 80세 이상 세대구성 순위가 동일하다.

**07** 다음은 2015~2020년 S국의 국세 및 지방세에 관한 자료이다. 설명으로 옳은 것은? (단, 소수점 아래 둘째 자리에서 반올림한다.)

〈표〉 2015~2020년 국세 및 지방세 현황

| 구분 \ 연도 | | 2015년 | 2016년 | 2017년 | 2018년 | 2019년 | 2020년 | 2021년 | 2022년 | 2023년 |
|---|---|---|---|---|---|---|---|---|---|---|
| 국세 | 징수액 | 165 | 216 | 167 | 161 | 192 | 216 | 138 | 202 | 178 |
| | 감면액 | 31 | 33 | 29 | 23 | 30 | 33 | 21 | 34 | 30 |
| 지방세 | 징수액 | 45 | 62 | 45 | 44 | 49 | 62 | 41 | 54 | 49 |
| | 감면액 | 15 | 11 | 11 | 10 | 15 | 11 | 38 | 14 | 15 |

① 국세 감면액이 증가하면 지방세 감면액도 증가한다.
② 국세 징수액은 매년 지방세 징수액의 3.5배 이상이다.
③ 2015년 지방세 감면액 대비 징수액 비율은 2022년 지방세 감면액 대비 징수액 비율보다 크다.
④ 2016년 국세 감면액의 전년 대비 증가율은 2020년 국세 감면액의 전년 대비 증가율보다 크다.
⑤ 2021년을 제외하고 감면액은 국세가 지방세보다 매년 많다.

실전모의고사

1회

2회

**08** 다음은 S국 정당 A~D의 지방의회 의석 수에 관한 자료이다. 2018년 전국 지방의회 의석 수 대비 A 정당의 의석 수 비중과 2023년 전국 지방의회 의석 수 대비 D정당의 의석 수 비중을 차례대로 올바르게 구한 것은? (단, 소수점 아래 둘째 자리에서 반올림한다.)

〈표〉 S국 정당 A~D 지방의회 의석수

(단위 : 석)

| 연도 \ 정당 | A | B | C | D | 합 |
|---|---|---|---|---|---|
| 2018년 | 271 | 39 | 224 | 82 | 616 |
| 2023년 | 252 | 61 | 318 | 38 | 669 |

① 44.0%, 5.7%　② 44.0%, 5.9%　③ 44.2%, 6.2%
④ 44.2%, 7.2%　⑤ 44.6%, 7.4%

**09** 다음은 2020~2023년 소유자별 국토면적 현황에 대한 자료이다. 다음 중 옳은 것은?

〈그래프〉 소유자별 국토면적 현황

(단위 : km²)

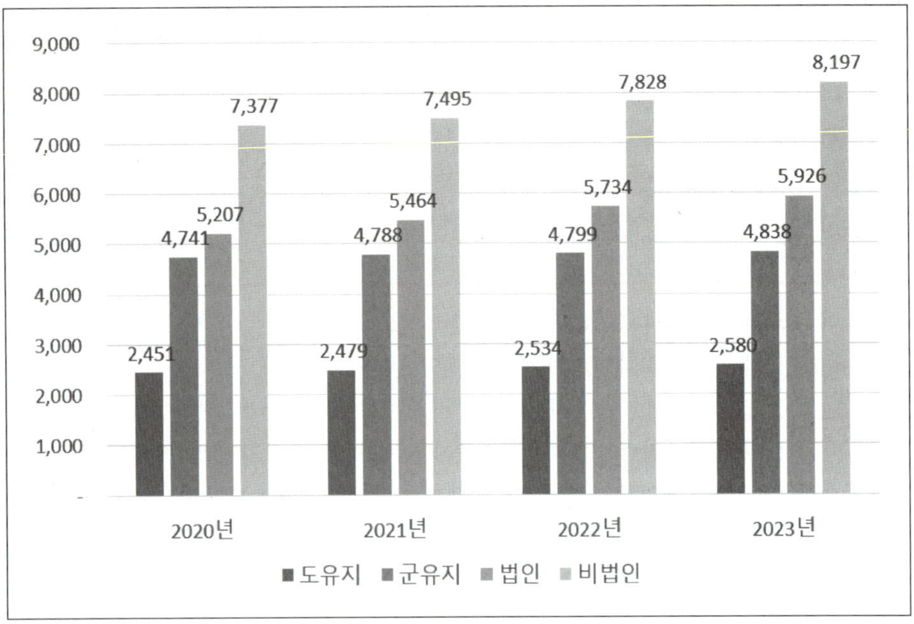


① 도유지 면적은 매년 증가하였고, 군유지 면적은 매년 감소하였다.

② 법인 면적과 비법인 면적의 차이가 가장 큰 해는 2023년이다.

③ 2020년 군유지와 법인 면적의 차이는 2023년 군유지와 법인 면적의 차이보다 크다.

④ 비법인 면적은 증감을 반복한다.

⑤ 2021년 군유지 면적은 도유지 면적의 2배 이상이다.

**10** 다음은 S시의 어린이집 설치 및 운영 현황이다. 전체 어린이집 대비 법인·단체 등이 차지하는 비중은? (단, 소수점 아래 둘째 자리에서 반올림한다.)

〈표〉 S시 어린이집 설치 및 운영 현황

(단위 : 개소)

| 합계 | 국·공립 | 사회복지법인 | 법인·단체 등 | 민간 | 가정 | 협동 | 직장 |
|---|---|---|---|---|---|---|---|
| 30,923 | 5,801 | 1,254 | 610 | 9,726 | 12,109 | 132 | 1,291 |

① 1.2%  ② 1.6%  ③ 2.0%

④ 2.3%  ⑤ 2.5%

**11** 다음은 국가기술자격시험 접수 현황에 대한 자료이다. 이에 대한 설명으로 옳은 것은?

〈그래프〉 2022년 국가기술자격시험 접수 상위 5종목 비중

(단위 : %)

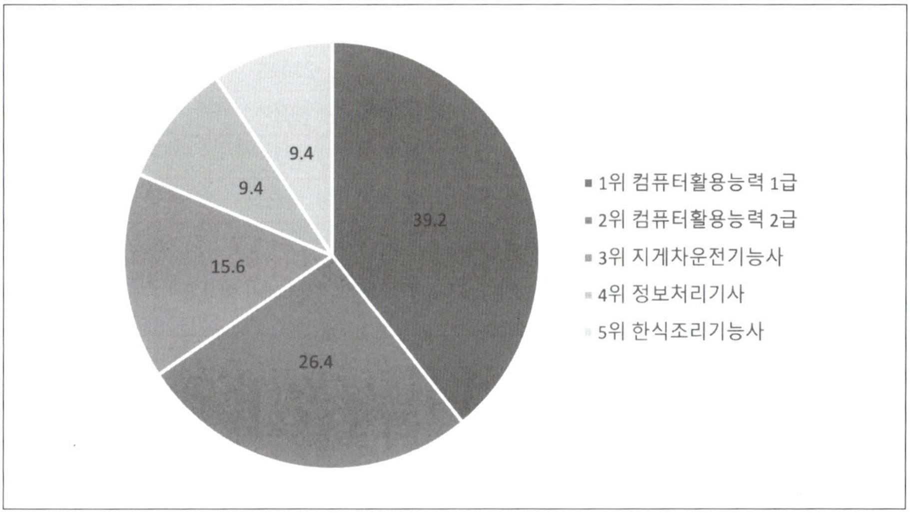


〈표〉 연도별 국가기술자격시험 접수 상위 5종목

| 구분 | 2019년 | | 2020년 | | 2021년 | |
|---|---|---|---|---|---|---|
| | 종목명 | 접수인원(명) | 종목명 | 접수인원(명) | 종목명 | 접수인원(명) |
| 1위 | 컴퓨터활용능력1급 | 546,365 | 컴퓨터활용능력1급 | 747,074 | 컴퓨터활용능력1급 | 991,235 |
| 2위 | 컴퓨터활용능력2급 | 449,220 | 컴퓨터활용능력2급 | 443,921 | 컴퓨터활용능력2급 | 522,749 |
| 3위 | 지게차운전기능사 | 205,856 | 지게차운전기능사 | 195,353 | 지게차운전기능사 | 240,420 |
| 4위 | 한식조리기능사 | 181,044 | 한식조리기능사 | 145,678 | 한식조리기능사 | 178,993 |
| 5위 | 워드프로세서 | 149,973 | 워드프로세서 | 131,140 | 정보처리기사 | 140,170 |

① 2021년 지게차운전기능사 접수자는 전년 대비 10,503명 증가했다.

② 2020년 컴퓨터활용능력1급 접수자는 전년 대비 감소했다.

③ 2022년 국가기술자격시험 접수 상위 5종목 중 정보처리기사와 한식조리기능사가 차지하는 비중은 18.8%이다.

④ 국가기술자격시험 접수 상위 5종목 중 컴퓨터활용능력 2급이 차지하는 비중은 2022년이 2020년보다 크다.

⑤ 2020년 국가기술자격시험 접수 상위 4위의 접수인원이 2019년 국가기술자격시험 접수 상위 5위의 접수인원보다 많다.

**12** 다음은 연도별 의료기기 생산실적에 대한 자료이다. 이에 대한 설명으로 옳은 것만을 〈보기〉에서 모두 고른 것은? (단, 소수점 첫째 자리에서 반올림한다.)

〈표〉 의료기기 생산실적

(단위 : 개, 10억 원)

| 구분 | 2018년 | 2019년 | 2020년 | 2021년 | 2022년 |
|---|---|---|---|---|---|
| 업체 수 | 3,425 | 3,570 | 3,887 | 4,085 | 4,176 |
| 품목 수 | 15,082 | 15,705 | 16,568 | 17,433 | 17,778 |
| 생산액 | 6,511 | 7,279 | 10,136 | 12,883 | 15,737 |

〈그래프〉 의료기기 생산액 전년 대비 증가율

(단위 : %)

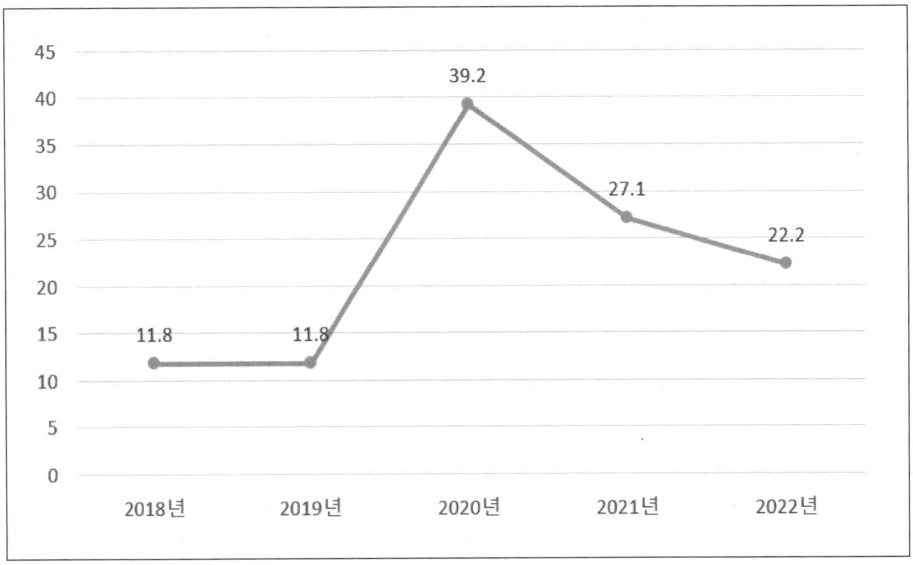


〈 보 기 〉

ㄱ. 2017년 의료기기 생산액은 60,100억 원이다.
ㄴ. 2020년 생산된 의료기기 품목 수는 전년 대비 증가했다.
ㄷ. 의료기기 생산액의 전년 대비 증가율이 두 번째로 높은 해의 의료기기 업체 수는 전년 대비 189개 증가했다.

① ㄱ  ② ㄴ  ③ ㄱ, ㄴ
④ ㄱ, ㄷ  ⑤ ㄴ, ㄷ

**13** 다음은 한 공장의 DDR1, DDR3 메모리 반도체 생산라인별 수율에 대한 자료이다. 빈칸에 들어갈 값을 올바르게 나열한 것은? (단, 소수점 첫째 자리에서 반올림한다.)

〈표〉 생산라인별 수율

| 구분 | DDR1 | | DDR3 | |
|---|---|---|---|---|
| | A생산라인 | B생산라인 | C생산라인 | D생산라인 |
| 투입된 칩(개) | 700 | 650 | 450 | ㉢ |
| 실제 생산된 정상 칩(개) | 628 | ㉠ | 377 | 470 |
| 수율(%) | 90 | 92 | ㉡ | 90 |

※ 수율(%)$=\frac{\text{실제 생산된 정상 칩}}{\text{투입된 칩}}\times 100$

| | ㉠ | ㉡ | ㉢ |
|---|---|---|---|
| ① | 595 | 81 | 515 |
| ② | 598 | 82 | 520 |
| ③ | 598 | 84 | 522 |
| ④ | 680 | 84 | 520 |
| ⑤ | 680 | 85 | 522 |

**14** 다음은 국가채권 현황에 대한 자료이다. 이에 대한 설명으로 옳은 것만을 〈보기〉에서 모두 고른 것은?

〈표 1〉 국가채권 현황

(단위 : 조 원)

| 구분 | 2017년 | 2018년 | 2019년 | 2020년 | 2021년 |
|---|---|---|---|---|---|
| 합계 | 317 | 343 | 379 | 411 | 476 |
| 조세채권 | 38 | 42 | 44 | 47 | 53 |
| 경상이전수입 | 10 | 11 | 11 | 12 | 16 |
| 융자회수금 | 142 | 154 | 166 | 177 | 193 |
| 예금 및 예탁금 | 123 | 132 | 153 | 171 | 210 |
| 기타 | 4 | 4 | 5 | 4 | 4 |

〈표 2〉 연체채권 현황

(단위 : 조 원)

| 구분 | 2017년 | 2018년 | 2019년 | 2020년 | 2021년 |
|---|---|---|---|---|---|
| 합계 | 38 | 44 | 49 | 51 | 55 |
| 조세채권 | 29 | 32 | 36 | 38 | 41 |
| 경상이전수입 | 8 | 9 | 10 | 10 | 11 |
| 융자회수금 | 0 | 1 | 1 | 1 | 1 |
| 예금 및 예탁금 | 0 | 0 | 0 | 0 | 0 |
| 기타 | 1 | 2 | 2 | 2 | 2 |

〈 보 기 〉

ㄱ. 2019년의 국가채권 중 융자회수금은 전년 대비 12조 원 증가했다.
ㄴ. 2017년 이후 국가채권 합계와 연체채권 합계의 전년 대비 증감 추이는 매년 동일하다.
ㄷ. 연체채권 중 조세채권은 2021년 액수가 2017년 액수의 2배 이상이다.
ㄹ. 2021년 국가채권의 예금 및 예탁금의 2018년 대비 증가율은 50% 이상이다.

① ㄱ, ㄴ ② ㄱ, ㄷ ③ ㄱ, ㄴ, ㄷ
④ ㄱ, ㄴ, ㄹ ⑤ ㄴ, ㄷ, ㄹ

**15** 다음은 유선인터넷 유형별 가입자 점유율에 대한 자료이다. 2022년 유선인터넷 가입자 수는 3,380명으로, 지난해에 비해 110명이 증가했다. 이때 전년 대비 2022년의 유선인터넷 가입자 점유율의 증감 폭이 가장 큰 유형의 전년 대비 가입자 수 증감량은? (단, 계산 시 소수점 첫째 자리에서 반올림한다.)

〈그래프〉 유선인터넷 유형별 점유율

(단위 : %)

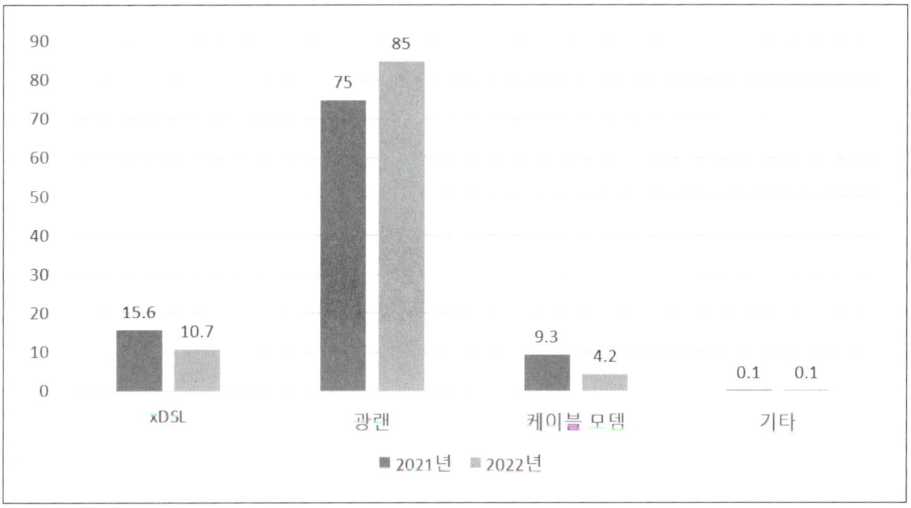


① 410명 ② 415명 ③ 420명

④ 430명 ⑤ 450명

실전모의고사

1회

2회

**16** 다음은 2015~2019년 반도체 산업 동향에 대한 자료이다. 이에 옳지 않은 것은?

| 2019 하반기 기출 키워드 | 반도체

〈표〉 2015~2019년 반도체 산업 동향

| 구분 | 2015년 | 2016년 | 2017년 | 2018년 | 2019년 |
|---|---|---|---|---|---|
| 국내 반도체 생산(조 원) | 69 | 66 | 103 | 143 | 134 |
| 시장점유율(%) | 17 | ( A ) | 22 | 24 | 18 |
| 수출(억 불) | 629 | 622 | 979 | 1,267 | 939 |
| 수입(억 불) | 383 | 366 | 412 | 447 | 470 |

※ 시장점유율(%) $= \frac{\text{국내 반도체 생산(조 원)}}{\text{전 세계 생산규모(조 원)}} \times 100$

① 2019년을 제외하고 반도체 수출과 수입의 전년 대비 증감 추이는 매년 같았다.
② 2019년의 전 세계 생산규모는 전년 대비 감소했다.
③ 2017년 수출은 2015년 대비 약 56% 증가했다.
④ 2016년 전 세계 생산규모를 400조 원이라 할 때, A의 값은 16.5이다.
⑤ 조사기간 동안 수출 대비 수입의 비중은 매년 65% 미만이다.

**17** 다음은 S시의 노인 교통사고 현황에 대한 자료이다. 다음 중 옳은 것은?

〈표〉 S시 노인 교통사고 현황

(단위 : 건, 명)

| 구분 | | 2020년 | 2021년 | 2022년 | 2023년 |
|---|---|---|---|---|---|
| 노인 교통사고 | 발생 건수 | 5,219 | 5,357 | 5,761 | 5,912 |
| | 사망자 수 | 128 | 139 | 121 | 103 |
| | 부상자 수 | 5,376 | 5,570 | 5,989 | 6,200 |

① 노인 교통사고 발생 건수와 부상자 수의 증감 추이가 동일하다.
② 노인 교통사고 사망자 수는 증감을 반복한다.
③ 노인 교통사고 부상자 수는 매년 5,500명 이상이다.
④ 노인 교통사고 부상자 수는 매년 노인 교통사고 발생 건수보다 적다.
⑤ 2023년 노인 교통사고 사망자 수는 전년 대비 20명 이상 감소했다.

**18** 다음은 특별관리해역 수질 COD 현황에 대한 자료이다. 이에 대한 설명으로 〈보기〉에서 옳지 않은 것을 모두 고른 것은?

〈표〉 특별관리해역수질COD 현황

(단위: mg/L)

| 구분 | 2018년 | 2019년 | 2020년 | 2021년 | 2022년 |
|---|---|---|---|---|---|
| 울산연안 | 1.63 | 1.25 | 1.62 | 1.49 | 1.79 |
| 부산연안 | 1.32 | 1.03 | 1.51 | 1.26 | 1.60 |
| 마산만 | 2.38 | 2.16 | 2.93 | 2.72 | 3.40 |
| 광양만 | 1.70 | 1.79 | 2.12 | 1.99 | 2.83 |
| 인천연안 | 1.81 | 1.92 | 2.26 | 1.80 | 1.59 |
| 시화호 | 2.37 | 3.04 | 2.59 | 2.18 | 3.18 |

※ COD(화학적산소요구량): 유기물을 측정하는 지표로서 값이 클수록 유기물에 의한 오염도가 높음

〈 보 기 〉

ㄱ. 모든 특별관리해역은 2022년에 수질 COD가 가장 높았다.
ㄴ. 2021년의 전년 대비 수질 COD 감소량이 가장 큰 특별관리해역은 시화호이다.
ㄷ. 매년 인천연인의 수질 COD는 울산연안의 수질 COD보다 높았다.

① ㄱ　② ㄴ　③ ㄱ, ㄴ
④ ㄴ, ㄷ　⑤ ㄱ, ㄴ, ㄷ

**19** 다음은 한 기업의 연도별 재무현황에 대한 자료이다. 총자산이 가장 많은 해의 자기자본 비율과 부채 비율을 각각 올바르게 구한 것은? (단, 계산 시 소수점 둘째 자리에서 반올림한다.)

〈표〉 연도별 재무현황

| 구분 | 2018년 | 2019년 | 2020년 | 2021년 |
|---|---|---|---|---|
| 총자산 (백만 원) | 137,869,752 | 161,836,298 | 161,174,746 | 170,496,917 |
| 총자본 (백만 원) | 75,841,621 | 85,218,390 | 76,945,110 | 92,833,692 |
| 총부채 (백만 원) | 62,028,130 | 76,617,908 | 84,229,636 | 77,663,226 |

※ 자기자본 비율(%)=(총자본/총자산)×100

※ 부채 비율(%)=(총부채/총자본)×100

| | 자기자본 비율 | 부채비율 |
|---|---|---|
| ① | 54.4% | 45.6% |
| ② | 54.4% | 83.7% |
| ③ | 47.7% | 45.6% |
| ④ | 47.7% | 83.7% |
| ⑤ | 183.7% | 109.5% |

**20** 다음은 2019~2023년 S지역의 곡물 재배면적 및 생산량에 대한 자료이다. 다음 중 〈보기〉에서 옳은 것을 모두 고른 것은? (단, 소수점 아래 둘째 자리에서 반올림한다.)

〈표〉 2019~2023년 S지역 곡물 재배면적 및 생산량

(단위 : 천 정보, 천 석)

| 구분 | | 2019년 | 2020년 | 2021년 | 2022년 | 2023년 |
|---|---|---|---|---|---|---|
| 미곡 | 재배면적 | 1,146 | 773 | 829 | 963 | 1,034 |
| | 생산량 | 7,347 | 4,407 | 4,407 | 6,339 | 7,795 |
| 맥류 | 재배면적 | 1,148 | 1,100 | 998 | 1,118 | 1,164 |
| | 생산량 | 15,276 | 14,145 | 13,057 | 15,553 | 18,585 |
| 두류 | 재배면적 | 334 | 224 | 264 | 215 | 208 |
| | 생산량 | 1,136 | 600 | 750 | 633 | 772 |
| 잡곡 | 재배면적 | 450 | 283 | 301 | 317 | 339 |
| | 생산량 | 1,940 | 1,140 | 1,143 | 1,215 | 1,362 |
| 서류 | 재배면적 | 59 | 88 | 87 | 101 | 138 |
| | 생산량 | 821 | 1,093 | 1,228 | 1,436 | 2,612 |
| 전체 | 재배면적 | 3,137 | 2,468 | 2,479 | 2,714 | 2,883 |
| | 생산량 | 26,520 | 21,385 | 20,585 | 25,176 | 31,126 |

〈보 기〉

ㄱ. 생산량은 매년 서류가 두류보다 많다.
ㄴ. 2023년 재배면적당 생산량이 가장 큰 곡물은 서류이다.
ㄷ. 2021년 미곡의 재배면적은 곡물 재배면적 전체의 30% 이상이다.
ㄹ. 재배면적은 매년 두류가 서류의 2배 이상이다.

① ㄱ, ㄴ　② ㄱ, ㄷ　③ ㄴ, ㄷ
④ ㄴ, ㄹ　⑤ ㄷ, ㄹ

해설 p. 105

**01** 어느 중학교의 올해의 남학생 수와 여학생 수는 작년에 비하여 남학생은 5% 증가하고 여학생은 8% 감소하여 전체 학생 수는 작년과 같았다. 작년의 전체 학생 수가 650명이었을 때, 올해의 여학생 수를 바르게 구한 것은?

① 270명 ② 260명 ③ 250명 ④ 240명 ⑤ 230명

**02** 집에서 회사까지 가는데 희연이는 분속 50m의 속력으로 걸어서 가고, 승우는 자전거를 타고 희연이보다 8배 빠른 속력으로 동시에 출발하였다. 승우는 회사에 가는 길에 발표 자료를 집에 두고 온 것을 깨닫고 집에서 250m 떨어진 지점에서 다시 집으로 돌아간 뒤, 15분 동안 발표 자료를 찾다가 다시 출발했다. 승우가 회사에 도착한 뒤 10분 후에 희연이가 회사에 도착했을 때, 집에서 회사까지의 거리를 바르게 구한 것은? (단, 승우와 희연이의 속력은 일정하다.)

① 1,400m ② 1,500m ③ 1,600m ④ 1,700m ⑤ 1,800m

**03** 파란색과 빨간색의 페인트가 A용기에는 2 : 3의 비율로 섞여 있고, B용기에는 4 : 5의 비율로 섞여 있다. A용기와 B용기의 페인트를 모두 섞어 파란색과 빨간색이 3 : 4의 비율로 섞인 페인트 840g을 만들었다면 A용기에 들어 있던 페인트의 양은 얼마인지 바르게 구한 것은?

① 240g ② 250g ③ 260g ④ 280g ⑤ 300g

**04** 다음 A에서 B까지 최단경로로 이동할 때, 이동이 가능한 모든 경우의 수를 바르게 구한 것은?

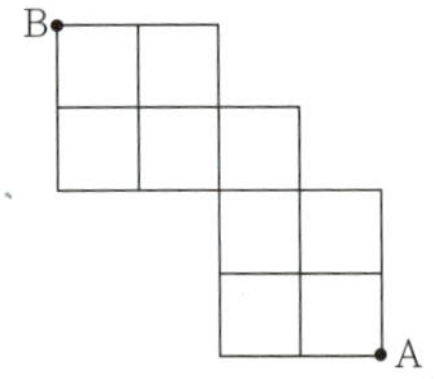


① 24가지 ② 45가지 ③ 52가지 ④ 60가지 ⑤ 64가지

**05** 과일가게를 하는 준희 아버지는 도매시장에서 딸기를 6개에 1,800원의 가격으로 사 왔다. 그중 70%는 5개에 2,000원의 가격으로 팔고, 나머지는 신선도가 떨어져 10개에 2,000원의 가격으로 팔아서 36,000원의 이익이 남았다. 준희 아버지가 산 딸기는 모두 몇 개인지 바르게 구한 것은?

① 740개 ② 800개 ③ 850개 ④ 900개 ⑤ 960개

**06** 6%의 소금물 200g과 12%의 소금물 300g을 섞은 후 물을 증발시켰더니 12%의 소금물이 되었다. 이때 증발시킨 물의 양을 바르게 구한 것은?

① 125g ② 120g ③ 110g ④ 100g ⑤ 80g

**07** A주머니에는 파란 공 4개, 빨간 공 1개가 들어 있고, B주머니에는 파란 공 3개, 빨간 공 2개가 들어 있다. 주사위를 던져 3의 배수가 나오면 A주머니에서, 다른 숫자가 나오면 B주머니에서 공을 꺼낸다. 주사위를 던져 공을 꺼냈더니 파란 공이 나왔을 때, 이 파란공이 A주머니에서 나왔을 확률을 바르게 구한 것은?

① $\frac{2}{5}$ ② $\frac{8}{15}$ ③ $\frac{5}{7}$ ④ $\frac{4}{15}$ ⑤ $\frac{3}{5}$

**08** 목욕탕에 물을 가득 채우는 데 A 수도꼭지로 채우면 3시간, B 수도꼭지로 채우면 2시간이 걸리며, 가득찬 물을 배수구를 통해 빼는 데는 6시간이 걸린다고 한다. A, B 수도꼭지를 모두 틀어 놓고 실수로 배수구를 열어놓았다면 물을 가득 채우는 데 배수구를 열어놓지 않았을 때보다 몇 분을 손해 보게 되는지 바르게 구한 것은?

① 19분 ② 18분 ③ 17분 ④ 16분 ⑤ 15분

**09** 서울역과 부산역 사이의 거리는 345km이다. 서울역에서 부산역을 향해 오후 12시에 출발하여 시속 90km로 달리는 열차가 부산역에서 서울역을 향해 오후 12시 30분에 출발하여 시속 150km로 달리는 열차와 마주치게 되는 시각을 바르게 구한 것은?

① 오후 1시 45분 ② 오후 1시 50분 ③ 오후 1시 55분
④ 오후 2시 05분 ⑤ 오후 2시 10분

**10** 비가 온 다음 날 비가 올 확률은 $\frac{1}{3}$이고, 비가 오지 않은 다음 날 비가 올 확률은 $\frac{2}{5}$이다. 화요일에 비가 왔을 때, 같은 주 목요일에 비가 올 확률을 바르게 구한 것은?

① $\frac{11}{45}$ ② $\frac{13}{45}$ ③ $\frac{17}{45}$ ④ $\frac{11}{15}$ ⑤ $\frac{7}{15}$

**11** 어느 무용제는 1부와 2부로 이루어지며 9분짜리와 4분짜리 공연을 섞어서 진행한다. 1부와 2부사이의 휴식 시간은 20분이며, 총 2시간 8분 만에 공연을 끝내기로 했다. 그런데 사정이 생겨 9분짜리 공연의 수와 4분짜리 공연의 수를 서로 바꾸고, 1부와 2부 사이의 휴식 시간을 15분으로 하여 총 1시간 53분 만에 공연을 끝내기로 하였다. 처음 계획했던 9분짜리 공연을 할 팀은 모두 몇 팀이었는지 바르게 구한 것은? (단, 공연과 공연 사이에는 1분의 여유시간이 있다.)

① 8팀 ② 7팀 ③ 6팀 ④ 5팀 ⑤ 4팀

**12** 그림과 같은 규칙으로 사각형 조각을 배열하고 있다. 20번째에 놓이게 될 사각형 조각의 개수를 바르게 구한 것은?

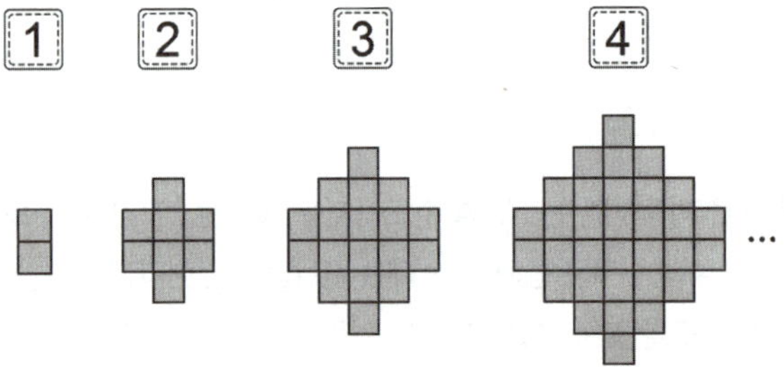

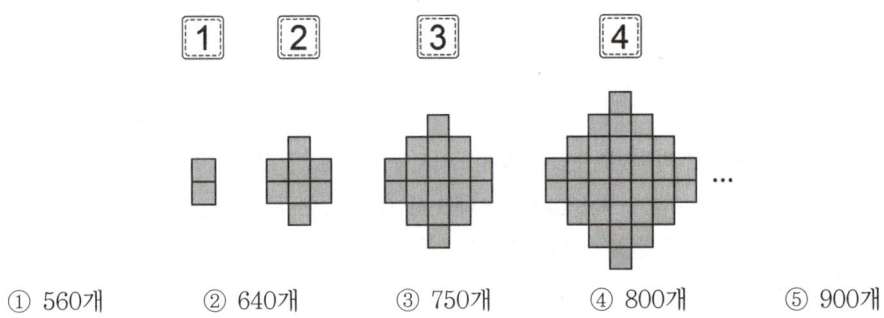

① 560개 ② 640개 ③ 750개 ④ 800개 ⑤ 900개

**13** 강 상류 A지점에서 20km 떨어진 강 하류 B지점까지 일정한 속력으로 왕복하는 유람선이 있다. 어느 날 유람선이 A지점에서 B지점으로 내려갈 때는 1시간이 걸렸고, B지점에서 A지점으로 강물을 거슬러 올라갈 때는 배가 고장 나서 10분간 떠내려가는 바람에 2시간 10분이 걸렸다. 흐르지 않는 물에서의 배의 속력을 시속 $a$ km, 강물의 속력을 시속 $b$ km라 할 때, $5(a-b)$의 값을 바르게 구한 것은?

① 42 ② 44 ③ 48 ④ 52 ⑤ 54

**14** 어느 섬의 해변로를 따라 태욱이와 다민이가 각각 일정한 속도로 걷고 있다. 태욱이는 선착장에서 출발하고, 다민이는 낚시터에서 동시에 출발하여 서로 반대 방향으로 걸었다. 태욱이는 다민이를 최초로 만난 후 4분 뒤에 낚시터를 통과하고, 낚시터를 통과한 후 20분 뒤에 다민이와 다시 만났다. 태욱이가 다민이를 만나 후 10분 뒤에 선착장에 도착했다면 두 사람이 각각 해변로를 따라 섬을 한 바퀴 도는 데 걸린 시간의 합을 바르게 구한 것은?

① 1시간 ② 1시간 10분 ③ 1시간 20분
④ 1시간 30분 ⑤ 1시간 40분

**15** 5%의 소금물 800g을 A, B 두 개의 컵에 각각 300g, 500g씩 나누어 담은 후 A에는 소금을 넣고 B에는 50g의 물을 증발시켜 농도를 같게 만들려고 할 때, A컵에 넣어야 할 소금의 양을 바르게 구한 것은?

① $\frac{32}{15}$g ② $\frac{30}{15}$g ③ $\frac{70}{13}$g ④ $\frac{30}{17}$g ⑤ $\frac{36}{17}$g

**16** 20%의 소금물 100g 중 $x$g을 덜어내고 덜어낸 만큼의 소금을 다시 넣었다. 거기에 8%의 소금물 $y$g을 섞었더니 16%의 소금물 300g이 되었을 때, $x+y$ 값을 바르게 구한 것은?

① 205 ② 210 ③ 215 ④ 220 ⑤ 225

**17** 다음 그림은 9개의 평행한 선과 그에 수직인 9개의 선이 8×8의 체스판 모양을 하고 있다. 직사각형의 개수를 a, 정사각형의 개수를 b라고 할 때, $\frac{b}{a}$ 의 값을 구한 것은? (단, a와 b는 서로소이다.)

① $\frac{17}{6}$ ② $\frac{51}{9}$ ③ $\frac{51}{324}$ ④ $\frac{17}{108}$ ⑤ $\frac{51}{349}$

**18** 어떤 편의점에서 A초콜릿 한 개를 1,000원에 팔면 하루에 300개가 판매되고, A초콜릿 한 개의 가격을 100원을 올릴 때마다 하루 판매량은 20개씩 감소한다. 이 편의점에서는 어제 A초콜릿을 300개 준비해 놓고, 팔고 남은 A초콜릿은 오늘 한 개에 700원의 가격으로 다른 판매상에게 넘겼다. 이 편의점에서 어제 준비한 A초콜릿 300개를 어제와 오늘 판매한 금액이 한 개에 1,000원씩 받고 팔 때보다 54,000원이 더 많았을 때, 어제 판매한 A초콜릿 한 개의 가격을 바르게 구한 것은? (단, 어제 판매한 A초콜릿의 양이 오늘 다른 판매상에게 넘긴 양보다 많다.)

① 1,700원 ② 1,600원 ③ 1,500원 ④ 1,400원 ⑤ 1,300원

**19** A, B, C 세 사람이 일을 하는데, 혼자 하면 A는 24일, B는 12일, C는 8일이 걸린다. 2주 만에 일을 마치려고 C가 혼자서 일을 하다 중단하고 B가 이어서 일을 완성하였다. 이때 A가 B를 도와 2일 동안 일을 함께 하였기 때문에 예정보다 4일 빨리 일을 마쳤다. C가 며칠 동안 일을 했는지 바르게 구한 것은?

① 2일 ② 3일 ③ 4일 ④ 5일 ⑤ 6일

**20** 케이블카 탑승장에서 전망대까지 올라가는 시간과 내려오는 시간이 A케이블카는 각각 6분씩 걸리고, B케이블카는 각각 8분씩 걸린다. A, B케이블카의 정원은 각각 15명씩이고 두 케이블카가 동시에 탑승장에서 출발한다면 278명이 탑승장에서 전망대까지 올라가는데 걸리는 최소 시간은 몇 분인지 바르게 구한 것은? (단, 케이블카를 타고 내리는 데 걸리는 시간은 제외한다.)

① 100분 ② 105분 ③ 115분 ④ 120분 ⑤ 126분

해설 p. 109

**01** A, B, C, D, E, F는 일렬로 줄을 선다. 〈보기〉를 참고하여 4번째로 줄을 서는 사람을 고르시오.

〈보 기〉

- D와 F 사이에 2명이 줄을 선다.
- E와 B는 서로 이웃하게 줄을 서지 않는다.
- C 바로 앞에는 A가 줄을 선다.

① A ② B ③ C
④ D ⑤ E

**02** A, B, C, D, E의 나이는 서로 다르다. 〈보기〉의 명제를 참고하여 항상 참인 것을 고르시오.

〈보 기〉

- A는 D보다 나이가 많다.
- E는 C보다 나이가 적다.
- B는 D보다 나이가 많다.

① A의 나이가 1번째로 많다면 C의 나이는 4번째로 많다.
② D의 나이가 3번째로 많다면 E의 나이는 5번째로 많다.
③ C의 나이가 2번째로 많다면 B의 나이는 1번째로 많다.
④ E의 나이가 5번째로 많다면 C의 나이는 2번째로 많다.
⑤ B의 나이가 4번째로 많다면 A의 나이는 3번째로 많다.

**03** A, B, C, D, E 중 2명이 TF팀으로 활동한다. 5명 중 2명이 거짓을 말하고 나머지 3명은 참을 말한다고 할 때 〈보기〉를 참고하여 TF팀으로 활동하는 2명을 알맞게 짝지은 것을 고르시오.

〈보 기〉

A: B 또는 D가 TF팀으로 활동한다.
B: A는 TF팀으로 활동하지 않는다.
C: E는 거짓을 말하지 않는다.
D: A가 TF팀으로 활동한다.
E: 나와 B는 TF팀으로 활동하지 않는다.

① A, C ② A, E ③ B, C
④ B, D ⑤ D, E

**04** H는 월요일부터 토요일까지 토마토와 당근을 먹는다. 토마토와 당근을 모두 먹지 않는 날은 없다고 할 때 〈보기〉를 참고하여 항상 참인 것을 고르시오.

〈보 기〉

• 토마토를 먹는 날은 당근을 먹는 날보다 적다.
• 토마토를 연속하여 먹지 않는다.
• 6일 중 토마토를 먹는 날은 총 3일이다.
• 수요일에는 당근만 먹고 토마토는 먹지 않는다.
• 당근은 2일까지 연속으로 먹는다.

① H는 월요일에 토마토와 당근을 모두 먹는다.
② H는 화요일에 토마토와 당근을 모두 먹는다.
③ H는 목요일에 토마토와 당근을 모두 먹는다.
④ H는 금요일에 토마토와 당근을 모두 먹는다.
⑤ H는 토요일에 토마토와 당근을 모두 먹는다.

**05** A, B, C 중 1명이 시상식에 참여한다. 3명 모두 2번씩 진술하며 두 진술 중 한 진술은 참이고 나머지 한 진술은 거짓이라고 할 때 참인 진술만 모은 것을 고르시오.

〈 보 기 〉

A1: 나와 B는 시상식에 참여하지 않는다.
A2: 나와 C는 시상식에 참여하지 않는다.
B1: A가 시상식에 참여한다.
B2: C는 시상식에 참여하지 않는다.
C1: 나와 A는 시상식에 참여하지 않는다.
C2: 나와 B는 시상식에 참여하지 않는다.

① A1, B1, C2 ② A1, B2, C1 ③ A2, B1, C1
④ A2, B2, C1 ⑤ A2, B2, C2

실전모의고사

1회

2회

**06** A, B, C, D, E, F는 3행 2열로 배치된 자리에 앉아 세미나를 듣는다. 〈보기〉를 참고하여 항상 참인 것을 고르시오.

〈 보 기 〉

- A와 B는 같은 행에 배치된 자리에 앉는다.
- C와 F는 같은 열에 배치된 자리에 앉는다.
- E는 2행 2열의 자리에 앉는다.
- F와 E는 서로 다른 행에 배치된 자리에 앉는다.

① A는 1행 1열에 배치된 자리에 앉는다.
② B는 3행 1열에 배치된 자리에 앉는다.
③ C는 2행 1열에 배치된 자리에 앉는다.
④ D는 1행 2열에 배치된 자리에 앉는다.
⑤ F는 3행 1열에 배치된 자리에 앉는다.

**07** A, B, C 중 1명이 신혼여행을 간다. 신혼여행을 가는 1명만 진실을 말한다고 할 때 〈보기〉를 토대로 신혼여행을 갈 가능성이 있는 사람으로만 짝지은 것을 고르시오.

〈보 기〉

A: B와 C는 신혼여행을 가지 않는다.
B: A와 C는 신혼여행을 가지 않는다.
C: A와 B는 신혼여행을 가지 않는다.

① A ② C ③ A, B
④ B, C ⑤ A, B, C

**08** A, B, C, D, E, F는 6층으로 이뤄진 사택의 각 층에 산다. 성별이 같은 직원은 위로 또는 아래로 인접한 층에 살지 않는다고 할 때 〈보기〉를 토대로 반드시 거짓인 것을 고르시오.

〈보 기〉

- C가 사는 층보다 한층 높은 층에 F가 산다.
- B는 3층에 살고 E는 6층에 산다.
- D는 홀수층에 살지 않는다.
- A와 C는 여직원이다.

① B는 남직원이다. ② C는 1층에 산다. ③ D는 남직원이다.
④ A는 5층에 산다. ⑤ F는 남직원이다.

**09** 마라톤 경주에 참여한 A, B, C, D, E 중 2명이 낙오했다. 이들 중 1명만 거짓을 말한다고 할 때 〈보기〉의 진술을 참고하여 거짓을 말하는 사람을 고르시오.

〈보 기〉

- A: C는 거짓을 말하지 않는다.
- B: D가 마라톤 경주에서 낙오했다.
- C: A와 D는 마라톤 경주에서 낙오하지 않았다.
- D: 나와 E는 마라톤 경주에서 낙오하지 않았다.
- E: B가 마라톤 경주에서 낙오했다.

① A ② B ③ C
④ D ⑤ E

**10** W는 〈보기〉의 명제에 따라 A, B, C, D, E 지역의 방문 여부를 결정한다. 다음 중 항상 참인 것을 고르시오.

〈보 기〉

- E를 방문하면 D를 방문한다.
- A를 방문하면 C를 방문하지 않는다.
- B와 C 중 한 지역을 반드시 방문하며 두 지역을 모두 방문하지 않는다.
- D를 방문하면 B를 방문하지 않는다.

① A를 방문하면 E를 방문하지 않는다.
② B를 방문하면 E를 방문한다.
③ C를 방문하면 D를 방문한다.
④ D를 방문하면 A를 방문한다.
⑤ E를 방문하면 C를 방문하지 않는다.



**11** A, B, C, D, E, F는 원형의 테이블에 일정한 간격으로 앉는다. 〈보기〉를 참고하여 항상 거짓인 것을 고르시오.

〈보 기〉

- D와 F는 서로 마주 보고 앉는다.
- A는 C와 서로 이웃하게 앉지 않는다.
- B는 F와 서로 이웃하게 앉지 않는다.

① D는 A와 서로 이웃한 자리에 앉는다.
② B는 C와 서로 이웃한 자리에 앉는다.
③ C는 F와 서로 이웃한 자리에 앉는다.
④ B는 E와 서로 이웃한 자리에 앉는다.
⑤ A는 E와 서로 이웃한 자리에 앉는다.

**12** A, B, C, D, E 중 1명이 복사기를 고장 냈다. 복사기를 고장 낸 1명은 거짓으로 진술하고 나머지 4명은 진실로 진술한다고 할 때 〈보기〉를 참고하여 복사기를 고장 낸 사람을 고르시오.

〈보 기〉

A: B는 진실로 진술한다.
B: C 또는 D가 복사기를 고장 냈다.
C: B가 복사기를 고장 냈다.
D: 나와 A는 복사기를 고장 내지 않았다.
E: B와 D는 복사기를 고장 내지 않았다.

① A ② B ③ C
④ D ⑤ E

**13** 남자인 A, B, C, D와 여자인 E, F, G, H는 2행 4열로 배치된 각 자리에 앉는다. 남자끼리는 행으로든 열로든 서로 인접한 자리에 앉지 않는다고 할 때 〈보기〉를 참고하여 항상 참인 것을 고르시오.

〈보 기〉

- D는 2행 2열의 자리에 앉는다.
- A는 C와 같은 행에 배치된 자리에 앉는다.
- E와 B는 같은 열에 배치된 자리에 앉는다.

① F는 2행 1열의 자리에 앉는다.
② C는 1행 3열의 자리에 앉는다.
③ H는 2행 3열의 자리에 앉는다.
④ G는 2행 1열의 자리에 앉는다.
⑤ E는 1행 4열의 자리에 앉는다.

**14** 차량인 A, B, C, D, E의 출고가는 각기 다르다. 〈보기〉의 명제를 토대로 출고가가 가장 낮은 차와 높은 차를 알맞게 짝지은 것을 고르시오.

〈보 기〉

- B는 C보다 출고가가 높다.
- E는 D와 A의 출고가보다 낮다.
- C는 D의 출고가 보다 높다.
- A는 B의 출고가 보다 낮다.

① 출고가가 가장 낮은 차: A, 출고가가 가장 높은 차: D
② 출고가가 가장 낮은 차: B, 출고가가 가장 높은 차: A
③ 출고가가 가장 낮은 차: C, 출고가가 가장 높은 차: E
④ 출고가가 가장 낮은 차: D, 출고가가 가장 높은 차: C
⑤ 출고가가 가장 낮은 차: E, 출고가가 가장 높은 차: B



**15** A, B, C, D, E, F, G, H는 4명씩 앉을 수 있는 2개의 테이블에 나눠 앉는다. 테이블에 놓인 의자의 간격이 일정하여 누군가를 마주 보고 앉는다고 할 때 〈보기〉를 참고하여 항상 거짓인 것을 고르시오.

〈보 기〉

- D와 E는 서로 다른 테이블에 앉는다.
- A와 H는 서로 다른 테이블에 앉는다.
- G와 C는 마주 보는 자리에 앉는다.

① F와 B는 서로 다른 테이블에 앉는다.
② G와 E는 서로 다른 테이블에 앉는다.
③ B와 H는 서로 다른 테이블에 앉는다.
④ C와 A는 서로 다른 테이블에 앉는다.
⑤ E와 F는 서로 다른 테이블에 앉는다.

**16** **A, B, C, D, E 중 2명이 퇴사했다. 5명 중 2명만 거짓을 말한다고 할 때 〈보기〉의 진술을 참고하여 퇴사한 2명을 고르시오.**

〈 보 기 〉

- A: 나와 B는 퇴사하지 않았다.
- B: A는 거짓을 말한다.
- C: E는 거짓을 말하는 사람이 아니다.
- D: A 또는 C가 퇴사했다.
- E: 나와 A는 퇴사하지 않았다.

① A, C ② A, E ③ B, D
④ C, D ⑤ D, E

**17** **A, B, C, D, E는 일렬로 줄을 선다. 〈보기〉를 참고하여 5번째로 줄을 서는 사람을 고르시오.**

〈 보 기 〉

- B 바로 뒤에 D가 줄을 선다.
- E와 C는 서로 이웃하게 줄을 서지 않는다.
- A는 D보다 앞쪽에 줄을 선다.
- A와 E는 서로 이웃하게 줄을 서지 않는다.

① A ② B ③ C
④ D ⑤ E

**18** K는 3×3으로 이뤄진 9개의 칸에 1부터 9까지의 숫자를 채운다. 한 칸에 하나의 숫자만 채우고 모든 숫자를 사용한다고 할 때 〈보기〉를 참고하여 2행 2열에 채울 수 있는 숫자는 모두 몇 가지인지 고르시오.

〈 보 기 〉

- 1열에 자리한 세 칸에 채운 세 숫자의 합은 8이다.
- 2행 3열의 자리에 7을 채운다.
- 3행에 자리한 세 칸에는 짝수만 채운다.
- 1행 2열의 자리에 8을 채운다.
- 3열에 자리한 세 칸에 채운 세 숫자의 합은 22다.

| | 1열 | 2열 | 3열 |
|---|---|---|---|
| 1행 | | | |
| 2행 | | | |
| 3행 | | | |

① 1가지 ② 2가지 ③ 3가지
④ 4가지 ⑤ 5가지

**19** A, B, C, D, E 중 1명이 연애를 시작했다. 5명 중 1명만 진실을 말하고 나머지는 거짓을 말한다고 할 때 〈보기〉의 진술을 토대로 진실을 말하는 사람을 고르시오.

〈 보 기 〉

- A: D 또는 E가 연애를 시작했다.
- B: A의 진술은 진실이다.
- C: D의 진술은 거짓이다.
- D: A와 E는 연애를 시작하지 않았다.
- E: 나와 C는 연애를 시작하지 않았다.

① A ② B ③ C
④ D ⑤ E

**20** **A, B, C, D는 자판기에서 음료를 2가지씩 뽑는다. 자판기에 배치된 음료는 사과맛, 레몬맛, 포도맛이라고 할 때 〈보기〉를 참고하여 항상 거짓인 것을 고르시오.**

〈 보 기 〉

- 사과맛 음료를 뽑은 인원은 포도맛 음료를 뽑은 인원보다 적다.
- B가 뽑은 2가지 음료 중 1가지 음료는 C가 뽑은 음료이기도 하다.
- D는 레몬맛 음료를 뽑고 C는 사과맛 음료를 뽑는다.
- 레몬맛 음료를 뽑은 사람은 2명이다.

① B는 레몬맛 음료를 뽑는다.
② D는 포도맛 음료를 뽑는다.
③ C는 포도맛 음료를 뽑는다.
④ A는 레몬맛 음료를 뽑는다.
⑤ B는 포도맛 음료를 뽑는다.

해설 p. 116

**01** 다음 수는 일정한 규칙을 통해 나열되어 있다. 8번째에 올 수로 알맞은 것을 구하시오.

〈 보 기 〉

$\frac{8}{15}$ $\frac{10}{14}$ $\frac{12}{13}$ $\frac{14}{12}$ $\frac{16}{11}$ $\frac{18}{10}$

① 4 ② $\frac{22}{8}$ ③ $\frac{18}{8}$ ④ $\frac{14}{3}$ ⑤ $\frac{20}{8}$

**02** 다음 수는 일정한 규칙을 통해 나열되어 있다. A 위치에 들어갈 알맞은 수를 고르시오.

〈 보 기 〉

876 879 885 894 ( A ) 921 939

① 898 ② 906 ③ 910 ④ 915 ⑤ 919

**03** 다음 수는 일정한 규칙을 통해 나열되어 있다. 8번째에 올 수로 알맞은 것을 구하시오.

〈 보 기 〉

$\frac{1}{4}$ $\frac{3}{8}$ $\frac{9}{16}$ $\frac{27}{32}$ $\frac{81}{64}$ $\frac{243}{128}$

① $\frac{2,187}{256}$ ② $\frac{729}{256}$ ③ $\frac{1,458}{512}$ ④ $\frac{2,187}{512}$ ⑤ $\frac{729}{512}$

**04** 다음 수는 일정한 규칙을 통해 나열되어 있다. A 위치에 들어갈 알맞은 수를 고르시오.

〈 보 기 〉

55 51 47 43 ( A ) 35

① 37 ② 39 ③ 40 ④ 41 ⑤ 42

## 05

다음 수는 일정한 규칙을 통해 나열되어 있다. A, B 위치에 들어갈 알맞은 수를 구한 뒤, B-A를 계산한 값을 구하시오.

〈보 기〉

$\frac{2}{3}$ $\frac{5}{3}$ $\frac{9}{6}$ $\frac{15}{6}$ (A) $\frac{20}{6}$ $\frac{19}{6}$ (B)

① $\frac{11}{6}$ ② 2 ③ $\frac{13}{6}$ ④ $\frac{7}{3}$ ⑤ $\frac{5}{2}$

## 06

다음 수는 일정한 규칙을 통해 나열되어 있다. 11번째에 올 수로 알맞은 것을 구하시오.

〈보 기〉

4.7 9.4 8.4 16.8 15.8 31.6 30.6

① 117.4 ② 118.4 ③ 119.4 ④ 120.4 ⑤ 121.4

## 07

다음 수는 일정한 규칙을 통해 나열되어 있다. A, B 위치에 들어갈 알맞은 수를 구한 뒤, A+B를 계산한 값을 구하시오.

〈보 기〉

75.3 85.5 (A) 105.9 116.1 126.3 (B)

① 232.2 ② 222 ③ 242.4 ④ 262.8 ⑤ 211.8

## 08

다음 수는 일정한 규칙을 통해 나열되어 있다. A 위치에 들어갈 알맞은 수를 고르시오.

〈보 기〉

0 121 24.2 145.2 29.04 150.04 (A)

① 29.008 ② 29.04 ③ 30.008 ④ 32.008 ⑤ 34.008

**09** 다음 수는 일정한 규칙을 통해 나열되어 있다. A 위치에 들어갈 알맞은 수를 고르시오.

〈보 기〉

72  432  2,592  15,552  93,312  ( A )  3,359,232

① 413,475 ② 435,781 ③ 551,472 ④ 559,872 ⑤ 621,843

**10** 다음 수는 일정한 규칙을 통해 나열되어 있다. 9번째에 올 수로 알맞은 것을 구하시오.

〈보 기〉

$\frac{1}{2}$  $\frac{2}{3}$  $\frac{4}{5}$  $\frac{8}{7}$  $\frac{16}{11}$  $\frac{32}{13}$

① $\frac{128}{19}$ ② $\frac{256}{21}$ ③ $\frac{128}{23}$ ④ $\frac{256}{23}$ ⑤ $\frac{256}{29}$

**11** 다음 수는 일정한 규칙을 통해 나열되어 있다. A 위치에 들어갈 알맞은 수를 고르시오.

〈보 기〉

1,247  687  1,934  457  331  788  2,842  13  ( A )

① 901 ② 1,748 ③ 1,855 ④ 2,829 ⑤ 2,855

**12** 다음 수는 일정한 규칙을 통해 나열되어 있다. A, B 위치에 들어갈 알맞은 수를 구한 뒤, A×B를 계산한 값을 구하시오.

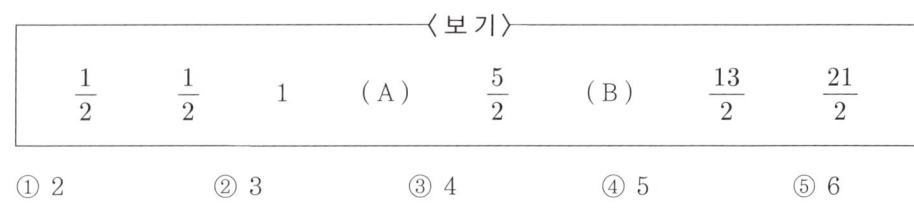

〈보 기〉

$\frac{1}{2}$  $\frac{1}{2}$  1  ( A )  $\frac{5}{2}$  ( B )  $\frac{13}{2}$  $\frac{21}{2}$

① 2 ② 3 ③ 4 ④ 5 ⑤ 6

**13** 다음 수는 일정한 규칙을 통해 나열되어 있다. 9번째에 올 수로 알맞은 것을 구하시오.

〈보 기〉

| | | | | | | |
|---|---|---|---|---|---|---|
| 85 | 17 | 19 | 3.8 | 5.8 | 1.16 | 3.16 |

① 0.632 ② 1.632 ③ 2.632 ④ 3.632 ⑤ 4.632

**14** 다음 수는 일정한 규칙을 통해 나열되어 있다. A 위치에 들어갈 알맞은 수를 고르시오.

〈보 기〉

| | | | | | | |
|---|---|---|---|---|---|---|
| $\frac{5}{2}$ | 7 | $\frac{23}{2}$ | 16 | $\frac{41}{2}$ | (A) | $\frac{59}{2}$ |

① 22 ② $\frac{45}{2}$ ③ $\frac{47}{2}$ ④ $\frac{49}{2}$ ⑤ 25

**15** 다음 수는 일정한 규칙을 통해 나열되어 있다. 12번째에 올 수로 알맞은 것을 구하시오.

〈보 기〉

| | | | | | | | | |
|---|---|---|---|---|---|---|---|---|
| 1.1 | 2.2 | 3.3 | 4.4 | 9.9 | 8.8 | 29.7 | 17.6 | 89.1 |

① 35.2 ② 52.8 ③ 70.4 ④ 92.5 ⑤ 158.4

**16** 다음 수는 일정한 규칙을 통해 나열되어 있다. A, B 위치에 들어갈 알맞은 수를 구한 뒤, A+B를 계산한 값을 구하시오.

〈보 기〉

| | | | | | | |
|---|---|---|---|---|---|---|
| 0 | 5.5 | 22 | 71.5 | (A) | 665.5 | (B) |

① 1,111 ② 2,222 ③ 3,333 ④ 4,444 ⑤ 5,555

**17** 다음 수는 일정한 규칙을 통해 나열되어 있다. A 위치에 들어갈 알맞은 수를 고르시오.

〈보 기〉

| | | | | | |
|---|---|---|---|---|---|
| 360 | 180 | 120 | 90 | 72 | ( A ) |

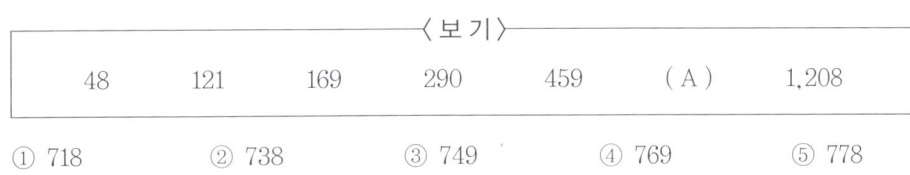

① 18 ② 36 ③ 54 ④ 60 ⑤ 64

**18** 다음 수는 일정한 규칙을 통해 나열되어 있다. A 위치에 들어갈 알맞은 수를 고르시오.

〈보 기〉

| | | | | | | |
|---|---|---|---|---|---|---|
| 48 | 121 | 169 | 290 | 459 | ( A ) | 1,208 |

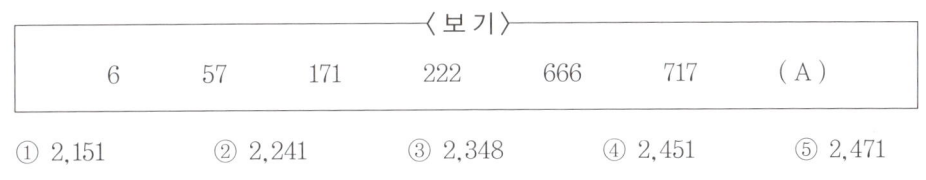

① 718 ② 738 ③ 749 ④ 769 ⑤ 778

**19** 다음 수는 일정한 규칙을 통해 나열되어 있다. A 위치에 들어갈 알맞은 수를 고르시오.

〈보 기〉

| | | | | | | |
|---|---|---|---|---|---|---|
| 6 | 57 | 171 | 222 | 666 | 717 | ( A ) |

① 2,151 ② 2,241 ③ 2,348 ④ 2,451 ⑤ 2,471

**20** 다음 수는 일정한 규칙을 통해 나열되어 있다. A, B 위치에 들어갈 알맞은 수를 구한 뒤, A×B를 계산한 값을 구하시오.

〈보 기〉

| | | | | | | | | |
|---|---|---|---|---|---|---|---|---|
| 45 | 270 | 6 | $\frac{1}{45}$ | ( A ) | 6 | ( B ) | $\frac{45}{6}$ | $\frac{1}{6}$ |

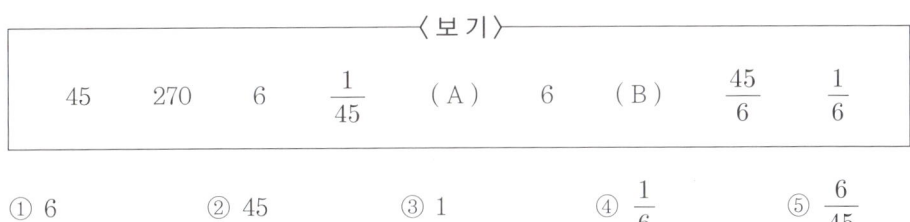

① 6 ② 45 ③ 1 ④ $\frac{1}{6}$ ⑤ $\frac{6}{45}$

# PART 05

# 심층역량

# 심층역량 검사 안내

- 지원자의 가치관과 태도를 측정하는 역량 검사로, 일하는데 적합한 성격, 가치관, 태도를 갖추고 있는지 판단하기 위해 시행된다.
- PART1은 A, B, C 각 질문에 대해 ① 전혀 아니다, ② 아니다, ③ 약간 아니다, ④ 약간 그렇다, ⑤ 그렇다, ⑥ 매우 그렇다 중 본인이 해당한다고 생각하는 번호를 골라 표기하고, A, B, C 중 자신의 성향과 가장 가까운 것 1개와 가장 먼 것 1개를 골라 표기하는 검사이다.

| 문항 | | | 응답 1 | | | | | | 응답 2 | |
|---|---|---|---|---|---|---|---|---|---|---|
| | | | 전혀 아니다 ◀ | | | | | ▶ 매우 그렇다 | 멀다 | 가깝다 |
| 1 | A | 반복적인 일 보다는 새로운 일이 재미있다. | ① | ② | ③ | ④ | ⑤ | ⑥ | ○ | ○ |
| | B | 평범한 삶이 즐겁다. | ① | ② | ③ | ④ | ⑤ | ⑥ | ○ | ○ |
| | C | 동료의 업무를 도와주는 것이 즐겁다. | ① | ② | ③ | ④ | ⑤ | ⑥ | ○ | ○ |

- PART2는 문항을 읽고 ① 전혀 아니다, ② 아니다, ③ 약간 아니다, ④ 약간 그렇다, ⑤ 그렇다, ⑥ 매우 그렇다 중 본인이 해당한다고 생각하는 번호를 골라 표기하는 검사이다.

| 문항 | | 응답 1 | | | | | |
|---|---|---|---|---|---|---|---|
| | | 전혀 아니다 ◀ | | | | | ▶ 매우 그렇다 |
| 1 | 기회는 모두에게 공평하게 주어져야 한다고 생각한다. | ① | ② | ③ | ④ | ⑤ | ⑥ |

| 검사 TIP |

1. 일관성 있게 대답해야 한다.
   - 검사지 질문 중 비슷한 질문에 대한 응답이 서로 다를 경우, 결과에 대한 신뢰도가 떨어질 수 있다. 낮은 신뢰도는 채용 결과에 안 좋은 영향을 줄 수 있으므로 문항 수가 많더라도 끝까지 집중하며 일관성 있는 응답을 해야 한다.

2. 솔직하게 대답해야 한다.
   - 지원자가 심층역량 검사에 응답한 내용이 면접에서 보여지는 실제 지원자의 성향 및 태도, 면접에서의 응답 내용과 다른 경우, 검사 결과에 대한 신뢰도가 떨어질 수 있으므로 솔직하게 답변하는 것이 좋다.

3. 빠르게 응답하고 넘어간다.
   - 심층역량 검사의 경우, 짧은 시간 동안 많은 질문에 응답해야 하기 때문에 하나의 질문에 너무 많은 시간을 소요하지 않고 빠르게 넘어가야 한다. 고민하지 않고 솔직한 응답을 할수록 일관성 있는 응답을 할 수 있다.

4. 지원하는 계열사의 인재상을 파악해야 한다.
   - 지원하는 계열사의 인재상을 미리 파악하고 자신의 직무에 필요한 역량 또한 미리 파악해두는 것이 좋다.

**[PART 1]** 다음 문항을 읽고 A, B, C 각 질문에 대해 ① 전혀 아니다, ② 아니다, ③ 약간 아니다, ④ 약간 그렇다, ⑤ 그렇다, ⑥ 매우 그렇다 중 본인이 해당한다고 생각하는 번호를 골라 표기하고, A, B, C 중 자신의 성향과 가장 가까운 것 1개와 가장 먼 것 1개를 골라 표기하시오.

| 문항 | | | 응답 1 | | | | | | 응답 2 | |
|---|---|---|---|---|---|---|---|---|---|---|
| | | | 전혀 아니다 ◀ | | | | | ▶ 매우 그렇다 | 멀다 | 가깝다 |
| 1 | A | 반복적인 일 보다는 새로운 일이 재미있다. | ① | ② | ③ | ④ | ⑤ | ⑥ | ○ | ○ |
| | B | 평범한 삶이 즐겁다. | ① | ② | ③ | ④ | ⑤ | ⑥ | ○ | ○ |
| | C | 동료의 업무를 도와주는 것이 즐겁다. | ① | ② | ③ | ④ | ⑤ | ⑥ | ○ | ○ |
| 2 | A | 평소에 짜증이 많은 편이다. | ① | ② | ③ | ④ | ⑤ | ⑥ | ○ | ○ |
| | B | 리더는 최대한 빠르게 판단을 내려야 한다. | ① | ② | ③ | ④ | ⑤ | ⑥ | ○ | ○ |
| | C | 나에게 도움이 되지 않는 사람과는 친하게 지내지 않는다. | ① | ② | ③ | ④ | ⑤ | ⑥ | ○ | ○ |
| 3 | A | 여행하는 것이 운동하는 것보다 즐겁다. | ① | ② | ③ | ④ | ⑤ | ⑥ | ○ | ○ |
| | B | 혼자 있어도 외로움을 느끼지 않는다. | ① | ② | ③ | ④ | ⑤ | ⑥ | ○ | ○ |
| | C | 다친 동물을 보면 불쌍한 마음이 생긴다. | ① | ② | ③ | ④ | ⑤ | ⑥ | ○ | ○ |
| 4 | A | 비슷한 일 보다는 변화가 있는 일을 선호한다. | ① | ② | ③ | ④ | ⑤ | ⑥ | ○ | ○ |
| | B | 가끔 특이한 말로 사람들을 웃긴다. | ① | ② | ③ | ④ | ⑤ | ⑥ | ○ | ○ |
| | C | 현실적인 방법보다 이상적인 방법을 선호한다. | ① | ② | ③ | ④ | ⑤ | ⑥ | ○ | ○ |
| 5 | A | 사교모임에 참석하는 것을 좋아한다. | ① | ② | ③ | ④ | ⑤ | ⑥ | ○ | ○ |
| | B | 나와 반대되는 의견을 주장하는 사람을 보면 기분이 나쁘다. | ① | ② | ③ | ④ | ⑤ | ⑥ | ○ | ○ |
| | C | 체력이 약해서 피곤하다고 자주 생각한다. | ① | ② | ③ | ④ | ⑤ | ⑥ | ○ | ○ |
| 6 | A | 새로운 물건을 만들고 싶다. | ① | ② | ③ | ④ | ⑤ | ⑥ | ○ | ○ |
| | B | 실수를 많이 하는 편이다. | ① | ② | ③ | ④ | ⑤ | ⑥ | ○ | ○ |
| | C | 계획에서 벗어나는 것을 싫어한다. | ① | ② | ③ | ④ | ⑤ | ⑥ | ○ | ○ |
| 7 | A | 융통성이 부족한 편이다. | ① | ② | ③ | ④ | ⑤ | ⑥ | ○ | ○ |
| | B | 남의 의견에 동조하기보다는 비판하는 것을 좋아한다. | ① | ② | ③ | ④ | ⑤ | ⑥ | ○ | ○ |
| | C | 행동이 느리다는 말을 자주 들었다. | ① | ② | ③ | ④ | ⑤ | ⑥ | ○ | ○ |
| 8 | A | 처음 먹어보는 음식에 대해 거부감이 없다. | ① | ② | ③ | ④ | ⑤ | ⑥ | ○ | ○ |
| | B | 책 읽는 것 보다 미술작품을 구경하는 것이 좋다. | ① | ② | ③ | ④ | ⑤ | ⑥ | ○ | ○ |
| | C | 주변 환경보다 자신의 의지가 중요하다고 생각한다. | ① | ② | ③ | ④ | ⑤ | ⑥ | ○ | ○ |
| 9 | A | 모든 일에서 형식과 절차를 지키는 것이 중요하다. | ① | ② | ③ | ④ | ⑤ | ⑥ | ○ | ○ |
| | B | 처음 보는 사람과 함께 있으면 피곤하다. | ① | ② | ③ | ④ | ⑤ | ⑥ | ○ | ○ |
| | C | 긍정적이고 낙천적인 성격이다. | ① | ② | ③ | ④ | ⑤ | ⑥ | ○ | ○ |
| 10 | A | 어떤 일을 하기 전 충분히 생각하는 편이다. | ① | ② | ③ | ④ | ⑤ | ⑥ | ○ | ○ |
| | B | 다른 사람들보다 자존감이 높다고 생각한다. | ① | ② | ③ | ④ | ⑤ | ⑥ | ○ | ○ |
| | C | 고등학교 시절 반에서 인기가 많았다. | ① | ② | ③ | ④ | ⑤ | ⑥ | ○ | ○ |

| 문항 | | | 응답 1 | | | | | | 응답 2 | |
|---|---|---|---|---|---|---|---|---|---|---|
| | | | 전혀 아니다 ◀ | | | | | ▶ 매우 그렇다 | 멀다 | 가깝다 |
| 11 | A | 친구들에게 성격이 좋다는 말을 많이 듣는다. | ① | ② | ③ | ④ | ⑤ | ⑥ | ○ | ○ |
| | B | 새로운 환경에 적응하는 것이 어렵다. | ① | ② | ③ | ④ | ⑤ | ⑥ | ○ | ○ |
| | C | 친한 사람과도 가끔 말이 안 통한다고 느낀다. | ① | ② | ③ | ④ | ⑤ | ⑥ | ○ | ○ |
| 12 | A | 항상 웃는 표정이라는 말을 많이 듣는다. | ① | ② | ③ | ④ | ⑤ | ⑥ | ○ | ○ |
| | B | 직관보다는 경험이 중요하다고 생각한다. | ① | ② | ③ | ④ | ⑤ | ⑥ | ○ | ○ |
| | C | 남들이 나를 어떻게 볼지 많이 신경 쓴다. | ① | ② | ③ | ④ | ⑤ | ⑥ | ○ | ○ |
| 13 | A | 누군가 나를 이끌어주는 것이 편하다. | ① | ② | ③ | ④ | ⑤ | ⑥ | ○ | ○ |
| | B | 리더십보다 팔로우십이 뛰어나다. | ① | ② | ③ | ④ | ⑤ | ⑥ | ○ | ○ |
| | C | 맡은 일은 열심히 한다. | ① | ② | ③ | ④ | ⑤ | ⑥ | ○ | ○ |
| 14 | A | 가장 좋아하는 계절은 겨울이다. | ① | ② | ③ | ④ | ⑤ | ⑥ | ○ | ○ |
| | B | 업무를 처리할 때는 신속함보다 정확함이 중요하다. | ① | ② | ③ | ④ | ⑤ | ⑥ | ○ | ○ |
| | C | 매사에 충분히 생각하고 행동하는 편이다. | ① | ② | ③ | ④ | ⑤ | ⑥ | ○ | ○ |
| 15 | A | 꿈에서 미래에 일어날 일을 본다. | ① | ② | ③ | ④ | ⑤ | ⑥ | ○ | ○ |
| | B | 상대방이 약속 시간을 지키지 않으면 기다리지 않고 간다. | ① | ② | ③ | ④ | ⑤ | ⑥ | ○ | ○ |
| | C | 누군가 나를 험담해도 별로 신경 쓰지 않는다. | ① | ② | ③ | ④ | ⑤ | ⑥ | ○ | ○ |
| 16 | A | 주변 사람들의 시선을 의식한다. | ① | ② | ③ | ④ | ⑤ | ⑥ | ○ | ○ |
| | B | 남들 앞에 서서 발표하는 것을 좋아한다. | ① | ② | ③ | ④ | ⑤ | ⑥ | ○ | ○ |
| | C | 슬픈 영화를 봐도 눈물이 잘 나지 않는다. | ① | ② | ③ | ④ | ⑤ | ⑥ | ○ | ○ |
| 17 | A | 냉소적인 성격이라는 말을 자주 듣는다. | ① | ② | ③ | ④ | ⑤ | ⑥ | ○ | ○ |
| | B | 도전은 즐거운 것이다. | ① | ② | ③ | ④ | ⑤ | ⑥ | ○ | ○ |
| | C | 나에게 도움이 되는 사람만 사귄다. | ① | ② | ③ | ④ | ⑤ | ⑥ | ○ | ○ |
| 18 | A | 새로운 친구를 사귀는 데 어려움을 느낀다. | ① | ② | ③ | ④ | ⑤ | ⑥ | ○ | ○ |
| | B | 속마음을 털어놓을 수 있는 친구가 적다. | ① | ② | ③ | ④ | ⑤ | ⑥ | ○ | ○ |
| | C | 협동하는 일보다 혼자 하는 일이 편하다. | ① | ② | ③ | ④ | ⑤ | ⑥ | ○ | ○ |
| 19 | A | 압박을 심하게 받아도 동요하지 않는다. | ① | ② | ③ | ④ | ⑤ | ⑥ | ○ | ○ |
| | B | 어두운 곳을 무서워한다. | ① | ② | ③ | ④ | ⑤ | ⑥ | ○ | ○ |
| | C | 계절에 따라 기분이 달라진다. | ① | ② | ③ | ④ | ⑤ | ⑥ | ○ | ○ |
| 20 | A | 가끔 거짓말을 한다. | ① | ② | ③ | ④ | ⑤ | ⑥ | ○ | ○ |
| | B | 덜렁대는 편이다. | ① | ② | ③ | ④ | ⑤ | ⑥ | ○ | ○ |
| | C | 직관적으로 행동하는 것을 좋아한다. | ① | ② | ③ | ④ | ⑤ | ⑥ | ○ | ○ |
| 21 | A | 똑똑하다는 말을 많이 들었다. | ① | ② | ③ | ④ | ⑤ | ⑥ | ○ | ○ |
| | B | 주말에는 집에서 쉬는 편이다. | ① | ② | ③ | ④ | ⑤ | ⑥ | ○ | ○ |
| | C | 사람들과 만나는 것은 피곤한 일이다. | ① | ② | ③ | ④ | ⑤ | ⑥ | ○ | ○ |

| 문항 | | | 응답 1 | | | | | | 응답 2 | |
|---|---|---|---|---|---|---|---|---|---|---|
| | | | 전혀 아니다 ◀ | | | | | ▶ 매우 그렇다 | 멀다 | 가깝다 |
| 22 | A | 나는 지금 힘든 상황에 놓여있다. | ① | ② | ③ | ④ | ⑤ | ⑥ | ○ | ○ |
| | B | 나는 미래에 성공했을 것이다. | ① | ② | ③ | ④ | ⑤ | ⑥ | ○ | ○ |
| | C | 손해 보는 일은 하지 않는다. | ① | ② | ③ | ④ | ⑤ | ⑥ | ○ | ○ |
| 23 | A | 과도한 배려는 가식이라고 생각한다. | ① | ② | ③ | ④ | ⑤ | ⑥ | ○ | ○ |
| | B | 내가 손해를 보더라도 친구들을 배려하는 편이다. | ① | ② | ③ | ④ | ⑤ | ⑥ | ○ | ○ |
| | C | 남들에게 양보하는 것을 좋아한다. | ① | ② | ③ | ④ | ⑤ | ⑥ | ○ | ○ |
| 24 | A | 상대방의 감정 변화에 신경 쓴다. | ① | ② | ③ | ④ | ⑤ | ⑥ | ○ | ○ |
| | B | 가끔 심한 장난을 쳐서 친구와 사이가 나빠지기도 한다. | ① | ② | ③ | ④ | ⑤ | ⑥ | ○ | ○ |
| | C | 친구들이 나에게 고민을 자주 털어놓는다. | ① | ② | ③ | ④ | ⑤ | ⑥ | ○ | ○ |
| 25 | A | 수영보다 등산을 좋아한다. | ① | ② | ③ | ④ | ⑤ | ⑥ | ○ | ○ |
| | B | 내 실수를 인정하는 것이 어렵다. | ① | ② | ③ | ④ | ⑤ | ⑥ | ○ | ○ |
| | C | 고집 있다는 말을 자주 듣는다. | ① | ② | ③ | ④ | ⑤ | ⑥ | ○ | ○ |
| 26 | A | 어떤 일이든 최선을 다한다. | ① | ② | ③ | ④ | ⑤ | ⑥ | ○ | ○ |
| | B | 주변 사람들의 소문을 듣는 것을 좋아한다. | ① | ② | ③ | ④ | ⑤ | ⑥ | ○ | ○ |
| | C | 기쁜 일이 있어도 내색하지 않는다. | ① | ② | ③ | ④ | ⑤ | ⑥ | ○ | ○ |
| 27 | A | 친구의 고민을 들을 때 가끔 공감되지 않을 때가 있다. | ① | ② | ③ | ④ | ⑤ | ⑥ | ○ | ○ |
| | B | 학창 시절 동아리 활동을 즐겨 했다. | ① | ② | ③ | ④ | ⑤ | ⑥ | ○ | ○ |
| | C | 남들의 단점보다는 장점을 잘 찾아낸다. | ① | ② | ③ | ④ | ⑤ | ⑥ | ○ | ○ |
| 28 | A | 성공하고자 하는 열망이 강하다. | ① | ② | ③ | ④ | ⑤ | ⑥ | ○ | ○ |
| | B | 지하철 옆자리에 다른 사람이 앉으면 불편하다. | ① | ② | ③ | ④ | ⑤ | ⑥ | ○ | ○ |
| | C | 식사를 빠르게 하는 편이다. | ① | ② | ③ | ④ | ⑤ | ⑥ | ○ | ○ |
| 29 | A | 타인의 의견에 귀를 기울이는 편이다. | ① | ② | ③ | ④ | ⑤ | ⑥ | ○ | ○ |
| | B | 논리적인 생각은 빠른 결정에 방해가 된다. | ① | ② | ③ | ④ | ⑤ | ⑥ | ○ | ○ |
| | C | 판단하기 전 망설이는 편이다. | ① | ② | ③ | ④ | ⑤ | ⑥ | ○ | ○ |
| 30 | A | 나의 미래는 불투명하다. | ① | ② | ③ | ④ | ⑤ | ⑥ | ○ | ○ |
| | B | 다수의 이익을 위해서라면 소수가 희생해야 한다. | ① | ② | ③ | ④ | ⑤ | ⑥ | ○ | ○ |
| | C | 할 일이 많으면 불안해진다. | ① | ② | ③ | ④ | ⑤ | ⑥ | ○ | ○ |
| 31 | A | 친구와 싸울 때 욕을 한 적이 있다. | ① | ② | ③ | ④ | ⑤ | ⑥ | ○ | ○ |
| | B | 쉽게 자만하는 편이다. | ① | ② | ③ | ④ | ⑤ | ⑥ | ○ | ○ |
| | C | 남들에 비해 똑똑하다고 생각한다. | ① | ② | ③ | ④ | ⑤ | ⑥ | ○ | ○ |
| 32 | A | 익숙한 환경에서 벗어나는 것을 싫어한다. | ① | ② | ③ | ④ | ⑤ | ⑥ | ○ | ○ |
| | B | 작은 소리에도 예민한 편이다. | ① | ② | ③ | ④ | ⑤ | ⑥ | ○ | ○ |
| | C | 나는 미래에 돈을 많이 벌 것이다. | ① | ② | ③ | ④ | ⑤ | ⑥ | ○ | ○ |

| 문항 | | | 응답 1 | | | | | | 응답 2 | |
|---|---|---|---|---|---|---|---|---|---|---|
| | | | 전혀 아니다 ◀ | | | | | ▶ 매우 그렇다 | 멀다 | 가깝다 |
| 33 | A | 집단에서 리더 역할을 자주 맡는다. | ① | ② | ③ | ④ | ⑤ | ⑥ | ○ | ○ |
| | B | 남을 배려할 줄 안다고 생각한다. | ① | ② | ③ | ④ | ⑤ | ⑥ | ○ | ○ |
| | C | 친구가 일방적으로 약속을 파기해도 이해한다. | ① | ② | ③ | ④ | ⑤ | ⑥ | ○ | ○ |
| 34 | A | 내성적인 성격이라고 생각한다. | ① | ② | ③ | ④ | ⑤ | ⑥ | ○ | ○ |
| | B | 최근 행복한 일이 별로 없었다. | ① | ② | ③ | ④ | ⑤ | ⑥ | ○ | ○ |
| | C | 새로운 환경에 적응하는 과정이 즐겁다. | ① | ② | ③ | ④ | ⑤ | ⑥ | ○ | ○ |
| 35 | A | 기쁜 소식을 들어도 즐겁지 않다. | ① | ② | ③ | ④ | ⑤ | ⑥ | ○ | ○ |
| | B | 혼자 있어도 외롭지 않다. | ① | ② | ③ | ④ | ⑤ | ⑥ | ○ | ○ |
| | C | 다친 동물을 보면 불쌍한 마음이 생긴다. | ① | ② | ③ | ④ | ⑤ | ⑥ | ○ | ○ |
| 36 | A | 성공하는 것은 돈을 많이 버는 것이라 생각한다. | ① | ② | ③ | ④ | ⑤ | ⑥ | ○ | ○ |
| | B | 친구들에게 허세 부리는 편이다. | ① | ② | ③ | ④ | ⑤ | ⑥ | ○ | ○ |
| | C | 친한 친구가 많다. | ① | ② | ③ | ④ | ⑤ | ⑥ | ○ | ○ |
| 37 | A | 조직의 성공을 위해서라면 희생은 불가피하다. | ① | ② | ③ | ④ | ⑤ | ⑥ | ○ | ○ |
| | B | 상상력이 풍부하다. | ① | ② | ③ | ④ | ⑤ | ⑥ | ○ | ○ |
| | C | 사소한 일에도 화내는 경우가 많다. | ① | ② | ③ | ④ | ⑤ | ⑥ | ○ | ○ |
| 38 | A | 쉬운 일을 실수하는 것은 이해하기 힘들다. | ① | ② | ③ | ④ | ⑤ | ⑥ | ○ | ○ |
| | B | 익숙한 곳에서 벗어나기 싫다. | ① | ② | ③ | ④ | ⑤ | ⑥ | ○ | ○ |
| | C | 남을 험담한 적이 없다. | ① | ② | ③ | ④ | ⑤ | ⑥ | ○ | ○ |
| 39 | A | 지난 일을 후회하는 경우가 많다. | ① | ② | ③ | ④ | ⑤ | ⑥ | ○ | ○ |
| | B | 종종 충동적으로 행동하는 편이다. | ① | ② | ③ | ④ | ⑤ | ⑥ | ○ | ○ |
| | C | 힘든 일이 생기면 뒤로 미루는 편이다. | ① | ② | ③ | ④ | ⑤ | ⑥ | ○ | ○ |
| 40 | A | 더위를 잘 탄다. | ① | ② | ③ | ④ | ⑤ | ⑥ | ○ | ○ |
| | B | 단순 반복 작업은 견디기 힘들다. | ① | ② | ③ | ④ | ⑤ | ⑥ | ○ | ○ |
| | C | 전문성이 필요한 업무만 하고 싶다. | ① | ② | ③ | ④ | ⑤ | ⑥ | ○ | ○ |
| 41 | A | 고민 없이 빠르게 행동하는 편이다. | ① | ② | ③ | ④ | ⑤ | ⑥ | ○ | ○ |
| | B | 음식에 대한 호불호가 강한 편이다. | ① | ② | ③ | ④ | ⑤ | ⑥ | ○ | ○ |
| | C | 남에게 먼저 연락하는 것을 좋아하지 않는다. | ① | ② | ③ | ④ | ⑤ | ⑥ | ○ | ○ |
| 42 | A | 실리보다 명분을 중요하게 생각한다. | ① | ② | ③ | ④ | ⑤ | ⑥ | ○ | ○ |
| | B | 여행을 자주 가는 편이다. | ① | ② | ③ | ④ | ⑤ | ⑥ | ○ | ○ |
| | C | 남보다 앞서나가고 싶다. | ① | ② | ③ | ④ | ⑤ | ⑥ | ○ | ○ |
| 43 | A | 종종 약속 시간을 지키지 못한다. | ① | ② | ③ | ④ | ⑤ | ⑥ | ○ | ○ |
| | B | 업무를 위해서라면 개인 시간을 포기할 수 있다. | ① | ② | ③ | ④ | ⑤ | ⑥ | ○ | ○ |
| | C | 행동하기 전에 먼저 생각하는 편이다. | ① | ② | ③ | ④ | ⑤ | ⑥ | ○ | ○ |

| 문항 | | | 응답 1 | | | | | | 응답 2 | |
|---|---|---|---|---|---|---|---|---|---|---|
| | | | 전혀 아니다 ◀ | | | | | ▶ 매우 그렇다 | 멀다 | 가깝다 |
| 44 | A | 나보다 약한 사람을 먼저 도와야 한다. | ① | ② | ③ | ④ | ⑤ | ⑥ | ○ | ○ |
| | B | 토론에서 상대방을 몰아세우는 것을 좋아한다. | ① | ② | ③ | ④ | ⑤ | ⑥ | ○ | ○ |
| | C | 도전 정신이 많다고 생각한다. | ① | ② | ③ | ④ | ⑤ | ⑥ | ○ | ○ |
| 45 | A | 처음 보는 사람과 대화하는 것이 어렵다. | ① | ② | ③ | ④ | ⑤ | ⑥ | ○ | ○ |
| | B | 책임감 없는 사람들을 보면 화가 난다. | ① | ② | ③ | ④ | ⑤ | ⑥ | ○ | ○ |
| | C | 친한 친구가 적다고 생각한다. | ① | ② | ③ | ④ | ⑤ | ⑥ | ○ | ○ |
| 46 | A | 메신저보다는 대화하는 것이 편하다. | ① | ② | ③ | ④ | ⑤ | ⑥ | ○ | ○ |
| | B | 남의 부탁을 거절하는 것이 어렵다. | ① | ② | ③ | ④ | ⑤ | ⑥ | ○ | ○ |
| | C | 과도한 친절은 오히려 상대방을 부담스럽게 하는 것이다. | ① | ② | ③ | ④ | ⑤ | ⑥ | ○ | ○ |
| 47 | A | 내가 손해 보는 것은 참기 힘들다. | ① | ② | ③ | ④ | ⑤ | ⑥ | ○ | ○ |
| | B | 관광객이 많은 여행지보다 한적한 여행지가 좋다. | ① | ② | ③ | ④ | ⑤ | ⑥ | ○ | ○ |
| | C | 즉흥적으로 여행을 떠나는 편이다. | ① | ② | ③ | ④ | ⑤ | ⑥ | ○ | ○ |
| 48 | A | 쉬운 방법이 있더라도 원칙을 지켜야 한다. | ① | ② | ③ | ④ | ⑤ | ⑥ | ○ | ○ |
| | B | 내가 옳다고 생각하면 주장을 굽히지 않는다. | ① | ② | ③ | ④ | ⑤ | ⑥ | ○ | ○ |
| | C | 무단횡단을 해본 적이 없다. | ① | ② | ③ | ④ | ⑤ | ⑥ | ○ | ○ |
| 49 | A | 남에게 무례한 행동을 하지 않는다. | ① | ② | ③ | ④ | ⑤ | ⑥ | ○ | ○ |
| | B | 참을성이 많은 편이다. | ① | ② | ③ | ④ | ⑤ | ⑥ | ○ | ○ |
| | C | 과거의 일보다는 미래를 많이 생각한다. | ① | ② | ③ | ④ | ⑤ | ⑥ | ○ | ○ |
| 50 | A | 잘생겼다 혹은 예쁘다는 말을 자주 듣는다. | ① | ② | ③ | ④ | ⑤ | ⑥ | ○ | ○ |
| | B | 자유분방한 옷차림을 선호한다. | ① | ② | ③ | ④ | ⑤ | ⑥ | ○ | ○ |
| | C | 자신의 외모가 마음에 들지 않는다. | ① | ② | ③ | ④ | ⑤ | ⑥ | ○ | ○ |
| 51 | A | 기분이 얼굴에 드러난다. | ① | ② | ③ | ④ | ⑤ | ⑥ | ○ | ○ |
| | B | 항상 최악의 상황을 대비한다. | ① | ② | ③ | ④ | ⑤ | ⑥ | ○ | ○ |
| | C | 화나는 상황에서도 비속어를 사용하지 않는다. | ① | ② | ③ | ④ | ⑤ | ⑥ | ○ | ○ |
| 52 | A | 옷 사는 것을 좋아한다. | ① | ② | ③ | ④ | ⑤ | ⑥ | ○ | ○ |
| | B | 행동하기 전 항상 계획을 세운다. | ① | ② | ③ | ④ | ⑤ | ⑥ | ○ | ○ |
| | C | 음악을 들을 때 가사를 주의 깊게 듣는다. | ① | ② | ③ | ④ | ⑤ | ⑥ | ○ | ○ |
| 53 | A | 음식에 대한 기준이 까다롭다. | ① | ② | ③ | ④ | ⑤ | ⑥ | ○ | ○ |
| | B | 스트레스를 받아도 잘 대처할 줄 안다. | ① | ② | ③ | ④ | ⑤ | ⑥ | ○ | ○ |
| | C | 식사를 천천히 하는 편이다. | ① | ② | ③ | ④ | ⑤ | ⑥ | ○ | ○ |
| 54 | A | 나는 특별한 사람이라고 생각한다. | ① | ② | ③ | ④ | ⑤ | ⑥ | ○ | ○ |
| | B | 가수나 배우가 되고 싶다고 생각한 적이 있다. | ① | ② | ③ | ④ | ⑤ | ⑥ | ○ | ○ |
| | C | 인간관계에서 오는 스트레스가 많다. | ① | ② | ③ | ④ | ⑤ | ⑥ | ○ | ○ |

| 문항 | | | 응답 1 | | | | | | 응답 2 | |
|---|---|---|---|---|---|---|---|---|---|---|
| | | | 전혀 아니다 ◀ | | | | | ▶ 매우 그렇다 | 멀다 | 가깝다 |
| 55 | A | 나는 자유로운 환경에서 자랐다. | ① | ② | ③ | ④ | ⑤ | ⑥ | ○ | ○ |
| | B | 계획에서 벗어난 일은 하지 않는다. | ① | ② | ③ | ④ | ⑤ | ⑥ | ○ | ○ |
| | C | 내가 상대보다 먼저 인사하는 편이다. | ① | ② | ③ | ④ | ⑤ | ⑥ | ○ | ○ |
| 56 | A | 나의 미래에 대해 낙관적이다. | ① | ② | ③ | ④ | ⑤ | ⑥ | ○ | ○ |
| | B | 처음 보는 사람에게도 쉽게 마음을 여는 편이다. | ① | ② | ③ | ④ | ⑤ | ⑥ | ○ | ○ |
| | C | 나는 지금 걱정거리가 많다. | ① | ② | ③ | ④ | ⑤ | ⑥ | ○ | ○ |
| 57 | A | 나에게 도움 되는 사람이 가치 있는 사람이다. | ① | ② | ③ | ④ | ⑤ | ⑥ | ○ | ○ |
| | B | 말실수를 할 때가 많다. | ① | ② | ③ | ④ | ⑤ | ⑥ | ○ | ○ |
| | C | 걱정되는 일이 많다. | ① | ② | ③ | ④ | ⑤ | ⑥ | ○ | ○ |
| 58 | A | 눈치 없다는 말을 자주 듣는다. | ① | ② | ③ | ④ | ⑤ | ⑥ | ○ | ○ |
| | B | 야근 대신 업무시간에 일을 마치는 것이 능력 있는 것이다. | ① | ② | ③ | ④ | ⑤ | ⑥ | ○ | ○ |
| | C | 좋아하는 운동이 없다. | ① | ② | ③ | ④ | ⑤ | ⑥ | ○ | ○ |
| 59 | A | 일 못하는 사람보다 지각하는 사람이 더 싫다. | ① | ② | ③ | ④ | ⑤ | ⑥ | ○ | ○ |
| | B | 성격이 예민하다는 말을 많이 듣는다. | ① | ② | ③ | ④ | ⑤ | ⑥ | ○ | ○ |
| | C | 정해진 규칙을 지켜야 마음이 편하다. | ① | ② | ③ | ④ | ⑤ | ⑥ | ○ | ○ |
| 60 | A | 내 주변에서 일어나는 일들에 관심이 많다. | ① | ② | ③ | ④ | ⑤ | ⑥ | ○ | ○ |
| | B | 스스로 정한 기준은 반드시 지킨다. | ① | ② | ③ | ④ | ⑤ | ⑥ | ○ | ○ |
| | C | 주어진 일은 반드시 완료한다. | ① | ② | ③ | ④ | ⑤ | ⑥ | ○ | ○ |
| 61 | A | 친구들 사이에서 존재감이 없는 편이다. | ① | ② | ③ | ④ | ⑤ | ⑥ | ○ | ○ |
| | B | 항상 웃음을 잃지 않는다. | ① | ② | ③ | ④ | ⑤ | ⑥ | ○ | ○ |
| | C | 고지식하다는 말을 들어본 적 있다. | ① | ② | ③ | ④ | ⑤ | ⑥ | ○ | ○ |
| 62 | A | 나로 인해 전체가 피해받는 것이 두렵다. | ① | ② | ③ | ④ | ⑤ | ⑥ | ○ | ○ |
| | B | 내가 남들보다 똑똑하다고 생각한다. | ① | ② | ③ | ④ | ⑤ | ⑥ | ○ | ○ |
| | C | 반복적인 일에는 금방 흥미를 잃는다. | ① | ② | ③ | ④ | ⑤ | ⑥ | ○ | ○ |
| 63 | A | 매일 다른 곳에서 잠을 잘 수 있다. | ① | ② | ③ | ④ | ⑤ | ⑥ | ○ | ○ |
| | B | 행복은 일상 속에 존재한다고 생각한다. | ① | ② | ③ | ④ | ⑤ | ⑥ | ○ | ○ |
| | C | 남들보다 유명해지고 싶다. | ① | ② | ③ | ④ | ⑤ | ⑥ | ○ | ○ |
| 64 | A | 내 의견을 주장하는 것에 어려움을 느끼지 않는다. | ① | ② | ③ | ④ | ⑤ | ⑥ | ○ | ○ |
| | B | 주도적으로 행동하는 것이 편하다. | ① | ② | ③ | ④ | ⑤ | ⑥ | ○ | ○ |
| | C | 잘못된 일은 반드시 지적한다. | ① | ② | ③ | ④ | ⑤ | ⑥ | ○ | ○ |
| 65 | A | 도시보다 시골이 편하다. | ① | ② | ③ | ④ | ⑤ | ⑥ | ○ | ○ |
| | B | 남의 주장에 쉽게 설득된다. | ① | ② | ③ | ④ | ⑤ | ⑥ | ○ | ○ |
| | C | 소심하다는 말을 자주 듣는다. | ① | ② | ③ | ④ | ⑤ | ⑥ | ○ | ○ |

| 문항 | | | 응답 1 | | | | | | 응답 2 | |
|---|---|---|---|---|---|---|---|---|---|---|
| | | | 전혀 아니다 ◀ | | | | | ▶ 매우 그렇다 | 멀다 | 가깝다 |
| 66 | A | 여행지에서도 운동을 한다. | ① | ② | ③ | ④ | ⑤ | ⑥ | ○ | ○ |
| | B | 책을 많이 읽는 편이다. | ① | ② | ③ | ④ | ⑤ | ⑥ | ○ | ○ |
| | C | 친구와 잡은 약속을 먼저 취소하는 경우가 많다. | ① | ② | ③ | ④ | ⑤ | ⑥ | ○ | ○ |
| 67 | A | 칭찬을 들어도 별로 기쁘지 않다. | ① | ② | ③ | ④ | ⑤ | ⑥ | ○ | ○ |
| | B | 단정한 옷차림을 선호한다. | ① | ② | ③ | ④ | ⑤ | ⑥ | ○ | ○ |
| | C | 감정 기복이 거의 없는 편이다. | ① | ② | ③ | ④ | ⑤ | ⑥ | ○ | ○ |
| 68 | A | 억울한 일을 당하면 반드시 복수한다. | ① | ② | ③ | ④ | ⑤ | ⑥ | ○ | ○ |
| | B | 표정이 무섭다는 말을 자주 듣는다. | ① | ② | ③ | ④ | ⑤ | ⑥ | ○ | ○ |
| | C | 원리원칙을 따지는 것은 시간 낭비라고 생각한다. | ① | ② | ③ | ④ | ⑤ | ⑥ | ○ | ○ |
| 69 | A | 남을 협박한 적이 있다. | ① | ② | ③ | ④ | ⑤ | ⑥ | ○ | ○ |
| | B | 잠을 깊게 자기 힘들다. | ① | ② | ③ | ④ | ⑤ | ⑥ | ○ | ○ |
| | C | 별다른 이유 없이 잘 놀란다. | ① | ② | ③ | ④ | ⑤ | ⑥ | ○ | ○ |
| 70 | A | 감수성이 풍부하다. | ① | ② | ③ | ④ | ⑤ | ⑥ | ○ | ○ |
| | B | 문제를 해결하기 위해서는 이성이 감성보다 중요하다. | ① | ② | ③ | ④ | ⑤ | ⑥ | ○ | ○ |
| | C | 남에게 잘 공감한다. | ① | ② | ③ | ④ | ⑤ | ⑥ | ○ | ○ |
| 71 | A | 스스로의 행동에 실망할 때가 많다. | ① | ② | ③ | ④ | ⑤ | ⑥ | ○ | ○ |
| | B | 전통이나 관습을 크게 신경 쓰지 않는다. | ① | ② | ③ | ④ | ⑤ | ⑥ | ○ | ○ |
| | C | 좁은 공간에 있는 것이 힘들다. | ① | ② | ③ | ④ | ⑤ | ⑥ | ○ | ○ |
| 72 | A | 운동하는 것이 영화 보는 것보다 즐겁다. | ① | ② | ③ | ④ | ⑤ | ⑥ | ○ | ○ |
| | B | 친구에게 고민을 많이 이야기한다. | ① | ② | ③ | ④ | ⑤ | ⑥ | ○ | ○ |
| | C | 다른 사람의 생각을 잘 읽는 편이다. | ① | ② | ③ | ④ | ⑤ | ⑥ | ○ | ○ |
| 73 | A | 종종 공상에 빠진다. | ① | ② | ③ | ④ | ⑤ | ⑥ | ○ | ○ |
| | B | 때로는 멀리 떠나고 싶다는 마음이 든다. | ① | ② | ③ | ④ | ⑤ | ⑥ | ○ | ○ |
| | C | 돈과 관련된 고민을 자주 한다. | ① | ② | ③ | ④ | ⑤ | ⑥ | ○ | ○ |
| 74 | A | 나는 활발한 편이다. | ① | ② | ③ | ④ | ⑤ | ⑥ | ○ | ○ |
| | B | 귀신을 본 적이 있다. | ① | ② | ③ | ④ | ⑤ | ⑥ | ○ | ○ |
| | C | 내향적이라는 말을 자주 듣는다. | ① | ② | ③ | ④ | ⑤ | ⑥ | ○ | ○ |
| 75 | A | 취미가 다양하다. | ① | ② | ③ | ④ | ⑤ | ⑥ | ○ | ○ |
| | B | 변화를 좋아하지만, 새로운 것에 대해 금방 흥미를 잃는다. | ① | ② | ③ | ④ | ⑤ | ⑥ | ○ | ○ |
| | C | 성공하기 위해서는 불법적인 행동도 필요하다. | ① | ② | ③ | ④ | ⑤ | ⑥ | ○ | ○ |
| 76 | A | 자유롭게 살고 싶다. | ① | ② | ③ | ④ | ⑤ | ⑥ | ○ | ○ |
| | B | 낯을 많이 가린다. | ① | ② | ③ | ④ | ⑤ | ⑥ | ○ | ○ |
| | C | 관찰력이 좋은 편이다. | ① | ② | ③ | ④ | ⑤ | ⑥ | ○ | ○ |

| 문항 | | | 응답 1 | | | | | | 응답 2 | |
|---|---|---|---|---|---|---|---|---|---|---|
| | | | 전혀 아니다 ◀ | | | | | ▶ 매우 그렇다 | 멀다 | 가깝다 |
| 77 | A | 활발하고 모험하는 것을 좋아한다. | ① | ② | ③ | ④ | ⑤ | ⑥ | ○ | ○ |
| | B | 화가 나면 참기 힘들다. | ① | ② | ③ | ④ | ⑤ | ⑥ | ○ | ○ |
| | C | 사람의 이름과 얼굴을 잘 기억한다. | ① | ② | ③ | ④ | ⑤ | ⑥ | ○ | ○ |
| 78 | A | 나는 아직 더 발전할 수 있다고 생각한다. | ① | ② | ③ | ④ | ⑤ | ⑥ | ○ | ○ |
| | B | 가끔 친절하지 않다는 말을 듣는다. | ① | ② | ③ | ④ | ⑤ | ⑥ | ○ | ○ |
| | C | 성공하기 위해서는 운이 중요하다고 생각한다. | ① | ② | ③ | ④ | ⑤ | ⑥ | ○ | ○ |
| 79 | A | 직접 경험한 것을 바탕으로 문제를 해결하려고 한다. | ① | ② | ③ | ④ | ⑤ | ⑥ | ○ | ○ |
| | B | 여러 업무를 동시에 진행하는 것이 어렵다. | ① | ② | ③ | ④ | ⑤ | ⑥ | ○ | ○ |
| | C | 항상 긍정적인 방향으로 생각하는 편이다. | ① | ② | ③ | ④ | ⑤ | ⑥ | ○ | ○ |
| 80 | A | 매사에 진지하다는 말을 자주 듣는다. | ① | ② | ③ | ④ | ⑤ | ⑥ | ○ | ○ |
| | B | 나는 운이 좋은 편이다. | ① | ② | ③ | ④ | ⑤ | ⑥ | ○ | ○ |
| | C | 일이 잘 진행되는 동안에는 새로운 의견이 불필요하다. | ① | ② | ③ | ④ | ⑤ | ⑥ | ○ | ○ |

**[PART 2]** 다음 문항을 읽고 ① 전혀 아니다, ② 아니다, ③ 약간 아니다, ④ 약간 그렇다, ⑤ 그렇다, ⑥ 매우 그렇다 중 본인이 해당한다고 생각하는 번호를 골라 표기하시오.

| 문항 | | 응답 | | | | | |
|---|---|---|---|---|---|---|---|
| | | 전혀 아니다 ◀ | | | | | ▶ 매우 그렇다 |
| 1 | 기회는 모두에게 공평하게 주어져야 한다고 생각한다. | ① | ② | ③ | ④ | ⑤ | ⑥ |
| 2 | 가끔은 낯익은 장소도 생소하게 느껴진다. | ① | ② | ③ | ④ | ⑤ | ⑥ |
| 3 | 내가 공감할 수 없는 이유로는 나를 설득할 수 없다. | ① | ② | ③ | ④ | ⑤ | ⑥ |
| 4 | 지금 만나고 있는 친구들 외에 새로운 친구는 만들고 싶지 않다. | ① | ② | ③ | ④ | ⑤ | ⑥ |
| 5 | 내 단점을 지적받으면 기분이 나쁘다. | ① | ② | ③ | ④ | ⑤ | ⑥ |
| 6 | 옆집에서 발생하는 소리를 많이 신경 쓴다. | ① | ② | ③ | ④ | ⑤ | ⑥ |
| 7 | 몸이 아프면 병에 걸린 것 같다고 생각한다. | ① | ② | ③ | ④ | ⑤ | ⑥ |
| 8 | 사소한 일에는 크게 신경 쓰지 않는다. | ① | ② | ③ | ④ | ⑤ | ⑥ |
| 9 | 새로운 장소를 여행하는 것이 재밌다. | ① | ② | ③ | ④ | ⑤ | ⑥ |
| 10 | 신중하고 조심스러운 성격이다. | ① | ② | ③ | ④ | ⑤ | ⑥ |
| 11 | 여러 명이 참여하는 프로젝트보다는 혼자 진행하는 프로젝트가 편하다. | ① | ② | ③ | ④ | ⑤ | ⑥ |
| 12 | 주변 사람들 의견에 잘 휘둘리지 않는다. | ① | ② | ③ | ④ | ⑤ | ⑥ |
| 13 | 남들에게 주목받는 것을 즐긴다. | ① | ② | ③ | ④ | ⑤ | ⑥ |
| 14 | 기분 나쁜 일이 있어도 그 자리에서 바로 표현하지는 않는다. | ① | ② | ③ | ④ | ⑤ | ⑥ |
| 15 | 휴일에는 아무도 나를 방해하지 않길 원한다. | ① | ② | ③ | ④ | ⑤ | ⑥ |
| 16 | 내가 옳다고 생각하면 힘들어도 끝까지 한다. | ① | ② | ③ | ④ | ⑤ | ⑥ |
| 17 | 새로운 지식을 습득하면 어느 곳에 활용할 수 있을지 생각한다. | ① | ② | ③ | ④ | ⑤ | ⑥ |
| 18 | 격렬한 운동보다는 가벼운 운동이 좋다. | ① | ② | ③ | ④ | ⑤ | ⑥ |
| 19 | 주변 사람들의 평가에 크게 신경 쓰지 않는다. | ① | ② | ③ | ④ | ⑤ | ⑥ |
| 20 | 내가 어려울 때 나를 도와줄 사람이 있으면 좋겠다. | ① | ② | ③ | ④ | ⑤ | ⑥ |
| 21 | 누군가 나한테 잘해준다면 반드시 목적이 있기 때문이다. | ① | ② | ③ | ④ | ⑤ | ⑥ |
| 22 | 주변 사람들에 비해 내가 훨씬 활동적이다. | ① | ② | ③ | ④ | ⑤ | ⑥ |
| 23 | 남들은 생각하지 못하는 방법으로 일을 해결하고 싶다. | ① | ② | ③ | ④ | ⑤ | ⑥ |
| 24 | 다른 사람의 주장이 맞는 것 같으면 내 주장을 쉽게 바꾼다. | ① | ② | ③ | ④ | ⑤ | ⑥ |
| 25 | 실력보다는 정이 많은 동료가 있으면 좋겠다. | ① | ② | ③ | ④ | ⑤ | ⑥ |
| 26 | 회사라고 할지라도 업무능력만으로 사람을 평가해서는 안 된다. | ① | ② | ③ | ④ | ⑤ | ⑥ |
| 27 | 주말에 집에 있으면 답답하다. | ① | ② | ③ | ④ | ⑤ | ⑥ |
| 28 | 토론을 할 때 내 주장을 먼저 말하는 편이다. | ① | ② | ③ | ④ | ⑤ | ⑥ |
| 29 | 새로운 물건을 봐도 어떤 역할을 하는 물건인지 쉽게 아는 편이다. | ① | ② | ③ | ④ | ⑤ | ⑥ |
| 30 | 목표가 생기면 몸에 무리가 되더라도 도전한다. | ① | ② | ③ | ④ | ⑤ | ⑥ |
| 31 | 누군가를 때린 적이 있다. | ① | ② | ③ | ④ | ⑤ | ⑥ |
| 32 | 목표를 다른 사람이 정해주는 것이 편하다. | ① | ② | ③ | ④ | ⑤ | ⑥ |
| 33 | 나의 건강 상태에 대해 불안감을 느낀다. | ① | ② | ③ | ④ | ⑤ | ⑥ |

| 문항 | | 응답 | | | | | |
|---|---|---|---|---|---|---|---|
| | | 전혀 아니다 ◀ | | | | | ▶ 매우 그렇다 |
| 34 | 흥분을 잘하는 성격이다. | ① | ② | ③ | ④ | ⑤ | ⑥ |
| 35 | 일이 잘 풀리지 않으면 내 능력이 부족해서라고 생각한다. | ① | ② | ③ | ④ | ⑤ | ⑥ |
| 36 | 나는 참을성이 강하다. | ① | ② | ③ | ④ | ⑤ | ⑥ |
| 37 | 보는 사람이 없어도 무단횡단을 하지 않는다. | ① | ② | ③ | ④ | ⑤ | ⑥ |
| 38 | 감정적인 판단은 위험하다고 생각한다. | ① | ② | ③ | ④ | ⑤ | ⑥ |
| 39 | 나는 이유 없이 벌 받은 적이 많다고 생각한다. | ① | ② | ③ | ④ | ⑤ | ⑥ |
| 40 | 작은 소리에도 금방 잠에서 깬다. | ① | ② | ③ | ④ | ⑤ | ⑥ |
| 41 | 원칙을 고수하는 사람을 보면 답답하다. | ① | ② | ③ | ④ | ⑤ | ⑥ |
| 42 | 다수결의 원칙은 언제나 옳다. | ① | ② | ③ | ④ | ⑤ | ⑥ |
| 43 | 나는 뒤끝 있는 성격이다. | ① | ② | ③ | ④ | ⑤ | ⑥ |
| 44 | 다른 사람들도 나만큼 똑똑하다. | ① | ② | ③ | ④ | ⑤ | ⑥ |
| 45 | 나를 싫어하는 사람들을 이해할 수 없다. | ① | ② | ③ | ④ | ⑤ | ⑥ |
| 46 | 나는 미래를 잘 예측한다. | ① | ② | ③ | ④ | ⑤ | ⑥ |
| 47 | 걱정 때문에 잠을 잘 이루지 못한다. | ① | ② | ③ | ④ | ⑤ | ⑥ |
| 48 | 말하고 싶은 것이 있으면 거침없이 말한다. | ① | ② | ③ | ④ | ⑤ | ⑥ |
| 49 | 순간적으로 화가 나서 친구와 싸운 적이 있다. | ① | ② | ③ | ④ | ⑤ | ⑥ |
| 50 | 동시에 여러 일을 진행하는 것을 선호하지 않는다. | ① | ② | ③ | ④ | ⑤ | ⑥ |
| 51 | 업무가 주어지면 빨리 끝내야 마음이 편하다. | ① | ② | ③ | ④ | ⑤ | ⑥ |
| 52 | 회식 참석 여부가 직원을 평가하는 기준이 되어서는 안 된다. | ① | ② | ③ | ④ | ⑤ | ⑥ |
| 53 | 나는 한 가지 취미에 빠지면 쉽게 헤어 나오지 못한다. | ① | ② | ③ | ④ | ⑤ | ⑥ |
| 54 | 나는 가끔 심한 장난을 치곤 한다. | ① | ② | ③ | ④ | ⑤ | ⑥ |
| 55 | 내 능력을 가장 잘 알아주는 곳에서 일하고 싶다. | ① | ② | ③ | ④ | ⑤ | ⑥ |
| 56 | 정직하게 사는 사람이 손해 보는 세상이다. | ① | ② | ③ | ④ | ⑤ | ⑥ |
| 57 | 성공하기 위해서는 불법적인 일도 할 줄 알아야 한다. | ① | ② | ③ | ④ | ⑤ | ⑥ |
| 58 | 일을 시간 내 완료하지 못하는 경우가 있다. | ① | ② | ③ | ④ | ⑤ | ⑥ |
| 59 | 지시를 받으면 그 지시가 부당하지 않은지 한 번 더 생각한다. | ① | ② | ③ | ④ | ⑤ | ⑥ |
| 60 | 말이 느린 편이다. | ① | ② | ③ | ④ | ⑤ | ⑥ |
| 61 | 잘못한 사람을 쉽게 용서하는 편이다. | ① | ② | ③ | ④ | ⑤ | ⑥ |
| 62 | 나는 신중한 사람이다. | ① | ② | ③ | ④ | ⑤ | ⑥ |
| 63 | 상대방에게 양보하는 경우가 많다. | ① | ② | ③ | ④ | ⑤ | ⑥ |
| 64 | 새치기하는 사람을 보면 그 자리에서 지적한다. | ① | ② | ③ | ④ | ⑤ | ⑥ |
| 65 | 내 의견을 강하게 주장하는 편이다. | ① | ② | ③ | ④ | ⑤ | ⑥ |
| 66 | 잠을 잘 때 꿈을 많이 꾼다. | ① | ② | ③ | ④ | ⑤ | ⑥ |
| 67 | 나는 이성에게 인기가 많다. | ① | ② | ③ | ④ | ⑤ | ⑥ |
| 68 | 나는 욕심이 많은 편이다. | ① | ② | ③ | ④ | ⑤ | ⑥ |

| 문항 | | 응답 | | | | | |
|---|---|---|---|---|---|---|---|
| | | 전혀 아니다 ◀ | | | | ▶ 매우 그렇다 | |
| 69 | 뉴스 보는 것을 좋아한다. | ① | ② | ③ | ④ | ⑤ | ⑥ |
| 70 | 여행을 가기 전 세세한 일정까지 모두 계획한다. | ① | ② | ③ | ④ | ⑤ | ⑥ |
| 71 | 작은 일이라도 계획을 세운 후 시작한다. | ① | ② | ③ | ④ | ⑤ | ⑥ |
| 72 | 내가 학창 시절 가장 좋아했던 과목은 체육이다. | ① | ② | ③ | ④ | ⑤ | ⑥ |
| 73 | 지나간 일에 대해 후회를 많이 한다. | ① | ② | ③ | ④ | ⑤ | ⑥ |
| 74 | 새로운 일을 시작하면 설렘보다는 두려움이 크다. | ① | ② | ③ | ④ | ⑤ | ⑥ |
| 75 | 나의 어린 시절은 힘들었다. | ① | ② | ③ | ④ | ⑤ | ⑥ |
| 76 | 주변 사람들에게 타고난 리더라는 말을 많이 듣는다. | ① | ② | ③ | ④ | ⑤ | ⑥ |
| 77 | 어떤 상황에서든 법을 지켜야 한다. | ① | ② | ③ | ④ | ⑤ | ⑥ |
| 78 | 매사에 걱정이 많은 편이다. | ① | ② | ③ | ④ | ⑤ | ⑥ |
| 79 | 가장 좋아하는 색은 검은색이다. | ① | ② | ③ | ④ | ⑤ | ⑥ |
| 80 | 가능하면 새로운 사람들을 만나고 싶다. | ① | ② | ③ | ④ | ⑤ | ⑥ |
| 81 | 나는 자율적으로 행동할 때 가장 능력을 발휘할 수 있다. | ① | ② | ③ | ④ | ⑤ | ⑥ |
| 82 | 목소리가 큰 편이다. | ① | ② | ③ | ④ | ⑤ | ⑥ |
| 83 | 영화를 볼 때 결말이 예상된다. | ① | ② | ③ | ④ | ⑤ | ⑥ |
| 84 | 나의 미래는 아직 불투명하다. | ① | ② | ③ | ④ | ⑤ | ⑥ |
| 85 | 능력이 있다면 이직하는 것이 좋다. | ① | ② | ③ | ④ | ⑤ | ⑥ |
| 86 | 즉흥적으로 여행을 떠나는 것을 즐긴다. | ① | ② | ③ | ④ | ⑤ | ⑥ |
| 87 | 친구의 부탁을 거절하지 못한다. | ① | ② | ③ | ④ | ⑤ | ⑥ |
| 88 | 반복적인 작업을 해도 지루하지 않다. | ① | ② | ③ | ④ | ⑤ | ⑥ |
| 89 | 나는 동성 친구보다 이성 친구가 더 많다. | ① | ② | ③ | ④ | ⑤ | ⑥ |
| 90 | 형식적인 절차를 지키는 것을 좋아하지 않는다. | ① | ② | ③ | ④ | ⑤ | ⑥ |
| 91 | 나의 과거는 불행했다. | ① | ② | ③ | ④ | ⑤ | ⑥ |
| 92 | 아무도 생각하지 못한 제품을 만들고 싶다. | ① | ② | ③ | ④ | ⑤ | ⑥ |
| 93 | 부지런하다는 말을 많이 듣는다. | ① | ② | ③ | ④ | ⑤ | ⑥ |
| 94 | 어떤 일이든 잘할 자신이 있다. | ① | ② | ③ | ④ | ⑤ | ⑥ |
| 95 | 매일 일기를 쓴다. | ① | ② | ③ | ④ | ⑤ | ⑥ |
| 96 | 불법적인 일은 단 한 번도 한 적이 없다. | ① | ② | ③ | ④ | ⑤ | ⑥ |
| 97 | 나는 다른 사람보다 노력을 많이 하는 편이다. | ① | ② | ③ | ④ | ⑤ | ⑥ |
| 98 | 취미가 같은 사람을 만나면 몇 시간이고 얘기할 수 있다. | ① | ② | ③ | ④ | ⑤ | ⑥ |
| 99 | 나는 여러 사람 앞에서 행사를 진행해 본 적이 있다. | ① | ② | ③ | ④ | ⑤ | ⑥ |
| 100 | 아무도 지키지 않는 법이라도 나는 지켜야 한다. | ① | ② | ③ | ④ | ⑤ | ⑥ |
| 101 | 항상 효율적인 방법을 찾는 편이다. | ① | ② | ③ | ④ | ⑤ | ⑥ |
| 102 | 사람이 많은 여행지를 좋아한다. | ① | ② | ③ | ④ | ⑤ | ⑥ |
| 103 | 내 인생에서 가장 중요한 것은 가족이다. | ① | ② | ③ | ④ | ⑤ | ⑥ |

| 문항 | | 응답 | | | | | |
|---|---|---|---|---|---|---|---|
| | | 전혀 아니다 ◀ | | | | | ▶ 매우 그렇다 |
| 104 | 부당한 일을 당해도 제대로 항의하기가 어렵다. | ① | ② | ③ | ④ | ⑤ | ⑥ |
| 105 | 나는 혼자서 쉬는 시간이 반드시 필요하다. | ① | ② | ③ | ④ | ⑤ | ⑥ |
| 106 | 행동이 느린 편이다. | ① | ② | ③ | ④ | ⑤ | ⑥ |
| 107 | 하던 일을 마무리 지어야 마음이 편하다. | ① | ② | ③ | ④ | ⑤ | ⑥ |
| 108 | 나만의 개인적인 공간이 필요하다. | ① | ② | ③ | ④ | ⑤ | ⑥ |
| 109 | 다른 사람들에게 나의 장점을 이야기할 수 있다. | ① | ② | ③ | ④ | ⑤ | ⑥ |
| 110 | 좋아하는 음식과 싫어하는 음식이 명확하다. | ① | ② | ③ | ④ | ⑤ | ⑥ |
| 111 | 가끔 아무 이유 없이 싫은 사람이 있다. | ① | ② | ③ | ④ | ⑤ | ⑥ |
| 112 | 말이 통하지 않는 나라를 여행해 보고 싶다. | ① | ② | ③ | ④ | ⑤ | ⑥ |
| 113 | 남을 이기기 위해서는 남보다 빨리 시작해야 한다. | ① | ② | ③ | ④ | ⑤ | ⑥ |
| 114 | 항상 일이 잘 풀리지 않았을 때를 대비한다. | ① | ② | ③ | ④ | ⑤ | ⑥ |
| 115 | 여러 사람이 어울리는 모임을 좋아한다. | ① | ② | ③ | ④ | ⑤ | ⑥ |
| 116 | 압박감이 심해도 평정심을 유지한다. | ① | ② | ③ | ④ | ⑤ | ⑥ |
| 117 | 주변이 시끄러우면 집중하기 힘들다. | ① | ② | ③ | ④ | ⑤ | ⑥ |
| 118 | 선배보다는 후배들과 말하는 것이 편하다. | ① | ② | ③ | ④ | ⑤ | ⑥ |
| 119 | 엄격한 규율이 있는 집단에서 생활하는 것이 어렵다. | ① | ② | ③ | ④ | ⑤ | ⑥ |
| 120 | 사교모임에서 아무도 말하지 않고 있으면 불안해진다. | ① | ② | ③ | ④ | ⑤ | ⑥ |
| 121 | 처음 보는 사람과도 편하게 이야기할 수 있다. | ① | ② | ③ | ④ | ⑤ | ⑥ |
| 122 | 결과보다 과정이 중요하다. | ① | ② | ③ | ④ | ⑤ | ⑥ |
| 123 | 가끔 이유 없이 불안할 때가 있다. | ① | ② | ③ | ④ | ⑤ | ⑥ |
| 124 | 나는 남들보다 불행한 것 같다. | ① | ② | ③ | ④ | ⑤ | ⑥ |
| 125 | 내 방에 있을 때가 가장 마음이 편하다. | ① | ② | ③ | ④ | ⑤ | ⑥ |
| 126 | 내가 맡은 일에서 최고의 전문가가 되고 싶다. | ① | ② | ③ | ④ | ⑤ | ⑥ |
| 127 | 노력한 일에서 성과를 거두지 못하면 심하게 자책한다. | ① | ② | ③ | ④ | ⑤ | ⑥ |
| 128 | 운이 없으면 성공하지 못한다. | ① | ② | ③ | ④ | ⑤ | ⑥ |
| 129 | 나는 개성이 강한 편이다. | ① | ② | ③ | ④ | ⑤ | ⑥ |
| 130 | 나는 사회에 꼭 필요한 사람이라고 생각한다. | ① | ② | ③ | ④ | ⑤ | ⑥ |
| 131 | 힘든 일이 있어도 주변 사람들에게 내색하지 않는다. | ① | ② | ③ | ④ | ⑤ | ⑥ |
| 132 | 이직하는 것은 동료들에 대한 배신이다. | ① | ② | ③ | ④ | ⑤ | ⑥ |
| 133 | 오랫동안 해온 취미생활이 있다. | ① | ② | ③ | ④ | ⑤ | ⑥ |
| 134 | 익숙한 일이라도 항상 긴장된다. | ① | ② | ③ | ④ | ⑤ | ⑥ |
| 135 | 나는 어디서든 잘 적응할 수 있다. | ① | ② | ③ | ④ | ⑤ | ⑥ |
| 136 | 가족들과 떨어져서 지내는 것이 힘들다. | ① | ② | ③ | ④ | ⑤ | ⑥ |
| 137 | 친한 친구라도 말이 통하지 않는 경우가 있다. | ① | ② | ③ | ④ | ⑤ | ⑥ |
| 138 | 내 마음을 진짜 이해할 수 있는 사람은 없다. | ① | ② | ③ | ④ | ⑤ | ⑥ |

| 문항 | | 응답 | | | | | |
|---|---|---|---|---|---|---|---|
| | | 전혀 아니다 ◀ | | | | | ▶ 매우 그렇다 |
| 139 | 억울한 일을 당해도 화를 참을 수 있다. | ① | ② | ③ | ④ | ⑤ | ⑥ |
| 140 | 나와 관련 없는 일은 관심이 없다. | ① | ② | ③ | ④ | ⑤ | ⑥ |
| 141 | 시끄러운 분위기가 좋다. | ① | ② | ③ | ④ | ⑤ | ⑥ |
| 142 | 자존심이 세다는 말을 많이 듣는다. | ① | ② | ③ | ④ | ⑤ | ⑥ |
| 143 | 다른 사람들이 동의하지 않아도 내가 옳다고 생각한다. | ① | ② | ③ | ④ | ⑤ | ⑥ |
| 144 | 나의 결정이 대체로 옳다고 생각한다. | ① | ② | ③ | ④ | ⑤ | ⑥ |
| 145 | 리더는 반드시 가장 능력이 뛰어난 사람이어야 한다. | ① | ② | ③ | ④ | ⑤ | ⑥ |
| 146 | 계획을 세웠더라도 수시로 바꾼다. | ① | ② | ③ | ④ | ⑤ | ⑥ |
| 147 | 나는 우유부단한 편이다. | ① | ② | ③ | ④ | ⑤ | ⑥ |
| 148 | 내 친구들은 모두 나와 생각이 비슷하다. | ① | ② | ③ | ④ | ⑤ | ⑥ |
| 149 | 내 능력을 인정하지 않는 회사에서는 일하고 싶지 않다. | ① | ② | ③ | ④ | ⑤ | ⑥ |
| 150 | 미래의 나는 지금과는 다른 사람일 것이다. | ① | ② | ③ | ④ | ⑤ | ⑥ |

여러분을 합격으로 안내할

# 렛유인 공식 플랫폼으로 초대합니다!

*QR코드를 휴대폰으로 스캔하면 해당 SNS로 바로 이동됩니다.

LEtuin
렛유인 채용 알리미
입장코드: letuin83
바로 입장!

## 카카오톡

매일 새로운 이공계 채용 공고를 가장 빠르게 받아보고 다른 취준생들과 다양한 취업 정보를 공유해 보세요!

LEtuin
렛유인 공식 인스타그램
@letuin_official
바로 입장!

## 인스타그램

하루 5분! 이공계 5대 산업 트렌드부터 취준 꿀팁까지! 다양한 이공계 취업 정보를 쉽고 편하게 확인해 보세요!

취업사이다
렛유인 공식 유튜브 채널
취업사이다
바로 입장!

## 취업사이다 유튜브

조회수 100만! 면접관의 생각을 알아볼 수 있는 면접관의 '면접 썰'부터취준생과 면접관의 입장이 바뀐 '주객전도면접'까지! 취업을 쉽고 재밌게 준비해 보세요!

이공모야
이공계 출신들의
모든 이야기 - 이공모야
바로 입장!

## 이공모야

취업, 이직, 퇴사 등의 주제를 가지고 대학생부터 직장인까지! 이공계 출신의 사람들과 다양한 주제로 이야기해 보세요!

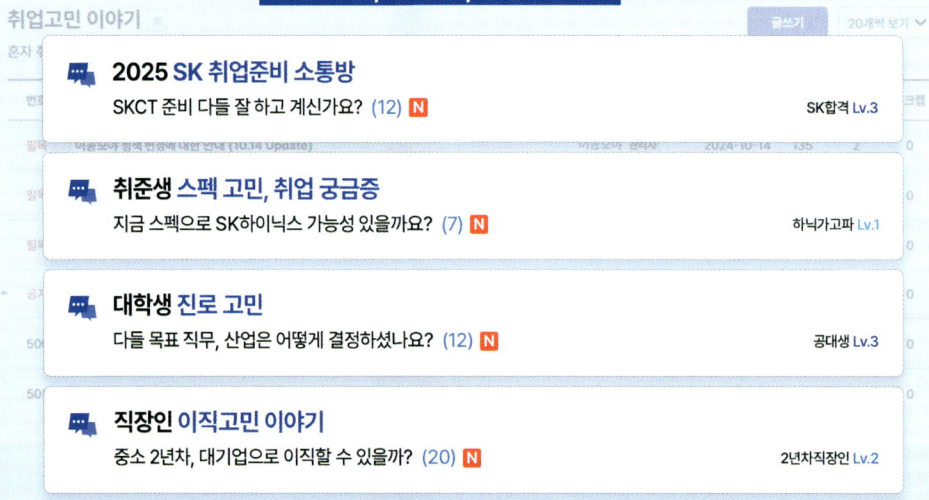

2025 최신판

# 렛유인 SKCT 독학단기완성

## SK그룹 종합역량검사 통합기본서

28개 필수/빈출유형+기출복원 모의고사 2회+실전 모의고사 2회

박은숙, 송정원, 최윤지, 주영훈, 렛유인연구소 지음

# 정답 및 해설

# PART 02 기출복원 모의고사

## Chapter 01 2024 중・하반기 기출복원 모의고사

### 언어이해

| 01 | 02 | 03 | 04 | 05 | 06 | 07 | 08 | 09 | 10 |
|---|---|---|---|---|---|---|---|---|---|
| ④ | ② | ④ | ⑤ | ① | ⑤ | ⑤ | ⑤ | ⑤ | ② |
| 11 | 12 | 13 | 14 | 15 | 16 | 17 | 18 | 19 | 20 |
| ① | ③ | ④ | ① | ② | ③ | ④ | ① | ⑤ | ③ |

**01** ④

태양 중심 우주론은 근대 천문학자인 코페르니쿠스가 주장하였고, 지구 중심 우주론은 고대 천문학자인 프톨레마이오스가 주장했다는 것은 글의 내용과 일치한다.

[오답 점검]

① 2세기에 활동한 천문학자로, 지구 중심 우주론을 주장한 사람은 프톨레마이오스이다.
② 코페르니쿠스의 이론은 지구가 자전하고, 태양 주위를 도는 것으로 주장하였으므로 이 글의 내용과 일치하지 않는다.
③ 프톨레마이오스의 이론은 약 1,400년 동안 지배적인 천문학 이론으로 받아들여졌고, 코페르니쿠스의 이론은 현대 천문학의 기초에 이바지하였다고 한 내용에 비추어 글의 내용과 일치하지 않는다.
⑤ 프톨레마이오스의 이론은 "에피사이클"이라는 여러 가지 복잡한 궤도 모델을 사용하여 행성의 운동을 설명하였다. 따라서 글의 내용과 일치하지 않는다.

**02** ②

애플 제품을 구매하여 혁신적이고 세련된 이미지를 함께 소비하려는 것은 파노플리 효과의 사례로 적절하다.

[오답 점검]

① 모방 소비의 사례이다.
③ 베블런 효과의 사례이다.
④ 명품 소비의 사례이다.
⑤ 모방 소비의 사례이다.

**03** ④

글의 내용을 토대로 보면 탄소 저감이 지구 온난화와 기후 위기 문제 해결에 중요한 역할을 한다고 하였으며, 탄소 저감을 실현할 수 있는 다양한 방법을 언급하고 있으므로 적절한 추론이다.

[오답 점검]

① 탄소 포집 및 저장(CCS) 기술은 대기 중으로 배출되는 이산화탄소를 포집하고 저장하여 배출을 줄이는 기술로 이산화탄소를 더 많이 방출하도록 설계된 것이 아니므로 추론으로 적절하지 않다.
② 탄소 저감은 재생가능 에너지원인 태양광, 풍력, 수력, 지열 등을 이용하여 화석연료를 대체하는 것이 중요하다고 하였으므로 추론으로 적절하지 않다.
③ 탄소 저감을 위한 정책은 대중교통 이용이나 전기차 사용 등의 개인적인 노력이 중요한 역할을 한다고 하였으므로 추론으로 적절하지 않다.
⑤ 전기차와 대중교통 이용은 탄소 배출을 줄이는 방법으로 제시되었으므로 추론으로 적절하지 않다.

**04** ⑤

이 글에서는 인용, 즉 다른 사람의 말이나 글을 사용하지는 않았다. 따라서 이 글에 적용된 서술 방식으로 적절하지 않다.

[오답 점검]

① 육예와 악의 의미와 역할을 설명하며, 각 용어를 명확히 규정하는 정의 방식을 사용한다.
② 음악, 특히 정악이 선비 정신과 사회적 조화에서 어떤 기능을 하는지 논리적으로 풀어내는 설명 방식을 사용한다.
③ 악의 구체적 사례로 아악, 가곡, 시조 등을 언급하여 읽는 이의 이해를 돕는 예시 방식을 사용한다.
④ 정악의 특징을 단순히 기술하는 것에 그치지 않고, 정악이 단순한 음악적 기술이나 오락과 어떻게 다른지 설명하며 도덕적 수양과 사회적 조화의 수단으로 강조하는 비교와 대조 방식을 사용한다.

## 05 ①

문단은 논리적으로 도입(역경 점수의 취지) → 설명(산출 기준) → 문제점(논란과 비판) → 결론(중단과 교훈) 순으로 전개된다. 따라서 (B)-(A)-(D)-(C)가 문단의 배열로 가장 적절하다.

[오답 점검]

②, ③, ④, ⑤는 문단의 배열로 가장 적절하지는 않다.

## 06 ⑤

글에서 기계식 오르골과 디지털 오르골의 차이를 비교하며 두 가지 종류의 오르골에 대해 설명하고 있다. 따라서 "기계식 오르골과 디지털 오르골의 차이점"이 가장 적절한 제목이다.

[오답 점검]

① 오르골의 역사와 발전에 대한 구체적인 설명은 글에 없다.
② 오르골의 구성 방식에 대하여는 언급하고 있으나 만드는 다양한 재료들에 대한 설명은 없다.
③ 디지털 기술의 발전과 음악의 변화는 이 글에 언급되고 있지 않다.
④ 오르골과 기타 악기의 차이점에 대한 내용은 글에 없다.

## 07 ⑤

글은 도입에서 땅콩 알레르기에 대하여 설명하고, 다음으로 원인을, 그리고 예방 방법에 대하여 설명하고 있으므로 주제로 가장 적절하다.

[오답 점검]

① 땅콩 알레르기에 관한 내용에 집중되어 있으며, 땅콩의 영양 성분과 효능에 대한 내용은 다루고 있지 않다.
② 땅콩 알레르기는 주로 땅콩에 포함된 단백질이 면역 시스템에 의해 잘못 인식되면서 발생한다고 하였지만, 이것이 글의 주제로 가장 적절하지는 않다.
③ 음식 알레르기의 치료법에 대한 구체적인 내용은 설명하지 않았고, 예방 방법에 관한 내용을 설명하고 있으므로 주제로 적절하지 않다.
④ 아나필락시스의 발생 원리에 대한 자세한 설명은 글에 없으므로 주제로 적절하지 않다.

## 08 ⑤

니체는 상징성을 인간의 내면적 갈등과 투쟁을 표현하는 도구로 보며, 인간이 자신을 이해하고, 세상의 본질을 파악하기 위해 상징을 사용한다고 생각하였다. 따라서 "니체가 상징성을 완전히 부정했다"라는 비판은 그의 철학에 대한 비판으로 적절하지 않다.

[오답 점검]

①, ②, ③, ④는 글의 내용에 비추어 적절한 비판이다.

## 09 ⑤

글의 내용에 비추어 진통제는 대뇌피질에 직접적으로 작용하지 않고, 신경 말단에서 발생하는 통증 신호를 억제하는 방식으로 작용하고, 항우울제는 대뇌피질을 포함한 뇌의 여러 부분에서 신경전달물질의 분비를 조절한다고 하였으므로 ( ⓐ )에는 대뇌피질에 작용하는 방식에서 그 차이가 있다는 문장이 가장 적절하다.

[오답 점검]

①, ②, ③, ④는 글의 내용에 비추어 ( ⓐ ) 에 들어갈 표현으로 적절하지 않다.

## 10 ②

이 글의 문단 배열은 주제 도입(동물 감정에 대한 논쟁 제기) → 인간 중심적 해석 문제 (동물 감정에 대한 인간 중심적 해석 문제) → 연구 사례 설명 (동물 행동과 감정에 관한 연구 사례) → 결론 및 비판적 논의(인간 관점에서 감정을 해석하는 한계)의 순으로 전개되면서, 논리적 흐름에 따라 동물 감정에 대한 이해가 단계적으로 심화된다. 따라서 (D)-(A)-(B)-(C)가 문단 배열로 가장 적절하다.

[오답 점검]

①, ③, ④, ⑤는 문단의 배열로 가장 적절하지는 않다.

## 11 ①

ⓑ의 관점에서 ⓐ를 비판하는 핵심은 "연령을 하향시키는 것이 미성년자에게 과도한 책임을 부여하며, 이는 범죄자 낙인을 강화하고 사회 복귀를 어렵게 만든다"라는 것이다. ⓑ의 주장에 따르면, 연령 하향이 범죄 예방보다는 미성년자에게 불리하게 작용할 수 있기 때문에 ①이 가장 적절한 비판이다.

[오답 점검]

② 범죄 예방에 매우 효과적이라는 비판은 적절하지 않다.
③ 범죄가 악질적으로 변할 위험이 있고, 이는 처벌보다는 교육을 강조하는 것이 맞다는 비판은 적절하지 않다.
④ 연령을 높여 범죄의 심각성을 더 강하게 인식시켜야 한다는 비판은 적절하지 않다.
⑤ 미성년자에게 유리한 영향을 미친다는 내용은 비판으로 적절하지 않다.

## 12 ③

글의 도입 부분의 경추 추간판 탈출증은 주로 중추신경계와 말초신경계에 영향을 미친다는 문장만 보아도 '두 부분에 걸쳐 증상을 유발할 수 있으며'가 가장 적절한 문장이다.

[오답 점검]

①, ②, ④는 도입 부분의 경추 추간판 탈출증은 주로 중추신경계와 말초신경계에 영향을 미친다는 문장에 비추어 보아도 ( ⓐ )에 들어갈 문장으로 적절하지 않다.
⑤의 허리 디스크를 설명하는 문장은 글에 언급된 부분이 없으므로 적절하지 않다.

## 13 ④

첫 번째 문단과 두 번째 문단을 근거로 일치하는 내용이다.

[오답 점검]

① 주택을 가상으로 체험할 수 있는 공간은 모델하우스가 아닌 VR 모델하우스이다.
② VR 모델하우스는 가상현실 기술을 이용해 실제 모델하우스처럼 집을 체험할 수 있는 공간이다.
③ 청약은 주택을 구입할 수 있는 기회를 얻기 위한 제도이며, VR 모델하우스는 소비자들에게 물리적으로 방문하지 않고도 가상으로 다양한 공간을 자유롭게 돌아보며, 공간의 크기와 배치를 직관적으로 파악할 수 있는 장점이 있다. 또한, 시간과 장소에 구애받지 않고 누구나 쉽게 접근할 수 있어, 점점 더 많은 주택 구매자들이 이를 활용하고 있다.
⑤ VR 모델하우스는 가상현실 기술을 이용해 실제 모델하우스처럼 집을 체험할 수 있는 공간이다. 공간의 크기와 배치를 직관적으로 파악할 수 있다는 점에서 실내 디자인을 실제로 체험하는 공간이라고 할 수 있다.

## 14 ①

이 글의 서술 방식으로 가장 적절한 것은 예시이다. 즉 예시 방식으로 고양이에게 위험한 물질이나 음식 등을 서술하였다.

[오답 점검]

②, ③, ④, ⑤는 이 글의 가장 적절한 서술 방식이 아니다.

## 15 ②

진경산수화는 사실적이고 자연을 그대로 그리는 화법이다. 겸재 정선과 김창흡은 남종화법을 통해 자연을 사실적으로 묘사하였다. 따라서 인위적으로 이상화된 형태로 그렸다는 것은 글의 내용과 일치하지 않는다.

[오답 점검]

①, ③, ④, ⑤는 글의 내용에 비추어 일치한다.

## 16 ③

해외 봉사활동을 통해 자신만의 가치를 실현하는 것은 자아실현의 욕구 단계의 사례로 적절하며, 사회적 욕구의 사례로 적절하지 않다.

[오답 점검]

① 생리적 욕구의 사례로 적절하다.
② 안전의 욕구의 사례로 적절하다.
④ 존중의 욕구의 사례로 적절하다.
⑤ 자아실현의 욕구의 사례로 적절하다.

## 17 ④

글의 내용에 의하면 의식은 우리가 자각하는 정신적 활동을, 무의식은 자각하지 못하는 정신적 활동을 포함한다고 명시하였으므로 추론으로 적절하다.

[오답 점검]

① 의식과 무의식은 상호작용을 하며 두 영역은 독립적이지 않으며 서로 영향을 미친다.
② 의식은 우리가 자각하고 경험하는 것이며, 무의식은 자각하지 못하는 감정, 욕망, 기억 등이 포함된다.
③ 무의식은 단지 어린 시절의 기억으로만 구성된 것은 아니며, 억압된 감정들도 포함된다.
⑤ 지그문트 프로이트는 무의식의 중요성을 강조했지만, 그것이 의식과 함께 우리의 행동을 결정한다고 주장하였다.

## 18 ①

글에서 니체는 조로아스터교의 이원론적 세계관을 비판하고, 선악을 넘어서 초인의 개념을 제시했다고 하였으므로 초인 개념의 기초를 조로아스터교에서 차용하였다는 것은 추론으로 적절하지 않다.

[오답 점검]

②, ③, ④, ⑤는 글의 내용에 비추어 적절한 추론이다.

## 19 ⑤

이 글의 문단 배열은 주제 소개 → 기법과 화가 설명 → 초기 반응 → 결론 및 평가의 순서가 논리적인 흐름의 순이다. 따라서 문단 배열은 (D)–(C)–(B)–(A)가 가장 적절하다.

[오답 점검]

①, ②, ③, ④는 문단의 배열로 가장 적절하지는 않다.

## 20 ③

글의 내용을 보면, 1차 전지와 2차 전지의 차이점뿐만 아니라, 2차 전지의 충전 방식에 대한 설명도 포함되어 있다. 따라서 "1차 전지와 2차 전지의 차이점과 충전 방식"이 가장 적절한 주제이다.

[오답 점검]

① 전지의 역사와 발전에 대해서는 언급하고 있지 않다.
② 2차 전지는 충전 후 여러 번 재사용이 가능해 경제적이며 친환경적인 장점이 있다는 내용은 있지만 '1차 전지와 2차 전지 사용에 따른 환경오염 문제'에 대해서는 언급하고 있지 않다.
④ 전기차 배터리의 충전 시스템에 대한 내용은 글에서 언급하지 않았다.
⑤ 전자 기기의 충전 방식과 효율성에 대한 내용도 글에서 구체적으로 설명하고 있지 않아 주제로 적절하지 않다.

# 자료해석

| 01 | 02 | 03 | 04 | 05 | 06 | 07 | 08 | 09 | 10 |
|---|---|---|---|---|---|---|---|---|---|
| ⑤ | ② | ④ | ④ | ② | ② | ⑤ | ③ | ④ | ② |
| 11 | 12 | 13 | 14 | 15 | 16 | 17 | 18 | 19 | 20 |
| ③ | ⑤ | ① | ① | ① | ③ | ① | ④ | ③ | ⑤ |

## 01 ⑤

2023년과 2024년의 전체 인원을 알 수 없다. 즉, 비율로 석사 인원을 비교 할 수 없다.

[오답 점검]

① 고졸의 비율은 2023년 0.6% 대비 2024년 0.3%로 감소하였다.
② 2023년 고졸과 석사 비율의 합 = $0.6+24.4=25\%p$, 2024년 고졸과 석사 비율의 합 = $0.3+21.7=22\%p$
③ 2023년과 2024년 학사 비율의 차 $=14.4-13.8=0.6\%p$
④ 조사기간 동안 A기업 임원의 박사 비율은 64.2%로 가장 높다.

## 02 ②

S국 전체 인구가 44만 명이고, 제조업 종사자 비율이 25%이므로 종사자 수를 구하면 44만×0.25=11만 명이다.
TIP. 25%는 해당 값을 4로 나누면 더 빠르게 해결할 수 있다.

## 03 ④

S기업과 K기업의 영업이익의 차는 2022년 58억 원, 2023년 18억 원, 2024년 9억 원으로 지속적으로 감소하였다.
TIP. 꺾은선 그래프의 간격의 차이를 구하면 빠르게 구할 수 있다.

[오답 점검]

① S기업은 2022년 전년 대비 감소하였다.
② K기업은 2022년, 2023년 전년 대비 감소하였다.
③ 2021년 S기업의 영업이익 대비 2023년 K기업의 영업이익 = $\frac{222}{223}\times 100 \fallingdotseq 99.6\%$
⑤ K기업의 영업이익이 가장 낮았던 해는 2023년이고, S기업의 영업이익이 가장 낮았던 해는 2022년으로 동일하지 않다.

## 04 ④

ㄴ. 2023년 두바이의 유가는 85.0으로 2022년 95.0에서 감소하였다.

ㄹ. 2021년 사우디아라비아의 유가는 72.0이고 두바이는 70.0으로 사우디아라비아의 유가가 더 높다.

[오답 점검]

ㄱ. 2022년 유가가 가장 높은 국가는 사우디아라비아이다.

ㄷ. 2024년 이라크의 유가는 79.0으로 2023년 82.0에서 감소하였다.

## 05 ②

2023년 실질임금은 366만 원이고, 2022년 실질임금은 374만 원으로 2023년이 더 낮다.

[오답 점검]

③ 2024년 실질임금은 396만 원이고 2023년은 366만 원으로 증가하였다.

④ 2022년 실질임금은 374만 원이고 2021년 실질임금은 369만 원으로 증가하였다.

⑤ 2024년 명목임금은 429만 원이고 2021년 명목임금은 369만 원이다. 이 둘의 차이는 $429-369=60$만 원이다.

## 06 ②

ㄱ. 2023년 A국의 인구 증감률은 2022년 1.8에서 2.0으로 증가하였다.

ㄷ. 2021년 D국의 인구 증감률은 A국의 1.5보다 낮다.

[오답 점검]

ㄴ. 2022년 B국의 인구 증감률은 2021년 2.0에서 1.5로 감소했다.

ㄹ. 2024년 C국의 인구 증감률은 2023년 0.6에서 0.8로 증가했다.

## 07 ⑤

2022년 대비 2024년의 증감률을 구하면 다음과 같다.

$\frac{2,000-1,500}{1,500}\times 100=\frac{500}{1,500}\times 100 \fallingdotseq 33.33\%$이므로, 30% 이상 증가하였다.

[오답 점검]

① S기업의 2021년 대비 2023년 판매량 증감률

$=\frac{1,800-1,200}{1,200}\times 100=50\%$

② K기업의 2021년 대비 2022년 판매량 증감률

$=\frac{1,100-1,000}{1,000}\times 100=\frac{100}{1,000}\times 100=10\%$

③ S기업의 2022년 대비 2023년 판매량 증가량

$=1,800-1,500=300$백만 개

④ S기업의 2021년 대비 2023년의 판매량 증감률이 K기업의 2021년 대비 2022년 증감률보다 크다. 이때 S기업의 2021년 대비 2023년의 판매량 증감률이 50%이므로 K기업의 2021년 대비 2022년 증감률은 50% 미만이다. 이에 따라 K기업의 2021년 판매량이 800백만 개일 때, 2022년 판매량은 1,200백만 개 미만이다.

## 08 ③

2022년 전체 매출액은 10,000억 원이고 내수 매출액은 2,000억 원이다. 따라서 비중을 구하면

$\frac{2,000}{10,000}\times 100=20\%$이다.

## 09 ④

조사기간 동안 전문직 내 직업 비율은 동일하다. 따라서, 2023년 회계사의 비율은 20%이고, 전문직 수는 1,500명이다. $1,500\times 0.2=300$명이다.

[오답 점검]

① 2021년 대비 2023년 전문직 수 증가율

$=\frac{1,500-1,000}{1,000}\times 100=\frac{500}{1,000}\times 100=50\%$

③ 2021년 의사의 수 $=1,000\times 0.4=400$명

⑤ 2021년 대비 2023년 자영업자 수 증가량

$=900-800=100$명

## 10 ②

ㄴ. B학교의 영어 사교육 지출비는 80만 원이고, A학교의 영어 사교육 지출비는 70만 원이므로 B학교가 더 많다.

[오답 점검]

ㄱ. C학교의 수학 사교육 지출비는 70만 원이고 D학교는 100만 원이므로 D학교가 더 많다.

ㄷ. E학교의 국어 사교육 지출비는 55만 원이고, F학교는 65만 원이므로 2배가 아니다.

ㄹ. 과학 사교육 지출비가 가장 많은 곳은 D학교이다.

## 11 ③

산업 C의 영업이익률은 15%이다.

## 12 ⑤

ㄷ. 조사기간 동안 공학 및 기술의 R&D 예산이 가장 많다.

ㄹ. 2022년 ICT와 기타 분야의 R&D 예산의 합은 25.9조 원으로 20.5조원보다 많다.
2023년 ICT와 기타 분야의 R&D 예산의 합은 26조 원으로 21조원보다 많다.

[오답 점검]

ㄱ. 기타 분야 R&D 예산은 감소하였다.

ㄴ. 전년 대비 증가량은 공학 및 기술이 1.4조 원으로 가장 크다.

## 13 ①

ㄱ. B시는 주차장 200개, 차량 50,000대로 A시의 주차장 150개, 차량 30,000대보다 많다.

ㄴ. C시의 차량 수는 20,000대이고 D시의 차량 수는 60,000대이므로 C시의 차량 수가 더 적다.

ㄹ. 차량 수 대비 주차장 수 비율은 다음과 같다.

| 구분 | A시 | B시 |
|---|---|---|
| 주차장 수 | 150 | 200 |
| 차량 수 | 30,000 | 50,000 |
| 차량 수 대비 주차장 수 비율 | $\frac{150}{30,000}\times100=0.5\%$ | $\frac{200}{50,000}\times100=0.4\%$ |

| 구분 | C시 | D시 |
|---|---|---|
| 주차장 수 | 100 | 250 |
| 차량 수 | 20,000 | 60,000 |
| 차량 수 대비 주차장 수 비율 | $\frac{100}{20,000}\times100=0.5\%$ | $\frac{250}{60,000}\times100\fallingdotseq0.42\%$ |

따라서, 가장 낮은 도시는 B시이다.

[오답 점검]

ㄷ. A시의 주차장 수는 150개, D시의 주차장 수는 250개로 A시가 더 적다.

## 14 ①

각 산업군에서 가장 높은 비율은 4년대졸이므로 인원이 가장 많다.

[오답 점검]

② 각 산업군의 전체 인원을 알 수 없으므로, 비율이 동일함을 통해 인원이 같음을 비교할 수 없다.

③ 교육업의 학력 비율 순위는 4년대졸–전문대졸–석사 이상–고졸 이하이다. 반면 의료업은 4년대졸–전문대졸/석사 이상–고졸 이하로 다르다.

④ 해당 자료를 통해 학력 선호도를 알 수 없다.

⑤ 건설업의 전문대졸 이하 비율은 고졸 이하와 전문대졸 비율의 합이다. 따라서 $35+20=55\%$이다.

## 15 ①

ㄱ. 사망자 수는 '감소–증가–감소'의 추이를 보이고, 부상자 수 역시 '감소–증가–감소' 추이를 보이므로 증감 추이가 동일하다.

ㄴ. 2021년 사망자 수는 95명, 2020년은 120명으로 2021년이 더 적다.

[오답 점검]

ㄷ. 2023년 사망자 수는 85명, 2022년 사망자 수는 110명으로 2023년이 더 적다.

ㄹ. 2022년 대비 2023년 부상자 수 감소량은 $280-220=60$명으로 50명 이상 감소했다.

## 16 ③

ㄴ. 2023년 총 매출액은 $213+42+1,913+208+518+163+1,217=4,274$(십억 원)$=42,740$(억 원)이다.

ㄷ. 금융 및 보험업은 2022년 감소하였고, 그 외 산업은 모두 지속적으로 증가하였다.

[오답 점검]

ㄱ. 2021년 대비 2022년 광업 매출액 증가량은 $34-32=2$(십억 원)이다.

ㄹ. 운수 및 창고업과 도소매업의 합은 2021년 481십억 원, 2022년 568십억 원, 2023년 681십억 원이므로 매년 제조업보다 적다.

## 17 ①

K지역에서 학생 수가 가장 많은 학교는 E고이고, S지역에서 학생 수가 가장 적은 학교는 B고이다. 따라서 K지역에서 학생 수가 가장 많은 학교 대비 S지역에서 학생 수가 가장 적은 학교의 학생 수의 비율 $=\frac{360}{600}\times100=60\%$이다.

## 18 ④

30대 내추럴 디자인 선호도 대비 40대 클래식 디자인 선호도 비율= $\frac{18}{30}\times100=60\%$이다.

## 19 ③

첫 번째 그래프를 통해 알 수 있다.

[오답 점검]

① 2024년 온도가 가장 높은 달은 8월이다.
② 2024년 연평균 온도는 13.3℃이고, 1월, 2월, 3월, 4월, 11월, 12월의 월별 평균 온도가 더 낮으므로 6개이다.
④ 2024년 1월과 2월의 평균 온도 차 $=0.5-(-1.9)=2.4$℃
⑤ 평균 온도가 전월 대비 감소한 달은 9월, 10월, 11월, 12월이다. 이때 가장 큰 폭으로 감소한 달은 9.0℃가 감소한 11월이다.

## 20 ⑤

ㄷ. A약국의 의약품 판매 비율은 50%이고, B약국은 40%로 A가 더 높다.
ㄹ. 일반 의약품과 처방 의약품 판매 비율의 합을 구하면 다음과 같다.
A약국: $50+30=80\%$, B약국: $40+40=80\%$,
C약국: $60+20=80\%$, D약국: $45+35=80\%$이다.

[오답 점검]

ㄱ. 비율은 동일하지만 각 약국의 전체 판매량이 제시되지 않았으므로, 비율로 판매량을 비교할 수 없다.
ㄴ. C약국의 일반 의약품 비율이 가장 높지만, 일반 의약품의 판매량을 알 수 없으므로 비교할 수 없다.

# 창의수리

| 01 | 02 | 03 | 04 | 05 | 06 | 07 | 08 | 09 | 10 |
|---|---|---|---|---|---|---|---|---|---|
| ③ | ⑤ | ⑤ | ④ | ④ | ④ | ② | ① | ⑤ | ⑤ |
| 11 | 12 | 13 | 14 | 15 | 16 | 17 | 18 | 19 | 20 |
| ④ | ① | ④ | ③ | ② | ② | ② | ③ | ④ | ① |

## 01 ③

정가=원가+이익이므로 이익을 $x$라고 하면, 정가=1,400 $+x$가 된다.
따라서 주어진 조건에 따라 이익률이 원가의 10%인 140원이 될 수 있도록 식을 세우면, $(1,400+x)\times\frac{70}{100}-1,400\geq140$이 된다. $x$에 대하여 정리하면,
$(1,400+x)\times\frac{70}{100}\geq1,540$,
$1,400+x\geq2,200$,
$\therefore x\geq800$
따라서 정가는 1,400+800 = 2,200원 이상이 되어야 10% 이상의 이익률이 될 수 있다.

## 02 ⑤

여자 사원 중 안경을 쓴 사람의 비율을 $x$라고 하면, $0.35x=0.21$이다. 이에 따라 $x$는 0.6이다. 이때 여자 사원 중 안경을 쓰지 않은 사람의 비율은 0.4가 되며, 56명이므로 여자 사원의 수를 a라고 할 때, 0.4:56=1:a가 성립한다. 이에 따라 a=140이므로 여자 사원의 수는 140명이다.

## 03 ⑤

버스가 4대 운행할 때의 배차간격시간을 a, 순환도로의 총 거리를 $x$라고 하자. 버스가 4대 순환하여 운행하므로 배차간격시간 a시간 동안 버스 1대가 운행하는 거리는 $\frac{x}{4}$이다.
버스의 속력은 30km/h이므로 거리=속력×시간에 의해 $\frac{x}{4}=30\times a$이다.
버스가 5대 운행할 때의 배차간격시간은 4대일 때보다 2분 줄어들게 되었다. 이때 사용되는 속력의 단위가 km/h이므로 단위를 '시간'으로 통일하면 2분은 $\frac{1}{30}$시간이다. 따라서 5대의 버스가 운영할 때 배차간격시간 $(a-\frac{1}{30})$시간 동안 버스 1대가 운행하는 거리는 $\frac{x}{5}$이고 버스의 속력은

30km/h로 동일하므로 거리=속력×시간에 의해 $\frac{x}{5}$ $=30\times(a-\frac{1}{30})$의 식이 성립한다.

구해야 하는 값이 $x$이므로 a를 소거하기 위해 주어진 두 개의 식을 정리하면 다음과 같다.

$a=\frac{x}{120}$

$a=\frac{x}{150}+\frac{1}{30}$

이에 따라 $\frac{x}{120}=\frac{x+5}{150}$, $\frac{x}{4}=\frac{x+5}{5}$, $5x=4x+200$이다.

따라서 순환도로의 총거리 $x$=20(km)이다.

## 04 ④

농도가 8%인 소금물 250g에 들어 있는 소금의 양은 $\frac{8}{100}\times250=20(g)$이다. 추가한 물의 총량을 $x$라고 하면, 물을 추가해도 소금의 양은 변하지 않으므로 $\frac{20}{250+x}\times100=2(\%)$의 식이 성립한다. 식을 정리하면 $2,000=500+2x$, $x$=750이다. 따라서 5명이 각각 같은 양의 물을 추가했으므로 1명당 넣는 물의 양은 750÷5=150(g)이다.

## 05 ④

올라갈 때의 속력은 배의 속력에서 강물의 속력을 빼고, 내려올 때의 속력은 배의 속력에서 강물의 속력을 더하면 된다. 배의 속력을 a라고 할 때, 강물의 속력은 2m/s이므로 올라갈 때의 속력은 (a−2)가 되며, 올라갈 때의 시간은 20초가 걸렸으므로 (a−2)×20=강의 거리가 되고, 내려갈 때는 10초가 걸렸으므로 (a+2)×10=강의 거리가 된다. 따라서 a=6이 되고, 이를 내려갈 때의 식에 대입하여 강의 거리를 구하면 8×10=80(m)가 됨을 알 수 있다.

## 06 ④

1㎤=1cc이므로 18,900㎤=18,900cc이고, 1L=1,000cc이므로 18,900cc=18.9L가 된다.

1gal=3.78L이므로 1gal:3.78L=$x$:18.9L를 계산하면 $x$=5gal이 된다.

## 07 ②

단품 A메뉴=($x$−400)원, B메뉴=$x$원이라 하자.

A와 B를 세트로 2개씩 사면 2($x$−400+900+$x$+900)=29,200(원)이므로 $x$=6,600원이 된다. 따라서 B메뉴의 단품 가격은 6,600원이다.

## 08 ①

가중치로 문제를 풀면 다음과 같다.

| 18% | 19% | 22% | |
|---|---|---|---|
| 1 | | 3 | 19%를 기준으로 농도의 비를 정리하면 1:3 |
| 3 | | 1 | 비례식으로 풀기 위해 3:1로 바꿔줌 |
| 225g | 300g | 75g | 총 300g 중에 22%의 용액의 양은 3:1 중 1 부분에 해당하므로 $300\times\frac{1}{4}=75(g)$ |

## 09 ⑤

전체 8명 중에서 3명을 뽑을 수 있는 가짓수는

${}_8C_3=\frac{8\times7\times6}{3\times2\times1}=56$가지가 되고,

적어도 여자 1명이 포함되어야 하므로 여사건 공식을 이용하기 위해 여자가 1명도 포함되지 않는 즉, 남자만 3명이 뽑히는 가짓수를 구하면

${}_6C_3=\frac{6\times5\times4}{3\times2\times1}=20$가지가 된다. 따라서 적어도 여자가 1명 포함될 가짓수는 36가지가 되므로 확률을 구하면 $\frac{36}{56}=\frac{9}{14}$가 된다.

## 10 ⑤

첫 번째 주어진 조건을 아래 표에 정리해보면 도보와 자전거, 대중교통의 속력을 알 수 있다.

| 구분 | 걸어서 | 자전거 | 대중교통 |
|---|---|---|---|
| 거리 | 4km | 4km | 4km |
| 시간 | 1시간 | $\frac{1}{2}h$ | $\frac{1}{4}h$ |
| 속력 | 4km/h | 8km/h | 16km/h |

이때 거래처가 집과 직장의 직선 거리상에서 정중앙에 위치하므로 집에서 거래처까지는 6km이다.

따라서 대중교통을 탔을 때 걸리는 시간은

$\frac{6}{16}=\frac{3}{8}=0.375$가 되고 이를 분 단위로 정리하면

$0.375\times60=22.5$분이 된다.

## 11 ④

직육면체의 가로:세로:높이가 5:4:3이므로 이 세 수를 충족시킬 수 있는 최소공배수를 구하면 60이 된다. 가로, 세로, 높이를 모두 60에 맞추면 가로는 12개, 세로는 15개, 높이는 20개를 쌓게 된다. 따라서 총 20층이 된다.

## 12 ①

전체 일의 양을 1이라고 하면 A가 하루 동안 하는 일의 양은 $\frac{1}{10}$이고, B가 하루 동안 하는 일의 양은 $\frac{1}{12}$이다.
둘이 함께 5일 동안 일한 양은
$(\frac{1}{10}+\frac{1}{12})\times5=(\frac{6}{60}+\frac{5}{60})\times5=\frac{11}{60}\times5=\frac{11}{12}$이 된다.
따라서 남은 일의 양은 $\frac{1}{12}$이 되고 B 혼자서 일을 해야 하는 날은 1일이 된다.

## 13 ④

한 명당 순차적으로 2개씩 뽑으면서, 첫 번째 사람이 연속으로 당첨이 되는 경우에서 100개 중에 당첨 공이 4개이므로 첫 번째 당첨 후 공의 개수가 99개로 줄어들고 당첨 공의 개수도 3개로 줄어든다. 이를 계산하면 $\frac{4}{100}\times\frac{3}{99}=\frac{12}{9,900}=\frac{1}{825}$이 된다.

## 14 ③

2월 3일 기준으로 150일 이후의 날짜이므로 2월+3월+4월+5월+6월=27+31+30+31+30=149일이다. '이후'는 그 당일을 포함하므로 7월 1일이 150일 이후의 날짜가 된다.
2/3 ~ 2/29 (27일)
3/1 ~ 3/31 (31일)
4/1 ~ 4/30 (30일)
5/1 ~ 5/31 (31일)
6/1 ~ 6/30 (30일)

## 15 ②

작년 여학생 수를 $x$라고 하면, 작년 남학생과 여학생의 총 학생 수가 300명이었으므로 작년 남학생 수는 $(300-x)$이다. 올해 남자는 5% 증가, 여자는 5% 감소했으므로 증가한 총 학생 수는 $\frac{5}{100}(300-x)-\frac{5}{100}x$이고 올해 총 학생 수는 303명이므로 늘어난 학생 수는 3명이다. 이에 따라 $\frac{5}{100}(300-x)-\frac{5}{100}x=3$이 성립하여 $x$=120(명)이다.

## 16 ②

숙련자는 1시간에 $\frac{1}{4}$만큼 일을 하고 비숙련자는 1시간에 $\frac{1}{10}$만큼 일을 한다. 숙련자의 인원을 $x$명이라 하면, 비숙련자의 인원은 $(6-x)$명이 된다. 50분 안에 일을 끝내는 것으로 식을 세우면 $\frac{50}{60}\left\{\frac{1}{4}x+\frac{1}{10}(6-x)\right\}=1$이 되고, 정리하면 $\frac{3}{20}x=\frac{6}{5}-\frac{6}{10}$, $x=4$가 된다. 필요한 최소 숙련자 수는 4명이 된다.

## 17 ②

순서 상관없이 남자 5명을 먼저 창가 좌석 3개와 복도 좌석 2개에 앉힐 수 있는 경우의 수는
${}_5C_3\times{}_2C_2=\frac{5\times4\times3}{3\times2\times1}\times1=10$가지이고, 여자 4명을 통로 좌석 4개에 앉힐 수 있는 경우는 1가지이다.
따라서 전체 가짓수는 10가지이고, 여자 4명을 통로 좌석 4개에 앉힐 수 있는 경우는 1가지이므로 확률은 $\frac{1}{10}$이 된다.

## 18 ③

농도가 4%인 소금물 200g에 들어있는 소금의 양은 $\frac{4}{100}\times200=8(g)$이다. 물을 증발시켜도 소금의 양은 변함이 없으므로 소금의 양 8g, 농도가 10%인 소금물의 양을 $x$라고 하면 $\frac{10}{100}x=8$이다. 따라서 $x$=80(g)이다. 이에 따라 증발시켜야 하는 물의 양은 200−80=120(g)이고 1분당 20g의 물을 증발시키므로 6분 동안 증발시켜야 함을 알 수 있다.

**[치트키 풀이]**

가중치로 문제를 풀면 아래와 같다.

| 4% | 0% | 10% | |
|---|---|---|---|
| 2 | | 5 | 물이 증발이 되어도 소금의 양에는 변화가 없음 |
| 5 | | 2 | 비례식으로 풀면 5:2가 되므로 증발 후 소금물의 양은 80g이 되어야 함 |
| 200g | 120g | 80g | 증발한 물의 양이 120g이 되어야 하고 1분당 20g씩 증발하므로 총 6분간 증발시켜야 한다. |

## 19 ④

1층씩 올라갈 때마다 계단이 2개씩 늘어나므로 2~3층에 22개, 3~4층에 24개, 4~5층에 26개가 된다. 2층에서 5층까지 총 계단의 수는 22+24+26=72개가 된다. 20개의 계단을 오를 때 걸린 시간이 15초이고, 2층에서 5층까지 계단의 수가 72개이므로, 비례식으로 정리하면 20:15=72:$x$가 된다. 따라서 4:3=72:$x$이므로 $x$=54가 된다. 따라서 걸린 시간은 54초가 된다.

## 20 ①

티켓 한 개의 구매가격을 $x$라고 하자. 환불한 표에 대해 식을 세우면,

$$(x-2{,}000)+\frac{3}{2}x=38{,}000$$

$$\frac{5}{2}x=40{,}000$$

$$x=16{,}000$$

티켓 한 장의 구매가격은 16,000원이므로 총 7개를 구매한 가격은 112,000원이 된다.

# 언어추리

| 01 | 02 | 03 | 04 | 05 | 06 | 07 | 08 | 09 | 10 |
|---|---|---|---|---|---|---|---|---|---|
| ② | ① | ③ | ⑤ | ③ | ⑤ | ④ | ② | ③ | ④ |
| 11 | 12 | 13 | 14 | 15 | 16 | 17 | 18 | 19 | 20 |
| ③ | ⑤ | ① | ④ | ② | ⑤ | ⑤ | ④ | ① | ① |

## 01 ②

제시된 명제를 정리하면 다음과 같다.

[노트북 → 노트북 가방 → 무선이어폰 → ~태블릿]

[태블릿 → ~무선마우스]

**[오답 점검]**

① 무선이어폰을 사면 노트북 가방을 산다.
무선이어폰을 산다고 하여 전제가 되는 노트북을 샀는지 사지 않았는지는 확정할 수 없다. 항상 참인지 항상 거짓인지 판단할 수 없다.

③ 무선마우스를 사면 무선이어폰을 사지 않는다.
무선마우스와 무선이어폰의 관계를 확정할 수 없다. 항상 참인지 항상 거짓인지 판단할 수 없다.

④ 노트북 가방을 사면 태블릿을 산다.
노트북 가방을 사면 태블릿은 사지 않는다. 항상 거짓이다.

⑤ 노트북을 사면 무선마우스를 사지 않는다.
노트북과 무선마우스의 관계를 확정할 수 없다. 항상 참인지 항상 거짓인지 판단할 수 없다.

## 02 ①

**[치트키]**

E의 말을 보면 B는 거짓으로 말한다고 한다. E의 말이 진실이면 B의 말은 거짓이고 E의 말이 거짓이면 B의 말은 진실이다. E와 B의 말은 모든 경우에서 둘 중 1명이 진실을 말하고 나머지 1명이 거짓을 말하는 모순관계다.

문제에서 1명만 진실을 말한다고 한다. 정답이 되는 경우에서 B가 진실을 말하든 E가 진실을 말하든 둘 중 하나일 것이다. 둘 중 누가 진실을 말하든 A, C, D는 거짓을 말한다. A, C, D가 거짓일 때 얻을 수 있는 정보는 다음과 같다.

| |
|---|
| A가 거짓: B 또는 C가 기숙사에 산다. |
| C가 거짓: A는 기숙사에 산다. |
| D가 거짓: B 또는 E가 기숙사에 산다. |

C가 거짓일 때 얻을 수 있는 정보를 토대로 기숙사에 사는 2명 중 1명이 A라고 알 수 있다. 이어서 A가 거짓일 때 얻을

수 있는 정보는 '또는'이며 B가 기숙사에 산다고 하고 D가 거짓일 때 얻을 수 있는 정보도 '또는'이며 B가 기숙사에 산다고 한다. 기숙사에 사는 2명 중 나머지 1명은 B라고 알 수 있다.

[일반 풀이]
진술관계를 알기 어렵거나 활용하기 어렵다면 선택지에서 제시한 5가지 경우를 토대로 5명의 말이 진실인지 거짓인지 판별하는 것도 방법이다.

Case 1. 기숙사에 사는 사람이 A, B

| | A의 말 | B의 말 | C의 말 | D의 말 | E의 말 |
|---|---|---|---|---|---|
| ① A, B | 거짓 | 진실 | 거짓 | 거짓 | 거짓 |

1명만 진실을 말한다. A, B가 기숙사에 사는 2명이다.

Case 2. 기숙사에 사는 사람이 A, C

| | A의 말 | B의 말 | C의 말 | D의 말 | E의 말 |
|---|---|---|---|---|---|
| ② A, C | 거짓 | 진실 | 거짓 | 진실 | |

B의 말이 진실이다. D의 말도 진실로 판별되었을 때 다음 경우로 넘어가도 무방하다. 즉 E의 말이 진실이든 거짓이든 1명만 진실을 말한다는 문제의 조건을 만족하지 않는다.

Case 3. 기숙사에 사는 사람이 B, D

| | A의 말 | B의 말 | C의 말 | D의 말 | E의 말 |
|---|---|---|---|---|---|
| ③ B, D | 거짓 | 거짓 | 진실 | 거짓 | 진실 |

C와 E의 말이 진실이다. 진실을 말하는 사람이 1명이라는 문제의 조건을 만족하지 않는다.

Case 4. 기숙사에 사는 사람이 C, E

| | A의 말 | B의 말 | C의 말 | D의 말 | E의 말 |
|---|---|---|---|---|---|
| ④ C, E | 거짓 | 진실 | 진실 | | |

B의 말이 진실로 판별되고 C의 말도 진실로 판별된다. D와 E의 말이 진실이든 참이든 1명만 진실이라는 문제의 조건을 만족하지 않는다.

Case 5. 기숙사에 사는 사람이 D, E

| | A의 말 | B의 말 | C의 말 | D의 말 | E의 말 |
|---|---|---|---|---|---|
| ⑤ D, E | 진실 | 거짓 | 진실 | | |

A와 C의 말이 진실이다. D와 E의 말이 진실이든 참이든 진실을 말하는 사람이 1명이라는 문제의 조건을 만족하지 않는다.

[오답 점검]
위 풀이에서 판별하지 않은 진실/거짓을 채우면 다음과 같다.

| | A의 말 | B의 말 | C의 말 | D의 말 | E의 말 |
|---|---|---|---|---|---|
| ① A, B | 거짓 | 진실 | 거짓 | 거짓 | 거짓 |
| ② A, C | 거짓 | 진실 | 거짓 | 진실 | 거짓 |
| ③ B, D | 거짓 | 거짓 | 진실 | 거짓 | 진실 |
| ④ C, E | 거짓 | 진실 | 진실 | 거짓 | 거짓 |
| ⑤ D, E | 진실 | 거짓 | 진실 | 거짓 | 진실 |

## 03 ③

A를 수강한다. 이 정보는 'B를 수강하면 A는 수강하지 않는다.'라는 뒷부분(=후건)의 정보와 충돌된다. 이를 통해 B를 수강하지 않는다고 알 수 있다. 이 과정은 대우와 같다. 'B를 수강하면 A는 수강하지 않는다.'를 대우하면 'A를 수강하면 B를 수강하지 않는다.'인데 실제 풀이에서 대우를 써야겠다고 생각이 잘 나지 않을 수 있으니 뒷부분 충돌의 개념으로 이해하면 편하다.
'C를 수강하지 않거나 B를 수강하지 않으면 E를 수강한다.'에서 B를 수강하지 않고 앞부분(=전건)이 OR조건이니 앞부분을 만족한다. E를 수강한다.
E를 수강하니 'E를 수강하면 D를 수강하지 않는다.'라는 조건에 의해 D를 수강하지 않는다고 알 수 있다.
C와 D 중 한 과목을 반드시 수강한다. D를 수강하지 않으니 C를 수강한다.
반드시 수강하는 과목은 A, E, C이다.

## 04 ⑤

문제에서 묻는 것은 D가 살 가능성이 있는 층이다. D에 집중하며 풀이해보자. C를 5층에 고정하자. 이후 A와 B가 서로 인접한 층에 산다는 조건을 토대로 경우를 나누면 다음과 같다. 해설이기에 A/B, B/A로 A와 B가 사는 층을 표기했지만 문제에서 묻는 것이 D가 사는 층이기에 이를 ●정도로 체크하듯 머릿속으로 생각해도 무방하다.

| Case 1 | Case 2 | Case 3 |
|---|---|---|
| C | C | C |
| | | B/A |
| | B/A | A/B |
| B/A | A/B | |
| A/B | | |

E는 C와 인접한 층에 살지 않는다. Case 1, 2에서 E를 4층이 아닌 층에 배정하자. Case 1, 2를 토대로 D는 4층에 살 가능성이 있다고 알 수 있다. Case 3에서 E는 1층에 살거나 2층에 산다. 이에 따라 D가 살 가능성이 있는 층은 2층이거나 1층이라고 알 수 있다.

| Case 1 | Case 2 | Case 3 |
|---|---|---|
| C | C | C |
| D | D | B/A |
| E | B/A | A/B |
| B/A | A/B | E/D |
| A/B | E | D/E |

## 05 ③

**[치트키]**

A와 E의 진술을 확인하자. 1명만 여름휴가를 가지 못했다. A가 진실을 말하면 B가 여름휴가를 가지 못했다. 이에 따라 C가 여름휴가를 가지 못했다는 E의 진술이 거짓이다. E가 진실을 말하면 C가 여름휴가를 가지 못했다. 이에 따라 B가 여름휴가를 가지 못했다는 A의 진술이 거짓이다. 이를 보고 A와 E의 진술이 모순관계라고 보면 안 된다. 만약 B, C가 아닌 D가 여름휴가를 가지 못한 경우 A, E의 진술 모두 거짓이 되기 때문이다.
그래도 위의 정리를 토대로 A와 E가 둘 다 진실을 말하는 경우는 없다고 알 수 있다. A와 E가 둘 다 거짓을 말하는 경우는 있지만 문제에서 1명만 거짓을 말한다고 한다. 이에 따라 1명이 여름휴가를 가지 못하고 1명만 거짓을 말한다는 전제 아래에서는 A와 E의 진술을 모순관계처럼 쓸 수 있다.
A와 E 중 1명이 거짓을 말한다. 정답이 되는 경우에서 A와 E 중 누가 거짓을 말하는지 확정할 수 없지만 B, C, D는 진실을 말한다고 알 수 있다. B, C, D의 진술을 정리하면 A, B, D, E는 여름휴가를 다녀왔다. C가 여름휴가를 가지 못했다.

**[일반 풀이]**

진술관계를 확인하지 못했거나 확인하더라도 활용하지 못하겠다면 5명 중 1명이 여름휴가를 가지 못한 경우를 가정하고 그 경우에서 A, B, C, D, E의 진술을 확인해보자.

Case 1. 여름휴가를 가지 못한 사람이 A

| | A의 진술 | B의 진술 | C의 진술 | D의 진술 | E의 진술 |
|---|---|---|---|---|---|
| A, 휴가X | 거짓 | 거짓 | 진실 | 진실 | 거짓 |

거짓을 말하는 사람이 3명이다. A의 진술이 거짓, B의 진술이 거짓이라고 판명했으면 C, D, E의 진술은 진실인지 거짓인지 판명하지 않아도 되었다.

Case 2. 여름휴가를 가지 못한 사람이 B

| | A의 진술 | B의 진술 | C의 진술 | D의 진술 | E의 진술 |
|---|---|---|---|---|---|
| B, 휴가X | 진실 | 진실 | 거짓 | 진실 | 거짓 |

거짓을 말하는 사람이 2명이다. 조건을 만족하지 않는다.

Case 3. 여름휴가를 가지 못한 사람이 C

| | A의 진술 | B의 진술 | C의 진술 | D의 진술 | E의 진술 |
|---|---|---|---|---|---|
| C, 휴가X | 거짓 | 진실 | 진실 | 진실 | 진실 |

거짓을 말하는 사람이 1명이다. 풀이를 마치자.

**[오답 점검]**

참고로 D가 여름휴가를 가지 못한 경우, E가 여름휴가를 가지 못한 경우를 정리하면 다음과 같다.

| | A의 진술 | B의 진술 | C의 진술 | D의 진술 | E의 진술 |
|---|---|---|---|---|---|
| D, 휴가X | 거짓 | 거짓 | 거짓 | 진실 | 거짓 |
| E, 휴가X | 거짓 | 진실 | 진실 | 거짓 | 거짓 |

## 06 ⑤

G는 1열에 앉고 A는 2열에 앉는다. 둘을 먼저 고정하자. B와 F는 같은 열에 앉는다. 1열은 2명이 앉을 수 있는데 1열에 G가 앉으니 B와 F는 1열에 앉지 않는다. B와 F가 2열에 앉는 경우와 3열에 앉는 경우로 나눠보자.

| Case 1 | Case 2 |
|---|---|
| 1열(2명): G | 1열(2명): G |
| 2열(3명): A, B, F | 2열(3명): A |
| 3열(2명): | 3열(2명): B, F |

C와 D는 같은 열에 앉지 않는다. Case 1에서는 1열과 3열에 앉고 둘이 자리를 바꿀 수 있다. Case 2에서는 1열과 2열에 앉고 둘이 자리를 바꿀 수 있다. 자리를 바꿀 수 있다는 것을 C/D 또는 D/C로 표기했다. 남은 한 자리는 E의 자리다.

| Case 1 | Case 2 |
|---|---|
| 1열(2명): G, C/D | 1열(2명): G, C/D |
| 2열(3명): A, B, F | 2열(3명): A, D/C, E |
| 3열(2명): D/C, E | 3열(2명): B, F |

## 07 ④

[치트키]

〈보기〉의 조건을 보면 A, B, C 모두 신나라로 출장을 가지 않는다. D가 신나라로 출장을 간다.

[일반 풀이]

A를 기준으로 A가 꿈나라로 출장을 가는 경우와 달나라로 출장을 가는 경우로 나눠보자. 이후 C를 기준으로 C가 빛나라로 출장을 가는 경우와 달나라로 출장을 가는 경우로 나누면 다음과 같다.

| A | C |
|---|---|
| 꿈 | 빛 |
| 꿈 | 달 |
| 달 | 빛 |

B는 신나라로 출장을 가지 않는다. B가 출장을 갈 수 있는 나라는 꿈나라, 빛나라, 달나라이다. 이를 토대로 경우를 더 나누면 다음과 같다. 세 경우 모두 D는 신나라로 출장을 간다.

| A | C | B | D |
|---|---|---|---|
| 꿈 | 빛 | 달 | 신 |
| 꿈 | 달 | 빛 | 신 |
| 달 | 빛 | 꿈 | 신 |

## 08 ②

테이블 문제에서는 자리가 명명되어 있지 않다면 마주 보고 앉는다는 조건 1개를 고정조건으로 활용할 수 있다. D와 E를 마주보고 앉도록 배치하자. 이후 C와 E가 서로 인접한 자리에 앉는다는 조건을 토대로 C가 E 기준 왼쪽에 앉는 경우와 오른쪽에 앉는 경우로 나눠보자. (E의 오른쪽 자리에 앉는 사람 즉 특정값을 묻는 문제다. 경우가 여럿으로 나뉘어도 모든 경우에서 E의 오른쪽 자리에 앉는 사람이 같거나 경우가 1가지만 나올 수 있다는 점을 고려하며 풀어보자.)

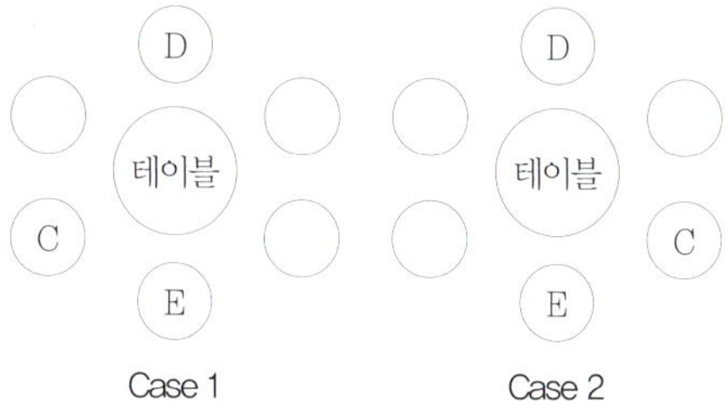


B와 인접하며 B의 오른쪽 자리에 F가 앉는다. B와 F를 앉히고 남은 한 자리에 A를 앉히자.

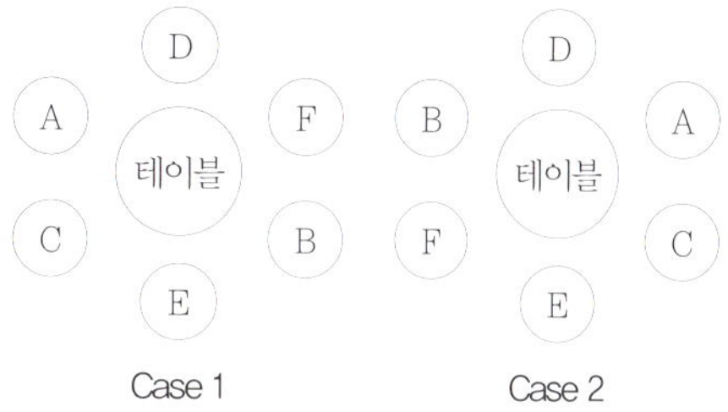


Case 2는 A와 F가 마주 보는 자리에 앉는다. 조건을 만족하지 않는다. Case 1에서 E와 인접하며 E의 오른쪽 자리에 앉는 사람은 B이다.

## 09 ③

[치트키]

D의 진술을 살펴보자. D는 B가 퇴사했다고 한다. D의 진술이 진실이면 B는 퇴사했고 퇴사한 사람은 진실을 말하기에 B의 진술도 진실이다. D의 진술이 거짓이면 B는 퇴사하지 않았고 퇴사한 사람만 진실을 말하기에 B는 거짓을 말한다. D와 B의 진술을 동일관계처럼 활용할 수 있다.

C의 진술을 확인하자. C는 D가 퇴사하지 않았다고 한다. C의 진술이 진실이면 D는 퇴사하지 않았고 D의 진술은 거짓이다. C의 진술이 거짓이면 D는 퇴사했고 D의 진술이 진실이다. C와 D의 진술은 모순관계처럼 활용할 수 있다.

위의 정보를 종합하면 D, B VS C의 구도를 보인다. C가 진실을 말하는 1명이다.

[일반 풀이]

진술관계를 활용하기 어렵다면 A가 퇴사한 경우, B가 퇴사한 경우, C가 퇴사한 경우, D가 퇴사한 경우에서 4명의 진술이 진실인지 거짓인지 판별하자. 그 후 1명만 진실인 경우를 찾는다면 진실을 말하는 1명이 퇴사한 1명인지도 추가로 확인하자.

Case 1. 퇴사한 사람이 A

| | A의 진술 | B의 진술 | C의 진술 | D의 진술 |
|---|---|---|---|---|
| A가 퇴사 | 거짓 | 거짓 | 진실 | 거짓 |

1명만 진실을 말한다. 하지만 진실을 말하는 사람은 C이고 퇴사한 사람은 A이다. 퇴사한 1명이 진실을 말한다는 조건을 만족하지 않는다.

Case 2. 퇴사한 사람이 B

| | A의 진술 | B의 진술 | C의 진술 | D의 진술 |
|---|---|---|---|---|
| B가 퇴사 | 진실 | 진실 | 진실 | 진실 |

4명의 진술이 모두 진실이다. 해설이기에 C, D의 진술이 진실인지 거짓인지를 적어두었지만 실제 풀이에서는 A, B의 진술이 진실로 판별되었다면 C, D의 진술은 확인할 필요가 없다. 진실을 말하는 사람은 1명이기 때문이다.

Case 3. 퇴사한 사람이 C

| | A의 진술 | B의 진술 | C의 진술 | D의 진술 |
|---|---|---|---|---|
| C가 퇴사 | 거짓 | 거짓 | 진실 | 거짓 |

1명만 진실을 말한다. 진실을 말하는 1명도, 퇴사한 1명도 둘 다 C이다. 이미 정답이 나왔다.

[오답 점검]
참고로 D가 퇴사한 경우를 정리하면 다음과 같다.

| | A의 진술 | B의 진술 | C의 진술 | D의 진술 |
|---|---|---|---|---|
| D가 퇴사 | 진실 | 진실 | 거짓 | 거짓 |

## 10 ④

같은 열이며 위쪽인 사물함이 아래쪽 사물함보다 번호가 크다. 그러면서 5번을 붙인 사물함의 바로 오른쪽에 있는 사물함에 6번을 붙인다. 5번과 6번을 붙인 사물함은 제일 위쪽(1행)에 있어야 한다. 만약 맨 아래(3행)거나 중간(2행)이면 6번보다 큰 숫자를 붙이는 사물함이 위쪽에 있을 수 없기 때문이다. 주어진 숫자는 1부터 6까지이다.
같은 열이며 위쪽인 사물함이 아래쪽 사물함보다 번호가 크다는 조건에 의해 1번을 붙인 사물함은 맨 아래(3행)에 있다. 만약 1번을 붙인 사물함이 중간(2행)에 있다면 맨 아래(3행)에 있는 사물함에는 1보다 낮은 번호를 붙일 수 없다.
1번을 붙인 사물함과 2번을 붙인 사물함은 서로 다른 열에 있다. 2번을 붙인 사물함이 1번을 붙인 사물함과 같은 열이라면 중간(2행)에 있을 수 있지만 1번을 붙인 사물함과 다른 열에 있어야 하기에 2번을 붙인 사물함도 맨 아래(3행)에 있다. 다만 1번을 붙인 사물함이 왼쪽인지 2번을 붙인 사물함이 왼쪽인지는 확정할 수 없다. 즉 경우가 2가지로 나뉜다.
3번과 4번을 붙인 사물함은 중간(2행)에 있다. 3번을 붙인 사물함이 왼쪽인 경우와 4번을 붙인 사물함이 왼쪽인 경우로 2가지로 나뉜다.
1번을 붙인 사물함과 2번을 붙인 사물함으로 2가지, 3번을 붙인 사물함과 4번을 붙인 사물함으로 2가지로 2 × 2로 총 4가지다.

| | |
|---|---|
| 5 | 6 |
| 3 | 4 |
| 1 | 2 |

| | |
|---|---|
| 5 | 6 |
| 4 | 3 |
| 1 | 2 |

| | |
|---|---|
| 5 | 6 |
| 3 | 4 |
| 2 | 1 |

| | |
|---|---|
| 5 | 6 |
| 4 | 3 |
| 2 | 1 |

## 11 ③

〈보기〉의 명제를 만족하는 경우를 모두 찾은 후 풀이할 수도 있고 선지에서 제시하는 경우를 가정했을 때 뒤의 내용을 만족하는지 찾을 수도 있다. 이번 풀이에서는 〈보기〉의 명제를 만족하는 경우를 모두 찾는 방식으로 접근하겠다.
A 〉 B이고 C 〉 D이다. 이를 만족하는 경우는 다음과 같다.

Case 1. A 〉 B 〉 C 〉 D
Case 2. A 〉 C 〉 B 〉 D
Case 3. C 〉 A 〉 B 〉 D
Case 4. A 〉 C 〉 D 〉 B
Case 5. C 〉 A 〉 D 〉 B
Case 6. C 〉 D 〉 A 〉 B

D가 A보다 가격이 낮은 경우 D의 가격은 B의 가격보다 높다. Case 1, 2, 3은 D의 가격이 A보다 낮은데도 D의 가격이 B보다 낮은 경우다. 소거하자.
C가 A보다 가격이 높은 경우 E의 가격은 B의 가격보다 낮다. Case 5, 6에서 E의 가격은 B보다 낮다. Case 4에서는 E의 가격 순서가 여럿으로 나뉜다. 가장 높은 경우, 2번째로 높은 경우, 3번째로 높은 경우, 4번째로 높은 경우, 가장 낮은 경우로 나뉜다.

Case 4.1. E 〉 A 〉 C 〉 D 〉 B
Case 4.2. A 〉 E 〉 C 〉 D 〉 B
Case 4.3. A 〉 C 〉 E 〉 D 〉 B
Case 4.4. A 〉 C 〉 D 〉 E 〉 B
Case 4.5. A 〉 C 〉 D 〉 B 〉 E
Case 5. C 〉 A 〉 D 〉 B 〉 E
Case 6. C 〉 D 〉 A 〉 B 〉 E

[오답 점검]
① A의 가격이 가장 높은 경우 B와 계약한다.
반례: Case 4.5
② A의 가격이 2번째로 높은 경우 E와 계약한다.
반례: Case 4.1
④ C의 가격이 2번째로 높은 경우 B와 계약한다.
반례: Case 4.5
⑤ D의 가격이 3번째로 높은 경우 E와 계약한다.
반례: Case 4.4

## 12 ⑤

[치트키]
승진했다고 판단되는 사람을 모두 고르는 문제다. 즉 진실을 말한다고 판단되는 사람을 모두 고르는 문제다. C는 B가 하는 말이 거짓이라고 한다. C의 진술이 진실이면 B의

진술은 거짓이고 C의 진술이 거짓이면 B의 진술은 진실이다. B와 C의 진술은 모순관계다. 문제에서 1명만 진실을 말한다고 제시했기에 A는 거짓을 말한다.
B가 승진한 경우와 C가 승진한 경우로 나누어 B, C의 진술을 판별하면 다음과 같다. A는 정답이 되는 경우에서 거짓을 말하기에 진술이 진실인지 거짓인지 판별할 필요가 없었으며 A는 거짓을 말하기에 승진한 사람이 아니다.

| | B의 진술 | C의 진술 |
|---|---|---|
| B가 승진 | 진실 | 거짓 |
| C가 승진 | 거짓 | 진실 |

B가 승진한 경우, B의 진술이 진실이고 C가 승진한 경우, C의 진술이 진실이다. 승진했다고 판단할 수 있는 사람은 B와 C이다.

[일반 풀이]
일반적으로 진실게임에서는 진실을 말하며 승진한 사람이 1명인 경우가 1가지가 나오도록 출제하나 이 문제는 진실을 말하며 승진한 사람이 1명 이상일 수 있다. A가 승진한 경우에서 A, B, C의 진술이 진실인지 거짓인지, B가 승진한 경우에서 A, B, C의 진술이 진실인지 거짓인지, C가 승진한 경우에서 A, B, C의 진술이 진실인지 거짓인지 판별해 보자.

Case 1. 승진한 사람이 A

| | A의 진술 | B의 진술 | C의 진술 |
|---|---|---|---|
| A가 승진 | 진실 | 진실 | 거짓 |

A, B의 진술이 진실이다. 1명만 진실을 말한다는 조건을 만족하지 않는다. C의 진술까지는 판별하지 않고 다른 경우로 넘어가도 무방하다.

Case 2. 승진한 사람이 B

| | A의 진술 | B의 진술 | C의 진술 |
|---|---|---|---|
| B가 승진 | 거짓 | 진실 | 거짓 |

1명만 진실을 말하며 그 1명이 B이다. 문제에서 제시한 조건을 만족한다.

Case 3. 승진한 사람이 C

| | A의 진술 | B의 진술 | C의 진술 |
|---|---|---|---|
| C가 승진 | 거짓 | 거짓 | 진실 |

마찬가지로 C가 승진한 경우도 1명만 진실을 말하며 그 1명이 C이다. 문제에서 제시한 조건을 만족한다.

## 13 ①

F를 2번째 자리에 고정하자. 이후 A와 C가 인접하게 줄을 선다는 조건을 토대로 경우를 나누면 다음과 같다. 해설이기에 A/C 또는 C/A로 A와 C가 자리를 바꾼다고 정리했지만 문제에서 묻는 건 항상 참이고 선택지에서 말하는 건 특정 칸의 값이다. 자리를 바꿀 수 있는 것은 A, C이고 A나 C에 대한 추가 조건이 보이지 않아 정답일 가능성이 희박하므로 편의를 위해 △ 등과 같은 문자로 치환하여 적어도 무방하다.

| 1 | 2 | 3 | 4 | 5 | 6 |
|---|---|---|---|---|---|
| | F | A/C | C/A | | |
| | F | | A/C | C/A | |
| | F | | | A/C | C/A |

D는 짝수 번째로 줄을 선다. 세 경우 모두 남은 자리는 홀수가 2개, 짝수가 1개이고 홀수 중 하나는 1번째다. E는 B보다 앞에 줄을 선다. E는 항상 1번째로 줄을 선다.

[오답 점검]
메모장이나 그림판을 제공해 주시지만 꼼꼼히 정리하며 풀기가 어려운 SKCT이다. 아래와 같이 꼼꼼히 정리할 수는 있으나 풀이시간 단축을 위해 정답을 찾기에만 집중했으면 한다.

| 1 | 2 | 3 | 4 | 5 | 6 |
|---|---|---|---|---|---|
| E | F | A/C | C/A | B | D |
| E | F | B | A/C | C/A | D |
| E | F | B | D | A/C | C/A |

## 14 ④

[치트키]
B의 두 진술을 보면 'A와 C는 지각하지 않았다.', '나와 A는 지각하지 않았다.'이다. 두 진술 중 하나는 참이고 하나는 거짓인데 둘 다 AND조건이고 A가 지각하지 않았다고 한다. 따라서 A는 무조건 지각을 하지 않는다. B가 지각하는 경우와 C가 지각하는 경우로 나누어 고민해보자.
A의 두 진술은 'C가 지각했다.'와 'B가 지각했다.'이다. B가 지각하는 경우와 C가 지각하는 경우로 나누어 고민할 예정인데 둘 중 누가 지각을 하더라도 A의 두 진술 중 하나는 진실이고 나머지 하나는 거짓이다. A의 두 진술이 진실인지 거짓인지 판별하지 않아도 되겠다.
C의 두 진술 중 하나는 'A 또는 B가 지각했다.'이다. A가 지각한 경우는 두 진술 중 하나는 진실, 나머지 하나는 거짓이라는 문제의 조건을 만족하지 않는다. 'A 또는 B가 지각했다.'라는 진술을 'B가 지각했다.'라는 진술로 이해해도 무방하겠다. C의 두 진술을 'B가 지각했다.'와 'B는 지각하

지 않았다.'로 이해하면 정답이 되는 경우에서 두 진술 중 하나는 무조건 진실을 말하고 나머지 하나는 무조건 거짓을 말한다. C의 두 진술이 진실인지 거짓인지 판별하지 않아도 되겠다.

결과적으로 B가 지각하는 경우, B의 두 진술의 진실/거짓 여부와 C가 지각하는 경우, B의 두 진술의 진실/거짓 여부만 판별하면 되겠다.

| | B진술1 | B진술2 |
|---|---|---|
| B가 지각 | 진실 | 거짓 |
| C가 지각 | 거짓 | 진실 |

B가 지각하는 경우, B의 두 진술 중 하나는 진실이고 나머지 하나는 거짓이다. 마찬가지로 C가 지각하는 경우, C의 두 진술 중 하나는 진실이고 나머지 하나는 거짓이다. B가 지각했을 수도 있고 C가 지각했을 수도 있다.

**[일반 풀이]**

A가 지각한 경우, B가 지각한 경우, C가 지각한 경우로 나누어 판별해보자. 편의상 한 인물의 두 진술 중 위의 진술이 진술1, 아래의 진술이 진술2로 정의하겠다. 진실인지 거짓인지 채우지 않아도 판별할 수 있는 칸은 채우지 않겠다.

Case 1. 지각한 사람이 A

| | A진술 1 | A진술 2 | B진술 1 | B진술 2 | C진술 1 | C진술 2 |
|---|---|---|---|---|---|---|
| A가 지각 | 거짓 | 거짓 | | | | |

A의 두 진술이 거짓이다. 한 진술은 진실, 나머지 진술은 거짓을 말한다는 조건을 만족하지 않는다. A는 지각하지 않았다.

Case 2. 지각한 사람이 B

| | A진술 1 | A진술 2 | B진술 1 | B진술 2 | C진술 1 | C진술 2 |
|---|---|---|---|---|---|---|
| B가 지각 | 거짓 | 진실 | 진실 | 거짓 | 진실 | 거짓 |

A, B, C 모두 두 진술 중 한 진술은 진실, 나머지 진술은 거짓이다. 조건을 만족한다. B는 지각했을 수 있다.

Case 3. 지각한 사람이 C

| | A진술 1 | A진술 2 | B진술 1 | B진술 2 | C진술 1 | C진술 2 |
|---|---|---|---|---|---|---|
| C가 지각 | 진실 | 거짓 | 거짓 | 진실 | 거짓 | 진실 |

A, B, C 모두 두 진술 중 한 진술은 진실, 나머지 진술은 거짓이다. 조건을 만족한다. C는 지각했을 수 있다.

**[오답 점검]**

풀이에서 채우지 않은 칸의 진실/거짓 여부를 판별하면 다음과 같다.

| | A진술 1 | A진술 2 | B진술 1 | B진술 2 | C진술 1 | C진술 2 |
|---|---|---|---|---|---|---|
| A가 지각 | 거짓 | 거짓 | 거짓 | 거짓 | 진실 | 진실 |
| B가 지각 | 거짓 | 진실 | 진실 | 거짓 | 진실 | 거짓 |
| C가 지각 | 진실 | 거짓 | 거짓 | 진실 | 거짓 | 진실 |

## 15 ②

C와 인접하며 C의 오른쪽의 자리에 E가 앉는다. 임의의 자리에 C와 E를 배치하자. B와 인접하며 B의 왼쪽의 자리에 A가 앉는다. B와 A를 이어서 배치하자. 이 때 A는 E와 인접하게 앉으면 안 되는 점도 고려하자.

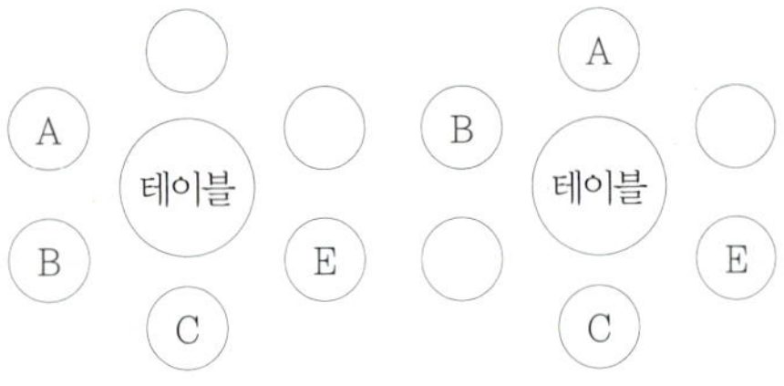


Case 1 Case 2

D와 F는 인접하게 앉지 않는다. Case 1은 조건을 만족하지 않는다. D와 F는 자리를 바꿀 수 있기에 DF 또는 FD로 정리하겠다.

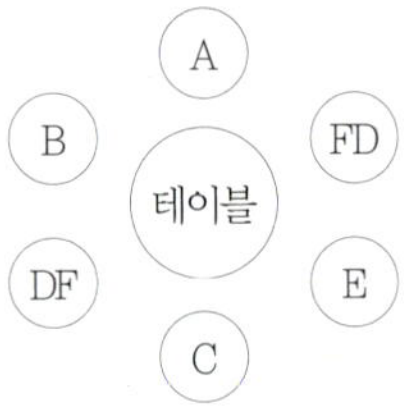


Case 2

**[오답 점검]**

정답이 아닌 선택지의 반례를 찾으면 다음과 같다. 문제에서 반드시 거짓인 것을 고르라고 했으니, 되는 경우를 하나라도 찾으면 반례이다.

①, ③의 반례

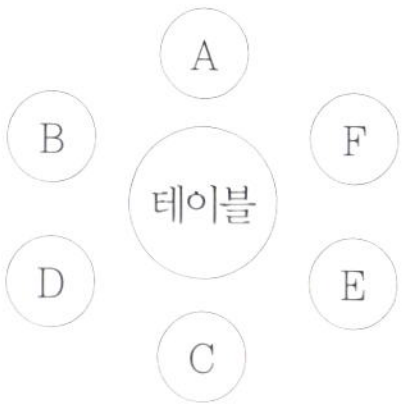


④, ⑤의 반례

## 16 ⑤

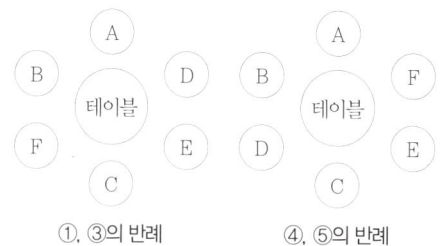

2번의 진술 중 한 진술이 진실이고 나머지 한 진술이 거짓인 경우는 2가지다. 인원이 3명이기 때문에 8가지의 경우로 나뉜다. 진술로 경우를 나누는 것보다 셋 중 누가 첫째 주에 휴가를 가는지로 나누어 판별하는 것이 보다 빠르겠다.
B가 취하는 행동은 첫째 주에 휴가를 가거나 둘째 주에 휴가를 가는 것인데 A의 두 진술은 B가 취할 수 있는 행동을 각기 말하고 있다. 즉 A의 두 진술은 어떤 경우든 둘 중 하나는 진실이고 나머지 하나는 거짓이다. A의 진술은 판별하지 않아도 되겠다. 셋 중 누가 첫째 주에 휴가를 가는지로 나눈 후, 4개의 진술의 진실/거짓 여부를 판별해보자. 편의상 한 인물의 두 진술 중 위의 진술이 진술1, 아래의 진술이 진술2로 정의하겠다.

Case 1. A가 첫째 주에 휴가

| | B진술1 | B진술2 | C진술1 | C진술2 |
|---|---|---|---|---|
| A가 첫 주 | 거짓 | 거짓 | | |

B의 두 진술이 거짓이다. A는 첫째 주에 휴가를 가지 않는다. C의 두 진술은 판별하지 않고 넘어가자.

Case 2. B가 첫째 주에 휴가

| | B진술1 | B진술2 | C진술1 | C진술2 |
|---|---|---|---|---|
| B가 첫 주 | 진실 | 거짓 | 거짓 | 진실 |

B의 두 진술 중 한 진술은 진실이고 나머지 한 진술은 거짓이다. C의 두 진술 역시 한 진술은 진실이고 나머지 한 진술은 거짓이다. B는 첫째 주에 휴가를 간다.

Case 3. C가 첫째 주에 휴가

| | B진술1 | B진술2 | C진술1 | C진술2 |
|---|---|---|---|---|
| C가 첫 주 | 거짓 | 진실 | 거짓 | 거짓 |

C의 두 진실이 거짓이다. C는 둘째 주에 휴가를 간다.
*참고: C의 두 진술도 모순관계이지만 해설에서는 C의 두 진술이 모순관계라는 점을 모르는 상태로 가정하고 풀이했다.

[오답 점검]
위 풀이에서 생략한 진실/거짓 여부를 정리하면 다음과 같다.

| | A진술 1 | A진술 2 | B진술 1 | B진술 2 | C진술 1 | C진술 2 |
|---|---|---|---|---|---|---|
| A가 첫 주 | 진실 | 거짓 | 거짓 | 거짓 | 진실 | 진실 |
| B가 첫 주 | 거짓 | 진실 | 진실 | 거짓 | 거짓 | 진실 |
| C가 첫 주 | 진실 | 거짓 | 거짓 | 진실 | 거짓 | 거짓 |

## 17 ⑤

[치트키]
B와 C의 진술을 보자. B는 'A가 팀을 옮기고 싶어 한다'라고 하고 C는 'A가 팀을 옮기고 싶어 하지 않는다'라고 한다. A가 취할 수 있는 행동은 '팀을 옮기고 싶어 한다'와 '옮기고 싶어 하지 않는다'뿐이기 때문에 모든 경우에서 B와 C 중 1명은 진실을 말하고 나머지 1명은 거짓을 말한다. B와 C의 진술은 모순관계다.
정답이 되는 경우에서 B와 C중 누군지는 모르겠지만 1명이 진실을 말한다. A, D, E는 거짓을 말한다.
A의 진술이 거짓이기에 E가 팀을 옮기고 싶어한다고 알 수 있다.

[일반 풀이]
진술관계가 보이지 않거나 진술관계를 보아도 활용하기 어렵다면 A가 팀을 옮기길 희망하는 경우부터 E가 팀을 옮기길 희망하는 경우까지 5명의 진술 중 1명만 진실을 말하는지 판별하며 풀이하자.

| | A의 진술 | B의 진술 | C의 진술 | D의 진술 | E의 진술 |
|---|---|---|---|---|---|
| A가 희망 | 진실 | 진실 | 거짓 | 진실 | 거짓 |
| B가 희망 | 진실 | 거짓 | 진실 | 진실 | 진실 |
| C가 희망 | 진실 | 거짓 | 진실 | 거짓 | 진실 |
| D가 희망 | 진실 | 거짓 | 진실 | 진실 | 진실 |
| E가 희망 | 거짓 | 거짓 | 진실 | 거짓 | 거짓 |

## 18 ④

A가 생명공학, C가 산업공학, D가 여성이라는 점을 먼저 고정하고 생각하자.

| 사람 | A | B | C | D |
|---|---|---|---|---|
| 성별 | | | | 여성 |
| 학과 | 생명 | | 산업 | |

A와 C의 성별은 다르다. 둘 중 1명은 여성이고 나머지 1명은 남성이다. 남성이 2명, 여성이 2명인 점을 고려했을 때 B와 D의 성별도 다르다고 알 수 있다. B는 남성이다. A와

C는 둘 중 누가 여성인지 확정할 수 없다. 즉 A가 여성인 경우와 C가 여성인 경우로 나뉜다.

| 사람 | A | B | C | D |
|---|---|---|---|---|
| 성별 | 여/남 | 남성 | 남/여 | 여성 |
| 학과 | 생명 | | 산업 | |

학과가 화학공학인 사람은 남성이다. B의 학과가 화학공학이다. 자연스럽게 D의 학과는 기계공학이라는 것을 알 수 있다.

## 19 ①

순차성을 보이는 출근 등수를 기준으로 삼아 사고하는 게 수월하겠다. 누가 누구보다 빨리 출근했는지, 늦게 출근했는지를 직관적으로 알아보기 편하기 때문이다.

B를 3등, C를 6등에 고정하자.

| 1등 | 2등 | 3등 | 4등 | 5등 | 6등 | 7등 |
|---|---|---|---|---|---|---|
| | | B | | | C | |

D는 F보다 출근 시간이 늦으며 등수 차이는 2이다. F는 2등일 수도 있고 5등일 수도 있다. 그런데 F가 2등인 경우 D는 4등이 되는데 G는 E보다 출근 시간이 빠르며 등수 차이는 1이라는 조건을 반영할 곳이 없게 된다. F는 5등이고 D는 7등이다.

G는 E보다 출근 시간이 빠르며 등수 차이가 1이 되려면 G는 1등이고 E는 2등이어야 한다.

| 1등 | 2등 | 3등 | 4등 | 5등 | 6등 | 7등 |
|---|---|---|---|---|---|---|
| G | E | B | | F | C | D |

4등으로 출근한 사람은 A이다.

## 20 ①

A와 E의 소속팀이 다르고 E의 소속팀이 Y라면 A와 B의 소속팀이 같다. A가 X팀이고 E가 Y팀인 경우와 A가 Y팀이고 E가 X팀인 경우로 나눠보자. A가 X팀이고 E가 Y팀인 경우 E의 소속팀이 Y라면 A와 B의 소속팀이 같다는 조건에 의해 B는 X팀이다.

| Case 1 | Case 2 |
|---|---|
| X(3명): A, B | X(3명): E |
| Y(3명): E | Y(3명): A |

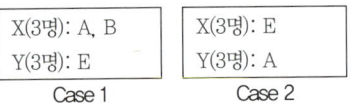

B의 소속팀이 X라면 D의 소속팀은 Y이다. Case 1에서 D는 Y팀이다. 그런데 F와 C는 소속팀이 같고 한 팀에 인원이 3명이라는 점을 고려하면 Case 1은 조건을 만족하지 않는다. Case 2에서 B는 X팀일 수도 있고 Y팀일 수도 있다. B가 X팀일 경우 D는 Y팀인데 Case 1과 마찬가지로 F와 C는 소속팀이 같고 한 팀에 인원이 3명이라는 점을 고려하면 조건을 만족하지 않는다. Case 2에서 B는 Y팀이다.

| Case 2 |
|---|
| X(3명): E |
| Y(3명): A, B |

한 팀에 인원이 3명이니 F와 C는 X팀이다. 자연스럽게 언급하지 않은 D는 Y팀이다.

| Case 2 |
|---|
| X(3명): E, F, C |
| Y(3명): A, B, D |

**[오답 점검]**

'B의 소속팀이 X라면 D의 소속팀은 Y이다.'라는 조건을 보고 B의 소속팀이 X가 아니면 즉 B의 소속팀이 Y이면 D의 소속팀은 Y가 아닌 X라고 오해하는 경우가 있는데 조건부의 앞부분(=전건)을 만족하지 않는 경우 뒷부분의 내용을 반영할 필요가 없다. 즉 B의 소속팀이 Y이면 D의 소속팀은 Y여도 상관없고 X여도 상관없다.

## 수열추리

| 01 | 02 | 03 | 04 | 05 | 06 | 07 | 08 | 09 | 10 |
|---|---|---|---|---|---|---|---|---|---|
| ① | ④ | ③ | ③ | ④ | ③ | ② | ① | ④ | ① |
| 11 | 12 | 13 | 14 | 15 | 16 | 17 | 18 | 19 | 20 |
| ⑤ | ① | ② | ① | ② | ③ | ③ | ② | ③ | ④ |

### 01 ①

제시된 수들은 세 개의 항씩 묶어 규칙을 갖는 군수열로 (a, b, c)가 하나의 군이라고 할 때, (a−b)×b=c인 규칙을 가지므로 A 위치에 들어갈 알맞은 수는 '−2,574'이다.

### 02 ④

제시된 수들의 차를 하나의 수열로 나열했을 때, 해당 수열은 '+1', '+2', '+3', '+4'…의 규칙을 가진다. 이에 따라 A 위치에 들어갈 알맞은 수는 '64', B 위치에 들어갈 알맞은 수는 '93'이다. A+B는 157이다.

+1 +2 +3 +4 +5 +6 +7

+1 +2 +4 +7 +11 +16 +22 +29

1 2 4 8 15 26 42 (64) (93)

### 03 ③

제시된 수들은 공비가 $\frac{1}{3}$인 등비수열의 규칙을 가지므로 10번째 올 수는 $1\times\frac{1}{3^9}$을 계산한 값인 '$\frac{1}{19,683}$'이다.

### 04 ③

제시된 수열의 2번째 항과 7번째 항의 분자, 분모에 각각 5를 곱하면 다음과 같다.

$\frac{8}{33}$ $\frac{10}{35}$ $\frac{12}{37}$ ( A ) $\frac{16}{41}$ $\frac{18}{43}$ $\frac{20}{45}$

이때 제시된 수들은 분자와 분모 모두 +2씩 증가하는 규칙을 가지므로 A 위치에 들어갈 알맞은 수는 '$\frac{14}{39}$'이다.

### 05 ④

제시된 수들은 세 개의 항씩 묶어 규칙을 갖는 군수열로 (a, b, c)가 하나의 군이라고 할 때, $(a+b)^2=c$인 규칙을 가지므로 A 위치에 들어갈 알맞은 수는 '1,936'이다.

### 06 ③

제시된 수들은 공차가 3.25인 등차수열의 규칙을 가지므로 10번째 올 수는 17.32+(3.25×4)를 계산한 값인 '30.32'이다.

### 07 ②

제시된 수들은 정수 부분은 +2, 소수 부분은 −0.25를 계산하는 규칙을 가지므로 A 위치에 들어갈 알맞은 수는 '42.5'이다.

### 08 ①

제시된 수들은 '÷3', '×1.2'가 반복되는 규칙을 가지는 특수 수열이므로 A 위치에 들어갈 알맞은 수는 '17.112', B 위치에 들어갈 알맞은 수는 '1.095168'이다. B−A는 '−16.016832'이다.

### 09 ④

제시된 수들은 '×2', '+2', '×3', '+3', '×4', '+4'…의 규칙을 가지는 특수 수열이므로 7번째로 올 수는 '$\frac{328}{7}$', 8번째로 올 수는 '$\frac{1,640}{7}$', 9번째로 올 수는 '$\frac{1,675}{7}$'이다.

### 10 ①

제시된 수들은 N항=(N−3항)÷3의 규칙을 가지므로 A 위치에 들어갈 알맞은 수는 '0.35'이다.

### 11 ⑤

제시된 수들의 분모를 20으로 통분하면 다음과 같다.

$\frac{3}{20}$ $\frac{3}{20}$ $\frac{6}{20}$ $\frac{18}{20}$ $\frac{72}{20}$ $\frac{360}{20}$ $\frac{2,160}{20}$

각 항은 '×1', '×2', '×3', '×4', '×5', '×6'…의 규칙을 가지는 특수 수열이므로 A 위치에 들어갈 알맞은 수는 $\frac{2,160}{20}\times7=\frac{15,120}{20}$=756, B 위치에 들어갈 알맞은 수는 756×8=6,048로 A+B는 '6,804'이다.

### 12 ①

제시된 수들은 세 개의 항씩 묶어 규칙을 갖는 군수열로 세 개의 항의 합이 같다는 규칙을 가진다. 세 개의 항의 합은 '1,187.801'이므로 9번째로 올 수는 '1,187.801−(116.46+818.526)'의 결과인 '252.815'이다.

## 13 ②

제시된 수들은 '$\times\frac{2}{3}$', '+6'이 반복되는 규칙을 가지는 특수 수열이므로 A 위치에 들어갈 알맞은 수는 '$\frac{1,178}{81}$'이다.

## 14 ①

제시된 수들은 '$\times\frac{5}{7}$', '$\times\frac{7}{9}$', '$\times\frac{9}{11}$', '$\times\frac{11}{13}$', '$\times\frac{13}{15}$'…의 규칙을 가지는 특수 수열이므로 A 위치에 들어갈 알맞은 수는 '$\frac{1,036,035}{2,297,295}\times\frac{15}{17}$', B 위치에 들어갈 알맞은 수는 '$\frac{1,036,035}{2,297,295}\times\frac{15}{17}\times\frac{17}{19}$'이다.

A÷B는 '$\dfrac{\frac{1,036,035}{2,297,295}\times\frac{15}{17}}{\frac{1,036,035}{2,297,295}\times\frac{15}{17}\times\frac{17}{19}}=\frac{19}{17}$'이다.

## 15 ②

제시된 수들은 홀수 항과 짝수 항이 각각 다른 규칙을 가지는 특수 수열이다. 홀수 항은 '÷4'의 규칙을 가지며, 짝수 항은 '÷3'의 규칙을 가진다. 이때 15번째 행은 홀수 항이며 홀수 항만을 별도의 수열로 보았을 때, 8번째 항에 해당한다. 따라서 15번째로 올 수는 1번째 항에 '$\div 4^7$'을 계산한 '0.0004875'이다.

## 16 ③

제시된 수들은 '×(−2)', '−6'이 반복되는 규칙을 가지는 특수 수열이므로 A 위치에 들어갈 알맞은 수는 '−38.08'이다.

## 17 ③

제시된 수들은 공비가 $\frac{3}{4}$인 등비수열의 규칙을 가지므로 A 위치에 들어갈 알맞은 수는 '$\frac{2,187}{10,240}$'이다.

## 18 ②

제시된 수들은 '×4', '+4'가 반복되는 규칙을 가지는 특수 수열이므로 A 위치에 들어갈 알맞은 수는 '13,648', B 위치에 들어갈 알맞은 수는 '13,652'이다. A×B는 '186,322,496'이다.

## 19 ③

제시된 수들은 공차가 −0.7인 등차수열의 규칙을 가지므로 12번째로 올 수는 1.5+(−0.7×6)을 계산한 값인 '−2.7'이다.

## 20 ④

제시된 수들은 세 개의 항씩 묶어 규칙을 갖는 군수열로 (a, b, c)가 하나의 군이라고 할 때, a×b=c인 규칙을 가지므로 A 위치에 들어갈 알맞은 수는 '$\frac{336}{323}$'이다.

Chapter 02

# 2024 상반기 기출복원 모의고사

## 언어이해

| 01 | 02 | 03 | 04 | 05 | 06 | 07 | 08 | 09 | 10 |
|---|---|---|---|---|---|---|---|---|---|
| ② | ③ | ⑤ | ① | ③ | ③ | ④ | ② | ⑤ | ④ |
| 11 | 12 | 13 | 14 | 15 | 16 | 17 | 18 | 19 | 20 |
| ③ | ⑤ | ② | ③ | ④ | ④ | ① | ② | ③ | ④ |

### 01 ②

최초의 GMO는 1994년 칼젠사가 개발한 '무르지 않는 토마토'이다.

[오답 점검]

① 한국에서는 2001년 3월부터 「농수산물 품질관리법」에 따라 콩·옥수수·콩나물·감자에 대한 'GMO 표시제'를 시행하고 있다고 했다. 따라서 모든 GMO에 적용되는 것은 아니다.

③ 유전자 변형 기술은 넓은 의미에서 이종교배, 선택적 증식, 유전자 이전, 염색체 변형, 성전환 등 생명공학과 밀접한 개념이라고 했다. 따라서 화학 산업보다는 바이오 산업과 더 연관이 있을 것이다.

④ 유럽과 일본 등에서 GMO 반대 운동이 확산되었다고 하였으므로, 유럽과 일본을 제외한 다른 지역에서도 반대 운동이 일어났을 것이라고 추론할 수 있다.

⑤ 모나크 나비의 유충이 GMO 옥수수의 꽃가루를 먹고 죽었다는 것으로 미루어 보아 인체에 해가 없을 것이라 추론하기는 어렵다.

### 02 ③

제한된 보장 범위, 만족스럽지 않은 보상 비용 등을 해결하기 위해 동물진료수가 표준화와 진료기록 공개가 선행되어야 한다고 하였으므로 옳은 추론이다.

[오답 점검]

① 펫 보험은 소유주의 이익을 보호하기 위한 국가의 지원이 따로 존재하지 않는다고 하였으므로 옳지 않다.

② 반려동물을 키우는 가구가 전체 가구의 25%이며, 펫 보험 가입률은 반려동물 양육 가구의 1% 미만이라고 하였으므로 옳지 않다.

④ 전통적인 가축 대상 보험인 가축재해보험과 펫 보험은 그 성격이 다르다고 하였으므로 옳지 않다.

⑤ 가축재해보험은 가축이 죽었을 때 손해액을 보장하는 것이고, 펫 보험은 살아있는 반려동물의 치료비를 보장하는 것이므로 보장 내용은 같지 않다.

### 03 ⑤

파노블리 효과는 상류층이 되기를 선망하는 사람들의 소비 행태이므로 상류층의 소비 행태라고 추론하는 것은 옳지 않다.

[오답 점검]

① 밴드왜건 효과는 유행하는 물건의 수요가 높아지는 것인데, 스놉 효과는 유행하는 물건의 수요가 낮아지는 것이므로 서로 반대 개념이라고 추론할 수 있다.

② 베블렌 효과는 사회적 지위를 과시하기 위한 상류층의 소비 행태이므로, 이를 이용하면 VVIP 고객을 위한 마케팅을 진행할 수 있을 것이다.

③ 베블렌 효과는 값비싼 귀금속, 명품, 고급 자동차 등의 사치재에 주로 나타나는 현상으로 다수의 소비자가 구매하는 상품과는 거리가 있다.

④ 베블렌 효과는 '필요에 의한 구매'가 아니라 '욕구에 의한 구매'를 하는 상류층의 소비 행태이다.

### 04 ①

재난 발생 단계별로 실행할 수 있는 소통 전략이 수립되어 있어야 국민들에게 꼭 필요한 진정성 있는 정보를 신속하게 제공할 수 있다.

[오답 점검]

② 재난 발생 단계는 예방 단계, 대응 단계, 회복 단계로 구분한다.

③ 재난 발생 계절에 따라 대응 계획을 수립하는 것이 아니라 재난 발생 단계별 특성에 따라 대응 계획을 수립해야 한다.

④ 국가적 재난 상황에서 정부의 대응이 효과적이지 않은 원인으로는 위기 대응 매뉴얼의 부재가 있지만, 소통 측면에서는 관리 당국이 알려주고 싶은 정보만 제공하는 것이 원인이다.

⑤ 재난 상황에서 효과적인 소통을 위한 핵심 원칙은 국민들에게 꼭 필요한 진정성 있는 정보를 신속하게 제공하는 것이다.

## 05 ③

내적 준거틀은 개인의 경험, 가치관, 신념, 문화 등을 기반으로 메시지를 해석하므로 같은 메시지라도 모두가 다르게 해석할 것이다.

**[오답 점검]**

① 개인의 신념과 가치관을 바탕으로 메시지를 해석하는 것은 내적 준거틀이다.
② 외적 준거틀은 객관적인 정보와 사실에 기반한 의사소통을 가능하게 하며, 내적 준거틀은 개인의 경험과 관점을 고려하여 메시지를 이해하고 공감할 수 있게 한다.
④ 외적 준거틀은 메시지의 출처, 권위, 사실 여부 등을 중요하게 여긴다.
⑤ 내적 준거틀은 개인적 관점에서 메시지를 해석하므로, 외부의 정보와는 상관없이 개인의 가치관, 신념에 따라 메시지를 해석한다.

## 06 ③

Third Party API를 대상으로 데이터 열람을 유료화하는 것은 B사의 데이터 보안 정책에 해당하는데 이는 생성형 AI의 무차별적인 데이터 수집을 방어하기 위한 것이다.

**[오답 점검]**

① A사가 개인정보처리방침을 변경한 것은 맞지만 사용자의 명시적인 동의를 얻는다는 부분은 찾아볼 수 없다.
② 생성형 AI의 성능은 주로 데이터 학습량으로 결정되지만, 성능을 결정하는 다른 요인도 있기 때문에 데이터 학습량만으로 생성형 AI의 성능을 예상하기에는 무리가 있다.
④ 데이터 열람 유료화, 1일 게시물 조회 수 제한 같은 보안 정책들은 서비스 이용을 자유롭지 않게 만드는 것이다.
⑤ A사가 사용자들에게 수집한 데이터를 암호화할 것이라는 내용은 찾아볼 수 없다.

## 07 ④

합리적 낙관주의란 현실의 문제를 인정하고 수용하되, 결국엔 자신이 성공할 것이라고 믿는 것이다. 이와 가장 유사한 태도는 ④이다.

**[오답 점검]**

① 항상 낙관적인 태도를 보이는 것은 극단적 낙관주의자이다.
② 비관주의자처럼 대비하고 낙관주의자처럼 생각하는 사람은 합리적 낙관주의자이다.
③ 합리적 낙관주의자가 되기 위해서는 비관주의를 완전히 배제하는 것이 아니라 낙관적으로 생각하되, 비관적으로 현실을 대비해야 한다.
⑤ 짐 스톡데일은 가족을 만날 수 있다는 희망을 놓은 적이 없는 낙관주의자지만, 현실의 문제를 인정하고 수용한 합리적 낙관주의자였기에 포로 생활을 견딜 수 있었다.

## 08 ②

달걀흰자, 녹차, 커피 등 사람의 음식은 조리과정을 거쳐도 고양이에게 위험한 것이 많다.

**[오답 점검]**

① 전체 글의 내용을 보았을 때, 고양이의 식단은 특별한 주의가 필요하다고 추론할 수 있다.
③ 사람용 참치캔, 통조림, 소시지, 과자 등의 가공식품도 사람의 섭취 적정량을 기준으로 첨가물이 함유되어서, 사람 체중의 10분의 1밖에 되지 않는 고양이에게는 매우 위험하다.
④ 익히지 않은 생선, 육류, 달걀 등은 식중독균의 일종인 살모넬라균이 있어서 반드시 익혀서 주어야 한다.
⑤ 카페인이 함유된 피로회복제, 초콜릿, 녹차, 커피 등은 매우 위험한 성분이므로 고양이에게 절대 금물이다.

## 09 ⑤

지문에서는 '그리스 신화'의 변천 과정을 시간 순서에 따라 서술하였다. 따라서 주어진 선택지 중 ⑤에 가장 가깝다.

## 10 ④

마르셀 뒤샹은 철물점에서 구입한 남성용 변기에 가상의 서명을 한 후 전시회에 출품하였다.

**[오답 점검]**

① 마르셀 뒤샹은 기성품(레디메이드)을 출품하여 제3의 미술 개념을 제시하였다.
② 마르셀 뒤샹은 남성용 변기에 R.Mutt라는 가상의 예술가의 서명을 한 후 출품하였다.
③ '샘'은 현대 미술의 이정표로서, 예술의 관습과 경계에 도전하는 작품 중 하나로 여겨진다.
⑤ 샘을 통해 후대 예술가들은 본인의 기교나 기술적 요소를 뽐내기보다는 본인의 생각과 사상을 전달하는 것에 초점을 맞추게 되었다.

## 11 ③

지문에서는 범죄율을 낮추는 여러 가지 방법을 소개하였지만 그중 어떤 것이 가장 좋다고 언급하지는 않았다.

[오답 점검]
① 범죄율은 사회적 질서와 밀접한 관계가 있다고 가장 첫 번째 문장에서 말하고 있다.
② 징역 제도는 범죄자를 사회와 격리해 사회 안전을 유지하는 중요한 수단이지만, 수감 시설을 운영하기 위한 비용이 많이 소모된다.
④ 범죄자가 사회로 복귀하기 전, 지원과 도움을 제공하면 재범률을 낮출 수 있다.
⑤ 범죄 예방에는 많은 비용이 발생하겠지만, 이러한 비용은 시민들의 최대 행복을 위해 반드시 필요하다고 마지막 문장에서 말하고 있다.

## 12 ⑤

서해 바다에서 잡히는 생선들은 비린 맛이 덜하기 때문에 향신료를 많이 사용할 필요가 없다. 따라서 평양 음식도 향신료를 많이 사용하지 않는다.

[오답 점검]
① 북한 음식은 유래한 지역이 서해 바다와 맞닿아 있는지, 동해 바다와 맞닿아 있는지에 따라 특색이 확연히 차이 난다고 말하고 있다.
② 동해 바다와 접한 함경도의 음식은 서해 바다와 접한 평안도의 음식보다 짜고 매울 것이나.
③ 서해 바다에서 잡히는 생선들은 대체로 비린 맛이 덜한 흰살생선이 많다.
④ 함경도 회국수는 가자미식해나 빨갛게 무친 명태자반뿐만 아니라 육수를 만들고 남은 돼지고기를 고명으로 사용하기도 한다.

## 13 ②

임차인이 임대인으로부터 권리금을 받을 수 있는 것이 아니라, 신규 임차인으로부터 권리금을 받는 것을 방해받지 않는다.

[오답 점검]
① 임대차 기간이 만료되는 날로부터 6개월~1개월 전에 임차인이 계약 갱신을 요구할 경우, 임대인은 정당한 사유 없이 이를 거절하지 못한다.
③ 코로나-19로 인해 차임을 감액하였다면 감액하기 전 금액에 도달할 때까지는 5%의 제한 규정을 적용하지 않는다.
④ 임차인은 전체 임대차 기간이 10년을 초과하지 않을 경우에만 계약갱신요구권을 행사할 수 있다.
⑤ 이전까지는 권리금에 관한 규정이 없었다는 말을 통해 유추할 수 있다.

## 14 ③

난치성 뇌전증 환자의 비율은 전체 신경질환 환자가 아닌, 전체 뇌전증 환자의 30%에 이른다.

[오답 점검]
① 뇌전증은 반복적인 발작을 특징으로 하는 신경질환으로, 유병률은 약 0.5%~1%이다.
② 뇌전증은 국내에서 치매, 뇌졸중 다음으로 많은 신경질환이다.
④ 뇌전증 발생 원인은 유전적 요인, 뇌염, 뇌종양 등 다양하지만 아직도 뇌전증 환자의 과반수는 정확한 원인을 알지 못한다.
⑤ 소아 난치성 뇌전증의 경우, 발작이 조절되지 않으면 뇌손상으로 인한 지적장애, 발달장애가 발생하여 평생 장애를 갖고 살아가야 할 수 있다.

## 15 ④

고교학점제를 처음 도입하는 학교 10개를 선정하여 지원한다고 언급하였지만, 이것이 부족하다고 반박하고 있다.

[오답 점검]
① 과목 개설이 어려운 경우 지역사회, 대학 등 학교 밖 교육을 학점으로 인정한다고 언급하였다.
② 3학년 2학기를 학생에서 사회인으로의 성장을 준비하고 지원하는 전환학기로 운영한다고 언급하였다.
③ 학생이 주도적으로 진로 경로를 설계하고 변경할 수 있도록 학기 전환기마다 '진로설계 집중기간'을 운영한다고 언급하였다.
⑤ 고교학점제가 추구하는 내용으로 이 글의 내용과 일치한다.

## 16 ④

주어진 글에서는 혈당 수치 관리를 위해 규칙적인 생활 습관, 건강한 식단, 운동, 약물 요법, 정기적인 검진이 필요하다고 하였다. 이러한 것은 모두 후천적인 노력인데, 선택지 ④에서는 당뇨 합병증이 유전적인 요인이라는 선천적인 원인에 의해 발병하는 경우가 많다고 하였으므로 글에서 주장하는 내용을 반박하는 것으로 적절하다.

## 17 ①

주어진 글에서는 산업재해가 무엇인지, 왜 일어나는지, 어떻게 예방하는지가 서술되어 있다. 따라서 이와 가장 유사한 선택지는 ①이다.

## 18 ②

주어진 글에서는 소독과 멸균이 무엇인지 설명한 후, 두 프로세스의 차이점을 설명한다. 따라서 이와 가장 유사한 선택지는 ②이다.

[오답 점검]

⑤ 미생물이 인간에게 해로운 이유가 주어진 글 시작 부분에서 언급되기는 하지만 글의 전체 주제로 볼 수는 없다.

## 19 ③

글의 전체적인 내용은 105살이 되면 노화가 멈추며 이는 서유럽인에게만 발생하는 현상이 아니라고 주장하는 연구팀에 관한 것이다. (A), (C), (D) 모두 대명사나 접속사가 문단 도입부에 있으므로 가장 먼저 위치하기에는 적합하지 않다. 따라서 (B)가 가장 먼저 오는 것이 자연스럽다. (B)에서 노화를 방지하기 위한 일반적인 노력에 대해 설명했는데 (D)에서 말하는 '이런 노력'이 (B)에서 설명한 노력과 동일한 뜻이다. 따라서 (B) 다음으로는 (D)가 위치해야 한다. (D)의 마지막에 105살 이상의 인구 3,836명을 대상으로 수명 상태를 분석하였다고 하였으므로 이에 대한 결과가 나오는 것이 자연스러운데, (C)에서 그 결과를 언급하고 있다. 마지막으로 앞서 주장했던 내용들이 특정 인종에게만 나타나는 것이 아니라는 것을 말하는 (A)가 위치해야 한다.

## 20 ④

〈보기〉에 서술된 내용은 상대방의 주장에 반대되는 주장을 제시한 다음 모두 참이라고 말하는 소피스트들의 행동이다. 따라서 (D)에 위치하는 것이 적절하다.

# 자료해석

| 01 | 02 | 03 | 04 | 05 | 06 | 07 | 08 | 09 | 10 |
|---|---|---|---|---|---|---|---|---|---|
| ③ | ② | ④ | ① | ① | ② | ③ | ⑤ | ④ | ③ |
| 11 | 12 | 13 | 14 | 15 | 16 | 17 | 18 | 19 | 20 |
| ⑤ | ③ | ④ | ④ | ② | ③ | ② | ⑤ | ① | ④ |

## 01 ③

석유화학과 석유제품의 수출액의 차 = $45.3-41.8=3.5$억 달러

섬유와 이차전지의 수출액의 차 = $8.8-7.4=1.4$억 달러

[오답 점검]

① 전월 대비 수출액의 증감률을 확인한다. 전월 대비 감소한 것은 자동차, 선박, 철강, 이차전지로 4가지이다.

② 전월 대비 수출액의 증가율이 가장 큰 항목은 증가율이 61.6%인 컴퓨터이다.

④ 증감률이 두 번째로 큰 항목은 무선통신이고, 수출액이 두 번째로 큰 것은 자동차이다.

⑤ 전월 대비 20% 미만으로 증가한 항목은 디스플레이, 자동차부품, 일반기계, 석유제품, 석유화학, 가전, 섬유로 7가지이다.

## 02 ②

ㄱ. 2023년 분쟁 건수는 679건이고 저작권과 디지털콘텐츠 분야는 50%를 차지하고 있으므로 300건 이상이다.

ㄷ. 2023년 특허권과 상업 분쟁 건수의 차

$$\begin{aligned}&=679\times0.15-679\times0.1\\&=679(0.15-0.1)\\&=679\times0.05\\&=33.95\end{aligned}$$

ㄹ. 2015년부터 2023년까지 분쟁 건수는 지속적으로 증가하고 있다.

[오답 점검]

ㄴ. 2015~2023년 분쟁 건수 그래프에서 막대그래프의 크기 차이를 구하면 쉽다. 전년 대비 막대그래프의 크기 차이가 가장 큰 해는 2022년이다.

## 03 ④

2024년 소비자물가의 실제 상승률은 +2.4%로 값이 '+'이다. 따라서 소비자물가는 증가했다.

[오답 점검]
① 2023년 소비자물가 상승률 전망치와 실제 수치 모두 3.5%이다.
② 2023년 경제성장률 전망치는 1.6%이고 실제 수치는 1.4%로 전망치가 더 높고, 2024년 경제성장률 전망치는 2.4%이고 실제 수치는 2.3%로 전망치가 더 높다.
③ 2023년 실제 소비자물가 상승률이 3.5%로 값이 '+'이므로 전년 대비 상승했다.
⑤ 2023년과 2024년 실제 경제성장률 수치가 '+'이므로 경제가 성장했다.

## 04 ①

지정문화재의 수가 많은 순서는 서울, 부산, 대구, 인천, 대전, 울산, 광주이고 지정등록문화재의 수가 많은 순서는 서울, 부산, 대구, 인천, 대전, 광주, 울산이다.

[오답 점검]
② $A = 535-(511+22) = 2$, $B = 157-150 = 7$이다.
③ 인천광역시의 시·도 등록문화재는 8건이다.
④ 서울특별시는 234개로 국가등록문화재가 가장 많다.
⑤ 대구광역시와 인천광역시의 지정문화재 수의 차
$= 283-263 = 20$
대전광역시와 광주광역시의 국가등록문화재 수의 차
$= 23-22 = 1$

## 05 ①

ㄱ. 2020년 2월 아파트 실거래가격지수는 100보다 적다. 이는 2019년 2월보다 가격이 하락했음을 알 수 있다.
ㄴ. 2021년 2월부터 아파트 실거래가격지수가 지속적으로 상승하고 있으므로 아파트 가격이 지속적으로 증가했음을 알 수 있다.

[오답 점검]
ㄷ. 2022년 2월 전년 동월 대비 아파트 실거래가격지수는 $118.6-100.9 = 17.7$로 증가했다.
하지만 2024년 2월 전년 동월 대비 아파트 실거래가격지수는 $164.7-129.3 = 35.4$로 더 큰 폭으로 증가했다.
ㄹ. 2022년 2월 전년 동월 대비 아파트 실거래가격지수 증가율 $= \frac{118.6-100.9}{100.9} \times 100 \fallingdotseq 17.5\%$

## 06 ②

ㄱ. 완제 의약품과 원료 의약품 모두 지속적으로 감소한다.
ㄹ. 2023년 원료 의약품은 500건이고 이의 2배는 1,000건이다. 2021년 원료 의약품은 1,757건으로 1,000건 이상이므로 2배 이상이다.

[오답 점검]
ㄴ. 2023년 기타 의약품과 2021년 기타 의약품의 차 $= 2,236-1,220 = 1,016$이다.
ㄷ. 2022년 원료 의약품의 비중 $= \frac{797}{6,708} \times 100 \fallingdotseq 11.9\%$
(계산 TIP. 완벽한 비중의 값을 찾기보다는 전체의 10%의 값을 구해 2022년 기타 의약품의 값과 비교하는 것이 시간을 단축할 수 있다.)

## 07 ③

ㄴ. 2022년 자산총액은 2,500억 원이고 기타비유동자산이 차지하는 비율은 11%로 275억 원이다.
ㄷ. 2021년의 자산총액이 2022년보다 많고, 단기금융상품의 비율 역시 2021년이 더 크므로 2021년 단기금융상품 금액이 2022년보다 많다.

[오답 점검]
ㄱ. 2021년 자산총액은 3,000억 원이고 2022년 자산총액은 2,500억 원이므로 비율만 동일할 뿐 재고자산의 양은 다르다.
ㄹ. 유동자산 금액이 자산총액에서 차지하는 비율은 2021년에 $7+15+7+5 = 34$(%p), 2022년에 $8+13+7.5+5 = 33.5$(%p)로 2021년이 자산총액과 유동자산 금액이 차지하는 비율 모두 높으므로 유동자산 금액은 2021년이 더 높다.

## 08 ⑤

2021년 대비 재배면적이 증가한 것은 잡곡과 서류이다. 잡곡은 38천 정보 증가했고, 서류는 51천 정보 증가했다.

[오답 점검]
① 서류의 생산량은 지속적으로 증가한다.
② 매년 서류의 생산량이 가장 많다.
③ 두류의 재배면적은 지속적으로 감소하지만 생산량은 감소, 증가를 반복한다.
④ 2023년 잡곡의 생산량은 두류의 생산량의 $1,362 \div 772 \fallingdotseq 1.8$(배)이다.

## 09 ④

2022년 농림수산식품 수출액 상위 5개 품목의 수출액 합은 22.3+20.5+18.4+14.6+8.8=84.6(백만 불)이다.

## 10 ③

기타 외국식 일반음식점 수는 2022년에 전년 대비 증가했다.

**[오답 점검]**

④ 2021년 대비 2023년 중식 일반음식점 수 차 = 28,670 − 26,850 = 1,820개소

⑤ 2022년 대비 2023년 서양식 일반음식점 수 차 = 14,550 − 13,980 = 570개소

## 11 ⑤

ㄴ. 12월의 유입인원은 6,910 − 3,010 = 3,900천 명이다. 따라서, 증가와 감소를 반복한다.

ㄹ. 10월의 수송인원은 3,048 + 3,827 = 6,875천 명으로, 수송인원이 가장 많은 달은 12월이고, 유입인원도 3,900천 명으로 가장 많다.

**[오답 점검]**

ㄱ. 9월에 전월 대비 감소했으므로 지속적으로 증가하지 않았다.

ㄷ. 10월, 12월에 전월 대비 증가했으므로 지속적으로 감소하지 않았다.

## 12 ③

전 분기 대비 2023년 3분기 절도범죄 검거건수는 35,178 − 33,990 = 1,188건 증가했다.

**[오답 점검]**

② 2023년 2분기와 3분기 모두 발생건수가 많은 순서는 지능범죄, 폭력범죄, 절도범죄, 강력범죄이고, 검거건수가 많은 순서 역시 발생건수가 많은 범죄와 동일하다. 따라서 발생건수가 많을수록 검거건수가 많다.

④ 지능범죄는 감소하였고, 강력범죄는 증가하였다.

## 13 ④

합격률을 구하기 위해 분모를 모두 100으로 맞춰주면 분자의 크기만으로 쉽게 대소관계를 비교할 수 있다.

| 지역 | 지원자 | 합격자 | 분모 | 분자 |
|---|---|---|---|---|
| A | 300 | 16 | ÷3 | → $\frac{16}{3}$=5.X |
| B | 20 | 1 | ×5 | → 5 |
| C | 50 | 2 | ×2 | → 4 |
| D | 100 | 6 | | 6 |
| E | 200 | 9 | ÷2 | → $\frac{9}{2}$=4.5 |

## 14 ④

홍보비의 비율은 9%이고 사무비품비의 비율이 5.5%이므로 상품 A의 생산가격의 14.5%를 차지한다.

**[오답 점검]**

① 재료비의 비율은 38%이고 인건비의 비율은 36%이므로 상품 A의 생산가격의 74%를 차지한다.

② 생산 비용이 100억 원이고 판매이익은 이의 3.5%이므로 100억 × 3.5% = 3.5억 원이다.

③ 생산 비용이 50억 원일 때, 부가가치세는 8%이므로 50억 × 8% = 4억 원이다.

⑤ 인건비가 60억 원이라면 다음과 같은 비례식을 세울 수 있다.

36% : 60억 = 9% : $x$ , $36x = 90 \times 6$이므로

$x = 15$(억)이다.

## 15 ②

사업체 수가 두 번째로 많은 업종은 신재생에너지 건설업이고, 매출액은 세 번째로 많다.

**[오답 점검]**

① 투자액 대비 사업체 수는 신재생에너지 제조업을 제외하고 모두 1보다 크다. 하지만 신재생에너지 제조업은 $\frac{536}{5,408} < 1$이다.

## 16 ③

지방세 징수액은 증가와 감소를 반복한다.

## 17 ②

여자의 비만율은 남자보다 항상 낮음을 그래프를 통해 알 수 있다.

**[오답 점검]**

① 비만율은 감소와 증가를 반복한다.

③ 남자와 여자의 비만율이 교차하는 지점은 없다.

④ 비만율이 가장 높았던 해는 2020년으로 남자의 비만율 역시 가장 높았던 해이다.

⑤ 2021년 전년 대비 비만율이 감소했으나 감소한 원인이 운동한 사람이 증가했는지에 대해서는 알 수 없다.

## 18 ⑤

2017년이 2016년과의 차이가 가장 크므로 가장 큰 폭으로 감소한 해는 2017년이다.

[오답 점검]

② 1보다 작은 수치가 된 것은 2018년이 처음이다.

③ 전년 대비 2023년 출산율은 $0.778-0.72=0.058$ 감소했다.

④ 1보다 큰 해는 2014년부터 2017년으로 총 4개이다.

## 19 ①

2018년부터 2020년 인구성장률의 크기는 감소했지만 인구성장률은 여전히 '+'값으로 인구는 증가했다.

[오답 점검]

② 인구성장률이 가장 큰 해는 2015년의 0.53%이고, 가장 작은 해는 2022년의 -0.19%이다. 차를 구하면 다음과 같다. $0.53-(-0.19)=0.72\%p$이다.

③ 인구가 전년 대비 증가한 해 중 인구성장률이 가장 작은 해는 '+'의 값 중 가장 작은 것을 찾아야 하므로 0.07%의 2024년이다.

④ 2015년부터 2017년은 지속적으로 감소하고 2018년부터 2020년도 역시 지속적으로 감소한다.

⑤ 2021년부터 2022년까지 지속적으로 인구가 감소하였다. 하지만 2023년 처음으로 '+'가 되어 증가했다.

## 20 ④

감척지원금을 구하면 다음과 같다.

| 어선 | 어선 잔존가치 | 평년수 익액 | 선원 수 | 평년수익액/ 선원 수 | 감척지원금 |
|---|---|---|---|---|---|
| A | 170 | 60 | 6 | 10 | 170+10 =180 |
| B | 350 | 80 | 8 | 10 | 350+10 =360 |
| C | 200 | 150 | 10 | 15 | 200+15 =215 |
| D | 50 | 30 | 3 | 10 | 50+10 =60 |
| E | 150 | 100 | 5 | 20 | 150+20 =170 |

# 창의수리

| 01 | 02 | 03 | 04 | 05 | 06 | 07 | 08 | 09 | 10 |
|---|---|---|---|---|---|---|---|---|---|
| ② | ④ | ③ | ① | ⑤ | ④ | ④ | ① | ④ | ② |
| 11 | 12 | 13 | 14 | 15 | 16 | 17 | 18 | 19 | 20 |
| ⑤ | ② | ③ | ⑤ | ④ | ⑤ | ① | ④ | ③ | ④ |

## 01 ②

8% 딸기잼 400g 내의 딸기의 양과 15% 딸기잼 내의 딸기의 양의 합이 11% 딸기잼 내의 딸기의 양과 같다는 것을 식으로 세우면 다음과 같다.

15%의 딸기잼의 양을 $x$라고 하면,

$$400\times\frac{8}{100}+x\times\frac{15}{100}=(400+x)\times\frac{11}{100}$$

식을 계산하면 $x$=300임을 알 수 있다.

[치트키]

아래 해설은 가중치를 이용하여 풀이한 것이다.

| 8% | 11% | 15% | |
|---|---|---|---|
| 3 : 4 | | | 11%를 기준으로의 농도의 차이 값의 비<br>(8과 11은 3만큼, 11과 15는 4만큼) |
| 4 : 3 | | | 이때 8% 딸기잼의 양과 15% 딸기잼의 양의 비는 농도의 차이 값의 비의 반대인 4:3이 됨 |
| 400g | | 300g | 4에 해당하는 8% 딸기잼의 양이 400g이므로 3에 해당하는 15% 딸기잼의 양은 300g이 됨을 알 수 있음 |

## 02 ④

서진이와 서영이가 같은 방향과 반대 방향으로 돌았을 때의 시간과 거리를 이용하여 각각의 속력을 구할 수 있다. 반대 방향의 경우 서진이가 이동한 거리 + 서영이가 이동한 거리 =1,200m로 두고, 같은 방향의 경우 속력이 더 빠른 서진이의 이동거리-서영이의 이동거리=1,200m로 두고 식을 세울 수 있다.

거리는 속력과 시간을 곱한 값이므로 서진이의 속력을 $x$라 하고, 서영이의 속력을 $y$라고 하면, $15(x+y)=1,200$, $40(x-y)=1,200$

이 되고 정리하면, $x+y=80$, $x-y=30$ 이 된다.

따라서 $x$=55m/m, $y$=25m/m이 된다. 서진이와 서영이의 속력을 곱한 값은 55×25=1,375가 된다.

## 03 ③

9월과 11월은 30일까지, 10월은 31일까지 있으므로 24년 9월 5일을 기준으로 12월 13일까지는 25+31+30+13=99일이다. 요일은 7일 간격으로 돌아오므로

$99 \div 7 = 14 \cdots 1$

즉, 나머지가 1이므로 화요일의 다음 요일인 수요일이 된다.

## 04 ①

회색으로 표시된 직사각형의 둘레가 28cm이므로, 굵은 선으로 표시된 부분의 길이는 14cm이다.

이에 따라 아래 주어진 모든 길이와 14cm를 더하면 정사각형의 둘레 길이와 같다.

따라서 $13+13+x+14+(3x-4)=13\times4$이므로 $x=4$이다.

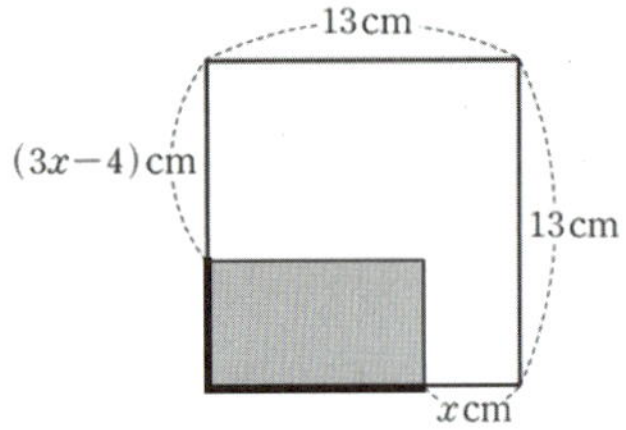


## 05 ⑤

아래 그림을 참고하면 총 41가지가 됨을 알 수 있다.

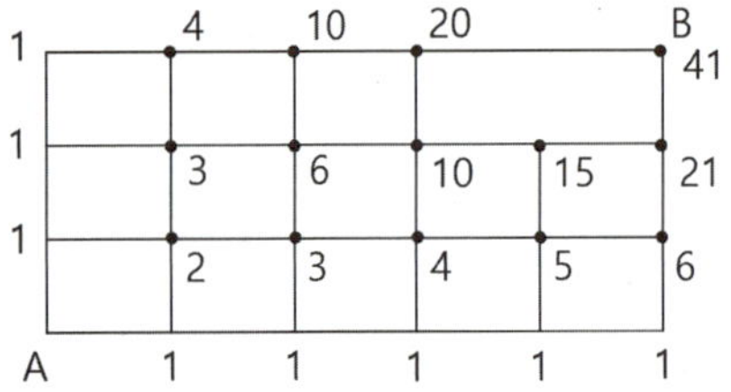


## 06 ④

전체 신입사원 수를 $x$라고 하면, 여자 사원의 수는 $0.45x$이며, 안경 쓴 여자 사원의 수는 $0.55\times0.45x$이다. 남자 사원 중 안경을 낀 사람의 비중을 $a$라고 하면 안경 쓴 남자 사원의 수는 $a\times0.55x$이다. 전체 사원 중에서 무작위로 한 명을 뽑았을 때 안경을 낀 사람일 확률이 0.44이므로 $\dfrac{0.55\times0.45x+a\times0.55x}{x}=0.44$이다. 좌항의 분수를 분자와 분모 모두 $x$로 약분하고 양쪽 항을 0.55로 나누면 다음과 같다. $0.45+a=0.8$이므로 $a=0.35$임을 알 수 있다.

## 07 ④

a가 시간당 할 수 있는 일의 양을 $x$, b가 시간당 할 수 있는 일의 양을 $y$라 하고, 주어진 조건에 맞춰 식을 세우면 아래와 같다.

$\begin{matrix} 5x+8y=1 \\ 6x+5y=1 \end{matrix}$, 주어진 식을 연립방정식을 활용하여 계산하면 $\begin{matrix} 30x+48y=6 \\ 30x+25y=5 \end{matrix}$ 가 되고, 정리하면 $y=\dfrac{1}{23}$이 된다.

따라서 b 혼자서 일을 다 해야 한다면 걸리는 시간은 23시간이 된다.

## 08 ①

물이 가득 채워지는 시간을 $x$라 하자. A, B 호스로는 물을 채우고 C 호스로는 배수를 하여 물을 가득 채우는 것을 시간당으로 식을 세우면 $(\dfrac{1}{12}+\dfrac{1}{6}-\dfrac{1}{8})x=1$이 된다.

따라서 주어진 식에 최소공배수인 24를 곱하면 $(2+4-3)x=24$가 되고 $3x=24$, 즉 $x=8$이 된다.

따라서 8시간 만에 물을 가득 채울 수 있게 된다.

## 09 ④

임원의 인원을 a명이라 하면, 인턴은 (a+25)명이 되고, 정규직은 $\dfrac{1}{7}$(a+15)명이 된다.

$a+(a+25)+\dfrac{1}{7}(a+15)=250$을 정리하면

$2a+\dfrac{1}{7}a+25+\dfrac{15}{7}=250$,

$\dfrac{15}{7}a=250-25-\dfrac{15}{7}$, $\dfrac{15}{7}a=\dfrac{1560}{7}$, $a=104$가 됨을 알 수 있다. 따라서 임원의 인원은 104명이 된다.

## 10 ②

거리가 12km인 강을 하류에서 상류로 올라갈 때 보트의 속력은 10−2=8(km/h), 상류에서 하류로 내려갈 때 보트의 속력은 10+2=12(km/h)이다. 이에 따라 거리가 12km인 강을 하류에서 상류로, 다시 상류에서 하류로 왕복하는 데 걸린 시간은 $\dfrac{12}{8}+\dfrac{12}{12}=1\dfrac{4}{8}+1=2.5$(h)이다.

## 11 ⑤

남자 4명과 여자 3명 총 7명 중에서 4명을 고를 수 있는 가지 수는 ${}_7C_4=\dfrac{7\times6\times5\times4}{4\times3\times2\times1}=35$가지이다.

이 중에서 남자 4명 중에 2명과 여자 3명 중에 2명을 뽑을

수 있는 가지 수는 남자는 ${}_4C_2 = \frac{4\times3}{2\times1} = 6$이 되고, 여자는 ${}_3C_2 = \frac{3\times2}{2\times1} = 3$이 된다. 따라서 구하는 값은 $\frac{18}{35}$이 된다.

## 12 ②

의자의 개수를 $x$개라고 하자. 6명씩 앉았을 때 5명이 앉지 못했다면 직원의 수를 나타내는 식은 $6x+5$가 되고, 8명씩 앉았을 때 빈 의자 없이 마지막 의자에 3명이 앉았다면 $(x-1)$개의 의자에는 8명이 앉으며, 나머지 의자 하나에는 3명이 앉게 되므로 직원의 수를 나타내는 식은 $8(x-1)+3$이 된다. 따라서 두 식을 등식으로 두고 풀면 $6x+5=8(x-1)+3$이 되고 $x=5$가 나온다. 직원 수를 구하기 위해 두 식 중 하나에 $x$값을 대입하면 인원은 35명이 나온다.

## 13 ③

물을 추가하거나 증발시킨 경우 소금의 양에는 영향을 주지 않으므로 6%의 소금물 200g과 12%의 소금물 300g의 소금의 양을 구하여 증발 후 12%에 들어있는 소금의 양이 같음을 이용하면 증발한 물의 양을 쉽게 구할 수 있다.
즉, 아래 표를 참고해 보자. 증발 후의 소금의 양이 48g이 나오려면 소금물의 양이 400g이 되어야 하므로 두 소금물을 섞었던 500g에서 100g이 증발한 것을 알 수 있다.

| 농도 | 소금물 | 소금의 양 |
|---|---|---|
| 6% | 200g | 12g |
| 12% | 300g | 36g |
| | 소금의 양의 합: 48g | |
| 12% | 400g | 48g |

## 14 ⑤

원가를 a라고 하자. 주어진 조건에 맞춰 식을 세우면,
$a(1+\frac{30}{100})-1,200-a=a\times\frac{10}{100}$이 된다.

식을 정리하면 $\frac{30}{100}a-\frac{10}{100}a=1,200$이 되고,

$\frac{1}{5}a=1,200$이 되며, a=6,000원이 된다.

## 15 ④

[치트키]
작년 남학생 수를 $x$라 하고, 작년 여학생 수를 $y$라고 하자. 올해는 작년에 비해 남학생 수는 14% 감소하고 여학생 수는 6% 증가한 것을 식으로 표현하면 $\frac{86}{100}x+\frac{106}{100}y=$ 올해 학생 수가 된다. 사람의 수는 소수나 분수가 될 수 없으므로 주어진 올해 남학생과 여학생은 각각 자연수가 나와야 한다. 올해 남학생을 약분해보면 $\frac{43}{50}x=$ 올해 남학생 수가 되며, 그 수는 43의 배수가 됨을 알 수 있다. 따라서 보기 중에서 43의 배수가 되는 것은 258명뿐이다.

## 16 ⑤

하루 동안 케이크 A, B를 각각 $x$개, $y$개를 만든다고 할 때, 총이익은 $(2x+y)$만 원이 된다.
이때, 하루 동안 사용이 가능한 밀가루와 우유의 양이 각각 40kg, 20L이므로,
$3x+y\le40$, $x+2y\le20$으로 식을 만들 수 있다. 두 식이 모두 성립해야 하고 케이크 A, B는 최소 1개 이상을 만들어 판매하므로 두 식을 연립방정식으로 정리하면 $x=12$, $y=4$가 된다.
따라서 두 케이크로 얻을 수 있는 최대이익은 $(2x+y)$만 원에 각각 $x=12$, $y=4$를 대입한 28만 원이 된다.
($2x+y=k$라고 했을 때, $y=-2x+k$ 그래프와 각 부등식 영역을 그래프로 그린 후, k가 최대가 되는 지점을 찾으면 두 부등식을 연립방정식으로 풀었을 때, k가 최댓값을 가지는 것을 알 수 있다.)

## 17 ①

은솔이와 민준이가 5분 동안 이동한 거리를 구해서 전체 호수 둘레에서 빼면 출발 5분 후 두 사람이 있는 지점으로부터 두 사람이 만나기까지 각각 이동해야 하는 거리의 합을 알 수 있다. 은솔이의 속력과 민준이의 속력을 더한 82+106=188에 5분을 곱하면 은솔이와 민준이의 총 이동거리를 알 수 있다. 즉, 188×5=940m가 되므로 전체 2,000−940=1,060(m)가 된다.

## 18 ④

조사에 참여한 남자직원은 12명이고, 그중에서 유기견 보호 봉사활동을 선택한 직원은 7명이다. 따라서 확률은 $\frac{7}{12}$이 된다.

## 19 ③

현재 진경이의 나이를 $x$라고 하면, 아버지의 나이는 $6x$가 된다. 15년 후 진경이의 나이는 $x+15$가 되고, 아버지는 $6x+15$가 된다. 조건에 맞춰 식을 세우면, $3(x+15)-12=6x+15$가 되고, 정리하면 $x=6$이 된다.
따라서 현재 진경이의 나이는 6세가 된다.

## 20 ④

열차의 길이를 $x$라고 하자. 철교를 완전히 통과한 경우의 속력은 $\frac{700+x}{60}$가 되고, 보이지 않았던 경우의 속력은 $\frac{1,350-x}{90}$가 된다. 두 열차는 속력이 같으므로 $\frac{700+x}{60}=\frac{1,350-x}{90}$가 된다.

따라서 식을 정리하면 $2(1,350-x)=3(700+x)$, $5x=600$, $x=120$이 된다. 따라서 열차의 길이는 120m이다.

# 언어추리

| 01 | 02 | 03 | 04 | 05 | 06 | 07 | 08 | 09 | 10 |
|---|---|---|---|---|---|---|---|---|---|
| ② | ④ | ⑤ | ④ | ① | ① | ① | ③ | ③ | ① |
| 11 | 12 | 13 | 14 | 15 | 16 | 17 | 18 | 19 | 20 |
| ③ | ③ | ③ | ⑤ | ① | ③ | ② | ② | ④ | ① |

## 01 ②

여직원의 수는 남직원의 수보다 적다. 여직원이 0명인 경우, 1명인 경우, 2명인 경우로 나눌 수 있다.

남직원끼리는 이웃하게 줄을 서지 않는다. 여직원이 0명인 경우는 남직원이 5명인데 남직원끼리 이웃하게 줄을 설 수밖에 없다. 게다가 문제의 질문 자체가 반드시 여직원인 사람을 고르라 했으니 여직원이 0명일 수 없다. 여직원이 1명인 경우 남직원이 4명인데 이 경우도 남직원끼리 이웃하게 줄을 설 수밖에 없다. 여직원은 2명이고 남직원은 3명이다. 남직원 3명이 이웃하게 줄을 서지 않으려면 1, 3, 5번째로 줄을 선다. 여기에 D와 E는 이웃하게 줄을 선다는 조건을 고려하면 D와 E 중 1명은 남직원이고 나머지 1명은 여직원이라고 알 수 있다. D가 남직원인 경우와 D가 여직원인 경우로 나뉘니 편의상 D/E 또는 E/D로 표기하자.

> 여직원: D/E
> 남직원: E/D

A와 C의 성별은 같다. 여직원이 2명인데 그중 1명은 D이거나 E이다. A와 C는 여직원일 수 없다. A와 C는 남직원이다. 이를 토대로 아직 언급하지 않은 B는 반드시 여직원이라고 알 수 있다.

> 여직원: D/E, B
> 남직원: E/D, A, C

## 02 ④

B보다 키가 큰 사람이 3명이다. B를 4번째로 키가 큰 자리에 고정하자. D의 키는 B보다 크고 E보다 작다. 이를 토대로 경우를 나누면 다음과 같다.

| Case | 1 | 2 | 3 | 4 | 5 |
|---|---|---|---|---|---|
| 1 | E | D | | B | |
| 2 | E | | D | B | |
| 3 | | E | D | B | |

A는 C보다 키가 크다. 남은 두 칸에 A와 C를 채워보자.

| Case | 1 | 2 | 3 | 4 | 5 |
|---|---|---|---|---|---|
| 1 | E | D | A | B | C |
| 2 | E | A | D | B | C |
| 3 | A | E | D | B | C |

## 03 ⑤

[치트키]

A와 E의 진술이 모순관계다. B의 Action 상태는 미혼과 기혼으로 나뉘는데 B가 미혼이면 A는 진실, E는 거짓을 말하고 B가 기혼이면 A는 거짓, E는 진실을 말한다.
선택지에서 진실을 말하는 2명씩 짝을 지었다. A와 E가 둘 다 진실이라 말하는 ② A, E를 소거하자. 또한 A, E가 없는, 즉 A, E가 거짓을 말한다고 하는 ③ B, C ④ B, D를 소거하자.
B와 D의 진술은 동일관계다. B는 D가 진실을 말한다고 말하기 때문이다. B가 진실을 말하면 D도 진실을 말하고 B가 거짓을 말하면 D도 거짓을 말한다. 선택지에서 D는 진실을 말하는데 B가 거짓을 말한다고 하는 ① A, D를 소거하자.

[일반 풀이]

A와 E의 말이 모순관계고 B와 D의 말이 동일관계다. 2명이 진실을 말한다. 진실을 말하는 2명 중 1명은 A이거나 E이다. 진실을 말하는 나머지 1명은 B, C, D 중 1명이다. B와 D는 동일관계다. B, D가 진실을 말하면 진실을 말하는 사람이 2명을 초과하게 된다. B, D는 거짓을 말하고 C가 진실을 말한다.
C가 진실을 말하니 C, D가 미혼이라고 알 수 있다. D가 거짓을 말하니 C, E가 미혼이라고 알 수 있다. 기혼이 아닌 건 미혼이기 때문이다. C, D, E가 미혼이며, A, B가 기혼이다.
A, B가 기혼이라는 정보를 토대로 A와 E 중 E가 진실을 말한다고 알 수 있다.
진실을 말하는 2명은 C와 E이다.

## 04 ④

C와 F는 같은 행에 놓인 의자에 앉는다. 한 행에 3명이 앉는다. C와 F가 앉는 행에 앉는 나머지 1명은 A이거나 D이다. A와 D는 같은 열에 놓인 의자에 앉기 때문이다.
C와 F가 앉는 행과 다른 행에 앉는 사람은 언급하지 않은 B, E이고 나머지 1명은 D이거나 A이다. A와 D 중 누가 C, F와 같은 행에 앉는지는 확정할 수 없다.
B와 E는 항상 같은 행에 놓인 의자에 앉는다.

[오답 점검]

항상 거짓인 것을 고르기에 선택지를 만족하는 1가지 경우라도 찾으며 반례를 들어보자.

| | | |
|---|---|---|
| C | F | A |
| E | B | D |

①②③⑤의 반례

## 05 ①

A가 결근한 경우, B가 결근한 경우, C가 결근한 경우로 나누어 세 인물 중 1명만 거짓을 말하는지와 거짓말을 하는 1명이 결근했는지를 살펴보자.

Case 1. A가 결근한 경우

| | A의 진술 | B의 진술 | C의 진술 |
|---|---|---|---|
| A가 결근 | 거짓 | 진실 | 진실 |

A가 결근한 경우 거짓을 말하는 사람이 1명이며 거짓을 말하는 사람이 A이고 결근한 사람도 A이다. 조건을 모두 만족한다.

Case 2. B가 결근한 경우

| | A의 진술 | B의 진술 | C의 진술 |
|---|---|---|---|
| B가 결근 | 거짓 | 거짓 | 거짓 |

세 명 모두 거짓을 말한다. 조건을 만족하지 않는다.

Case 3. C가 결근한 경우

| | A의 진술 | B의 진술 | C의 진술 |
|---|---|---|---|
| C가 결근 | 진실 | 진실 | 거짓 |

C가 거짓을 말하는 1명이며 결근한 1명이다. 조건을 모두 만족한다.
조건을 만족하는 두 경우에서 B는 일관되게 진실을 말한다.

## 06 ①

네 명의 식사와 후식의 조합이 같은 사람은 없다. 가능한 조합은 한식과 녹차, 한식과 커피, 양식과 녹차, 양식과 커피다.
D는 한식과 녹차를 먹는다. B와 C는 같은 음식으로 식사한다. D가 한식을 먹으니 B와 C는 양식을 먹는다. 자연스럽게 A는 한식과 커피를 먹는다.
C와 A가 먹는 후식이 다르다. A가 후식으로 커피를 먹으니 C는 후식으로 녹차를 먹는다. C는 양식과 녹차를 먹는다.
자연스럽게 B가 양식과 커피를 먹는다고 알 수 있다.

| | |
|---|---|
| 1. 한식과 녹차: D | 3. 양식과 녹차: C |
| 2. 한식과 커피: A | 4. 양식과 커피: B |

## 07 ①

**[치트키]**

A는 E가 기밀자료를 유출했다고 하고 C는 E가 기밀자료를 유출하지 않았다고 한다. 모든 경우에서 둘 중 1명은 참을 말하고 나머지 1명은 거짓을 말한다. A와 C의 진술은 모순관계다. 이를 토대로 선택지를 소거하면 ① A, B와 ④ C, E만 남는다. 거짓을 말하는 2명을 추린 선택지이기에 모순관계인 A와 C 중 1명만 언급해야 한다.

남은 두 선택지 모두 D를 언급하지 않는다. 즉 D의 진술은 참이다. D의 진술이 참이기에 B가 기밀자료를 유출했다고 알 수 있다. 이는 A의 진술을 거짓으로 판별할 수 있는 정보다. 거짓을 말하는 사람은 ① A, B이다.

*참고

A, C가 모순관계, B, E가 모순관계인 점을 토대로 D의 진술이 참이라고 알고 시작하는 풀이방법도 있다.

**[일반 풀이]**

진술관계를 찾지 못하거나 활용하기 어렵다면 표를 그려서 푸는 방법도 있다. B가 기밀자료를 유출한 경우 2명만 거짓을 말한다. 거짓을 말하는 2명은 A, B이다.

| 유출＼진술 | A | B | C | D | E |
|---|---|---|---|---|---|
| A | F | T | T | F | F |
| B | F | F | T | T | T |
| C | F | F | T | F | T |
| D | F | T | T | F | F |
| E | T | T | F | F | F |

## 08 ③

필라테스 동아리에서 활동하는 인원과 러닝 동아리에서 활동하는 인원은 같다. 전체 인원이 5명이기에 필라테스, 러닝 동아리에서 활동하는 인원이 각각 1명씩인 경우와 2명씩인 경우로 나눌 수 있다. 두 경우로 나누어 풀어보자.

**1) 필라테스 2명, 러닝 2명, 테니스 1명**

D는 러닝 동아리에서 활동한다. B와 C는 같은 동아리에서 활동하기에 필라테스 동아리에서 활동한다. A와 E 중 1명은 테니스 동아리, 나머지 1명은 러닝 동아리에서 활동한다.

| | |
|---|---|
| 필라테스(2): | B, C |
| 러닝(2): | D, A/E |
| 테니스(1): | E/A |

**2) 필라테스 1명, 러닝 1명, 테니스 3명**

D는 러닝 동아리에서 활동한다. B와 C는 같은 동아리에서 활동하기에 테니스 동아리에서 활동한다. A와 E 중 1명은 필라테스 동아리, 나머지 1명은 테니스 동아리에서 활동한다.

| | |
|---|---|
| 필라테스(1): | A/E |
| 러닝(1): | D |
| 테니스(3): | B, C, E/A |

## 09 ③

변수가 사람과 투자처로 2가지이고 다대다의 구조를 보인다. 한 축에는 투자처, 다른 한 축에는 사람을 두고 표 안을 ○, ×로 채워보자.

A와 C는 채권에 투자하지 않고 D는 달러에 투자하고 B는 금에 투자한다는 정보를 먼저 기입하자. 또한 달러에 투자한 사람이 2명이라는 정보도 적어 실수할 가능성을 줄이자.

| | A | B | C | D |
|---|---|---|---|---|
| 금 | | ○ | | |
| 달러(2) | | | | ○ |
| 채권 | × | | × | |
| 주식 | | | | |

A는 B가 투자한 2곳에 투자하지 않는다. 투자처가 4곳이기에 B가 투자한 2곳이 아닌 다른 2곳에 A가 투자한다. 이에 따라 A는 금에 투자하지 않는다고 알 수 있다. 인당 2가지 종류의 투자를 한다고 하니 A는 달러와 주식에 투자한다. 달러에 투자하는 사람은 A와 D로 2명이기에 B와 C는 달러에 투자하지 않는다.

| | A | B | C | D |
|---|---|---|---|---|
| 금 | × | ○ | | |
| 달러(2) | ○ | × | × | ○ |
| 채권 | × | | × | |
| 주식 | ○ | | | |

A는 B가 투자한 2곳에 투자하지 않는다. 투자처가 4곳이기에 B 역시 A가 투자한 2곳에 투자하지 않는다고 알 수 있다. B는 주식에 투자하지 않고 채권에 투자한다. C는 달러와 채권에 투자하지 않으니 C는 금과 주식에 투자한다.

| | A | B | C | D |
|---|---|---|---|---|
| 금 | × | ○ | ○ | |
| 달러(2) | ○ | × | × | ○ |
| 채권 | × | ○ | × | |
| 주식 | ○ | × | ○ | |

**[오답 점검]**

현재의 정보로는 D가 금, 채권, 주식 중 어디에 투자하는지는 확정할 수 없다.

## 10 ①

〈보기〉의 명제를 다음의 순서로 이어보자. 4)에서 '사주팔자에 토(土)가 많지 않은 사람은 화(火)가 많지 않다.'에 대우를 취한 '사주팔자에 화(火)가 많은 사람은 토(土)가 많다.'를 활용했다.

1) 사주팔자에 목(木)이 많은 사람은 수(水)가 많다.
2) 사주팔자에 수(水)가 많은 사람은 금(金)이 많지 않다.
3) 사주팔자에 금(金)이 많지 않은 사람은 화(火)가 많다.
4) 사주팔자에 화(火)가 많은 사람은 토(土)가 많다.

이를 정리하면 [목(木) → 수(水) → ~금(金) → 화(火) → 토(土)]이다. 위의 1)부터 4)의 명제를 모두 대우하여 4), 3), 2), 1)의 순서로 이어주면 [~토(土) → ~화(火) → 금(金) → ~수(水) → ~목(木)]이 된다. 이를 정리할 때 네 명제를 일일이 대우하지 않고 [목(木) → 수(水) → ~금(金) → 화(火) → 토(土)]를 대우를 취한다고 사고하면 편하다. 정리한 두 결과물을 토대로 항상 참인 선택지는 '① 사주팔자에 토(土)가 많지 않으면 목(木)이 많지 않다.'이다.

**[오답 점검]**

② 사주팔자에 목(木)이 많으면 금(金)이 많다.
  [목(木) → 수(水) → ~금(金) → 화(火) → 토(土)]에 의해 항상 거짓이다.
③ 사주팔자에 화(火)가 많지 않으면 수(水)가 많다.
④ 사주팔자에 금(金)이 많으면 목(木)이 많다.
③, ④ 모두 [~토(土) → ~화(火) → 금(金) → ~수(水) → ~목(木)]에 의해 항상 거짓이다.
⑤ 사주팔자에 토(土)가 많으면 수(水)가 많다.
  항상 참인지 항상 거짓인지 판단할 수 없다.

## 11 ③

**[치트키]**

B의 진술을 보자. B의 두 진술은 'C가 야근한다.', 'C가 야근하지 않는다.'로 모순관계이다. C가 취하는 Action의 값이 야근한다와 야근하지 않는다 둘뿐이기 때문이다. B의 진술은 모든 경우에서 두 진술 중 하나는 진실이고 나머지 하나는 거짓이다. B의 진술을 꼭 확인할 필요는 없다. 지금부터는 A가 야근하는 경우, B가 야근하는 경우, C가 야근하는 경우로 나눠 접근해보자.

Case 1. A가 야근하는 경우
A의 두 진술이 모두 진실이다. A는 야근하지 않는다.

Case 2. B가 야근하는 경우
A의 두 진술 중 한 진술은 진실이고 나머지 한 진술은 거짓이다. C의 두 진술 역시 한 진술이 진실이고 나머지 한 진술이 거짓이다. B가 야근하는 경우는 조건을 모두 만족한다.

Case 3. C가 야근하는 경우
C가 야근하는 경우 A의 두 진술이 진실이다. C는 야근하지 않는다.

**[일반 풀이]**

A가 야근하는 경우, B가 야근하는 경우, C가 야근하는 경우 6개의 진술의 진실, 거짓 여부를 파악하면 다음과 같다. 편의상 한 인물을 기준으로 위의 진술을 진술1, 아래의 진술을 진술2로 표기했다.

| | A진술 1 | A진술 2 | B진술 1 | B진술 2 | C진술 1 | C진술 2 |
|---|---|---|---|---|---|---|
| A가 야근 | 진실 | 진실 | 진실 | 거짓 | 거짓 | 진실 |
| B가 야근 | 진실 | 거짓 | 진실 | 거짓 | 진실 | 거짓 |
| C가 야근 | 거짓 | 거짓 | 거짓 | 진실 | 거짓 | 거짓 |

B가 야근하는 경우 세 명 모두 두 진술 중 하나가 진실이고 나머지 하나가 거짓이다.

## 12 ③

**[치트키]**

D와 E가 이웃하게 앉고 B와 A가 이웃하게 앉는다. D와 E가 앉는 자리를 ■, B와 A가 앉는 자리를 ♠로 표기하며 설명하겠다. D, E, B, A를 제외한 F와 C는 서로 이웃한 자리에 앉지 않기 때문에 다음과 같은 경우는 조건을 만족하지 않는다.

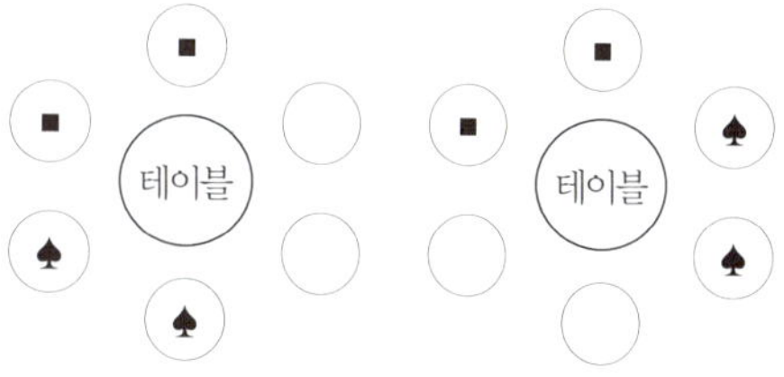


D, E, B, A는 다음과 같은 형태로 자리에 앉는다. 즉 F와 C는 마주 보는 자리에 앉는다.

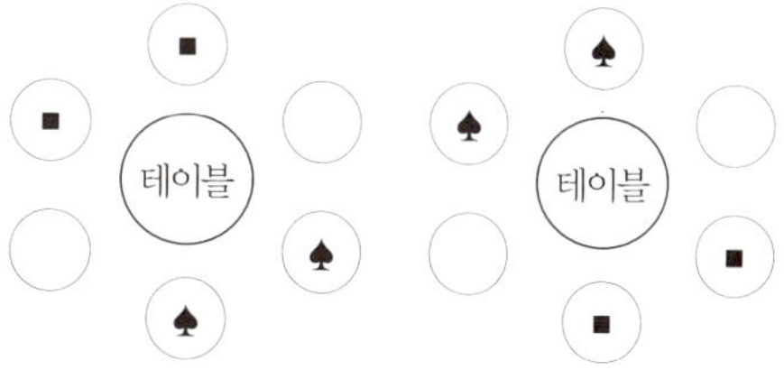

[일반 풀이]

D, E를 언급한 조건과 A, B를 언급한 조건 중 무엇을 먼저 쓸지 고민될 것이다. C는 A와 마주 보는 자리에 앉지 않는다는 조건에서 A를 먼저 언급했기에 A, B를 먼저 자리에 고정한 후 문제를 풀어보자. B를 기준으로 우측이며 B와 이웃한 자리에 A가 앉는다.

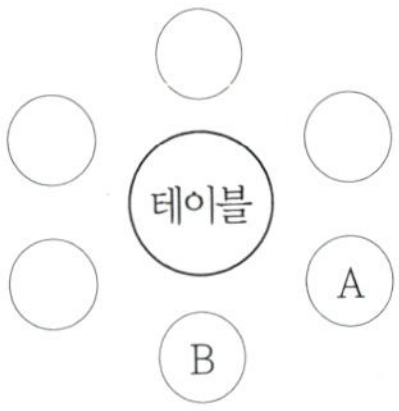


D를 기준으로 좌측이며 D와 이웃한 자리에 E가 앉는다. 이를 토대로 경우를 나눈 후 C가 A와 마주 보는 자리에 앉지 않도록 배치하면 다음과 같다. 아직 채우지 않은 한 자리는 F의 자리다.

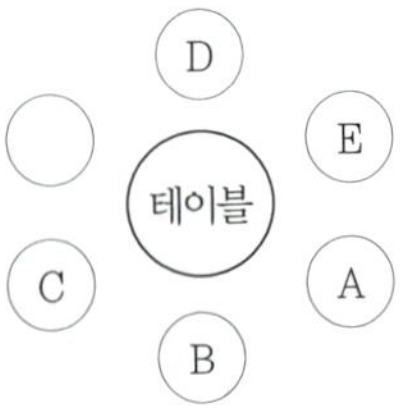


Case 1

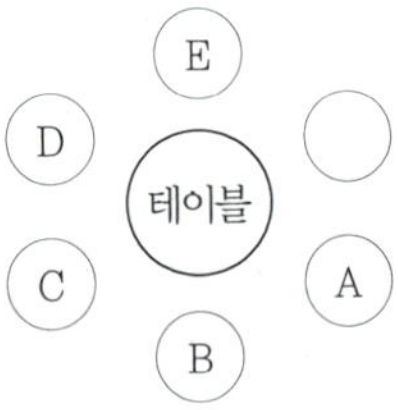


Case 2

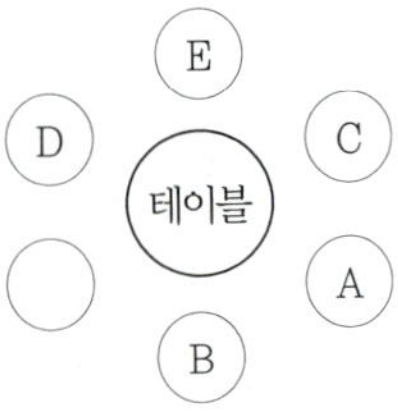


Case 3

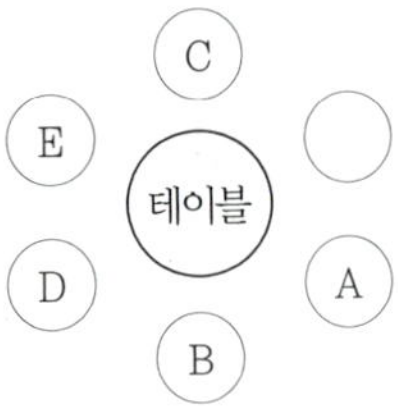


Case 4

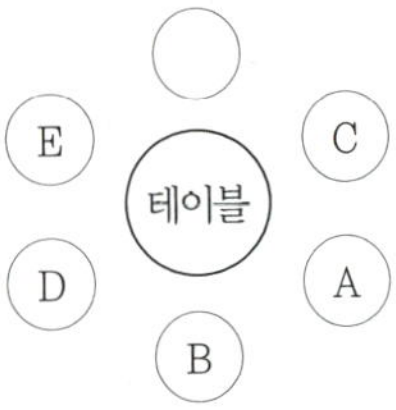


Case 5

F는 C와 서로 이웃한 자리에 앉지 않는다. Case 1, 4, 5를 소거하자.

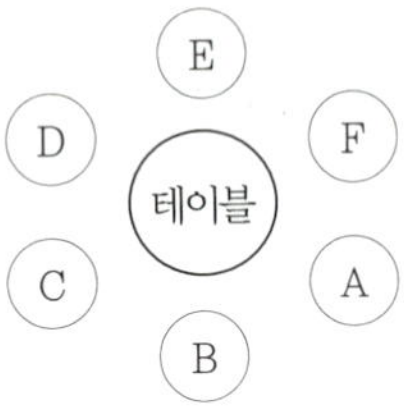


Case 2

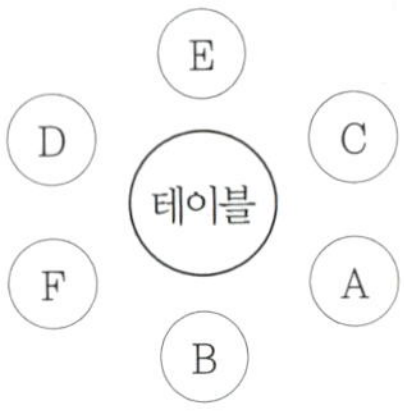


Case 3

F와 마주 보는 자리에 앉는 사람은 C이다.

## 13 ③

[치트키]

A와 B의 진술이 모순관계다. A의 진술이 참이면 D는 범인이고 B의 진술은 거짓이다. A의 진술이 거짓이면 D는 범인이 아니고 B의 진술이 참이다. 거짓을 말하는 2명 중 1명은 A이거나 B이다.

C, D, E 중 1명이 거짓을 말하고 나머지 2명은 참을 말한다. C의 진술이 참이면 E의 진술이 거짓이고 E의 진술이 참이면 C의 진술이 거짓이다. C와 E 둘 다 참을 말하는 경우는 없다. 그런데 이를 보고 모순관계라고 볼 수는 없다. D가 범인인 경우처럼 C와 E가 둘 다 거짓을 말하는 경우도 존재한다. 단 C, D, E 중 1명이 거짓을 말하기에(= A와 B의 진술이 모순관계이고 2명이 거짓을 말한다는 특수한 상황 덕에) 정답이 되는 경우에서 C가 거짓을 말하고 E가 참을 말하거나 E가 거짓을 말하고 C가 참을 말한다고 알 수 있다.

자연스럽게 D의 진술이 참이라고 알 수 있다. D의 진술이 참이기에 C가 범인이다.

[일반풀이]

진술관계를 찾지 못했거나 활용하기 어렵다면 표를 그려 풀어보자.

| 진술 / 범인 | A | B | C | D | E |
|---|---|---|---|---|---|
| A | F | T | F | F | T |
| B | F | T | T | F | F |
| C | F | T | F | T | T |
| D | T | F | F | F | F |
| E | F | T | F | F | T |

C가 범인인 경우 2명이 거짓을 말한다.

## 14 ⑤

〈보기〉의 내용을 정리하면 다음과 같다. 알아보기 편하게 한 방향의 부등호 '〉'만 사용하여 정리하였다.

1) 유이 〉 은준 〉 강준
2) 율아 〉 보윤
3) 은준 = 보윤

이를 알아보기 편하게 3)의 내용을 1), 2)에 적용하여 정리한 후 선택지를 판별하자.

1) 유이 〉 은준(=보윤) 〉 강준
2) 율아 〉 보윤(=은준)

## 15 ①

고정조건을 먼저 정리하자. 토요일에 분당을 고정하자. 이후 수요일에 이천으로 출장을 가는 경우와 분당으로 출장을 가는 경우로 나눠보자. 수요일에 이천으로 출장을 가는 경우 이천으로 출장을 간 다음날에는 반드시 청주로 출장을 간다는 조건에 의해 목요일에 청주로 출장을 간다.

| Case | 월 | 화 | 수 | 목 | 금 | 토 |
|---|---|---|---|---|---|---|
| 1 | | | 이천 | 청주 | | 분당 |
| 2 | | | 분당 | | | 분당 |

Case 1에서 동일한 곳으로 연속하여 출장을 가지 않는다는 문제의 상황에 의해 금요일에 출장을 가는 곳은 이천이다. 그런데 금요일에 이천으로 출장을 가게 되면 다음 날인 토요일에 청주를 가야 하는데 토요일에 분당으로 출장을 가니 조건을 만족하지 않는다. Case 1을 소거하자.
Case 2에서 목요일에 출장을 갈 수 있는 곳은 분당을 제외한 이천과 청주다. 목요일에 청주로 출장을 가게 되면 동일한 곳으로 연속하여 출장을 가지 않는다는 조건에 의해 금요일에 이천으로 출장을 간다. 그런데 금요일에 이천으로 출장을 가게 되면 다음 날인 토요일에 청주를 가야 하는데 토요일에 분당으로 출장을 가니 조건을 만족하지 않는다. 목요일에 이천으로 출장을 가고 금요일에 청주로 출장을 간다.

| Case | 월 | 화 | 수 | 목 | 금 | 토 |
|---|---|---|---|---|---|---|
| 2 | | | 분당 | 이천 | 청주 | 분당 |

월요일과 화요일에 출장을 가는 곳을 고민해 보자. 월요일에 이천을 가고 화요일에 청주로 출장을 가는 경우도 가능하고 월요일에 분당으로 출장을 가고 화요일에 청주로 출장을 가는 경우도 가능하다.

| Case | 월 | 화 | 수 | 목 | 금 | 토 |
|---|---|---|---|---|---|---|
| 2.1 | 이천 | 청주 | 분당 | 이천 | 청주 | 분당 |
| 2.2 | 분당 | 청주 | 분당 | 이천 | 청주 | 분당 |

**[오답 점검]**

이천으로 출장을 간 다음날에 반드시 청주로 출장을 간다는 말을 청주로 출장을 간 날의 전날에 반드시 이천으로 출장을 간다고 오해하지 않았으면 한다.

## 16 ③

A를 3층에 고정하자. 이후 F가 사는 층과 인접한 위층에 B가 산다는 조건을 토대로 경우를 나눠보자.

| Case | 1층 | 2층 | 3층 | 4층 | 5층 | 6층 |
|---|---|---|---|---|---|---|
| 1 | F | B | A | | | |
| 2 | | | A | F | B | |
| 3 | | | A | | F | B |

D는 홀수 층에 산다. 세 경우 모두 홀수 층이며 빈칸은 1칸씩이다. 그 칸에 D를 배정하자.

| Case | 1층 | 2층 | 3층 | 4층 | 5층 | 6층 |
|---|---|---|---|---|---|---|
| 1 | F | B | A | | D | |
| 2 | D | | A | F | B | |
| 3 | D | | A | | F | B |

E는 B보다 낮은 층에 산다. Case 1은 E는 B보다 낮은 층에 산다는 조건을 만족하지 않는다. 이에 따라 Case 1은 소거하며, 남은 Case 2, 3 모두 D는 1층에 산다.

**[오답 점검]**

선택지에서 특정 칸에 대한 값을 물으니 칸을 다 채우지 않고 답을 도출할 수 있었다. 참고로 문제의 상황과 〈보기〉의 조건을 만족하는 경우를 모두 정리하면 다음과 같다.

| Case | 1층 | 2층 | 3층 | 4층 | 5층 | 6층 |
|---|---|---|---|---|---|---|
| 2 | D | E | A | F | B | C |
| 3.1 | D | E | A | C | F | B |
| 3.2 | D | C | A | E | F | B |

## 17 ②

**[치트키]**

A는 C가 하는 말이 거짓이 아니라고 한다. A의 말이 참이면 C의 진술도 참이고 A의 말이 거짓이면 C의 진술도 거짓이다. A와 C의 말은 동일관계다. 문제에서 1명만 거짓을 말한다고 했으니 정답이 되는 경우에서 A와 C는 참을 말한다. C의 말이 참이기 때문에 B와 E는 S팀으로 배정된다고 알 수 있다.
D는 B가 T팀으로 배정된다고 말한다. D의 진술이 거짓이다. B, E의 진술도 참이라고 알 수 있다. B의 진술과 C의

진술을 토대로 B, C, E가 S팀으로 배정된다고 알 수 있다. T팀으로 배정되는 사람은 A와 D이다.

**[일반 풀이]**

진술관계를 찾지 못했거나 활용하기 어렵다면 표를 그려 풀어보자. 5명 중 2명이 T팀인 경우는 10가지이지만 선택지에서 5가지 경우로 좁혀서 제시했기에 선택지의 5가지 경우에서 A, B, C, D, E가 각 경우에 참을 말하는지 거짓을 말하는지 판별해 보자.

| 말 / T팀 | A | B | C | D | E |
|---|---|---|---|---|---|
| ① A, B | F | F | F | T | T |
| ② A, D | T | T | T | F | T |
| ③ B, E | F | F | F | T | T |
| ④ C, D | T | F | T | F | F |
| ⑤ C, E | F | F | F | F | F |

A, D가 T팀으로 배정되는 경우 D 혼자만 거짓을 말한다.

## 18 ②

문제에서 묻는 것은 E가 앉는 좌석의 위치다. E가 어디에 앉을지에 집중하여 풀이해 보자. D는 2행 2열의 자리에 앉는다는 정보를 먼저 적어두자. A 또는 B가 운전석(1행 1열)에 앉는다. A가 운전석에 앉는 경우와 B가 운전석에 앉는 경우로 나눌 수 있지만 두 경우가 모두 성립하더라도 E가 앉는 좌석의 위치는 같을 것이니 도식을 하나 더 그리지 말고 A/B 정도로 정리하자.

| | 1열 | 2열 |
|---|---|---|
| 1행 | A/B | |
| 2행 | | D |
| 3행 | | |

C는 F보다 앞쪽의 좌석에 앉는다. C는 1행에 배치된 좌석에 앉거나 2행에 배치된 좌석에 앉는다. C가 3행에 배치된 좌석에 앉으면 F가 앉을 좌석이 없다. A, B, C는 여자이고 동성끼리는 같은 행에 배치된 좌석에 앉지 않는다. A 또는 B가 1행 1열에 앉으니 C는 1행 2열의 좌석에 앉지 않는다. 즉 C는 2행에 배치된 좌석에 앉으므로 2행 1열에 배치된 좌석에 앉는다. F는 3행의 좌석에 앉지만 몇 열인지 확정할 수 없다.

운전석인 1행 1열의 좌석에 A가 앉으면 A와 동성인 B는 1행 2열의 좌석에 앉지 않으니 3행의 좌석에 앉는다. 단 3행 중 몇 열인지는 알 수 없다. 마찬가지로 운전석에 B가 앉으면 A는 3행의 좌석에 앉는다.

3행에 앉는 2명 중 1명은 F이고 나머지 1명은 A와 B 중 1명이다. 아직 언급하지 않은 E는 1행 2열의 좌석에 앉는다.

## 19 ④

**[치트키]**

A의 말을 확인하자. A는 E의 말이 참이라고 한다. A의 말이 참이면 E의 말도 참이고 A의 말이 거짓이면 E의 말도 거짓이다. 모든 경우에서 둘 다 참을 말하거나 둘 다 거짓을 말하는 동일관계다.

문제에서 1명만 거짓을 말한다고 한다. A와 E는 정답이 되는 경우에서 참을 말한다. E의 말이 참이니 B가 이직하지 않는다고 알 수 있다. 이직하는 1명만 거짓을 말한다. B는 이직하지 않으니 B의 말은 참이다. B의 말에 의해 A와 C도 이직하지 않는다고 알 수 있다.

A와 E는 정답이 되는 경우에서 참을 말한다. 이직하는 1명만 거짓을 말하기에 A와 E는 이직하지 않는다.

A, B, C, E는 이직하지 않는다. 이직하는 사람은 D이다.

**[일반 풀이]**

진술관계가 보였더라도 활용하기 어렵다면 A가 이직하는 경우부터 E가 이직하는 경우까지 5가지 경우에서 5명의 진술이 참인지 거짓인지 판별해야 한다.

| | A의 진술 | B의 진술 | C의 진술 | D의 진술 | E의 진술 |
|---|---|---|---|---|---|
| A가 이직 | 진실 | 거짓 | 진실 | 거짓 | 진실 |
| B가 이직 | 거짓 | 진실 | 진실 | 진실 | 거짓 |
| C가 이직 | 진실 | 거짓 | 진실 | 거짓 | 진실 |
| D가 이직 | 진실 | 진실 | 진실 | 거짓 | 진실 |
| E가 이직 | 진실 | 진실 | 거짓 | 진실 | 진실 |

D가 이직하는 경우와 E가 이직하는 경우에서 1명만 거짓을 말한다. D가 이직하는 경우 거짓말을 하는 사람도 D이다. E가 이직하는 경우 거짓말을 하는 사람은 C이다. E가 이직하는 경우는 조건을 만족하지 않는다.

## 20 ①

〈보기〉의 내용을 정리하면 다음과 같다. 알아보기 편하게 한 방향의 부등호 '〉'만 사용하여 정리하였다. 바로 정답을 찾아보자.

1) 희원 〉 채민 〉 민경 〉 은율
2) 희원 〉 성연

**[오답 점검]**

성연이는 채민이보다 시험점수가 높은지 낮은지 알 수 없다. 이는 성연이와 채민이뿐만 아니라 성연이와 민경이, 성연이와 은율이도 마찬가지다.

## 수열추리

| 01 | 02 | 03 | 04 | 05 | 06 | 07 | 08 | 09 | 10 |
|---|---|---|---|---|---|---|---|---|---|
| ④ | ② | ④ | ① | ③ | ⑤ | ⑤ | ① | ④ | ⑤ |
| 11 | 12 | 13 | 14 | 15 | 16 | 17 | 18 | 19 | 20 |
| ③ | ② | ③ | ④ | ③ | ② | ④ | ③ | ③ | ① |

### 01 ④

제시된 수들은 공차가 3,086인 등차수열의 규칙을 가지므로 A 위치에 들어갈 알맞은 수는 '23,237'이다.

### 02 ②

제시된 수들은 공비가 $\frac{3}{4}$인 등비수열의 규칙을 가지므로 A 위치에 들어갈 알맞은 수는 '$\frac{2,403}{32,832}$'이다.

### 03 ④

제시된 수들은 $+\frac{1}{3}$, $+\frac{1}{4}$이 번갈아 적용되는 규칙을 가지는 교대수열이다. 즉 첫 번째 항에서 $+\frac{7}{12}$을 하면 세 번째 항을 구할 수 있다. 이를 이용하면 9번째 항에서 $+\frac{7}{12}$을 두 번 더하면 13번째 항을 구할 수 있다. $\frac{17}{6}+\frac{7}{12}+\frac{7}{12}$ =4이다.

### 04 ①

제시된 수들은 인접한 항의 차이가 일정한 규칙을 갖는 계차수열로 인접한 항의 차이가 초항이 8, 공차가 23인 등차수열의 규칙을 가지므로 A 위치에 들어갈 알맞은 수는 '85,860'이다.

+23 +23 +23 +23 +23

+8 +31 +54 +77 +100 +123

85,467 85,475 85,506 85,560 85,637 85,737 (85,860)

### 05 ③

제시된 수들은 앞선 두 수의 합으로 다음 항이 생겨나는 피보나치수열이므로 A 위치에 들어갈 알맞은 수는 '1,733,919'이다.

### 06 ⑤

제시된 수들은 '+2', '×2', '+3', '×3', '+4', '×4', '+5', '×5'…의 규칙을 가지는 특수수열이므로 A 위치에 들어갈 알맞은 수는 '1,329', B 위치에 들어갈 알맞은 수는 '6,645'이므로 A+B는 '7,974'이다.

### 07 ⑤

제시된 수들은 세 개의 항씩 묶어 규칙을 갖는 군수열로 하나의 군을 이루는 세 개의 수의 합이 '1,018'이므로 A 위치에 들어갈 알맞은 수는 '473'이다.

### 08 ①

제시된 수들은 '÷4', '+56'이 번갈아 적용되는 규칙을 가지는 교대수열이므로 A 위치에 들어갈 알맞은 수는 '19.75'이다.

### 09 ④

제시된 수들은 세 개의 항씩 묶어 규칙을 갖는 군수열로 하나의 군을 이루는 앞선 두 수의 곱이 세 번째 수이므로 9번째로 올 수는 835와 674의 곱인 '562,790'이다.

### 10 ⑤

제시된 수들은 '+1.55', '×0.8'이 번갈아 적용되는 규칙을 가지는 교대수열이므로 A 위치에 들어갈 알맞은 수는 '5.5356', B 위치에 들어갈 알맞은 수는 '4.42848'이므로 A+B는 '9.96408'이다.

### 11 ③

제시된 수들은 공차가 -8.17인 등차수열의 규칙을 가지므로 A 위치에 들어갈 알맞은 수는 '9.44'이다.

### 12 ②

제시된 수들은 공비가 $\frac{8}{15}$인 등비수열의 규칙을 가지므로 A 위치에 들어갈 알맞은 수는 '$\frac{524,288}{5,315,625}$'이다.

### 13 ③

제시된 수들은 앞선 두 수의 합으로 다음 항이 생겨나는 피보나치수열이므로 A 위치에 들어갈 알맞은 수는 '103,069'이다.

## 14 ④

제시된 수들은 인접한 항의 차이가 일정한 규칙을 갖는 계차수열로 인접한 항의 차이가 초항이 13, 공비가 4인 등비수열의 규칙을 가지므로 A 위치에 들어갈 알맞은 수는 '1,118'이다.

×4 ×4 ×4 ×4 ×4

+13 +52 +208 +832 +3,328 +13,312

13 26 78 286 (1,118) 4,446 17,758

## 15 ③

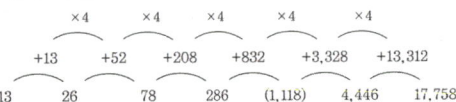

제시된 수들은 공차가 27인 등차수열의 규칙을 가지므로 A 위치에 들어갈 알맞은 수는 '724', B 위치에 들어갈 알맞은 수는 '832'이므로 A÷B는 '약 0.87'이다.

## 16 ②

제시된 수들은 분자는 초항이 52, 공차가 14인 등차수열이며, 분모는 초항이 51, 공비가 3인 등비수열로 10번째로 올 수는 '$\frac{178}{1,003,833}$'이다.

## 17 ④

제시된 수들은 역수가 등차수열인 조화수열로 제시된 숫자들의 역수는 다음과 같다.

$\frac{36}{8}$ $\frac{39}{8}$ $\frac{42}{8}$ $\frac{45}{8}$ $\frac{48}{8}$

이에 따라 제시된 숫자들의 역수는 초항이 $\frac{36}{8}$이고 공차가 $\frac{3}{8}$인 등차수열로 A 위치에 들어갈 알맞은 숫자는 $\frac{51}{8}$의 역수 형태인 '$\frac{8}{51}$', B 위치에 들어갈 알맞은 숫자는 $\frac{54}{8}$의 역수 형태인 '$\frac{8}{54}$'이다. 이에 따라 A×B는 '$\frac{64}{2,754}$'이다.

## 18 ③

제시된 수들은 1과 자기 자신만을 약수로 가지는 소수의 나열이므로 A 위치에 들어갈 알맞은 수는 '61', B 위치에 들어갈 알맞은 수는 '71'이므로 A−B는 '−10'이다.

## 19 ③

제시된 수들은 앞선 두 수의 합으로 다음 항이 생겨나는 피보나치수열이므로 15번째로 올 수는 다음과 같다.

10번째: 1,838,399 + 2,975,462 = 4,813,861

11번째: 2,975,462 + 4,813,861 = 7,789,323

12번째: 4,813,861 + 7,789,323 = 12,603,184

13번째: 7,789,323 + 12,603,184 = 20,392,507

14번째: 12,603,184 + 20,392,507 = 32,995,691

15번째: 20,392,507 + 32,995,691 = 53,388,198

## 20 ①

제시된 수들은 인접한 항의 차이가 일정한 규칙을 갖는 계차수열로 인접한 항의 차이가 초항이 8, 공비가 3인 등비수열의 규칙을 가지므로 7번째로 올 수는 '3,398'이다.

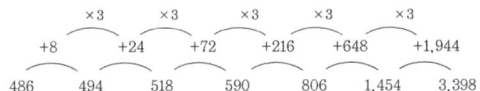

×3 ×3 ×3 ×3 ×3

+8 +24 +72 +216 +648 +1,944

486 494 518 590 806 1,454 3,398

PART 03 필수 유형 분석

정답 및 해설

## Chapter 01 언어이해

### 빈출 유형 공략 문제(주제 파악)

| 01 | 02 | 03 | 04 | 05 | 06 |
|---|---|---|---|---|---|
| ⑤ | ③ | ④ | ② | ④ | ③ |

**01** ⑤

글의 상단에 가산세가 부과되는 경우를 설명하고, 중반부에서 납세자가 알든 모르든 납세 의무는 확정되고 처분된다고 설명하고 있다. 하단부에서는 납세자 본인이 납부할 세금에 관심을 가지거나 전문가와의 상담을 통해서 절세 혜택이나 가산세 부담을 사전에 예방하는 것이 최선의 납세 의무 이행이라고 이야기 하고 있으므로 가산세의 위험과 예방 대책이 주제로서 적절하다.

[오답 점검]

① 중반부에 가산세는 경감될 수 없다고 설명하고 있다.

② 가산세의 부과 경우를 설명하고는 있으나 납세자가 납부할 세금에 대하여는 언급되어 있지 않다.

③ 본 내용은 가산세에 대한 내용이 주요 내용이며, 하단부에 납세자로서 본인이 납부할 세금을 잘 알고 있어야 하며, 전문가와 상담하여 절세 혜택 및 가산세 부담을 예방해야 한다고 하였지만 절세 혜택을 주제로 볼 수는 없다.

④ 중반부에서 납세자가 알든 모르든 납세 의무는 확정되고 처분되는 것이라고는 하였지만, 본 내용으로 납세자의 인지와 납세 의무 확정이 주제로 적절하다고 할 수는 없다.

**02** ③

주어진 글에서는 언택트 문화의 확산, 첨단 기술과 문화예술의 결합, 지속가능한 예술, 사회적 다양성을 증진하는 작품 등 최신 문화예술 사조에 대해 설명하고 있다. 따라서 가장 적절한 주제는 현대 문화예술의 트렌드이다.

[오답 점검]

① 문화예술 발전의 역사에 대해서는 언급하지 않았다.

② 가상현실이나 홀로그램 같은 일부 최신 기술들이 문화예술과 결합되었다고 언급하긴 했지만 글 전체의 주제로 보기에는 어려움이 있다.

④ 지속가능한 예술과 환경 예술의 영향으로 환경 문제에 대한 인식이 높아지고 있다고 언급하였을 뿐, 해당 작품들이 외면받는다고는 말하지 않았다.

⑤ 포용성과 다양성이 사회에 미치는 영향에 대해서는 언급하지 않았다.

**03** ④

반도체 전공정 및 주요 단계에 대해 설명하고 있다.

[오답 점검]

① 글의 후반부에 반도체 전공정을 건축에 비유하고 있지만, 글 전체의 주제라고 볼 수는 없다.

② 해당 글을 통해 알 수 없는 내용이다.

③ 반도제 실제 제작 과정에 대한 설명은 없다.

⑤ 반도체 후공정에 대한 설명은 없다.

**04** ②

주어진 글에서는 임마누엘 칸트의 인간 이성과 도덕적 행동에 대한 관점을 설명하고 있다. 그는 '정언명령'을 통해 도덕이 인간 이성에서 비롯된 자율적 판단임을 강조하였고, '순수이성비판'과 '실천이성비판'을 통해 인간이 이성을 통해 세계를 이해하고 규명할 수 있음을 논증했다. 따라서 이러한 내용을 포괄할 수 있는 ②가 글의 제목으로 적절하다. 나머지 선택지들은 글에서 언급되었다고 보기 힘들다.

**05** ④

음식을 주문하기 위해 메뉴판을 받아든 고객이 무엇을 먹을지 선택해야 하는 순간의 심리적 갈등 상황을 겨냥한 마케팅을 메뉴 심리학이라고 한다. 주어진 글에서는 메뉴 심리학이 무엇인지 설명하고, 이를 활용하여 매출을 높이는 다양한 방법을 소개했다. 따라서 ④가 글의 제목으로 가장 적절하다.

## 06 ③

외화 선불카드란 실시간으로 환율에 맞춰 외화를 충전하고, 이를 현지에서 사용할 수 있는 카드로 충전 시 환전 수수료가 없는 점을 다른 카드와 비교하여 혜택을 설명하고, 여행객들에게 인기인 부분과 카드사들의 동향을 이야기하고 있다. 따라서 기사문의 제목으로는 외화 선불카드 혜택과 인기에 대한 분석과 동향이 적절하다.

**[오답 점검]**

①, ②, ④ 이 글에서는 찾을 수 없는 주제로 적절하지 않다.

⑤ 비자·마스터 등 카드별 제휴사에 따라 현지 ATM에서도 수수료를 부담하고 돈을 출금하고 있어, 충전 시 환전 수수료가 없는 외화 선불카드가 해외여행을 다니는 사람들에게 최근 큰 인기를 끌고 있다고 설명하고 있다.

# 빈출 유형 공략 문제(일치·불일치)

| 01 | 02 | 03 | 04 | 05 |
|---|---|---|---|---|
| ① | ② | ④ | ⑤ | ① |

## 01 ①

카이로스는 인간이 통제할 수 없는 끊임없이 흘러가는 시간을 상징하는 크로노스와는 다르게, 인간의 선택과 행동에 따라 미래를 결정짓는 중요한 순간을 주관하는 신이다. 따라서 ①이 정답이다.

**[오답 점검]**

②, ⑤ 크로노스는 끊임없이 흘러가는 시간을 상징하며 인간이 통제할 수 없는 시간의 본질을 나타낸다.

③ 특정한 순간이나 기회보다는 연속적인 시간을 상징하는 것은 크로노스이다.

④ 날개 달린 모래시계로 상징되는 것은 카이로스이다.

## 02 ②

주어진 글에서는 슬리포노믹스 산업을 선진국형 산업이라고 언급하였으며, 개발도상국에서 성장하고 있다는 것은 언급되지 않았다.

**[오답 점검]**

① 슬리포노믹스는 잠(Sleep)과 경제(Economics)의 합성어로, 숙면을 위해 비용을 지불하는 현대인들의 수요에 의해 성장하고 있는 산업을 가리킨다.

③ 한국수면산업협회에 따르면, 국내 슬리포노믹스 시장 규모는 2011년 4,800억 원에서 2021년 3조 원으로 크게 성장했다.

④ IT 기반의 솔루션은 단순히 편안함을 제공하는 것을 넘어, 수면 데이터를 분석해 사용자 맞춤형 솔루션을 제안하는 방식으로 발전하고 있다.

⑤ 선진국형 산업으로 분류되는 슬리포노믹스는 기능성 침구류, 숙면 기능을 강화한 IT 제품, 수면 보조 의료기기, 수면 개선 생활용품 등 다양한 분야로 나뉜다.

## 03 ④

강희제는 '국궁진력'이라는 서번트 리더십을 추구했는데, 이를 통해 사치와 낭비를 철저히 막고 백성을 위한 정책을 펼칠 수 있었다. 이러한 정책의 결과로 청나라는 경제적으로 번영하고 군사적으로 강해졌다.

[오답 점검]
① 강희제는 만주족과 한족의 통합을 위해 잔치를 열도록 명령했고, 이러한 잔치에서 먹을 수 있는 만한전석이라는 요리를 만들었다.
② 강희제가 통치 기간 동안 경제적 어려움을 겪었다는 이야기는 언급되지 않았다.
③ 강희제는 백성들을 위한 정책을 펼쳤지만 사치와 낭비는 철저히 막았다.
⑤ 강희제는 만주족과 한족의 통합을 위해 왕족과 귀족들에게 한자를 사용하도록 명령했다.

## 04 ⑤

승무는 사찰에서 진행되는 불교 의식에서 행해지는 춤으로, 불교의 수행과 깨달음을 표현하는 춤으로 알려져 있다.

[오답 점검]
① 주어진 글에서는 승무의 춤사위가 아름답다고 표현되어 있을 뿐 거칠고 힘차다는 표현은 찾을 수 없다.
② 승무는 고려 시대부터 시작되어 조선 시대를 거쳐 현대까지 전해졌다.
③ 승무의 반주를 담당하는 악기는 피리, 대금, 해금, 장구, 북 등으로 구성된 삼현육각이다.
④ 승무의 기원은 파계승의 번뇌에서 시작되었다는 설, 민속춤의 입장에서 본 황진이의 무용설 등 다양한 설이 있다.

## 05 ①

메신저 피싱(Messenger Phishing)은 인기 있는 메신저 사용자를 대상으로 하는 사기 기법으로, 피해자에게 악성 링크나 위장된 파일을 보낸 후 이를 통해 개인정보를 탈취하는 방식이다.

[오답 점검]
② 전화를 통해 피해자로부터 개인정보를 얻거나 금융 거래를 유도하는 것은 보이스피싱이다.
③ 정상적인 웹사이트처럼 제작된 악성 웹사이트에 피해자가 개인정보를 입력하여 발생하는 사기 기법은 파밍이다.
④ 피해자로부터 개인정보를 얻기 위해 사회 공학 기법을 사용하는 것은 보이스피싱이다.
⑤ 문자에 포함된 링크를 클릭한 후 개인정보를 입력하도록 유도하는 사기 기법은 스미싱이다.

# 빈출 유형 공략 문제(추론)

| 01 | 02 | 03 | 04 | 05 | 06 | 07 | 08 |
|---|---|---|---|---|---|---|---|
| ① | ⑤ | ① | ③ | ① | ② | ③ | ⑤ |

## 01 ①

주어진 글에 의하면 닛케이 신문은 '쇼군'의 18관왕 달성 이면에는 한국 드라마 '오징어 게임'이 있다고 보도하였으므로 이를 고려하면 옳은 추론이다.

[오답 점검]
② 현대의 '쇼군'과 1980년 '쇼군'에 어떤 캐릭터가 등장하는지는 주어진 글에서 확인할 수 없다.
③ '쇼군'과 '오징어 게임'의 줄거리에 대한 내용은 주어진 글에서 확인할 수 없다.
④ 닛케이 신문은 '쇼군'의 성공에 '오징어 게임'의 영향이 있었다고 보도했지만, 온전히 '오징어 게임'의 후광효과 때문에 성공했다고는 추론할 수 없다.
⑤ '쇼군'은 에미상에서 18개 부문을 수상하였지만 몇 개 부문의 후보로 지명되었는지는 확인할 수 없다.

## 02 ⑤

결정론에서 인간의 행동이 외부 조건에 의해 결정된다고 주장하지만, 그것이 도덕적 책임의 존재를 완전히 부정한다는 것은 지나친 비약이다.

[오답 점검]
① 주어진 글에 의하면 자유의지와 결정론은 인간의 행동과 선택을 설명하는 두 가지 상반된 관점 즉 상호 배타적이다. 또한 글의 마지막 부분에서 이 두 관점을 통합하는 것이 철학적 문제라고 하였으므로 도전 과제라고도 추론할 수 있다.
② 자유의지는 인간이 도덕적 책임을 지고, 자율적인 선택을 할 수 있다고 주장한다. 반면 결정론은 우리가 내리는 모든 선택은 이전의 사건이나 조건에 의해 영향을 받으며, 우리의 선택은 미리 정해져 있다고 주장했다.
③ 자유의지와 결정론의 충돌은 철학적 논쟁을 불러일으키며, 인간의 행동에 대한 깊은 이해를 돕는다.
④ 자유의지는 자신의 의지라는 요인을 인정하며, 결정론은 외부 환경과 조건의 영향을 강조한다.

## 03 ①

주어진 글에 의하면 당나라 황제 태종이 신언서판을 기준으로 두고 인재를 선발한 것은 맞으나, 고구려와 효과적인 전쟁을 치를 수 있는 인재를 찾았다는 것은 확인할 수 없다.

**[오답 점검]**

② 을지문덕은 적장인 우중문의 심리를 뒤흔드는 시로 그의 판단을 흐렸고 결국 전쟁에서 승리할 수 있었다. 따라서 그의 시는 수나라 군대를 물리치는 데 결정적인 역할을 했을 것이다.

③ 당나라 황제 태종은 과거제도를 통하여 인재를 선발하였는데, 선발 기준은 '신언서판'이었다.

④ 주어진 글에 의하면 을지문덕이 적장의 심리를 뒤흔든 글은 서(書)이며 지략은 판(判)이다.

⑤ 순자는 군자의 기준으로 용모, 말, 행동 등을 언급하였는데, 이것은 당 태종의 인재 선발 기준인 신언서판과 유사하다.

## 04 ③

데이터 저장 전이 아니라 저장 후에 연결된 셀 트랜지스터를 'off'로 유지하여 저장된 전하가 방출되지 않도록 한다.

**[오답 점검]**

①, ②, ④, ⑤ 본문 내용에 비추어 적절한 추론이다.

## 05 ①

주어진 글에 의하면 사일로 효과를 극복하기 위해서는 조직 전체가 공감할 수 있는 명확한 목표를 설정하고, 부서 간 소통을 강화해야 한다. 또한 정기적인 협업 회의나 정보 공유 플랫폼을 도입하고, 부서 간 협력을 평가와 보상 체계에 반영해야 한다.

**[오답 점검]**

② 사일로 효과는 개별 부서의 목표를 우선시 하는 상황에서 발생하기 쉽다.

③ 사일로 효과는 부서 간 갈등과 조직의 분열을 초래하며, 다양한 아이디어가 교류되지 않아 혁신이 저해될 뿐만 아니라, 고객에게 일관된 서비스를 제공하기 어려워 만족도가 저하될 수 있다고 했으므로 조직의 성과를 향상시킨다고 추론하는 것은 적절하지 않다.

④ 주어진 글에서는 사일로 효과를 극복하기 위해 부서 간 소통을 강화하고 서로 협력해야 한다는 것만 언급했을 뿐, 협력을 강화하면 의사결정이 느려진다는 것은 확인할 수 없다.

⑤ 사일로 효과로 인해 고객에게 일관된 서비스를 제공하기 어려워 고객 만족도가 저하될 수 있다.

## 06 ②

주상복합빌딩은 「건축법」에 의한 공동주택과 주거용 외의 용도가 복합된 건축물로서 공동주택 부분의 면적이 연면적 합계의 90% 미만(조례로 90% 미만의 범위에서 정한 경우에는 그 비율)인 것을 말한다. 따라서 공공주택 부분의 면적이 연면적 합계의 90% 이하인 것은 추론으로 적절하지 않다.

**[오답 점검]**

①, ③, ④, ⑤ 글의 내용에 비추어 추론으로 적절하다.

## 07 ③

주어진 글에 의하면 토스트아웃 증상을 보이는 사람들은 실제로 업무나 공부 등에서 의욕을 느끼지는 못하지만, 본인의 역할을 충실하게 수행하며 일상을 살아간다.

**[오답 점검]**

① 여러 노력에도 불구하고 토스트아웃에서 벗어나지 못한다면 전문가의 도움을 받는 것이 필요하다. 번아웃 증상을 극복하기 위한 방법은 주어진 글에서 언급되지 않았다.

② 토스트아웃 증상을 보이는 사람들은 실제로 업무나 공부 등에서 의욕을 느끼지는 못하지만, 본인의 역할을 충실하게 수행하며 일상을 살아간다.

④ 토스트아웃을 예방하기 위해서는 일과 삶의 균형을 유지하려고 노력하는 것이 무엇보다 중요하다.

⑤ 토스트아웃과 번아웃 모두 무기력함과 관련된 용어이므로 긍정적인 상태와는 거리가 멀다.

## 08 ⑤

메라비언의 법칙에 의하면 상대방에 대한 인상이나 호감을 결정하는 데는 언어적인 요소가 7%, 비언어적인 요소(시각, 청각)가 93%의 영향을 미친다. 따라서 마케팅이나 서비스를 홍보할 때는 언어적인 요소보다 비언어적인 요소를 고려하는 것이 효과가 좋을 것이다.

**[오답 점검]**

① 주어진 글에서는 언어적인 요소가 비언어적인 요소보다 전달력이 떨어지기 때문에 둘을 함께 사용해야 한다고 말했다. 언어적인 요소 사용을 자제하라는 추론은 하기 힘들다.

② 주어진 글에서는 인상을 결정하는 데 시각적인 요소가 가장 중요하다고 말했다. 또한 한 번 결정된 인상을 바꾸는 데 영향을 주는 요소는 언급하지 않았다.

③ 주어진 글에서는 인상을 결정하는 요소와 문화적인 차이에 관한 내용을 언급하지 않았다.

④ 메라비언의 법칙을 일상적인 모든 상황에서 적용할 수 있는지는 주어진 글만으로는 추론하기 어렵다.

## 빈출 유형 공략 문제(빈칸 채우기)

| 01 | 02 | 03 | 04 | 05 |
|---|---|---|---|---|
| ③ | ⑤ | ③ | ② | ⑤ |

### 01 ③

정부와 관련 기관은 대기 오염을 관리하기 위해 미세먼지 저감 정책을 시행하고 있다가 가장 적절하다.

[오답 점검]

① 정부와 관련 기관은 대기 오염을 관리하기 위해 미세 물질 처리 예산을 확산하는 정책이 적절하다.

② 대기오염 문제에 대한 인식 정보 조작 정책은 대기 오염을 관리하기 위한 정책으로 적절하지 않다.

④ 산업 확대 정책은 친환경적이면 적절하나 미세먼지 발생을 촉진하는 산업 확대라면 적절하지 않으므로, 빈칸에 가장 적절하다고 할 수 없다.

⑤ 대기 오염을 관리하기 위해 환경 규제 완화 정책이 아니라 강화 정책이 적절하다.

### 02 ⑤

빈칸 바로 앞의 문장인 '핵처리 기술은 원자핵의 에너지를 다루는 기술이기 때문에, 안전이 매우 중요하다.'를 통해 빈칸에 들어갈 문장에 핵처리 기술과 안전의 중요성에 대한 내용이 이어져 나오는 '핵발전소와 핵시설은 엄격한 안전 규제와 절차를 따른다.'가 적절한 것을 알 수 있다. 따라서 정답은 ⑤번이다.

### 03 ③

빈칸 바로 뒤의 문장인 '합성(Anabolism)은 간단한 물질인 원료를 사용하여 복잡한 화합물, 즉 영양소를 생성하는 과정으로 생체 내에서 일어나며, 주로 대사 경로에서 일어난다.'와 그 뒤의 문장인 '분해(Catabolism)는 복잡한 화합물인 영양소를 간단한 물질로 분해하는 과정으로 생체 내에서 주로 호흡 작용(셀룰라르 호흡)을 통해 일어나며, 에너지를 생성한다.'를 통해 빈칸에 합성과 분해에 대한 문장이 들어가는 것이 적절한 것을 알 수 있다. 따라서 정답은 ③번이다.

### 04 ②

할인율이란 미래시점의 일정 금액과 동일한 가치를 갖는 현재시점의 금액(현재가치)을 계산하기 위해 적용하는 비율을 말한다. 그러므로 본문의 미래의 비용과 편익을 현재 가치로 환산하는 비율은 사회적 할인율이 적절하다.

[오답 점검]

① 환산율이란 어떤 단위 척도로 된 것을 다른 단위나 척도로 고치어 헤아리는 비율이다.

③ 할증률이란 일반적으로 상품이나 서비스의 가격에 적용되는 추가 비용의 비율이다. 주로 시간이 지남에 따라 가격이 증가하는 경우에 사용되고 할증률은 보통 연간 또는 월간 기준으로 표현되며, 특정 기간 동안의 가격 상승률을 나타낸다.

④ 통계율이란 통계적인 분석이나 조사에서 사용되는 수치적인 측정이며 일반적으로 특정 그룹이나 집단 내에서 발생한 현상을 나타내는 비율이다.

⑤ 참조율이란 어떤 미디어(신문, 방송, 인터넷 등)가 전체 대상 중에서 얼마나 많은 사람들에게 접근하고 있는지를 나타내는 지표이다. 일반적으로 참조율은 특정 방송 프로그램이나 신문 기사 등을 전체 시청자나 독자 중 몇 퍼센트의 사람들이 시청하거나 읽고 있는지를 나타낸다. 참조율은 미디어의 인기도나 광고 요금 책정 등에 활용되는 중요한 지표이다.

### 05 ⑤

빈칸 바로 뒤의 문장인 '이 시스템은 외벽이 없는 건물들에 사용되는 외벽 처리 기법으로, ~ 일반적으로 비구조적인 형태이기 때문에 경량 재료들로 만들 수 있으므로 건설 비용을 절감할 수 있다.'를 통해 커튼월이 경량 재료로 만들 수 있는 비구조적인 형태의 외벽 처리 기법임을 알 수 있다. 이에 따라 내용에 가장 부합하는 설명인 '커튼을 치듯 건축 자재를 돌려쳐 외벽으로 만드는 건축 양식이다.'가 가장 적절한 문장임을 알 수 있다. 따라서 정답은 ⑤번이다.

## 빈출 유형 공략 문제(문단 배열)

| 01 | 02 | 03 | 04 | 05 |
|---|---|---|---|---|
| ② | ③ | ④ | ② | ④ |

### 01 ②

글은 아로마테라피의 정의와 역사를 말하고 있다. 따라서 문맥상 흐름은 (B) 아로마테라피의 정의 – (A) 전체적인 역사 – (D) BC 1555년경 – (C) 19세기 이후 역사 – (E)로 이어지는 것이 자연스럽다.

### 02 ③

이 글의 흐름은 (A) 소송 사건 이야기 (B) 판결내용 (C) 소송 회사가 아닌 다른 회사의 사례를 통한 강화 (D) 이 사례를 통한 사회적 이슈 (E) 그래서 세계의 현재 상황의 흐름으로 이야기가 전개되었다. 문맥의 흐름상 (C) 소송 회사 외의 다른 회사의 사례는 제외되어도 크게 영향을 주지 않는다. 따라서 (C)가 제외되는 것이 가장 적절하다.

### 03 ④

〈보기〉는 문맥상으로 3문단 뒤인 D에 위치하여 앞의 내용을 다시 한번 설명함으로써 루터의 교육 목적을 정리하는 흐름이 적절하다.

### 04 ②

이 글의 흐름은 포토 공정의 해상도 증가의 한계를 언급한 부분 (A)가 도입으로 적절하고, 포토공정의 한계 극복 기술이 있지만 다른 문제가 발생하는 부분 (D), 반도체 산업 발전의 저해요인을 앞의 문단에 이어서 설명하고 있는 (E), 그리고 순서대로 해결방안을 설명하고 있는 (B)와 (C)가 차례로 이어지는 것이 자연스럽다. 따라서 (A) – (D) – (E) – (B) – (C)가 가장 적절하다.

### 05 ④

문맥의 흐름상 (E) 회사후소에 대한 간략한 소개 – (D) 제자 자하의 질문 – (C) 공자의 답변 – (B) 공자 답변의 해석 – (A) 이후의 해석으로 이어지는 것이 가장 적절하다.

## 빈출 유형 공략 문제(비판 및 평가)

| 01 | 02 | 03 | 04 | 05 |
|---|---|---|---|---|
| ③ | ② | ④ | ⑤ | ③ |

### 01 ③

이 글은 사소한 안전 문제도 인명이 희생되어 사회적 문제가 될 때에 급하게 챙기고, 통합적으로 검토하지 않는 것에 대한 것이 주요 비판이다.

**[오답 점검]**

①, ⑤ 이 글은 2012년 도로설계편람 개정 시에 방음벽 화재 안전 규정을 삭제한 것, 전문가의 안전에 대한 경고 자문이 있어도 해당 부서가 무관심한 것 등의 부분적 사례를 통합하면서 사소한 안전 문제도 인명의 희생이 있어야 급하게 검토하고, 그 검토도 통합적인 것이 아닌 것에 대해 비판하고 있다.

②, ④ 주어진 글에서 언급되지 않은 내용이다.

### 02 ②

원자력 발전에 대해 긍정적으로 말하고 있는 주어진 글에 대해 비판하는 내용은 맞지만, 원자력 발전이 아닌 원자력 발전소 건설에 대한 내용이므로 글의 논제에서 벗어나는 내용이라고 볼 수 있다.

**[오답 점검]**

①, ③, ④, ⑤ 주어진 글을 비판하는 내용으로 적절하다.

### 03 ④

주어진 글에서는 주식 투자에 대해 긍정적으로 말하고 있으며, 주식은 변동성이 높은 투자 자산이지만, 장기 투자를 통해 안정성을 높일 수 있다는 내용은 주어진 글의 주장을 비판하는 것이 아니라 뒷받침하는 내용에 가깝다.

**[오답 점검]**

①, ②, ③, ⑤ 다양한 측면에서 주식 투자의 위험성과 단점을 이야기 하고 있으므로 주식 투자에 대해 긍정적으로 서술하고 있는 글의 의견에 대해 적절한 비판이다.

### 04 ⑤

검열제도는 로마 제국 시대의 검열관이 국민의 도덕적 품위와 선량한 생활 방식을 유지하는 것을 목적으로 만들어진 제도라고 하였으므로 검열제도가 도덕적인 품위와 생활 방식을 강제하는 체제라고 비판하는 것은 적절하지 않다.

[오답 점검]
①, ②, ③, ④ 검열제도에 대한 비판으로 적절하다.

## 05 ③

주어진 글에서 일반적으로 학생들이 온라인 교육을 지루해 한다는 내용을 찾을 수 없으며, 근거가 부족한 내용이므로 가장 설득력이 낮은 비판이라고 볼 수 있다.

[오답 점검]

① 주어진 글의 '비용 효율성이 높아 많은 사람들이 저렴한 비용으로 양질의 교육을 받을 수 있다'는 문장을 적절하게 비판하고 있다.
② 주어진 글의 '기업과 학교에서도 온라인 교육 플랫폼을 통해 직원 교육과 학생 학습을 지원하며 그 활용 범위가 점점 확대되고 있다'는 내용을 적절하게 비판하고 있다.
④ 주어진 글의 '각자의 학습 스타일에 맞춘 교육을 가능하게 하고 있다'는 내용을 다른 관점에서 적절하게 비판하고 있다.
⑤ 주어진 글의 '시간과 장소의 제약 없이 학습이 가능하다는 점이 가장 큰 장점이다'라는 내용에서 장소와 관련하여 적절하게 비판하고 있다.

# 빈출 유형 공략 문제(사례 판단)

| 01 | 02 | 03 | 04 | 05 | 06 |
|---|---|---|---|---|---|
| ② | ⑤ | ⑤ | ③ | ③ | ④ |

## 01 ②

ⓐ 부정성 편향은 인간의 사고나 판단에서 부정적인 정보에 대해 더 큰 비중을 두는 경향을 말한다. 즉 부정적인 것에 더 관심을 가지고, 선택할 때 배제하는 것이 그 사례가 될 수 있다. 따라서 '자신의 정치적 신념과 일치하는 정보는 선호하고, 반대 정보는 무시 및 왜곡하는 경향을 가진다.'는 사례는 확인 편향(Confirmation Bias)이라고 할 수 있다. 확인 편향은 우리가 이미 가지고 있는 신념이나 가설을 확립하기 위해 정보를 선택적으로 선별하는 경향을 의미하는 것으로 우리는 일치하는 정보를 선호하고, 불일치하는 정보를 무시하거나 왜곡하는 경향이 있다는 것이다.

[오답 점검]
①, ③, ④, ⑤ 부정적인 정보에 관심을 가지고 집중하고, 같은 의미여도 부정적인 것을 선택하지 않고 긍정적인 것을 선택하는 부정성 편향의 사례라고 할 수 있다.

## 02 ⑤

환경 오염을 고발하는 다큐멘터리는 주로 교육적이고 사회적인 메시지를 전달하는 데 중점을 두며, Attention Economy의 핵심인 즉각적인 관심을 끌어내는 데 초점을 맞추지 않는다. 반면, 나머지 선택지는 대부분 주의력을 끌어내기 위한 자극적인 콘텐츠나 빠르게 소비되는 형식으로 Attention Economy와 관련이 있다.

## 03 ⑤

'SNS상의 사람들은 사랑에 빠지고, 좋은 여행지에서 맛있는 음식을 먹는다.'는 것은 대수의 법칙을 적용한 경험의 대상과 횟수를 확대함으로써 나온 사례로 보기에는 적절하지 않고, 성급한 일반화의 오류로 보는 것이 적절하다고 할 수 있다. 성급한 일반화의 오류는 하나의 현상, 몇 가지 사례를 기반으로 전체 현상과 많은 사례에 대한 결론을 내리는 경우에 발생하는 오류이다. 예로 한 사람 또는 몇 사람에 대해 알고 있는 것을 기반으로 모든 사람 또는 모든 구성원에 대해 일반화하여 이야기하는 것이 여기에 속한다.

[오답 점검]
①, ②, ③, ④ 대수의 법칙이 적용된 사례라고 할 수 있다. 즉 대수의 법칙은 관찰 대상의 수를 늘려갈수록 개개의 단위가 가지고 있는 고유의 요인은 중화되고 그 집단에 내재

된 본질적인 경향성이 나타나게 되는 현상을 가리킨다. 이러한 경향성은 관찰의 기간을 늘릴수록 안전도가 높아지면서 하나의 법칙성에 도달하게 된다. 대수의 법칙은 보험료 계산원리 중 하나로 이용된다. 즉 인간의 수명이나 각 연령별 사망률을 장기간에 걸쳐 많은 모집단에서 구하고 이것을 기초로 보험 금액과 보험료율 등을 산정한다.

## 04 ③

(가) 노동자의 권리 보호 제품을 선택하는 것은 올바른 소비라 할 수 있으며, (나) 태양광 온수시스템 도입은 기업의 사회적 책임을 나타내는 것이다.

**[오답 점검]**

① (가) 친환경적인 제품은 올바른 소비라 할 수 있고, (나) 비용 감소를 위한 오염수 하천 방류는 비용 감소를 통한 원가 절감을 가지고 온다고 하여도 환경을 파괴하는 기업의 사회적 책임을 다하지 못하는 비윤리적 행동으로 기업의 사회적 책임을 다하지 못한 사례이다.

② (가) 편리성이 높은 일회용 제품은 탄소배출이나 환경오염적인 제품으로 올바른 소비가 아니며, (나) 의료 소외지역 의료지원은 기업의 사회적 책임의 모습으로 올바른 소비적 측면에서 기업의 가치를 높이는 사례이다.

④ (가) 모바일 게임의 중독성 강한 아이템 제품은 무분별한 소비라 할 수 있다. 이것은 소비자의 지각과 선택 없이 지속적인 구매를 유도하며, 소비자들의 경제적 부담을 유발하게 된다. (나) 성능을 안전성보다 우선한 원재료 사용은 제품의 안전성에 대한 사회적 책임을 다하지 않은 기업의 사례이다.

⑤ (가) 트렌디한 제품은 불필요한 소비로 이것은 소비자가 필요성 없는 제품을 구매하게 만들며, 자원 낭비와 지속 가능한 소비 문화를 방해할 수 있다. (나) 매출을 위한 성차별적 광고 실시와 같은 일부 기업의 사회적인 차별이나 인종, 성별, 출신 국가 등에 대한 차별을 실천하는 경영은 비윤리적으로 기업의 가치를 하락시킨다.

## 05 ③

'포비아(phobia)는 불안장애의 일종으로, 공포증이다. 극도의 두려움이나 불안을 느끼는 것으로 환자는 두려운 물체나 상황을 피하려 하고 이 때문에 일상생활에 지장을 받는다. 그러나 단순히 특정 대상을 꺼리거나 싫어하는 단계만으로 공포증으로 치부할 수는 없다.'는 것에 비추어 오디션, 면접, 시험에 대한 긴장감이 싫어 테스트를 꺼리는 테스트 포비아는 포비아로 보기 어렵고, 이것은 모든 사람이 Test 전에 느끼는 일반적인 긴장감이라고 할 수 있다.

**[오답 점검]**

①, ②, ④, ⑤ 포비아의 사례로 적절하다.

## 06 ④

놀이공원 주차장에서 놀이공원까지 고객을 이동시키는 트램의 운영을 중단하여 고객이 걸어가는 것은 스킴플레이션(skimpflation)의 사례이다. 이것은 물가는 올랐지만 상품과 서비스의 양이나 질이 눈에 띄지 않게 떨어지는 현상을 의미한다. 영어로 '(음식 · 돈 등에) 인색하게 굴다'의 뜻을 지닌 스킴프(skimp)와 물가 상승을 뜻하는 인플레이션의 합성어다.

**[오답 점검]**

①, ②, ③, ⑤ 같은 가격에 제품의 크기나 수량 등을 줄여 사실상 가격 인상 효과를 노리는 슈링크플레이션의 사례라고 할 수 있다.

## 빈출 유형 공략 문제(서술 방식)

| 01 | 02 | 03 |
|---|---|---|
| ⑤ | ① | ⑤ |

### 01 ⑤

이 글에서는 퍼블리시티권의 정의, 예시, 인용, 설명을 통해 논지를 전개하고 있지만, 비교와 대조를 통해 다른 개념 및 사례와 퍼블리시티권의 차이점, 공통점을 비교하는 방식은 사용되지 않았다. 따라서 가장 적절하지 않은 논지 구조이다.

[오답 점검]

① 퍼블리시티권의 개념을 명확히 설명하며, "개인이 자신의 이름, 이미지, 목소리 등 상업적 가치를 통제할 수 있는 권리"라고 규정하고 있다.

② 축구 선수 손흥민이 특정 브랜드 광고에 등장하는 사례를 들어, 퍼블리시티권이 상업적 가치를 높이는 방식과 연계됨을 보여준다.

③ 법률 전문가 존 스미스의 발언을 인용하여 퍼블리시티권의 법적 중요성과 기능을 강조하고 있다.

④ 퍼블리시티권의 기능을 추가로 분석하며, 단순한 보호를 넘어, 명성과 이미지를 관리하고 거래할 수 있는 권리로 작용한다는 점을 서술하고 있다.

### 02 ①

활동량, 체온, 수면 패턴 등을 추적할 수 있는 웨어러블 기기와 스마트 급식기를 예시로 들어 설명하였다.

### 03 ⑤

이 글에서는 반론 논지 전개를 사용하지 않고 있다. 글이 바로크 양식과 그 특징, 발전 배경, 예술적 중요성을 설명하는 데 집중하고 있으므로 반론 논지 전개 방식은 사용되지 않았으며, 가장 적절하지 않은 논지 전개 방식이다.

[오답 점검]

① '바로크 양식은 17, 18세기 초 유럽에서 유행한 예술 양식으로,' 부분에서 개념을 제시하며 논지를 전개하고 있다.

② 지문에서는 예시로 베르니니의 '성 테레사의 몰입'과 같은 작품과 성 베드로 대성당, 바흐와 헨델의 음악을 통해 바로크 양식의 특성을 설명하고 있다. 예시를 통해 이해를 돕고 있으므로 적절한 논지 전개 방식이다.

③ '바로크 건축은 대성당이나 궁전처럼 웅장한 구조가 특징이며,' 부분 등에서 특징 설명을 통해 논지를 전개하고 있다.

④ '바로크는 오늘날까지도 감동적이고 극적인 예술로 평가받으며, 그 당시 사람들의 삶과 신앙을 반영하는 중요한 예술적 자산으로 남아 있다.'는 부분에서 의의와 평가를 제시하며 논지를 전개하고 있다.

Chapter 02

# 자료해석

## 빈출 유형 공략 문제(자료이해)

| 01 | 02 | 03 | 04 | 05 | 06 | 07 |
|---|---|---|---|---|---|---|
| ⑤ | ① | ⑤ | ③ | ④ | ③ | ③ |

### 01 ⑤

2022년 매출액의 전년 대비 증가율은

$\frac{446,216-429,978}{429,978}\times 100 \fallingdotseq 3.8(\%)$이다.

[오답 점검]

① 매출액 대비 영업이익의 비중은 다음과 같다.

| 2018년 | 2019년 | 2020년 |
|---|---|---|
| $=\frac{208,437}{4,044,501}\times 100 \fallingdotseq 5.2(\%)$ | $\frac{27,192}{269,907}\times 100 \fallingdotseq 10.1(\%)$ | $\frac{50,126}{319,004}\times 100 \fallingdotseq 15.7(\%)$ |

| 2021년 | 2022년 |
|---|---|
| $\frac{124,103}{429,978}\times 100 \fallingdotseq 28.9(\%)$ | $\frac{68,137}{446,216}\times 100 \fallingdotseq 15.3(\%)$ |

② 연도별 매출 총이익은 다음과 같다.

| 2018년 | 2019년 | 2020년 | 2021년 | 2022년 |
|---|---|---|---|---|
| 3,892,693 | 81,719 | 108,106 | 189,522 | 156,214 |

③ 2020년과 2021년의 영업 외 비용이 동일하다면, 경상이익은 영업이익과 영업 외 수익의 합으로 비교할 수 있다. 따라서 2020년의 경상이익은 62,370(억 원), 2021년의 경상이익은 134,159(억 원)으로 2021년이 더 많다.

④ 매출액은 2022년 전년 대비 증가하지만 영업이익은 전년 대비 감소하므로 증감 추이가 동일하지 않다.

### 02 ①

할인마트의 대형가전 상품군 판매수수료율은 31.7%이고 소형가전 상품군 판매수수료율은 31.1%이다. 하지만 대형가전과 소형가전 모두 온라인쇼핑몰에서는 찾을 수 없다. 온라인쇼핑몰 상위 5위에 들지 못하더라도 할인마트보다 높을 수 있다.

[오답 점검]

② 여성정장 상품군의 판매수수료율은 온라인쇼핑몰에서 21.9%, 할인마트에서 11.0%로 온라인쇼핑몰에서의 판매수수료율이 더 높다.

③ 온라인쇼핑몰 화장품 상품군의 판매수수료율은 8.4%이다. 할인마트의 하위 5개 상품군 판매수수료율이 20.8%~31.1% 범위에 있다. 따라서, 2배 이상이다.

④ 셔츠 상품군의 판매수수료율은 할인마트와 온라인쇼핑몰 모두 하위 3위이다.

⑤ 할인마트와 온라인쇼핑몰 상위 5개 상품군의 판매수수료율은 모두 각각 30%를 넘는다.

### 03 ⑤

ㄴ. 모니터 가격은 2020년 36$, 2021년 44$, TV 가격은 2020년 47$, 2021년 64$로 두 품목 모두 가격이 상승하였다.

ㄷ. 2020년 모니터 가격은 36$, TV 가격은 47$, 2021년 모니터 가격은 44$, TV 가격은 64$로 두 해 모두 TV 가격이 모니터 가격보다 높다.

[오답 점검]

ㄱ. 2020년 대비 2021년의 디스플레이 산업 수출액 증가율은 $\frac{(214-180)}{180}\times 100 \fallingdotseq 18.9(\%)$이다.

### 04 ③

두 기업의 매출액 차이는 다음과 같다.

(단위: 억 원)

| 2020년 | 2021년 |
|---|---|
| $17,692-15,491=2,201$ | $18,160-17,005=1,155$ |
| **2022년** | **2023년** |
| $19,532-19,186=346$ | $20,982-20,919=63$ |

[오답 점검]

④ 2020년 대비 2022년 B기업의 매출액 증가율

$=\frac{19,532-17,692}{17,692}\times 100 \fallingdotseq 10.4(\%)$

⑤ 2021년 대비 2023년 G기업의 매출액 증가율

$=\frac{20,982-17,005}{17,005}\times 100 \fallingdotseq 23.4(\%)$

## 05 ④

2022년 품목별 수출물량 대비 수출액의 비중을 구하면 다음과 같다.

| 품목 | 수출물량 | 수출액 | 비중 |
|---|---|---|---|
| 인삼 | 0.5 | 22.3 | $\frac{22.3}{0.5}\times100≒4,460.0(\%)$ |
| 배 | 6.5 | 20.5 | $\frac{20.5}{6.5}\times100≒315.4(\%)$ |
| 궐련 | 1.6 | 18.4 | $\frac{18.4}{1.6}\times100≒1,150.0(\%)$ |
| 유자차 | 7.0 | 14.6 | $\frac{14.6}{7.0}\times100≒208.6(\%)$ |
| 비스킷 | 2.4 | 8.8 | $\frac{8.8}{2.4}\times100≒366.7(\%)$ |

따라서, 4,460.0%로 인삼이 가장 크다.

**[오답 점검]**

② 2021년 대비 2022년 비스킷 수출액의 증가율은

$\frac{8.8-7.9}{7.9}\times100≒11.4(\%)$이다.

③ 전년 대비 2021년 궐련의 수출물량의 증가율은

$\frac{0.6-0.4}{0.4}\times100=50.0(\%)$이다.

⑤ 2020년 김치의 수출액 대비 수출물량의 비율은

$\frac{37.5}{15.0}\times100=250.0(\%)$이다.

## 06 ③

ㄱ. ㄷ 각각의 증가율은 다음과 같다.

| 12년 | 13년 | 14년 | 15년 | 16년 | 17년 |
|---|---|---|---|---|---|
| 6% | 6.1% | 7.2% | 7.1% | 8.1% | 7.3% |

| 18년 | 19년 | 20년 | 21년 | 22년 | 23년 | 24년 |
|---|---|---|---|---|---|---|
| 16.4% | 10.9% | 2.85% | 1.5% | 5.05% | 5% | 2.5% |

**[오답 점검]**

ㄴ. 일 8시간 기준으로 2024년의 일급은
$9,860\times8=78,880$(원)으로 75,000원을 넘는다.

ㄹ. 인상액은 다음과 같다.

| 13년 | 14년 | 15년 | 16년 | 17년 |
|---|---|---|---|---|
| 280 | 350 | 370 | 450 | 440 |

| 18년 | 19년 | 20년 | 21년 | 22년 | 23년 | 24년 |
|---|---|---|---|---|---|---|
| 1,060 | 820 | 240 | 130 | 440 | 460 | 240 |

따라서 인상액이 세 번째로 많은 해는 2023년이다.

## 07 ③

2022년 원료 의약품이 전체 의약품 특허 출원에서 차지하는 비중은 $\frac{797}{6,708}\times100≒11.9(\%)$이다.

**[오답 점검]**

② 기타 의약품이 차지하는 비중

| 2021년 |
|---|
| $\frac{2,236}{11,130}\times100≒20.1(\%)$ |
| **2022년** |
| $\frac{1,517}{6,708}\times100≒22.6(\%)$ |
| **2023년** |
| $\frac{1,220}{4,719}\times100≒25.9(\%)$ |

④ 2021년 대비 2023년 완제 의약품 감소량
$=|2,999-7,137|=4,138$건이다.

⑤ 전체 의약품 특허출원 건수의 감소량을 구하면 다음과 같다.

| 2021년 |
|---|
| - |
| **2022년** |
| $|6,708-11,130|=4,422$ |
| **2023년** |
| $|4,719-6,708|=1,989$ |

## 빈출 유형 공략 문제(자료계산)

| 01 | 02 | 03 | 04 | 05 | 06 |
|---|---|---|---|---|---|
| ① | ③ | ③ | ① | ① | ④ |

### 01 ①

계산방법에 따라 당해년도 폭염, 한파, 호우, 대설, 강풍의 발생일수 중 최솟값은 0이고, 최댓값은 16이다. 폭염과 한파의 발생지수를 각각 구하면 다음과 같다.

- 폭염 발생지수 = $4\times(\frac{16-0}{16-0})+1=5.00$
- 한파 발생지수 = $4\times(\frac{3-0}{16-0})+1=1.75$

따라서, 폭염 발생지수와 한파 발생지수 차는 5.00−1.75 =3.25이다.

### 02 ③

A의 전세금과 C의 월세보증금을 각각 구하면 다음과 같다.

- A의 전세금을 $x$라 하면, $6\%=\frac{50\times12}{x-25,000}\times100$이므로 $x$ =35,000으로 3억 5천만 원이다.
- C의 월세보증금을 $y$라 하면, $3\%=\frac{70\times12}{60,000-y}\times100$이므로 $y$=32,000으로 3억 2천만 원이다.

따라서, A의 전세금과 C의 월세보증금의 합은 6억 7천만 원이다.

### 03 ③

수출액이 두 번째로 많았던 해는 2022년이다. 2022년 전년 대비 수입액의 증감률을 구하면 다음과 같다.

$$\frac{4,785-4,062}{4,062}\times100 \fallingdotseq 17.8(\%)$$

### 04 ①

각 교통편의 결정조건 계수를 구하면 다음과 같다.

| | |
|---|---|
| A | $\frac{5\times500}{8\times100+30,000\times0.5}\fallingdotseq0.16$ |
| B | $\frac{5\times500}{6\times100+45,000\times0.5}\fallingdotseq0.11$ |
| C | $\frac{6\times500}{4\times100+64,000\times0.5}\fallingdotseq0.09$ |
| D | $\frac{7\times500}{2\times100+90000\times0.5}\fallingdotseq0.08$ |
| E | $\frac{10\times500}{1.5\times100+95,000\times0.5}\fallingdotseq0.10$ |

### 05 ①

교원 1인당 중학교 학생 수가 가장 적은 국가는 독일이다. 독일의 중학교 교원이 20만 명으로 고등학교 교원 수와 동일하므로 고등학교 학생 수를 $x$라 할 때, 교원 수는 다음과 같이 구할 수 있다.

$$\frac{x}{200,000}=13.9$$

$$x=200,000\times13.9$$

$$=2,780,000$$

### 06 ④

S시의 전체 인구수가 20만 명이라 할 때, 육아휴직을 사용하는 전체 인원 수는

$200,000\times\frac{30.2}{100}=60,400$(명)이다.

Chapter 03

# 창의수리



## 빈출 유형 공략 문제(사칙연산)

| 01 | 02 | 03 | 04 | 05 | 06 |
|---|---|---|---|---|---|
| ⑤ | ④ | ④ | ⑤ | ③ | ⑤ |

### 01 ⑤

A, B, C 세 버스의 배차간격의 공배수마다 동시에 출발을 하게 된다. 따라서 8분, 20분, 15분의 최소공배수는 120이 나오게 되므로 2시간 간격으로 동시에 출발을 한다. 첫 출발시각이 오전 6시 50분이므로 2시간 뒤인 오전 8시 50분에 두 번째로 동시에 출발을 하게 된다.

### 02 ④

아들의 나이를 $x$라고 하면, 어머니의 나이는 $x+32$이다. 11년 후, 어머니의 나이는 $x+43$이 되고, 아들은 $x+11$이 된다.

식을 세우면 $x+43=2(x+11)$, 따라서 $x=21$(살)이 된다.

### 03 ④

승리할 시에 얻는 점수를 $x$점, 패배할 시에 잃는 점수를 $y$점이라 하면

A팀은 2승 1패로 5점을 얻었으므로 $2x-y=5$…㉠,

B팀은 1승 2패로 1점을 얻었으므로 $x-2y=1$…㉡,

㉠과 ㉡을 연립방정식으로 계산하면 $x=3$, $y=1$이 된다.

따라서 승리할 시에는 3점을 얻고, 패배할 시에는 1점을 잃는다.

C팀은 3승 0패 하였으므로 9점, D팀은 0승 3패 하였으므로 -3점이 된다.

따라서 C팀과 D팀의 총점의 합은 6점이 된다.

### 04 ⑤

선발된 인원이 20명이므로 대상을 받는 사원의 수를 $x$, 장려상을 받는 사원의 수를 $y$라고 하자.

$x+y=20$이고, $500x+100y=6,000$이 된다. 두 식을 연립하면 $x=10$, $y=10$이 되므로 장려상을 받게 되는 사원은 10명이 된다.

### 05 ③

16등한 학생의 점수를 $x$(점)이라 하면, 전체학생 100명의 평균 $x-36$(점), 수상자 16명의 평균 $x+6$(점), 나머지 84명의 평균 $\frac{x+6}{3}$(점)이다.

$$16(x+6)+84\left(\frac{x+6}{3}\right)=100(x-36)$$

$$16x+96+28x+168=100x-3,600$$

$$44x+264=100x-3,600$$

$$56x=3,864$$

$$x=69$$

### 06 ⑤

3번째 정사각형의 한 변의 길이를 $x$라고 할 때, 첫 번째 정사각형의 한 변의 길이는 $x-2$, 두 번째 정사각형의 한 변의 길이는 $x-1$, 네 번째 정사각형의 한 변의 길이는 $x+1$, 다섯 번째 정사각형의 한 변의 길이는 $x+2$가 된다. 따라서 이어 붙인 정사각형들의 넓이를 구하는 식은 $(x-2)^2+(x-1)^2+x^2+(x+1)^2+(x+2)^2=330$이 된다. 식을 정리하면,

$5x^2+10=330$, $x^2=64$, $x=8$이다.

따라서 각 정사각형들의 한 변의 길이는 6, 7, 8, 9, 10이 되고, 이어 붙인 정사각형들의 둘레의 길이는

$(6+7+8+9+10)\times 2+(1+1+1+1)+6+10=100$(cm)이다.

## 빈출 유형 공략 문제(거리 · 속력 · 시간)

| 01 | 02 | 03 | 04 | 05 |
|---|---|---|---|---|
| ② | ② | ⑤ | ① | ⑤ |

### 01 ②

올라갈 때 1,000m의 거리를 1m/s의 속력으로 올라갔으므로 올라갈 때 걸린 시간은 $\frac{1,000(\text{m})}{1(\text{m/s})}$=1,000(s)이다. 올라갈 때가 내려올 때보다 600s의 시간이 더 걸렸으므로 내려올 때 걸린 시간은 400s이다. 내려올 때 뛰어간 거리를 $x$라고 하자.

$\frac{x}{4}+\frac{1,000-x}{2}=400(s)$, $x+2,000-2x=1,600$,

$x$=400(m)이다.

### 02 ②

A와 B가 같은 지점에서 출발하여 같은 방향으로 돌 때, 속력이 빠른 B가 속력이 느린 A보다 원형 트랙 1바퀴 돌 때마다 A와 B는 한 번씩 만나게 된다. 1분 동안 A는 $160\times60$ = 9,600(m), B는 $200\times60$=12,000(m)를 돌게 된다. 따라서 B는 A보다 2,400m, 즉 6번을 더 돌게 된다. 따라서 A와 B 두 사람은 6번을 만나게 된다.

### 03 ⑤

유속이 2km/h, 보트의 속력이 12km/h일 때, 내려올 때 시간을 $x$라고 하고 올라갈 때 시간을 $y$라고 하자.
내려올 때는 유속과 보트의 속력이 더해지므로 총 이동거리인 28 = $x$(2+12), 올라갈 때는 보트의 속력에서 유속을 빼야하므로 총이동거리인 28 = $y$(12−2)가 된다. 따라서 내려올 때 걸린 시간은 2시간이고, 올라갈 때 걸린 시간은 2.8시간이 된다. 왕복하면서 걸린 시간은 4.8시간이므로 4시간 48분이다.

### 04 ①

성곤, 예림, 승우의 분속을 각각 $3k$m/min, $4k$m/min, $5k$m/min라 하고, 두 지점 A, B사이의 거리를 $x$m라 하면, 예림이와 승우는 동시에 도착하였으므로 걸린시간을 이용하여 식을 세우면, $\frac{x}{4k}=\frac{x}{5k}+6$ … ㉠

성곤이와 예림이의 이동시간은 같으므로

$\frac{x}{4k}=\frac{x-1,200}{3k}$, $3x=4x-4,800$, $x=4,800$ … ㉡,

$x=4,800$을 ㉠에 대입하면

$\frac{4,800}{4k}=\frac{4,800}{5k}+6$, $\frac{1,200}{k}=\frac{960}{k}+6$,

$1,200=960+6k$, $k=40$이다.

따라서 예림이의 속력은 $4\times40$ = 160m/min이다.

### 05 ⑤

스쳐 지나갔으므로 i)에서 ii)로 이동하였다.

i)
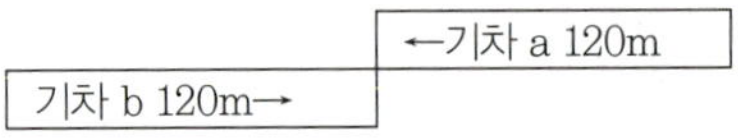


ii)
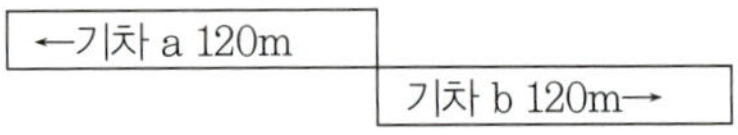


기차가 이동한 전체 거리는 240m이다.
기차 b는 가만히 있고 기차 a만 혼자 두 배의 속력으로 240m 지나가는 것을 계산하면 빠르게 계산이 된다. 길이가 같은 기차가 서로 마주보며 달려가므로 기차가 움직인 거리는 두 기차를 합한 240m로 볼 수 있다. 따라서 시속 $\frac{108,000}{3,600}$ = 30(m/s)이므로 두 기차가 만나서 완전히 스쳐 지나갈 때까지 걸린 시간은 $\frac{240}{30+30}$ = 4(초)이다.

## 빈출 유형 공략 문제(농도와 비율)

| 01 | 02 | 03 | 04 | 05 |
|---|---|---|---|---|
| ① | ⑤ | ④ | ③ | ③ |

### 01 ①

증발시킨 물의 양을 $x$g이라 하자. 6%의 소금물 200g에서 물 $x$g을 증발시켜 12% 이상의 소금물을 만들어야 하므로 소금의 양에 대한 식은 $\frac{12}{100}\times(200-x)\le\frac{6}{100}\times200$, 양변에 100을 곱하면 $12(200-x)\le6\times200$, $2,400-12x\le1,200$, $x\ge100$이 된다. 따라서 최소 100g의 물을 증발 시켜야 한다.

### 02 ⑤

A용기와 B용기의 페인트를 모두 섞은 용기에 파란색과 빨간색이 3:4의 비율로 섞여 있고, 그 양이 총 840g이므로 이 용기에 파란색 페인트는 $\frac{3}{7}\times840=360$g이 들어있다.

A용기에 들어 있던 페인트의 양을 $x$g이라 하면, B용기에 들어 있던 페인트의 양은 $(840-x)$g이다.

이때 A용기에 들어 있던 파란색 페인트의 양은 $\frac{2}{5}x$g, B용기에 들어 있던 파란색 페인트의 양은 $\frac{4}{9}(840-x)$g 이므로 $\frac{2}{5}x+\frac{4}{9}(840-x)=360$, $18x+20(840-x)=360\times45$, $-2x=-600$, $x=300$

따라서 A용기에 들어 있던 페인트의 양은 300g이다.

### 03 ④

8%의 소금물 250g에 들어있는 소금의 양은 $250\times\frac{8}{100}=20$g 이다. 여기에 $x$g의 소금을 더 넣는다고 하면

$20+x=(250+x)\times\frac{20}{100}$, $2,000+100x=20(250+x)$, $80x=3,000$, $\therefore x=37.5$g

따라서 더 넣은 소금의 양은 37.5g이다.

### 04 ③

각각의 컵을 A와 B라고 하자.

| 구분 | A | B | A' | B' |
|---|---|---|---|---|
| 소금물 | 300 | 600 | $300-x+x$ | $600-x+x$ |
| 소금 | 18 | 54 | $18-0.06x+0.09x$ | $54-0.09x+0.06x$ |
| 농도 | 6% | 9% | a% | a% |

A'와 B'는 서로 소금물을 교환한 후의 소금물을 나타낸 것이다. 이때 소금의 양은 변하지 않기 때문에

$3a=18-0.06x+0.09x$ ⋯ ㉠

$6a=54-0.09x+0.06x$ ⋯ ㉡이 된다.

따라서 $x=200$이 된다.

### 05 ③

지난달의 A제품의 생산량을 $x$개, B제품의 생산량을 $y$개라 하면 지난달 총생산량이 460개이므로 $x+y=460$⋯㉠, 이번 달에는 지난달에 비해 A제품은 15% 증가하고, B제품은 5% 감소하여 총생산량이 473개가 되었으므로 13개가 증가한 것을 알 수 있다.

따라서, $\frac{15}{100}x-\frac{5}{100}y=13$, $15x-5y=1,300$,

$3x-y=260$⋯㉡, 두 식을 연립하면 $x=180$이 되고, 따라서 지난달 A제품의 생산량이 180개이고 이번 달에 15% 증가하였으므로 이번 달 A제품의 생산량은

$180+180\times\frac{15}{100}=180+27=207$(개)가 된다.

## 빈출 유형 공략 문제(경우의 수와 확률)

| 01 | 02 | 03 | 04 | 05 | 06 |
|---|---|---|---|---|---|
| ② | ① | ③ | ⑤ | ② | ⑤ |

### 01 ②

공장에서 생산한 제품의 개수를 예를 들어 1,000개라고 하자. 불량률이 5%이므로 정상제품은 950개, 불량제품은 50개가 된다. 정상제품 950개 중 정상으로 판정된 제품은 $950 \times 0.9$ =855(개)가 되고 불량으로 판정된 제품은 95개이다. 불량 50개 중 불량으로 판정된 제품은 $50 \times 0.9$ = 45(개)이고 정상으로 판정된 제품은 5개이다.
따라서 불량으로 판정된 제품은 95+45 = 140(개)이다.
이 중 실제로 불량일 확률은 $\frac{45}{140} = \frac{9}{28}$이다.

### 02 ①

성곤이가 당첨이 되는 경우는 첫째, 주사위를 처음 굴렸을 때 3이 나오는 경우와 둘째, 주사위가 1이 나와서 처음 가위바위보를 해서 이기는 경우, 셋째, 처음 주사위를 굴렸을 때 1이 나와서 가위바위보를 해서 비기고 두 번째 가위바위보에서 이기는 경우가 있다. 각각의 경우의 확률을 구하면 아래와 같다.

i) 주사위를 처음 굴렸을 때 3이 나오는 경우: $\frac{1}{6}$

ii) 주사위가 1이 나와서 처음 가위바위보를 해서 이기는 경우: $\frac{1}{6} \times \frac{1}{3} = \frac{1}{18}$

iii) 처음 주사위를 굴렸을 때 1이 나와서 가위바위보를 해서 비기고 두 번째 가위바위보에서 이기는 경우: $\frac{1}{6} \times \frac{1}{3} \times \frac{1}{3} = \frac{1}{54}$이 된다.

따라서 성곤이가 당첨이 될 확률은
$\frac{1}{6} + \frac{1}{18} + \frac{1}{54} = \frac{9+3+1}{54} = \frac{13}{54}$이 된다.

### 03 ③

어떤 사건 A가 일어날 확률을 p라고 할 때, 사건 A가 일어나지 않을 확률은 1−p이다. 1부터 5까지 숫자를 중복으로 사용하여 만들 수 있는 세 자릿수는 $5^3 = 125$(가지)이다. 비밀번호가 216 이상이므로 반대로 216 미만일 경우를 구해서 1에서 빼면 된다. 따라서 216 미만의 경우를 나누어 생각해보면,

i) 백의 자리 수가 1인 경우: 십의 자리와 일의 자리에는 각각 5가지씩 올 수 있으므로 $5 \times 5 = 25$(가지).

ii) 백의 자리 수가 2인 경우: 십의 자리 수는 1, 일의 자리 수는 1,2,3,4,5까지 총 5가지가 된다.

전체 가지 수는 25+5=30(가지)가 된다.

비밀번호의 숫자가 216 미만일 확률은 $\frac{30}{125} = \frac{6}{25}$이 된다.

따라서 비밀번호가 216 이상일 확률은 $1 - \frac{6}{25} = \frac{19}{25}$가 된다.

### 04 ⑤

중복조합에 대한 문제로, 모든 상자에는 한 개 이상의 공이 들어가야 하므로 크기가 다른 상자에 공을 1개씩 넣은 뒤, 나머지 7개의 공을 3개의 상자에 나누어 넣으면 된다. 상자 3개에 7개의 공을 넣는 방법의 수는 3개의 상자 중에서 7개를 중복을 허락하여 넣는 방법이 되므로 ${}_3H_7 = {}_{3+7-1}C_7$
$= {}_9C_7 = {}_9C_2 = \frac{9 \times 8}{2} = 36$(가지)이다.

### 05 ②

7명의 후보 중에서 대표 2명을 뽑는 모든 경우의 수는 ${}_7C_2 = \frac{7 \times 6}{2} = 21$(가지)이다. 이 중에서 준오가 뽑히는 경우는 수는 준오를 제외한 6명 중에서 1명이 뽑히는 경우의 수가 같으므로 6가지가 된다. 따라서 그 확률은
$\frac{6}{21} = \frac{2}{7}$가 된다.

구하고자 하는 확률은 $1 - \frac{2}{7} = \frac{5}{7}$이다.

### 06 ⑤

7전 4선승제 경기에서 현재 2승 1패 중인 J팀이 K팀의 역전으로 인해 우승을 하지 못하려면

i) 앞으로의 3경기를 연이어 지는 경우: J팀은 2승 4패, K팀은 4승 2패
2승 4패로 지는 경우, 확률은 $\frac{1}{2} \times \frac{1}{2} \times \frac{1}{2} = \frac{1}{8}$이 된다.

ii) 앞으로의 경기에서 1번 이기고, 3번 지는 경우: J팀은 3승 4패, K팀은 4승 3패
3승 4패로 지는 경우, 1번 이기고 3번 질 확률은 $\frac{1}{2} \times \frac{1}{2} \times \frac{1}{2} \times \frac{1}{2} = \frac{1}{16}$이며, 1번 이기는 경우가 4차전, 5차전, 6차전이 될 수 있으므로 $\frac{1}{16} \times 3 = \frac{3}{16}$이 된다.

따라서 두 경우를 모두 더하면 $\frac{1}{8} + \frac{3}{16} = \frac{5}{16}$가 된다.

## 빈출 유형 공략 문제(작업량)

| 01 | 02 | 03 | 04 | 05 |
|---|---|---|---|---|
| ③ | ④ | ④ | ② | ③ |

### 01 ③

A, B기계가 1분당 만들 수 있는 신발의 수를 각각 $x$켤레, $y$켤레라 하면 A기계 1대와 B기계 4대를 가동하여 3분 동안 신발 60켤레를 만들 수 있으므로

$3\times1\times x+3\times4\times y=60$, $x+4y=20$ ⋯ ㉠

A기계 2대와 B기계 3대를 가동하여 2분 동안 신발 50켤레를 만들 수 있으므로

$2\times2\times x+2\times3\times y=50$, $2x+3y=25$ ⋯ ㉡

두 식을 연립하면 $x=8, y=3$이다.

따라서 A, B기계가 1분 동안 만들 수 있는 신발의 수는 각각 8켤레와 3켤레이다.

따라서 A기계 3대와 B기계 2대를 이용하여 3분 동안 만들 수 있는 신발의 수는

$3\times3\times8+3\times2\times3=72+18=90$

따라서 90켤레이다.

### 02 ④

장인은 일반인보다 10분에 2개를 더 만드므로 60분에 12개를 더 만든다. 일반인이 한 시간 동안 $x$개의 컵을 만든다고 하면, 장인은 1시간 동안 $(12+x)$개를 만들 수 있다. 일반인이 3시간 동안 만드는 컵의 개수는 장인의 1시간 작업량의 절반이므로,

$3x=\frac{1}{2}(12+x)$, $x=\frac{1}{6}(12+x)$, $\therefore x=2.4$가 된다.

즉 일반인은 1시간 동안 2.4개를 만들 수 있다. 따라서 장인과 일반인이 1시간 동안 만들 수 있는 컵의 개수는 14.4 + 2.4 = 16.8(개)가 된다.

### 03 ④

전체 화물차의 양을 1이라 하면

A화물차 한 대가 한 시간에 나를 수 있는 화물의 양: $\frac{1}{5\times8\times12}$

B화물차 한 대가 한 시간에 나를 수 있는 화물의 양: $\frac{1}{12\times10\times5}$

C화물차 한 대가 한 시간에 나를 수 있는 화물의 양: $\frac{1}{3\times8\times5}$이다.

화물을 모두 나르는 데 $x$일이 걸린다고 하면

$\frac{1}{5\times8\times12}\times4\times8\times x+\frac{1}{12\times10\times5}\times5\times8\times x+\frac{1}{3\times8\times5}\times3\times8\times x=1$이고,

$\frac{x}{15}+\frac{x}{15}+\frac{x}{5}=1$

$x=3$

따라서 3일이 걸린다.

### 04 ②

A와 B가 1시간 동안 함께 일을 하는 양은 $\frac{1}{10}+\frac{1}{5}=\frac{3}{10}$이다. 따라서 1시간에 $\frac{3}{10}$씩 일을 해서 일을 끝냈다면

$\frac{3}{10}x=1$, $x=\frac{10}{3}=3\frac{1}{3}$이 된다.

따라서 3시간 20분이다.

### 05 ③

처음 수조에 있었던 물의 양을 $x$라고 하자. 1분 동안에 수조에 채워지는 물의 양을 $y$라고 하면, 4명이 퍼낼 때 물의 양은 $(x+30y)$가 되고, 8명이 퍼낼 때 물의 양은 $(x+10y)$가 된다. 따라서 $x+30y=120$, $x+10y=80$ 이므로 $x=60$, $y=2$가 된다.

따라서 5분 만에 퍼내려고 한다면 $60+5\times2=70$이 되고, $70\div5=14$가 된다. 따라서 14명이 필요하다.

## 빈출 유형 공략 문제(비용)

| 01 | 02 | 03 | 04 | 05 |
|---|---|---|---|---|
| ③ | ⑤ | ⑤ | ① | ② |

### 01 ③

정사원이 3,000만 원을 투자한 후 10% 손해를 보고 회수한 금액은 $3,000\times0.9=2,700$(만 원)이다. 이 중 2,000만 원은 연이율 5%인 A은행에, 나머지 금액인 $2,700-2,000=700$(만 원)은 연이율 4%인 B은행에 예금하였다.

1년 후 예금액은 $2,000\times1.05+700\times1.04=2,828$(만 원)이고, 2년 후 예금액은

$2,000\times(1.05)^2+700\times(1.04)^2=2,962.12$

3년 후 예금액은

$2,000\times(1.05)^3+700\times(1.04)^3=3,102.6548$이 된다.

따라서 예금액이 최초 주식투자 금액보다 많아지는 해는 3년 후가 된다.

### 02 ⑤

원가를 A원이라고 하고, 원가에 $x$%의 이익을 붙여서 정가를 정했다고 하면, 판매가는 다음과 같다.

$A(1+\frac{x}{100})\times(1-\frac{20}{100})$

$=A(1+\frac{4}{100})$, $(1+\frac{x}{100})\times\frac{8}{10}=\frac{104}{100}$,

$\frac{8(100+x)}{1,000}=\frac{104}{100}$, $800+8x=1,040$, $8x=240$, $x=30$

따라서 원가에 30%의 이익을 붙여서 정가를 정한 것이다.

### 03 ⑤

상품의 원가를 $x$원이라 하자. 원가에 30%의 이익을 붙여서 정가를 정하였으므로 정가는

$x+\frac{30}{100}x=\frac{13}{10}x$(원)

정가에서 1,200원을 할인하여 상품을 팔았으므로 상품의 판매 가격은 $(\frac{13}{10}x-1,200)$(원)이다.

이때 상품 1개를 팔 때마다 원가의 10%의 이익을 얻었으므로

(판매가격) − (원가) = $(\frac{13}{10}x-1,200)-x=\frac{1}{10}x$

$\frac{13}{10}x-1,200-x=\frac{1}{10}x$,

$\frac{1}{5}x=1,200$,

$x=6,000$

따라서 상품의 원가는 6,000원이다.

### 04 ①

식품 A는 $100x$g, 식품 B는 $100y$g을 구입한다고 하면,

$\begin{cases}25x+10y=95\\8x+12y=48\end{cases}$

$\begin{cases}5x+2y=19\\2x+3y=12\end{cases}$

$x=3$이고 $y=2$이다.

따라서 두 식품 A, B의 100g당 가격은 2,800원, 3,500원이고 식품 A는 300g, 식품 B는 200g을 구입해야 한다.

따라서 필요한 비용은

$2,800\times3+3,500\times2=8,400+7,000=$

15,400(원)이 된다.

### 05 ②

2024년 말에 받는 1,100만 원을 2024년 초의 가치로 환산하면 $\frac{1,100만}{1.04}$이다.

연금 수령 2년 차인 2025년 말에 받는 1,100만 원을 2024년 초의 가치로 환산하면 $\frac{1,100만}{(1.04)^2}$이며,

연금수령 20년 차인 2044년 말에 받는 1,100만 원을 2024년 초의 가치로 환산하면 $\frac{1,100만}{(1.04)^{20}}$이다.

따라서 2024년 초에 일시불로 수령하게 되는 금액을 S라 하면 $S=\frac{1,100만}{1.04}+\frac{1,100만}{(1.04)^2}+\cdots+\frac{1,100만}{(1.04)^{20}}$이고,

양변에 $(1.04)^{20}$을 곱하면

$S(1.04)^{20}=1,100만(1.04)^{19}+1,100만(1.04)^{18}+\cdots$ $+1,100만$이다.

우변의 항들을 반대로 나열하면 초항이 1,100만, 공비가 1.04, 항의 개수가 20개인 등비수열의 합이므로

$S(1.04)^{20}=\frac{1,100만\times\{(1.04)^{20}-1\}}{1.04-1}$이다.

이를 계산하면 $2.2S=\frac{1,100만\times1.2}{0.04}$인데, 좌변의 2.2와 우변의 1,100만을 약분하면 500만이 남으면서

$S=\frac{500만\times1.2}{0.04}=\frac{600}{0.04}=15,000만$이 되므로

1억 5천만 원이 된다.

# Chapter 04 언어추리

## 빈출 유형 공략 문제(명제추리)

| 01 | 02 | 03 | 04 |
|---|---|---|---|
| ② | ④ | ③ | ⑤ |

### 01 ②

〈보기〉의 명제 중 확실하게 이어줄 수 있는 두 명제는 'A를 주문하면 C를 주문한다.'와 'C를 주문하면 E를 주문하지 않는다.'이다. A를 주문하면 E를 주문하지 않는다고 정리할 수 있다. 하지만 이 정보만 가지고는 무엇을 판별하기는 어려워 보인다. 바로 선택지를 확인하자.

① A를 주문하지 않으면 B를 주문한다.
A를 주문하지 않으면 A와 D 중 한 가지 이상은 반드시 주문한다는 명제에 의해 D를 주문한다고 알 수 있다. 하지만 B를 주문하는지는 확실하게 알 수 없다. 참고로 'D를 주문하지 않으면 B를 주문한다.'를 보고 오해할 수 있으나 앞부분(=전건)을 만족하지 않기에 B의 주문 여부는 알 수 없다.

② D를 주문하지 않으면 E를 주문하지 않는다.
D를 주문하지 않으면 A와 D 중 한 가지 이상은 반드시 주문한다는 명제에 의해 A를 주문한다. 앞서 정리한 정보를 통해 A를 주문하면 E를 주문하지 않는다고 알 수 있다.

③ C를 주문하면 D를 주문한다.
C를 주문한다고 하여 D를 주문하는지는 알 수 없다.

④ E를 주문하면 A를 주문한다.
E를 주문하면 'C를 주문하면 E를 주문하지 않는다.'의 대우에 의해 C를 주문하지 않는다고 알 수 있다. C를 주문하지 않으니 'A를 주문하면 C를 주문한다.'의 대우에 의해 A를 주문하지 않는다고 알 수 있다.
참고로 'C를 주문하면 E를 주문하지 않는다.'를 대우하면 'E를 주문하면 C를 주문하지 않는다.'이고 'A를 주문하면 C를 주문한다.'를 대우하면 'C를 주문하지 않으면 A를 주문하지 않는다.'이다.

⑤ B를 주문하면 C를 주문하지 않는다.
B를 주문한다고 하여 C를 주문하는지, C를 주문하지 않는지 알 수 없다.

### 02 ④

2개 조로 나뉜다. B가 속한 조의 인원은 2명이고 D와 C가 같은 조다. D와 C는 B와 다른 조이고 D, C가 속한 조의 인원은 4명이다.
더 이상 나눌 조건이 없다. A와 E에 대한 조건이 있으니 A, E가 같은 조일 때와 A, E가 다른 조일 때로 나누어 생각해 보자. A와 E가 같은 조라면 A, E는 B와 같은 조일 수 없다. B가 속한 조의 인원이 2명이기 때문이다. A와 E가 다른 조일 경우 A가 B와 같은 조인 경우와 E가 B와 같은 조인 경우로 나눠보자.

| Case 1 | Case 2 | Case 3 |
|---|---|---|
| DC(4): A, E<br>B(2): | DC(4): A<br>B(2): E | DC(4): E<br>B(2): A |

Case 1은 A가 E와 같은 조라면 F는 B와 다른 조라는 조건에 의해 F도 A, E와 같은 조여야 한다. 이렇게 되면 D, C, A, E, F 5명이 한 조가 되어 B가 속한 조의 인원이 2명이라는 조건을 만족하지 않는다. 소거하자.
Case 2, 3에서 정리하지 않은 F는 D, C와 같은 조다.

| Case 2 | Case 3 |
|---|---|
| DC(4): A, F<br>B(2): E | DC(4): E, F<br>B(2): A |

### 03 ③

〈보기〉에 제시된 명제를 이어서 정리하려고 해도 마땅히 이어줄 명제가 보이지 않는다. 선택지에서 제시한 내용을 하나씩 따라가며 답을 찾아보자. 설명의 편의를 위해 〈보기〉에서 제시된 명제를 위부터 조건1, 조건2, 조건3, 조건4라 명명하겠다.

① A를 방문하면 E를 방문하지 않는다.
A를 방문한 경우 조건1에 의해 C를 방문하지 않는다. 또한 조건3을 대우하면 'A 또는 E를 방문하면 B를 방문하지 않는다.'이기 때문에 B를 방문하지 않는다고 알 수 있다.
D와 E는 방문하는지 아닌지 확실하게 알 수 없다.

② B를 방문하면 D를 방문하지 않는다.
B를 방문하면 조건3에 의해 A와 E를 방문하지 않는다. 조건2를 대우하면 'E를 방문하지 않으면 C를 방문하지 않는다.'이다. 이에 의해 C도 방문하지 않는다고 알 수

있다. 다만 현재의 정보로는 D를 방문하는지 아닌지 판별할 수 없다.

③ C를 방문하면 B를 방문하지 않는다.

C를 방문하면 조건2에 의해 E를 방문한다. 조건4에 의해 D를 방문하지 않는다. 또한 조건3을 대우하여 B도 방문하지 않는다고 알 수 있다.

참고로 조건1을 대우하면 'C를 방문하면 A를 방문하지 않는다.'이다. A도 방문하지 않는다고 알 수 있다.

④ D를 방문하면 A를 방문하지 않는다.

조건4를 대우하면 'D를 방문하면 E를 방문하지 않는다.'이다. 이를 토대로 E를 방문하지 않는다고 알 수 있다. 조건2의 대우를 활용하면 C도 방문하지 않는다고 알 수 있다.

다만 A, B를 방문하는지 아닌지는 확정할 수 없다.

⑤ E를 방문하면 C를 방문하지 않는다.

조건4에 의해 D를 방문하지 않는다고 알 수 있다. 더불어 조건3의 대우 덕에 B도 방문하지 않는다고 알 수 있다. 하지만 A와 C의 방문여부는 알 수 없다.

## 04 ⑤

E를 3번째 자리에 고정하자. A의 수득률은 D보다 높다는 조건과 B는 D보다 수득률이 높다는 조건을 정리하면 A 〉 D, B 〉 D이다. D의 수득률은 4번째로 높거나 5번째로 높다.

C가 E보다 수득률이 높다면 A의 수득률은 5마리 중 제일 낮다. 그런데 C가 E보다 수득률이 높아 A가 제일 낮은 수득률을 보인다면 A의 수득률은 D보다 높다는 조건과 충돌하게 된다. 즉 C의 수득률은 E보다 높을 수 없다. C의 수득률은 4번째로 높거나 5번째로 높다.

4번째나 5번째로 높은 수득률은 D이거나 C이다. 1번째나 2번째로 수득률이 높은 물고기는 A이거나 B이다. 단 C와 D 중 어느 물고기가 수득률이 더 높은지 확정할 수 없고 A와 B 중 어느 물고기가 수득률이 높은지 확정할 수 없다. 이를 편의상 빗금(/)으로 표현하면 다음과 같다.

| 1 | 2 | 3 | 4 | 5 |
|---|---|---|---|---|
| A/B | B/A | E | D/C | C/D |

## 빈출 유형 공략 문제(조건추리_줄 세우기)

| 01 | 02 | 03 | 04 |
|---|---|---|---|
| ⑤ | ③ | ① | ③ |

## 01 ⑤

E를 4번째에 고정하자. B는 E보다 앞에 줄을 선다. B가 줄을 서는 순서는 1, 2, 3번째 중 하나다.

A와 D는 서로 인접하게 줄을 선다. A와 D는 5번째로 줄을 서지 않는다. A가 줄을 서는 순서는 1, 2, 3번째 중 하나이고 D도 줄을 서는 순서가 1, 2, 3번째 중 하나다.

문제에서 묻는 C는 5번째로 줄을 선다.

**[오답 점검]**

오답까지는 아니고 효율의 이야기다. 문제에서 묻는 것은 C가 몇 번째로 줄을 서는지이다. 다음과 같이 다른 인물들이 어떻게 줄을 서는지까지 꼼꼼히 고려할 필요가 없다.

| 1 | 2 | 3 | 4 | 5 |
|---|---|---|---|---|
| B | A | D | E | C |
| B | D | A | E | C |
| A | D | B | E | C |
| D | A | B | E | C |

## 02 ③

A를 기준으로 경우를 나눠보자. A가 1층에 사는 경우와 3층에 사는 경우로 나뉜다. C와 D는 서로 인접한 층에 살지 않는다. A가 1층에 사는 경우 C와 D는 2층과 4층에 산다. C와 D 중 누가 2층에 사는지는 확정할 수 없다. A가 3층에 사는 경우 C, D 중 1명은 반드시 4층에 산다. 나머지 1명이 1층에 사는 경우와 2층에 사는 경우로 경우가 더 나뉘겠다.

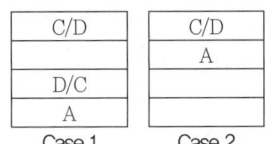

| Case 1 | Case 2 |
|---|---|
| C/D | C/D |
|  | A |
| D/C |  |
| A |  |

B는 D보다 높은 층에 산다. Case 1에서 B는 3층에 산다. D는 B보다 낮은 층에 살아야 하니 D가 2층, C가 4층에 산다고 알 수 있다. Case 2에서 4층에 사는 사람은 C이다. B는 1층이나 2층에 사는데 4층에 D가 살면 B는 D보다 높은 층에 산다는 조건을 만족하지 않는다. B와 D가 1층, 2층에 산다. B는 D보다 높은 층에 산다는 점을 고려하면 B는 2층, D는 1층에 산다.

| Case 1 | Case 2 |
| --- | --- |
| C | C |
| B | A |
| D | B |
| A | D |

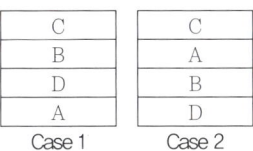

C는 문제의 상황과 〈보기〉를 만족하는 모든 경우에서 4층에 산다.

## 03 ①

**[치트키]**

5명이 일렬로 줄을 서는 경우는 120가지인데 선택지에서 5가지로만 제시했다. 선택지의 5가지 경우 중 보기를 만족하지 않는 경우를 소거하자.

B와 D 사이에 2명이 줄을 선다.
– ②, ④번 소거
E는 C보다 게이트에 먼저 도착한다.
– ②번 소거
E와 C는 서로 이웃하게 줄을 선다.
– ③, ⑤번 소거
D 바로 뒤에 A가 줄을 선다.
– ③, ⑤번 소거

**[일반 풀이]**

B와 D 사이에 2명이 줄을 선다. E와 C는 서로 이웃하게 줄을 선다. B와 D 사이에 E와 C가 줄을 선다고 알 수 있다. B와 D 사이에 A가 줄을 설 수 있다고 생각할 수도 있지만 전체 인원이 5명이다. 즉 B와 D 사이에 A가 줄을 서면 A 외에 1명이 더 B와 D 사이에 줄을 서야 하는데 그 1명은 E이거나 C일 수밖에 없다. 이렇게 되면 E와 C는 서로 이웃하게 줄을 선다는 조건을 만족하지 않는다.
D 바로 뒤에 A가 줄을 선다. B와 D 사이에 2명이 줄을 서며 D 바로 뒤에 A가 줄을 서는 경우는 다음과 같다.

| Case | 1 | 2 | 3 | 4 | 5 |
| --- | --- | --- | --- | --- | --- |
| 1 | B | | | D | A |
| 2 | D | A | | B | |
| 3 | | D | A | | B |

이미 B와 D 사이에 줄을 서는 2명이 E와 C라고 알고 있다. Case 2, 3을 소거하자. Case 1에서 E는 C보다 게이트에 먼저 도착한다는 조건을 고려하면 5명이 다음과 같이 줄을 선다고 알 수 있다.

| Case | 1 | 2 | 3 | 4 | 5 |
| --- | --- | --- | --- | --- | --- |
| 1 | B | E | C | D | A |

## 04 ③

줄을 서는 행위가 순차성이 있기에 줄을 몇 번째로 서는지를 기준으로 잡고 정리해보자. 3번째로 줄을 서는 사람은 중식을 선택하고 A와 D는 한식을 선택한다. A와 D는 3번째로 줄을 서지 않는다.
B와 A 사이에 1명이 줄을 서고 E 바로 앞에 D가 줄을 선다. 이를 그룹으로 표현하면 다음과 같다. A와 B는 서로 자리를 바꿀 수 있는데 이를 A/B와 같이 빗금으로 표현했다.

| | | |
| --- | --- | --- |
| A/B | | B/A |

| | |
| --- | --- |
| D | E |

DE그룹이 1, 2번째로 줄을 서면 AB그룹은 3, 5번째로 줄을 선다. DE그룹이 4, 5번째로 줄을 서면 AB그룹은 1, 3번째로 줄을 선다. 두 경우 모두 한식을 선택한 A는 3번째로 줄을 서지 않는다. DE그룹은 1, 2번째나 4, 5번째로만 줄을 설 수 있다. 이와 다르게 줄을 서면 AB그룹이 줄을 설 수 없다. 예를 들어 DE그룹이 2, 3번째로 줄을 서면 A와 B 사이에 1명이 줄을 서도록 채울 수 없다. 두 경우를 정리해보자.

| | 순서 | 1 | 2 | 3 | 4 | 5 |
| --- | --- | --- | --- | --- | --- | --- |
| Case 1 | 사람 | D | E | B | | A |
| | 메뉴 | 한식 | | 중식 | | 한식 |
| Case 2 | 사람 | A | | B | D | E |
| | 메뉴 | 한식 | | 중식 | 한식 | |

각 Case를 조금 더 정리해보자. Case 1에서 E는 양식을 선택한다. 같은 메뉴를 선택하는 사람끼리 인접하게 줄을 서지 않는데 E와 인접하게 줄을 서는 D는 한식, B는 중식을 시키기 때문에 E는 한식과 중식을 선택할 수 없다. C는 4번째로 줄을 서며 E와 마찬가지로 양식을 선택한다.
Case 2에서 C는 2번째로 줄을 서고 인접한 두 사람이 한식과 중식을 선택하기 때문에 양식을 선택한다. E는 4번째로 줄을 선 D가 한식을 선택하기 때문에 E는 한식을 선택하지 않는다. 단 E가 양식을 선택하는지 중식을 선택하는지 확정할 수 없다. 빗금으로 경우가 나뉨을 표현하자.

| | 순서 | 1 | 2 | 3 | 4 | 5 |
| --- | --- | --- | --- | --- | --- | --- |
| Case 1 | 사람 | D | E | B | C | A |
| | 메뉴 | 한식 | 양식 | 중식 | 양식 | 한식 |
| Case 2 | 사람 | A | C | B | D | E |
| | 메뉴 | 한식 | 양식 | 중식 | 한식 | 양/중 |

Case 2가 2가지 경우로 나뉘므로 5명의 메뉴와 줄을 서는 순서를 확정하는 경우는 3가지이다.

## 빈출 유형 공략 문제(조건추리_테이블)

| 01 | 02 | 03 | 04 |
|---|---|---|---|
| ② | ② | ④ | ① |

### 01 ②

D와 E를 마주 보는 자리에 고정하자.

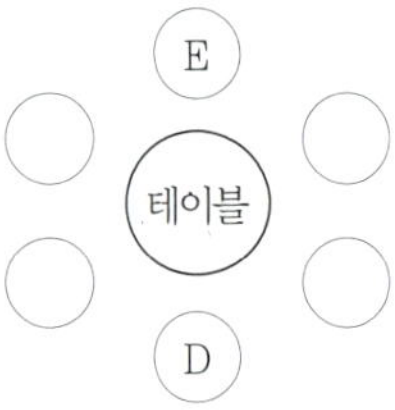


C와 인접한 두 의자 중 한 의자에 앉는 사람은 없다. C가 앉을 수 있는 의자는 위의 빈 의자 4곳인데 C가 어디에 앉든 A와 B는 서로 이웃한 의자에 앉는다. 이해를 돕기 위해 다음과 같이 4가지 경우로 나누었지만 실제 풀이에서는 4가지 경우를 그리지 않고 A와 B가 서로 이웃한 의자에 앉는다고 바로 추론한 뒤 풀이를 끝냈으면 한다. X로 표기한 자리는 아무도 앉지 않는 의자이고 빈 의자 2곳은 A와 B가 앉는 의자다.

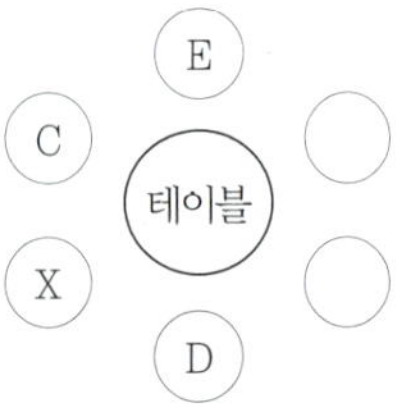


Case 1

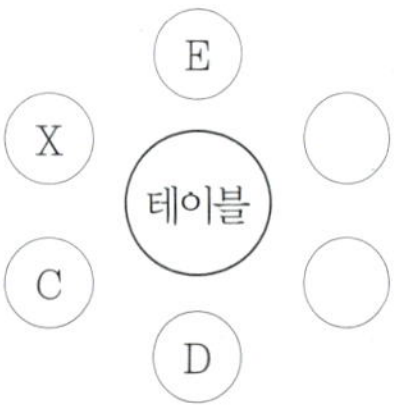


Case 2

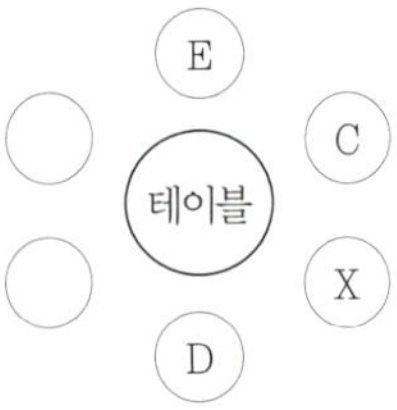


Case 3

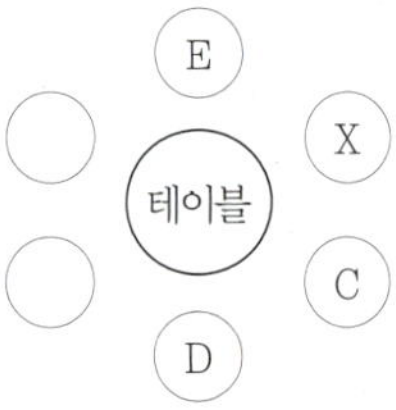


Case 4

### 02 ②

C와 E도 마주 보고 앉고 F와 B도 마주 보고 앉는다. 두 조건 중 E는 D와 관련된 조건도 있으니 C와 E를 먼저 고정하자. 이후 E와 인접하며 E의 왼쪽 자리에 D가 앉는다는 조건을 반영하면 다음과 같다.

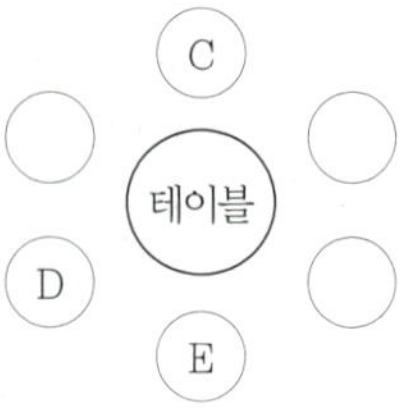


F와 B가 마주 보고 앉는다. F와 B가 자리를 바꾸는 경우도 있으니 FB나 BF로 표기하겠다. 어떤 경우든 A와 인접하게 앉는 사람은 C이다.

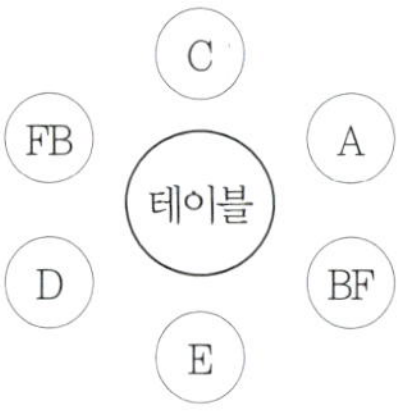


**[오답 점검]**

마주 보고 앉는다는 조건은 1번 자리, 2번 자리와 같이 자리가 명명되어 있지 않다는 전제하에 한 조건만 고정조건으로 쓸 수 있다. 2번째 마주 보고 앉는다는 조건부터는 반고정 조건이다. 참고를 위해 경우가 나뉘는 것을 정리하면 다음과 같다.

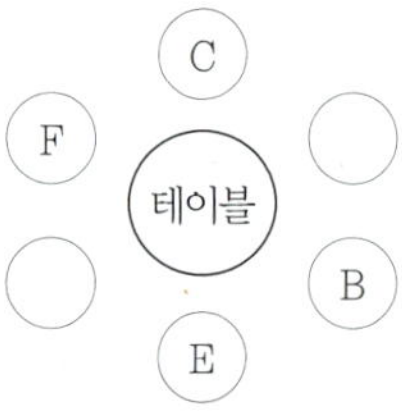


Case 1

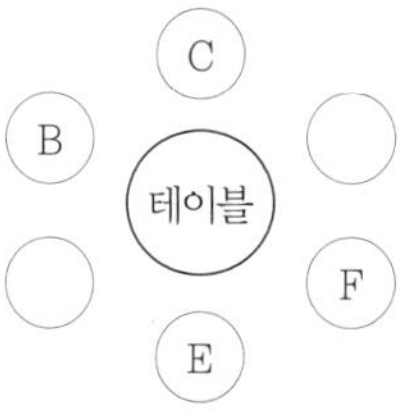


Case 2

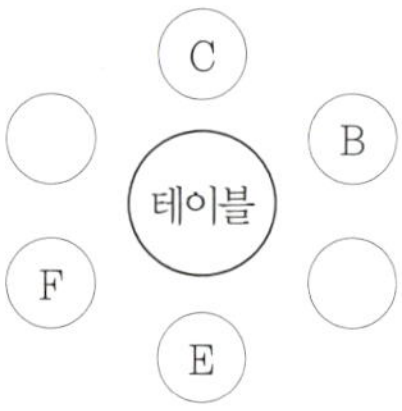


Case 3

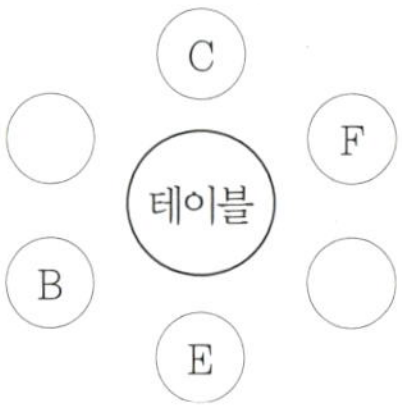


Case 4

### 03 ④

B와 C를 임의의 자리에 고정하자. 이후 A와 D 사이에 1명이 앉는다는 조건을 토대로 경우를 나누면 다음과 같다. A와 D는 자리를 바꿀 수 있으니 AD 또는 DA로 정리했다.

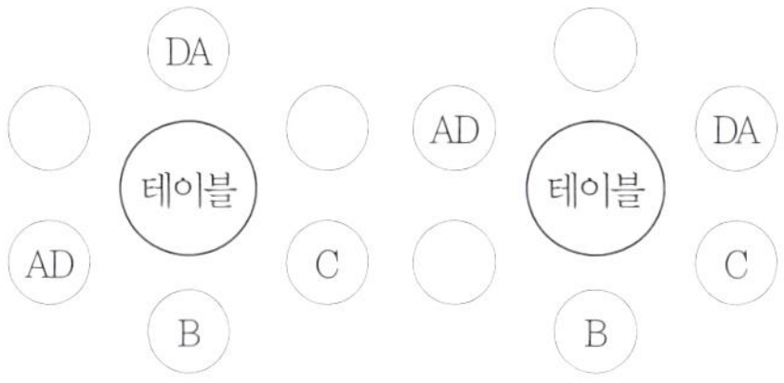


Case 1 Case 2

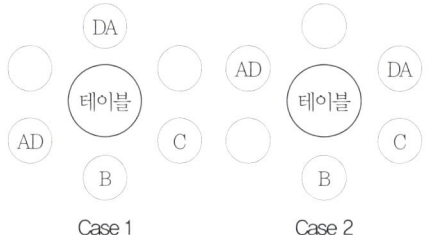

F는 A와 인접한 자리에 앉지 않는다. Case 1, 2 모두 F가 A와 D 사이의 1명이라면 어떻게든 A와 인접한 자리에 앉는다. F를 A와 D 사이의 1명이 아닌 자리에 배정하자.

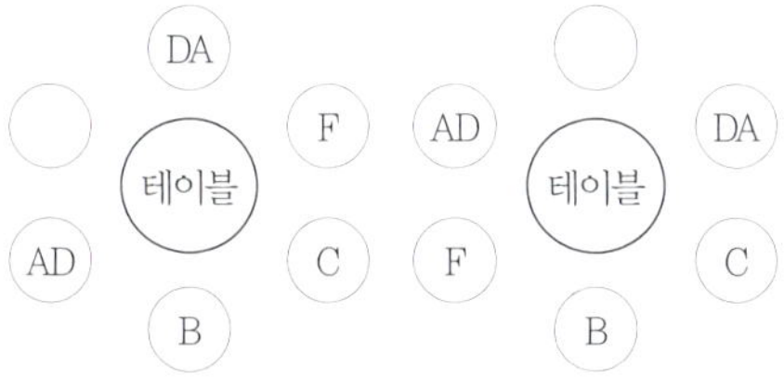


Case 1 Case 2

A와 F가 인접하지 않게 앉도록 정리한 후 남은 한 자리에 E를 배치하면 다음과 같다.

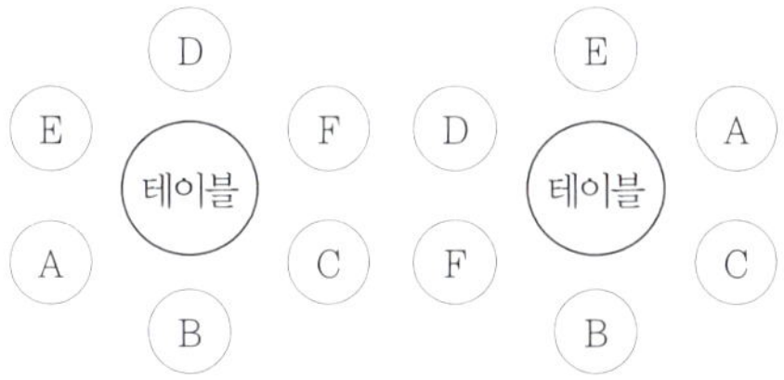


Case 1 Case 2

## 04 ①

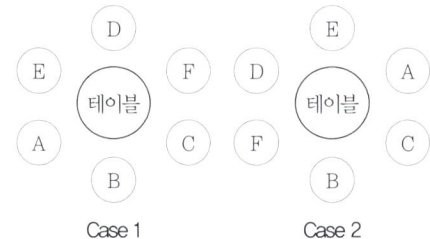

C와 E를 마주 보는 자리에 앉히자. 테이블 문제에서 마주 본다는 조건을 고정조건처럼 쓸 수 있지만 해당 문제는 자리에 번호가 있어 C와 E가 마주 보고 앉는다고 하더라도 둘이 자리를 바꿀 수 있어 고정조건처럼 쓸 수 없다. 여기까지만 고민하면 6가지 경우로 나누어 고민해야 한다. 하지만 C가 앉은 자리의 번호가 짝수이기에 크게 3가지 경우로 나눌 수 있다.

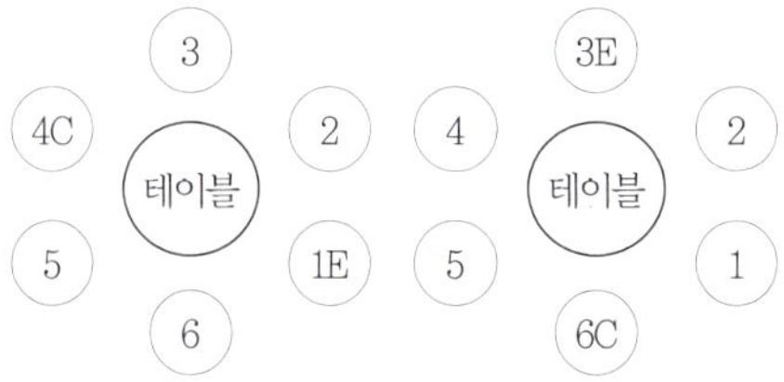


Case 1 Case 2

Case 3

A가 회의실에 도착한 뒤 곧바로 B가 회의실에 도착한다. A와 B는 인접한 자리에 앉으며 A 기준 오른쪽의 자리에 B가 앉는다. 그러면서 E는 F보다 먼저 회의실에 도착한다. Case 1은 조건을 만족하지 않는다. Case 2에서 F는 1번이나 2번 자리에 앉는다. 이에 따라 A는 4번, B는 5번 자리에 앉는다. Case 3에서 F는 1, 3, 4번 자리 중 한 자리에 앉는다. F가 1번 자리에 앉으면 A는 3번, B는 4번 자리에 앉는다. 자연스럽게 D는 6번 자리에 앉는다. F가 3번이나 4번 자리에 앉으면 A와 B가 앉을 자리가 없다. 1번과 6번이 남는데 A 바로 뒤에 B가 도착한다는 정보를 만족할 수 없다.

Case 2 Case 3

Case 2에서 F가 1번 자리에 앉는 경우와 2번 자리에 앉는 경우로 나눌 수 있다. 바로 위의 Case 2와 같이 1, 2번 자리를 비워두고 F와 D 경우를 더 나누지 않고 문제를 풀이해도 되지만 풀이과정이 헷갈릴 수 있으니 Case 2.1과 2.2로 나누겠다.

Case 2.1 Case 2.2

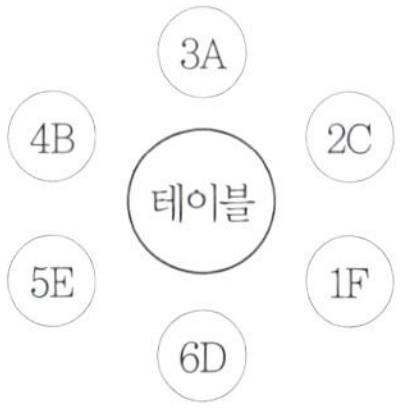


Case 3

## 빈출 유형 공략 문제(조건추리_O, X 채우기)

| 01 | 02 | 03 | 04 |
|---|---|---|---|
| ③ | ⑤ | ⑤ | ① |

## 01 ③

변수가 사람과 출장지로 2가지이며 다대다의 관계다. 한 축에 사람을 두고 다른 한 축에 출장지를 둔 뒤 표 안을 ○, ×로 채워보자.
C는 1곳으로만 출장을 가고 부산으로 출장을 가는 사람은 3명이다. A의 출장지 중 D의 출장지와 겹치는 곳은 없다. A와 D 중 1명만 부산으로 출장을 가고 B와 C는 부산으로 출장을 간다.

| | A | B | C(1) | D |
|---|---|---|---|---|
| 서울 | | | × | |
| 대전 | | | × | |
| 부산(3) | | ○ | ○ | |

서울, 대전, 부산으로 출장을 가는 사람은 1명이다. A의 출장지 중 D의 출장지와 겹치는 곳은 없다. A가 3곳의 출장지로 모두 출장을 간다면 D는 출장을 가는 곳이 없게 된다. 출장을 가지 않는 사람이 없다는 문제의 상황을 만족하지 않는다. A는 3곳의 출장지로 모두 출장을 가지 않는다. D도 마찬가지다. B가 서울, 대전, 부산으로 출장을 간다.

| | A | B | C(1) | D |
|---|---|---|---|---|
| 서울 | | ○ | × | |
| 대전 | | ○ | × | |
| 부산(3) | | ○ | ○ | |

A의 출장지 중 D의 출장지와 겹치는 곳은 없기 때문에 서울로 출장을 가는 사람이 1명인 경우, 2명인 경우로 나뉘며 대전으로 출장을 가는 사람이 1명인 경우, 2명인 경우로 나뉜다. 대전으로 출장을 가는 사람이 3명일 수 없다.

**[오답 점검]**
A의 출장지 중 D의 출장지와 겹치는 곳은 없다고 하여 A가 출장을 가지 않는 곳에 D가 반드시 출장을 간다고 할 수 없다. 이를 ④번의 반례로 예를 들겠다.

| | A | B | C(1) | D |
|---|---|---|---|---|
| 서울 | × | ○ | × | × |
| 대전 | ○/× | ○ | × | ×/○ |
| 부산(3) | ×/○ | ○ | ○ | ○/× |

④번의 반례

## 02 ⑤

인당 1가지 이상의 프로젝트에 속한다. 각 프로젝트 기준으로 속한 사람은 1~2명이다. 변수가 2가지이고 다대다의 구조를 보인다. ○, ×로 표를 채워보자.
B는 P, Q 프로젝트에 속하고 R, S프로젝트에는 속하지 않는다는 조건과 A는 R 프로젝트에 속한다는 조건을 채워보자. A가 R프로젝트 외 어떤 프로젝트에 속하는지는 아직 알 수 없어 빈칸으로 두었다.

| | P | Q | R | S |
|---|---|---|---|---|
| A | | | ○ | |
| B | ○ | ○ | × | × |
| C | | | | |
| D | | | | |

C가 속한 프로젝트에 모두 B도 속한다. C는 R, S프로젝트에 속하지 않는다. 만약 C가 R프로젝트에 속한다면 B도 R프로젝트에 속하는데 이미 B가 R프로젝트에 속하지 않는다고 알 수 있다. S프로젝트도 마찬가지다. D가 속한 프로젝트는 A가 속한 어떤 프로젝트와도 겹치지 않는다. D는 A가 속한 R프로젝트에 속하지 않는다.

| | P | Q | R | S |
|---|---|---|---|---|
| A | | | ○ | |
| B | ○ | ○ | × | × |
| C | | | × | × |
| D | | | × | |

인당 1곳 이상의 프로젝트에 속한다. C가 P프로젝트에만 속하는 경우, Q프로젝트에만 속하는 경우, C가 P, Q 프로젝트에 속하는 경우로 나눠보자. 각 프로젝트에 속한 최대 인원이 2명이라는 점도 반영하자.

| | P | Q | R | S |
|---|---|---|---|---|
| A | × | | ○ | |
| B | ○ | ○ | × | × |
| C | ○ | × | × | × |
| D | × | | × | |

Case 1

| | P | Q | R | S |
|---|---|---|---|---|
| A | | × | ○ | |
| B | ○ | ○ | × | × |
| C | × | ○ | × | × |
| D | | × | × | |

Case 2

| | P | Q | R | S |
|---|---|---|---|---|
| A | × | × | ○ | |
| B | ○ | ○ | × | × |
| C | ○ | ○ | × | × |
| D | × | × | × | |

Case 3

D가 속한 프로젝트는 2곳이다. Case 3은 D가 속할 수 있는 프로젝트가 1곳뿐이다. 조건을 만족하지 않는다. Case 1에서 D는 Q, S프로젝트에 속하고 Case 2에서 D는 P, S프로젝트에 속한다. D가 속한 프로젝트는 A가 속한 어떤 프로젝트와도 겹치지 않는다는 조건까지 고려하여 정리하면 다음과 같다.

| | P | Q | R | S |
|---|---|---|---|---|
| A | × | × | ○ | × |
| B | ○ | ○ | × | × |
| C | ○ | × | × | × |
| D | × | ○ | × | ○ |

Case 1

| | P | Q | R | S |
|---|---|---|---|---|
| A | × | × | ○ | × |
| B | ○ | ○ | × | × |
| C | × | ○ | × | × |
| D | ○ | × | × | ○ |

Case 2

## 03 ⑤

사람을 기준으로 2가지의 화장품을 사고 각 제품을 1명 이상이 산다. 변수가 사람과 화장품으로 2가지이며 다대다의 관계다. 각 축에 변수의 값을 두고 표 안을 ○, ×로 채우는 방법이 가장 직관적인 풀이라 예상된다.

B는 로션과 크림을 산다. 인당 2가지의 화장품을 사기 때문에 B는 스킨과 에센스를 사지 않는다. 스킨을 사는 사람은 3명이다. B가 스킨을 사지 않기에 스킨을 산 사람은 A, C, D라고 알 수 있다. 크림을 사는 사람이 1명이라는 정보도 적어두자.

| | A | B | C | D |
|---|---|---|---|---|
| 스킨(3) | ○ | × | ○ | ○ |
| 로션 | | ○ | | |
| 에센스 | | × | | |
| 크림(1) | | ○ | | |

로션을 사는 사람의 수는 에센스를 사는 사람의 수보다 많다. 이를 '로션 〉 에센스'로 표기하지 말고 숫자를 대입하여 경우를 직관적으로 정리하자. 4명이 2가지 제품을 산다는 조건을 토대로 표 안에 채울 ○가 8개가 나온다고 알 수 있다. 스킨을 사는 사람이 3명, 크림을 사는 사람이 1명이다. 이를 토대로 로션을 사는 사람과 에센스를 사는 사람의 수를 더하면 4가 나온다고 알 수 있다. 로션을 사는 사람은 3명이고 에센스를 사는 사람은 1명이다.

참고로 로션을 사는 사람이 4명이고 에센스를 사는 사람이 0명이라고 생각할 수 있는데 네 화장품 중 아무도 사지 않은 화장품은 없다. 에센스를 0명이 살 수 없다. 또한 A가 산 화장품 중 1가지 화장품이 D가 산 화장품과 같다. A와 D가 산 화장품 중 겹치는 1가지는 스킨이다. 로션을 4명이 살 수 없다.

로션을 사는 3명 중 B는 이미 확정이다. A와 D는 스킨을 제외한 3가지 화장품을 겹치게 사지 않기 때문에 A와 D 중 1명이 로션을 산다. C가 로션을 산다. 크림을 사는 사람은 1명이고 그 1명은 B이다. A, C, D는 크림을 사지 않는다.

| | A | B | C | D |
|---|---|---|---|---|
| 스킨(3) | ○ | × | ○ | ○ |
| 로션 | | ○ | ○ | |
| 에센스 | | × | × | |
| 크림(1) | × | ○ | × | × |

## 04 ①

변수가 사람과 물건으로 2가지이며 다대다의 구조를 보인다. 한 축에 사람을 두고 다른 한 축에 물건을 둔 뒤 ○, ×로 채워보자.

가를 선택한 사람은 2명이고 나머지 물건을 선택한 사람은 각각 1명씩이다. B는 나와 다를 선택한다. B가 나와 다를 선택했고 나를 선택한 사람이 1명, 다를 선택한 사람이 1명이기에 A, C, E는 나와 다를 선택하지 않는다.

| | A | B | C | D |
|---|---|---|---|---|
| 가(2) | | × | | |
| 나(1) | × | ○ | × | × |
| 다(1) | × | ○ | × | × |
| 라(1) | | × | | |

가를 선택하는 사람이 2명이다. 가를 선택하는 2명이 C, A인 경우와 D, A인 경우로 나눌 수 있다. A는 D가 선택한 물건을 모두 선택한다는 조건을 토대로 A가 라를 선택하면 D도 라를 선택한다고 오해할 수 있지만 D는 A의 부분집합이지 상동이 아니다.

| | A | B | C | D |
|---|---|---|---|---|
| 가(2) | ○ | × | ○ | × |
| 나(1) | × | ○ | × | × |
| 다(1) | × | ○ | × | × |
| 라(1) | | × | | |

Case 1

| | A | B | C | D |
|---|---|---|---|---|
| 가(2) | ○ | × | × | ○ |
| 나(1) | × | ○ | × | × |
| 다(1) | × | ○ | × | × |
| 라(1) | | × | | |

Case 2

4명 모두 물건 중 1~2가지를 선택한다. Case 1에서 D가 라를 선택한다. 그런데 D가 라를 선택하면 A도 라를 선택하게 되는데 이는 라를 선택한 사람이 1명이라는 조건을 만족하지 않는다. Case 2에서 C가 라를 선택하고 라를 선택한 사람이 1명이기에 A와 D는 라를 선택하지 않는다.

| | A | B | C | D |
|---|---|---|---|---|
| 가(2) | ○ | × | × | ○ |
| 나(1) | × | ○ | × | × |
| 다(1) | × | ○ | × | × |
| 라(1) | × | × | ○ | × |

Case 2

## 빈출 유형 공략 문제(조건추리_2×n, 3×3)

| 01 | 02 | 03 | 04 |
|---|---|---|---|
| ③ | ④ | ⑤ | ⑤ |

## 01 ③

B를 2행 3열의 칸, E를 1행 2열인 칸에 고정하자. A와 G는 같은 행이며 서로 이웃한 칸에 진열한다. 이를 토대로 경우를 나누면 다음과 같다. A와 G는 자리를 바꿀 수 있기에 편의상 A/G 또는 G/A로 표기했다.

| | | | |
|---|---|---|---|
| | E | | |
| A/G | G/A | B | |

Case 1

| | | | |
|---|---|---|---|
| | E | A/G | G/A |
| | | B | |

Case 2

F와 C는 같은 열의 칸에 진열한다. Case 1에서 F와 C는 4열의 칸에 진열하고 Case 2에서 F와 C는 1열의 칸에 진열한다. F를 1행인 칸에 진열하는 경우와 C를 1행인 칸에 진열하는 경우로 나뉜다. 이를 편의상 F/C 또는 C/F로 표기했다.

| | | | |
|---|---|---|---|
| | E | | F/C |
| A/G | G/A | B | C/F |

Case 1

| | | | |
|---|---|---|---|
| F/C | E | A/G | G/A |
| C/F | | B | |

Case 2

아무것도 진열하지 않는 칸의 위치로 적절한 것은 1행 1열, 1행 3열, 2행 2열, 2행 4열이다.

## 02 ④

각 층에 2명씩 배치하자. F가 거주하는 층보다 1층 위에 C가 거주한다. 이를 토대로 경우를 나눈 후 A가 거주하는 층은 E가 거주하는 층과 1층 차이라는 조건으로 경우를 더 나누자. 경우를 나눌 때 E와 C가 같은 층에 거주하지 않는다는 조건을 유의하자.

| | | | | | |
|---|---|---|---|---|---|
| 3층 | | E | C | C | C A |
| 2층 | C A | C A | F E | F A | F E |
| 1층 | F E | F | A | E | |
| | Case 1 | Case 2 | Case 3 | Case 4 | Case 5 |

D는 B보다 높은 층에 거주한다. D와 B가 같은 층에 사는 Case 1, 5를 소거하자. 남은 Case에 D, B를 배치하면 다음과 같다.

| | | | | |
|---|---|---|---|---|
| 3층 | E D | C D | C D | C A |
| 2층 | C A | F E | F A | F E |
| 1층 | F B | A B | E B | |
| | Case 2 | Case 3 | Case 4 | Case 5 |

## 03 ⑤

F를 2행 2열의 칸에 놓고 I는 1행 3열의 칸에 놓자. B와 D는 1행인 칸에 놓는다. B와 D 중 하나는 1행 1열에 놓고 나머지 하나는 1행 2열에 놓자. 둘 중 무엇을 1행 1열에 놓는지는 확정할 수 없기에 B/D 또는 D/B로 표기하겠다.

| | | |
|---|---|---|
| B/D | D/B | I |
| | F | |
| | | |

H와 C는 1열이며 서로 이웃한 칸에 놓는다. H와 C 중 하나는 1행 2열에 놓고 나머지 하나는 1행 3열에 놓는다. H와 C를 바꿀 수 있기에 H/C 또는 C/H로 표기하겠다.

| | | |
|---|---|---|
| B/D | D/B | I |
| H/C | F | |
| C/H | | |

E와 A는 같은 행이며 서로 이웃한 칸에 놓는다. E와 A는 3행 2열인 칸과 3행 3열인 칸에 놓는다. 자연스럽게 G는 2행 3열의 칸에 놓는다고 알 수 있다.

| | | |
|---|---|---|
| B/D | D/B | I |
| H/C | F | G |
| C/H | A/E | E/A |

## 04 ⑤

B가 묵는 호실의 끝 번호는 3이고 E가 묵는 끝 번호는 1이다. 하지만 둘 다 1층에 묵는지 2층에 묵는지는 알 수 없다. 호실은 알지만 층을 모르는 미정인 칸을 두어 표기하자. A와 E가 묵는 호실의 끝 번호는 같기에 A도 E와 같이 호실의 끝 번호가 1이지만 층이 미정인 칸에 두자.

| E, A | | B |
|---|---|---|
| 201호 | 202호 | 203호 |
| 101호 | 102호 | 103호 |

C와 A는 같은 층의 호실에 묵는다. A가 101호에 묵는 경우와 201호에 묵는 경우로 나누자. 두 경우에서 C는 몇 층에 묵는지는 알지만 몇 호인지는 모른다. 층은 알지만 호를 모르는 미정인 칸을 두어 C를 표기하자. E는 자연스럽게 호실의 끝 번호가 1이고 A가 묵지 않는 호실에 묵는다.

| | | B | |
|---|---|---|---|
| E | 202호 | 203호 | |
| A | 102호 | 103호 | C |

Case 1

| | | B | |
|---|---|---|---|
| A | 202호 | 203호 | C |
| E | 102호 | 103호 | |

Case 2

여기서 풀이의 의사결정이 필요하다고 생각된다. 선택지가 '~라면'일 때 푸는 방법은 크게 2가지다.

1) 정리를 어느 정도 한 후 선택지의 앞부분(=전건)을 넣어봤을 때 뒷부분(=후건)의 내용이 항상 참인지를 판별하는 방법
2) 문제의 상황과 〈보기〉의 조건을 만족하는 모든 경우를 정리한 후 앞부분이 지칭하는 경우에 뒷부분의 내용이 항상 참인지 판별하는 방법

2가지 방식 모두 풀어보겠다.

1) 정리를 어느 정도 한 후 선택지의 앞부분(=전건)을 넣어봤을 때 뒷부분(=후건)의 내용이 항상 참인지를 판별하는 방법

항상 참인 것을 고르는 문제이기에 반례를 찾는 데 집중하여 풀어보자. 반례는 여럿이 나올 수 있기에 해설에서 제시하는 반례가 풀이하며 찾은 반례와 다를 수 있다. 해설에서는 Case 안에 값을 넣어 제시했지만 실제 풀이에서는 머리로만 처리하는 편이 보다 빠르다.

① A가 201호에 묵는다면 D는 102호에 묵는다.
A가 201호에 묵는 경우는 Case 2뿐이다. 반례를 위해 D를 102호에 묵지 않도록 정리하면 다음과 같다.

| | | |
|---|---|---|
| A | D | C |
| E | F | B |

**Case 2를 활용한 반례**

② F가 202호에 묵는다면 B는 103호에 묵는다.
F가 202호에 묵는 경우의 반례를 찾아보자. Case 1을 활용하면 B가 103호에 묵지 않는 경우도 존재한다.

| | | |
|---|---|---|
| E | F | B |
| A | D | C |

**Case 1을 활용한 반례**

③ D가 203호에 묵는다면 E는 201호에 묵는다.
E는 Case 2에서 101호에 묵는다. 반례를 찾아보기 위해 Case 2를 활용해보자.

| | | |
|---|---|---|
| A | C | D |
| E | F | B |

Case 2를 활용한 반례

④ E가 101호에 묵는다면 F는 203호에 묵는다.
E가 101호에 묵는 경우는 Case 2뿐이다. F가 203호에 묵지 않도록 만드는 경우는 다음과 같다.

| | | |
|---|---|---|
| A | C | D |
| E | F | B |

Case 2를 활용한 반례

⑤ C가 102호에 묵는다면 B는 203호에 묵는다.
C가 102호에 묵을 수 있는 경우는 Case 1뿐이다. Case 1에서 C를 102호에 고정하자. D와 F는 서로 다른 층에 묵어야 하기 때문에 둘 중 1명은 202호에 묵고 나머지 1명은 103호에 묵는다. 단 D와 F 중 누가 202호에 묵는지는 확정할 수 없어 D/F 또는 F/D로 표기했다.

| | | |
|---|---|---|
| E | D/F | 203호 |
| A | C | F/D |

Case 1

아직 정리하지 않은 203호에 묵는 사람은 B이다.

[다른 풀이]
2) 문제의 상황과 〈보기〉의 조건을 만족하는 모든 경우를 정리한 후 앞부분이 지칭하는 경우에 뒷부분의 내용이 항상 참인지 판별하는 방법

B

| | | | |
|---|---|---|---|
| E | 202호 | 203호 | |
| A | 102호 | 103호 | C |

Case 1

B

| | | | |
|---|---|---|---|
| A | 202호 | 203호 | C |
| E | 102호 | 103호 | |

Case 2

이미 정리한 위의 경우에서 더 정리해보자. Case 1을 C가 102호에 묵는 경우와 103호에 묵는 경우로 나눠보자. 이어서 Case 2에서 C가 202호에 묵는 경우와 203호에 묵는 경우로 나누자.

B

| | | |
|---|---|---|
| E | 202호 | 203호 |
| A | C | 103호 |

Case 1.1

B

| | | |
|---|---|---|
| E | 202호 | 203호 |
| A | 102호 | C |

Case 1.2

B

| | | |
|---|---|---|
| A | C | 203호 |
| E | 102호 | 103호 |

Case 2.1

B

| | | |
|---|---|---|
| A | 202호 | C |
| E | 102호 | 103호 |

Case 2.2

F는 D와 같은 층의 호실에 묵지 않는다. 해당 조건을 만족하도록 F, D, B를 배치하면 다음과 같다. F와 D는 자리를 바꿀 수 있기에 F/D 또는 D/F로 자리를 바꿀 수 있다고 표기했다.

| | | |
|---|---|---|
| E | F/D | B |
| A | C | D/F |

Case 1.1

| | | |
|---|---|---|
| E | F/D | B |
| A | D/F | C |

Case 1.2

| | | |
|---|---|---|
| A | C | D/F |
| E | F/D | B |

Case 2.1

| | | |
|---|---|---|
| A | F/D | C |
| E | D/F | B |

Case 2.2

이후 선택지의 앞부분을 만족하는 경우에서 뒷부분을 만족하는지를 판별하면 된다. 반례는 앞선 풀이에서 제시했기에 생략하겠다.

## 빈출 유형 공략 문제(조건추리_정보정리)

| 01 | 02 | 03 | 04 |
|---|---|---|---|
| ③ | ① | ② | ⑤ |

## 01 ③

확실한 정보부터 시작해보자. A는 임원이다. C가 임원이라면 A는 임원이 아니다. 이를 대우하면 A가 임원이기에 C는 임원이 아니라고 알 수 있다.

| |
|---|
| 임원: A |
| 임원이 아님: C |

C와 D 중 1명은 반드시 임원이다. C가 임원이 아니기에 D가 임원이라고 알 수 있다. 또한 D가 임원이라면 F는 임원이 아니다. F는 임원이 아니다.

| |
|---|
| 임원: A, D |
| 임원이 아님: C, F |

E 또는 D가 임원이라면 B는 임원이다. '또는'은 둘 중 하나만 만족해도 참이다. 즉 D가 임원이라는 점을 만족하기에 B가 임원이라고 알 수 있다. 다만 E가 임원인지 아닌지는 현재의 정보로 확정할 수 없다.

| |
|---|
| 임원: A, D, B |
| 임원이 아님: C, F |
| 확정 불가: E |

## 02 ①

6명의 소속은 SI팀과 SM팀 중 하나이다. SI팀 소속이 아니라면 SM팀 소속이고 SM팀 소속이 아니라면 SI팀 소속이다.

A는 SI팀이다. 〈보기〉의 두 번째 조건을 대우하면 'A가 SM팀이 아니라면 E와 F는 SM팀이 아니다.'인데 이를 'A가 SI팀이라면 E와 F는 SI팀이다.'로 이해해도 되겠다. E와 F는 SI팀이다.

- SI팀: A, E, F
- SM팀: (아직 모름)

〈보기〉의 첫 번째 조건을 대우하면 'F가 SI팀이라면 C는 SM팀이다.'이다. F가 SI팀이니 C가 SM팀이라고 알 수 있다. 세 번째 조건을 대우하면 'D 또는 E가 SI팀이라면 B는 SI팀이다.'이다. E가 SI팀이기 '또는'은 둘 중 하나만 만족해도 참이기에 B도 SI팀이라 알 수 있다.

- SI팀: A, E, F, B
- SM팀: C

아쉽게도 D는 SI팀인지 SM팀인지 확정할 수 없다. 반드시 SM 팀인 인원을 구하는 문제이기에 C 1명만 반드시 SM팀이라고 알 수 있다.

## 03 ②

〈보기〉의 조건을 정리하면 다음과 같다.

| |
|---|
| A: (~H) |
| B: (~E) |
| C: G |
| D: |

D의 남자친구가 E인 경우, F인 경우, H인 경우로 나눠보자. A가 H와 커플이 아니라는 조건과 B가 E와 커플이 아니라는 조건을 참고하면 다음의 3가지 경우로 정리할 수 있다.

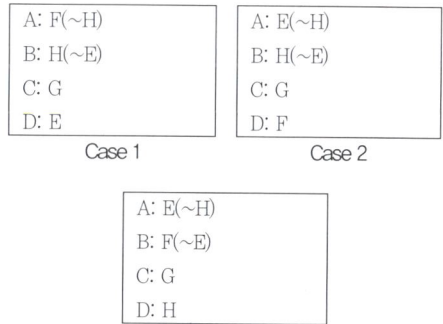

| Case 1 | Case 2 | Case 3 |
|---|---|---|
| A: F(~H) | A: E(~H) | A: E(~H) |
| B: H(~E) | B: H(~E) | B: F(~E) |
| C: G | C: G | C: G |
| D: E | D: F | D: H |

## 04 ⑤

각 조는 한 곳으로 연수를 가고 연수를 가지 않는 지역은 없다. 각 지역에 연수를 가는 조가 한 조씩 있고 4개 조이기 때문에 4개 조는 각기 다른 지역을 간다.

고정조건을 먼저 확인하자. C, F, D, G를 고정하면 다음과 같다.

| |
|---|
| 강원도: |
| 경상도: D |
| 전라도: C, F |
| 충청도: G |

선택지가 '~라면'으로 제시됐다. 이를 푸는 방법은 1) 도식을 최대한 정리 후 선택지의 앞부분의 정보를 넣은 후 뒷부분이 참인지 거짓인지 정리하는 방법과 2) 문제의 상황과 〈보기〉의 조건을 만족하는 모든 경우를 구한 후 선택지의 앞부분이 가리키는 경우에서 뒷부분이 참인지 거짓인지 확

인하는 방법으로 나뉜다. 1)인지 2)인지 풀이 방법을 정하는 것은 개인차이며 판단하는 기준은 도식을 채울 만큼 채운 후 남은 빈칸이 많은지 즉 경우가 많이 나뉠지 판단하여 경우가 많이 나뉠 것으로 예상되면 1)의 방법, 경우가 적게 나뉜다면 2)의 방법으로 푼다.
해당 문제에서는 1)의 방법을 택하여 풀어보겠다. 문제에서 묻는 것이 항상 참인 것을 고르라 했으니 앞부분의 정보를 넣고 정리했을 때 뒷부분이 만족하지 않는 경우를 찾아보자.

① B가 강원도로 연수를 가면 A는 경상도로 연수를 간다.

| | |
|---|---|
| 강원도: B, A<br>경상도: D, E/H<br>전라도: C, F<br>충청도: G, H/E | 강원도: B, E/H<br>경상도: D, H/E<br>전라도: C, F<br>충청도: G, A |

② E가 충청도로 연수를 가면 H는 강원도로 연수를 간다.

| |
|---|
| 강원도: A, B<br>경상도: D, H<br>전라도: C, F<br>충청도: G, E |

③ A가 강원도로 연수를 가면 E는 충청도로 연수를 간다.

| | |
|---|---|
| 강원도: A, E<br>경상도: D, B<br>전라도: C, F<br>충청도: G, H | 강원도: A, E/H<br>경상도: D, H/E<br>전라도: C, F<br>충청도: G, B |

| |
|---|
| 강원도: A, B<br>경상도: D, E<br>전라도: C, F<br>충청도: G, H |

④ H가 경상도로 연수를 가면 E는 충청도로 연수를 간다.

| |
|---|
| 강원도: E, A/B<br>경상도: D, H<br>전라도: C, F<br>충청도: G, B/A |

⑤ A가 충청도로 연수를 가면 B는 강원도로 연수를 간다.

| |
|---|
| 강원도: B, E/H<br>경상도: D, H/E<br>전라도: C, F<br>충청도: G, A |

①, ②, ③, ④번은 항상 참이라고 할 수 없는 증거, 즉 반례를 들었고 ⑤는 정답일 수밖에 없는 이유를 정리했다.

**[오답 점검]**
오답까지는 아니고 효율성에 대한 점검이다. 풀이에서 여러 반례를 들었지만 반례를 한 가지만이라도 찾으면 해당 선택지는 답이 아니라고 판단하고 넘어가는 방법으로 풀어 풀이 시간을 단축하자.

## 빈출 유형 공략 문제(진실게임_기본적인 진실게임)

| 01 | 02 | 03 | 04 |
|---|---|---|---|
| ① | ① | ⑤ | ⑤ |

### 01 ①

A와 D의 진술을 확인해보자. D는 A가 거짓을 말한다고 한다. D의 진술은 참이거나 거짓인데 D의 진술이 참이면 A의 진술은 거짓이고 D의 진술이 거짓이면 A의 진술은 참이다. A와 D의 진술은 모순관계다.
A, D 중 1명이 참을 말한다. B, C, E의 진술은 거짓이다. 3명의 진술을 토대로 얻을 수 있는 정보는 다음과 같다.

| |
|---|
| B: B 또는 C가 경력사원 |
| C: E는 신입사원 |
| E: B 또는 D가 경력사원 |

B와 E의 진술에서 얻은 정보를 토대로 B가 경력사원이라고 알 수 있다. B가 경력사원이기에 A의 진술은 참이고 D의 진술은 거짓이다.

### 02 ①

A의 진술을 확인하자. A의 진술이 진실이면 A의 진술 내용에 의해 E의 진술은 거짓이다. A의 진술이 거짓이면 E는 거짓을 말한다는 진술 내용이 거짓이기 때문에 E의 진술은 진실이다.
문제에서 1명만 진실을 말한다고 했고 A와 E의 진술이 모순관계다. A와 E 중 1명이 진실을 말한다. B, C, D는 거짓이다. B, C, D의 진술이 거짓이라는 점을 토대로 얻을 수 있는 정보는 다음과 같다.
B가 거짓: A는 팀장이 아니다.
C가 거짓: A 또는 D가 팀장이다.
D가 거짓: C는 팀장이다.

A는 팀장이 아니라는 정보와 A 또는 D가 팀장이라는 정보를 종합하면 D가 팀장이라고 알 수 있다. D의 진술이 거짓일 때 얻을 수 있는 정보까지 종합하면 C와 D가 팀장이라고 알 수 있다.
문제에서 진실을 말하는 사람을 고르라고 한다. D와 E가 팀원이라 말하는 E의 진술이 거짓이고 E와 모순관계를 형성하는 A의 진술이 진실이다.

### 03 ⑤

**[치트키]**
A와 B의 진술은 동일관계다. 선택지에 A와 B가 동시에 오거나 동시에 오지 않아야 한다. ②, ③번을 소거하자.
D와 E의 진술은 모순관계다. 둘 중 1명이 꼭 선택지에 있어야 하며 둘 다 있는 경우는 불가하다. ①번을 소거하자.
④ C, D와 ⑤ C, E가 남았다. 이를 토대로 C는 무조건 거짓을 말하고 A, B는 참을 말한다고 알 수 있다. A가 참이기에 E의 취미는 수영이 아니고 C가 거짓이기에 B와 D의 취미도 수영이 아니다. A, C의 취미가 수영이다. D와 E 중 D의 진술이 참이고 E의 진술이 거짓이다. ④번을 소거하자.
아쉽게도 선택지를 소거하며 바로 정답이 나오지는 않았다. 남은 선택지를 토대로 문제를 풀어야 했지만 참 2명 또는 거짓 2명을 고르는 문제는 진술관계를 토대로 소거하며 시간 단축을 노려볼 수 있다.

**[일반 풀이]**
D의 진술이 참이면 B의 취미는 수영이 아니다. B의 취미가 수영이 아니기에 E의 진술은 거짓이다. D의 진술이 거짓이면 B의 취미는 수영이다. B의 취미가 수영이기에 E의 진술은 참이다. D와 E의 진술은 모순관계다.
문제에서 2명이 거짓을 말한다고 했다. 거짓을 말하는 1명은 D나 E 중 1명이고 나머지 1명은 A, B, C 중 1명이다.
B는 A의 진술이 참이라고 한다. B의 진술이 참이면 A의 진술도 참이고 B의 진술이 거짓이면 A의 진술도 거짓이다. B와 A는 동시에 참, 동시에 거짓을 말하는 동일관계다. A, B, C 중 1명이 거짓을 말한다. C가 거짓이고 A와 B는 참을 말한다. A가 참이기에 E의 취미는 수영이 아니고 C가 거짓이기에 B와 D의 취미도 수영이 아니다. E, B, D를 제외한 A, C의 취미가 수영이다. B의 취미는 수영이 아니기에 D와 E 중 D의 진술이 참이고 E의 진술이 거짓이다.

### 04 ⑤

C와 D의 진술을 확인해보자. C의 진술이 진실이면 D의 진술은 거짓이다. C의 진술이 거짓이면 D의 진술은 진실이다. C와 D는 모든 경우에서 둘 중 1명이 진실이고 나머지 1명이 거짓을 말하는 모순관계다. C와 D중 1명이 진실을 말한다. A, B, E 중 1명도 진실을 말한다.
B와 E의 진술을 살펴보자. B의 진술이 참이면 E의 진술도 참이다. B의 진술이 거짓이면 E의 진술도 거짓이다. B와 E는 모든 경우에 동시에 진실을 말하거나 동시에 거짓을 말하는 동일관계다. A, B, E 중 1명이 진실을 말한다. B와 E는 동시에 진실을 말하거나 동시에 거짓을 말하기 때문에 B와 E는 거짓을 말한다고 알 수 있다. 자연스럽게 A는 진실을 말한다고도 알 수 있다.
A의 진술이 진실이다. C 또는 D가 물건을 훔쳤다. E의 진술이 거짓이다. 이를 통해 C는 물건을 훔치지 않았다고 알 수 있다. 물건을 훔친 사람은 D이다.
물건을 훔친 사람이 D이다. D의 진술이 거짓이니 C의 진술이 진실이라고 알 수 있다. 진실을 말하는 2명은 A와 C이다.

## 빈출 유형 공략 문제(진실게임_A=T, A=F)

| 01 | 02 | 03 | 04 |
|---|---|---|---|
| ⑤ | ④ | ④ | ③ |

### 01 ⑤

D의 진술을 보면 B가 진실을 말한다고 한다. D의 진술이 진실이면 B의 진술도 진실이고 D의 진술이 거짓이면 B의 진술도 거짓이다. D와 B의 진술은 모든 경우에서 둘 다 진실을 말하거나 둘 다 거짓을 말하는 동일관계다.

문제에서 1명만 진실을 말한다고 한다. 정답이 되는 경우에서 D, B는 거짓을 말한다. B의 진술이 거짓이니 A와 C가 연말정산을 했다고 알 수 있다. 또한 연말정산을 하지 않은 1명만 진실이라는 점을 토대로 거짓을 말하는 D, B도 연말정산을 했다고 알 수 있다.

연말정산을 하지 않은 사람은 E이다. 즉 진실을 말하는 사람은 E이다.

### 02 ④

A의 진술을 확인하자. A는 C의 진술이 거짓이 아니라고 한다. 즉 C의 진술이 진실이라고 한다. A의 진술이 진실이면 C의 진술도 진실이고 A의 진술이 거짓이면 C의 진술도 거짓이다. A, C의 진술은 모든 경우에서 둘 다 진실을 말하거나 둘 다 거짓을 말하는 동일관계다.

문제에서 1명만 거짓을 말한다고 한다. A와 C는 정답이 되는 경우에서 진실을 말한다. C의 진술이 진실이니 C와 E는 보고를 누락하지 않았다. 또한 A는 진실을 말하는데 거짓을 말하는 1명이 보고를 누락했다고 하니 A는 보고를 누락하지 않았다.

E는 보고를 누락하지 않았다. 즉 E는 진실을 말한다. E의 진술에 의해 B도 보고를 누락하지 않았다고 알 수 있다.

A, B, C, E는 보고는 누락하지 않았다. 보고를 누락한 사람은 D이다.

**[오답 점검]**

| | A의 진술 | B의 진술 | C의 진술 | D의 진술 | E의 진술 |
|---|---|---|---|---|---|
| A가 누락 | 진실 | 거짓 | 진실 | 진실 | 진실 |
| D가 누락 | 진실 | 진실 | 진실 | 거짓 | 진실 |

A가 보고를 누락한 경우에도 거짓을 말하는 사람은 1명이다. 그런데 누락한 사람은 A이고 거짓을 말하는 사람은 B이다. 거짓을 말하는 1명이 보고를 누락했다는 조건을 만족하지 않는다.

### 03 ④

C는 A가 인턴사원이라고 하고 D는 A가 신입사원이라고 한다. A의 Action 상태는 인턴사원과 신입사원 둘뿐이다. A가 인턴사원이면 C가 진실을 말하고 D가 거짓을 말한다. A가 신입사원이면 C는 거짓을 말하고 D는 진실을 말한다. C와 D는 모든 경우에서 둘 중 1명이 진실을 말하고 나머지 1명이 거짓을 말하는 모순관계다.

문제에서 1명만 진실을 말한다고 한다. 정답이 되는 경우에서 C와 D 중 1명이 진실을 말하고 A, B는 거짓을 말한다. A가 거짓이니 C 또는 D가 인턴사원이라고 알 수 있다. B가 거짓이니 A와 C는 신입사원이라고 알 수 있다. 두 정보를 토대로 D가 인턴사원이라고 정리할 수 있다.

### 04 ③

진술관계가 보이지 않는다. A가 라면을 먹는 경우, B가 라면을 먹는 경우, C가 라면을 먹는 경우로 나누어 확인해보자.

Case 1. A가 라면을 먹는 경우

| | A의 진술 | B의 진술 | C의 진술 |
|---|---|---|---|
| A가 라면 | 거짓 | 진실 | 진실 |

거짓을 말하는 사람은 A 한 명이다. 라면을 먹는 1명만 거짓을 말한다는 조건을 만족한다.

Case 2. B가 라면을 먹는 경우

| | A의 진술 | B의 진술 | C의 진술 |
|---|---|---|---|
| B가 라면 | 진실 | 거짓 | 거짓 |

거짓을 말하는 사람이 2명이다. 조건을 만족하지 않는다.

Case 3. C가 라면을 먹는 경우

| | A의 진술 | B의 진술 | C의 진술 |
|---|---|---|---|
| C가 라면 | 진실 | 진실 | 거짓 |

C가 라면을 먹는 1명이며 거짓을 말하는 1명이다. 라면을 먹는 1명만 거짓을 말한다는 조건을 만족한다.

| | A의 진술 | B의 진술 | C의 진술 |
|---|---|---|---|
| A가 라면 | 거짓 | 진실 | 진실 |
| C가 라면 | 진실 | 진실 | 거짓 |

위와 같이 A가 라면을 먹는 경우와 C가 라면을 먹는 경우가 조건을 만족한다. 두 경우에서 B는 진실을 말한다.

[오답 점검]
문제에서 제시한 조건을 만족하는 경우는 1가지 이상이다. A가 라면을 먹는 경우가 문제의 조건을 모두 만족한다고 하여 B, C가 라면을 먹는 경우를 놓쳐서는 안 된다. 센스가 좋은 사람이라면 선택지를 보고 복수 정답인가 고민하다 B가 라면을 먹는 경우와 C가 라면을 먹는 경우도 고려했을 것으로 예상된다.

## 빈출 유형 공략 문제(진실게임_1명이 2개의 진술)



| 01 | 02 |
|---|---|
| ③ | ② |

## 01 ③

[치트키]
C의 진술은 Action 기준 3가지 경우(A가 병가, B가 병가, C가 병가) 모두 두 진술 중 하나는 진실이고 나머지 하나는 거짓일 수밖에 없다. C의 진술이 세 경우에서 진실인지 거짓인지 판별하지 않아도 되겠다.
A의 진술을 보면 B가 병가를 사용한 경우 두 진술이 거짓이다. B가 병가를 사용한 경우를 소거하자.
B의 진술을 보면 A가 병가를 사용한 경우 두 진술이 진실이다. A가 병가를 사용한 경우를 소거하자.
C가 병가를 사용한 경우 C의 두 진술을 제외한 진술이 진실인지 거짓인지 판별하면 다음과 같다. 편의상 한 인물을 기준으로 위의 진술을 진술1, 아래의 진술을 진술2로 표현했다.

| | A진술1 | A진술2 | B진술1 | B진술2 |
|---|---|---|---|---|
| C가 병가 | 거짓 | 진실 | 거짓 | 진실 |

C가 병가를 사용한 경우 한 인물의 두 진술 중 1번은 진실, 1번은 거짓을 말한다는 조건을 만족한다.

[일반 풀이]
한 인물을 기준으로 위의 진술이 진실인지 아래의 진술이 거짓인지로 2가지 경우로 나뉜다. 인물이 3명이기에 2의 세제곱으로 8가지 경우가 나온다. 진술의 진실/거짓 여부로 경우를 나누지 않고 Action을 기준으로 경우를 나누고 진실/거짓 여부를 판단하면 다음과 같다.

| | A진술 1 | A진술 2 | B진술 1 | B진술 2 | C진술 1 | C진술 2 |
|---|---|---|---|---|---|---|
| A가 병가 | 진실 | 거짓 | 진실 | 진실 | 진실 | 거짓 |
| B가 병가 | 거짓 | 거짓 | 거짓 | 거짓 | 거짓 | 진실 |
| C가 병가 | 거짓 | 진실 | 거짓 | 진실 | 거짓 | 진실 |

## 02 ②

**[치트키]**

A의 두 진술은 Action 기준 3가지 경우(A가 승용차를 구입하는 경우, B가 승용차를 구입하는 경우, C가 승용차를 구입하는 경우)에서 모두 두 진술 중 하나는 진실이고 하나는 거짓이다. A의 두 진술이 진실인지 거짓인지 꼭 판별하지 않아도 되겠다.

B의 두 진술은 모순관계다. 위의 진술인 'A와 C는 승용차를 구입하지 않았다.'가 거짓일 때 얻을 수 있는 정보가 'A 또는 C가 승용차를 구입했다.'이다. 모든 경우에서 두 진술 중 한 진술은 진실이고 나머지 한 진술은 거짓이다. 이는 드모르간의 법칙을 생각하면 이해하기 편하다. 아무튼 B의 두 진술 역시 진실인지 거짓인지 꼭 판별하지 않아도 되겠다.

C의 두 진술을 확인하자. C가 승용차를 구입하는 경우 두 진술 모두 진실이다. C는 승용차를 구입하지 않는다. A가 승용차를 구입하는 경우 두 진술 중 한 진술은 진실이고 나머지 진술은 거짓이다. B가 승용차를 구입하는 경우도 마찬가지다. A가 승용차를 구입하는 경우와 B가 승용차를 구입하는 경우가 조건을 모두 만족한다.

따라서 C가 승용차를 구입하지 않았다는 (다)가 항상 참이다.

**[일반 풀이]**

A가 승용차를 구입하는 경우, B가 승용차를 구입하는 경우, C가 승용차를 구입하는 경우를 기준으로 두 진술의 진실/거짓 여부를 판별하면 다음과 같다. 편의를 위해 한 인물을 기준으로 위의 진술을 진술1, 아래의 진술을 진술2로 표현했다.

| | A진술 1 | A진술 2 | B진술 1 | B진술 2 | C진술 1 | C진술 2 |
|---|---|---|---|---|---|---|
| A가 구입 | 진실 | 거짓 | 거짓 | 진실 | 거짓 | 진실 |
| B가 구입 | 진실 | 거짓 | 진실 | 거짓 | 진실 | 거짓 |
| C가 구입 | 거짓 | 진실 | 거짓 | 진실 | 진실 | 진실 |

A가 승용차를 사는 경우와 B가 승용차를 사는 경우가 조건을 모두 만족한다.

# Chapter 05 수열추리

## 빈출 유형 공략 문제(등차수열과 등비수열)

| 01 | 02 | 03 | 04 |
|---|---|---|---|
| ① | ④ | ① | ⑤ |

### 01 ①

제시된 수들은 공비가 $\frac{2}{3}$인 등비수열의 규칙을 가지므로 A에 들어갈 수는 $\frac{16}{135}$, B에 들어갈 수는 $\frac{64}{1,215}$이다. 따라서 $A \div B = \frac{16}{135} \times \frac{1,215}{64} = \frac{9}{4}$이다.

### 02 ④

제시된 수들은 공차가 −6인 등차수열의 규칙을 가지므로 A 위치에 들어갈 알맞은 수는 '251'이다.

### 03 ①

제시된 수들은 공비가 11인 등비수열의 규칙을 가지므로 A 위치에 들어갈 알맞은 수는 '2,737,867'이다.

### 04 ⑤

제시된 수들은 공차가 $\frac{1}{3}$인 등차수열이다. 따라서 9번째에 올 수는 $\frac{5}{2}+\frac{1}{3}+\frac{1}{3}+\frac{1}{3}=\frac{7}{2}$이다.

## 빈출 유형 공략 문제(여러 가지 수열)

| 01 | 02 | 03 | 04 | 05 | 06 | 07 | 08 | 09 | 10 |
|---|---|---|---|---|---|---|---|---|---|
| ② | ② | ③ | ⑤ | ⑤ | ② | ③ | ⑤ | ③ | ⑤ |

### 01 ②

제시된 수들은 세 개의 항씩 묶어 규칙을 갖는 군수열로 세 개의 항의 합이 24인 규칙을 가진다. 따라서 A와 B에 들어갈 수의 합은 따로 계산하지 않아도 '14'이다.

### 02 ②

제시된 수들은 앞선 두 수의 합으로 다음 항이 생겨나는 피보나치수열이므로 8번째 수는 52+84=136, 9번째 수는 84+136=220, 10번째 수는 136+220=356, 11번째 수는 220+356=576이다.

### 03 ③

제시된 수들은 '+7.2', '−5.8'이 번갈아 적용되는 규칙을 가지는 교대 수열이므로 A 위치에 들어갈 알맞은 수는 '11.3'이다.

### 04 ⑤

제시된 수들은 2개의 수열이 번갈아 가며 나타나는 건너뛰기수열이다. 첫 번째 수열은 첫 번째 항에서 시작하며 초항이 7이고 공차가 7인 등차수열이며, 두 번째 수열은 두 번째 항에서 시작하며 초항이 5이고 공차가 2인 등차수열이다. 따라서 A에 들어갈 수는 21이며, B에 들어갈 수는 11이며, $A \times B = 231$이다.

### 05 ⑤

제시된 수들은 인접한 항의 차이가 일정한 규칙을 갖는 계차수열로 인접한 항의 차이가 초항이 2, 공비가 2인 등비수열의 규칙을 가진다. 따라서 9번째에 올 수는 89+64+128+256=537이다.

### 06 ②

제시된 수들은 역수가 등차수열인 조화수열로 제시된 수들의 역수를 8로 통분하면 다음과 같다.

$\frac{1}{8}$ $\frac{2}{8}$ $\frac{3}{8}$ $\frac{4}{8}$ $\frac{5}{8}$ $\frac{6}{8}$ $\frac{7}{8}$

제시된 수들의 역수는 초항이 $\frac{1}{8}$이고 공차가 $\frac{1}{8}$인 등차수열로 A에 들어갈 수는 $\frac{8}{4}$ 즉 2이며, B에 들어갈 수는 $\frac{8}{7}$이다. 따라서 $A \div B = \frac{7}{4}$이다.

## 07 ③

제시된 수들은 세 개의 항씩 묶어 규칙을 갖는 군수열로 세 개의 항의 합이 63인 규칙을 가진다. 따라서 A와 B에 들어갈 수의 합은 따로 계산하지 않아도 42이며 이를 2로 나눈 평균값은 '21'이다.

## 08 ⑤

제시된 수들은 앞선 두 수의 합으로 다음 항이 생겨나는 피보나치수열이므로 A 위치에 들어갈 알맞은 수는 '9.9'이다.

## 09 ③

제시된 수들은 인접한 항의 차이가 일정한 규칙을 갖는 계차수열로 인접한 항의 차이가 초항이 25, 공차가 25인 등차수열의 규칙을 가지므로 A 위치에 들어갈 알맞은 수는 '546'이다.

## 10 ⑤

제시된 수들은 ×3, −3이 번갈아 적용되는 규칙을 가지는 교대수열이므로 A에 들어갈 수는 10.5, B에 들어갈 수는 85.5이다. 따라서 A+B=96이다.

## 빈출 유형 공략 문제(특수한 규칙의 수열)

| 01 | 02 | 03 | 04 |
|---|---|---|---|
| ② | ④ | ⑤ | ① |

## 01 ②

제시된 수들은 +1, +2, +3을 반복해서 계산하는 규칙을 가지는 특수 수열이다.
따라서 A에 들어갈 수는 '4'이다.

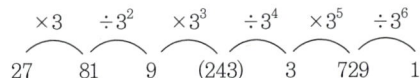

+1 +2 +3 +1 +2 +3 +1

1 2 (4) 7 8 10 13 14

## 02 ④

제시된 수들은 소수점 이상의 수는 ÷3, 소수점 이하의 수는 −1의 규칙이 적용된 특수한 형태의 수열이다. 따라서 A에 들어갈 수는 63.3, B에 들어갈 수는 7.1이므로 A−B=56.2이다.

÷3 ÷3 ÷3 ÷3 ÷3 ÷3

5,103.7 1,701.6 567.5 189.4 63.3 21.2 7.1

−1 −1 −1 −1 −1 −1

## 03 ⑤

제시된 수들은 $\times 3$, $\div 3^2$, $\times 3^3$, $\div 3^4$, $\times 3^5$, $\div 3^6 \cdots$의 규칙을 가지는 특수 수열이다.
따라서 A에 들어갈 수는 '243'이다.

$\times 3$ $\div 3^2$ $\times 3^3$ $\div 3^4$ $\times 3^5$ $\div 3^6$

27 81 9 (243) 3 729 1

## 04 ①

제시된 수들은 앞선 항의 분모와 분자의 합이 다음 항의 분모로, 앞선 항의 분모가 다음 항의 분자로 구성되는 형태의 수열이다. 따라서 8번째 수는 $\frac{171}{277}$, 9번째 수는 $\frac{277}{448}$, 10번째 수는 $\frac{448}{725}$이다.

# PART 04 실전 모의고사 1회

## 언어이해

| 01 | 02 | 03 | 04 | 05 | 06 | 07 | 08 | 09 | 10 |
|---|---|---|---|---|---|---|---|---|---|
| ② | ② | ⑤ | ② | ① | ④ | ⑤ | ① | ⑤ | ④ |
| 11 | 12 | 13 | 14 | 15 | 16 | 17 | 18 | 19 | 20 |
| ② | ② | ① | ② | ③ | ③ | ④ | ⑤ | ② | ③ |

### 01 ②

주어진 글에 의하면 인공지능이 선형적인 방식으로 정보를 처리하는 것은 맞지만, 직관적인 결정은 내릴 수 없다.

[오답 점검]

① 인간의 뇌는 뉴런으로 이루어져 있으며 뉴런들은 복잡한 네트워크를 형성하여 정보를 처리한다. 또한 인간의 뇌는 감정, 창의성, 직관 등의 고등 인지 기능을 수행할 수 있다.

③ 주어진 글에서는 인공지능이 인간의 뇌와 달리 선형적인 방식으로 정보를 처리하며 감정이나 직관과 같은 고등 인지 기능을 현재까지는 수행할 수 없다고 하였으므로, 인간의 뇌는 비선형적인 방식으로 정보를 처리하고 고등 인지 기능을 수행할 수 있다는 것을 알 수 있다.

④ 주어진 글에서는 인간의 뇌가 창의성과 감정적인 이해력을 제공하고, 인공지능은 빠른 계산 능력과 대용량 데이터 처리를 돕는 방식으로 상호 보완할 수 있다고 하였다. 이를 통해 인공지능은 감정적 이해를 할 수 없지만 빠른 계산 능력과 대용량 데이터 처리에서는 인간의 뇌를 능가한다는 것을 알 수 있다.

⑤ 주어진 글에서 주장하는 결론이다.

### 02 ②

게슈탈트 심리학은 인간이 사물이나 상황을 인식할 때는 전체적인 구조를 통해 이해한다고 말했다. 하지만 게슈탈트 붕괴 현상은 전체적인 구조를 파악하지 못하고 개별 요소에 집중하게 되는 상태를 의미한다. 따라서 이는 게슈탈트 심리학이 강조하는 전체적 인식의 한계를 드러내는 것이라고 볼 수 있다.

[오답 점검]

① 주어진 글에 의하면 게슈탈트 붕괴는 정보의 양이 많을 때 발생하는 것이 아닌, 반복적인 자극이 주어질 때 발생한다.

③ 게슈탈트 심리학은 전체적인 패턴을 중요시하며, 논리적인 순서보다는 전체적인 인식을 강조한다.

④ 게슈탈트 붕괴 현상은 오히려 인지적 혼란을 초래하는 현상이다.

⑤ 주어진 글에서는 해당 주장의 근거를 찾을 수 없다.

### 03 ⑤

글의 서두에 사례를 이야기하고, 디지털 혁신에 성과를 얻은 기업들의 공통점은 지극히 아날로그적 가치를 추구했다는 점이라고 하며 3가지 아날로그 가치를 설명하고 있다. 따라서 주제로 디지털 혁신을 위한 아날로그 가치가 적절하다.

[오답 점검]

①, ②, ③, ④ 글의 주제로 적절하지 않다.

### 04 ②

'남성과 여성의 차이를 오해 및 과소평가하거나 이로 인해 종종 비난을 일으키지만, 이는 언제나 약점이 되는 것이 아니라 오히려 강점이 될 수 있다는 것을 처음으로 깨닫게 되는 것이다.'의 내용에 비추어 '우리는 남녀의 다름을 과소평가한다.'가 가장 적절한 추론이다.

[오답 점검]

① '남녀 간의 생물학적 차이는 항상 사람들의 생각과 행동에 영향을 미친다.'는 추론보다는 '남녀 간의 생물학적 차이는 사람들의 생각과 행동에 영향을 미친다.'가 더 적절한 추론이 될 수 있다.

③, ④, ⑤ 언급된 내용이 없어 적절한 추론이라고 볼 수 없다.

### 05 ①

글의 내용에서 긴 기간의 차박 캠핑으로 척추나 관절의 건강과 '역류성 식도염'과 '녹내장'까지 발병할 수 있는 위험이 있어 주의가 필요하다고 하였으나 이를 차박 캠핑으로 인해 녹내장이 발생한다고 확대 해석하는 것은 글을 통한 추론으로 적절하지 않다.

[오답 점검]

②, ③, ④, ⑤ 글에 비추어 추론으로 적절하다.

## 06 ④

글의 내용에 비추어 금동관음보살상의 부석사 반환 소송은 현재 대법원에 상고되었다는 것을 확인할 수 있을 뿐 이를 한국과 일본 간의 외교 문제로 해결해야 한다는 내용은 일치하지 않는다.

[오답 점검]

①, ②, ③, ⑤ 글의 내용에 비추어 일치한다.

## 07 ⑤

'카모마일 추출물과 에센셜 오일은 단독 사용보다는 친지성과 친수성 성분을 이용할 수 있는 전체 추출물을 사용하는 것이 더 효과적이다.'가 내용에 비추어 적절한 추론이고, '단독 사용하면 안 된다.'는 것은 내용에 비추어 적절하지 않다.

[오답 점검]

①, ②, ③, ④ 글에 비추어 추론으로 적절하다.

## 08 ①

"인도의 인프라와 제조업 기반이 약하다는 점을 개선하기 위하여 특히 2014년부터 현재까지 이어지는 'Made in India' 정책과 자립 인도 정책, 전략적 육성 산업에 인센티브를 제공하는 생산 연계 인센티브 제조, 부족한 인프라를 민영화를 통해 보완하는 국가 수익화 파이프라인 등 제조업 및 인프라에 대한 자본 지출 투자가 지속적으로 증가하고 있다."는 부분에서 인도 정부의 제조업과 인프라 산업 육성을 통해 산업 구조 발전을 추진하고 있다는 추론은 적절하다.

[오답 점검]

② 'Made in India' 정책과 자립 인도 정책, 전략적 육성 산업에 인센티브를 제공하는 생산 연계 인센티브 제조, 부족한 인프라를 민영화를 통해 보완하는 국가 수익화 파이프라인 등 제조업 및 인프라에 대한 자본 지출 투자가 지속적으로 증가하고 있다고 하였으므로 Made in India가 민영화 프로젝트라는 것은 적절하지 않다.

③ 향후 인도의 도시화율은 2023년 36%에서 2030년 40%대로 진입할 것으로 전망된다고 하였으므로 2023년에 40% 이상 예상은 적절하지 않다.

④ 2018년 세제 개편 이후 정부의 세수 수입이 꾸준히 증가하고 있다고 하였으므로 세수 수입 감소는 적절하지 않다.

⑤ 2024년 모디 총리의 재선이 유력시된다는 점이라고 한 것은 가능성이 높다는 것을 의미하므로 재선이 확실하게 예상된다는 것은 적절하지 않다.

## 09 ⑤

〈보기〉는 로봇의 위험성을 고려한 3대 원칙의 제시에 대하여 설명하고 있다. 문단 배열로 보면, 첫 문단은 로봇 용어와 어원에 대하여, 두 번째 문단은 로봇 용어가 사용된 연극의 내용에 대하여, 세 번째 문단은 로봇에 대한 연구를 한 아이작 아시모프에 대하여 언급하였고, 네 번째 문단은 아이작 아시모프가 언급한 로봇의 긍정적 미래에 대하여 이야기 하고 있다. 따라서 〈보기〉는 다섯 번째 문단에 위치하면서, 로봇의 긍정적인 부분 다음에 그로 인한 위험성을 고려한 설명이 나오는 것이 적절하다.

[오답 점검]

①, ②, ③, ④ 로봇 용어 - 연극의 내용 - 아이작 아시모프 설명 - 로봇의 긍정적 미래상 - 로봇의 위험성과 3대 원칙의 순의 문단 배열로 자연스러운 문단의 흐름이다.

## 10 ④

이 글만으로는 말랄라 유사프자이가 텔레반으로부터 테러를 당하였다는 추론은 적절하지 않다.

[오답 점검]

①, ②, ③, ⑤ 글의 내용에 비추어 맞는 추론이다.

## 11 ②

ISO26000은 기업의 사회적 책임에 대한 '국제 표준'으로 2010년에 76개 참가국의 투표를 통해 93%의 찬성으로 확정되었다. 이것은 사회적 조직인 기업의 사회적 책임에 대한 기초 기준을 확정한 것으로 참가국 76개국만 모두 준수하기로 하였다는 것은 가장 적절하지 않은 추론이다.

[오답 점검]

①, ③, ④, ⑤ 글에 비추어 추론으로 적절하다.

## 12 ②

'박물관은 문화적, 물리적, 지적, 재정적, 감성적 접근 등을 방해하는 많은 요소들을 확인 후 이들을 극복할 방법을 찾고자 한다. 사회적 포용은 사회적 배제(social exclusion)의 상대적인 용어로 사용되는데, 사회적 배제를 방어하고 포용을 요구하는 박물관의 역할은 사회적 불평등 · 불이익 · 차별의 면에서 이해할 수 있다.'는 내용과 일치한다.

[오답 점검]

① '박물관은 더 이상 나라나 지역을 다스리는 사람들에 계급의 역사와 문화만을 다루는 것이 아닌, 긴 시간 동안 그들에게 가려지고 무시되었던 일반인들의 삶을 들여다보게 되었다.'는 내용과 일치하지 않는다.

③ '박물관은 사회의 요구를 파악하고, 변화하는 사회와 소통하는 유일한 도구라는 사실을 알아야 한다. 박물관은 어떤 공동체 내에 존재하는 다양한 문화를 표현하고 많은 대중들에게 문을 열어야 한다.'는 내용과 일치하지 않는다.

④ 박물관은 오직 전문가들을 위한 학술적인 장소로서 기능한다는 내용은 없다.

⑤ 박물관은 오직 역사적인 사실들을 전시하는 곳으로서 가치를 지니지 않는다는 내용은 없으며, 본 글은 박물관이 사회적 관계에서의 변화를 이야기하는 것이지 역사적인 사실들을 전시하는 곳으로서의 가치를 지니지 않는다는 것을 설명하는 것은 아니다.

## 13 ①

"'Old Money'들은 자신들의 부를 드러내지 않으며 다른 사람들을 배려한다. 따라서 오랜 기간 동안 자선을 베풀 수 있는 재력을 바탕으로 그 재력을 활용해 실제 자선활동을 꾸준히 해야 한다."는 내용에 비추어 보면 고급스러운 옷차림과 명품 브랜드를 과시하는 것을 피하며, 일반인 참여 모임보다는 자신의 소속 및 후원하는 단체와 관련된 넥타이를 착용한다는 추론이 가장 적절하다.

[오답 점검]

②, ③, ④, ⑤ 영국의 'Old Money'들은 자신들의 부를 뽐내지 않고 오히려 다른 사람들을 배려한다. 즉 오랜 세월 동안 자선을 베풀 수 있는 재력은 기본이고 그 재력을 사용해 실제 자선활동을 꾸준히 해야 한다. 따라서 모두 적절하지 않은 추론이다.

## 14 ②

'동양의 경전들을 보면, 늘 그들은 새로운 무엇이 아니라 그들에게 전해진 그것, 그들이 들은 무엇이었다고 말한다.'라고 하였으므로 "새로운 어떤 것을 그들이 발견했다고 하는 군요".는 적절하지 않은 추론이다.

[오답 점검]

①, ③, ④, ⑤ 본문에 비추어 추론으로 적절하다.

## 15 ③

'슈퍼스타 K2, 지상파가 할 수 없는 도전으로 이변을 낳다.'는 약자와 강자의 싸움인 '다윗과 골리앗의 싸움'에 맞는 사례로 적절하다.

[오답 점검]

①, ②, ④, ⑤ 약자의 강자의 싸움에 대한 사례로 적절하지 않다. 이 사례들은 모두 직접 맞서서 승부를 겨루어야 하는 사례들이다.

## 16 ③

글의 내용 중 '스페셜 커피의 블랜드는 코모디티 커피에 비해 생두의 생산지, 품종, 정제 방식 등의 정보가 합쳐지며 고려사항이 많아지는 만큼 향미의 다양성이 풍부해진다.'는 내용을 통하여 스페셜티 커피가 블랜딩 커피보다 향미 다양성이 풍부해진다는 것을 알 수 있지만, 이것을 블랜딩 커피가 항상 스페셜 커피보다 향미의 다양성이 적다고 단정적으로 추론하는 것은 다른 선택지들에 비하여 가장 적절하지 않다.

[오답 점검]

① '코모디티 커피로 만드는 블랜드는 브라질 No2, 콜롬비아 SP, 과테말라 SHB 등으로 생산국의 수출 규격대로 대량 생산하는 경우가 많다. 그러므로 양적 공급이 안정적인 콜롬비아와 브라질의 커피를 많이 사용한다.'에 비추어 '코모디티 커피로 만드는 블랜드는 대량 생산을 위해 브라질, 콜롬비아 등의 커피를 주로 사용한다는 것을 알 수 있다.'는 추론은 적절하다.

② '블랜딩한 커피는 목적에 따라 다양한 콩을 혼합하여 원하는 향미를 만들 수 있다.'와 '주된 목적은 품질과 향미의 안정성, 비용 대비 고품질을 확보하는 것이고, 그러면서도 중요한 것은 결점이 될 향미가 혼입되지 않는 것이다.'에 비추어 '블랜딩은 향미의 안정성을 유지하고 새로운 향미를 창조하는 목적을 가지고 있다는 것을 알 수 있다.'는 추론은 적절하다.

④ '코모디티 커피로 만드는 블랜드는 콜롬비아 SP, 브라질 No2, 과테말라 SHB 등으로 생산국의 수출 규격대로 대량 생산하는 경우가 많다. 그러므로 양적 공급이 안정적인 콜롬비아와 브라질의 커피를 많이 사용한다. 주된 목적은 품질과 향미의 안정성, 비용 대비 고품질을 확보하는 것이고, 그러면서도 중요한 것은 결점이 될 향미가 혼입되지 않는 것이다.'에 비추어 '커피의 품질은 양적인 공급 안정성에 중요하다는 것을 알 수 있다.'는 추론이 적절하다.

⑤ '단품 커피는 단일 산지만의 독특한 특성을 향유할 수 있는 반면, 블랜딩한 커피는 목적에 따라 다양한 콩을 혼합하여 원하는 향미를 만들 수 있다.'에 비추어 '단품 커피는 특정 산지의 독특한 개성을 즐길 수 있어 단품

커피 애호가들 사이에서 인기가 있다는 것을 알 수 있다.'는 추론이 적절하다.

## 17 ④

10월부터 부산지역 시내버스 이용 시에 단순 운반 목적의 포장된 음식물이나 식재료, 뚜껑이 닫힌 플라스틱 병 등에 담긴 음료는 일회용 용기에 담긴 음식물 반입 금지 사항에 해당하지 않고 허용된다. 즉 버스 내에서 취식 목적이 아닌 이동 목적의 일회용 용기에 담긴 음식물 반입은 허용된다는 것은 적절한 추론이다.

[오답 점검]

① '10월부터 부산시 시내버스 운송약관 개정으로 인해 부산지역 시내버스에서 반려동물은 전용 상자나 가방 등에 들어가만 있다면 머리 등이 노출되어도 승차 거절을 할 수 없다.'는 본문 내용 '반려동물은 전용 이용 용구나 가방 등에 들어가 있어야 하며, 반려동물의 머리 등이 노출되어 있으면 승차가 거절될 수 있다.'에 비추어 적절한 추론이 아니다.

② 부산시 시내버스 운송약관이 개정되어 10월부터 시내버스에서는 집에서 취식할 목적의 일회용 용기에 담긴 음식물은 이동 목적이므로 반입이 가능하다가 적절한 추론이다.

③ 개정된 운송약관에는 보호자 1인당 동반 탑승 가능한 소아 수, 할인 대상 신분 확인, 다인승 거래 및 고액권 사용 시 거스름돈 지급 기준 등이 포함되었다고 하였으므로, 현금 사용 시 거스름돈 미지급 기준 등의 내용도 포함되었다는 것은 적절한 추론이 아니다.

⑤ 부산시 시내버스 운송약관 개정으로 인해 부산지역 시내버스에 휴대품 반입 규격 기준이 포함되었다고 하였으므로, 모든 휴대품은 반입이 가능하게 되었다는 것은 적절한 추론이 아니다.

## 18 ⑤

메트칼프의 법칙(Metcalfe's Law)은 "네트워크의 규모가 커짐에 따라 그 비용은 직선적으로 증가하지만 네트워크의 가치는 참여자 수의 제곱에 비례해서 기하급수적으로 증가한다."는 내용이다. 따라서 메트칼프의 법칙은 네트워크의 규모가 커질수록 그 비용은 기하급수적으로 증가한다는 내용을 설명한다. 또한 네트워크의 가치는 참여자 수에 비례하여 선형적으로 증가한다는 것은 일치하지 않는다.

[오답 점검]

①, ②, ③, ④ 글의 내용에 비추어 일치한다.

## 19 ②

한국의 광역단위 행정구역은 1개의 특별시, 6개의 광역시, 5개의 도, 3개의 특별자치도, 그리고 1개의 특별자치시까지 총 17개 광역단위로 이루어져 있다. 지방자치단체 구역(시/군/구) 기준으로는 6개 광역시(내 69개 자치구)와 6개 도, 2개의 특별자치도(강원, 전북) 내 77개 자치시 및 82개 군이 설치되어 있어 도합 165개에 이른다. 제주특별자치도와 세종특별자치시의 하위 행정구역은 자치단체가 아니며 각각 제주특별자치도지사와 세종특별자치시장이 임명하는 단층제 광역자치단체이다. 따라서 빈칸 (A)는 제주가 맞다.

[오답 점검]

①, ③, ④ 경기, 경북, 충북은 현재 한국의 광역단위 행정구역 중 광역시, 특별자치단체를 제외한 일반적인 도(道)라 불리는 광역자치단체이다. 경기도, 충청북도, 충청남도, 경상북도, 경상남도, 전라남도의 6개의 도(道)가 존재한다.

⑤ 창원은 한국의 광역단위 행정구역 중 시에 속하고, 시 중에서도 특례시이다. 특례시는 지방자치법 제198조의 1에 의거 2022년 1월 13일부터 신설된 지방자치단체이다. 인구수 100만 수준의 대도시에 해당한다. 고양시, 수원시, 용인시, 창원시에 해당하며 이 중에서 고양, 수원, 용인은 모두 서울특별시에 인접하며, 창원은 부산광역시와 접하므로 광역시 승격 요건을 갖추고도 승격이 현실적으로 어려운 관계로 대도시 특례를 제도적으로 보장받는 측면이 있다.

## 20 ③

향후 약관 개정은 기존의 대법원 판례 등에 따른 화재보험 계약의 피보험자는 아파트 등 보험목적물의 소유자이며, 임차인이 보험료를 납부했더라도 피보험자라고 할 수 없다는 법리의 변화로 평가받는 것이 아니다. 법리상 화재보험 계약의 피보험자에 대한 것이 변경되는 것이 아니라 보험계약의 실질적 절차상 보험료를 납입한 임차인이 보험사로부터 보험금 회수 청구를 받는 대위절차를 약관상 변경하는 것이라는 평가가 적절하다.

[오답 점검]

①, ② 임차인에 대한 불공정성을 비판한 내용으로 적절하다.

④ 기존 임차인의 불공정에 대한 실질적인 적용 시점을 개정 후가 아니라 지금부터라고 실무상 소급 적용하라는 평가는 적절하다.

⑤ 피보험자에게 대한 법리의 변경이 아니라 실무 절차상 발생하는 문제 해결을 위하여 실무 약관 개정으로 평가하는 것이 적절하다.

# 자료해석

| 01 | 02 | 03 | 04 | 05 | 06 | 07 | 08 | 09 | 10 |
|---|---|---|---|---|---|---|---|---|---|
| ⑤ | ⑤ | ④ | ③ | ③ | ① | ③ | ① | ④ | ④ |
| 11 | 12 | 13 | 14 | 15 | 16 | 17 | 18 | 19 | 20 |
| ② | ① | ③ | ② | ④ | ② | ④ | ① | ① | ③ |

## 01 ⑤

ㄴ. 민간위탁 주차장 중 노외 주차장의 비중

$= \frac{4}{31} \times 100 \fallingdotseq 12.9(\%)$이므로 약 13%이다.

ㄹ. A는 공단직영 주차장 구획 수의 총합이므로 $413+6,989=7,402$이고, B는 민간위탁 노상 주차장의 수이므로 $31-4=27$이다.

[오답 점검]

ㄱ. 노상 주차장은 37개, 노외 주차장은 51개이므로 D시 공영주차장의 개소 수는 총 88개이다.

ㄷ. 노상 주차장은 공단직영 주차장의 구획 수가 민간위탁 주차장의 구획 수보다 적다.

## 02 ⑤

조사기간 동안 직장가입자와 지역가입자의 건강보험료 부담액의 차를 구하면 다음과 같다.

| 2020년 | 2021년 |
|---|---|
| $100,510-80,876$<br>$=19,634$ | $104,507-84,531$<br>$=19,976$ |
| **2022년** | **2023년** |
| $107,449-87,458$<br>$=19,991$ | $112,635-85,546$<br>$=27,089$ |

따라서, 2023년에 직장가입자와 지역가입자의 차가 가장 크다.

[오답 점검]

① 2021년 전년 대비 지역가입자 건강보험료 부담액 $=84,531-80,876=3,655$(만 원)

② 2020년 대비 2022년 직장가입자 건강보험료 부담액 $107,449-100,510=6,939$(만 원)

③ 지역가입자 건강보험료 부담액이 가장 많은 해는 2022년이고 그 해의 직장가입자 건강보험료 부담액은 두 번째로 많다.

④ S국의 전체 건강보험료 부담액은 지속적으로 증가하고 있다. 하지만 지역가입자 건강보험료 부담액은 2020년부터 2022년까지 증가하고 2023년은 감소한다.

## 03 ④

2022년 관절염 인원은 4,709천 명이고, 당뇨병과 정신 및 행동장애 인원의 합은 5,787천 명이다. 따라서, 관절염 인원이 더 적다.

[오답 점검]

① 질병 발생 원인별 인원 순위를 살펴보면 2021~2023년 모두 '고혈압-관절염-정신 및 행동장애-당뇨병-심장질환'이다.

⑤ 발생 원인 중 고혈압의 인원이 매년 가장 많으므로 가장 많은 비중을 차지한다.

## 04 ③

양파 면적이 가장 많았던 해는 2022년이다. 2022년 전년 대비 마늘 재배면적의 증가율은

$\frac{28,351-24,864}{24,864} \times 100 \fallingdotseq 14.0(\%)$

## 05 ③

전월 대비 11월 인천항 화물 수의 감소율 =

$\left| \frac{276-302}{302} \times 100 \right| \fallingdotseq 8.6(\%)$이다.

[오답 점검]

① 12월 전체 대비 부산항이 운항에서 차지하는 비율은 $\frac{10}{24} \times 100 \fallingdotseq 41.7(\%)$이다.

② 10~12월의 인천항 운항 수와 부산항과 목포항의 운항 수의 합을 비교하면 다음과 같다.

| 구분 | 10월 | 11월 | 12월 |
|---|---|---|---|
| 인천항 | 63 | 34 | 6 |
| 부산항<br>+목포항 | $26+21=47$ | $13+12=25$ | $10+8=18$ |

④ 11월과 12월 부산항의 운항과 화물의 수가 동일하다.

⑤ 12월 목포항의 운항 수가 화물 수보다 적다.

## 06 ①

2021~2023년 전체 음식점 대비 한식 음식점의 비중은 다음과 같다.

| 2021년 | 2022년 |
|---|---|
| $\frac{317,200}{376,500}\times100 \fallingdotseq 84.2(\%)$ | $\frac{314,028}{369,988}\times100 \fallingdotseq 84.9(\%)$ |
| **2023년** | |
| $\frac{307,500}{361,460}\times100 \fallingdotseq 85.1(\%)$ | |

**[오답 점검]**

③ 2021년 전체 음식점 중 서양식이 차지하는 비중 $=\frac{15,757}{376,500}\times100 \fallingdotseq 4.2(\%)$이다.

④ 2022년 대비 2023년 일식 음식점의 감소량 = $|10,790-11,420|=630$(개소)이다.

⑤ 2022년 중식 음식점 수는 기타 외국식의 약 11.2배이다. ($\frac{27,540}{2,450} \fallingdotseq 11.2$)

## 07 ③

ㄱ. 정보통신방송기기, 정보통신방송서비스, 소프트웨어 생산액은 모두 매년 전년 대비 증가하였다.

ㄴ. 2023년 정보통신방송기기 생산액이 전체 ICT산업 생산액에서 차지하는 비중은 $\frac{3,655,480}{4,972,994}\times100 \fallingdotseq 73.5(\%)$이다.

**[오답 점검]**

ㄷ. 소프트웨어 생산액 대비 정보통신방송서비스의 생산액은 2021년 $\frac{726,886}{493,402} \fallingdotseq 1.5$(배), 2022년 $\frac{748,828}{540,251} \fallingdotseq 1.4$(배), 2021년 $\frac{762,231}{555,283} \fallingdotseq 1.4$(배)로 모두 1.6배 미만이다.

## 08 ①

20대 여성취업자 수는 지속적으로 감소하고 있는 반면 50대 여성취업자 수는 지속적으로 증가한다.

**[오답 점검]**

③ 20대 여성 취업자 수가 가장 많았던 해는 2018년이고, 이때 60대 이상 여성 취업자 수는 가장 적다.

④ 2023년 전체 대비 50대 여성취업자 수의 비중 = $\frac{2,051}{10,091}\times100 \fallingdotseq 20.3(\%)$이다.

⑤ 2020년 50대 이상 여성 취업자 수는 $1,714+1,123=2,837$(천 명)이고, 2022년 20대 여성 취업자 수와 차이를 구하면 $2,837-1,946=891$(천 명)이다.

## 09 ④

원두 수입 금액의 증가율을 계산하면 다음과 같다.

| 2019년 | 2020년 | 2021년 |
|---|---|---|
| – | $\frac{42.2-37.1}{37.1}\times100 \fallingdotseq 13.7(\%)$ | $\frac{55.5-42.2}{42.2}\times100 \fallingdotseq 31.5(\%)$ |

| 2022년 | 2023년 |
|---|---|
| $\frac{90.5-55.5}{55.5}\times100 \fallingdotseq 63.1(\%)$ | $\frac{109.8-90.5}{90.5}\times100 \fallingdotseq 21.3(\%)$ |

**[오답 점검]**

① 2023년 원두의 중량은 전년 대비 동일하고 수입금액만 증가했다. 따라서, 수입 금액 대비 중량은 감소했다.

② 커피 수입 금액은 생두, 원두, 커피 조제품의 금액 총합이다. 2020년은 전년 대비 감소했고 2021~2022년은 전년 대비 증가했다.

## 10 ④

ㄴ. 타이어비가 전체에서 차지하는 비중은 다음과 같다.

| 일반버스 | 저상버스 |
|---|---|
| $\frac{3,313}{439,362}\times100 \fallingdotseq 0.8(\%)$ | $\frac{8,282}{472,815}\times100 \fallingdotseq 1.8(\%)$ |
| **굴절버스** | |
| $\frac{4,306}{496,415}\times100 \fallingdotseq 0.9(\%)$ | |

ㄷ. 연료비가 높은 순서는 굴절버스, 저상버스, 일반버스이다.

**[오답 점검]**

ㄱ. 운전직 인건비는 일반버스와 굴절버스 모두 동일하고 연료비는 일반버스보다 굴절버스가 높으므로 운전직 인건비 대비 연료비는 굴절버스가 더 많다.

ㄹ. 이용객이 동일하다면 가동비용이 적은 버스를 운영하는 것이 버스회사에서는 경제적으로 이득이므로 가동비용이 가장 저렴한 일반버스를 운영할 것이다.

## 11 ②

2015년 전체 에너지소비량을 100%로 나타낸 것으로 수송용 에너지소비량이 차지하는 비중의 2배 이상이 산업용 에너지소비량의 비중이다.

**[오답 점검]**

① 전체 양을 알 수 없으므로 비중이 늘었다고 하여 에너지 소비량이 늘었다고 할 수 없다.

③, ⑤ 2010년과 2020년의 총에너지소비량을 알 수 없으므로 두 항목을 비교할 수 없다.

④ 2010년과 2020년 총에너지소비량이 동일하므로, 비중을 비교하면 약 2.2배 차이이다.

## 12 ①

ㄴ. 2021년 투자기준 해외직접투자 금액의 2020년 대비 증가율은 $\frac{(768.4-565.8)}{565.8}\times 100 \fallingdotseq 35.8(\%)$이다.

**[오답 점검]**

ㄱ. 2021년 신고기준 해외직접투자 건수는 2020년 대비 증가, 투자기준 해외직접투자 건수는 2020년 대비 감소했다.

ㄷ. 투자기준 해외직접투자 금액 대비 신고기준 해외직접투자 금액은 2019년 $\frac{844.6}{618.5}\fallingdotseq 1.4$(배), 2020년 $\frac{717.2}{565.8}\fallingdotseq 1.3$(배), 2021년 $\frac{1,105.0}{768.4}\fallingdotseq 1.4$(배), 2022년 $\frac{981.3}{771.5}\fallingdotseq 1.3$(배)로 모두 1.5배 미만으로 1.5배 이상인 해는 없다.

## 13 ③

②

| 2019년 | 2020년 | 2021년 |
|---|---|---|
| $\frac{1,917}{893}\fallingdotseq 2.1$ | $\frac{2,376}{1,112}\fallingdotseq 2.1$ | $\frac{2,709}{1,005}\fallingdotseq 2.7$ |

| 2022년 | 2023년 |
|---|---|
| $\frac{3,064}{1,268}\fallingdotseq 2.4$ | $\frac{3,154}{1,135}\fallingdotseq 2.8$ |

⑤ 2022년 전체 노인학대 발생건수는 전년 대비 106건 증가했다.

## 14 ②

국내 5개 은행 평균 대출금액은 대출금액$=\frac{\text{자산}}{100}\times$ '자산대비대출비중'이다. 따라서 국내 5개 은행 평균 대출금액 $=\frac{2,838}{100}\times 58.9=1,672$(억 달러)이다.

세계 10대 은행 평균 당기순이익을 $x$라 하고, $1.3=\frac{x}{23,329}\times 100$이고, $x=303$(억 달러)이다.

## 15 ④

2022년 전년 대비 유선방송 매출액의 증가율 $=\frac{2,133-2,172}{2,172}\times 100 \fallingdotseq -1.8(\%)$이다.

## 16 ②

ㄱ. 매년 중국어 자격증을 취득한 인원이 가장 많으므로 비중이 가장 크다.

ㄹ. 매년 관광통역 안내사 자격증을 취득한 인원은 2019년 1,159명, 2020년 1,657명, 2021년 3,152명, 2022년 2,471명, 2023년 2,059명이다. 따라서 2021년 관광통역 안내사 자격증을 취득한 인원이 가장 많다.

**[오답 점검]**

ㄴ. 영어 자격증 취득 인원의 증감 추이는 '증가–증가–감소–증가'이고 중국어 자격증 취득 인원의 증감 추이는 '증가–증가–감소–감소'이다.

ㄷ. 2020년 독어 자격증 취득한 인원의 2배가 태국어 자격증 취득한 인원이다.

## 17 ④

ㄴ. 2021년 월평균 근로시간과 월평균 1인당 임금총액은 모두 전년 대비 증가했다.

ㄷ. 2022년 월평균 근로시간의 전년 대비 감소율은 $\left|\frac{(158.7-160.7)}{160.7}\right|\times 100 \fallingdotseq 1.2(\%)$이다.

**[오답 점검]**

ㄱ. 월평균 근로시간을 월평균 근로일수로 나눈 일평균 근로시간은 2017년에 $166.3\div 20.1\fallingdotseq 8.3$(시간)으로 가장 높다.

## 18 ①

신규 적금 가입자가 25,000명이고, 10만 원 이상 50만 원 미만으로 가입한 사람의 비율은 37%이다. 따라서, $25,000\times 37\%=9,250$(명)이다.

## 19 ①

ㄱ. 3월 '가' 지역의 아파트 실거래가격지수와 2월 '다' 지역의 아파트 실거래가격지수가 동일하지만 아파트 실거래가격의 기준이 다르므로 알 수 없다.

ㄹ. '다' 지역의 아파트 실거래가격지수가 다른 두 지역보다 높으나 아파트 실거래가격이 높은지는 알 수 없다.

[오답 점검]

ㄴ. 아파트 실거래가격지수는 각 지역의 1월 실거래가격을 기준으로 삼고 있는데 '나' 지역 1월과 11월 아파트 실거래 가격지수가 각각 100.0으로 동일하므로 아파트 실거래 가격이 동일하다.

ㄷ. '가' 지역 아파트 실거래가격지수가 지속적으로 상승했으므로 아파트 실거래가격이 상승했다.

## 20 ③

각 해의 마트의 개수를 구하면 다음과 같다.

| 구분 | 2018년 | 2019년 | 2020년 |
|---|---|---|---|
| 개업 | 5 | 10 | 1 |
| 폐업 | 3 | 4 | 0 |
| 개업-폐업 | 2 | 6 | 1 |
| 마트 수 | $35-6$<br>$=29$ | $36-1$<br>$=35$ | $29-(-7)$<br>$=36$ |

| 구분 | 2021년 | 2022년 | 2023년 |
|---|---|---|---|
| 개업 | 0 | 5 | 11 |
| 폐업 | 7 | 6 | 5 |
| 개업-폐업 | -7 | -1 | 6 |
| 마트 수 | $28-(-1)$<br>$=29$ | $34-6$<br>$=28$ | 34 |

따라서, 2020년 36개로 가장 많은 마트가 있었다.

# 창의수리

| 01 | 02 | 03 | 04 | 05 | 06 | 07 | 08 | 09 | 10 |
|---|---|---|---|---|---|---|---|---|---|
| ③ | ⑤ | ⑤ | ④ | ① | ② | ④ | ③ | ④ | ② |
| 11 | 12 | 13 | 14 | 15 | 16 | 17 | 18 | 19 | 20 |
| ③ | ② | ④ | ② | ④ | ② | ⑤ | ② | ⑤ | ④ |

## 01 ③

중학생을 $x$명이라고 하자.

$2,000x + 1,200(9-x) > 2,000 \times 10 \times 0.75$

$800x + 10,800 > 15,000$

$800x > 4,200$

$x > \frac{21}{4} = 5.25$

따라서 중학생이 6명 이상이면 10인 단체권을 사는 것이 유리하다.

## 02 ⑤

a 또는 c를 맨 뒤에 놓고, 나머지 4장의 단어를 일렬로 나열하면 되므로 경우를 나누어 생각해 본다.

i ) _ _ _ _ a 경우: 맨 앞에서부터 올 수 있는 단어의 수는 $4! = 4\times3\times2\times1$

ii ) _ _ _ _ c 경우: 맨 앞에서부터 올 수 있는 단어의 수는 $4! = 4\times3\times2\times1$

따라서 24+24 = 48(가지)이다.

## 03 ⑤

가중평균을 이용하면 아래 표와 같다. 따라서 8%에 들어있는 소금물의 양은 200g이다.

| 2% | 5% | 8% |
|---|---|---|
| 3 : 3 | | |
| 1 : 1 | | |
| $400-x$ | 400g | $x$ |
| 200g | | 200g |

## 04 ④

딸의 나이를 $x$라고 하면, 아빠의 나이는 $(49-x)$가 된다. 10년 후 딸의 나이는 $(x+10)$, 아빠의 나이는 $(59-x)$가 되고, 아빠의 나이는 딸의 나이의 2배보다 15세가 많아진다고 했으므로, $(59-x) = 2(x+10)+15$가 된다.

따라서 $x$=8이 된다.

## 05 ①

작년 남학생 수를 $x$명이라 하면, 작년 여학생의 수는 $(1,150-x)$명이 된다.

$-x \times \frac{3}{100} + (1,150-x) \times \frac{2}{100} = 1,143-1,150$,

$-3x + 2,300 = -700$,

$-5x = -3,000$, $x = 600$

따라서 작년 남학생 수가 600명이므로 올해 남학생 수는 $600 \times \frac{97}{100} = 582$(명)이 된다.

## 06 ②

5명씩 $y$개 의자에 앉고 24명이 남았으므로 인원수는 $x=5y+24$, 또 8명씩 앉으면 7개의 의자가 남고 마지막 의자에 1명만 앉았으므로 $x=8(y-8)+1$이 된다.

따라서 $5y+24=8y-64+1$, $3y=87$, $y=29$가 된다. $y$값을 대입하면 $x=5\times29+24=169$가 된다.

따라서 169−29=140이 된다.

## 07 ④

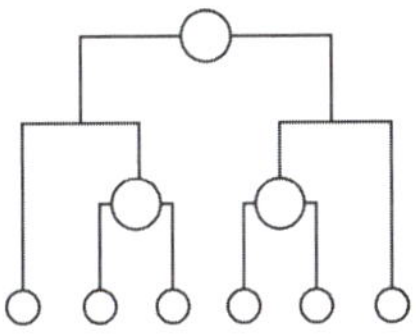

6개 팀 중에서 3팀을 먼저 고르고, 다시 3팀 중에서 2팀을 고르는 방법으로 구해야 하므로

$\frac{{}_6C_3}{2!} \times {}_3C_2 \times {}_3C_2 = 90$(가지)가 된다.

## 08 ③

$x$km 떨어진 지점에 갔다 온다고 하면 전체 걸리는 시간이 1시간 20분 이내이어야 하므로

$\frac{x}{5} + \frac{x}{3} \le \frac{4}{3}$, $3x+5x \le 20$, $\therefore x \le 2.5$(km)가 된다.

## 09 ④

티셔츠의 원가를 $x$원이라 하면, $x \times (1+\frac{3}{10}) - 100 = x + 1,100$, $\frac{13}{10}x - 100 = x + 1,100$, $3x = 12,000$

$\therefore x = 4,000$ (원)

## 10 ②

전체 일의 양을 1이라 하면 1일 동안 A와 B가 한 일의 양은 각각 $\frac{1}{20}$, $\frac{1}{12}$ 이므로 A와 B가 같이 일한 날을 $x$라고 하면, $\frac{1}{20} \times 4 + (\frac{1}{20}+\frac{1}{12})x = 1$, $12+(3+5)x = 60$, $8x = 48$,

$\therefore x = 6$이 된다. 따라서 A는 혼자서 4일, 함께 6일 동안 일을 하였으므로 총 10일 동안 일을 했다.

## 11 ③

합격자의 평균을 $x$점, 불합격자의 평균을 $y$점이라고 하면, 합격자는 30명, 불합격자는 170명이므로 200명의 평균은 $\frac{30x+170y}{200}$가 된다. 주어진 조건에 따라 정리하면, 최저 합격 점수는 200명의 평균보다 30점이 높으므로 $\frac{30x+170y}{200}$ + 30이 되고, 합격자의 평균보다는 4점이 낮으므로 $x-4$(점), 불합격자의 평균의 2배보다는 9점이 낮으므로 $2y-9$(점)이 된다.

세 가지 식이 모두 같으므로

$\frac{30x+170y}{200} + 30 = x - 4 = 2y - 9$가 된다.

앞의 두 식을 정리하면

$\frac{30x+170y}{200} + 30 = x - 4$, $x - y = 40$이 되고,

뒤의 두 식을 정리하면

$x - 4 = 2y - 9$, $x - 2y = -5$가 된다. 정리된 두 식을 연립방정식으로 계산하면 $x$=85, $y$=40이 된다.

따라서 최저 합격 점수는 $x$−4=85−4=81(점)이다.

## 12 ②

첫 케이크가 판매된 후 진열장에 남은 케이크의 개수는 다음과 같다.

| 시간 | 8분 후 | 12분 후 | 16분 후 | 24분 후 | 32분 후 | 36분 후 | 40분 후 | 48분 후 | 56분 후 | 60분 후 | 64분 후 | … |
|---|---|---|---|---|---|---|---|---|---|---|---|---|
| 남은 케이크 개수 | 28개 | 29개 | 28개 | 28개 | 27개 | 28개 | 27개 | 27개 | 26개 | 27개 | 26개 | … |

진열장에 있는 케이크는 8분 후부터 24분마다 한 개씩 줄어드는 것을 알 수 있다. 따라서 첫 케이크가 팔린 후, 8+24×28=8+672=680(분)이 지나면 케이크가 진열장에 한 개도 없게 되어 주인은 문을 닫게 된다.

## 13 ④

지은이와 승아의 속력을 각각 $x$m/분, $y$m/분이라 하자. 지은이와 승아가 10분 동안 이동한 거리는 각각 $10x$m, $10y$m이다. 이때 지은이와 승아가 같은 지점에서 동시에 반대 방향으로 출발했을 때 10분 만에 처음으로 만나므로 10분 동안 이동한 거리의 합의 호수의 둘레의 길이인 1km, 즉 1,000m와 같다.

즉 $10x + 10y = 1,000$, $y=100-x$ ⋯㉠,

지은이와 승아가 같은 지점에서 동시에 같은 방향으로 출발하면 늦어도 50분 안에 처음으로 만나므로 50분 동안 이동한 거리의 차는 호수의 둘레인 1,000m 이상이어야 한다. 이때 지은이와 승아가 50분 동안 이동한 거리는 각각 $50x$m, $50y$m이고, 지은이가 승아보다 빠르므로

$50x-50y \geq 1,000$에 ㉠을 대입하면,

$50x - 50(100-x) \geq 1,000$,

$50x - 5,000 + 50x \geq 1,000$,

$100x \geq 6,000$, $\therefore x \geq 60$이다.

따라서 지은이의 최소 속력은 60m/분이다.

## 14 ②

$\frac{a}{100} \times 30 + \frac{b}{100} \times 20 = \frac{10}{100} \times 50$, $3a+2b = 50$ ⋯ ㉠

$\frac{a}{100} \times 20 + \frac{b}{100} \times 30 = \frac{11}{100} \times 50$, $2a+3b = 55$ ⋯ ㉡,

두 식을 연립하면

$2(3a+2b) - 3(2a+3b) = 2 \times 50 - 3 \times 55$,

$6a + 4b - 6a - 9b = -5b = 100 - 165 = -65$,

$\therefore b = 13$

$b = 13$ 을 대입하면 $3a + 2 \times 13 = 3a + 26 = 50$, $a = 8$

$\therefore ab = 8 \times 13 = 104$

## 15 ④

주머니에는 총 8개의 공이 들어있다. 이 주머니에서 공 4개를 동시에 꺼낼 수 있는 경우의 수는 $_8C_4 = \dfrac{8\times7\times6\times5}{4\times3\times2\times1} = 70$(가지)가 된다. 이 중에서 공의 색깔이 모두 다른 경우의 수는 색깔별로 공을 1개씩 꺼내는 경우가 되므로 $_3C_1\times{}_1C_1\times{}_2C_1\times{}_2C_1 = 12$(가지)이다. 따라서 꺼낸 4개의 공이 모두 색이 다를 확률은 $\dfrac{12}{70}=\dfrac{6}{35}$이다.

## 16 ②

최단경로를 구하는 갈림길 계산법에 의하면 A에서 Q까지 이동이 가능한 경우는 총 10가지이다. 이때, A에서 P까지 이동 가능한 경우가 2가지이고, P에서 Q까지 이동 가능한 경우는 3가지이므로 2×3 =6(가지)가 된다. 따라서 P를 무조건 지나가는 확률은 $\dfrac{6}{10} = \dfrac{3}{5}$이 된다.

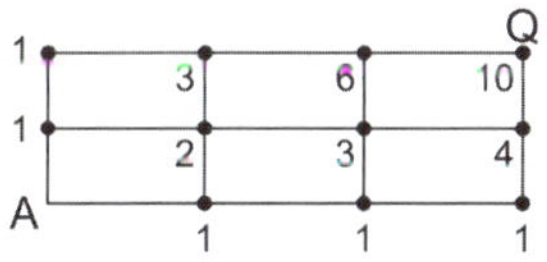


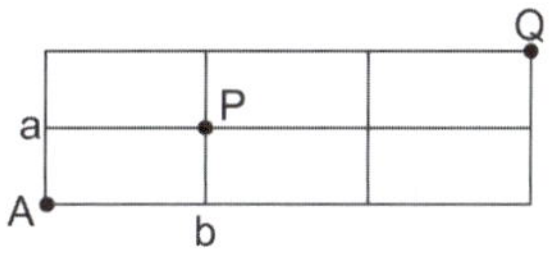


하지만 위 그림으로 보면 a를 지나갈 확률과 b를 지나갈 확률이 둘 다 $\dfrac{1}{2}$임을 알 수 있다.

a에서 위로 이동하여 지나갈 확률과 P를 지나갈 확률은 $\dfrac{1}{2}\times\dfrac{1}{2} = \dfrac{1}{4}$이 된다. 또한 b에서 오른쪽으로 이동하여 지나갈 확률과 P를 지나갈 확률도 $\dfrac{1}{2}\times\dfrac{1}{2} = \dfrac{1}{4}$이 된다. 따라서 P를 무조건 지나갈 확률은 A에서 P로 이동할 확률인 $\dfrac{1}{4}+\dfrac{1}{4}=\dfrac{1}{2}$이 된다.

## 17 ⑤

전체 작업의 양을 1이라고 하면, A가 1시간 동안 a만큼 일을 하고, B가 1시간 동안 b만큼 일을 한다고 하자.

A 혼자서 2시간을 일하고, B가 30분 동안 일을 하면 2a + 0.5b = 1이다. 또한 A와 B가 함께 일을 했을 때 전체 작업량의 20%가 남아있었으므로 나머지를 A혼자 30분을 더 일을 하고 마쳤기 때문에 0.5a = 0.2가 되고 a = 0.4이다.

a값을 대입하면 0.8 + 0.5b = 1이 되고 0.5b = 0.2이며, b= 0.4가 된다.

A와 B가 함께 일하면 1시간 동안 0.8만큼 일을 할 수 있고, $x$시간만큼 일을 했을 때 0.8만큼 일을 했으므로

$0.8x = 0.8$ 이고 $x$=1, 즉 1시간이다.

## 18 ②

월 소득을 $x$만 원이라 하고 세금으로 낸 돈은

$$300\times\frac{a}{100}\times(x-300)\times\frac{(a+1)}{100} = x\times\frac{(a+0.85)}{100}$$

$$300a+(x-300)(a+1) = x(a+0.85)$$

$$300a+ax+x-300a-300 = ax+0.85x$$

$$0.15x = 300$$

$$x = 2{,}000(\text{만 원})$$

## 19 ⑤

속력이 빠른 기차를 A라고 하고 그 길이를 3a라고 하면 속력이 느린 기차를 B라고 하고, 그 길이는 a가 된다.

이때, 시속 120km는 분속으로 바꾸면 $\dfrac{120{,}000}{60}=2{,}000(\text{m})$, 시속 96km는 분속으로 바꾸면 $\dfrac{96{,}000}{60}=1{,}600(\text{m})$이 된다. 6분 동안 A가 달린 거리는 12,000m, B가 달린 거리는 9,600m이다. 두 기차가 달린 거리가 21,600m이고, 두 기차의 길이를 더한 값이 4a이므로 a는 5,400m가 된다. 따라서 속력이 빠른 기차의 길이는 16,200m, 속력이 느린 기차의 길이는 5,400m가 된다.

## 20 ④

세 사람이 택시를 타고 $x$ km (단, x〉3)만큼 간다고 하면

$$1{,}200\times3+3{,}000+\frac{120}{150}\times(x-3)\times1{,}000\le9{,}960$$

$$3{,}600+3{,}000+800x-2{,}400\le9{,}960$$

$$800x+4{,}200\le9{,}960$$

$$800x\le5{,}760$$

$$x\le7.2$$

따라서 택시를 타고 최대 7.2km까지 가도 된다.

| 01 | 02 | 03 | 04 | 05 | 06 | 07 | 08 | 09 | 10 |
|---|---|---|---|---|---|---|---|---|---|
| ① | ② | ③ | ⑤ | ③ | ⑤ | ⑤ | ② | ④ | ① |
| 11 | 12 | 13 | 14 | 15 | 16 | 17 | 18 | 19 | 20 |
| ③ | ① | ③ | ④ | ② | ④ | ⑤ | ① | ② | ④ |

## 01 ①

A를 2번째에 고정하고 B를 A와 인접하지 않도록 배치하자. B는 4번째 또는 5번째로 줄을 선다.

| Case | 1 | 2 | 3 | 4 | 5 |
|---|---|---|---|---|---|
| 1 | | A | | B | |
| 2 | | A | | | B |

E는 맨 앞, 맨 뒤에 줄을 서지 않는다. Case 1에서 E는 3번째로 줄을 서고 Case 2에서는 E가 3번째로 줄을 서는 경우와 4번째로 줄을 서는 경우로 나눌 수 있다.

| Case | 1 | 2 | 3 | 4 | 5 |
|---|---|---|---|---|---|
| 1 | | A | E | B | |
| 2.1 | | A | E | | B |
| 2.2 | | A | | E | B |

C는 D보다 앞에 줄을 선다. C는 문제의 상황과 〈보기〉의 조건을 만족하는 경우에서 항상 1번째로 줄을 선다.

| Case | 1 | 2 | 3 | 4 | 5 |
|---|---|---|---|---|---|
| 1 | C | A | E | B | D |
| 2.1 | C | A | E | D | B |
| 2.2 | C | A | D | E | B |

## 02 ②

[치트키]

B와 E의 진술이 모순관계다. 드모르간을 생각하면 바로 보일 것이다. B의 진술이 거짓일 때 얻을 수 있는 정보는 'B 또는 D가 출장을 간다.'이다. 이는 E의 진술이다. 즉 B의 진술이 거짓이면 E의 진술은 진실이다. B의 진술이 진실이면 B와 D 둘 다 출장을 가지 않는다. 이는 E의 진술을 거짓으로 만든다.

D는 E가 하는 말이 진실이라고 한다. D의 진술이 진실이면 E의 진술은 진실이다. D의 진술이 거짓이면 E의 진술이 거짓이다. D와 E는 모든 경우에서 둘 다 진실을 말하거나 둘 다 거짓을 말하는 동일관계다.

문제에서 1명만 거짓을 말한다고 한다. 동일관계인 D와 E는 정답이 되는 경우에서 진실을 말한다. E와 B의 진술은 모순관계다. 거짓을 말하는 사람은 B이다.

[일반 풀이]

D와 E의 진술이 동일관계다. 문제에서 1명만 거짓을 말한다고 했으니 정답이 되는 경우에서 D와 E는 진실을 말한다. E의 진술이 진실이니 B나 D가 출장을 간다. B가 출장을 가는 경우와 D가 출장을 가는 경우로 나눠 접근해보자.

| | A의 진술 | B의 진술 | C의 진술 | D의 진술 | E의 진술 |
|---|---|---|---|---|---|
| B가 출장 | 거짓 | 거짓 | | | |
| D가 출장 | | 거짓 | | | |

B가 출장을 가는 경우 A, B의 진술이 거짓이다. C, D, E의 진술이 진실인지 거짓인지 판별하지 않아도 B가 출장을 가지 않는다고 알 수 있다. D가 출장을 간다. 이때 거짓을 말하는 사람은 B이다. 위에서 채우지 않은 내용(=진실/거짓)은 정답을 구하는데 꼭 필요하지 않은 정보라 채우지 않았다.

만약 D, E의 진술이 동일관계라는 점도 보이지 않았다면 다음과 같이 A가 출장을 가는 경우부터 E가 출장을 가는 경우까지 살펴보아야 한다.

| | A의 진술 | B의 진술 | C의 진술 | D의 진술 | E의 진술 |
|---|---|---|---|---|---|
| A가 출장 | 거짓 | 진실 | 진실 | 거짓 | 거짓 |
| B가 출장 | 거짓 | 거짓 | 거짓 | 진실 | 진실 |
| C가 출장 | 거짓 | 진실 | 진실 | 거짓 | 거짓 |
| D가 출장 | 진실 | 거짓 | 진실 | 진실 | 진실 |
| E가 출장 | 거짓 | 진실 | 거짓 | 거짓 | 거짓 |

## 03 ③

〈보기〉의 명제를 이어주자. 다음의 두 흐름으로 정리할 수 있다.

– 마 → 파 → ~무 → 햄

– ~쌀 → ~무 → 햄

[오답 점검]

① 무를 사면 햄을 산다.
두 흐름 모두 무를 사지 않으면 햄을 사지만 무를 산다고 하여 햄을 사는지 아닌지 알 수 없다. 참고로 두 흐름 모두 대우하면 [~햄 → 무 → ~파 → ~마], [~햄 → 무 → 쌀]이다. 항상 참인지 항상 거짓인지 알 수 없다.

② 쌀을 사지 않으면 햄을 사지 않는다.
[~쌀 → ~무 → 햄]을 보면 쌀을 사지 않으면 햄을 산다. 항상 거짓이다.

④ 마를 사면 쌀을 산다.
마와 쌀의 관계를 알 수 없다. 항상 참인지 거짓인지 판별할 수 없다.

⑤ 파를 사면 쌀을 사지 않는다.
파와 쌀의 관계를 알 수 없다. 항상 참/거짓 여부를 판별할 수 없다.

## 04 ⑤

우주를 2층에 고정하자. 이후 정후가 은영이보다 1개 층이 높은 곳에서 근무한다는 점을 토대로 경우를 나눠보자. 해당 문제의 선택지에서 같은 층에 근무하는지 여부만을 묻기에 표에서 왼쪽과 오른쪽을 구분할 필요는 없다.

| | | |
|---|---|---|
| 3층 | | |
| 2층 | 우주 | 정후 |
| 1층 | | 은영 |

Case 1

| | | |
|---|---|---|
| 3층 | | 정후 |
| 2층 | 우주 | 은영 |
| 1층 | | |

Case 2

인호는 소윤이보다 높은 층에서 근무한다. Case 1, 2 모두 인호는 3층에서 근무하고 소윤이는 1층에서 근무한다. 남은 한 자리는 언급하지 않은 민희의 자리다.

| | | |
|---|---|---|
| 3층 | 인호 | 민희 |
| 2층 | 우주 | 정후 |
| 1층 | 소윤 | 은영 |

Case 1

| | | |
|---|---|---|
| 3층 | 인호 | 정후 |
| 2층 | 우주 | 은영 |
| 1층 | 소윤 | 민희 |

Case 2

## 05 ③

[치트키]

B는 A가 진실을 말한다고 한다. B가 진실을 말하면 A의 진술도 진실이고 B가 거짓을 말하면 A의 진술도 거짓이다. A와 B는 모든 경우에서 둘 다 진실을 말하거나 둘 다 거짓을 말하는 동일관계다.
진실을 말하는 사람이 1명이다. B와 A는 정답이 되는 경우에서 둘 다 거짓을 말한다. 표창장을 받는 1명이 진실을 말한다. B와 A는 표창장을 받지 않는다.
정답이 되는 경우에서 A의 진술이 거짓이다. 이에 D와 E가 표창장을 받지 않는다고 알 수 있다. 표창장을 받는 1명은 진실을 말하기에 D와 E의 진술은 거짓이라고 알 수 있다.
정답인 경우에서 A, B, D, E의 진술이 거짓이다. 정답인 경우는 C가 표창장을 받는 경우이고 C가 진실을 말한다.

[일반 풀이]

진술관계가 보이지 않거나 보이더라도 활용하기 어렵다면 5명이 각기 표창장을 받는 5가지 경우에서 5명의 진술이 진실인지 거짓인지 판별해보자.

| | A의 진술 | B의 진술 | C의 진술 | D의 진술 | E의 진술 |
|---|---|---|---|---|---|
| A가 표창장 | 거짓 | 거짓 | 진실 | 진실 | 진실 |
| B가 표창장 | 거짓 | 거짓 | 거짓 | 진실 | 진실 |
| C가 표창장 | 거짓 | 거짓 | 진실 | 거짓 | 거짓 |
| D가 표창장 | 진실 | 진실 | 진실 | 거짓 | 거짓 |
| E가 표창장 | 진실 | 진실 | 진실 | 진실 | 진실 |

C가 표창장을 받는 경우 진실을 말하는 사람이 1명이다. 그러면서 표창장을 받는 C가 진실을 말하는 1명이다.

## 06 ⑤

[치트키]

〈보기〉의 명제를 정리하자. 보기 편하게 부등호를 한 방향으로 몰아서 정리하면 다음과 같다.

- E 〉 B 〉 C
- E 〉 D 〉 A

문제에서 제시한 2.0 1명, 1.5 1명, 1.0 2명, 0.5 1명이라는 점을 주목하자. E는 2.0일 수밖에 없다.

[일반 풀이]

- E 〉 B 〉 C
- E 〉 D 〉 A

〈보기〉의 명제를 정리한 위의 정리에서는 시력이 같은 사람이 없다. 뒤에서 2번째 시력인 1.0이 2명이라는 점을 고려하면 B, C 중에 1명과 D, A 중에 1명의 시력이 같다.

Case 1. B와 D의 시력이 같을 때
B와 D의 시력이 같다면 이 둘보다 시력이 나쁜 사람이 C와 A로 2명이다. 1.0 2명, 0.5 1명이라는 조건을 만족하지 않는다.

Case 2. B와 A의 시력이 같을 때
[E 〉 D 〉 B=A 〉 C]로 정리할 수 있다.

Case 3. C와 D의 시력이 같을 때
[E 〉 B 〉 C=D 〉 A]로 정리할 수 있다.

Case 4. C와 A의 시력이 같을 때
A와 C의 시력이 같으면 시력이 제일 낮은 사람이 2명이 된다. 0.5는 1명이다. 조건을 만족하지 않는다.

Case 2, 3 모두 E의 시력이 제일 좋다.

## 07 ⑤

테이블 문제에서 자리를 번호 등으로 명명하지 않았다면 마주 보고 앉는다는 조건을 고정조건처럼 쓸 수 있다. 문제에서 마주 보고 앉는다는 조건이 2개가 있는데 한 조건만 고정조건처럼 쓸 수 있고 다른 한 조건은 둘이 자리를 바꾸는 경우도 고려해야 한다. 관련한 설명은 풀이에서 이어가겠다.
C와 D를 마주 보는 자리에 고정하자. A와 B가 마주 보고 앉도록 배치하자. 단 A와 B의 경우 둘이 자리를 바꾸는 경우도 고려해야 한다.

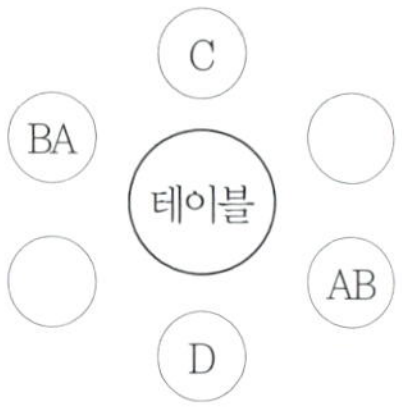


Case 1

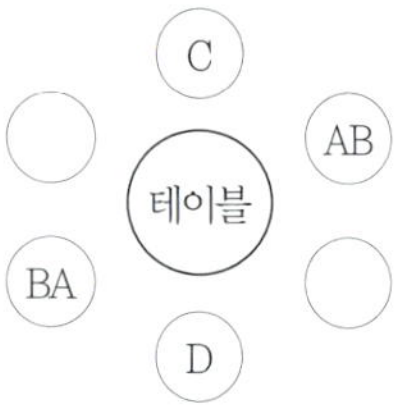


Case 2

Case 1, 2 모두 남은 두 자리는 E의 자리와 빈자리(아무도 앉지 않는 자리)다. E는 어디에 앉든 E와 인접한 양옆의 자리는 빈자리가 아니다.

*참고
해당 문제는 머리로만 푸는 방식이 가장 빠를 것으로 예상된다.

## 08 ②

준희와 아준이의 진술을 확인해보자. 준희는 아준이가 거짓을 말한다고 한다. 준희의 진술이 참이면 아준이의 진술은 거짓이고 준희의 진술이 거짓이면 아준이의 진술은 참이다. 준희와 아준이의 진술은 모순관계다.
설아와 아준이의 진술을 확인해보자. 설아의 진술이 거짓이라면 준희와 서현이는 감기에 걸리지 않았다는 정보를 얻을 수 있다. 그런데 이 정보는 아준이의 진술이다. 이에 따라 설아와 아준이의 진술이 모순관계라고 알 수 있다. 드모르간의 법칙을 상기해보자.
5명의 진술은 모두 참이거나 거짓이다. 이분법적으로 나뉘기에 준희와 설아는 동시에 참, 거짓을 말하고 아준이는 준희/설아와 반대되는 상태라고 알 수 있다. 즉 '준희, 설아 vs 아준'의 구도를 보인다. 1명이 거짓을 말하기 때문에 아준이가 거짓을 말한다고 알 수 있다. 아준이가 참을 말한다면 준희, 설아가 거짓을 말하는데 문제에서 제시한 1명이 거짓을 말한다는 상황을 만족하지 않기 때문이다.

**[다른 풀이]**
준희와 아준이의 진술이 모순관계라는 점을 알았지만 설아와 아준이의 진술이 모순관계라는 점을 알지 못했을 수도 있겠다고 판단된다. 이를 가정하여 풀이하겠다.
준희와 아준이 중 1명이 거짓을 말한다. 설아, 서현, 민혁의 진술은 참이다. 서현이의 진술을 참고하면 감기 걸린 사람이 될 수 있는 사람을 설아와 준희로 압축시킬 수 있다. 민혁이는 설아와 아준이가 감기에 걸리지 않았다고 한다. 따라서 준희가 감기에 걸렸다고 알 수 있다.
준희가 감기에 걸렸다는 정보를 토대로 아준이의 진술이 거짓이라고 알 수 있다.

## 09 ④

변수가 사람과 선물로 2가지다. 사람을 기준으로 선물 중 2가지를 선택한다. 선물을 기준으로 한 선물을 선택하는 사람이 2명 이상일 수 있다. 두 변수가 다대다의 구조를 보인다. 한 축에는 사람 다른 한 축에는 선물의 값을 채운 후 표 안을 O, X로 채워보자.
포스트잇을 선택한 사람은 1명이다. B가 선택한 선물 중 1가지가 D가 선택한 선물과 같다. B, D가 선택한 선물 중 중복되는 선물은 포스트잇이 아니다. B와 D가 포스트잇을 고르면 포스트잇을 선택한 사람이 2명이 되기 때문이다. B와 D의 중복 선물이 명함꽂이인 경우와 텀블러인 경우로 나눌 수 있다.

| | A | B | C | D |
|---|---|---|---|---|
| 명함꽂이 | | ○ | | ○ |
| 포스트잇(1) | | | | |
| 텀블러 | | | | |

Case 1

| | A | B | C | D |
|---|---|---|---|---|
| 명함꽂이 | | | | |
| 포스트잇(1) | | | | |
| 텀블러 | | ○ | | ○ |

Case 2

B가 선택한 선물 중 1가지가 D가 선택한 선물과 같다는 조건을 다시 고민해보자. Case 1에서는 명함꽂이가 중복 선물이다. 1가지가 같다고 했으니 B와 D 둘 다 명함꽂이와 텀블러를 선택할 수 없다. 둘 다 명함꽂이와 텀블러를 선택한다면 B가 선택한 선물 중 2가지가 D가 선택한 선물과 같다. 둘 중 1명은 포스트잇을 선택하고 나머지 1명은 텀블러를 선택한다. Case 2도 같은 접근으로 B와 D 중 1명이 명함꽂

이를 선택하고 나머지 1명이 포스트잇을 선택한다.
Case 1, 2 모두 포스트잇을 선택한 1명은 B이거나 D이다.
A와 C는 포스트잇을 선택하지 않는다.

[오답 점검]
다른 선택지의 판별을 돕기 위해 모든 경우를 정리하면 다음과 같다. Case 1, 2 모두 B가 포스트잇을 선택한 경우와 D가 포스트잇을 선택한 경우로 나뉘기에 편의상 ○/× 또는 ×/○로 표기했다.

| | A | B | C | D |
|---|---|---|---|---|
| 명함꽂이 | ○ | ○ | ○ | ○ |
| 포스트잇(1) | × | ○/× | × | ×/○ |
| 텀블러 | ○ | ×/○ | ○ | ○/× |

Case 1

| | A | B | C | D |
|---|---|---|---|---|
| 명함꽂이 | ○ | ○/× | ○ | ×/○ |
| 포스트잇(1) | × | ×/○ | × | ○/× |
| 텀블러 | ○ | ○ | ○ | ○ |

Case 2

*참고
해당 문제는 머리로만 푸는 방식이 가장 빠를 것으로 예상된다.

## 10 ①

[치트키1]
C는 B가 진실을 말한다고 한다. C와 B의 진술은 동일관계다. B와 C는 모든 경우에서 둘 다 진실을 말하거나 둘 다 거짓을 말한다. 다른 행동을 취하는 사람만 진실을 말하거나 거짓을 말한다. B와 C는 혼자만 진실이나 거짓을 말하지 않는다. B와 C는 다른 행동을 취하는 사람이 아니다.
A의 진술을 보자. A는 B가 다른 행동을 취하지 않는 사람이라고 한다. A의 진술은 진실이다. D의 진술을 보면 C가 다른 행동을 취한다고 한다. C의 진술은 거짓이다.
이에 따라 1명만 진실을 말할 때 A가 진실을 말하는 1명이자 다른 행동을 취하는 1명이라고 알 수 있다. 1명만 거짓을 말할 때 D가 거짓을 말하는 1명이자 다른 행동을 취하는 1명이라고 알 수 있다.

[치트키2]
다른 행동을 취하는 사람만 진실을 말하는 경우와 다른 행동을 취하는 사람이 거짓을 말하는 경우로 나뉜다. 각기 나누어 접근해보자.

Case 1. 다른 행동을 취하는 사람만 진실
C는 B가 진실을 말한다고 한다. C가 진실을 말하면 B도 진실을 말하고 C가 거짓을 말하면 B도 거짓을 말한다. C와 B의 진술은 모든 경우에서 둘 다 진실을 말하거나 둘 다 거짓을 말하는 모순관계다.
1명만 진실을 말한다고 가정했으니, C와 B는 정답이 되는 경우에서 거짓을 말한다. 또한 다른 행동을 취하는 사람이 진실이니 C와 B는 다른 행동을 취하지 않는다.
B의 진술이 거짓이니 A 또는 C가 다른 행동을 취한다고 알 수 있다. 이미 C가 다른 행동을 취하지 않는다고 알고 있다. 다른 행동을 취하는 사람은 A이고 A가 진실을 말한다.

Case 2. 다른 행동을 취하는 사람만 거짓
정답이 나왔지만 참고로 설명을 하면 다음과 같다. B와 C의 진술이 동일관계다. 이에 따라 B, C는 진실을 말한다. B의 진술이 진실이니 A도 다른 행동을 취하지 않고 A도 진실을 말한다. 거짓을 말하는 1명은 D이고 D가 다른 행동을 취한다.

[일반 풀이]
문제가 복잡해 보인다. A가 다른 행동을 취하는 경우부터 D가 다른 행동을 취하는 경우까지 총 4가지 경우에서 4명의 진술이 진실인지 거짓인지 확인해보자.

| | A의 진술 | B의 진술 | C의 진술 | D의 진술 |
|---|---|---|---|---|
| A가 다른 | 진실 | 거짓 | 거짓 | 거짓 |
| B가 다른 | 거짓 | 진실 | 진실 | 거짓 |
| C가 다른 | 진실 | 거짓 | 거짓 | 진실 |
| D가 다른 | 진실 | 진실 | 진실 | 거짓 |

A가 다른 행동을 취하는 경우 A만 진실을 말한다. D가 다른 행동을 취하는 경우 D만 거짓을 말한다.

## 11 ③

남자는 3명이고 남자끼리는 인접하게 줄을 서지 않는다. 1, 3, 5번째로 줄을 서는 사람이 남자다.
C 바로 앞에 D가 줄을 서고 A와 E의 성별은 다르다. 여자가 2명이라는 점을 고려했을 때 여자 중 1명은 C이거나 D이고 나머지 1명의 여자는 A이거나 E이다. 자연스럽게 B는 남자라고 알 수 있다. 이를 정리하면 다음과 같다.

| |
|---|
| 남자(3): C/D, A/E, B |
| 여자(2): D/C, E/A |

B는 A보다 뒤에 줄을 선다. B는 남자이기에 1번째, 3번째, 5번째로 줄을 설 수 있는데 B가 1번째로 줄을 서면 A가 B보다 앞에 줄을 설 수 없다. B는 3번째 또는 5번째로 줄을 선다.

| | 남 | 여 | 남 | 여 | 남 |
|---|---|---|---|---|---|
| Case | 1 | 2 | 3 | 4 | 5 |
| 1 | | | B | | |
| 2 | | | | | B |

C 바로 앞에 D가 줄을 선다. Case 1에서 D가 1번째로 줄을 서는 경우와 4번째로 줄을 서는 경우로 나눌 수 있고 Case 2에서는 D가 1번째로 줄을 서는 경우, 2번째로 줄을 서는 경우, 3번째로 줄을 서는 경우로 나눌 수 있다. 바로 경우를 나눠도 되지만 A가 C보다 앞에 줄을 서는 점을 고려했을 때 Case 1, 2 모두 D가 1번째로 줄을 서는 경우는 문제의 조건을 만족하지 않는다. D가 1번째로 줄을 서는 경우 제하고 경우를 나눠보자.

| | 남 | 여 | 남 | 여 | 남 |
|---|---|---|---|---|---|
| Case | 1 | 2 | 3 | 4 | 5 |
| 1 | | | B | D | C |
| 2.1 | | D | C | | B |
| 2.2 | | | D | C | B |

각 경우에서 남은 두 자리는 A와 E의 자리다. A가 C보다 앞에 줄을 설 수 있도록 정리하면 다음과 같다. 편의상 A와 E가 자리를 바꾸는 경우 Case 1, 2.2에 AE 또는 EA로 표기했지만 문제에서 묻는 바는 4번째로 줄을 서는 사람의 수이기 때문에 성립하는 경우인지만 체크해도 되겠다.

| | 남 | 여 | 남 | 여 | 남 |
|---|---|---|---|---|---|
| Case | 1 | 2 | 3 | 4 | 5 |
| 1 | AE | EA | B | D | C |
| 2.1 | A | D | C | E | B |
| 2.2 | AE | EA | D | C | B |

## 12 ①

자리에 번호가 있다. 일반적으로 테이블 문제에서 마주 본다는 조건을 고정조건처럼 쓸 수 있지만 자리에 번호가 있는 경우 마주 보는 2명이 자리를 바꾸는 경우도 고려해야 한다. B를 2번째로 고정하자. 이후 C와 E가 마주 본다는 조건을 토대로 경우를 나눠보자.

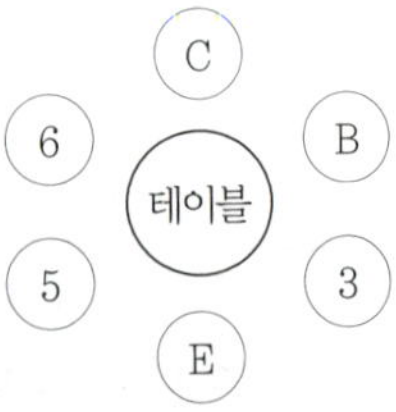

Case 1

Case 2

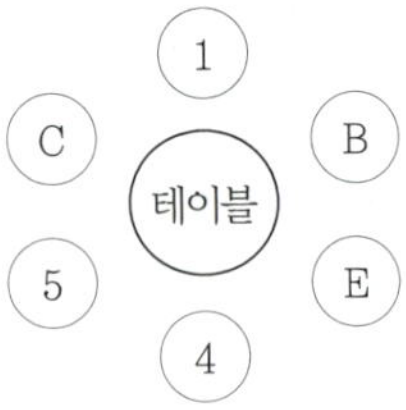

Case 3

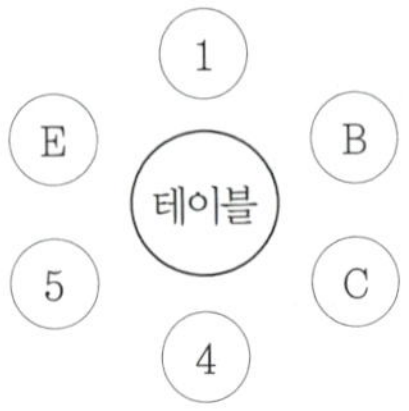

Case 4

D는 C보다 먼저 회의장에 도착했다. Case 1은 C가 1번째로 회의장에 도착한 경우이기에 D가 들어갈 자리가 없다. Case 2에서 D는 3번째, Case 4에서 D는 1번째로 회의장에 도착했다. Case 3은 D가 1, 4, 5번째로 도착하는 3가지 경우로 나눌 수 있다.

A와 F는 서로 인접하게 앉았다. Case 2, 4에서 빈 두 의자가 A, F가 앉은 의자다. 단, 누가 몇 번째로 도착했는지는 확정할 수 없다. 이를 AF 또는 FA로 표기했다. Case 3에서 A와 F가 인접하게 앉은 자리는 4, 5번 자리뿐이다. 자연스럽게 D가 1번 의자에 앉았다고 알 수 있다.

Case 2

Case 3

Case 4

**[오답 점검]**

정답이 아닌 선택지의 반례를 찾아보면 다음과 같다. 참고로 여러 반례가 나올 수 있다. 풀이 및 분석 과정에서 찾은 반례와 다를 수 있다.

②, ⑤의 반례

③의 반례

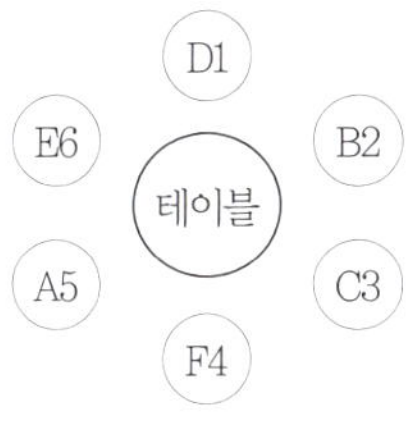


④의 반례

## 13 ③

A와 C의 진술을 확인하자. A의 진술이 참이면 C의 진술이 거짓이고 A의 진술이 거짓이면 C의 진술은 참이다. A와 C의 진술은 모순관계다.

A가 거짓을 말하거나 C가 거짓을 말한다. B, D, E는 참을 말한다. B와 E의 진술을 토대로 A, E, D는 심술나지 않았다고 알 수 있다. 심술 난 2명은 B, C이다.

[오답 점검]

D의 진술을 토대로 B와 C 중에 1명만 심술났다고 오해할 수 있으나 '또는'의 경우 둘 다 만족해도 참이다. 즉 B가 심술났고 C는 심술나지 않아도, B가 심술나지 않고 C가 심술나도 D의 진술은 참이고 B와 C 둘 다 심술나도 D의 진술은 참이다.

## 14 ④

여자인 단원의 수는 남자인 단원의 수보다 많다. 여자가 5명인 경우, 여자가 4명이고 남자가 1명인 경우, 여자가 3명이고 남자가 2명인 경우로 나눌 수 있다.

오보에를 연주하는 단원은 2명이고 티파니를 연주하는 사람은 E뿐이다. 바이올린을 연주하는 사람이 2명이라고 알 수 있다.

변수가 사람, 악기, 성(性)으로 3가지다. 악기와 성(性)의 값을 각 축으로 두고 사람을 채우는 풀이가 직관적일 확률이 높다. 연주하는 인원이 몇 명인지를 적어 실수를 줄이자. C는 남자이고 바이올린을 연주한다는 정보도 기입하자.

| | 남 | 여 |
|---|---|---|
| 오보에(2) | | |
| 바이올린(2) | C | |
| 티파니(1) | | |

E는 티파니를 연주하지만 성(性)을 모른다. 성(性) 미정인 칸을 두자. 오보에를 연주하는 단원은 모두 여자다. 오보에이면서 남자인 칸에 X를 표기하자.

| | 남 | 여 | 미정 |
|---|---|---|---|
| 오보에(2) | X | | |
| 바이올린(2) | C | | |
| 티파니(1) | | | E |

A와 B의 성(性)이 다르다. A와 B가 둘 다 오보에를 연주할 수 없다. 오보에를 연주하는 사람 2명을 확정해야 하고 어떤 악기를 연주하는지 확정하지 않은 사람은 A, B, D이다. 자연스럽게 D가 오보에를 연주하고 A인지 B인지 확정할 수 없지만 둘 중 1명도 오보에를 연주한다. 자연스럽게 A, B 중 1명이 오보에를 연주하고 나머지 1명이 바이올린을 연주한다고 알 수 있다. A와 B가 자리를 바꿀 수 있으니 이를 A/B 또는 B/A로 표기하자.

| | 남 | 여 | 미정 |
|---|---|---|---|
| 오보에(2) | X | D, A/B | |
| 바이올린(2) | C | | B/A |
| 티파니(1) | | | E |

여자인 단원의 수는 남자인 단원의 수보다 많다. 위에서 표기한 A/B가 여자이기 때문에 B/A는 남자다. 남자인 단원의 수의 최댓값은 2이기 때문에 E가 여자라고 알 수 있다.

| | 남 | 여 |
|---|---|---|
| 오보에(2) | X | D, A/B |
| 바이올린(2) | C, B/A | |
| 티파니(1) | | E |

## 15 ②

A의 두 진술을 보면 B가 퇴근하는 경우 A의 두 진술이 거짓이다. B가 퇴근하는 경우는 조건을 만족하지 않는다. 이는 B의 두 진술을 보아도 마찬가지다. B가 퇴근하는 경우 B의 두 진술이 거짓이다.

A가 퇴근하는 경우와 C가 퇴근하는 경우에서 6개의 진술이 진실인지 거짓인지 판별해보자. 편의상 위의 진술을 진술1, 아래의 진술을 진술2라 표기했다.

| | A진술 1 | A진술 2 | B진술 1 | B진술 2 | C진술 1 | C진술 2 |
|---|---|---|---|---|---|---|
| A가 퇴근 | 진실 | 거짓 | 거짓 | 진실 | 진실 | 거짓 |
| C가 퇴근 | 거짓 | 진실 | 진실 | 거짓 | 거짓 | 진실 |

두 경우 모두 한 인물의 두 진술 중 하나가 진실, 나머지 하나가 거짓이라는 점을 충족한다. 현재의 정보로 A가 퇴근할 수도 있고 C가 퇴근할 수도 있다고 판단된다. 'A가 퇴근하

지 않는다.'도 'C가 퇴근하지 않는다.'도 항상 참은 아니다.

**[오답 점검]**

오답까지는 아니고 참고사항이다. B가 퇴근하는 경우 6개의 진술의 진실/거짓 여부는 다음과 같다. C의 두 진술에서도 B가 퇴근하는 경우 두 진술이 거짓이다.

| | A진술 1 | A진술 2 | B진술 1 | B진술 2 | C진술 1 | C진술 2 |
|---|---|---|---|---|---|---|
| B가 퇴근 | 거짓 | 거짓 | 거짓 | 거짓 | 거짓 | 거짓 |

## 16 ④

변수가 사람, 요일, 장소로 3가지다. 표의 각 축에 요일과 장소의 값을 적고 표 안을 사람으로 채워보자. 표 안을 사람으로 채우는 이유는 각 축에 둔 값과 연관성을 보여야 표를 채우거나 이해하기 직관적이기 때문이다. (해당 문제에서는 장소와 요일의 관계가 보이는 조건이 없다.)
B를 화요일에 청주, A를 수요일에 이천으로 배치하자.

| | 월 | 화 | 수 |
|---|---|---|---|
| 청주 | | B | |
| 이천 | | | A |
| 분당 | | | |

3명 모두 하루에 한 곳씩 총 세 곳으로 출장을 간다. 각 요일의 축을 기준으로 사람이 1번씩은 나와야 한다. 즉 월요일에 A가 1번, 화요일에 A가 1번, 수요일에 A가 1번 나와야 한다. 또한 3명 모두 세 곳을 방문하기에 각 장소에 A, B, C가 한 번씩은 언급되어야 한다. 〈보기〉의 조건도 고려해 보자. 일자와 출장 장소가 겹치는 사람은 없다. 위 표의 한 칸에 1명씩 배치해야 한다. 이를 토대로 가로로도, 세로로도 값이 겹치지 않는다고 알 수 있다.
화요일에 이천을 보면 B는 이미 화요일에 청주로 출장을 가기에 B는 화요일에 이천으로 출장을 가지 않는다. A는 수요일에 이천으로 출장을 간다. A는 화요일에 이천으로 출장을 가지 않는다. 따라서 화요일에 이천으로 출장을 가는 사람은 C다. C의 값을 채우면 자연스럽게 A가 화요일에 분당으로 출장을 가고 B가 월요일에 이천으로 출장을 간다고 알 수 있다.

| | 월 | 화 | 수 |
|---|---|---|---|
| 청주 | | B | |
| 이천 | B | C | A |
| 분당 | | A | |

C는 A보다 먼저 분당으로 출장을 간다. A가 화요일에 분당으로 출장을 가니 C는 월요일에 분당으로 출장을 간다. 이덕에 월요일에 청주로 출장을 가는 사람은 A이고 수요일에 분당으로 출장을 가는 사람은 B라고 알 수 있다.

| | 월 | 화 | 수 |
|---|---|---|---|
| 청주 | A | B | |
| 이천 | B | C | A |
| 분당 | C | A | B |

남은 수요일에 청주는 C의 자리다.

## 17 ⑤

〈보기〉의 명제들을 정리하면 다음과 같다.
- 하얀 → 빨간 → ~노란 → ~파란
- 하얀 → 빨간 → 까만

참고로 위의 두 정리를 대우하면 다음과 같다. 각 명제를 대우한 뒤, 이었다고 생각해도 무방하다.
- 파란 → 노란 → ~빨간 → ~하얀
- ~까만 → ~빨간 → ~하얀

**[오답 점검]**

① 하얀 티셔츠를 구매하면 까만 티셔츠를 구매한다.
[하얀 → 빨간 → 까만]에 의해 항상 참이다.
② 노란 티셔츠를 구매하면 파란 티셔츠를 구매한다.
[파란 → 노란 → ~빨간 → ~하얀]과 같이 노란 티셔츠를 구매했다고 하여 파란 티셔츠를 구매하는지는 알 수 없다. 노란 티셔츠는 파란 티셔츠를 구매했을 때 구매하는 티셔츠이지 노란 티셔츠를 샀다고 하여 왼쪽에 있는 파란 티셔츠를 구매했는지는 알 수 없다. [노란 → ~빨간 → ~하얀]으로 보면 오해가 없을 것이다. 항상 참인지 거짓인지 알 수 없다.
③ 까만 티셔츠를 구매하지 않으면 파란 티셔츠를 구매하지 않는다.
까만 티셔츠와 파란 티셔츠의 관계를 확정할 수 없다. 항상 참인지 거짓인지 판별할 수 없다.
④ 빨간 티셔츠를 구매하지 않으면 노란 티셔츠를 구매한다.
[파란 → 노란 → ~빨간 → ~하얀]과 같이 빨간 티셔츠를 구매하지 않았다고 하여 ~빨간보다 왼쪽에 있는 노란 티셔츠를 구매했는지 확정할 수 없다. [~빨간 → ~하얀]으로 보면 오해가 없을 것으로 예상된다. 항상 참인지 거짓인지 알 수 없다.

## 18 ①

3개의 팀 모두 인원이 2명씩이고 직급이 CL4인 직원이 속하지 않은 팀은 없다. 이를 토대로 각 팀은 CL2인 직원 1명, CL4인 직원 1명으로 구성됐다고 알 수 있다.

C의 소속은 개발팀이고 B와 F는 같은 팀 소속이다. B와 F가 PE팀인 경우와 TEST팀인 경우로 나눌 수 있다.

| |
|---|
| PE: B, F |
| 개발: C |
| TEST: |

Case 1

| |
|---|
| PE: |
| 개발: C |
| TEST: B, F |

Case 2

A와 E는 서로 다른 팀 소속이다. A, B, C의 직급이 CL2라는 점을 고려했을 때 A는 B, C와 같은 팀일 수 없다. Case 1, 2에 B, C를 피해서 A를 배치해보자. A와 다른 팀인 E는 자연스럽게 C와 같은 팀이다.

| |
|---|
| PE: B, F |
| 개발: C, E |
| TEST: A |

Case 1

| |
|---|
| PE: A |
| 개발: C, E |
| TEST: B, F |

Case 2

Case 1, 2 모두 D는 A와 같은 팀이다.

## 19 ②

6명 모두 한 메뉴 이상을 주문하고 주문하는 메뉴는 짜장면과 짬뽕이다. 짜장면만 주문하는 사람, 짬뽕만 주문하는 사람, 짜장면과 짬뽕 둘 다 주문하는 사람으로 나뉜다. 한 축에 메뉴, 다른 한 축에 사람을 두고 ○, ×로 표기해보자. 짬뽕을 주문하는 사람은 3명이다.
F는 짜장면만 주문한다. F는 짬뽕을 주문하지 않는다고 알 수 있다. B는 짬뽕을 주문한다. B가 짜장면을 주문하는지는 알 수 없으니 빈칸으로 두자. C는 짜장면을 주문한다. C가 짬뽕을 주문하는지는 아직 알 수 없다.

| | A | B | C | D | E | F |
|---|---|---|---|---|---|---|
| 짜장면 | | | ○ | | | ○ |
| 짬뽕(3) | | ○ | | | | × |

A가 짜장면을 주문한다면 F는 짬뽕을 주문한다. 그런데 F는 짬뽕을 주문하지 않는다. A가 짜장면을 주문한다면 F의 짬뽕 주문 여부가 충돌된다. A는 짜장면을 주문하지 않는다. A가 짜장면을 주문한다면 F는 짬뽕을 주문한다는 조건을 대우하여 알 수 있는 정보지만 실제 풀이에서는 대우가 잘 생각나지 않는다. 앞부분(=전건)을 만족하면 뒷부분(=후건)이 충돌되기 때문에 앞부분을 만족하지 않는다고 접근하는 방법을 추천한다. A는 짜장면을 주문하지 않고 인당 한 메뉴 이상을 주문하니 A는 짬뽕을 주문한다.
D는 C가 주문하는 메뉴를 모두 주문한다. C가 짜장면을 주문했으니 D도 짜장면을 주문한다. 아직 C와 D의 짬뽕 주문 여부는 알 수 없다.

| | A | B | C | D | E | F |
|---|---|---|---|---|---|---|
| 짜장면 | × | | ○ | ○ | | ○ |
| 짬뽕(3) | ○ | ○ | | | | × |

짬뽕을 주문하는 사람이 3명이다. A, B는 확정이고 C, D, E 중 1명이 짬뽕을 주문한다. 그런데 C가 짬뽕을 주문하면 D는 C가 주문하는 메뉴를 모두 주문한다는 조건으로 인해 D도 짬뽕을 주문하게 되어 짬뽕을 주문하는 사람이 4명이 된다. C는 짬뽕을 주문하지 않는다.
C가 짬뽕을 주문하지 않는다고 하여 D도 짬뽕을 주문하지 않는다고 확정할 수 없다. C와 D는 C⊂D의 포함관계이지 상동이 아니다.

| | A | B | C | D | E | F |
|---|---|---|---|---|---|---|
| 짜장면 | × | | ○ | ○ | | ○ |
| 짬뽕(3) | ○ | ○ | × | | | × |

결과적으로 D가 짬뽕을 주문하는 경우와 E가 짬뽕을 주문하는 경우로 나눌 수 있지만 D와 E는 반드시 짬뽕을 주문하는 사람이 아니다. 반드시 짬뽕을 주문하는 사람은 A와 B다.

## 20 ④

**[치트키]**

B는 A의 진술이 진실이라고 한다. B의 진술이 진실이면 A의 진술도 진실이고 B의 진술이 거짓이면 A의 진술도 거짓이다. B와 A의 진술은 모든 경우에서 둘 다 진실을 말하거나 둘 다 거짓을 말하는 동일관계다.
E와 D의 진술도 B와 A의 진술과 같이 동일관계다.
문제에서 2명만 진실을 말한다고 한다. B, A가 진실을 말하거나 E, D가 진실을 말한다. 인원이 5명이기에 C는 진실이 아니다. C가 진실이면 C 외에 1명이 더 진실을 말해야 하는데 B, A도 E, D도 1명만 진실을 말할 수 없다. C가 거짓이기에 D 또는 E가 커피를 마신다고 알 수 있다. ③ B, C를 소거하자.
아쉽게도 더 정보를 얻기는 어렵다고 생각된다. A, B가 진실인 경우와 D, E가 진실인 경우로 나누어 접근하자.

Case 1. A, B가 진실이고 D, E가 거짓인 경우
A가 진실이니 E가 커피를 마신다. D가 거짓이니 B와 E는 녹차를 마신다. 즉 B와 E는 커피를 마시지 않는다. E가 커피를 마시는지 아닌지 정보가 부딪힌다. 소거하자.

Case 2. D, E가 진실이고 A, B가 거짓인 경우
D가 진실이니 B 또는 E가 커피를 마신다. A가 거짓이니 E는 녹차를 마신다. 즉 E는 커피를 마시지 않는다. D의 말이 진실인 경우는 B가 커피를 마시고 E가 커피를 마시지 않는 경우, B가 커피를 마시지 않고 E가 커피를 마시는 경우, B와 E가 커피를 마시는 경우인데 이 중 B가 커피를 마시고 E가 커피를 마시지 않는 경우가 성립되며 D가 진실을 말한다고 알 수 있다. B를 언급하지 않는 ① A, D ② A, E ⑤ C, E를 소거하자.

**[일반 풀이]**
진술관계를 확인했더라도 정보를 얻기 어려운 문제였다. 선택지에서 제시한 5가지 경우 중 2명만 진실을 말하는 경우를 찾아보자.

| 커피 \ 진술 | A | B | C | D | E |
|---|---|---|---|---|---|
| ① A, D | 거짓 | 거짓 | 거짓 | 거짓 | 거짓 |
| ② A, E | 진실 | 진실 | 거짓 | 진실 | 진실 |
| ③ B, C | 거짓 | 거짓 | 진실 | 진실 | 진실 |
| ④ B, D | 거짓 | 거짓 | 거짓 | 진실 | 진실 |
| ⑤ C, E | 진실 | 진실 | 거짓 | 진실 | 진실 |

B와 D가 커피를 마실 때 2명만 진실을 말한다.

## 수열추리

| 01 | 02 | 03 | 04 | 05 | 06 | 07 | 08 | 09 | 10 |
|---|---|---|---|---|---|---|---|---|---|
| ③ | ① | ② | ④ | ① | ⑤ | ⑤ | ③ | ⑤ | ② |
| 11 | 12 | 13 | 14 | 15 | 16 | 17 | 18 | 19 | 20 |
| ⑤ | ② | ③ | ① | ③ | ④ | ② | ① | ④ | ③ |

### 01 ③

제시된 수들은 공비가 6인 등비수열의 규칙을 가지므로 A 위치에 들어갈 알맞은 수는 '11,664'이다.

### 02 ①

제시된 수들은 앞선 두 항 중 앞항에서 뒷항을 뺀 수가 그다음 항에 오는 특수한 형태의 수열이다. 따라서 9번째에 올 수는 -33-56=-89, 10번째에 올 수는 56-(-89)=145, 11번째에 올 수는 -89-145=-234, 12번째에 올 수는 145-(-234)=379이다.

### 03 ②

제시된 수들은 '+3', '÷2'가 번갈아 적용되는 규칙을 가지는 교대 수열이므로 A 위치에 들어갈 알맞은 수는 '22.375'이다.

### 04 ④

제시된 수들은 앞선 두 개의 수들의 합으로 다음 항이 생겨나는 피보나치 수열이므로 A 위치에 들어갈 알맞은 수는 '29'이다.

### 05 ①

제시된 수들은 세 개의 항씩 묶어 규칙을 갖는 군수열로 세 개의 항의 합이 40인 규칙을 가진다. 따라서 7번째 수가 32이므로 8번째와 9번째 수의 합은 8이다.

### 06 ⑤

제시된 수들은 공차가 +1.38인 등차수열의 규칙을 가지므로 A 위치에 들어갈 알맞은 수는 '10.16'이다.

### 07 ⑤

제시된 수들은 앞항의 수에 ×3을 한 후 +1을 한 특수한 형태의 수열이다. 따라서 8번째 수는 2,551×3+1=7,654, 9번째 수는 7,654×3+1=22,963이다.

### 08 ③

제시된 수들은 공비가 37인 등비수열의 규칙을 가지므로 A 위치에 들어갈 알맞은 수는 '12'이다.

### 09 ⑤

제시된 수들은 인접한 항의 차이가 일정한 규칙을 갖는 계차수열로 인접한 항의 차이가 초항이 6, 공차가 6인 등차수열의 규칙을 가지므로 A에 들어갈 수는 61, B에 들어갈 수는 169이다. 따라서 A+B=230이다.

### 10 ②

제시된 수들은 앞선 두 개의 숫자들의 합으로 다음 항이 생겨나는 피보나치 수열이므로 A 위치에 들어갈 알맞은 수는 '88'이다.

### 11 ⑤

제시된 수들은 $+\frac{1}{2}$, $+\frac{1}{3}$이 번갈아 적용되는 규칙을 가지는 교대수열이다. 즉 첫 번째 항에서 $+\frac{5}{6}$를 하면 세 번째 항을 구할 수 있다. 이를 이용하면 7번째 항에서 $\frac{5}{6}$를 두 번 더하면 11번째 항을 구할 수 있다. $3+\frac{5}{6}+\frac{5}{6}=\frac{28}{6}=\frac{14}{3}$이다.

### 12 ②

제시된 수들은 역수가 등차수열인 조화수열로, 제시된 수들의 역수는 다음과 같다.

$\frac{1}{90}$ $\frac{2}{90}$ $\frac{3}{90}$ $\frac{4}{90}$ $\frac{5}{90}$

이에 따라 제시된 수들의 역수는 초항이 $\frac{1}{90}$이고 공차가 $\frac{1}{90}$인 등차수열로 A 위치에 들어갈 알맞은 수는 $\frac{6}{90}$의 역수를 약분한 형태인 '15'이다.

## 13 ③

제시된 수들은 가운데 수가 양옆의 수의 평균값인 특수 수열이므로 A에 들어갈 수는 20, B에 들어갈 수는 −64이다. 따라서 A−B=84이다.

## 14 ①

제시된 수들은 공차가 −27인 등차수열의 규칙을 가지므로 A 위치에 들어갈 알맞은 수는 '187'이다.

## 15 ③

제시된 수들은 세 개의 항씩 묶어 규칙을 갖는 군수열로 앞선 두 개의 수들의 합으로 다음 항이 생겨나므로 A 위치에 들어갈 알맞은 수는 '14.2'이다.

## 16 ④

제시된 수들의 분자는 1항이 2에서 시작하는 소수의 나열, 분모는 1항이 2에서 시작하는 공비가 2인 등비수열이다. 따라서 10번째 수의 분자는 10번째 소수인 29, 분모는 $128\times2\times2\times2=1,024$이다.

## 17 ②

제시된 수들은 공비가 64인 등비수열의 규칙을 가지므로 A 위치에 들어갈 알맞은 수는 '2,147,483,648'이다.

## 18 ①

제시된 수들은 인접한 항의 차이가 일정한 규칙을 갖는 계차수열로 인접한 항의 차이가 초항이 13, 공차가 13인 등차수열의 규칙을 가지므로 A 위치에 들어갈 알맞은 수는 '306'이다.

## 19 ④

제시된 수들은 앞선 두 수의 합으로 다음 항이 생겨나는 피보나치수열이므로 A와 B의 합은 계산하지 않아도 218.3이라는 것을 알 수 있다. (A에 들어갈 수는 83.3, B에 들어갈 수는 135이다.)

## 20 ③

제시된 수들은 공비가 $\frac{7}{3}$인 등비수열의 규칙을 가지므로 A 위치에 들어갈 알맞은 수는 '$\frac{12,005}{1,458}$'이다.

# 실전 모의고사 2회

## 언어이해

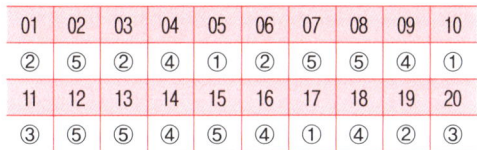

| 01 | 02 | 03 | 04 | 05 | 06 | 07 | 08 | 09 | 10 |
|---|---|---|---|---|---|---|---|---|---|
| ② | ⑤ | ② | ④ | ① | ② | ⑤ | ⑤ | ④ | ① |
| 11 | 12 | 13 | 14 | 15 | 16 | 17 | 18 | 19 | 20 |
| ③ | ⑤ | ⑤ | ④ | ⑤ | ④ | ① | ④ | ② | ③ |

### 01 ②

피터팬 증후군은 성인 역할을 받아들이지 않으려 하고, 책임을 회피하며, 현실적인 문제를 직면하지 않는 것이다. 파랑새 증후군은 끊임없이 외부에서 더 나은 것, 더 행복한 것을 추구하며, 현재 상황에 만족하지 않고 끊임없이 새로운 목표를 설정하는 특성을 보인다. 따라서, 두 증후군 모두 불안정한 심리적 상태와 삶에 대한 불만족을 보인다고 할 수 있다.

**[오답 점검]**

① 피터팬 증후군은 성인 역할을 거부하고 책임을 회피하는 경향이지만, 과거의 성공에 매몰되어 있는 것과는 관련이 없다.

③ 주어진 글에서는 인간관계 유지에 관한 내용을 찾을 수 없다. 또한 파랑새 증후군은 외부에서 끊임없이 더 나은 것을 찾아다니는 성향이기 때문에 안정적인 관계를 유지하기는 힘들 것이다.

④ 피터팬 증후군은 성인 역할에 대한 거부와 내적 성장의 두려움과 관련이 있으며, 외적인 요인보다는 개인의 심리적 상태에 의한 것이다.

⑤ 파랑새 증후군을 겪는 사람들은 목표를 성취해도 만족하지 못하는 경향이 있다.

### 02 ⑤

'알파 리놀렌산'이라 칭하기도 하는 아마씨 오일, 캐놀라 오일과 같은 식물성 오일 그리고 연어, 정어리, 고등어나 참치와 같이 낮은 수온에서 사는 생선에 고농도로 들어 있으며, 이 결핍은 성장 지연, 근육 약화, 운동 조정 부족, 팔과 다리 저림 증상, 시각 기능장애와 행동 변화를 포함한 다양한 장애를 유발한다.

**[오답 점검]**

①, ②, ③, ④ 본문 내용에 비추어 일치한다.

### 03 ②

탄소국경조정제도(CBAM, Carbon Border Adjustment Mechanism)는 유럽연합(EU)이 세계 최초로 도입하는 탄소국경세로, EU 역내로 수입되는 제품 가운데 자국 제품보다 탄소배출이 많은 제품에 대해 비용을 부과하는 것으로, EU 내 저탄소 제품과 외국 수입 제품 간의 가격 경쟁력 차이를 완화하기 위한 것이라는 추론은 적절하지 않다.

**[오답 점검]**

①, ③, ④, ⑤ 글의 내용에 비추어 추론으로 적절하다.

### 04 ④

스트리밍 라이프는 음성, 음악, 영상, 애니메이션 등 멀티미디어 콘텐츠를 내려 받지 않고 온라인으로 실시간으로 재생하는 스트리밍(streaming) 서비스와 라이프(life)를 합친 말이므로, 기존 음원 서비스에 국한되어 있다는 추론은 적절하지 않다.

**[오답 점검]**

①, ②, ③, ⑤ 글의 내용에 비추어 추론으로 적절하다.

### 05 ①

(E) 집단사고 개념의 태생 – (A) 집단사고의 의미 – (B) 사례로 보는 집단사고의 부정적인 면 – (D) 집단사고의 긍정적인 면 – (C) 최근 화두인 집단지성과 집단사고에 대한 내용으로 문단이 배열되는 흐름이 가장 적절하다.

**[오답 점검]**

②, ③, ④, ⑤ 흐름에 적절하지 않은 문단 배열이다.

### 06 ②

'일반적으로 위험한 행위나 화학물질, 동물 등을 소유 또는 관리하는 경우에 무과실 책임이 발생할 수 있다.'로 추론할 수 있다.

[오답 점검]

① 행위자의 부주의, 실수, 불이익한 행동 등으로 타인에게 피해를 입힐 경우 과실 책임을 지는 것이 적절한 추론이다.

③ 행위자의 과실 여부와 상관없이 특정한 행위를 한 경우에 무과실 책임을 진다는 것이 적절한 추론이다.

④ 무과실 책임은 행위자의 부주의나 과실 여부와 상관없이 특정한 행위를 한 경우에 책임을 지는 것으로 모든 행위에 대해 항상 적용된다는 추론은 적절하지 않다.

⑤ 행위자의 의도적인 악의적 행동으로 인해 발생한 피해에 대해서는 무과실 책임을 진다는 것은 이 글에 비추어 추론으로 적절하지 않다.

## 07 ⑤

소비자들의 인식 변화와 공정무역에 대한 관심 상승은 기업이 환경, 보건, 빈곤 등과 같은 사회적인 이슈 등을 기업의 이익 추구를 위해 활용하도록 하는 기업의 사회적 책임과 수행하는 능력을 요구를 촉진시켰기 때문에 오직 윤리적 소비에 대한 필요성만을 강조하는 것이라는 추론은 적절하지 않다.

[오답 점검]

①, ②, ③, ④ 본문에 비추어 적절한 추론이다.

## 08 ⑤

"우리는 평균의 삶이 사라진 시대를 살고 있으며, 경제·사회·정치·문화 등 여러 측면에서 양극화·엔(N)극화가 심화하고 있다"라고 진단한 바 있다. 평균실종은 결국 보편성의 종말이다. 그 궁극이 양극화일지 엔극화일지는 아직 알 수 없다. 평균실종의 시대가 불평등과 차별이 아닌 다양성과 개성의 시대이기를 바랄 뿐이라는 글에 비추어 대형마트에서 늘 구매 가능한 라면은 평균실종의 사례로 적절하지 않다.

[오답 점검]

① 특급호텔에서 불티나게 팔리는 10만 원이 넘는 망고 빙수는 평균실종의 양극화의 사례로 적절하다.

② 편의점에서 동이 나는 3,000원의 가성비 도시락은 평균실종의 양극화의 사례로 적절하다.

③ 나만의 도마는 평균실종의 엔극화의 사례로 적절하다.

④ 소비를 고백하고 욕을 먹는 거지방 역시 평균실종의 엔극화의 사례로 적절하다.

## 09 ④

글의 끝부분에 솔로가미의 사례들을 이야기한 후 '따라서 이것은 비혼과 달리 자기 자신과 결혼하여 평생 동안 자기 자신에게 최선을 다하는 솔로 웨딩이라고 할 수 있다.'라고 마무리했다. 따라서 솔로가미는 비혼주의를 표명하는 솔로 웨딩이라는 추론은 적절하지 않다.

[오답 점검]

①, ②, ③, ⑤ 본문에 비추어 적절한 추론이다.

## 10 ①

글의 내용과 글의 끝부분을 통해 트리거는 우리 생각과 행동에 영향을 주는 모든 자극으로 정의하며, 우리의 행동 변화에 대한 인사이트를 제공하는 것이 트리거의 개념이라고 추론하는 것은 적절하다.

[오답 점검]

②, ③, ④, ⑤ 본문에 비추어 적절하지 않은 추론이다.

## 11 ③

"어느 것도 미루지 않는 삶은 순간 순간에 최선을 다한다는 것을 의미하지만, 일부 상황에서는 계획과 목표를 가지고 미래를 고려하는 것이 필요할 수 있다."라고 했으면 적절한 비판일 수 있으나 무계획과 무목표를 가지고 미래를 고려하는 것이 필요할 수 있다는 것은 적절한 비판이 아니다.

[오답 점검]

①, ②, ④, ⑤ 글에 비추어서 이해에 따른 비판으로 적절하다.

## 12 ⑤

암묵지(Tacit knowledge)란 명시적으로 표현되지 않은, 경험과 직관에 기반한 지식을 의미한다.

[오답 점검]

①, ④ 폴라니는 과학 교재나 이론에 담겨 있는 명시적인 지식 이외에, 과학자 개인에게 체화되어 있는 개인적이고 암묵적인 지식이 중요하다고 보고, 이를 암묵지(Tacit knowledge)라고 칭했다.

② 암묵지(Tacit knowledge)란 명시적으로 표현되지 않은, 경험과 직관에 기반한 지식을 의미한다. 이는 주로 실제 경험과 상호 작용을 통해 습득되며, 언어나 문서로 쉽게 전달되지 않는 비형식적인 지식이다.

③ 암묵지(Tacit knowledge)란 명시적으로 표현되지 않은, 경험과 직관에 기반한 지식을 의미하므로 폴라니는 학문적이고 명시적인 지식 이외에, 과학자 개인에게 체화되어 있는 개인적이고 암묵적인 지식이 중요하다고 보았다.

## 13 ⑤

'회사의 자금이 지출되는 대부분은 자산의 취득으로 여기에 대해서도 증빙 규정이 적용된다는 것을 알 수 있다.'가 적절한 추론이고, 회사에 돈이 들어오는 것에 대한 추론은 맞지 않는다.

[오답 점검]

①, ②, ③, ④ 글의 내용에 비추어 적절한 추론이다.

## 14 ④

센티넬원 위협 탐색 플랫폼은 실시간 인공신경망과 대규모 언어 모델 기반에 자연어 인터페이스를 융합해 모든 보안 데이터를 모니터링하고 운영하도록 설계되었다. 보안팀은 위협 탐색 플랫폼을 이용해 복잡한 위협을 찾아내고 명령을 실행해 기업 환경을 관리한다.

[오답 점검]

① 센티넬원(SentinelOne)은 RSAC 2023에서 자율 대응을 위한 위협 탐색 플랫폼을 선보였다. RSAC 2022가 아니다.
② 센티넬원은 RSAC 2023에서 데이터 분석을 위한 플랫폼이 아니라 자율 대응을 위한 위협 탐색 플랫폼을 선보였다.
③ 센티넬원 위협 탐색 플랫폼은 실시간 인공신경망과 대규모 언어 모델 기반에 자연어 인터페이스를 융합해 모든 보안 데이터를 모니터링하고 운영하도록 설계되었다.
⑤ 센티넬원의 위협 탐색 플랫폼은 엔드포인트, 클라우드, 네트워크 등 다양한 환경에서 장치와 로그 정보를 집계 전(前)이 아니라 후(後)에 즉시 실행할 수 있는 대응 조치도 추천해 준다.

## 15 ⑤

피상속인의 배우자는 1순위 직계비속 또는 2순위 직계비속과 공동 상속이 가능하게 되고, 이때에 배우자는 직계비속 또는 직계존속보다 상속분의 5할을 가산한다고 되어 있으므로 균분은 적절한 추론이 아니다.

[오답 점검]

①, ②, ③, ④ 글의 내용에 비추어 적절한 추론이다.

## 16 ④

글의 내용에 비추어 '폐수배출시설 운영자는 일정한 배출허용기준을 준수해야 하고, 배출허용기준을 초과하면 다양한 제재를 받을 수 있을 것이다.'는 적절한 추론이다.

[오답 점검]

① 폐수배출시설에서 배출하는 수질오염물질의 양이 많을수록, 제재를 받을 확률이 줄어드는 것이 아니라 제재를 받을 확률이 높아질 것이기 때문에 적절한 추론이 아니다.
② 폐수배출시설을 운영하는 사업자는 배출허용기준을 초과해도 아무런 제재를 받지 않는 것이 아니라 다양한 제재를 받을 수 있을 것이기 때문에 적절한 추론이 아니다.
③ 제재로 인해 주민의 생활, 대외적인 신용·고용·물가 등 국민경제, 그밖에 공익에 현저한 지장을 줄 우려가 있다면 과징금을 부과받을 수 있다고는 하였지만 필수적으로 과징금이 부과된다는 것은 적절한 추론이 아니다.
⑤ 폐수배출시설을 운영하는 사업자는 어떤 경우에도 제재를 받지 않는 것이 아니라 배출허용기준을 준수하지 않으면 제재를 받을 수 있을 것이기 때문에 적절한 추론이 아니다.

## 17 ①

'어느 곳을 가나 마주친다. 간편하게 식사를 하기 위하여 샐러드를 구입하러 들른 식당에서도, 지인과 대화하려고 방문한 카페에서도, 하물며 친구의 고양이에게 줄 선물을 사러 들른 반려동물용품점에서도 만난다. 특히 카페는 대규모 프랜차이즈는 물론이고 소상공인인 개인 카페에서도 마주쳐서 지금은 방문한 곳에서 내가  키오스크 자리를 찾으려고 서성거리며 가게에 들어선다.'에 비추어 (A)에 들어갈 문장으로는 '지금은 바로 키오스크 세상이다'가 가장 적절하다.

## 18 ④

호스피스·완화의료 및 임종 환자의 연명의료 결정에 관한 법률은 회생 가능성이 없는 중환자의 연명의료를 중단하는 조건과 절차를 다룬 호스피스·완화의료 및 임종과정에 있는 환자의 연명의료결정에 관한 법률은 "환자연명의료결정법" 혹은 "웰다잉법", "존엄사법"으로 불리는 법이다. 그러므로 이를 고령자의 임종만을 다루고 있는 법으로 추론한 것은 적절한 추론이 아니다.

[오답 점검]

①, ②, ③ 글에 비추어 적절한 추론이다.
⑤ 이 글에서는 의사조력자살에 대한 반대 입장을 이야기하고 있지 않으므로 '반대 입장을 알 수 없다.'는 적절한 추론이다.

## 19 ②

글의 내용과 마지막의 '사람의 삶을 연결해 주는 2020년 이후의 버추얼 커넥터(Virtual Connector)의 새로움이 많이 기대된다.'에 비추어 세상과 나를 연결해 주는 새로운 길이 가장 적절한 주제라 할 수 있다.

**[오답 점검]**

① VR과 AR은 현실과의 접목이라면 주제로 적절할 수 있으나, 완전한 현실 대체는 적절하지 않다.

③, ④, ⑤ 본문 내용의 사례들을 언급한 것으로 전체적인 주제로 적절하지 않다.

## 20 ③

디지털은 빠르고 정확하다. 반도체는 이것을 전류의 꺼짐과 켜짐의 신호를 이용해 설계한 것이다. 디지털은 정확한 수치로 전체를 볼 수 있는 자료를 제공하지만 그것을 관계로 꿰려면 연속적 사고가 필요하다. 바로 아날로그적 사고다. 실무자에게는 디지털식 사고가 필수지만 리더에게는 아날로그식 사고가 필수 조건이다. 따라서 리더에게는 디지털식 사고가 필수지만 실무자에게는 아날로그식 사고가 필수 조건이라는 것은 본문과 일치하지 않는다.

**[오답 점검]**

①, ②, ④, ⑤ 글의 내용에 비추어 내용이 일치한다.

# 자료해석

| 01 | 02 | 03 | 04 | 05 | 06 | 07 | 08 | 09 | 10 |
|---|---|---|---|---|---|---|---|---|---|
| ④ | ④ | ② | ⑤ | ② | ③ | ⑤ | ① | ② | ③ |
| 11 | 12 | 13 | 14 | 15 | 16 | 17 | 18 | 19 | 20 |
| ③ | ② | ③ | ④ | ③ | ② | ① | ⑤ | ② | ③ |

## 01 ④

2022년 내국인이 외국인에게 청구한 특허심판 청구건수는 213건이고, 2021년 외국인이 외국인에게 청구한 특허심판 청구건수는 230건이다.

[오답 점검]

① 2021년 청구인이 내국인인 특허심판 청구건수 $= 771 + 401 = 1,172$

2020년 청구인이 내국인인 특허심판 청구건수 $= 889 + 1,970 = 2,859$

따라서, 전년 대비 2021년 청구인이 내국인인 특허심판 청구건수의 감소율은

$\left| \frac{1,172 - 2,859}{2,859} \times 100 \right| \fallingdotseq 59(\%)$

② 2019년 피청구인이 내국인인 특허심판 청구건수 $= 795 + 191 = 986$

2019년 피청구인이 외국인인 특허심판 청구건수 $= 359 + 72 = 431$

피청구인이 내국인인 특허심판 청구건수는 피청구인이 외국인인 특허심판 청구건수의 약 2.29배이다.

③ 청구인과 피청구인 모두 내국인인 특허심판 청구건수의 증감 추이는 '증가–감소–감소–증가'이고, 청구인과 피청구인 모두 외국인인 특허심판 청구건수의 증감 추이는 '증가–증가–감소–증가'이다.

⑤ 내국인이 내국인에게 청구한 특허심판 청구건수가 가장 많은 해는 2020년이고, 외국인이 내국인에게 청구한 특허심판 청구건수가 가장 많은 해는 2023년으로 동일하지 않다.

## 02 ④

ㄴ. 2010년대 1천만 원 미만 창업 건수가 가장 많은 도시는 D도시이고, 2000년대 1천만 원 이상 창업 건수가 가장 많은 도시는 E도시이다.

ㄹ. A도시는 2010년대 대비 2020년대 감소했으므로 해당 도시를 제외하고 도시별 2010년대 대비 2020년대 1천만 원 이상 창업 건수의 증가율을 구하면 다음과 같다.

| | |
|---|---|
| B | $\frac{7-3}{3} \times 100 \fallingdotseq 133.3(\%)$ |
| C | $\frac{16-4}{4} \times 100 = 300(\%)$ |
| D | $\frac{101-26}{26} \times 100 \fallingdotseq 288.5(\%)$ |
| E | $\frac{27-24}{24} \times 100 = 12.5(\%)$ |

따라서 C도시의 증가율이 가장 크다.

[오답 점검]

ㄱ. 모든 도시에서 1990년대 대비 2020년대 창업 건수가 증가했다.

ㄷ. C도시와 E도시 모두 '증가–감소–증가'의 추이를 보인다.

## 03 ②

2022년의 전년 이월은 2021년 심판대상–재결 건수로 71건이다.

[오답 점검]

① 2022년 심판대상 중 전년 이월의 비중은 $\frac{71}{275} \times 100 \fallingdotseq 25.8(\%)$이고, 2023년 심판대상 중 전년 이월의 비중은 $\frac{89}{341} \times 100 \fallingdotseq 26.1(\%)$이다.

③ 2023년 심판 대상은 전년 이월 건수와 해당 연도 접수 건수의 합으로 341건이다.

④ 재결 건수가 두 번째로 적은 해는 2021년이고 해당 연도 접수 건수가 가장 적다.

⑤ 2020년 항목의 증감 추이를 차례대로 보면 '증가–감소–증가–증가'이고, 2021년 항목의 증감 추이는 '감소–감소–감소–감소'이다. 따라서, 해당 연도 접수 건수를 제외하고 증감 추이가 서로 반대이다.

## 04 ⑤

각 죄종별 증감 추이는 강력범죄, 절도범죄, 폭력범죄의 경우 발생건수, 검거건수 모두 증가했고, 지능범죄는 모두 감소했다.

**[오답 점검]**

① 2023년 2분기 전체 검거건수 대비 절도범죄 검거건수의 비중 $= \frac{33,990}{293,577} \times 100 \fallingdotseq 11.6(\%)$

② 2023년 2분기 발생건수 대비 검거건수 비율은 다음과 같다.

| | |
|---|---|
| 강력범죄 | $\frac{5,983}{6,364} \times 100 \fallingdotseq 94.0(\%)$ |
| 절도범죄 | $\frac{33,990}{48,262} \times 100 \fallingdotseq 70.4(\%)$ |
| 폭력범죄 | $\frac{52,296}{59,438} \times 100 \fallingdotseq 88.0(\%)$ |
| 지능범죄 | $\frac{64,768}{111,938} \times 100 \fallingdotseq 57.9(\%)$ |

③ 2023년 전 분기 대비 3분기 절도범죄 검거건수 증가율

$= \frac{35,178 - 33,990}{33,990} \times 100 \fallingdotseq 3.5(\%)$

④ 2023년 전 분기 대비 3분기 강렴범죄 발생건수 증가율

$= \frac{6,797 - 6,364}{6,364} \times 100 \fallingdotseq 6.8(\%)$

## 05 ②

ㄱ. 신재생에너지 서비스업 사업체 수의 비중

$= \frac{1,021}{107,833} \times 100 \fallingdotseq 0.9\%$

ㄷ. 사업체 수가 두 번째로 많은 업종은 신재생에너지 건설업으로 투자액이 가장 적다.

**[오답 점검]**

ㄴ. 투자액 대비 매출액의 비중은 다음과 같다.

| | |
|---|---|
| 신재생에너지 제조업 | $\frac{121,191}{5,408} \times 100 \fallingdotseq 2,241.0(\%)$ |
| 신재생에너지 건설업 | $\frac{64,544}{332} \times 100 \fallingdotseq 19,441.0(\%)$ |
| 신재생에너지 발전 및 열 공급업 | $\frac{87,352}{57,630} \times 100 \fallingdotseq 151.6(\%)$ |
| 신재생에너지 서비스업 | $\frac{15,001}{350} \times 100 \fallingdotseq 4,285.7(\%)$ |

ㄹ. 신재생에너지 발전 및 열 공급업 종사자 수는 신재생에너지 건설업 종사자 수의 약 7.3배이다.

$\frac{108,462}{14,937} \fallingdotseq 7.3$

## 06 ③

65~69세의 3세대 이상 가구의 비중은 23.2, 70~79세 비중은 33.3, 80세 이상은 45.1로 비중이 증가하고 있다.

**[오답 점검]**

① 65~69세, 80세 이상의 인구를 정확하게 알 수 없으므로 비율로 인구 수를 비교할 수 없다.

② 65~69세 2세대 가구의 비중이 27.3%이므로 $10,000 \times 27.3\% = 2,730$(명)이다.

④ 65세 이상 인구에 대한 자료로 전체 세대구성의 형태를 알 수 없다.

⑤ 70~79세의 세대구성 순위는 '3세대 이상 가구, 1세대 가구, 2세대 가구, 1인 가구, 비혈연 가구'이고, 80세 이상은 '3세대 이상 가구, 2세대 가구, 1인 가구, 1세대 가구, 비혈연 가구' 순서이다.

## 07 ⑤

감면액은 2021년을 제외하고 매년 국세가 지방세보다 많다.

**[오답 점검]**

① 2016년 국세 감면액이 증가했으나 지방세 감면액은 감소했다.

② 2016년, 2020년, 2021년의 국세 징수액은 지방세 징수액의 3.5배 미만이다.

③ 2015년 지방세 감면액 대비 징수액 비율

$= \frac{45}{15} \times 100 \fallingdotseq 300.0(\%)$,

2022년 지방세 감면액 대비 징수액 비율

$= \frac{54}{14} \times 100 \fallingdotseq 385.7(\%)$

④ 2016년 국세 감면액의 전년 대비 증가율

$= \frac{33 - 31}{31} \times 100 \fallingdotseq 6.5(\%)$

2020년 국세 감면액의 전년 대비 증가율

$= \frac{33 - 30}{30} \times 100 = 10(\%)$

## 08 ①

2018년 A정당의 전국 지방의회 의석 수 비중

$= \frac{271}{616} \times 100 \fallingdotseq 44.0(\%)$

2023년 D정당의 전국 지방의회 의석 수 비중

$= \frac{38}{669} \times 100 \fallingdotseq 5.7(\%)$

## 09 ②

법인 면적과 비법인 면적의 차이를 구하면 다음과 같다.

| 2020년 | 2021년 | 2022년 | 2023년 |
|---|---|---|---|
| $7,377-5,207$ $=2,170$ | $7,495-5,464$ $=2,031$ | $7,828-5,734$ $=2,094$ | $8,197-5,926$ $=2,271$ |

[오답 점검]

③ 2020년 군유지와 법인 면적의 차
$=5,207-4,741=466$
2023년 군유지와 법인 면적의 차
$=5,926-4,838=1,088$

⑤ 2021년 도유지 면적 대비 군유지 면적 $=\frac{4,788}{2,479}=1.93$배

## 10 ③

S시 전체 어린이집 대비 법인·단체 등이 차지하는 비중은 다음과 같다.

$\frac{610}{30,923}\times100 ≒ 2.0(\%)$

## 11 ③

2022년 국가기술자격시험 접수 상위 5종목 중 정보처리기사와 한식조리기능사가 차지하는 비중은 9.4 + 9.4 = 18.8(%)이다.

[오답 점검]

① 2021년 지게차운전기능사 접수자는 2020년 대비 240,420−195,353=45,067(명) 증가했다.
② 컴퓨터활용능력1급 접수자는 2020년 747,074명, 2019년 546,365명으로 전년 대비 증가했다.
④ 국가기술자격시험 접수 상위 5종목 중 컴퓨터활용능력 2급이 차지하는 비중은 2022년 26.4%, 2020년 $\frac{443,921}{(747,074+443,921+195,353+145,678+131,140)}\times100≒26.7(\%)$이므로 2020년이 더 크다.
⑤ 2020년 국가기술자격시험 접수 상위 4위는 한식조리기능사로 접수인원은 145,678명이고, 2019년 국가기술자격시험 접수 상위 5위는 워드프로세서로 접수인원은 149,973(명)이다. 이때 2019년 국가기술자격시험 접수 상위 5위의 접수인원이 2020년 국가기술자격시험 접수 상위 4위의 접수인원보다 많다.

## 12 ②

ㄴ. 2020년 생산된 의료기기 품목 수는 16,568개이고, 2019년 생산된 의료기기 품목 수는 15,705개로 전년 대비 증가했다.

[오답 점검]

ㄱ. $\frac{(65,110\text{억 원}-2017\text{년 의료기기 생산액})}{2017\text{년 의료기기 생산액}}$ $\times100=11.8(\%)$이다. 따라서 2017년 의료기기 생산액은 $\frac{65,110\text{억 원}}{1.118}≒58,238$(억 원)이다.

ㄷ. 의료기기 생산액의 전년 대비 증가율이 두 번째로 높은 해는 2021년으로 2021년 의료기기 업체 수는 2020년 대비 4,085−3,887=198(개) 증가했다.

## 13 ③

주어진 공식을 이용하여 빈칸에 들어갈 수를 구하면 각각 다음과 같다.

㉠ $\frac{㉠}{650}\times100=92(\%)$이므로, ㉠$=650\times0.92=598$(개)이다.

㉡ $\frac{377}{450}\times100≒84(\%)$이다.

㉢ $\frac{470}{㉢}\times100=90(\%)$이므로 ㉢$=\frac{470}{0.9}≒522$(개)이다.

## 14 ④

ㄱ. 2019년의 국가채권 중 융자회수금은 166조 원이며, 2018년이 154조 원이므로, 전년 대비 166−154=12(조 원) 증가했다.
ㄴ. 2017년 이후 국가채권 합계와 연체채권 합계는 모두 매년 전년 대비 증가했다.
ㄹ. 2021년 국가채권의 예금 및 예탁금은 210조 원이며, 2018년 국가채권의 예금 및 예탁금은 132조 원으로 증가율은 $\frac{(210-132)}{132}\times100≒59(\%)$이다.

[오답 점검]

ㄷ. 연체채권 중 조세채권은 2021년에 41조 원, 2017년에 29조 원이므로 2배 미만이다.

## 15 ③

2022년 유선인터넷 가입자 수는 3,380명이고, 2021년 유선인터넷 가입자 수는 110명이 적은 3,270명이다.
전년 대비 2022년의 가입자 점유율의 증감 폭은 다음과 같다.

| 구분 | xDSL | 광랜 | 케이블 모뎀 | 기타 |
|---|---|---|---|---|
| 2022년 | 10.7 | 85 | 4.2 | 0.1 |
| 2021년 | 15.6 | 75 | 9.3 | 0.1 |
| 증감 폭 | 4.9 | 10 | 5.1 | 0 |

따라서, 증감 폭이 가장 큰 유형은 광랜이며, 광랜의 2021

년 가입자 수는 $3,270 \times 0.75 = 2,453$(명)이며, 2022년의 가입자 수는 $3,380 \times 0.85 = 2,873$(명)이다. 따라서 증감량은 2,873−2,453=420(명)이다.

## 16 ②

시장점유율 = (국내 반도체 생산) / (전 세계 생산규모) × 100이므로 전 세계 생산규모는 (국내 반도체 생산) × (시장점유율 × 100)이다. 따라서 2018년 전 세계 생산규모는 595.8(조 원)이고, 2019년 전 세계 생산규모는 744.4(조 원)이다. 따라서 2019년의 전 세계 생산규모는 전년 대비 증가했다.

**[오답 점검]**

③ 2015년 대비 2017년 수출 증가율

$= \frac{979-629}{629} \times 100 ≒ 56(\%)$

④ 2016년 시장점유율 $= \frac{66}{400} \times 100 = 16.5(\%)$

⑤ 수출 대비 수입의 비중은 다음과 같다.

| 2015년 | 2016년 | 2017년 |
|---|---|---|
| $\frac{383}{629} \times 100$ ≒ 60.9(%) | $\frac{366}{622} \times 100$ ≒ 58.8(%) | $\frac{412}{979} \times 100$ ≒ 42.1(%) |

| 2018년 | 2019년 |
|---|---|
| $\frac{447}{1267} \times 100 ≒ 35.3(\%)$ | $\frac{470}{939} \times 100 ≒ 50.1(\%)$ |

## 17 ①

노인 교통사고 발생 건수와 부상자 수의 증감 추이는 모두 '증가–증가–증가–증가'이다.

**[오답 점검]**

② 노인 교통사고 사망자 수는 '증가–감소–감소–감소'의 추세이다.

③ 노인 교통사고 부상자 수는 2020년 5,376명으로 5,500명보다 적으며 2020년을 제외하고 모두 5,500명 이상이다.

⑤ 2023년 전년 대비 노인 교통사고 사망자 수 변화량 = 103 − 121 =− 18이다.

## 18 ⑤

ㄱ. 인천연안은 2020년에 수질 COD가 가장 높았다.

ㄴ. 2021년의 전년 대비 수질 COD 감소량이 가장 큰 특별관리해역은 감소량이 |1.80−2.26|=0.46(mg/L)인 인천연안이다.

ㄷ. 2022년 인천연안의 수질 COD는 1.59mg/L, 울산연안의 수질 COD는 1.79mg/L로 울산연안의 수질 COD가 더 높았다.

## 19 ②

총자산이 가장 많은 해는 2021년이다. 2021년의 자기자본 비율은 (92,833,692 ÷ 170,496,917) × 100≒54.4(%), 부채 비율은 (77,663,226 ÷ 92,833,692) × 100≒83.7(%)이다.

## 20 ③

ㄴ. 2023년 재배면적당 생산량을 구하면 다음과 같다.

| 구분 | 미곡 | 맥류 |
|---|---|---|
| 재배면적 | 1,034 | 1,164 |
| 생산량 | 7,795 | 18,585 |
| 재배면적당 생산량 | $\frac{7,795}{1,034}$ ≒7.5 | $\frac{18,585}{1,164}$ ≒16.0 |

| 두류 | 잡곡 | 서류 |
|---|---|---|
| 208 | 339 | 138 |
| 772 | 1,362 | 2,612 |
| $\frac{772}{208}$ ≒3.7 | $\frac{1,362}{339}$ ≒4.0 | $\frac{2,612}{138}$ ≒18.9 |

ㄷ. 2021년 곡물 재배면적 전체 대비 미곡의 재배면적의 비중 $\frac{829}{2,479} \times 100$≒33.4(%)

# 창의수리

| 01 | 02 | 03 | 04 | 05 | 06 | 07 | 08 | 09 | 10 |
|---|---|---|---|---|---|---|---|---|---|
| ⑤ | ② | ⑤ | ② | ④ | ④ | ① | ② | ① | ③ |
| 11 | 12 | 13 | 14 | 15 | 16 | 17 | 18 | 19 | 20 |
| ① | ④ | ④ | ⑤ | ④ | ③ | ④ | ⑤ | ① | ⑤ |

## 01 ⑤

작년의 여학생 수를 $x$명이라 하면, 작년의 남학생 수는 $(650-x)$명이다. 작년에 비하여 올해 남학생은 5% 증가하였으므로 $\frac{5}{100}(650-x)$명, 여학생은 8% 감소하였으므로 $\frac{8}{100}x$명이다. 전체 학생 수는 작년과 동일하므로

$\frac{5}{100}(650-x)=\frac{8}{100}x$, $3250-5x=8x$, $\therefore x=250$

이다.

올해의 여학생 수는 $250(1-\frac{8}{100})=230$ (명)이다.

## 02 ②

집에서 회사까지의 거리를 $x$m라고 하면, 승우가 이동한 거리는 $250+250+x=500+x$(m)이고, 희연이가 이동한 거리는 $x$m이다. 승우가 희연이보다 10분 먼저 도착했고, 집에서 발표자료를 찾는 시간을 허비하지 않았다면 25분 먼저 도착했을 것이므로 $\frac{x+500}{50\times8}+25=\frac{x}{50}$, $x+500+25\times400=8x$, $7x=10,500$, $\therefore x=1,500$(m)

따라서 집에서 회사까지의 거리는 1,500m이다.

## 03 ⑤

A용기와 B용기의 페인트를 모두 섞은 용기에 파란색과 빨간색이 3:4의 비율로 섞여 있고, 그 양이 총 840g이므로 이 용기에 파란색 페인트는 $\frac{3}{7}\times840=360$g이 들어있다.

A용기에 들어 있던 페인트의 양을 $x$g이라고 하면, B용기에 들어 있던 페인트의 양은 $(840-x)$g이다.

이때 A용기에 들어 있던 파란색 페인트의 양은 $\frac{2}{5}x$g, B용기에 들어 있던 페인트의 양은 $\frac{4}{9}(840-x)$g이므로,

$\frac{2}{5}x+\frac{4}{9}(840-x)=360$, $18x+16,800-20x=16,200$,

$x=300$ g이다. 따라서 A용기에 들어 있던 페인트의 양은 300g이다.

## 04 ②

A부터 B까지 이동할 때 반드시 지나야 하는 곳에 C, D, E, F를 표시하면 아래 그림과 같다.

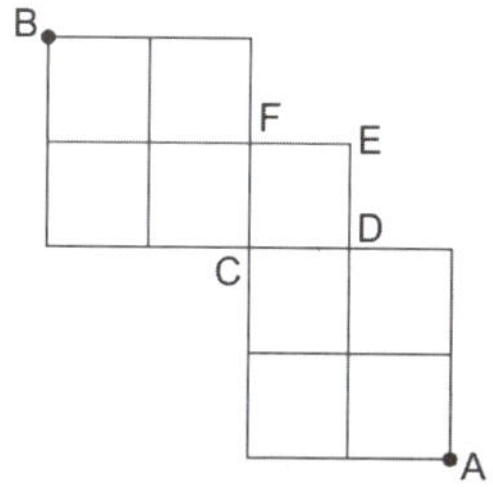


여기서 각각 이동하는 경우의 수를 구하면, A에서 C까지 6가지, C에서 B까지 6가지, A에서 D까지 3가지, F에서 B까지 3가지, D–E–F까지 1가지이다. 따라서 A에서 B까지는 $6\times6=36$(가지)이고, A–D–E–F–B까지는 $3\times1\times3=9$(가지)이다.

따라서 A에서 B까지 최단경로로 가능한 경우의 수는 $36+9=45$(가지)이다.

아래 그림은 A에서 B까지 경로의 수를 각 지점마다 왼쪽과 위쪽 점까지를 더해준 수들을 나타낸 것이다.

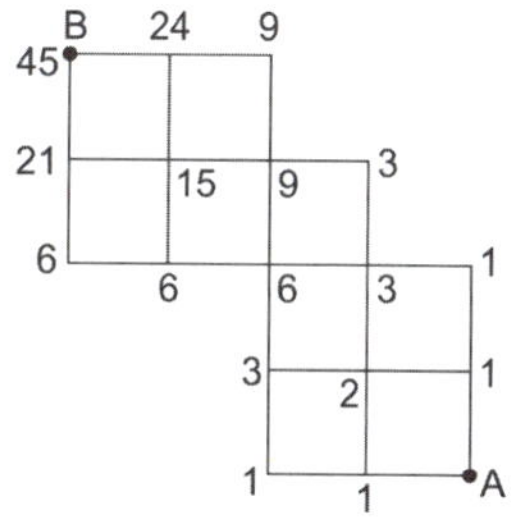


## 05 ④

준희 아버지가 산 딸기의 개수를 $x$개라고 하자. 도매시장에서 한 개당 $\frac{1,800}{6}=300$(원)의 가격으로 사와서 그중 70%는 한 개당 $\frac{2,000}{5}=400$(원)의 가격으로 팔고, 나머지는 한 개당 $\frac{2,000}{10}=200$(원)의 가격으로 팔아서 36,000원의 이익이 남

았으므로 $(\frac{70}{100}x\times400+\frac{30}{100}x\times200)-300x=36,000$

$(280x+60x)-300x=36,000,\ 340x-300x=36,000,$

$40x=36,000,$

$\therefore x=900$

## 06 ④

증발시킨 물의 양을 $x$라고 하자.

$200\times\frac{6}{100}+300\times\frac{12}{100}=(500-x)\times\frac{12}{100},$

$1,200+3,600=6,000-12x,\ 4,800=6,000-12x,$

$\therefore x=100$g이 된다.

## 07 ①

어떤 사건 X가 일어났을 때, 사건 Y가 일어날 조건부확률은 $P(Y\mid X)=\frac{P(X\cap Y)}{P(X)}$임을 적용하여 계산한다.

주사위에서 3의 배수는 3과 6, 2개이므로 확률은 $\frac{1}{3}$이 된다.

주사위를 던진 후 공을 꺼냈을 때, 파란공이 나왔는데 이 파란공이 A주머니에서 나올 확률은

$\frac{\frac{1}{3}\times\frac{4}{5}}{\frac{1}{3}\times\frac{4}{5}+\frac{2}{3}\times\frac{3}{5}}=\frac{4}{10}=\frac{2}{5}$가 된다.

## 08 ②

목욕탕에 물을 가득 채우는 일의 양을 1이라 하면 A, B 수도꼭지와 배수구가 1시간 동안 하는 일의 양은 각각 A가 $\frac{1}{3}$, B가 $\frac{1}{2}$, 배수구가 $\frac{1}{6}$이다. 따라서 A, B 수도꼭지로는 물을 채움과 동시에 배수구로 물을 빼서 목욕탕에 물을 가득 채우는 데 걸리는 시간을 $x$시간이라 하면

$(\frac{1}{3}+\frac{1}{2}-\frac{1}{6})x=1,\ \frac{4}{6}x=1,\ x=\frac{3}{2}$ (시간),

즉 1시간 30분이다.

또 배수구를 열어놓지 않고 가득 채우는 데 걸리는 시간을 $y$시간이라 하면 $(\frac{1}{3}+\frac{1}{2})y=1,\ \frac{5}{6}y=1,\ y=\frac{6}{5}$ (시간),

즉 1시간 12분이다. 따라서 배수구를 열어 놓았을 때는 배수구를 열어 놓지 않았을 때보다 18분을 더 손해보게 된다.

## 09 ①

부산역에서 오후 12시 30분 열차가 출발한 지 $x$시간 후 두 열차가 만난다고 하자. 시속 90km로 달리는 열차가 $(x+\frac{1}{2})$시간 동안 달린 거리와 시속 150km로 달리는 열차가 $x$시간 동안 달린 거리의 합이 345km이므로,

$90(x+\frac{1}{2})+150x=345,\ 90x+45+150x=345,$

$240x=300,\ \therefore x=\frac{5}{4}$이다.

따라서 부산역에서 오후 12시 30분에 열차가 출발한 지 $\frac{5}{4}$시간, 즉 1시간 15분 후인 오후 1시 45분에 두 열차가 마주친다.

## 10 ③

화요일에 비가 오고 목요일에 비가 올 수 있는 경우를 구하면 아래와 같다.

| 화요일 | 수요일 | 목요일 | 확률 |
|---|---|---|---|
| 비○ | 비○ $\frac{1}{3}$ | 비○ $\frac{1}{3}$ | $\frac{1}{3}\times\frac{1}{3}=\frac{1}{9}$ |
| | | 비× $\frac{2}{3}$ | |
| | 비× $\frac{2}{3}$ | 비○ $\frac{2}{5}$ | $\frac{2}{3}\times\frac{2}{5}=\frac{4}{15}$ |
| | | 비× $\frac{3}{5}$ | |

따라서 화요일에 비가 오고 목요일에도 비가 올 확률은 $\frac{1}{9}+\frac{4}{15}=\frac{5}{45}+\frac{12}{45}=\frac{17}{45}$이 된다.

## 11 ①

처음 9분짜리 공연을 하기로 했던 팀의 수를 $x$팀, 4분짜리 공연을 하기로 했던 팀의 수를 $y$팀이라고 하자.

$$\begin{cases}9x+4y+20+(x+y-2)=128\\4x+9y+15+(x+y-2)=113\end{cases}$$

$$\begin{cases}2x+y=22\\x+2y=20\end{cases}$$

$x=8,\ y=6$

따라서 처음 9분짜리 공연을 계획했던 팀은 8팀이다.

## 12 ④

그림을 보고 배열 순서와 사각형 조각의 수의 규칙을 찾아보면 아래와 같다.

| 배열순서 | 1 | 2 | 3 | 4 | … |
|---|---|---|---|---|---|
| 사각형 조각의 수 | 2 | 8 | 18 | 32 | … |

첫째: $2\times1\times1$
둘째: $2\times2\times2$

셋째: $2\times3\times3$
넷째: $2\times4\times4$
⋮
스무번째: $2\times20\times20 = 800$

## 13 ④

배가 강물을 따라 내려가는 속력이 시속 (a+b)km, 거슬러 올라가는 속력이 시속 (a−b)km이므로
$\therefore a+b = 20$ ⋯㉠ ,
10분간 떠내려가는 바람에 2시간 10분이 소요되었으므로 배가 이동한 거리는 A지점에서 B지점까지의 거리에 10분간 떠내려간 거리만큼을 더해야 하고, 이동한 시간은 고장 난 10분을 제외한 2시간이므로

$2(a-b) = 20 + \frac{10}{60}b,\ 120(a-b) = 1,200+10b,$

$12a - 13b = 120$ ⋯ ㉡ ,
㉠과 ㉡을 연립하면

$a = \frac{76}{5},\ b = \frac{24}{5},\ \therefore 5(a-b) = 5(\frac{76}{5}-\frac{24}{5}) = 5\times\frac{52}{5}$
$= 52$가 된다.

## 14 ⑤

태욱이와 다민이가 처음 만나 지점을 A, 다시 만난 지점을 B라 하자. 태욱이가 출발하여 다민이를 처음 만날 때까지 걸린 시간을 $x$분이라고 하면 낚시터와 A사이를 가는 데 태욱이는 4분, 다민이는 $x$분이 걸렸다. 또 A에서 선착장을 지나 B까지 가는 데 태욱이는 $(x+10)$분, 다민이는 24분이 걸렸다. 두사람은 각각 일정한 속도로 걷고 있으므로 같은 거리를 이동한 시간의 비도 일정하다.

$4 : x = (x+10) : 24,\ x^2 + 10x = 96,\ x^2 + 10x - 96 = 0,$
$(x-6)(x+16) = 0,\ \therefore x = 6$

해변로를 따라 섬을 한 바퀴 도는 데 태욱이가 걸린 시간은 6+4+20+10 = 40(분),

다민이가 걸린 시간은 $40\times\frac{6}{4} = 60$(분)이다. 따라서 두 사람이 섬을 도는 데 걸린 시간의 합은 40분 + 60분 = 100분 =1시간 40분이다.

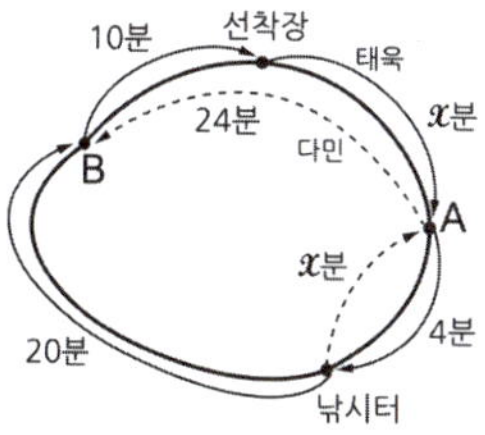


## 15 ④

(A컵 소금의 양) = $\frac{5}{100}\times300 = 15$g, (B컵 소금의 양) = $\frac{5}{100}\times500 = 25$g

(A컵 소금물의 농도) = $\frac{15+x}{300+x}\times100$,

(B컵 소금물의 농도) = $\frac{25}{500-50}\times100 = \frac{50}{9}$

따라서 $\frac{15+x}{300+x}\times100 = \frac{50}{9}$ 이므로,

$\frac{15+x}{300+x} = \frac{1}{18},\ 18(15+x) = 300+x,$

$270+18x = 300+x$

$17x = 30,\ x = \frac{30}{17}$

## 16 ③

주어진 문제를 식으로 정리하면 $\frac{20\%}{100-x} + x + \frac{8\%}{y} = \frac{16\%}{300}$ 이다. 여기에서 $x$만큼 덜어내고 $x$만큼 넣었으므로 $y$의 값은 200g이 됨을 알 수 있다. 따라서 소금의 양으로 식을 다시 정리하면,

$(100-x)\times\frac{20}{100} + x + 200\times\frac{8}{100} = 300\times\frac{16}{100}$

$20 - \frac{x}{5} + x + 16 = 48,$

$\frac{4}{5}x = 12,\ x = 15$

따라서 $x = 200$, $y = 15$가 되므로 $x+y = 215$가 된다.

## 17 ④

먼저 그림에서 가장 작은 정사각형의 한 변의 길이를 1이라 하자.

i) 직사각형의 개수 a= 36 × 36 = 1,296개
우선 가로의 변의 길이를 아래와 같이 정리해 보면,
한 변의 길이가 1인 선분: 8가지
한 변의 길이가 2인 선분: 7가지
한 변의 길이가 3인 선분: 6가지
한 변의 길이가 4인 선분: 5가지
한 변의 길이가 5인 선분: 4가지
한 변의 길이가 6인 선분: 3가지
한 변의 길이가 7인 선분: 2가지
한 변의 길이가 8인 선분: 1가지이다.

따라서 고를 수 있는 선분의 수는 1부터 8까지인 선분의 길이 총합이 된다.
8+7+6+5+4+3+2+1 = 36(가지)이다.

이와 동일하게 세로의 변의 길이를 위와 같이 고를 수 있으므로 직사각형의 개수는 36개로 동일하다.
직사각형의 개수는 36 × 36 = 1,296(개)가 된다.

ii) 정사각형의 개수 b= 204
한 변의 길이가 1×1: 64가지
한 변의 길이가 2×2: 49가지
한 변의 길이가 3×3: 36가지
한 변의 길이가 4×4: 25가지
한 변의 길이가 5×5: 16가지
한 변의 길이가 6×6: 9가지
한 변의 길이가 7×7: 4가지
한 변의 길이가 8×8: 1가지이다.

따라서 만들 수 있는 정사각형의 수는
64+49+36+25+16+9+4+1 = 204(개)이다.

따라서 $\frac{b}{a} = \frac{204}{1,296} = \frac{17}{108}$이다.

## 18 ⑤

어떤 편의점에서 A초콜릿 한 개를 1,000원에 팔면 하루에 300개가 판매되고 A초콜릿 한 개의 가격을 100원 올리면 하루 판매량이 20개씩 감소하므로 A초콜릿 한 개를 (1,000+100$x$)원에 판매하면 하루 판매량은 (300−20$x$)개이다.
따라서 이 편의점에서 어제 A초콜릿 한 개를 (1,000+100$x$)원에 판매했다고 하면 어제 판매량은 (300−20$x$)개이고 오늘 한 개에 700원의 가격으로 다른 판매상에게 넘긴 A초콜릿은 20$x$개이다.
따라서 주어진 조건에서
$(1,000+100x)(300-20x)+700\times20x$
$=1,000\times300+54,000$이다.
양변을 1,000으로 나누면
$(10+x)(30-2x)+14x=300+54$
$2x^2-24x+54=0,\ x^2-12x+27=0$
$(x-3)(x-9)=0,$
$x=3$ 또는 $x=9$
이때 $300-20x>20x$이므로
$40x<300$
$x<\frac{15}{2}$
따라서 $x$=3이므로 어제 판매한 A초콜릿 한 개의 가격은 1,300원이다.

## 19 ①

전체 일의 양을 1이라 하면 A, B, C가 각각 하루에 하는 일의 양은 $\frac{1}{24}, \frac{1}{12}, \frac{1}{8}$이다.
C가 $x$일 동안 일을 하였다면 B는 (14−4−$x$)일, A는 2일 동안 일을 하고 일을 완성했으므로
$\frac{2}{24}+\frac{10-x}{12}+\frac{x}{8}=1$

$2+20-2x+3x=24$
$x=2$
따라서 2일이 걸린다.

## 20 ⑤

A, B 케이블카가 왕복하는 데 걸리는 시간은 각각 12분, 16분이다. 12와 16의 최소공배수는 48이므로 48분 간격으로 두 케이블카는 동시에 출발한다.
A케이블카는 48÷12=4이므로 48분 동안 4회 이동하며 4×15=60(명)을 태우고, B케이블카는 48÷16=3이므로 48분 동안 3회 이동하며 3×15=45(명)을 태우게 된다. 즉 48분 동안 A, B케이블카를 타고 이동하는 인원은 총 60+45=105(명)이다. 따라서 96분 동안 105×2=210(명)이 전망대까지 올라가고 탑승장에는 68명이 남아 있으므로 A케이블카는 18분 동안 30명을 태우고, B케이블카는 24분 동안 30명을 태우고 이동하면 전망대까지 60명이 이동하게 된다. 나머지 8명은 A케이블카를 타고 이동하게 되면 왕복 12분이 더 소요되므로 A케이블카의 이동 시간은 총 30(분)이 된다. 따라서 96분+30분=126(분)이 소요된다.

# 언어추리

| 01 | 02 | 03 | 04 | 05 | 06 | 07 | 08 | 09 | 10 |
|---|---|---|---|---|---|---|---|---|---|
| ③ | ② | ① | ⑤ | ④ | ③ | ⑤ | ① | ② | ① |
| 11 | 12 | 13 | 14 | 15 | 16 | 17 | 18 | 19 | 20 |
| ④ | ③ | ⑤ | ⑤ | ① | ③ | ⑤ | ② | ④ | ④ |

## 01 ③

아쉽게도 고정조건이 보이지 않는다. C 바로 앞에 A가 줄을 선다는 조건을 토대로 경우를 나눠보자. 이때 D와 F 사이에 2명이 줄을 서는 경우까지 고려하여 경우를 나누면 다음과 같다. D와 F는 자리를 바꿀 수 있기에 D/F 또는 F/D로 표기했다.

| Case | 1 | 2 | 3 | 4 | 5 | 6 |
|---|---|---|---|---|---|---|
| 1 | A | C | D/F | | | F/D |
| 2 | D/F | A | C | F/D | | |
| 3 | | D/F | A | C | F/D | |

E와 B는 서로 이웃하게 줄을 서지 않는다. Case 1, 2에서는 E와 B가 이웃하게 설 수 밖에 없다. 소거하자. Case 3에서 E와 B는 1번째와 6번째로 줄을 서며 E가 1번째로 줄을 서는 경우와 B가 1번째로 줄을 서는 경우로 나뉜다. 이를 편의상 E/B 또는 B/E로 표기했다.

| Case | 1 | 2 | 3 | 4 | 5 | 6 |
|---|---|---|---|---|---|---|
| 3 | E/B | D/F | A | C | F/D | B/E |

## 02 ②

〈보기〉의 명제를 정리하면 다음과 같다. 알아보기 편하게 부등호를 한 방향으로 일치시켜주자.

- A 〉 D
- B 〉 D
- C 〉 E

이를 토대로 어떤 정보를 얻기 어렵다고 판단된다. 선지의 앞부분(=전건)에서 제시한 상황에서 뒷부분(=후건)을 만족는지 확인해보자.

② D의 나이가 3번째로 많다면 E의 나이는 5번째로 많다.
D의 나이가 3번째로 많으면 A, B 중 1명은 1번째로 나이가 많고 나머지 1명은 2번째로 나이가 많다. 자연스럽게 C와 E 중 1명은 4번째로 나이가 많고 나머지 1명은 5번째로 나이가 많다. [C 〉 E]이기 때문에 C가 4번째로 나이가 많고 E가 5번째로 나이가 많다.
- A 〉 B 〉 D 〉 C 〉 E
- B 〉 A 〉 D 〉 C 〉 E

[오답 점검]
앞부분을 대입했을 때 뒷부분을 만족하지 않는 경우가 있는지 찾아보자. 즉 반례를 찾아보자. 오답을 점검한다고 하여 반례를 찾는 것이 아니고 풀이할 때 늘 반례를 찾아 소거하는 방식으로 풀며 시간을 단축시켰으면 한다. 반례는 여럿이 있을 수 있으며 아래에서 제시한 반례는 예시일 뿐이다.

① A의 나이가 1번째로 많다면 C의 나이는 4번째로 많다.
④ E의 나이가 5번째로 많다면 C의 나이는 2번째로 많다.
- ①, ④의 반례: A 〉 B 〉 C 〉 D 〉 E

① A의 나이가 1번째로 많다면 C의 나이는 4번째로 많다.
③ C의 나이가 2번째로 많다면 B의 나이는 1번째로 많다.
⑤ B의 나이가 4번째로 많다면 A의 나이는 3번째로 많다.
- ①, ③, ⑤의 반례: A 〉 C 〉 E 〉 B 〉 D

## 03 ①

[치트키]
B는 A가 TF팀으로 활동하지 않는다고 하고 D는 A가 TF팀으로 활동한다고 한다. A의 Aciton에 대한 상태는 TF팀으로 활동과 TF팀으로 활동하지 않음으로 2가지다. 두 경우 모두 B와 D 중 1명은 참을 말하고 나머지 1명은 거짓을 말한다. 즉 B와 D의 말은 모순관계다.
C는 E가 거짓을 말하지 않는다고 한다. C와 E의 말은 동일관계다. 모든 경우에서 둘 다 참을 말하거나 둘 다 거짓을 말한다.
문제에서 2명이 거짓을 말한다고 한다. 정답이 되는 경우에서 거짓을 말하는 1명인 B이거나 D일 것이다. 나머지 1명은 A, C, E 중 1명이다. C와 E는 동일관계다. C와 E가 거짓을 말하면 거짓을 말하는 사람이 2명을 초과하게 된다. C와 E는 참을 말하고 A가 거짓을 말한다.
E가 참을 말하기 때문에 B와 E는 TF팀으로 활동하지 않는다. A가 거짓을 말한다. B와 D는 TF팀으로 활동하지 않는다. B, D, E는 TF팀으로 활동하지 않는다. 즉 A, C가 TF팀으로 활동한다.

[일반 풀이]

B, D의 말이 모순관계라는 점을 확인하지 못했다면 진술관계를 활용하기 어렵다. C, E의 말이 동일관계라는 것을 알아도 문제에서 2명이 거짓을 말한다고 했으니 C, E가 거짓을 말하는지 참을 말하는지 확정하기 어렵기 때문이다.
선택지에서 제시한 5가지의 각 경우에서 2명만 거짓을 말하는지 확인하는 방식으로 풀어보자.

| 진술 / TF팀 | A | B | C | D | E |
|---|---|---|---|---|---|
| ① A, C | 거짓 | 거짓 | 참 | 참 | 참 |
| ② A, E | 거짓 | 거짓 | 거짓 | 참 | 거짓 |
| ③ B, C | 참 | 참 | 거짓 | 거짓 | 거짓 |
| ④ B, D | 참 | 참 | 거짓 | 거짓 | 거짓 |
| ⑤ D, E | 참 | 참 | 거짓 | 거짓 | 거짓 |

A, C가 TF팀으로 활동하는 경우 2명만 거짓을 말한다.

## 04 ⑤

한 축에 요일을 두고 다른 한 축에 토마토와 당근을 둔 후, 표 안을 ○, ×로 채워보자. 당근을 먹지 않는 날, 토마토를 먹지 않는 날을 ×로 표기하여 인지하기 편하게 정리하자.
토마토는 6일 중 3일을 먹으며 연속하여 먹지 않는다. 토마토는 월요일, 수요일, 금요일에 먹거나 화요일, 목요일, 토요일에 먹는다. 수요일에 당근만 먹고 토마토는 먹지 않으니 토마토는 화요일, 목요일, 토요일에 먹는다.

| | 월 | 화 | 수 | 목 | 금 | 토 |
|---|---|---|---|---|---|---|
| 토마토 | × | ○ | × | ○ | × | ○ |
| 당근 | | | ○ | | | |

토마토와 당근을 모두 먹지 않는 날은 없다. 토마토를 먹지 않는 월요일과 금요일에 당근을 먹는다.

| | 월 | 화 | 수 | 목 | 금 | 토 |
|---|---|---|---|---|---|---|
| 토마토 | × | ○ | × | ○ | × | ○ |
| 당근 | ○ | | ○ | | ○ | |

토마토를 먹는 날은 당근을 먹는 날보다 적다. 토마토를 먹는 날이 3일이니 당근을 먹는 날은 4일 이상이어야 한다.
당근은 2일까지 연속으로 먹는다. 화요일과 목요일에 당근을 먹을 수 없다. 토요일에 당근을 먹는다.

| | 월 | 화 | 수 | 목 | 금 | 토 |
|---|---|---|---|---|---|---|
| 토마토 | × | ○ | × | ○ | × | ○ |
| 당근 | ○ | × | ○ | × | ○ | ○ |

## 05 ④

[치트키]

A의 두 진술을 보자. A가 시상식에 참여하는 경우 A의 두 진술이 거짓이다. A는 시상식에 참여하지 않는다.
C의 두 진술을 보자. C가 시상식에 참여하는 경우 C의 두 진술이 거짓이다. C는 시상식에 참여하지 않는다.
문제에서 참인 진술을 모은 것을 고르라고 한다. 시상식에 참여하는 사람 즉 조건을 모두 만족하는 경우가 1가지 이상이어야만 판단할 수 있겠다. 이를 토대로 B가 시상식에 참여한다고 알 수 있다.
B가 시상식에 참여하는 경우 6개의 진술의 참/거짓 여부를 파악하면 다음과 같다.

| | A1 | A2 | B1 | B2 | C1 | C2 |
|---|---|---|---|---|---|---|
| B가 참여 | 거짓 | 참 | 거짓 | 참 | 참 | 거짓 |

[일반 풀이]

A가 참여하는 경우, B가 참여하는 경우, C가 참여하는 경우 6개의 진술의 참/거짓을 파악하면 다음과 같다.

| | A1 | A2 | B1 | B2 | C1 | C2 |
|---|---|---|---|---|---|---|
| A가 참여 | 거짓 | 거짓 | 참 | 참 | 거짓 | 참 |
| B가 참여 | 거짓 | 참 | 거짓 | 참 | 참 | 거짓 |
| C가 참여 | 참 | 거짓 | 거짓 | 거짓 | 거짓 | 거짓 |

## 06 ③

E를 2행 2열의 자리에 고정하자. A와 B는 같은 행에 배치된 자리에 앉는다. A와 B가 1행에 배치된 자리에 앉는 경우와 3행에 배치된 자리에 앉는 경우로 나뉜다.

| | |
|---|---|
| A/B | B/A |
| | E |
| | |

Case 1

| | |
|---|---|
| | |
| | E |
| A/B | B/A |

Case 2

C와 F는 같은 열에 배치된 자리에 앉는다. 2열에 배치된 세 자리 중 2자리는 A 또는 B 중 1명과 E의 자리이기 때문에 Case 1, 2 모두 C와 F는 1열에 배치된 자리에 앉는다. 그러면서 F와 E는 서로 다른 행에 배치된 자리에 앉는다. 이를 반영하면 다음과 같다.

| | |
|---|---|
| A/B | B/A |
| | E |
| F | D |

Case 1

| | |
|---|---|
| F | D |
| | E |
| A/B | B/A |

Case 2

두 경우 모두 2행 1열의 자리에 앉는 사람은 C이다.

## 07 ⑤

A가 여행가는 경우, B가 여행가는 경우, C가 여행가는 경우로 나눈 뒤 3명의 진술이 진실인지 거짓인지 판별하면 다음과 같다.

| | A의 진술 | B의 진술 | C의 진술 |
|---|---|---|---|
| A가 여행 | 진실 | 거짓 | 거짓 |
| B가 여행 | 거짓 | 진실 | 거짓 |
| C가 여행 | 거짓 | 거짓 | 진실 |

A가 여행을 가는 경우 진실을 말하는 1명은 A이다. B가 여행을 가는 경우 진실을 말하는 1명이 B이다. C가 여행가는 경우에서도 진실을 말하는 사람은 1명이며 그 1명은 C이다. 주어진 정보와 조건을 토대로 신혼여행을 갈 가능성이 있는 사람은 A, B, C이다.

## 08 ①

특정 칸을 고정시킬 수 있는 정보부터 확인하자. B가 3층, E가 6층에 산다. 그러면서 D는 홀수층에 살지 않는다. 2층 또는 4층에 산다. 두가지 경우로 나뉜다. C가 사는 층보다 한층 높은 층에 F가 산다. D가 2층에 살면 C, F는 4, 5층에 살고 D가 4층에 살면 C, F는 1, 2층에 산다. 남은 층에 언급하지 않은 A를 배치하자.

| | 1층 | 2층 | 3층 | 4층 | 5층 | 6층 |
|---|---|---|---|---|---|---|
| Case 1 | A | D | B | C | F | E |
| Case 2 | C | F | B | D | A | E |

A와 C는 여직원이다. 성별이 같은 직원은 위 또는 아래로 인접한 층에 살지 않기 때문에 여직원은 1, 3, 5층에 살거나 2, 4, 6층에 산다. 이를 토대로 Case 1은 조건을 만족하지 않고 Case 2에서 1, 3, 5층에 사는 직원이 여직원이라고 알 수 있다.

| Case 2 | 1층 | 2층 | 3층 | 4층 | 5층 | 6층 |
|---|---|---|---|---|---|---|
| 직원 | C | F | B | D | A | E |
| 성별 | 여 | 남 | 여 | 남 | 여 | 남 |

## 09 ②

A와 C의 진술을 보자. A는 C가 거짓을 말하지 않는다고 한다. A의 진술이 참이면 A의 진술 내용에 의해 C의 진술도 참이다. A의 진술이 거짓이면 A의 진술 내용을 토대로 C의 진술도 거짓이다. A와 C의 진술은 동일관계다.
문제에서 1명만 거짓을 말한다고 한다. A와 C는 참을 말한다. A와 C가 거짓을 말하면 거짓을 말하는 최소 인원이 2명이 되어 문제의 조건을 만족하지 않는다.
C의 진술이 참이니 C의 진술에 의해 A와 D는 마라톤에서 낙오하지 않았다고 알 수 있다. D가 마라톤 경주에서 낙오했다는 B의 진술이 거짓이다.

## 10 ①

세 번째 명제를 제외하고 〈보기〉의 명제들을 정리해보자.
- E → D → ~B
- A → ~C

위의 두 명제와 B와 C 중 한 지역을 반드시 방문하며 두 지역을 모두 방문하지 않는다는 명제를 정리해보자.
[E → D → ~B]에서 E를 방문하면(또는 D를 방문하면) B를 방문하지 않는다고 알 수 있다. B를 방문하지 않았으니 C를 방문한다. [A → ~C]의 대우에 의해 C를 방문하니 A를 방문하지 않는다. [E → D → ~B∧C → ~A]로 정리할 수 있다.
[A → ~C]에서 A를 방문하면 C를 방문하지 않고 B를 방문한다고 알 수 있다. 이에 [E → D → ~B]의 대우를 이어주면 [A → ~C∧B → ~D → ~E]가 된다.
참고로 ∧는 AND를 뜻한다.

**[오답 점검]**

② B를 방문하면 E를 방문한다.
[E → D → ~B]를 대우하면 [B → ~D → ~E]이다. 항상 거짓이다.

③ C를 방문하면 D를 방문한다.
[A → ~C]를 대우하면 [C → ~A]이다. A 이후 이어줄 명제가 보이지 않는다. D를 방문하는지 아닌지 확정할 수 없다. 즉 항상 참인지 거짓인지 알 수 없다.

④ D를 방문하면 A를 방문한다.
[E → D → ~B∧C → ~A]를 참고하자. D를 방문하면 A를 방문하지 않는다고 알 수 있다. 항상 거짓이다.

⑤ E를 방문하면 C를 방문하지 않는다.
[E → D → ~B∧C → ~A]를 토대로 E를 방문하면 B를 방문하지 않고 C를 방문한다고 확인할 수 있다. 항상 거짓이다.

## 11 ④

D와 F를 서로 마주 보고 앉도록 배치하자. B와 F는 서로 이웃하게 앉지 않는다. 이를 토대로 경우를 나누면 다음과 같다.

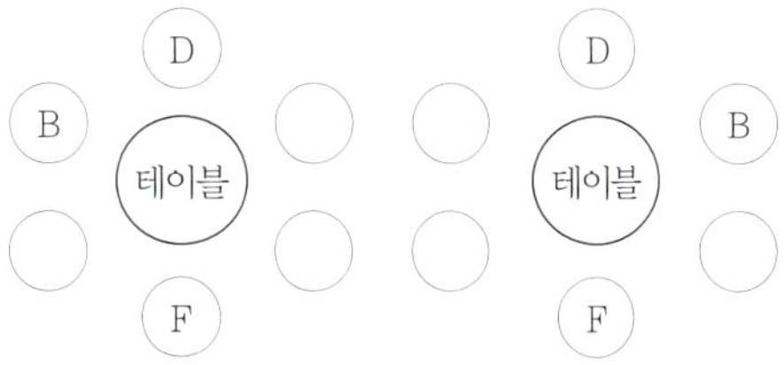


Case 1 Case 2

A와 C는 서로 이웃하게 앉지 않는다. Case 1, 2에서 빈자리이며, 이웃한 두 자리에 A와 C 둘 다 앉지 않는다. A와 C 중 1명은 B와 인접하며 아직 값을 채우지 않은 자리에 앉는다. B와 E는 이웃한 자리에 앉을 수 없다.

**[오답 점검]**
〈보기〉의 조건을 만족하는 모든 경우를 정리하면 다음과 같다. A와 C는 자리를 바꿀 수 있기에 편의상 AC 또는 CA로 표기했다.

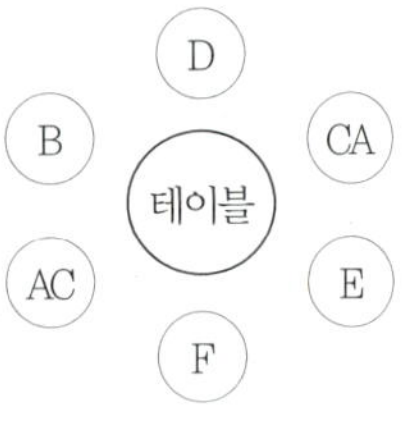

Case 1.1

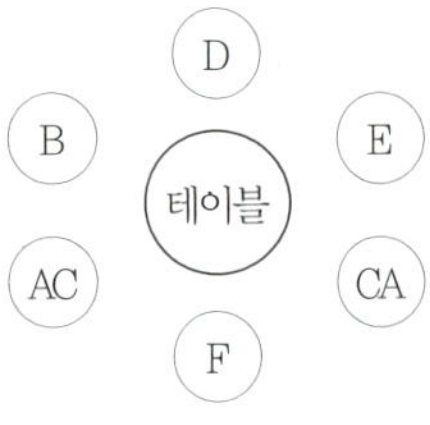

Case 1.2

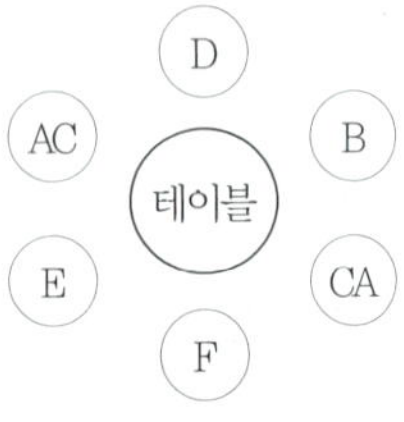

Case 2.1

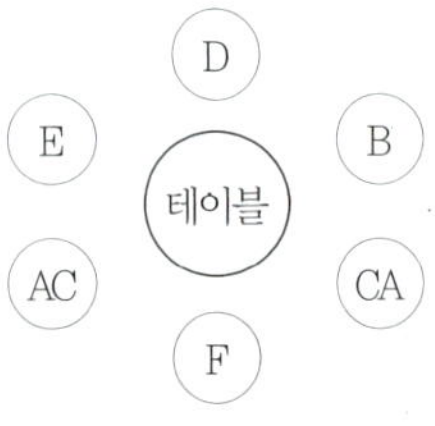

Case 2.2

## 12 ③

**[치트키]**
A의 진술을 보자. A는 B가 진실로 진술한다고 한다. A의 진술이 진실이면 B의 진술도 진실이고 A의 진술이 거짓이면 B의 진술도 거짓이다. A와 B의 진술은 모든 경우에서 둘 다 진실을 말하거나 둘 다 거짓을 말하는 동일관계다.
문제에서 1명만 거짓을 말한다고 한다. A와 B는 정답이 되는 경우에서 진실을 말한다. 또한 복사기를 고장 낸 1명은 거짓으로 진술하기에 A와 B는 복사기를 고장 내지 않았다.
B의 진술이 진실이다. C가 복사기를 고장 낸 경우와 D가 복사기를 고장 낸 경우로 압축할 수 있다. 이를 토대로 C가 거짓을 말하는 경우와 D가 거짓을 말하는 경우로 이해할 수도 있다. 자연스럽게 E는 복사기를 고장 낸 사람이 아니고 진실을 말하는 사람이라고 알 수 있다.
E의 진술이 진실이니 B와 D는 복사기를 고장 내지 않았다고 알 수 있다. 복사기를 고장 낸 사람은 C, D 중 D가 아닌 C이다.

**[일반 풀이]**
A가 복사기를 고장 낸 경우부터 E가 복사기를 고장 낸 경우까지 총 5가지 경우를 기준으로 각 인물이 하는 진술의 진실/거짓 여부를 파악해보자. 파악 중 거짓이 2명이 나온다면 남은 인물의 진술은 파악하지 않아도 된다.

| | A의 진술 | B의 진술 | C의 진술 | D의 진술 | E의 진술 |
|---|---|---|---|---|---|
| A가 고장 | 거짓 | 거짓 | | | |
| B가 고장 | 거짓 | 거짓 | | | |
| C가 고장 | 진실 | 진실 | 거짓 | 진실 | 진실 |
| D가 고장 | 진실 | 진실 | 거짓 | 거짓 | |
| E가 고장 | 거짓 | 거짓 | | | |

C가 복사기를 고장 낸 경우 거짓을 말하는 사람이 1명이며 거짓을 말하는 1명이 복사기를 고장 낸 C이다.

참고로 파악하지 않은 진술까지 정리하면 다음과 같다.

| | A의 진술 | B의 진술 | C의 진술 | D의 진술 | E의 진술 |
|---|---|---|---|---|---|
| A가 고장 | 거짓 | 거짓 | 거짓 | 거짓 | 진실 |
| B가 고장 | 거짓 | 거짓 | 진실 | 진실 | 거짓 |
| C가 고장 | 진실 | 진실 | 거짓 | 진실 | 진실 |
| D가 고장 | 진실 | 진실 | 거짓 | 거짓 | 거짓 |
| E가 고장 | 거짓 | 거짓 | 거짓 | 진실 | 진실 |

## 13 ⑤

D는 2행 2열의 자리에 앉는다. 그러면서 남자끼리는 행으로든 열로든 서로 인접한 자리에 앉지 않는다. 이를 토대로 D와 남/여의 자리를 정리하면 다음과 같다.

| | | | |
|---|---|---|---|
| 남 | 여 | 남 | 여 |
| 여 | D | 여 | 남 |

A는 C와 같은 행에 배치된 자리에 앉는다. A와 C는 남자다. 1행에 배치된 자리 중 남자가 앉을 수 있는 자리는 2자리다. 2행에 배치된 자리 중 남자가 앉을 수 있는 자리도 2자리이지만 이미 1자리는 D가 앉는다고 알고 있다. A와 C는 1행 1열의 자리와 1행 3열의 자리에 앉는다. 단 누가 1행 1열의 자리인지는 알 수 없다. 남자 4명 중 D의 자리는 고정이고 A와 C는 확정할 수 없지만 1행 1열의 자리와 1행 3열의 자리에 앉는다. 자연스럽게 B는 2행 4열의 자리에 앉고 B와 같은 열에 앉는 E가 1행 4열의 자리에 앉는다.

| | | | |
|---|---|---|---|
| A/C | 여 | C/A | E |
| 여 | D | 여 | B |

## 14 ⑤

〈보기〉의 명제를 알아보기 편하게 부등호를 한 방향을 몰아서 정리하면 다음과 같다.

- B 〉 C 〉 D 〉 E
- B 〉 A 〉 E

출고가가 가장 낮은 차는 E이고 출고가가 가장 높은 차는 B이다.

## 15 ①

선택지에서 묻는 것은 2명이 서로 다른 테이블에 앉는지의 여부다. 어느 위치의 의자에 앉는지는 중요하지 않다. 테이블당 앉는 사람을 할당하는데 집중하자.

G와 C는 마주 보는 자리에 앉는다. 즉 G와 C는 같은 테이블에 앉는다. 임의로 테이블1, 테이블2라 지칭하고 G와 C를 한 테이블에 배치하자.

> 테이블1: G, C
> 테이블2

D와 E는 서로 다른 테이블에 앉는다. D와 E가 앉는 테이블이 바뀔 수 있기에 D/E 또는 E/D로 표기하자. A와 H도 서로 다른 테이블에 앉는다. A와 H 역시 A/H 또는 H/A로 표기하자.

> 테이블1: G, C, D/E, A/H
> 테이블2: E/D, H/A

언급하지 않은 B와 F는 서로 같은 테이블에 앉는다.

[오답 점검]

오답인 선택지의 반례 즉 참이 되는 경우를 찾으면 다음과 같다.

> 테이블1: G, C, D, H
> 테이블2: B, F, E, A

②, ③, ④의 반례

> 테이블1: G, C, E, A
> 테이블2: B, F, D, H

⑤의 반례

## 16 ③

[치트키]

B는 A가 거짓을 말한다고 한다. B의 진술이 참이면 B의 진술에 따라 A의 진술은 거짓이다. B의 진술이 거짓이면 A가 거짓을 말한다는 진술이 거짓이다. 즉 A의 진술은 참이다. B와 A의 진술은 모순관계다.

5명 중 2명이 거짓을 말하는데 거짓을 말하는 1명은 B와 A 중 1명이고 거짓을 말하는 나머지 1명은 C, D, E 중 1명이다. C는 E가 거짓을 말하는 사람이 아니라고 한다. C의 진술이 참이면 E의 진술도 참이고 C의 진술이 거짓이면 E의 진술도 거짓이다. C와 E의 진술은 동일관계다. C, D, E 중 1명이 거짓을 말하기 때문에 C와 E는 참을 말한다. 자연스럽게 D는 거짓을 말한다.

E의 진술이 참이다. E의 진술을 토대로 E와 A는 퇴사하지 않았다고 알 수 있다. D의 진술은 거짓이다. D의 진술이 거짓이기 때문에 A와 C가 퇴사하지 않았다고 알 수 있다.

두 정보를 종합하면 A, C, E는 퇴사하지 않았다. 즉 B와 D가 퇴사했다.

[일반 풀이]

진술관계를 활용할 수 없다면 표를 그려보자. 5명 중 2명이 퇴사한 경우는 10가지다. 10가지를 다 그려야겠지만 다행히 선택지에서 5가지 경우로 좁혀서 제시했다. 5가지 경우로 표를 그려 2명이 거짓을 말하는 경우를 찾아보자.

| | A의 진술 | B의 진술 | C의 진술 | D의 진술 | E의 진술 | 거짓말 인원 |
|---|---|---|---|---|---|---|
| ① A, C | F | T | F | T | F | 3 |
| ② A, E | F | T | F | T | F | 3 |
| ③ B, D | F | T | T | F | T | 2 |
| ④ C, D | T | F | T | T | T | 1 |
| ⑤ D, E | T | F | F | F | F | 4 |

## 17 ⑤

B 바로 뒤에 D가 줄을 선다. 이를 토대로 경우를 나누면 다음과 같다.

| Case | 1 | 2 | 3 | 4 | 5 |
|---|---|---|---|---|---|
| 1 | B | D | | | |
| 2 | | B | D | | |
| 3 | | | B | D | |
| 4 | | | | B | D |

A는 D보다 앞쪽에 줄을 선다. Case 1은 조건을 만족하지 않는다. 그러면서 A와 E는 서로 이웃하게 줄을 서지 않는다. Case 2에서 A는 1번째로 줄을 서고 E는 4번째 또는 5번째로 줄을 선다. Case 3에서 A가 1번째로 줄을 서는 경우와 2번째로 줄을 서는 경우로 나뉜다. 두 경우 모두 E는 5번째로 줄을 선다. Case 4에서 A가 1번째, E가 3번째로 줄을 서는 경우와 A가 3번째, E가 1번째로 줄을 서는 경우로 나뉜다.

| Case | 1 | 2 | 3 | 4 | 5 |
|---|---|---|---|---|---|
| 2.1 | A | B | D | E | |
| 2.2 | A | B | D | | E |
| 3.1 | A | | B | D | E |
| 3.2 | | A | B | D | E |
| 4.1 | A | | E | B | D |
| 4.2 | E | | A | B | D |

E와 C는 서로 이웃하게 줄을 서지 않는다. E와 C가 이웃하게 줄을 서는 경우를 정리하면 다음과 같다.

| Case | 1 | 2 | 3 | 4 | 5 |
|---|---|---|---|---|---|
| 3.1 | A | C | B | D | E |
| 3.2 | C | A | B | D | E |

## 18 ②

고정할 수 있는 내용을 먼저 채우자. 2행 3열에 7, 1행 2열에 8을 채우자. 3행에 자리한 세 칸에는 짝수만 채운다.

| | | |
|---|---|---|
| | 8 | |
| | | 7 |
| | | |

짝수가 2, 4, 6, 8이고 8을 고정했으니 3행에 오는 숫자는 2, 4, 6이다. 단 어느 칸에 어떤 숫자를 채우는지는 모르니 미정으로 정리해두자.

| | | |
|---|---|---|
| | 8 | |
| | | 7 |
| 2/4/6 | | |

1열에 자리한 세 칸에 채운 세 숫자의 합은 8이다. 1열 3행에 채울 수 있는 숫자는 2, 4, 6인데 6인 경우 1열 1행과 1열 2행에 채울 두 숫자의 합이 2가 되어야 하기에 조건을 만족하지 않는다. 9개 각 칸에 하나의 숫자만 채우며 모든 숫자를 사용한다는 문제의 상황을 봤을 때 1을 2번 중복하여 사용하지 못하기 때문이다. 1열 3행의 숫자가 2인 경우와 4인 경우로 나눠보자. 1열 1행과 1열 2행에 채울 두 숫자까지 고려하면 다음과 같다. 다만 두 경우 모두 1열 1행에 어떤 숫자를 채우는지 확정할 수 없다.

Case 1

| | | |
|---|---|---|
| 1 | 8 | |
| 3 | | 7 |
| 4 | | |

Case 2

| | | |
|---|---|---|
| 1 | 8 | |
| 5 | | 7 |
| 2 | | |

3열에 자리한 세 칸에 채운 세 숫자의 합은 22다. 큰 숫자다. Case 1에서 3행 3열에 채울 수 있는 숫자는 2이거나 6이다. 3행 3열에 2를 채울 경우 1행 3열의 칸에 13을 채워야 하는데 이는 문제에서 제시한 숫자의 범위를 초과한다. 3행 3열에 6을 채우고 1행 3열에 9를 채운다. 같은 맥락으로 Case 2도 3행 3열에 6을 채우고 1행 3열에 9를 채운다.

Case 1

| | | |
|---|---|---|
| 1 | 8 | 9 |
| 3 | | 7 |
| 4 | 2 | 6 |

Case 2

| | | |
|---|---|---|
| 1 | 8 | 9 |
| 5 | | 7 |
| 2 | 4 | 6 |

Case 1에서 2행 2열에 채우는 숫자는 5이고 Case 2에서 2행 2열에 채우는 숫자는 3이다.

## 19 ④

C와 D의 진술을 확인해보자. C의 진술이 진실이면 D의 진술이 거짓이다. C의 진술이 거짓이면 D의 진술이 거짓이라고 말하는 내용이 거짓이기에 D의 진술인 진실이다. C와 D는 모든 경우에서 동시에 참, 동시에 거짓을 말하지 않는 모순관계다. 문제에서 진실을 말하는 사람이 1명이라고 한다. C와 D 중 1명이 진실을 말한다.

문제의 상황을 만족하는 경우에서 A, B, E의 진술은 거짓이다. A의 진술이 거짓이니 D와 E는 연애를 시작하지 않았다고 알 수 있다. E의 진술이 거짓이니 E와 C는 연애를 시작하지 않았다고 할 수 있다. 연애를 시작한 1명은 B이다. 축하한다.

B가 연애를 시작했다. 따라서 D가 진실을 말한다.

## 20 ④

인당 2가지의 음료를 뽑는다. 각 음료를 뽑는 인원도 1명 이상이다. 변수가 2가지이고 다대다의 구조를 보인다. 각 축에 변수의 값을 놓고 표 안을 ○, ×로 채워보자.

D는 레몬맛 음료를 뽑고 C는 사과맛 음료를 뽑는다는 고정할 수 있는 내용을 먼저 정리하자. 또한 레몬맛 음료를 뽑은 사람이 2명이라는 정보도 적어 풀이의 실수를 줄이자.

| | A | B | C | D |
|---|---|---|---|---|
| 사과맛 | | | ○ | |
| 레몬맛(2) | | | | ○ |
| 포도맛 | | | | |

사과맛 음료를 뽑은 인원은 포도맛 음료를 뽑은 인원보다 적다. 이를 '사과 < 포도'와 같이 정리하지 말고 숫자를 대입하여 경우를 좁혀보자. 4명이 음료를 2가지씩 뽑는다. 총 8개의 음료를 뽑는데 그중 2개의 음료는 레몬맛이다. 4명이 뽑은 사과맛 음료와 포도맛 음료의 개수는 총 6개다. 사

과맛 음료가 1개라면 포도맛 음료를 7개를 뽑는데 인원이 4명이라는 점을 고려하면 가능한 경우가 아니다. 포도맛 음료를 뽑는 사람이 4명, 사과맛 음료를 뽑는 사람이 2명인 경우만 가능하다. A, B, C, D 모두 포도맛 음료를 뽑는다. D가 뽑은 음료 2가지는 레몬맛 음료와 포도맛 음료다. D는 사과맛 음료를 뽑지 않는다.

| | A | B | C | D |
|---|---|---|---|---|
| 사과맛 | | | ○ | × |
| 레몬맛(2) | | | | ○ |
| 포도맛 | ○ | ○ | ○ | ○ |

B가 뽑은 2가지 음료 중 1가지 음료는 C가 뽑은 음료이기도 하다. B와 C가 뽑은 음료 중 1가지가 겹친다는 의미인데 겹치는 음료는 포도맛이다. 이에 따라 B는 D가 뽑은 음료 중 포도맛이 아닌 레몬맛 음료를 뽑지 않는다. B는 레몬맛, 포도맛 음료를 뽑고 사과맛 음료는 뽑지 않는다.

| | A | B | C | D |
|---|---|---|---|---|
| 사과맛(2) | | × | ○ | × |
| 레몬맛(2) | | ○ | × | ○ |
| 포도맛(4) | ○ | ○ | ○ | ○ |

레몬맛 음료를 뽑는 사람은 2명이고 B와 D이다. A는 레몬맛 음료를 뽑지 않는다. A는 포도맛, 사과맛 음료를 뽑는다.

| | A | B | C | D |
|---|---|---|---|---|
| 사과맛(2) | ○ | × | ○ | × |
| 레몬맛(2) | × | ○ | × | ○ |
| 포도맛(4) | ○ | ○ | ○ | ○ |

# 수열추리

| 01 | 02 | 03 | 04 | 05 | 06 | 07 | 08 | 09 | 10 |
|---|---|---|---|---|---|---|---|---|---|
| ② | ② | ④ | ② | ① | ③ | ① | ③ | ④ | ④ |
| 11 | 12 | 13 | 14 | 15 | 16 | 17 | 18 | 19 | 20 |
| ⑤ | ⑤ | ③ | ⑤ | ③ | ② | ④ | ③ | ① | ① |

## 01 ②

제시된 수들은 분자에 있는 수에 +2, 분모에 있는 수에 −1의 규칙이 적용된 특수한 형태의 수열이다. 따라서 8번째에 올 수는 $\frac{18+2+2}{10-1-1}=\frac{22}{8}$ 이다.

## 02 ②

제시된 수들은 인접한 항의 차이가 일정한 규칙을 갖는 계차수열로 인접한 항의 차이가 초항이 3, 공차가 3인 등차수열의 규칙을 가지므로 A 위치에 들어갈 알맞은 수는 '906'이다.

## 03 ④

제시된 수들은 공비가 $\frac{3}{2}$인 등비수열이므로 8번째에 올 수를 구하기 위해서는 6번째 수인 $\frac{243}{128}$에 $\frac{3}{2}$을 2번 곱하면 된다. $\frac{243}{128}\times\frac{3}{2}\times\frac{3}{2}=\frac{2,187}{512}$이 정답이다.

## 04 ②

제시된 수들은 공차가 −4인 등차수열의 규칙을 가지므로 A 위치에 들어갈 알맞은 수는 '39'이다.

## 05 ①

제시된 수들은 +1, $-\frac{1}{6}$이 번갈아 적용되는 규칙을 가지는 교대수열이므로 A에 들어갈 수는 $\frac{14}{6}$, B에 들어갈 수는 $\frac{25}{6}$이다. 따라서 B−A=$\frac{11}{6}$이다.

## 06 ③

제시된 수들은 ×2와 −1이 번갈아 적용되는 규칙을 가지는 교대수열이므로 8번째 수는 30.6×2=61.2, 9번째 수는 61.2−1=60.2, 10번째 수는 60.2×2=120.4, 11번째 수는 120.4−1=119.4이다.

## 07 ①

제시된 수들은 공차가 10.2인 등차수열이므로 A에 들어갈 수는 95.7, B에 들어갈 수는 136.5이다. 따라서 A+B=232.2이다.

## 08 ③

제시된 수들은 '+121', '×0.2'가 번갈아 적용되는 규칙을 가지는 교대 수열이므로 A 위치에 들어갈 알맞은 수는 '30.008'이다.

## 09 ④

제시된 수들은 공비가 6인 등비수열의 규칙을 가지므로 A 위치에 들어갈 알맞은 수는 '559,872'이다.

## 10 ④

제시된 수들은 분자는 ×2, 분모는 소수의 나열로 구성된 수열이다. 따라서 9번째 수의 분자는 32×2×2×2=256이며, 분모는 23이다.

## 11 ⑤

제시된 수들은 세 개의 항씩 묶어 규칙을 갖는 군수열로 앞선 두 개의 수들의 합으로 다음 항이 생겨나므로 A 위치에 들어갈 알맞은 수는 '2,855'이다.

## 12 ⑤

제시된 수들은 앞선 두 개의 수들의 합으로 다음 항이 생겨나는 피보나치수열이므로 A에 들어갈 수는 $\frac{3}{2}$, B에 들어갈 수는 4이다. 따라서 A×B=6이다.

## 13 ③

제시된 수들은 ÷5, +2가 번갈아 적용되는 규칙을 가지는 교대수열이므로 9번째에 올 수는 3.16÷5+2=2.632이다.

## 14 ⑤

제시된 수들은 공차가 $\frac{9}{2}$인 등차수열의 규칙을 가지므로 A 위치에 들어갈 알맞은 수는 '25'이다.

## 15 ③

제시된 수들은 2개의 수열이 번갈아 가며 나타나는 건너뛰기수열이다. 첫 번째 수열은 첫 번째 항에서 시작하며 초항이 1.1이고 공비가 3인 등비수열이며, 두 번째 수열은 두 번째 항에서 시작하며 초항이 2.2이고 공비가 2인 공비수열이다. 12번째에 올 수는 공비가 2인 등비수열을 계산하면 구할 수 있다. 10번째 올 수는 17.6×2=35.2, 12번째 올 수는 35.2×2=70.4이다.

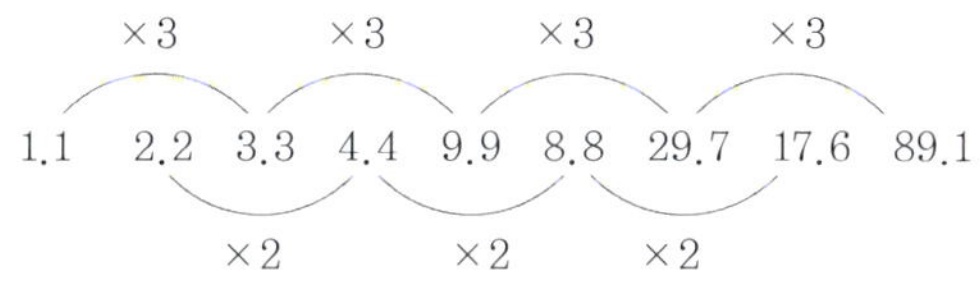


## 16 ②

제시된 수들은 인접한 항의 차이가 일정한 규칙을 갖는 계차수열로 인접한 항의 차이가 초항이 5.5, 공비가 3인 등비수열의 규칙을 가지므로 A에 들어갈 수는 220, B에 들어갈 수는 2,002이다. 따라서 A+B=2,222이다.

## 17 ④

제시된 수들은 역수가 등차수열인 조화수열로 제시된 수들의 역수는 다음과 같다.

$\frac{1}{360}$ $\frac{2}{360}$ $\frac{3}{360}$ $\frac{4}{360}$ $\frac{5}{360}$

이에 따라 제시된 수들의 역수는 초항이 $\frac{1}{360}$이고 공차가 $\frac{1}{360}$인 등차수열로 A 위치에 들어갈 알맞은 수는 $\frac{6}{360}$의 역수를 약분한 형태인 '60'이다.

## 18 ③

제시된 수들은 앞선 두 개의 수들의 합으로 다음 항이 생겨나는 피보나치 수열이므로 A 위치에 들어갈 알맞은 수는 '749'이다.

## 19 ①

제시된 수들은 '+51', '×3'이 번갈아 적용되는 규칙을 가지는 교대 수열이므로 A 위치에 들어갈 알맞은 수는 '2,151'이다.

## 20 ①

제시된 수들은 세 개의 항씩 묶어 규칙을 갖는 군수열로 양옆의 수를 곱했을 때 가운데 수가 나오는 규칙을 가진다. 따라서 A에 들어갈 수는 $\frac{6}{45}$, B에 들어갈 수는 450이다. 따라서 A×B=60이다.

MEMO

# MEMO

MEMO